本國劍藝

倭劍의 始原은 朝鮮이다

본국검예 3권 - 왜검의 시원은 조선이다

초판 1쇄 발행 2018년 12월 1일

지 은 이 임성묵
교정교열 임수원
발 행 인 권선복
디 자 인 최새롬
전 자 책 서보미
발 행 처 도서출판 행복에너지
출판등록 제315-2011-000035호
주　　소 (157-010) 서울특별시 강서구 화곡로 232
전　　화 0505-613-6133
팩　　스 0303-0799-1560
홈페이지 www.happybook.or.kr
이 메 일 ksbdata@daum.net

값 48,000원
ISBN 979-11-5602-641-9 93690

도서출판 행복에너지는 독자 여러분의 아이디어와 원고 투고를 기다립니다. 책으로 만들
기를 원하는 콘텐츠가 있으신 분은 이메일이나 홈페이지를 통해 간단한 기획서와 기획의
도, 연락처 등을 보내주십시오. 행복에너지의 문은 언제나 활짝 열려 있습니다.

本國劍藝

3

倭劍의 始原은 朝鮮이다

林成黙 저자

도서
출판 행복에너지

단군조선 영역도

回文(회문)포럼 양정무 회장 제공

天符印

桓因　桓雄　檀君

日文
止武殿　三位奉献

神武

獻奉尢善

默成林

仙武心中経

無小神學萬神投合天地自神八卦流道地教中道
無大理氣萬物意氣陰陽自新五行一風道天武神
無空逆動投合萬神天地自信三一天地佛仙慈自
無時動靜意氣萬物天地自身二一人中巫儒鬼仁

문화인류학자 박정진의 신천부경

소리를 그리다

태초에 소리가 있었다.
소리는 말이 되어
이것을 이것이라 부르고,
저것을 저것이라 부르니,
비로소 만물은 존재하게 됐다.

소리를 그리다 문자가 됐다.
문자는 자신이 소리인 줄로 착각한다.
문자가 소리를 가둘 지언 정,
소리는 문자를 담지 않는다.

문자는 마침내 신이 됐다.
인간은 문자를 섬기는 노예가 됐다.

문자는 직관이 아니다.
관념을 직관으로 착각할 뿐이다.
문자 속에 신을 가둔 인간은
어리석게도 문자 속에서 신을 찾는다.

소리는 바람이다.
문자는 관념이다.

신의 소리는,
자연의 소리는
그저 느끼는 것이다.

소리는 입체다.
그림은 평면이다.
소리만이 존재인 이유다.

소리는 말의 어미다.
말은 소리의 자식이다.
문자는 거죽이고 소리는 영혼이다.

문자에 갇힌 소리를 들어라!
소리가 자유롭게 할지니.

태초에 소리만 있었다.
소리만이 존재다.

임성묵 소리를 그리다.

大韓帝國武藝院

三藝修行

日本武道探訪

大韓 本國劍藝總裁 林成黙 明治神宮 至誠館 名譽館長 田中茂穗에게 本國劍藝 1, 2卷 贈呈

日本 明治神宮 至誠館 訪問

林秀源 本國劍藝協會長, 林成黙 總裁, 田中茂穗, 許一雄 博士, 柳志亮 天地館總管長, 許宰源 東方武藝院長

日本 合氣道 本部 訪問

崔鐘勻 鮮文大敎授, 柳志亮, 林成黙, 植芝充央, 徒主 植芝守央, 許一雄, 林秀源, 許宰源

大東流合氣武道 宗家代理 石橋義久와 祕傳目錄

林成黙, 石橋義久, 許一雄, 林秀源

〈비전목록〉

목 차

一. 神(신)의 나라

二. 天文(천문), 하늘을 기록하다

三. 本國(본국)의 武神(무신) 蚩尤天皇(치우천황)

四. 武寧王劍(무령왕·검)

五. 劍(검)의 始原(시원)은 朝鮮勢法(조선세법)

六. 倭劍(왜검)은 本國劍(본국검)의 支流(지류)

七. 本國(본국)의 맨손무예 相撲(상박)

八. 雙手刀(쌍수도)

九. 雙手刀譜(쌍수도보) 解說(해설)

負劍正立 以左手持刀柄 旋作見賊出劍勢 進一步以劍從頭上一揮 作持劍對賊勢(부검정립 이좌수지도병선작견적출검세 진일보이검종두상일휘 작지검대적세) ｜ 進一足作向左防賊勢 又進一足作向右防賊勢(진일족작향좌방적세 우진일족작향우방적세) ｜ 轉身跳進一步作向上防賊勢 回身進一足作向前擊賊勢一擊(전신도진일보작향상방적세 회신진일족작향전격적세일격) ｜ 又進一步以向前擊賊勢向左一擊 又進一步以向前擊賊勢向右一擊(우진일보이향전격적세향좌일격 우진일보이향전격적세향우일격) ｜ 轉身作初退防賊勢退至原地(전신작초퇴방적세퇴지원지) ｜ 回身進一步爲進前殺賊勢(회신진일보위진전살적세) ｜ 仍轉身作持劍進坐勢 卽作拭劍伺賊勢(잉전신작지검진좌세 즉작식검사적세) ｜ 還退一步閃劍退坐勢(환퇴일보섬검퇴좌세) ｜ 起立更進一足以進前殺賊勢一擊 又進一足爲向上防賊勢(기립갱진일족이진전살적세일격 우진일족위향상방적세) ｜ 卽進一足爲進前殺賊勢一擊 仍作揮劍向賊勢 (以此)連進三步 更進一足以進前殺賊勢一擊(즉진일족위진전살적세일격 잉작휘검향적세 (이차)연진삼보 갱진일족이진전살적세일격) ｜ 又進一足爲向上防賊勢 進一足以進前殺賊勢一擊 又進一步一刺(우진일족위향상방적세 진일족이진전살적세일격 우진일보일자) ｜ 轉身以刀三揮退 作再退防賊勢 (以此)退至原地(전신이도삼휘퇴 작재퇴방적세 (이차)퇴지원지) ｜ 回身進一足爲向上防賊勢 又進一足爲向前擊賊勢一擊(회신진일족위향상방적세 우진일족위향전격적세일격) ｜ 轉身爲持劍進坐勢 (卽)爲拭劍伺賊勢(전신위지검진좌세 (즉)위식검사적세) ｜ 回身進一足 以左手揮劍向前 以右手更把 (仍)爲向左防賊勢 進一足爲向右防賊勢(회신진일족 이좌수휘검향전 이우수갱파 (잉)위향좌방적세 진일족위향우방적세) ｜ 轉身進一步爲向上防賊勢 回身進一步爲向前擊賊勢一擊(전신진일보위향상방적세, 회신진일보위향전격적세일격) ｜ 又進一步以向前擊賊勢向左一擊 又進一步以向前擊賊勢向右一擊(우진일보이향전격적세향좌일격, 우진일보이향전격적세향우일격) ｜ 轉身作三退防賊勢 (以此)退至原地(전신작삼퇴방적세 (이차)퇴지원지) ｜ 回身進一足 以向前擊賊勢一擊 又進一步一擊(회신진일족 이향전격적세일격 우진일보일격) ｜ 轉身爲持劍進坐勢 (卽)爲拭劍伺賊勢 回身作藏劍賈勇勢畢(전신위지검진좌세 (즉)위식검사적세 회신작장검고용세필)

十. 提督劍(제독검)

初作對賊出劍勢右手負劍左手左挾正立右手右脚前一打(초작대적출검세우수부검좌수좌협정립우수우각 전일타) | 旋作進前殺賊勢右手右脚一打(선작진전살적세우수우각일타) | 仍作向右擊賊勢右手右脚右廻 一打(잉작향우격적세우수우각우회일타) | 又作向左擊賊勢左手左脚左廻一打進一步躍一足(우작향좌격 적세좌수좌각좌회일타진일보약일족) | 作向右擊賊勢(작향우격적세) | 又作向左擊賊勢(우작향좌격적 세) | 仍作揮劍向賊勢右廻擧右足內掠(잉작휘검향적세우회거우족내략) | 作進前殺賊勢右手右脚一打 (작진전살적세우수우각일타) | 仍作初退防賊勢左三廻退至原地(잉작초퇴방적세좌삼회퇴지원지) | 右 手右脚左廻一打作向後擊賊勢(우수우각좌회일타작향후격적세) | 右廻身向前右手左脚作向右防賊勢左手 右脚(우회신향전우수좌각작향우방적세좌수우각) | 作向左防賊勢(작향좌방적세) | 又作向右防賊勢(우 작향우방적세) | 又作向左防賊勢(우작향좌방적세) | 仍作進前殺賊勢右手右脚進一步前一打(잉작진전 살적세우수우각진일보전일타) | 旋作勇躍一刺右手右脚向前直刺(선작용약일자세우수우각향전직자) | 仍作向左擊賊勢右手左脚躍一步一打(잉작향좌격적세우수좌각약일보일타) | 仍作揮劍向賊勢右廻擧右 足內掠(잉작휘검향적세우회거우족내략) | 仍作進前殺賊勢右手右脚一擊(잉작진전살적세우수우각일격) | 又作再退防賊勢向後左三廻退至原地旋(우작재퇴방적세향후우삼회퇴지원지선) | 作進前殺賊勢右手右 脚一打(작진전살적세우수우각일타) | 進一步又一打(진일보우일타) | 旋作拭劍伺賊勢以右劍拭于左肱 仍洗腰(선작식검사적세이우검식우좌굉잉세요) | 左旋作藏劍賈勇勢左手負劍以右拳右脚前一打畢(좌선 작장검고용세좌수부검이우권우각전일타필)

十一. 武藝圖譜通志(무예도보통지)의 倭劍譜(왜검보)

제1장. 土由流(토유류)

첫 번째 단락 : 藏劍初進(장검초진) │ 두 번째 단락 : 藏劍再進(장검재진) │ 세 번째 단락 : 藏劍三進
(장검삼진)

제2장. 運光流(운광류)

千利勢(천리세) │ 跨虎勢(과호세) │ 速行勢(속행세) │ 山時雨勢(산시우세) │ 水鳩心勢(수구심세) │
柳絲勢(유사세)

첫 번째 단락 │ 두 번째 단락 │ 세 번째 단락 │ 네 번째 단락 │ 다섯 번째 단락

제3장. 千柳流(천유류)

첫 번째 단락 │ 두 번째 단락 │ 세 번째 단락

박정진 추천사

잃어버린 무예를 복원하는 과정은 참으로 지난한 여정이다. 무예에 관한 책이 남아 있다고 해서 무예가 복원될 수 있는 것은 아니다. 무예의 입체적인 동작을 평면의 책에서 표현하기는 매우 어려울 뿐만 아니라 전문 무예인이라 하더라도 동작의 전후 맥락이나 회전 등 각종 동작에서 오차가 날 수 있기 때문이다. 그래서 조선왕조가 우리에게 남겨준 세계에서 하나뿐인 무예의 바이블 《武藝圖譜通志(무예도보통지)》를 복권한 내용도 지금까지 사람마다 다를 수밖에 없었다.

무예의 복원도 처음엔 고고학처럼 파편을 가지고 원형을 추적할 수밖에 없다. 그래서 많은 무예인들 저마다 일본의 무도나 중국의 무술을 가지고 복원에 매달렸다. 그러나 동선의 자연스러움과 칼을 쥐는 방법과 회전은 물론이고, 적을 다루는 실전효과 면에서 의문스러운 점이 한두 가지가 아니었다.

세계일보에 《무맥》을 연재할 당시, 무예의 동작에 붙여진 가결에 무엇인가 숨겨진 것을 육감적으로 느꼈다. 검결은 검술의 요체를 담은 일종의 무예인의 詩(시) 혹은 呪文(주문)이었다. 나는 "검결에 비밀을 푸는 열쇠가 반드시 있을 것이다. 이 암호를 풀어야만 무예도보통지의 무예를 복원할 수 있어!"라 생각했다. 그러나 그것을 설명해주는 무인을 만나지 못하고 후대에 눈 밝은 무인이 나타나주길 기대하며 "비결을 숨긴 칼의 노래, 검결(2009년 7월 2일)"을 연재했다. 마침내 임성묵 총재가 최초로 가결을 해독한 것이다.

역자고에 중국 고대부터 전래되는 많은 검법 중 가장 실전적인 쌍수검을 곤오검(법)이라 했는데 《무비지》를 찬술한 모원의(1594~1641) 대에 와서 곤오검결가만 무편에 남아있고 기법은 사라진 상태였다. 모원의는 조선세법의 검결과 곤오검결을 보고서야 조선세법이 바로 실전된 '곤오검법'임을 알아차린 것이다.

그간 한·중·일이 해독하지 못한 곤오검결가를 해독함으로써 조선세법과 곤오검이 한 뿌리임을 입증한 것으로 무예사적으로 매우 중요한 업적을 세운 것이다.

조선세법 64세가 천문과 칠성사상이 연결된 것을 찾아낸 것은 주역이나 음양론이 한민족의 철학이며 우주관이라는 것을 밝힌 것이다. 상고조선은 천제의 퍼포먼스에 검은 중요한 의례였다. 이런 문화가 남은 것이 중화의 4대 검 '곤오·청평·팔선·순양'이다. 여기에서 칠성검·태극검·팔괘검·천둔검 등으로 분화되고 후대에 800여 검술로 분화됐다. 이처럼 조선세법은 동양무예의 정수다.

일제에 의해 전통무예가 처절하게 단절된 후, 몇몇 무술단체가《무예도보통지》를 토대로 복원했다고 주장하고 있으나 무예도보통지의 기록과 일치한다는 객관적 근거가 없어 학계 입장에서도 복원했다고 말할 수 없는 실정이다. 이런 면에서 임성묵의《본국검예》1권〈조선세법〉과 2권〈본국검〉은 무예를 모르는 일반인들과 학자들도 객관적으로 이해할 수 있게 하는 계기가 됐다. 그래서 나는 2016년 9월 2일 청주세계무예마스터십 대한무도학회 국제 학술대회의 기조논문 발표자로서《본국검예》가 동양이 무경 무예도보통지를 최초로 해석한 것임을 발표했다.

《본국검예》출판한 후, 5년 만에 다시《왜검의 시원은 조선이다》를 출판한다는 연락이 왔다. 이 말을 듣고 처음에는 의아했다. 대개 학자들도 우리의 무예가 일본에 전해진 것은 짐작하나 사료부족으로 입증하기가 어렵기 때문이다.

특히 고무예를 연구하는 과정에 한자를 단순하게 해석하지 않고 갑골문·금문의 자형의 형태와 음가의 뿌리까지 더듬어 연구하고 한글이 한자의 모체임을 밝힌 것은 매우 놀라운 일이다. 이러한 연구방식은 절벽에 막혀있는 무예인문학의 시대를 열었을 뿐만 아니라 우리 사학계에도 연구의 지평을 확장시킬 수 있는 커다란 디딤돌을 놓았다.

동양삼국은 지금 정체성과 역사전쟁이 시작됐다. 일본은 명치시대에 제일먼저 道(도)로써 武道(무도)를 정립하고 중국은 術(술)로써 武術(무술)로 정립했다. 이제 한국도 藝(예)로써 武藝(무예)를 정립해가고 있다. 이러한 때에 '武藝(무예)'의 개념이 한민족 견우와 직녀와 연결된 신화임을 밝히고, '내가 누구인가?'에 대한 근원적 질문에 답을 '我(아)'자에서 찾아낸 것은 놀라움 그 자체였다.

　'견우와 직녀'로 연결된 한민족의 신화를 찾아가는 과정을 보면 분명히 기존의 접근방식과 큰 차이가 있다. 향후 학계에서도 심도 있게 연구할 가치가 충분히 있다고 본다.

　임성묵 총재가 무예도보통지의 모든 검술은 해독하려면 영류지목록을 해독해야 한다고 했다. 자초지종을 들어보니 영류지목록은 600년 된 일본 고어체 문서임에도 일본학계에서도 아직까지도 해독하지 못했다한다. 이것을 임성묵 총재가 도전해보고 싶다는 것이다. 나는 혹시 도움이 될까하여 《일본어 훈독사전》을 편찬한 김세택 전 일본대사를 소개해주었다. 그 후 소식이 뜸하더니 영류지목록을 해독했다는 것이다. 보내준 원고를 보고 깜짝 놀라지 않을 수 없었다.

　임성묵 총재가 영류지목록을 해석한 방식은 우리의 소리와 한자의 음가의 원리를 밝히고 한자의 자형이 가진 형태를 통해 영류지목록을 해석한 것이었다. 나는 문화인류학자로서 소리야 말로 각 민족 문화의 원형을 담고 있음을 오래전에 책을 통해 밝힌바 있다.

　일본의 검경 영류지목록은 문자가 일반화 되지 않았던 시절, 의미 전달은 소리와 시어를 통해 문화를 전승하는 것은 인류의 일반적 문화현상이다. 영류지목록과 왜검의 가결에서 이런 시어를 찾아낸 것은 천우신조라 할 것이다. 동양의 무예는 단순한 무술이 아니라 문화를 담은 퍼포먼스였다는 것을 또다시 임총재가 입증한 것이다.
　왜검보의 검결이 조선세법의 검결과 같은 방식으로 만들어진 것은, 조선세법과 같은 DNA를 가졌다는 것을 증명하는 것이다. 또한 왜검보의 그림이 전후로 그려진 것을 찾아냄으로써 왜검보의 기법을 복원하는 개가를 올렸다.

또한 단절된 한민족 相撲(상박)의 뿌리를 찾기 위해 일본 대동류유술의 종가대리 이시바시요시히사(石橋義久)와 명치신궁에서 아이키도(合氣道)를 지도하는 91세 다나카시케호(田中茂穗), 그리고 아이키도(合氣道) 우에시바모리테루(植芝守央)도주를 만나 "검술의 맨손 동작이 유술"임을 확인한 것은 단절된 相撲(상박)을 조선세법에서 복원할 수 있는 근거를 확보한 것이다.

　　문화란 머무름 없이 흐른다. 한·중·일의 무예는 서로 교류됐기에 이 무술은 '우리 것이다'라고 주장하는 것은 무의미하다. 그러나 싫든 좋든 학자는 기록을 통해 소유를 주장하는 속성을 드러낸다. 문제는 어떠한 잣대로 기록을 볼 것인가 하는 사관이 문제다.
　　중국은 현 영토 내의 모든 역사는 중국문화라 주장한다. 영토사관으로 역사를 보면 한민족의 문화는 모두 중국의 문화가 된다. 그렇다면 우리는 어떤 사관으로 역사를 볼 것인가? 이 말은 중화에 있는 한민족의 무예를 어떻게 찾아올까하는 반문이다. 이 물음에 답을 임성묵 총재가 제시하고 있다.

　　임 총재는 검결의 중요성을 다음과 같이 역설했다.
　　"조선세법이 고대조선의 것이고, 같은 검결이 중국 여러 지방의 무술에 잔존하고 있었다는 것은 임진왜란 이후 일시에 중국 전역에 전파됐다기보다는 고대조선에서부터 중국과 일본 등의 무술이 조선의 영향권에 들어있음을 반영하는 것이다. 그리고 본국이라는 것 자체가 고대조선을 의미하는 것이다."

　　소리와 문자는 그것을 만들고 사용한 민족의 문화적 바탕위에서 만들어졌다. 그래서 영토와 시간에 구속되지 않는다. 이것이 문화사관이다.

　　현재 대한민국의 무예는 정체성을 잃어 혼란에 빠졌다. 양적성장은 했으나 알맹이가 없다. 무술이 아무리 뛰어나도 그 속에 역사성과 정체성이 없으면 내세울 힘이 없게 된다. 일본의 무도는 단조로운 것 같지만 역사성이 담보되어 동양무도를 대표할 경지에 와있다.
　　한국은 어떠한가?

전통무술은 사라지고 외래무술과 연원을 알 수 없는 창시무술들로 가득하다. 문화융성을 외치지만 이런 토양에서 세계적인 무술로 성장시킬 수 있는 우리의 무술이 있긴 한가? 하는 반문을 하지 않을 수 없다. 더구나 한국이 손 놓고 있는 사이 북한이 한국을 제치고 단독으로 무예도보통지를 세계유네스코에 등재함으로써 학술적 기득권을 가지게 됐다. 그동안 연구된 자료도 없이 무예도보통지를 복원했다고 주장만 하고 검증을 회피해왔지만 북한과 학술적 검증을 함께 할 수밖에 없는 처지가 됐다. 이러한 때에 이러한 연구가 북한보다 먼저 발표한 것은 우리로서는 매우 의미가 크다.

《왜검의 시원은 조선이다》는 북한과 세계 학계에 내놓을 수 있는 중요한 자료가 될 것임을 의심치 않는다. 일본으로서는 "왜검의 시원은 조선이다."하는 것은 치욕이라 생각할 것이다. 치밀하기로 정평 난 일본학계가 영류지목록을 해석해내지 못했다는 것은 단순한 문자적 해석만으로는 해석이 불가능하다는 것을 반증한다. 이 말은 임성묵 총재의 연구방식이 한·중·일 고무예 연구에 대안이 될 수 있다는 의미다.

전통무예가 단절된 우리로는 이러한 방식의 연구가 절실하다. 이러한 연구는 학계가 나서서 연구해야 할 장기 국책연구과제 임에도 일개인이 연구해 온다는 것은 매우 안타까운 일이다. 문인의 나라다 보니 무인을 홀대하는 것이니 어쩌겠나!'라고 하며 위로의 말을 해주곤 한다.

《왜검의 시원은 조선이다》는 한국무예사에 남을 역작임에 틀림없다. 어렵게 복원된 무예인만큼 잘 계승되길 바란다. 임성묵 총재의 노고를 추천의 글로 가름할 수 있어서 다행이다.

머리말
────

무예문화의 중흥을 기대하며

　어느덧 조선세법과 본국검을 복원하여《本國劍藝(본국검예)》1편〈朝鮮勢法(조선세법)〉과 2편〈本國劍(본국검)〉을 출판한 지 5년이 흘렀다. 출판을 하고 보니 아쉬움이 많았다. 우리 고유검법 조선세법과 본국검은 복권하였으나 왜검을 복원하지 못하였기 때문이다. 왜검의 대표적인〈雙手刀(쌍수도)〉는 한·중·일에 영향을 끼친 검술로 무예사적으로 매우 중요하다. 또한 본국검과 쌍수도에 나오는 持劍對賊勢(지검대적세)는 좌우 방향이 서로 연결되어 있다. 그래서《본국검예》2편의 부록에 간략하게〈쌍수도〉를 소개하고 추가 연구를 통해 후일에 발표할 것을 기약하게 됐다.

　특히 쌍수도는 기효신서에서 '長刀(장도)'로 표현했다. 장도의 뿌리는〈影流之目錄(영류지목록)〉에 바탕을 두고 있다. 이렇게 중요한 문서임에도 불구하고 국내 무예학계에서는 영류지목록에 대한 연구는 엄두도 내지 못하고 있다. 영류지목록은 일본 고어와 초서체로 되어있어 난해하기 때문이다. 영류지목록은 일본검술의 3대 지류 중 影流(영류)와 陰流(음류)의 근거가 된다. 일본학계는 치밀하기로 정평이 나있다. 이러한 일본 학계가 검도계와 연합하여 연구했지만 영류지목록을 해독하지 못했다. 검도를 숭상하고 잘 보존하는 일본에서 왜 기법이 실전되었고, 일본의 문서임에도 해독하지 못하는 데는 분명히 어떠한 사연이 있을 것이라는 막연한 생각을 하게 됐다.

　한국에는《武藝圖譜通志(무예도보통지)》에 있는 조선세법·본국검·쌍수도·제독검·왜검보의 동영상이 인터넷에 떠돌고 각각의 단체들이 수련하고 있지만, 그 동작에 대한 해석이 부족하고 원문과 무예도보통지의 그림과 비교하면 확연히 다르다. 대한검도회에서는 본국검과 조선세법을 승단심사에 필수과목으로 채택하고 있다. 그러나 일본검도의 검리로 해석하여 원문과 동떨어져 있고 쌍수도·제독검 등 왜검류는 전혀 알지 못하고 있다. 더러《쌍수도》·《제독검》·《왜검보》에 대한 연구와 발표는 있으나 문헌적 해석, 기법의 비교분석, 역사적 의의 등에 관한 논문들이 주를 이룰 뿐 전체 기법과 동작 및 검결에 대한 연구는 국내에서 전무한 실정이다.

저자는 평소 고무예 연구를 통하여 맨손무술(태견·태권도·합기도)의 이론적 뿌리를 찾아야 한다고 주장하였고 조선세법과 본국검을 저술로 밝혔다. 대한민국이 전통무예를 등한시 한 사이 유감스럽게도 북한이 먼저《무예도보통지》를 유네스코 세계기록유산 아시아태평양지역 기록유산으로 등재했다. 뿐만 아니라 태권도의 뿌리도 무예도보통지와 연결시켰고 무예도보통지의 시원을 고조선으로 밝혔다. 저자도《본국검예》를 통해 검과 한민족 무예의 시원은 고조선임을 주장했다. 무예도보통지라는 문헌이 있기 때문에 기록과 일치하지 않은 동작은 퍼포먼스에 불과하고 문서로 해석되지 않은 동작은 창작에 불과하기 때문에 학술적 근거로 인정받을 수 없다. 더 늦기 전에 학계는 무예계와 힘을 합쳐 전통무예를 복원해야 한다. 한국이 북한보다 유네스코 등재는 늦었지만 학술적 발표를 선취해야 복원무예의 뿌리를 지킬 수 있다. 그러기 위해서는 무예도보통지를 철저히 연구해야 한다. 저자는 학술적 일환으로 본국검예를 통해 조선세법과 본국검을 발표하였지만, 무예도보통지에서 많은 부분을 차지하는 쌍수도와 왜검류에 대한 연구가 미진한 상태였다.

〈영류지목록〉이 눈에 아롱거려 마음이 무거웠다. 일본에서도 600년간 해독하지 못한 것을 어떻게 해낼 수 있단 말인가? 스스로 자문하면서도 한 번 잘못 빠져들면 수년의 시간을 허비할 것 같아 마음 접기를 수없이 반복했다. 답답한 마음에 세계일보에 〈무맥〉을 연재하신 박정진 문화인류학 박사를 찾아뵙고 한숨을 쉬며 토로하자, 한번 시도해보라는 격려의 말씀과 함께 김세택 전 일본 대사를 소개해주셨다. 김세택 전 대사께서 연구에 사용하라며 대사님이 저술한《일본어한자 훈독사전》을 보내주셨다. 그리고 의문이 들 때마다 전화를 드려 답을 구했다. 이 과정에 '唐(당)'자의 일본어 훈독의 어원도 구술해 주셨다.

도전할 마음을 세우고 임수원 협회장에게 말하자, 종합적인 자료와 연구가 필요하므로 이 분야의 전문가들에게 도움을 구하자는 제안과 자료수집과 연구물을 함께 검토하는 등 물심 양면으로 도움을 주었다. 선문대학교 무도학과 최종균 교수께서 영산대학교 박귀순 교수께 부탁하여 〈영류지목록〉의 초벌 해석에 도움을 주었다. 최종균 교수는 일본 논문의 번역에 도움을 주었고, 세계평화무도연합 성도원 사무총장은 일본학계의 영류지목록 논문과 찾아 주고 英名錄(영명록)과 射禮錄(사례록)을 제공해줬다. 서울대학교 나영일 교수께서는 원고 의 흐름에 대하여 참고할 책을 소개해주셨고 유익한 의견을 제시해주셨다. 이러한 여러분의 도움으로 천우신조 영류지목록을 해독할 수 있는 기초를 마련했다. 또한 육군3사관학교 외 래교수 제갈덕주께서 무예신문에 기고한 新羅劍(신라검)에 대한 자료를 제공해주셨다.

해독결과 〈영류지목록〉은 일본에서 보관하고 있으나 내용은 한반도를 노략질한 왜구들 에 대해 응징하는 내용으로 우리 선조의 문서였다. 영류지목록도 본국검·조선세법의 검결 과 같은 형태의 문장이었다. 왜검술로 당연시 알고 있었던 영류지목록·토유류·운광류·천 유류·유피류·왜검보가 오래전 일본에 전래된 것이었다. 일본이 해독하지 못한 이유가 한 민족의 신화와 역사, 이두식(향찰) 음가로 쓰여진 검결 은유와 비유를 알지 못했기 때문이 다. 이번 해독으로 인하여 잃어버린 조선의 무예를 찾아오는 계기가 될 것이다.

어떤 이는 과거의 기록에 평생 매달리는 이유가 무엇인지 묻는다. 이런 일은 학계나 국가 에서 할 일이지 개인이 할 일이 아니라는 말도 듣는다. 더러는 현재의 무도가 중요하지 왜 과거의 무예를 가지고 시간 낭비하는지를 묻기도 한다. 그러나 과거의 역사를 찾고 연구하 는 것은 현재를 다져 미래로 나가기 위해 발판을 놓는 것이다. 일제에 의해 말살된 우리의 무예를 되찾고 상처투성이인 전통무예의 자존심을 치유해야만 미래로 당당히 나설 수 있기 때문이다.

우리는 우리의 것이 있음에도 남의 것을 숭배한다. 동양무예의 종주국은 당연히 중국이 라 인정하고 그 다음은 일본이라고 생각하고 있다. 중국무술은 역사적 기록이 분명하고 일 본무술 역시 기록을 바탕으로 전승된 힘이 있다. 그러나 우리의 전통무예는 일제의 강제 점령으로 인하여 뿌리째 송두리 뽑히고 일본의 무술 속에 완전히 갇혀버렸다. 세계의 시각도 마찬가지다. 이러한 인식을 고무예의 연구를 통해 무예의 종주국이 조선이었음을 증명하여 세계에 알리고 싶은 것이다.

대한검도회는 일본검도라는 정체성에, 한국의 合氣道(합기도)는 일본의 合氣道(아이키도)라는 정체성 시비에 흔들리고 있다. 태권도 역시 세계적인 스포츠로 우뚝 성장했음에도 불구하고 여전히 전통성 시비에 시달리고 있는 것은 마찬가지다. 이는 우리 무술의 역사적 근본에서 정체성을 세우지 못했기 때문이다. 동양무술의 종주국이라 자처하는 중국도 明(명) 이전에는 무예에 관한 도해나 그 기법을 설명한 문서가 없다. 다만《漢書(한서)》〈藝文志(예문지)〉에 射法(사법)을 비롯하여 劍道(검도) 38편 등 兵技(병기) 13家(가) 199편이 기술되어 있고 무예를 중시했다는 技巧者習手足便器械積關以立攻守之勝者也(기교자습수족편기계적관이립공수지승자야)란 기록만 있다. 특히 〈藝文志(예문지)〉에서 '藝(예)'자를 사용한 것은 우리에게 큰 의미가 있다. 중국 최초의 무술서는《무예총서》[1]이고 그 이후 明(명)의 唐順之(당순지)가《武篇(무편)》[2]을 찬술했다. 당순지의 영향을 받은 척계광이 기효신서를 찬술한다. 여기에서 왜구의 검술을 극찬하고 중국의 검술이 스스로 倭(왜)보다 못하다 기록했으니 일본의 검술은 동양검술에서 최고라는 명성을 얻게 된 것이다. 우리의 무예서는 연개소문의《金海兵書(김해병서)》, 삼국유사의《安國兵法(안국병법)》, 삼국사기에 원성왕(786) 때의《武烏兵法(무오병법)》, 그리고 신라에 세 개의 병법이 있었다는 기록은 있으나 후대에까지 전해지지 않고 모두 사라졌다. 조선 초 태조의 명을 받고 하륜의《陣說(진설)》, 문종 때《東國便覽(동국편람)》, 단종 때《歷代兵要(역대병요)》의 병서가 출간 됐다. 무예서는 임진왜란을 기점으로 1598년(선조31) 한교가 중국의《기효신서》를 토대로 허유격의 도움을 받아《武藝諸譜(무예제보)》를 최초로 편찬했다. 그 후 최기남이《武藝諸譜飜譯續集(무예제보번역속집)》을, 훈련도감교련관 林秀雄(임수웅)이 1759년(영조35)에 사도세자와

....

1 宋代(송대) 仁宗(인종) 때인 康定(강정) 元年(원년:1040)에 시작하여 3년 후에 완성됐다.
2 《무편》은 모두 12권으로 권5에 牌·弓·拳·槍·劍·刀 등의 무술이 기술되어 있는데 특히 無敵神牌式(무적신패식)에는 도해가 있으며 劍(검) 은《武備志(무비지)》에서 소위 唐(당)의 劍訣歌(검결가)라고 소개된 검법이 출처에 관한 고증 없이 기록되어 있고 刀(도)는 雙刀(쌍도)만을 싣고 있다.

함께 18가지 도보를 정리하여《武藝新譜(무예신보)》를 편찬했으며, 규장각 검서관 이덕무·박제가와 장용영초관 백동수 그리고 화공 김홍도가 참여하여 정조 때 18기에 6기를 더하여《무예도보통지》를 편찬했다. 한국은《무예도보통지》를 그린 원화를 화원은 허감, 한종일, 김종희, 박유성으로 보고 있다. 이에 반해 북한은 세계유네스코문화유산에《무예도보통지》 등재하면서 김홍도로 원화자로 했다. 본 책에서는 김홍도를 원화자로 서술한다.

우리 사학계는 무예서가《기효신서》를 바탕으로 편찬했다는 이유로, 중국과 일본무술을 정리한 것이고 우리의 고유무예는 본국검·조선세법 뿐이라는 주장들을 하는 이도 있다.

그러나 중화의 기록에 "동이족 치우천황이 철제무기 다섯 종류〔刀(도)·戟(극)·大弩(대노)·劍戟(검극)·銅頭鐵額(동두철액)〕을 최초로 만들었고 도끼·장창 등 14가지 무기가 있다."고 기록되어 있다. 즉《紀效新書(기효신서)》에서 다루는 모든 무기가 이미 동이족에서는 있었다. 철재무기를 가지고 전쟁을 했는데, 그것을 다루는 무술 없다는 것은 어불성설이다. 그러나 기록이 없으면 없다고 단정하는 것이 한국의 실증사학이다. 중국 역사를 보면 대부분 북방민족이 중원을 점령하여 나라를 세웠다. 이들이 사용한 무기와 무술은 당연히 북방의 무술이지만, 중원을 점령한 왕조가 다시 망하고 교체되고 세월이 흘러가면서 북방계열의 모든 무예는 중국 고유의 무술로 인식하게 됐다. 고구려 벽화의 군사행렬을 보면 전장에 사용한 무기들이 중국의 무기들로 가득하다. 후대에 기록이 없다고 없는 것이 아니다. 우리의 무예 뿌리를 찾기 위해서는 중화에 남아 있는 무예서에서 찾아내야 한다. 조선세법도 明(명)의 茅元儀(모원의)가 지은《武備誌(무비지)》에서 찾았다. 그동안 본국검은 신라의 검법으로 알고 있었으나 조선세법을 해독하고 나서야 조선세법에서 나온 것임을 알게 됐다. 과거의 기록은 이처럼 중요하다. 과거의 기록은 결코 죽은 망령이 아니라 살아있는 현재의 산물이다.

현재의 무예가 미래로 나아가기 위해서는 과거의 기록이 필요하다. 중국과 일본도 과거의 기록을 연구하여 세계무대에 발표하고 있다. 자국의 우월성을 드러내려는 것이다. 왜검술을 연구하면 우리와 일본의 역사가 혼재되어 있음을 알게 된다. 일본의 역사는 한반도 역사가 투영된 실존의 역사일 수밖에 없다. 일본은 고대사에 대한 콤플렉스를 가지고 있다. 고대사를 연구하면 일본을 이룩한 주체 세력은 한반도 이주민의 역사이기에 일본은 끊임없이 고대사를 드러내지 않고 왜곡하려 한다.

특히 百濟(백제) 패망 후, 倭(왜)에 백제의 다른 이름 '日本(일본)'이라는 이름으로 새 나라를 세운다. 그리고 빼앗긴 고향의 나라 한반도로 진출하기 위해 절치부심 한다. 일본의 '왓따산(渡來山)' 정상에 母國(모국)을 그리며 3층 석탑을 세우고, 그 주변에는 3만 5,000여 개의 부도를 세워 고국을 향하고 있다. '왓따산'은 한자로 '渡來山(도래산)'이다. 훈독으로 보면 '(백제에서)왔다'는 뜻이다. 일본은 고대사 콤플렉스를 극복하기 위해 야마모토(大和倭)가 4세기 후반에 한반도의 백제·신라·가야를 지배했다는 임나일본부설(任那日本府說)을 통해 미래의 분란을 심어주고 있다.

일본이 역사를 왜곡하면 미래에 영토분쟁은 필연으로 다가올 것이다. 백제멸망 후, 무력이 곧 국가의 근본이라는 철학으로 와신상담 힘을 키워온 일본이다. 전쟁은 대부분 이웃한 나라와 하게 된다. 그러기에 한·중·일은 항상 위험한 경계에 있다. 일본은 1,000년의 역사적 관점에서 자신들은 중원의 천자국과 대등한 관계고, 한민족은 중화의 속국으로 보아왔다. 중국과 일본이 힘이 강성해지면 늘 한반도를 넘보았다. 이것이 이 땅의 운명이다. 이러한 역사의 악순환을 끊기 위해서는 무인정신을 고취하고 강한 국방력을 가져야 한다.

일본은 근대화와 함께 일본무예는 세계적 위치에 서게 된다. 러시아와 중국을 격파하고 세계최강 미국에 선제공격을 한 나라다. 결과는 패했지만 그 속에 잠재된 무인정신과 자존심은 결코 패하지 않았다. 언제든지 한 번 붙어보겠다는 결기가 서려 있다.

한국은 일본에 강제 점령당한 이후 근대사 콤플렉스를 가지고 있다. 강제 점령기에 한국의 무예는 일본의 신도문화인 일본 무도에 흡수됐다. 일본은 신도의 나라이다. 신도는 불교의 전래로 약화되었으나 다시 불교를 신도 밑으로 둔 결과, 鎌倉(카마구라) 시대에 일본 천왕은 '부처님의 화신'이 됐다.

에도시대에는 儒佛道(유불도)를 격하시키고 復古神道(복고신도)를 사상화 했다. 마침내 메이지 천왕은 1868년 불교와 신도를 분리하는 '신불분리령'을 제정하여 신사에 있던 불상을 모두 철거하고 승려를 神職(신직)으로 강제임용 했다. 征韓論(정한론)을 주장한 야마가 소고·요시다 쇼인 등과 같은 철학자들이 사상적으로 신도를 뒷받침했다. 오늘날 일본 무술은 모두 '道'자를 넣어 '武道(무도)'로 사용하고 있다. 즉 일본 '무도'는 '신도'라는 천왕중심의 군국주의가 도사리고 있다. 아베 총리가 "요사다 쇼인 선생의 사상에 공감하는 부분이 많다."고 공언하는 것을 보면 제국의 망령이 신도에 있음을 보여주고 있다.

현재 일본 무도의 산실은 明治神宮(명치신궁)의 至誠館(지성관)이다. 여기에서 검도·합기도·궁도·유도 등을 상류층이 수련하면서 武士道(무사도) 정신을 통해 신도를 계승하고 있다.

일본은 근대철학을 하면서 개념이 곧 정체성이라는 것을 알고 일본에서 그동안 사용해오던 무예, 무술의 단어를 '무도'라는 개념으로 통일시켰다. 일본은 '무도'라는 용어를 사용하여, 고대사의 콤플렉스를 탈출하고 한민족의 무예를 일본 무도의 개념 속에 가두는 놀라운 묘수를 두었다. 그러나 고대의 기록 속에는 한민족의 위대한 무예의 역사가 남아 있다. 선조들의 무예문화를 부흥시켜야 한다. 생물뿐만 아니라 국가도 생멸한다. 강하면 살고 약하면 죽는다. 國運(국운)을 좌우하는 '運(운)'자는 '軍+辶'으로 군사력이다. 군사력이 없으면 국가는 망한다. 일본은 국가의 본질이 무력임을 알기에 武人精神(무인정신)을 고취시키고 은밀하고 치밀하게 무력을 키운 결과, 패망 후 재무장의 길로 자연스럽게 가고 있다.

한편, 역성혁명을 일으킨 태조 이성계는 무인의 속성을 잘 알기에 무인을 경계했다. 이성계는 明(명)에 무력을 의지하고 조선을 文人(문인)의 나라로 개조했다. 그 결과 조선은 明(명)에 事大(사대)하게 되고 무인들은 천대를 받게 됐다. 이러한 조선 600년의 풍토가 문인의 나라로 구조화됐다. 문인의 나라가 지속되는 한, 한민족의 불행은 멈출 수 없을 것이다.

모든 것을 내려놓고 싶을 때, 박정진 선생은 '임 총재가 해야지 누가 하겠나' 하시며 채찍과 격려로 이끌어 주셨다. 武文哲學(무문철학)으로 한국의 무예가 나아갈 방향을 반듯이 세워주셨다. 초서체 해독에 도움이 되도록 일본어 한자 훈독 사전을 보내주신 전 일본 김세택 대사와 전대한병원협회 서석완 전 사무총장께 감사를 올린다. 《본국검예》에 이어 《왜검의 시원은 조선이다》의 제호를 주신 손병철 박사께 감사를 드린다. 소전체의 대가이며 한국이 낳은 세계적인 동양화가 '눈꽃송이' 雪花白(설화백) 임기옥께서 '왜검의 시원은 조선이다'의 제호와 무예의 자존을 세울 수 있도록 武神(무신)이란 서체를 써주셨다. 오혜림 명인께도 감사드린다. 오랜 세월 곁에서 용기를 주신 유관순열사기념사업회 조혜자 부회장과 안홍 회장 그리고 만해 김경호장인의 전통무예에 대한 관심과 석각을 새겨주신 한국서예협회 한상봉 이사께 감사드린다.

특히 서울대학교 체육교육과를 졸업하고 이학박사인 임수원 대한본국검예협회장이 없었다면 여기까지 오지 못했다. 이 일은 한민족의 자존을 위한 역사적인 일로 분명히 가치가 있으니 후대에 남기어 후손들이 당당하게 살아갈 수 있도록 하자고 했다. 국가에서 해야 할일을 일개 개인이 하고 있다며, 어려움이 있더라도 용기 잃지 말라며 힘과 용기를 주며 외로운 길의 동반자가 됐다. 무예를 복원하는 과정에서 겪게 되는 숱한 시행착오를 묵묵히 받아들이고 수련에 열중했다. 복원과정의 기록과 연구과정의 작은 기록이 사라질 것을 염려하여 모든 것을 기록하고 녹취하여 남겨뒀다. 그리고 조선세법·본국검·왜검보 등의 술기를 체득한 자로 연구방법과 원고와 복원된 동작을 비교분석하여 목차와 소제목을 정하고 3년여에 걸쳐 구성과 교정·교열을 했다. 무문를 겸한 자로 한민족의 정체성과 주체성을 위해 모든 술기와 검예의 정신을 후대에 계승할 막중한 사명을 지니고 있다. 그간 어려운 가운데 물심양면으로 헌신해주신 것에 감사드린다.

일찍이 조선세법이 대동류유술의 기법과 관련이 있음을 2014.08.25.일 무예신문사 인터뷰에서 처음 발표하였고, 2015년 4월 18일 제 2회 대한민국합기도를 위한 포럼에서 '검과 대동류유술의 연계성'을 주제로 조선세법의 동작과 무예도보통지의 기록과 비교하여 발표했다. 검술과 대동류유술의 술기를 연구하고 있을 때, 마침 장인목 선생으로부터 대동류유술을 계승하고 비전목록을 2002년 9월에 물려받은 허일웅 명지대학교 명예교수를 만났다. 허일웅 박사님의 도움으로 2017년 6월 17일 '대동류유술과 본국검'을 명지대학교 자연사회교육원에 학과를 개설하여 대동류유술과 조선세법의 연계성을 연구할 수 있었다.

그러던 중, 1986년부터 허일웅 박사와 교류가 있는 91세의 다나카시게호(田中茂穗) 지성관 合氣道(아이키도) 명예총관장을 2017년 6월 29일 만났다. 다나카시게호는 아이키토 창시자 植芝盛平(식지성평:우에시바 모리헤이)의 제자로 동경대·중앙대·토야마대에서도 지도하는 일본 合氣道를 대표하는 최고수(9단) 무인이다. 이번 방문은 허일웅 박사, 임수원 본국검예협회장, 류지량 천지관 총관장, 허재원 동방무예 원장과 함께 했다. 지성관이 일본의 '무도'가 사무라이 정신의 부활과 신도의 무사도임을 확인했다. 합기도 창시자의 식지성평(植芝盛平:우에시바 모리헤이)의 3대 손, 식지수영(植芝守央:모리테루) 도주를 만나 본국검이 일본에 전래한 사실을 직접 설명하고 그 증거로 본국검예를 증정했다. 대동류유술의 중흥조인 源正義(원정의) 계승자인 종가대리 석교의구(石橋義久:이시바시기규)를 만나 小野派一刀流少(야파일도류)의 秘技(비기)를 직접 확인했고, 그 비기가 조선세법 擊刺(격자)의 기법임을 확인했다. 또한 석교의구가 대동류술이 검술의 기법에서 나왔다고 확인시켜줌으로써 조선세법과 대동류유술의 기법들이 서로 연결되어 있음을 다시 확인했다. 실제 대동류 一木捕(일목포)는 조선세법의 거정세와 평대세의 수수세와 연결된다. 그밖에 많은 기법들도 조선세법과 검의 범주 속에 모두 들어있었다. 조선세법에서 맨손술기가 복권되면 朝鮮相撲流(조선상박류)가 복원되는 것이다. 이렇게 되면 상박술기의 시원은 고조선이 된다.

무예신문사 최종표 회장께서는 한국 '武藝(무예)'가 '武道(무도)'의 개념에 빠져있을 때, 한민족 정체성이 담긴 '武藝(무예)'의 개념을 알리기 위해 '무예신문'을 발간했다. 무예의 개념이 얼마나 중요한지 깨달은 선구자로 처음 인연을 맺은 이후 한결같은 성원과 지지를 해주었다.

디플로머시 임덕규 회장, 신문명정책연구원 장기표 대표, 계원예술대학교 권영걸 총장, 선문대학교 석준호 전 이사장, 중원대학교 김두년 총장, 한국간도학회 이일걸 회장, 경기대 박영규 명예교수, 물심양면으로 후원해 주신 상보 김상근 회장, 사)계수나무장학회 김상천

회장의 호의에 감사드린다. 또한 협회 발전을 위해 노력해주신 강준석 부총재, 이상억 사장께 감사드린다. 특히 2018. 8.15일 양정무 회장은 저자에게 고조선 시대 흑피옥으로 된 환웅국새를 해독할 수 있는 기회를 주셨다. 그로인해 환웅국새가 《三國遺事(삼국유사)》에 기록된 天符印(천부인)임을 밝힐 수 있었다. 또한 〈왜검의 시원은 조선이다〉에 桓雄國璽(환웅국새)를 최초로 공개하도록 하고, 고조선박물관에 본국무예원을 세워주신 것에 깊은 감사를 드린다.

서울대학교 체육교육학과 나영일 교수, 선문대학교 무도학과 최종균 교수, 영산대학교 박귀순 교수, 남부대학교 김영식 교수, 일본아이비스포츠단 윤상준 박사, 중앙대학교 손환 교수, 한국스포츠정책과학원 성봉주 박사, 한국학중앙연구원 곽낙현 박사, 계명대학교 송형석 교수, 이호연 문학 박사, SDA종합예술실용전문학교 전관식 이사장, 세계일보 조정진 논설위원과 조형국 박사, 세계통일아카데미 최문형 회장과 회원 여러분들의 관심과 조력에 감사드린다. 특히 음양오행 학자 박창보 국학박사께서 '천문과 10간 12지'의 내용을 보시고, 《음양으로 본 우리상고사》에 인용하려 출판을 미루셨다. 그러나 본국검예의 출판이 계속 지연된 관계로 도움을 드리지 못한 것에 죄송함을 표한다.

대한민국무예체육단체협의회 이용복·김의환 고문님의 관심과 격려에 감사드린다. 통천철권도 허통천 총재, 동국검법 전영식 회장, 프로태권도 김형룡 회장, 한국화랑도협회 최종태 회장과 김진수 이사, 세계합기도연맹 최선길 회장, 세계평화무도연합 송희철 본부장, 대한삼보 문종금 회장, 국선도 박윤박 회장, 대한궁술원 장영민 원장, 차력무술협회 우명덕 회장 등 33개 대한민국무예체육단체협의회원들께 감사드린다. 또한 한국무예총연합회 김정기 상임이사, 국제특공무술연합회 박노원 총재, 세계국무도연맹 양승근 총재를 비롯한 한무총 회원들께 감사드린다.

또한 천지무예도협회 왕호 창시자, 호신권법 임성학 총재, 미국태권도계의 대부 이현곤 회장, 합기도수도관 홍승길·김홍철 회장, 대한호국특공무술 김진영 이사장·정효진 총재, 세계국무원 황영진 총재, 은평구태권도협회 황소선 회장, 진검도법 이정직 회장, 세계글로벌합기도 이희관총재, 풍류문화연구소 김두섭 소장, 다물흥방단 구용본 단장께 감사드린다. 전통예절을 계승하는 청학동 김봉곤 훈장과 잘못된 역사를 바로 세우시는 한배달 박정학 회장, 잃어버린 정체성을 찾기 위해 광개토태왕비를 세우신 너른마당 임순형 회장께도 감사드린다. 특히 정진석 선배님과 이창선 의형의 깊은 우의에 감사드린다. 그밖에 소개하지 못한 많은 지인 무인께 송구함과 감사를 표합니다.

본 협회 임종상 부총재께서 천부인의 사진 촬영에 도움주신 것에 감사드린다. 또한 이운성 부회장·이석숭·임인홍·정승원·조길현·김상호·이양환 이사, 문영길 경상도본부장(세계대학태권도협회 부회장), 김정웅 고문, 이재원 자문위원(남서울실용전문학교), 김정락 자문위원, 이창환 기획이사께 감사드린다. 또한 이승영 치과원장의 전통무예에 대한 열정과 후원에 감사드린다. 《본국검예》의 정체성을 계승하는 김광염 총관장·김동훈·김재환·정주현·이임선·유운지와 김정필과 특공무인 김동제·정규호·백운식·백승동과 기무사 김근호 등 여러 제자들의 투철한 무인정신에 감사드린다. 해동검도의 이승량(본협회충남본부장)·임만수(본협회충남부회장)·가광순(세계특수무술연맹 설립자)·정호종·유응선·이병홍·이종훈·이창경·김석환 관장의 참여에 감사드린다. 세계평화무도연합 사무총장 성도원과 겐신, 미국 태권도 유윤암과 전통검 제작에 헌신하는 박동조와 협회마크를 디자인한 오경근 대표, 오랜 인연을 함께 한 인스팩코퍼레이션 김주호 회장, 지우 김진술, 정은경 시낭송가, 송산·시왕·선태 스님, 청산스님의 승군무예를 계승하는 청룡·황룡·보리 스님, 승병무예단 단장 연화스님·경천 스님과 전통사폭바지를 무복으로 개량해준 한복 디자이너 최수현 교수께 감사드린다.

《본국검예》를 출판한 것이 바로 엊그제 같다. 독자들의 많은 관심에 전통무예의 희망을 보았다. 본국검예를 읽고 무엇이 옳은지 알게 되었다며 멀리서 찾아와 수련을 청하는 용기 있는 무인들을 보면서, 언젠가는 잃어버린 우리의 무예를 바로 세울 것이라는 희망을 가진다. 어떤 독자는 본국검예를 수 없이 읽었다며 오탈자도 찾아주었다. 처음 출판하면서 잦은 원고수정으로 원고가 뒤섞인 곳이 여러 곳이 있다. 기회가 되면 한권의 책으로 조선세법과 본국검을 정리할 계획이다. 출판 업계가 매우 어렵다. 독자가 한정되어 손실이 있음에도 불구하고 행복출판사 권선복 사장의 결단으로《본국검예》가 세상에 나올 수 있었다. 또한 권선복 사장님의 배려로 전통무예 연구에 매진할 수 있었다. 출판업계에서 보기 드문 심지 깊은 철학을 가지셨다. 이번에도 용단을 내려주신 것에 다시 한 번 감사드린다.《본국검예》 1·2권에 이어 3권의 원고를 꼼꼼히 읽고 멋지게 디자인 해준 최새롬 팀장에게 감사드린다. 《왜검의 시원은 조선이다》가 전통무예와 동양검술의 흐름을 알고자 하는 무인과 진검술기를 연구하는 학계에 도움이 되길 바란다.

    돌아가신 부친께《본국검예》를 헌상한 지 5년이 흘렀다. 모친께서 어려운 길을 가고 있는 자식이 걱정된다며 언제쯤 이 일이 끝나 너의 삶이 나아지냐며 때마다 물으셨다. 에둘러《왜검의 시원은 조선이다》가 마무리되면 다 잘될 거라며 안심시켜드렸는데 출판을 못 보시고 2015년 6월 11일(음력 4. 24)에 갑자기 돌아가셨다. 오랜 세월 걱정만 끼쳐드렸다. 歸天(귀천)하신 모친께《왜검의 시원은 조선이다》를 바친다. 끝으로 여식의 결혼을 축하하며 변함없이 믿고 지지해준 가족에게 감사드린다.

편집후기

《본국검예》 1권 〈조선세법〉, 2권 〈본국검〉(2013)에 이어 3권《왜검의 시원은 조선이다》 출판을 진심으로 축하드립니다. 고무예서 연구는 다양한 분야의 전문인이 참여하여 공동연구하거나 국가나 대학연구소에서 해야 할 방대한 국책사업이다. 이러한 연구를 일개인이 하기에는 많은 무리가 있다. 그러나 임성묵 총재는 한학자 집안에서 자라 어릴 적부터 익힌 한학을 바탕으로 20여 년간 생업을 접어두고 오직 무예서 연구와 검을 수련하면서 난해한 고무예서를 홀로 해독해왔다. 이렇게 힘든 길을 가는 것은 이 시대에 해놓지 않으면 자칫 묻혀 버릴 것 같다는 불안감 때문일 것이다. 한민족 무예의 정체성을 찾고자 하는 사명감으로 이루어낸 크나큰 업적으로 존경과 경의를 표한다. 이러한 연구가 우리가 잃어버린 정체성을 찾고 전통무예의 역사를 새롭게 조명하는 일로써 분명히 역사적 가치가 있고 보람 있는 일이다. 그렇기에 임성묵 총재와 뜻을 같이하여 연구와 검예 전수에 전념하고 있다.《본국검예》 1, 2권을 3년여 간, 3권《왜검의 시원은 조선이다》도 3년여 간 구성·교정·교열을 했다. 이렇게 오랜 시간이 필요했던 것은 고증자료를 찾아 증명하고 무예서에 기록된 동작을 복원하고 다시 검증하는 시간이 필요했기 때문이다.

역사·신화·이두·한자 등 새롭게 발견되는 자료에 관한 내용은 그때그때 휴대폰으로 녹취했다. 녹취된 400여개의 파일은 한자·한글 전문가와 충분한 대화와 토론을 거쳐 그중 신뢰도와 타당도가 높은 내용만 선별하여 수록했다.

이 책의 구성은《무예도보통지》의 〈왜검보〉편으로 토유류·운광류·천유류·유피류·김체건의 교전보와 영류지목록(쌍수도)으로 되어 있다. 왜검의 토유류는 土(토), 운광류는 光(광), 천유류는 千(천), 유피류는 皮(피)자에 검의 기법이 포괄적으로 함축되어 있으며 각각의 한자(土·光·千·皮) 형태로 검의 기법이 구성되어 있다. 토유류는 일렬로 대형을 갖추어 포위망을 뚫을 때 행하는 기법이며, 운광류는 군에서 격법을 수련하는 기법이다. 천유류는 나아가 공격하고 물러나 방어하는 기법이며, 유피류는 방어하는 기법으로 각각의 특징이 있다.

〈영류지목록〉은 장도를 사용하는 기법으로 일본 3대 유파 중 2개의 유파, 영류와 음류의 뿌리가 된다. 이 문서는 한·중·일에 걸쳐 큰 영향을 준 검법으로 한·중·일 학자들이 600여 년간 해독하고자 노력하였으나 전체를 해독하지는 못했다. 영류지목록은 일본 초서체로 기록되어 있어 일본학자들이 해독하기에 유리하다. 그럼에도 일본학계에서 조차 기법의 복원·원문 해석도 하지 못한 상태다. 이러한 문서를 해독했다는 것은 무예사적으로 큰 일을 해낸 것이다. 일본 검도계는 지금까지 영류지목록이 일본 검의 시원이 적힌 문서인 줄 알고 이 문서를 떠받들어 왔다. 그러나 문서 해독결과 한반도 해변에 왜적의 침입으로 아버지를 잃은 아들이 해안가로 침범하는 왜적을 섬멸하는 내용으로 되어 있다. 이번 해독으로 인하여 일본으로서는 영류지목록이 참담한 문서가 됐다.

이 책은 한글과 한자의 관계, 상고시대의 한자가 의미하는 신화·비유·상징과 동양의 기휘문화와 한민족이 사용해온 언어를 종합적으로 적용하여 연구했다. 이러한 연구 방식은 타 연구자와 다른 언어의 DNA를 찾는 방식으로 소리·문자·고문자·한자·한글·역사·천문·역학·철학 등 종합적 사고가 있어야만 가능한 연구다.

한글은 사물에서 천지자연의 모습을 단순하게 일차적으로 표현한 문자이고, 한자는 한글 상형에서 다 표현하지 못한 사물의 형상을 구체적으로 표현한 문자임을 제시했다. 한자는 한 음가에 여러 가지 뜻이 내포되어 있다. 이것은 시대에 따라 한자의 뜻이 달리 쓰였다는 것으로 문화·인물·역사적 사건·강자의 개념 이입 등이 반영된 것이다. 한민족은 한자를 부수 중심이 아닌 음가 중심으로 사용했다. 이두방식이다. 때문에 중화와 일본은 이두문이 섞인 고무예서를 해독하려면 막막한 어려움에 봉착하게 된다. 역설적으로 이러한 이두식 한자가 사용된 고무예서는 한민족의 무예서임을 증명한다.

한민족이 사용한 한자는 선조들이 살아온 문화적 특성과 우리의 소리에 뜻과 음가를 결합시켜 사용했다. 상고시대의 문자는 은유·비유·상징 등이 글자 하나하나에 담겨있고 연결된 문장은 한편의 시로 구성되어 있다. 이러한 문자와 문장은 당시에 살던 신화와 역사를 담고 있다. 상고시대에는 밤하늘의 별이 책이었다. 그러기에 天文(천문)이라 한다. 천문은 문자가 없던 시절부터 구전으로 전해진 신화며 역사다. 단순하게 한자의 뜻만으로 해석하면 본 모습에서 멀어진다. 갑골문·금문·전서와 연결된 의미를 종합적으로 분석하여 해석해야한다. 약자의 역사는 기록으로 남길 수 없는 것이 많다. 기록으로 남길 수 없는 것은 전설과 구전으로 역사를 전했다. 전설과 구전도 참고했다.

문자의 개념은 강자에 의해 규정되고 조작된다. 전쟁에 패하면 승자의 의도대로 따를 수밖에 없다. 다행히 갑골문은 동이족 문자고 한자의 뿌리이기 때문에 고무예서에 한민족의 문화와 이두표기가 남아 계승됐다. 이러한 한민족의 문화를 이해하지 못한 중화·일본에서는 이두식 한자를 해독하지 못한 채 단순히 한자의 해석에 그쳐있다. 일본의 문서인 영류지목록을 일본학자들도 부분적인 단어 해석에 머물러 있다. 현재 일본에서는 전체적인 내용은 알 수 없다고 논문에 발표한 상태다. 상고시대의 우리의 신화와 역사는 우리의 문화와 소리에서 찾아야 한다. 그렇다고 역사서를 배재한 것은 결코 아니다. 당연히 한·중·일의 역사서를 참고하고 우리의 문화와 연관성을 기록에서 찾았다.

《왜검의 시원은 조선이다》는 한민족의 상징문화와 무예의 개념을 새롭게 재정립했다. 백제 무령왕의 왕관을 꽃으로 비유한 기존의 연구를 왕비관은 용, 왕관은 봉황임을 밝힌 것도 상고시대 한민족의 상징문화를 적용하여 연구한 또 하나의 결과다. 일본의 검술에서 사용하는 용어의 대부분은 도래 무사들이 왜인에게 전수하는 과정에서 사용된 한민족이 사용하는 실행어와 설명어였음을 밝혔다. 동양에서 사용한 '도'의 개념을 일본이 왜곡하여 '도'를 '신'으로 규정하고, 일본의 천왕을 '신'으로 만든 것이 '신도사상'이다. 일본의 무도에 이러한 신도사상이 숨겨져 있음을 밝히고 '도'가 있었던 원래의 자리로 다시 돌아가게 함으로써 '도'를 '예'속에 가두었다. 이로써 한민족의 '예'를 철학적으로 세워 무예철학의 방향을 세운 것은 향후 한민족 정체성을 정립하는데 커다란 업적이 될 것을 확신한다.

劍(검)은 한민족의 자긍심을 불러일으키는 동작임이 틀림없다. 武劍(무검)은 한민족 상고사의 위대한 역사의 재조명이고 자연·천문·한자의 개념을 정립하는 철학적 사고의 성숙이다. 검은 깨우침의 철학이다. 劍藝(검예)의 수련은 劍身一體(검신일체)의 철학적 사고에 이르게 한다. 연구물은 검 뿐만이 아니다. 한민족 맨손무술의 시원인 내가장권과 역근경 복원을 마치고 출판을 기다리고 있다. 곧 동작을 볼 것이다. 내가장권과 역근경이 출판되는 날 대한민국의 무술은 당당히 중국·일본과 무예역사전쟁에 나설 수 있을 것이고 대한민국이 한·중·일의 무예종주국임을 선포하게 되는 날이 될 것이다. 현재 전통무예의 계승자는 단절되어 없다. 각 단체마다 복원했다고 하고 있으나 검증되지 않은 해석과 동작이다. 정부와 학계에서는 우리 선조들이 남긴 무예도보통지와 조선세법을 바탕으로 검증해야 한다. 검증되어 복원될 때 우리 전통무예가 되살아나고 발전한다. 나에게 임성묵 총재, 박정진 교수, 손병철 박사, 설화백(임기옥)과 도서출판 행복에너지 대표 권선복 친구가 있다는 것은 즐거움이며 행복이다.

2018년 11월 10일
(음력 10월 3일 개천절)
대한본국검예협회장 임수원

紙
武
緌
纓

一.
神(신)의
나·라

국가는 무엇으로 지탱하는가. 이에 물음에 대한 답은 상고의 역사가 말해주고 있다. 선조들의 위대한 발자취를 보면 동이족은 중화를 능가하는 방대한 영토와 선진문명을 이루고 있었음을 알 수 있다. 동이족이 상고시대의 문화를 주도적으로 이끌어 나갔다. 그러나 지금의 현실은 허리가 남북으로 두 동강 나고 반도 자락 끝에 위태롭게 걸려있다. 결국 중화의 확장은 한민족의 축소로 이어졌다. 중화의 세력 확장과 함께 한민족의 신화와 역사는 승자에 의해 폄하되고 말살되거나 신화까지 중화로 넘어갔다. 침략국은 자신이 정복한 민족이 숭배하는 종교를 제일 먼저 말살한다. 신전을 허물고 그 자리에 자국이 믿는 신을 채운다. 신화를 잃은 민족은 종국에는 민족혼을 잃게 되고 정체성이 사라져 나라를 찾을 의지가 사라진다. 오히려 지배국이 숭배하도록한 신을 숭상하고 사대주의에 빠져 정신적 종속관계로 전락된다.

자국의 신화와 신 그리고 이념을 속국이 믿도록 강요하는 것이 강대국의 본질이다. 한민족은 치우천황의 사당을 모셔 경배하였으나, 明(명)의 속국으로 전락하자 明(명)은 '관우신당'을 조선에 세우도록 종용했다. 이러한 종용의 목적은 조선은 '관우처럼 明(명)에 충성을 다하라'는 강요다. 그 결과 무신 치우사당의 자리에 관우사당[3]이 들어서게 되면서 한국인에

3　임진왜란이 끝난 뒤 명의 신종(神宗)은 사신 편에 "관공(關公)은 원래 영령(英靈)이 비범하여 임진왜란 때 귀국을 음으로 도움이 지대하였으니 묘(廟)를 세워 그 공을 갚는 것이 마땅하다."는 조서(詔書)와 4천 금의 건립 기금을 보내와 묘우 설립을 강력하게 종용했다. 이에 우리 조정에서는 어쩔 수 없이 동대문 밖에 터를 잡아 관왕묘를 세우게 되었으니 그것이 지금의 동묘이다. 선조 35년(1602) 봄의 일이었다. 관왕묘가 자리를 잡자 이제는 관우를 숭배하는 현상이 차츰 전국적으로 확산되었고 급기야는 최영 장군과 이성계가 무속이나 민간신앙의 숭배 대상으로 변모하듯 섬김의 내용이 바뀌면서 1920년대에는 관성교(關聖敎)라는 종교단체까지 등장했다. 이런 연고로 전국 곳곳에

게 무신은 관우가 됐다.

일제도 대한제국을 강점하고 대한제국이 천제를 지내던 원구단의 주춧돌과 왕궁의 건물을 해체했다. 해체된 재목은 일본 국조신인 아마테라스오미카미를 주신으로 받드는 신사를 세우는데 사용했다. 그리고 일본천왕을 전 국민이 참배하도록 강요했다. 또한 우리 한민족의 문화와 역사를 말살시켜 한민족의 정신을 뿌리째 뽑고, 일본천왕을 숭배하도록 강제하여 한민족을 황국신민으로 개종시키기 위한 식민정책을 펼쳤다.

우리는 우리 자손들에게 타국에 의해 빼앗기고 잃어버린 한민족의 신화와 전설을 찾아주어야 한다. 그래야만 미래의 위대한 역사를 새롭게 써내려갈 꿈을 꿀 수 있다. 우리에게 상고시대 '신화'는 '신' 그 자체의 역사였다. 근대서양학은 '동양의 신의 역사'를 '신화'로 격하시키고, '서양의 신'만을 '실존의 역사'로 교묘하게 규정했다.

지금도 한·중·일 삼국은 치열한 역사전쟁과 신화쟁탈전을 하고 있다. 문화란 상징이다. 문화가 곧 종교며 철학이다. 국가란 문화결정체의 집합일 뿐이다. 오늘날 대한민국은 사대문화가 만연해있고 일제가 심어 놓은 식민의 뿌리가 사회 곳곳에 독버섯처럼 자라고 있다. 중국의 사학자 駱賓基(낙빈기)는 "한자는 동이족의 문자다."고 주장했다.

음가로 정해진 것은 당시에 사람들이 사용하던 소리를 음가로 삼아서 문자로 했다. 문자는 상류층의 권력적 도구로써 소수계층이 사용했고, 일반 백성은 '소리'로 의미를 받아들였다. 그렇기 때문에 우리가 사용하는 음가와 뜻이 한자에 그대로 들어가 있다. 즉 '한글의 자형과 소리'는 한자의 모체며 뿌리다. 이러한 사실을 입증하고 밝혀내면 상고의 역사가 송두리째 바뀐다. 그러나 강단사학계는 무덤덤하다. 우리는 왜곡된 중화의 역사를 추종하고 일제가 규정한 틀 속에 갇히어 한발자국도 못나가고 있다. 중화와 일본이 의도한 대로 관점과

관우를 섬기는 사당이 들어서게 되었으니 조선 말기 서울에 세워진 북묘와 서묘는 다분히 이런 흐름이 반영된 것이라 할 수 있다. 동묘 (답사여행의 길잡이 15-서울, 초판 2004, 5쇄 2009, 돌베개)

개념이 고착화됐다. 이런 현실로 인해 그나마 남아있던 우리의 문화와 정체성은 우리도 모르는 사이에 점차 사라지고 있다.

오늘날 철학계의 현실도 마찬가지다. 서양철학을 배우기 급급한 나머지 후손들이 살아갈 역사적 비전과 우리의 삶에 필요한 우리의 철학과 사상이 매우 미흡하다. 시급한 것은 일제에 의해 훼손된 한민족 '천지인'의 사상이 철학으로 되살아나야 하고 동양의 '기'철학을 새롭게 정립해야 한다. 또한 '한글'과 '한자'의 연계성을 찾아 '우리만의 철학'을 세워야 한다. 언제까지 타국의 사상과 철학을 추종하고 전달할 것인가?

무예문화도 마찬가지다. 일제는 강점 후 제일 먼저 대한제국의 군대를 해산시키고 전통무예를 말살시켰다. 그리고 그 자리에 일본무도를 심었다. 실제로 '검도, 합기도, 공수도, 유도'라는 개념은 일제가 만들어 놓은 개념이다. 비록 해방은 되었으나 해방 후 정국의 혼란과 연이어 동란을 겪으면서, 약 70여 년 동안 우리의 무예는 이 땅에서 거의 사라졌다. 1970년대 중후반 자료가 부족하고 실기가 실전된 상태에서 급급히 전통무예를 복원하게 됐다. 그 결과 지금 복원했다는 전통무예는 기록과 동작이 다르고 이론과 철학이 없는 빈껍데기다. 한민족 무예의 독창성을 살리고 우리 무예의 정체성을 살리기 위해서는, 중화와 일제가 정립해 놓은 개념이 아닌 선조들이 사용했던 개념을 사용해야만 우리의 무예를 바로 세울 수 있다.

오랜 기간 동안 한민족의 역사는 사대와 식민으로 점철되어 주체적 역사관이 상실됐다. 한민족이 중화나 일본보다 우월한 역사적 증거나 관점이 나오면, 사학계는 기쁨보다는 주변의 이해관계로 인해 중국과 일본의 눈치를 보는 것이 현실이다. 사학계는 한민족의 상고사를 주체적으로 쓰기가 두렵다. 새로운 사관을 쓴다는 것은 험난한 비주류의 세계로 떨어지기 때문에, 단재 신채호 선생 같은 사학자가 사학계에 나타나지 못하고 있다. 원로 사학자들은 지금의 역사관이 일제보다 더 퇴보됐다고 한탄한다. 우리가 우리의 역사를 찾지 못하고 부정하는 사이 오히려 외국의 저명한 학자들이 한민족의 위대한 역사를 찾아주고 있으니 통탄할 일이다.

존 카터 코벨[4]과 낙빈기[5]는 일본과 중국이 두려워하는 학자다. 존 코벨은 일본미학에 빠져 일본 역사를 탐구한 미국인이다. 코벨은 미국인으로서 일본을 동경하여 일본 역사를 연구했지만 오히려 일본의 뿌리가 한반도임을 발표했다. 코벨은 일본을 넘어 한국사까지 연구를 했다. 코벨은 일본이 자랑스럽게 여긴 '다도'가 한민족에서 건너간 것을 밝혀준 장본인이다. 코벨은 도요토미 히데요시의 茶(차) 스승인 썬리규의 조부가 세조 때의 조선인이라는 것도 밝혔다. 도요토미 히데요시가 다기로 숭배한 것은 당시 조선도공이 만든 막사발 이었다. 이것이 현재 일본의 국보 이도다완이다. 코벨은 쎈리큐를 거슬러 일본 다도의 원조인 잇규가 고려의 공녀인 것도 밝혔다. 코벨이 일본 교토 대덕사에서 머물며 연구 중 우연히 알게 된 것이라 한다. 즉 현재 일본의 다도는 한국의 초암차(매월당 김시습)가 건너간 것이다.

낙빈기는 중국신화의 상고사를 연구하면서 신화의 시대가 동이족의 실존 역사임을 찾아냈다. 또한 한자의 뿌리가 동이족임을 밝혔다. 지금 중국은 낙빈기의 《金文新攷(금문신고)》를 금서로 지정했다. 낙빈기는 한자의 점 하나 획 하나가 모두 의미가 있고, 한자는 '•ㅡ l'의 세 부호의 결합체임을 알아냈다. 《금문신고》는 필자에게 큰 영향을 주었다. 상고시대의 문자는 토템과 신화의 결정체임을 알게 됐다. 신화를 지키지 못하면 역사도 정체성도 사라진다. 한자의 근본인 갑골문이 동이족의 문자면, 한자의 음가와 뜻은 당연히 동이족의 삶과 연결된 언어가 함축되어 들어갈 수밖에 없다. 실담어를 연구한 강상원 박사도 세계 언어의

----

4 존 카터 코벨(1910~1996) 박사는 미국 태생의 동양미술사학자. 미국 오벌린대학을 나와 서구학자로서는 처음으로 1941년 미국 컬럼비아대학에서 《15세기 일본의 선화가 셋슈 연구》로 일본미술사 박사학위를 받았다. 일본 교토 다이토쿠지(大德寺)에서 오랫동안 불교미술을 연구하고 《대덕사의 禪》, 《일본의 선정원》, 《이큐(一休) 선사 연구》 등 일본예술의 미학적인 면을 다룬 여러 권의 저작을 냈다. 1959~78년까지 미국 리버사이드 캘리포니아주립대와 하와이대학 등에서 한국미술사를 포함한 동양미술사를 강의. 뒤늦게 일본문화의 근원으로서 한국문화에 대한 심도 있는 연구의 필요성을 깨닫고 1978~86년간 아들 앨런 코벨(Alan Covell)과 함께 서울에 체류했다. 이 기간 중 한국문화의 현장에서 알아낸 1천4백여 편의 글과 논문을 발표했고 《한국이 일본문화에 미친 영향》, 《한국 도자기의 세계》, 《조선호텔 70년사》, 《한국문화의 뿌리》, 《한국의 문화유산》 등 5권의 영문 저서를 냈으며, 한·중·일 미술을 섭렵한 해박함으로 미술사에서 고고학과 역사 연구로 이어진 작업에서 한국인의 먼 조상 부여기마족의 존재와 일본에 건네져 한국 국적을 잃고 있던 한국미술의 존재를 밝히는 작업을 했다. 《한국문화의 뿌리를 찾아》(김유경 옮김, 학고재, 1999) 《부여기마족과 왜》(김유경 옮김, 글을 읽다, 2006) 등의 한국과 관련된 저서들을 남겼으며, 1985년 7월 후지노키고분에서 한국식 유물이 쏟아져 나오자 발굴을 포기한 이야기, 지난 1300년 동안 한반도에서 받은 영향을 은폐해온 일본 문화의 뿌리가 바로 한국임을 주장한 글들을 발표했다.

5 낙빈기(1917~1994), 중국의 사학자, 고대의 상형문자를 36년간 연구해서 쓴 금문신고(金文新攷)의 저자.

뿌리와 한자의 음가가 우리가 현재 사용하고 있는 사투리나 언어임을 저술을 통해 밝혔다. 이러한 사실을 바탕으로 한 결과 한자의 기본자가 한글과 같음을 알게 됐고 한글의 자형을 한문과 연결시켜 보게 됐다. 한편 낙빈기는 한자의 원리와 한민족의 음가와의 연관성은 보았지만 우리의 한글 구조와 소리(음)를 이해하는 데 한계가 있었다.

이밖에도 중국 고고학자 서량지와 북경대 엄문명 교수 등은 논문을 통해서 '앙소문화가 동이문화'임을 발표했다. 1985년 중국문화부장의 당 최고 지도회에서 朱穆之(주무즈)[6]는 "홍산문명(일만 년)은 한국의 것이다."고 밝혔다. 현대에 와서 중국의 역사학자 원승비는 "중국역사의 5%만 사실이고 나머지는 전부 허구다."[7]고 고백하여 중국이 발칵 뒤집혔다. 갑골문의 권위자인 동작빈은 〈단기와 중화고사 연표〉 논문에서 "요임금 1년이 갑진년, 25년이 무진년, 1955년에 2333년을 더하면 4288으로 단군기원 햇수다."[8]고 발표했다. 양심 있는 역사학자들이 반역사학자로 몰려 목숨이 위태로울지라도 진실을 밝히고 있다. 타국의 학자들이 진실을 밝히고 있음에도 불구하고 우리의 강단 사학계는 우리의 역사를 부정하고 있다.

한자가 동이족의 문자인 것은 밝혀졌다. 더 나가 宋(송)과 淸(청)대에 한자의 음가가 어떤 원리에 의해 정해졌는지 밝히려고 노력했으나 밝히지 못했다. 한자의 음가가 어떻게 정해졌는지 정해진 원리와 그 음가가 한민족의 소리에서 나왔다는 것이 밝혀지면, 중화문명이 송두리째 뽑히는 일대 사건이 된다.

許愼(허신)은 갑골문을 보지 못한 상태에서 그 당시의 韓中辭典(한중사전)인《說文解字(설문해자)》를 만들었다. 통합적 그림으로 만들어진 한자를 자형이 비슷하다는 이유로 540개의 부수로 분류하였고 오늘날은 더 축소하여 214개로 나누었다. 함축이 됨으로써 한자의 뿌리가 중화로 인해 크게 왜곡됐다. 한자가 540개의 부수로 분류되기 전에는 '어떠한 상황'

....

6   1913년 강소성 강음출생. 1982~85년 문화공부부장관 역임. 1990년대 한중친선연대회장 역임.

7   홍콩연합뉴스, 2010.5.7.

8   董作賓 等, 中韓文化論集一, 三版, 台北, 中華大典編印會.

을 그린 것이 한자고, '어떤 상황'을 설명하는 것이 '뜻'으로 사용되었다는 것을 발견했다. 때문에 한자의 음과 뜻은 한민족의 음가로 되어있을 수밖에 없었다. 역으로 한민족의 역사를 재정립하기 위해서는《설문해자》의 구절 음가에서 한민족의 소리 원리와 토템의 신화적 요소를 결합하여 재해석해야 한다. 그렇게 되면 우리가 잃어버린 동이족의 문화를 거슬러 찾을 수 있다. 저자는 한민족은 어떤 상황에서 발생된 여러 사건을 그림(한자)으로 그렸을 경우 모두 같은 음가를 일률적으로 적용한 것을 발견했다.

실제 중화는 한자의 음가를 알아내기 위해 노력했다. 宋(송)때 鄭樵(정초)는《通志(통지)》에서 七音(칠음)의 起源(기원)에 대하여 "칠음은 서역으로부터 夏(하)나라 때, 모든 나라로 유입됐다."[9]고 하였고 "한나라 유학자들은 설문해자는 알고 있었지만 글자에 자모가 글자를 생하여 모음이 된다는 사실을 모르고 있었다."[10]고 기록했다. 중화 스스로 한자의 음가가 어디에서 왔는지를 밝힌 것이다. 현존하는 중국의 역사학자 하광악도 오늘날 중국의 다수 민족 중에 동이족이 중심을 이루는 축이요, 중원문화의 창조자요, 동이족의 역사가 주류임을 극명하게 밝히고 있다.

일본의 사학계는 코벨의 논문이 두렵다. 학계에서 일본 것이라 주장했던 것들이 한민족의 것으로 밝혀지면, 일본은 중국으로부터 전래된 문화라고 하며 슬그머니 감춘다. 고대역사와 문화에 콤플렉스가 많은 일본은 한국의 문화라고 인정하기 싫은 것이다. 중국은 현재 낙빈기의 금문신고가 두렵다. 상고시대 역사의 뿌리가 뒤바뀌는 사건으로 수천 년 쌓아온 중국의 정체성이 흔들리기 때문이다. 박제된 현재의 우리 사학계는 '낙빈기'와 '코벨'의 논문을 뛰어넘는 주체사관으로 한민족의 역사와 정체성을 다시 세워야 한다.

商(상)대의 갑골문과 서주, 춘추전국시대 청동기에 기록된 고대문자가 무수하게 나오면

---

9 七音之韻 起自西域 流入諸夏 梵僧欲以其教傳之 天下故爲此書雖重百譯之遠一字不通之處而音義可傳〈通志卷 三十六 七音序〉

10 漢儒知以說文解字而不知文有字母生字爲母〈通志 宋代 鄭樵 撰 卷 三十六 七音略 第一〉

서 여러 분야에서 사기의 기록이 허황되고 왜곡된 것임이 밝혀지고 있다. 사기를 중심으로 중화의 역사를 실증적 대상으로 보고 연구가 이루어졌지만, 고문자의 발견으로 갑골문보다 금문이 앞선 문자로 밝혀졌고 이러한 유물로 인해 상고시대의 역사가 새롭게 조명되고 있다. 이로 인해 왜곡된 중화의 역사가 밝혀지고 동이족의 위대한 상고역사가 점차 드러나고 있다. 1차 사료라 믿어왔던 기록들이 학자들에 의해 왜곡된 2~3차 사료들이었음이 밝혀지고 있는 것이다. 1차 사료는 동이족의 갑골문을 중심으로 한 고대문자라는 것이 밝혀졌다.

《桓檀古記(환단고기)》의 〈太白逸史(태백일사)〉 〈神市本紀(신시본기)〉의 震域遺紀(진역유기)에는 신지씨에 대해 "환웅천황은 또다시 神誌(신지) 赫德(혁덕)에게 명하여 문자를 만들게 하셨다."는 기록이 있다. 《揆園史話(규원사화)》와 《震域遺紀(진역유기)》에는 신지가 명을 받고 문자를 만드는 과정을 각각 기록했는데 내용이 거의 같다. "하루는 사냥을 갔다가 갑자기 놀래 달아나는 한 마리의 암사슴을 발견하고 활을 쏘려고 했으나 놓치고 말았다. 사방을 헤매며 찾다가 산과 들을 지나 편편한 모래사장에 이르렀다. 여기에서 비로소 사슴 발자국을 발견하고 도망간 방향을 알게 됐다. 신지씨는 고개를 끄떡이며 깊이 생각에 잠겼다가 '적는 방법은 오직 이 방법 밖에 없겠구나' 했다고 《규원사화》에 기록이 되어 있다. 이병도 사단은 《규원사화》가 위서라 했으나, 국립중앙도서관에서 해방직후(1945~1946) 조선시대의 것으로 추정되는 필사본을 구입하여 귀중본으로 등록하고 위서논란을 검증한 결과 조선 숙종 1년인 1675년에 작성된 진본으로 판정했다.

《부도지》에 '人類之祖 曰 那般 初與 阿曼 相遇之處 曰 阿耳斯陀(인류지조 왈 나반 초여 아만 상우지처 왈 아이사타)'란 기록이 있다. 나반이 '아바이'가 되고 아만은 '어마이'라 한다. 이런 내용의 기록은 조선 중종 때 李陌(이맥)의 《太白遺史(태백유사)》에 "칠월칠석은 那般(나반)이 天河(천하)를 건넌 날이다."는 기록과 고려 때 사람 元董仲(원동중)의 《三聖紀(삼성기)》에 "인류 시조는 나반이다. 처음 아만과 만난 곳은 아이사타(아사달)였다."는 기록으로 보아 견우와 직녀가 한민족 조상신화의 원천으로 보인다.

'武藝(무예)'를 연구하면서 '武藝(무예)'의 개념 속에 견우직녀가 있음을 알게 됐다. 이에 한민족이 사용한 '武藝(무예)'의 개념을 밝히고자 한다.

'武藝(무예)'의 意味(의미)

한민족은 '예'로부터 '禮(예)를 숭배한 민족이다'라는 말을 한다. 혹시 '예로부터'라는 말은 '濊(예)'라는 나라를 지칭한 것이 아닌가? '예'는 호랑이를 토템으로 한다. '옛날 옛적 호랑이 담배 피우던 시절에'라는 말 속의 '예'는 호랑이를 토템으로 숭배한 동이족이다. 이러한 신화가 우리의 언어 속에 계승된 것이 아닌가 하는 생각을 하게 된다. 또한 貊(맥)은 곰을 토템으로 숭배한 민족이다. '古(고)'자의 뜻은 '옛고'로 '예'는 '호랑이'를 '고'는 '곰'을 뜻하여 '濊貊(예맥)'[11]의 의미를 가진다.

1) 濊(예)·穢(예)·薉(예)의 意味(의미)

'濊貊(예맥)'은 고대 한민족의 종족으로 한민족의 근간이다. '濊(예)족은 요동, 貊(맥)족은 요서에 있다가 고조선 말기에 합쳐졌다'는 설과 '원래부터 단일종족으로 보는 설'이 있다. 학계에서는 단군신화 설화처럼 태양을 숭배하는 천손 예족이 곰을 토템으로 하는 맥족을 복속시켜 고조선을 구성한 것으로 본다. 《삼국지》의 〈동이전〉에 "濊(예)는 시월 제천절에 주

---

11 貊:貉(맥) 또는 濊:穢·薉(예)로 약칭했다. 《詩經(시경)》《論語(논어)》《中庸(중용)》《孟子(맹자)》에서는 貊(맥)으로, 《史記(사기)》의 〈匈奴傳(흉노전)〉〈貨殖傳(화식전)〉에는 예맥으로 기록되어 있다. 《魏志(위지)》〈고구려전〉에 따르면 대수(大水:대수): 漢代(한대)에 鹽難水(염리수)라고 했던 鴨綠江(압록강) 유역에 거주한 부족과 소수(小水:소수): 漢代(한대)에 馬訾水(마자수)라고 했던 渾江(혼강) 유역에 거주한 2개의 집단이 있었다. 소수지역에서 거주한 韓人(한인)집단을 소수맥이라 칭했다《두산백과》.

야 음주가무로 하늘에 제를 올렸다. 또한 호랑이 신에게도 제를 올렸다."는 기록을 보면 '濊 (예)'는 호랑이족임을 알 수 있다.

《삼국지》의 〈동이전〉 부여조에 "그 나라 인장에는 '穢王之印(예왕지인)'이라 하였으며, 신라본기에 신라 2대 국왕 남해 차차왕 재위 19년(즉위16년) 북명에서 '예왕지인'의 국새를 발견하여 차차웅에게 바쳤다."[12]는 기록은 신라가 부여와 관련이 있고, 부여 또한 '예'에 뿌 리를 두고 있다는 의미다. 왕이 지니고 있는 도장 '玉璽(옥새)'는 '劍璽(검새)·國璽(국새) 등 으로도 쓰인다. 모두 한민족의 개념들이다. '璽(인장새)=爾(이)+王(왕)'이다. 여기서 '爾(너 이)'의 뜻은 '너이·이(此)와 같이'다. 설문은 아름답게 빛나는 꽃을 상형으로 풀이했다. 그러 나 '爾(이)'의 음가는 '이'고 '璽(새)'의 본 음가는 '사'다. 둘은 같은 자형인데 전혀 다른 음가를 가지고 있다. '爾(이)'와 마주한 너는 '새'라는 것이다. '爾(이)'의 자형은 '새'가 날개를 접고 앉 아 있는 모습이다. 즉 '璽(새)'의 의미는 '새의 뜻을 이와 같이 왕이 받았다'다. 《후한서》에 '璽 皆玉璃虎紐(새개옥리호뉴)'라 하여 옥새는 옥 구술과 끈에 호랑이가 달려있음을 알 수 있다. 지금도 국새는 봉황이나 거북이처럼 신화를 상징하는 동물의 모양을 한다. 즉 옥새는 '새의 신화'를 가진 한민족의 증표다.

'濊(예)·穢(예)·薉(예)'모두 같은 나라지만 다른 한자를 함께 사용하는 것은, 한민족은 한 자를 음가 중심으로 사용했기 때문이다. '예'라는 나라의 영토 중에서 '濊(예)'자가 江邊(강 변)에 있는 나라를 나타낸다면 '穢(예)'자는 농토(禾)가 풍부한 곳에 사용했을 것이다. "중국 書冊(서책)에서는 한민족을 貊(맥)·濊貊(예맥)·蓋馬(개마)라 했고, 일본에서는 고려·고구 려를 'ㅋㅁ(고마)'라 했다. 이것은 모두 고마·개마를 音譯(음역)·訓讀(훈독)한 것으로 생각 된다. 한민족은 처음에는 맥을, 후대에는 熊(웅)을 한국어로 개마·고마라 했다."[13] '蓋馬(개 마)'라는 것은 '말이 천지를 덮을 만큼 많다'는 것으로 한민족은 광활한 북방유목민족이었음 을 알 수 있다.

....

12 《신라본기》제1 남해 차차웅: 十六年 春二月 北溟人耕田 得濊王印獻之.

13 《두산백과》

"고씨 후손에게는 동·남녘의 땅을 맡기고 청구국이라 하고, 송인씨에게는 개마국을 수기에게는 예나라에 봉하고, 부소·부우·부여에게는 그 남은 서녘을 맡기었는데 이 땅이 뒷날 부여·진번·고구려 등이 됐다."[14]는 우리의 기록에서도 '개마'의 음가는 '가마'와 연결되고 '가마'는 '고마'와 연결된다.

곰은 모계시대 최고의 신이었다. '고마(습니다), 감사(합니다)'의 인사말은 '굼'으로 곰(신)을 찬양하는 언어다. 즉 곰이 온다는 것과 곰을 부르고 지칭하는 소리 '곰와〉곰아〉고마'로 된다. '왕검'이 곧 '왕곰'이다. 사람을 강조하려면 王儉(왕검)이고, 왕검이 가지고 있는 신물인 검을 강조하면 王劍(왕검)이다. '古(고)'는 '곰'이다. 때문에 '姑(고)'는 아이를 낳은 여성으로 부녀자가 된다. '古(고)'는 '자식'이 출산한 자형으로 아이를 난 여자가 '고마'다.

'高(고)'자형은 높은 성문을 취한 자형이라 한다. 그러나 높은 성문이 없던 상고시대에는 무엇을 상징한 것인가? 高(고)의 원 자형은 '𣥖'으로 '𣥖'자형은 '△(집)'이 두 개 겹친 글자다. 원래는 신주를 모신 집이다. 여기서 '高'자가 된다. '高=古+冋'이다. '冋(들경)'은 '들어간다'와 '먼 곳'을 뜻한다. 멀다는 것은 '冂(멀경)'으로도 사용하고 '들어간다'는 '坰(들경)'자로도 사용한다. '빛난다'의 한자는 '冋(경)=冋+八'이다. 이 자형은 '入(들입)'처럼 먼 곳을 나타낸다. 또한 '冋(경)'자형에 '빛난다'는 의미의 자형은 없다. '빛난다'는 '烱(빛날경·형)'과 '炯(빛날형)'처럼 '火'자가 붙는다. 즉 '冋(경)'자형은 먼 하늘에 대웅성이 '빛난다'는 뜻이다. 때문에 '裔(후손 예)'자에 '冋(경)'이 있다. '경'의 음가에 '庚(일곱번째별경)'과 '焿(빛날경)'이 있다. 북두칠성이 빛나는 의미로 '경' 소리는 신성하다. '冋(들경)'자와 결합한 '炯(빛날형)'자는 먼 하늘 북쪽에서 빛나는 별이 되고, '向(향)'자는 북쪽에 있는 창으로 '북'이 기본방향이다. 제사에 '香(향)'을 피우는 것은 '향 연기가 고마가 있는 북천으로 올라가고 향 내음을 통해 歆饗(흠향)받는다'고 생각한 것이다.

《사기》에 '요동성 險瀆縣(험독현)이 조선의 옛 도읍이었다'고 기록되어 있다. 하지만《사기사색》에는 후한의 응소의 주를 인용하여 "요동성 검독현은 조선왕의 옛 도읍이다."라 했

---

14 高氏之後 奉于南東之地 山河秀麗 草木暢茂 曰靑丘 宅樂浪忽 奉宋因氏之後 於蓋馬國 余守己爲濊君 夫蘇夫虞少子
夫餘皆奉于國西之地 夫餘 番眞 句麗諸國是也.〈檀君記82면, 檀奇古事第一編 太古史.〉

다. 요동군 속현 험독을 조선계 지명인 '검터'의 표기인 '험독'으로 이해하고 사기에서 험한성으로 비정한 것이다. 즉 王儉城(왕검성)을 王險城(왕험성)이라 한 것이다. 여기서 중요한 것은 상징과 '忌諱(기휘)'문화는 지금의 국기와 같다. '곰'과 관련된 '소리'나 상징의 글자는 한민족 계열만 사용해왔다. 여기에서 '儉(검)'과 '險(험)'[15]에 사용된 '僉(첨)'자형은 한민족의 신 '고마·가마'의 상징으로 '곰·검'이다. 곰이 신이다. "箕子(기자)는 奇子(기자)=儉子(검자)=王儉子孫(왕검자손)의 한자번역이다."[16] 이처럼 '검'의 음가는 권력의 상징이고 여성과 관련이 있으며 이것이 부계시대인 단군시대에 계승된 것이다.

"濊(예)는 해마다 10월에 하늘에 제사하여 밤낮으로 술을 마시고 노래하고 춤추었는데, 이를 舞天(무천)이라 했으며 또 호랑이를 신으로 섬겨왔다. 한 곰과 한 호랑이가 神雄(신웅)에게 빌었다함은 熊神(웅신)·虎神(호신)을 이름이니 《고기》에서 북부여 解慕漱(해모수)가 河伯(하백)의 딸을 雄心山(웅심산) 아래로 유인했다고 하는 것과 같다."[17]

濊(예)자를 천문과 관련되어 파자하면, '별'과 관련된 '戌(개술)'자는 은하수와 물을 뜻하는 'ㆍ氵(수)'자로 구성된다. 獥(개이름경)=犭(견:개)+庚(일곱번째천간경)이다. '별'이 '개'의 상징으로 연결된다. 특히 일본에서 '戌(술)'을 '고마'라 훈독한다. '고마'는 곰으로 천문에서는 대웅성이다. "貊(맥)을 해자하면 豸(치)+百·白(백)'이다. 貊(맥)의 모양은 정확히 알 수 없으니 그와 비슷한 豹(표)를 통해 유추해 볼 수 있다. 표범(豹+범)은 고양이과 호랑이라고 해도 무리가 아닐 것이다. 여기에서 '백(百·白)'자가 붙은 것은 백두산의 용례와 같다. '백은 '희다·광명·신성함'을 의미한다."[18]

15 "箕子는 '荄慈(계자:荄音該 又音皆)요, 또 箕子의 '箕'는 蓋麻(개마〉갬〉감〉검), 蓋(개,감,함), 皆,海(해:현다=컨다=한다:하라=카라) 熊(곰·검), 險(험:王險城=王儉城), 儉(검) 등과 같이, 그것은 우리말 '검(儉)'에 대한 하나의 한자 적기다." 鄭寅普, 朝鮮史硏究, 上卷, 古朝鮮의 大幹.

16 안호상, 《환웅과 단군과 화랑》, 1987, 249쪽.

17 이재곤, 《조선신사지》, 동문선, 2007, 107~108쪽.

18 박정진, 《단군신화에 대한 신연구》, 한국학술정보, 2010, 58쪽.

'濊(예)'는 천문과 별을 관찰한 민족이고 태음력과 역서·음양학으로 년 수의 길흉을 점쳤던 민족이다. 이러한 의미가 '예'자에 함축되어 있다. '豫(미리예)'의 자형은 천문을 보고 미래를 예측하는 것이다. '予(나여)'는 '나'를 나타낸다. 천자를 자칭 '予一人(여일인)'이라 한다. 予(여)의 갑골문 '𦥑'은 '𦥑+口'이다. '𦥑=丁(정)'이다. 해와 연결된 분신(口=マ)이 바로 '나'다. 'マ'은 둥근 'ㅇ' 해가 머리 위에 있는 모습을 표현한 자형이다. '豫(예)'는 '해(천문)의 모습(象)을 보고 미래를 예측한다'는 의미다. 'ㅿ(사)'의 전문은 'マ'의 반대로 '𠮷'이다. 고문자는 'ㅁ'과 'ㅇ'을 혼용되었고 强=強(강), 員=負(원), 句=勾(구)처럼 한자 'ㅁ'을 'ㅿ'으로 표현했다. 한글의 상형성을 모르는 학계로서는 '𠮷'자형이 무엇인지 정확히 알지 못하고 있다. 분명한 것은 私(사)의 고자로 《韓非子(한비자)》에 '古者蒼詰之作書也(고자창힐지작서야)'라 하여 '𠮷'은 창힐이 지은 문자라 했다. '𠮷'자형은 '해(오〉모)'를 나타내며 90°와 180°를 돌리면 '𐐠·𐐡'로 'ㅇ·아·우'의 자형이 된다. 즉 'ㅿ'는 내 자신이 '해'라는 의미다. 佛(떨칠불)의 고자 '仏'자를 보면 '亻+ㅿ'다. 즉 '사람이 해'이기 때문에 '불'의 음가를 가짐을 알 수 있다. '予(여)'도 '𐐠'이기 때문에 '여'의 음가지만 '나'라는 뜻이다. '여'의 음가는 與(여)와 같기 때문에 '주다'는 뜻이다. 즉 '내가 준다'는 글자가 '予(여)'다. '濊(예)'는 갑골문 '歲(해세)'의 자형을 가진다.

2) '歲(세)'에 담겨진 象徵(상징)

표 1-1. 歲(세)의 갑골문·해서 자형

商(상) 甲骨文(갑골문)	楷書(해서)
	歲

歲(세)는 '戌+步'로 '戌(술:개)'이 걷는 것(步)이 '세월'이란 뜻이 된다. '歲(세)'자의 음가는 '세'다. 갑골문을 뉘어서 보면 '새(세)'의 그림이다. 즉 여기에서 '戌(술)'자는 '새'다. '𦥑'자형을 보면 새의 발이 좌 중심에서 우로 넘어가 시간의 이동(步:𦥑)을 표현했다. '𦥑'은 초승달이, '𦥑'는 그믐달이 변화하는 것이고 '𦥑'는 달이 바뀌어 새의 방향이 바뀐 그림이다. 이러한 방식으로 시간의 변화를 표현했다. '세'는 '서기'라는 의미고 '세·새'는 같은 음가다. '아(양)'가 빛을 밖으로 뿜는다면 '어(음)'는 안으로 감싼다. 즉 '새'는 낮의 '해(남성)'를 상징하

는 '새'고 '세'는 밤의 '달(여성)'을 상징하는 '새'다. 그래서 '새알'이라 하고 '세월'이라 한다. 즉 '새=알(태양)'이고 '세=월(달)'의 대칭 관계가 된다.

'달'이 여성의 상징이 되어 신화에서 '姮娥(항아)'[19]로 나타난다. 항아의 남편 '羿(예)'는 제요가 천하를 다스릴 무렵 하늘에는, 열 개의 태양이 대지를 태우고 땅에는 알유·착치·구영·대풍·봉희·수사와 같은 무서운 괴물들이 출현하여 인간을 공격했다. 천하의 평화를 바라는 제요는 有窮國(유궁국)으로부터 한 사람의 용사를 불러들였는데, 그가 바로 '羿(예)'다. 10개의 태양은 삼족오의 상징이다. 활로 해를 떨어트린 '羿(예)'[20]가 중화의 신화로 왜곡됐지만 '화살'이란 음가는 한자로 '火殺(화살)'이다. '태양(불)을 죽였다'는 신화가 '화살'이란 음가에 고스란히 전해졌다. '활'이란 '활활 타오르는 태양'으로 '화살'이 결합된 글자다. 즉 '弓(궁)'은 활의 모양을 취한 것이고 '활'은 신화를 담은 개념이다. 羿(예)의 자형을 보면 조우관(羽)을 썼다. '羿(예)는 한민족의 신화가 들어있는 동이족이다. 《左傳(좌전)》에서 后羿(후예)는 有窮國(유궁국)의 군주로 활의 명수로서 夏(하)를 멸할 정도의 세력이었으나 신하 한착에 의해 살해됐다. 항아리'의 '缸(항)'은 토기의 모양을 나타내지만 '항아'는 '달'과 동일시 되어 '달항아리'라는 소리에서 '항'의 음가를 취했다. '아리'는 '알'로써 둥근 달의 모양을 나타낸 말이다. 亘(긍)은 '달이 하늘 한쪽에서 다른 쪽으로 옮겨가는 것'이다. 돈다는 의미에서 '선'의 음가로 가진다. 娥(아)는 여자 '세(我:아)' 즉, 달을 등에 업은 '새/세'로써 모두 '달'을 상징한다. '黃道(황도)'는 태양, 恒星期(항성기)는 달의 움직임을 나타낸다. 이처럼 한자는 음가 중심으로 구성됐고 한자의 음가는 우리의 소리로 만들어졌다. 羿(예)와 항아의 신화 또한 중화의 신화가 아니라 한민족의 신화임을 알 수 있다.

'歲(세)'의 고자는 '㒸(드디어수·따르다·해)'다. '㒸=邃(수)'다. '㒸'자형이 '해'를 뜻하면 '세'의 음가를 가진다. '㒸'자형은 '豕(돼지시)'자와 '逐(쫓을축)'자형과 뿌리가 같다. 이 자형들은 '亥(돼지해)'와 연결된다. 즉 '돼지'를 '해'로 본 것이다. 또한 음력 초하루인 '朔(삭)'은 屰(역)+月(월)로 '屰'은 아래로 향해 나는 새다. '새싹'이란 막 돋아난 '싹'이다. 음력 초하루는 새싹처

19 항아 [姮娥·嫦娥]는 달에 산다는 선녀, 월자(月姊), 원래는 하(夏) 나라의 명궁(名弓)인 예(羿)의 아내로, 예가 서왕모(西王母)에게 청해 얻은 불사약(不死藥)을 훔쳐 먹고는 달로 도망갔다 하는데, 이를 '항아분월(姮娥奔月)'이라 함. 〈회남자淮南子 남명훈南冥訓〉 (한시어사전, 2007. 7. 9. 국학자료원)

20 夷羿爲東夷之社神商契爲殷人之社神東夷與殷人本爲同族其神話. 〈古史辨. 第七册〉

럼 달이 처음 돌아난 것이다. 즉 '삭'이 곧 '싹'이다. '새싹'의 '새'가 곧 '屮(새)'다. '削(삭)'의 '肖(초)'는 '小(소)+月(월)', 즉 작은달(초승달)이다. 초승달은 칼로 '싹 뚝 자른 모양'이기에 '刂(도)'자를 붙였다. 또한 肖(닮을초·같을초)의 '닮았다'는 뜻은 난초와 같은 풀잎을 닮았다는 것으로 草(초)와 연결된다. 초승달은 난초의 모습이다. '삭'이 땅속에서 처음 움트기에 '初(초)'의 음가를 겸한다. 그래서 '初生(초생)-달'이다. 劍(검)을 넣는 검집도 '鞘(초)'다. 검집이 난초를 닮았기 때문이다. 'ㅊ'자형은 막힌 것을 뚫고 나오는 기호다. 여기에 'ㅗ'는 '위로 솟다'는 의미가 되어 '초'다. 이처럼 한글은 소리와 의미 상형을 갖고 한자의 음에 영향을 끼치고 관련 한자에 파생되는 것을 확인할 수 있다.

천문을 본다는 것은 곧 천제를 드린다는 것이다. 갑골문의 대부분이 천문을 보고 길흉을 묻는 내용이다. 이러한 전통이 동이족의 후손인 '濊(예)'에 계승되는 것은 자명한 일이다. 제물을 쌓아놓고 제를 올리는 사람이 바로 무당인 '藝(예)'인 것이다. 이때 무당이 '武神(무신) '새=埶〉鳥)' 앞에 무릎을 꿇고 비는 것이 '藝(예)'다. 歲拜(세배)를 드리는 것도 '새(세)에게 절'을 하는 것이고 임금을 '謁見(알현)'한다는 것도 '알(해·새)'를 뵙는 것으로, '알'의 음가를 적용하여 '謁(뵐알)'자를 취한 것이다. 임금이 내리는 敎旨(교지)의 '旨(지)'자의 자형을 보면 '旨=旨=旨'이다. '旨=上+曰'(하늘에서 말씀하시기를), '旨(뜻지)=曰+力'는 '해의 뜻으로'다. '새'의 의 권능으로 명령한다'는 뜻이다. 또한 '旨=匕+日'이다 여기서 '匕(비)'는 '비수(칼)'가 아니다. 하늘에 무릎 꿇고 두 손 모아 '비나이다'에서 '비'의 음가를 취하고, '하늘에 빌어 하늘의 뜻을 받는다'는 그림이다. '志(뜻지)=士+心'으로 선비의 뜻(마음)이지만, '旨(뜻지)'는 하늘의 마음(뜻)이다. 그래서 '旨=旨=旨'자형은 왕 만이 사용할 수 있는 글자다. 왕의 명령은 하늘의 명령으로 삼족오(해)의 신화가 전승된 것이다.

무당이 검을 들고 천제를 올리는 것이 劍藝(검예) 또는 藝劍(예검)이다. 이런 검법을 정리한 비서가 무경인 '朝鮮勢法(조선세법)'이다. 상고시대 제천과 함께 사용된 검예는 후대로 전승됐다. 제문과 함께 검무를 했다. 검무에는 전승된 신화와 염원을 담아 검결을 만든 것을 넣어 만든 것이 조선세법이다. 무당이 검을 들고 제를 올린 것이 '武步(무보)'다. 武((攵)는 발(𝅶)이 한 개다. 즉 武(무)는 步武尺寸之間(보무척촌지간)으로 한 걸음 석자(≒90cm)이고

'步(보)'는 발(𝄞)이 두 개다. 즉 六尺爲步(육척위보)로 사방 여섯 자(≒180㎝)의 두 걸음이다.

《삼국지》를 보면 "제갈공명이 두 번의 천제를 올린다. 한번은 동남풍을 얻기 위함이고, 또 한 번은 자신의 목숨을 연장하기 위해서다. 적벽대전에 앞서 동남풍을 얻기 위해 남병산에서 3층(삼수문화)의 칠성단을 쌓는다. 제일 하단에는 28수(천문28)에 맞춰 깃발을 세웠고, 2층(음양) 중단에는 64괘(역)를 상징하는 누런 깃발을 세웠다. 상층에는 4명(사방사신)이 검은 도포를 입고 서있는데 왼쪽 앞에는 긴 장대를 들고 있다. 장대에는 칠성(북두칠성신)을 나타내는 베로 짜여진 긴 천이 걸려 있고 장대 끝에는 닭털(숫대)이 장식되어 있다. 왼쪽 뒤에는 군사가 보검을 들고 있으며 오른쪽 뒤에는 향로를 받쳐 들고 있다. 이러한 제단에 제갈공명이 목욕재계하고 도의를 입고 맨발로 칠성단에 올라 동남풍을 얻기 위해 3일(삼수문화) 밤낮으로 제를 올린다."

위 내용을 보면 천제를 올리면서 조선세법을 어떻게 행했는지를 생생하게 알 수 있을 뿐만 아니라 한민족의 칠성신앙과 삼수문화의 진수가 기록되어 있다. 천제를 올리는 주관자는 목욕재계하고 맨발로 칠성단에 오른다. 이것이 洗(선)이다. 오른쪽 뒤에서 향로를 들고 있는 것은 擧鼎勢(거정세:솥을 들다)다. 3층 제단을 쌓은 것은 平擡勢(평대세:제단을 쌓다)다. 도포를 입고 머리는 산발을 하고 맨발에 검을 들고 舞劍(무검)을 행하고 물러서는 것이 퇴보군란(무당이 제를 마치고 물러난다)이다.

《삼국지》에서 제갈공명이 제를 올리기 전 준비와 세세한 행위 묘사가 마치 선조들이 검을 들고 조선세법으로 천제를 드리는 광경이 눈에 선하다. 3일 밤낮을 천제를 올리면서 조선세법을 행할 때 경박하게 할 수도 할 힘도 없다. 검을 장엄하게 천천히 사용하게 된다. 또한 하늘에 기도를 하듯이 경전인 무경을 외우고 7언 율시를 낭송하면서 검무를 추는 것이 조선세법의 가결이다. 곤오 검결가는 이러한 방식으로 만들어졌다. 천제를 올리는 舞劍(무검)의 의미와 동작이 무당파와 같은 도가에 전승됐다.

'武(무)'자에 숨겨진 秘密(비밀)[21]

1) 武(무)자의 象徵(상징)

표 1-2. 武(무), 弋(익), 戈(과), 昰(시)의 갑골문·금문·전문·해서 자형

商(상) 甲骨文(갑골문)	周(주) 金文(금문)	篆文(전문)	楷書(해서)
			武(1)
			弋(2)
			戈(3)
	籀文(주문)		昰(4)

사전적 해석은 회의 문자로 '止+弋'이다. '止'는 발(足)이고 '弋'는 '주살익'이다. 그러나 '戈(창과)'로 인지하여 '창을 들고 전장에 싸우러 나간다'고 해석했다. 여기에 후대에 덧붙여 '창(戈)과 같은 武器(무기)로 兵亂(병란)을 막아 그치게(止) 한다'는 뜻으로 규정했다. 그리고 무인의 용감성을 호랑이에 비유하여 '虎班(호반)'이란 뜻을 갖게 된다.

....

21 본 책이 출간되기 전, 2017년 5월 27일 송일훈 박사는 명지대학교에서 열린 '무예진흥포럼'의 책에 '무'자의 숨겨진 비밀부터 '무예'의 의미까지 총 33 페이지를 인용을 밝히지 않고 무단으로 사용했다.

이러한 해석은 《춘추좌씨전》에서 초장왕이 "대저 武(무)란 止(지)와 戈(과)가 모여 무릇 武(무)자가 됐다. 무릇 무력은 횡포함을 막기 위하여 군대를 모으고 큰 약점을 보호하며 공을 정하고 백성을 편하게 하며 재물을 풍성하게 하는 것이다. 군대를 정돈하고 사열하여 제후에게 위세를 보이면 전쟁이 그치지 않겠는가?"라고 한 것이 오늘날 '武(무)'의 개념으로 정착됐다. 지금도 중국은 武藝(무예)는 실전 용 무술의 개념으로만 보고 있을 뿐 신화적 요소는 없다. 기효신서나 무비지의 무예에 '技藝(기예)'로 된 무술서는 한민족에서 잃어버린 武藝書(무예서)일 가능성이 매우 크다.

(1)'武(무)'의 '弋'은 '주살익'이다. '戈(창과)'가 아니다. '弋(익)'은 활이고 '戈(과)'는 창이다. 무기도 다르니 상징화되면 의미도 다르게 된다. '활'은 동이족의 주 무기이기에 활에 토템적 신화관이 접목되어 있다. 오죽하면 중화가 '東夷(동이)'라 했겠는가! 초장왕이 '활'을 '창'으로 개념을 바꾼 이후 후대에 의심 없이 '戈(창과)'로 고착됐다. '弍(두)'자와 '武(무)'의 '弋' 자형이 같다. '弋(익)'은 화살 날개의 끝에 파인 홈으로 '오늬(筈:하눌타리괄)'라 한다. 즉 한 부모에서 나온 남자와 여자로 '오누이'다. 筈(괄)=竹+舌(괄)이다. '舌=⻌'은 형성문자로 '會(회)'와 같다. '만난다'는 뜻으로 같은 '괄' 음가의 '鬠(곁발할괄)=髻'에도 그 쓰임이 있다. '鬠(괄)=髟+⻌'로 '⻌=氏+口'이다. 결혼하면 마을 잔치에 여러 이야기들이 '콸콸(괄괄)' 나온다. '昏(어두울혼)=氏+日'으로 어두운 저녁에 남자가 처가로 가서 '婚姻(혼인)'을 한다. '昏(혼)'자는 '해가 누웠다〉저물었다'는 표현이다. 이때 남자는 상투를 여자는 비녀를 꽂는 문화가 婚(혼인할혼)자에 담겨있다. 이것이 신화적 해석이 되어 견우와 직녀는 부부가 된다. '鬠(괄)'의 전문(鬠=髟+⻌)은 '결혼한 부부는 머리를 올린다'는 의미의 글자다. '婚(혼)'에서 데릴사위 풍습을 볼 수 있고 '오늬'라는 음가에서 혈연 간 결혼 풍습도 알 수 있다. 한자 '두이(弍=弋+二)'에서 오늬의 '二'는 상수 '둘'로 사용된다.

'武(무)'에서 '正(바를정)'의 고자는 '㐀'이다. 즉 '정'의 음가에 이미 '무'의 음가가 있다. '正(=㐀)'자에 이미 '二'의 숫자가 들어있다. '武'자는 '二+弋+止'자로 '북두에 견우와 직녀 오누이가 잠시 머문다'는 뜻이다. 금문은 하나의 글자에 최소 두개의 음을 가지고 있다. 글자는 하나지만 음은 여러 개다. "본음이 있으면 변음이 있고 또 방음이 있고 그것이 또 변해 재 변음이 생겨나는 등 아주 다양하다."[22] 금문은 갑골문을 바탕으로 만들었기 때문에 당연히 갑골문도 이처럼 하나의 한자에 문장이 들어가 있다.

'成(성)'자는 '사방십리의 땅·공평·화합'의 뜻이다. 즉 십리의 중간은 5리다. '成(성)'의 갑골·금문·전문은 '𢦏, 𢦏, 戌'이다. '戌'의 '𢦏=人+ㅣ'다. 좌우 반 '人'을 접어 '중앙에 못을 박았다'는 기호가 '丁(정)'이다. '정'의 음가가 '正(정)'과 뜻이 같다. 사신이 '𢦏'자처럼 위치해 있다가 견우직녀가 만난 7월7일에 이르러 사방십리의 '十(십)'자형이 완성된다. 즉 '견우직녀가 중간에서 만나 마침내 뜻을 이루었다'는 의미가 '成(성)'자다. 이 자형이 '畢(필)'자로 '成(성)'과 같은 뜻을 갖는다.

천간은 숫자로 5다. 즉 10의 반이다. 그래서 '土(토)'다. '正(정)'은 5를 나타낸다. 특히 '正(정)의 고자를 보면 '㐬(정)'이다. 즉 '㐬=正+正'으로 5가 둘이다. 음(직녀)의 5와 양(견우)의 5가 만난 것이다. 또한 '正(정)'은 '무'의 음가도 가진다. 즉 '武(무)'와 연결된다. 正(정)은 '上(상)+下(하)'의 결합이기도 하다. 즉 음양결합체로 본 것이다. '武步(무보)'에서 武(무)는 '半步(반보)'로 武(무)는 온전한 하나가 아닌 반쪽이다. 때문에 '武文(무문)'이 결합되어야 하나가 된다.

홍회의 《중국고대사회》에 의하면 "서두 연나라 묘에서 동제 창이 발견됐는데, 그 위에 郾(燕)侯舞戈(연후무과)에 새겨져 있다(琉璃河, 1984:414). 호북형문에서 大武開兵(대무개병)이란 명문이 새겨진 동제 창이 출토됐는데, 창 위에 도마뱀과 같은 춤 도구를 손에 쥔 모습으로 화장한 舞人(무인)의 무늬가 있다(兪偉超, 1963:153-55). 이들은 모두가 '武'자가 창 춤의 '舞(춤무)'임을 증명하고 있다."[23]고 했다. 이는 '武(호반무)'자는 '舞(춤무)'와 같다는 것과 '槍(창)'춤으로 본 것이다.

'無·舞(무)'자형은 가뭄에 기우제를 드릴 때 움직이는 춤 같은 행위를 표현한 글자다. 비

----

22 김대성, 《금문의 비밀》, ㈜북21 컬처라인 2002.
23 허진웅, 《중국고대사회》, 홍의 역, 동문선, 1991, 417쪽.

는 하늘에서 내려주는 신이 있다. '武(무)'가 바로 '비'를 내려주는 신이다. '눈물이 비가 된다'는 말에 '물'과 '비'의 음가가 있다. 둘이 만나면 '比(비)'고 떨어지면 '北(배)'다. '戈(과)'는 천문에 사용된 개념이다.

'武(무)'의 갑골문·금문 'ᠠ(무)'의 'ᠠ·ᠠ·ᠠ'은 견우와 직녀를 나타낸다. 즉 다른 갑골문 'ᠠ'와 'ᠠ'에서 구체화 된다. 좌의 'ᠠ'는 직녀, 동쪽의 'ᠠ'은 견우다. 男左女右(남좌여우) 방향의 기준은 하늘이기 때문에 땅의 기준으로는 좌우가 반대다. 견우와 직녀가 만나기 위해 달려가는 자형(ᠠ)이 '武(무)'다. 갑골문 'ᠠ·ᠠ'는 '武'자에서 'ᠠ'자형을 나타낸다. 즉 '武=斗+止'으로 '鈇(무)'가 된다. 〈표 1-3〉의 '斗(두)'자는 견우와 직녀가 만나 뜨겁게 성교하는 것을 나타낸 글자이고, 숫자로는 '十(십)'이다. 두 개의 점(ᠠ)은 견우와 나타낸다. 견우를 상징하는 점 하나가 우측으로 넘어가서 '鈇〉武'자가 된다. 즉 '斗(두)'자에서 점(•)하나가 오른쪽으로 넘어가면 좌측은 '二'가 되어 직녀가 되고, 우측은 'ㅣ'이 되어 견우가 된다. 특히 'ㅣ'은 '신'의 개념이 되어 '武(무)'자는 견우 중심의 개념으로 쓰였다. '武神(무신)'은 이러한 의미를 가진 글자다. 한편 武(무)의 '止(지)'는 '만난다'는 뜻으로 '견우와 직녀가 만난다'는 의미를 가진 글자다. 여기서 견우와 직녀는 부부·조상을 나타낸다. 둘이 상봉하면 '遇(우)'다. 기쁨의 '눈물'은 '悲(비)'가 되고 헤어지는 아쉬운 마음이 '悱(비)'다.

'牳(소이름무)'는 견우의 이름이 '무'임을 함축한 글자다. 또한 '우'의 음가도 견우와 관련이 있다. '비'음가는 직녀와 관련 있다. 한민족의 전통혼례는 견우와 직녀의 혼례가 후대로 전승되어 의례화된 것으로 사료된다. 혼례 후 처가살이는 모계시대의 문화고, 북향재배는 북두의 조상신(견우·직녀)께 고하는 칠성신앙이다. 북쪽에 기러기 두 마리를 앉히고 절하는 것은 새를 조상(견우직녀)으로 숭배한 토템이며, 신부가 두 번 신랑이 한번 절하는 것은 '二(음)'와 'ㅣ(양)'이다. 절개를 뜻하는 소나무나 대나무는 신단수의 문화의 계승이고, 초례상에 신부가 입장할 때 신분에 따라 흰색 천이나 오색 천 또는 멍석 깔고 그 위를 걸어 입장하는 것은 직녀가 은하수를 건너가는 것을 상징한다. '닭'은 하늘에 혼례를 告(고)하는 토템문화가[24] 전승된 것이다. 신랑은 청색 옷을 입고 초례상의 홍색 앞에 서고, 신부는 홍색 옷을 입

---

24 닭의 울음소리는 이두문으로 '高貴位(고귀위)'로 쓴다. 그러나 '꼬끼오'의 음가는 '꼭〉곡〉고'로 한자의 '哭(곡:울다)'과 '告(고:알릴고)'으로 치환된다. 닭이 고개를 쳐들고 우는 울음소리를 하늘에 고하는 것으로 본 것으로 사료된다.

고 초례상 청색 앞에 선다. 신랑은 붉은 보자기에 기러기를 감싸고 청색 보자기에 기러기를 쌓는다. 즉 청과 홍, 음과 양, 태극의 교환과 결합이 의례를 통해 계승됐다.

표 1-3. '武(무)'자형은 '戈+止'의 결합체

$$\begin{array}{c}\text{戈} = \text{戌} = \text{戈} + \text{止} \rightarrow \text{武} \rightarrow \text{武}\end{array}$$

'延(연)'의 금문은 '延'이다. 延年(연년)은 일년이다. 또한 동서의 길이를 나타낸다. '연=이언' 즉 '연이어'다. '이언=잇다'로 俚言(이언)·二言(이언)이 이두문이다. 延頸(연경)은 '목을 길게 빼고 몹시 기다린다'는 뜻이다. 즉 직녀가 좌측에서 무릎 꿇고 목 빠지게 기다라는 것을 표현한 것이 '延'자형이다. 'ㄱ'는 일 년을 기다리다 견우를 만나러 달려가는 직녀다. 이 견우와 직녀의 신화가 후대에 각색된 것이 延鳥郞(연오랑)과 細鳥女(세오녀)다. 제비가 일 년에 다시 돌아오기 때문에 '燕(연)'이다. 즉 '燕'와 '延'의 'ㄱ'는 '견우'로 'ㅏ' 자형이다. 'ㄱ'자형의 머리는 'ㅓ(ㅓ)'자형이다. 또한 'ㅏ'자형은 'ㅏ(복)'자로 사용된다. 즉 'ㅣ'은 '신(申:남성)'과 '곤(坤:여성)'의 음가를 겸한다. 'ㅣ'자형의 우측에 '점(丶)'이 붙으면 한글모음 'ㅏ'가 되고 한자의 'ㅏ(복)'자가 된다. 'ㅣ'의 좌측에 점(丶)이 붙으면 한글모음 'ㅓ'가 된다. 'ㅏ'가 회전하면 'ㅜ'가 되어 외향성을 갖는다. 'ㅓ'가 회전하면 'ㅗ'가 되어 내향성을 갖는다. 즉 한글 'ㄱ'은 '군·곤'으로 한자 '君(군)'은 'ㅜ'로 남성이고, '坤(곤:ㅗ)'은 'ㅗ'로 여성이다. '父母(부모)'도 'ㅜ'와 'ㅗ'의 음양 대칭구조다.

'ㅏ(복)'은 '龜爲ㅏ(귀위복)'으로 'ㅏ(점)'은 '龜(귀)'에게 ~한다'는 뜻이다. 즉 여기서 '龜(귀)'는 현무다. '연오가 바다에서 어떤 바위를 타고 일본에 건너갔다'고 하지만 龜(귀)가 바위로 묘사된 것이다. 文武(문무)는 서로 짝이다. '반갑습니다'라는 말은 내 '반쪽 같습니다'는 뜻으로 여기에서 유래한다. '武(무)'가 남성이라면 '文(문)'은 여성이다. '斌(빈)'과 '贇(윤·빈)'자는 文(문)과 武(무)가 결합된 글자다. 文(문)은 모계시대의 상징이다. 모계시대는 남성보다 여성의 신분이 높았다. 그래서 여성의 몸에만 문신을 했다. '무늬'와 '문' 자형의 구성은 같다. 이에 반해 武(무)는 남성의 '용맹성'을 뜻한다.

《桓檀古記(환단고기)》[25]에 칠월칠석의 유래가 기록되어 있다.

河伯是天河人(하백이천하인) : 天河(천하)는 은하수다. 河伯(하백)은 여성으로 '은하에 있는 사람'이란 뜻이다. 하백은 水神(수신), 河靈(하령)이다.

那般之後也(나반지후야) : 那般(나반)은 남성의 상징으로 견우다.

七月七日卽那般渡河之日也(칠월칠일즉나반도하지일야) : 칠월칠일 나반이 은하수를 건너는 날이다.

이날은 음과 양이 기운이 같다고 생각했다. 그래서 서산에는 해와 달이 뜨고, 북두칠성이 가까워진다. 해와 달이 만났으니 부부가 만났다. 이것이 용상 뒤에 있는 日月五岳圖(일월오악도)다.

是日天神命龍王召河伯入龍宮使之主四海諸神(시일천신명용왕소하백입용궁사지주사해제신) : 이날 천신은 용왕에게 명하여 하백이 용궁에 입궁하여 사해제신을 불러 주관하도록 한다.

여기서 四海諸神(사해제신)은 천문의 사신이다. 또한 은하수는 물이고 물을 다스리는 것은 용이다.

天河一云天海(천하일운천해) : 天河(천하)를 이르러 天海(천해)라 한다. 즉 '河伯=天河=天海=은하수'다.

今日北海是也(금왈북해시야) : 지금의 북해가 이것이다. 즉 북쪽 하늘에 떠있는 은하수를 지칭한다. 天河注日天道起於北極故天一生水(천하주왈천도기어북극고천일생수) : 천하는 물을 대주는 곳이다. 그래서 이르기를 천도는 북극에서 일으켜지고 하늘에서 물이 만들어지는 연유가 여기에 있다.

是謂北水(시위북수) : 이를 이르러 북수라 한다.

盖北極水精子所居也(개북극수정자소거야) : 북극에 있는 모든 물은 깨끗한 물이 머무는 곳이다.

....

25 自上命 賜烏羽冠加冠有儀 注時封大樹爲桓雄神像而拜之 神樹俗謂之雄常 常謂常在也
河伯是天河人那般之後也七月七日卽那般渡河之日也是日天神命龍王召河伯入龍宮 使之主四海諸神
天河一云 天海今日北海是也天河注日天道起於北極故天一生水是謂北水盖北極水精子所居也.

위 기록은 견우와 직녀가 조상신인 이유와 은하수와 북두칠성이 사신인 이유를 정확히 나타내고 있다. 초기 문자는 북두칠성을 관찰하고 천문을 기록했다. 하늘에서 비가 오는 이유가 국자처럼 생긴 북두칠성에서 유래한다고 생각했고, 은하에 살면서 물을 주관하는 사람이 견우와 직녀로 생각했다. 만물의 생명은 '물'이 근원이다. 당연히 북두칠성이 생명을 주관할 수밖에 없다. 이러한 신화들이 '武藝(무예)'와 '천문'과 관련된 한자에 고스란히 담겨있다. 또한 桓因天帝(환인천제)가 그의 아들 桓雄(환웅)에게 주었다는 '天符印(천부인)'에 대한 기록은 《삼국유사》에 있으나 그 실물은 발견되지 않았다. 그러나 최근 회문포럼 양정무 회장이 소장한 '고조선'국새를 확인한 결과 '桓雄國璽(환웅국새)'는 은하수의 한 부분을 큰 새의 모습으로 본 것이 확인됐다. 즉 까마귀의 전설이 國璽(국새)에 고스란히 담겨있다.

치우가 '武神(무신)'의 상징이 되는 것은 치우가 여러 철제무기를 최초로 만들었기 때문이다. 천간 戊(무)의 갑골문에서는 '𤓟'자형은 '牛(소우)'와도 같고 牽牛(견우)의 이름에도 '牛(우)'의 상징이 있다. 같은 뜻의 갑골문에 같은 자형들이 있는 것은 기본 상징을 중심으로 파생된 상황을 표현했기 때문이다. 칼이나 창 등 철제의 무기는 하늘의 신물이다. 신화체계에서 살던 고대인의 생각은 동서가 모두 같았다. '戊(천간무)'도 '무'의 음가를 가진다. 여기에서는 주살(弋)이 아닌 창(戈)이다. '武(무)'자에 담겨진 신화를 빼버리고, 초장왕이 '弋(주살익)'을 '戈(창과)'으로 억지 해석한 결과 후대에 동이족의 신화가 단절되었다.

(2) '弋(익)'자는 '홰, 말뚝(杙:익)은 새가 앉아 있는 말뚝이다'. 弋(익)의 갑골문(弋) '丫'은 '二'자의 변형이다. 'ㅣ'은 고추선 남자를, '―[26]'은 누운 여자를 상징한다. 이것이 '十(십)'과 '上(상)'자로 발전된다. '丫'는 숫대인 말뚝이다. '丫'형은 '下(하)'자형으로 채용되고 모음 'ㅜ'가 된다. 《爾雅(이아)》에 鷄樓於弋(계루어익)이라 하여 새가 앉는 숫대의 가로 막대, 즉 '홰대'다. '홰'는 '해'다. '해'는 동에서 서로 움직인다. 이것이 '橫(횡)'이다. '홰〉해〉횡'의 한글의 자형과 음

....

26 남자의 시조가 신농으로 하나님 신 'ㅣ'이고 옆으로 누운 '―'자는 뉘조를 뜻하는 글자다. '누워 있는 님'이라는 '누님·누나'이고 '누에'의 벌레의 이름이다. 사기에 서릉씨 뉘조를 '累祖(누조)'라 한다. 한자 전에 '㠯(누)'자는 밭에서 실을 만드는 여자다. '누에'는 '뉘'다. 김대성, 《금문신고》, 북디자인, 2002, 71~73쪽.

가가 같은 상징이다. '鳶(연)·黓(익)'에는 견우직녀와 곰의 신화가 담겨있다.

　'武'자형에서 나온 '式(식)=工(공)+弋(익)'으로 '工'은 '巫(무)'와 '쏜(공)'의 개념이 들어있다. 즉 '弋(익)'은 '물위에뜰익'으로 천문에서는 반호의 은하수와 연관된다. 하늘의 신과 견우직녀에게 '藝(예)'를 올릴 때 경건하게 '법식을 따른다'는 개념이다.

　'익(弋)'의 '줄살(줄을 달아 화살이 날아가도 쉽게 찾을 수 있도록 한 것)'은 다시 견우와 직녀(오늬=오누이)의 신화에 쩝合(습합)된다. '黓(검을익·천간王(임)의 다른이름·주살)'자를 보면 직녀의 상징이 들어있다. 여기서 '黑(흑)'의 자형은 斗牛女虛危室壁(두우녀허위실벽)에서 견우 옆에 앉아있는 직녀로 보인다. '黓(익)'이 '壬(임)'의 다른 이름이라는 것은 매우 중요한 의미가 있다. '壬(임)'은 동양상수의 가장 큰 상수며 아홉째 천간으로 북쪽 북두칠성이다. '壬(임)'자가 직녀인 것은 '任(임)'자가 되면 여자가 '姙娠(임신)한다'는 뜻이 되기 때문이다. 여기서 '여자에게 아이를 맡긴다'는 개념이 나온다. '弋(익)'의 고자 '雉(주살익)'을 보면 오늬에 새털이 달려있다. '弋(익)'은 '새'와 관련된 상징이 큰 글자다. 고구려 5대 모본왕의 아들도 '翊(나를익)'자를 사용했다. '주살'이란 활살을 머물게 하는 줄로, '駐蠶(머무를주·화살살)'이란 한자는 잃어버리고 소리만 남은 것으로 보인다. '燕(연)'의 명도전에 고조선문자(한글)가 발견됐다. 즉 燕(연)은 고조선 계열이라는 것이다. 국호 '燕(연)'자는 '鷰=燕+鳥'으로 '새'를 숭상한 민족이다. '鳶(솔개연)'자형은 '弋+鳥'다. 이처럼 '弋(익)'자는 새와 오늬의 신화가 있음을 알 수 있다. 견우와 직녀를 만나게 해주는 '鵲(까마귀작)'은 견우성과 직녀성이 가까워지는 7월 7일에 생기는 '새'의 별자리를 까마귀에 비유했다. '까만 어둠의 새'이기에 '까마귀(烏)·까치(鵲)·솔개 등으로 비유했다. '까마'는 감(검·곰) 어둠이고, '귀'는 어둠의 새 '鬼(귀:주작·봉황)'다. '소리'라는 개념도 '솔'에서 파생된 것으로 보인다. 즉 토템시대 신의 소리는 '새'였기 때문이다. 즉 새를 상징하는 지도자의 음성이 곧 '소리'로 개념화된 것으로 사료된다.

　복건성의 산 이름에 '武夷九曲(무이구곡)'이 있다. '武(무)'가 '夷(이)'의 개념이다. '武(무)'자는 모계시대의 신화와 부계시대로 이어진 제정일치의 문화가 담겨있다. 밤하늘 별의 운행을 통해 하늘나라와 지상 나라의 제도를 일치시켜 백성을 다스리는 절대적 이론을 구성한 것이다. 특히 '武'자에 있는 '弋'자는 반호의 은하수다. '淺(천)'은 '얕은 강을 건너간다'는 의미다. 물을 건너가는 주체 '(夨武)'다. 은하수는 밤하늘의 시계바늘이 되어 반시계방향으로 돈다. 이 모양의 형태에 따라 얕은 물과 폭포·창·숲·사람 등으로 비유하여 '武·弋·戈·戍'과 같은 자형에 지상의 사건을 천상에 기록하고 다시 천상의 기록을 지상에 대비켜 온 것이 상고 신화시대다.

은하수는 지상의 강과 연결되어 있다. 베다경전에 기록된 인도의 창조신화에 "창조의 신이 물을 지상에 내려 보내는데 너무 강렬하게 흐르자, 이를 본 여신(쉬나)이 안전하게 머리카락을 타고 내려가게 했다." 여기서 하늘의 물은 은하수고 지상에 흐르는 물이 '인더스강'이다. 베다경전은 문자 이전부터 전승된 고대의 신화다. 고대의 신화를 알 수 있는 소중한 자료다. 여기에 흐르는 물을 '강' 또는 '강가(Ga'ngā)'라 발음한다. '소리'와 '소리의 의미' 그리고 '신화구조'가 같다. 실제 인도에는 한글과 같은 문자와 '아바지·어마지'처럼 우리와 같은 언어가 많다. 고대 한민족과 인도는 문화적으로 연결되어 있었다.

(3)'戈(과)'는 천문에 사용된 개념이다. 갑골문과 금문도 모두 '武(무)'자에서 나왔다. 은하수가 똑바로 섰을 때의 모습을 창으로 비유한 것이다. 토템시대 은하수의 모습은 새나 창처럼 비유한 것이 한자로 전이 됐다.

4)'是(시)'의 갑골문 '是=우+止'의 '우=⊙+十'이다. '우'자형을 설문에서는 '자루가 긴 숟가락'으로 보지만 그렇지 않다. 《후한서》에 '是正文字(시정문자)'로 '바르게 함'이다. 《禮記(예기)》에 是耶非耶(시야비야)로 '옳을시·바름'이다. 즉 '바른 자리는 옳다'는 의미다. 즉 '正(정)'이다. 오른손을 드는 것이 '옳기 때문에' 오른(옳바른)우다. 이 문장에서 是(시)와 非(비)는 견우직녀를 대칭적으로 표현한 문장이다. '우'자형은 '무(조)'의 자형과 '陽(양)'의 갑골문 '昜(양)'이 된다. '昜'자형은 한글 '우'다. 견우(牽牛)는 '남성=태양=새'의 상징으로 연결되고, '우'의 음가는 '양'의 뜻을 가진다. '陽(양)'의 갑골문 '昜'이 전서에서 '昜(역)'으로 바뀌면서 '陽(양)'자가 된다. 籀文(주문)은 '昰=⊙+正'이다. 여기에 '正(정)'의 의미가 있다. 즉 한 여름에 태양이 바로 머리위에 있다. 이 글자가 '昰(시)'로써 是(시)와 동자다. 그리고 여름을 뜻하기에 '夏(하)'를 나타낸다. 즉 夏(하)가 기우제와 관련된 글자라면, '昰(하)'는 뜨거운 태양이 이글대는 여름을 나타낸다. '시'의 음가는 태양의 빛을 나타내며 '태양신'을 의미한다. '申(신)'

자가 태양신이다. 《禮記(예기)》에 '今是大鳥獸(금시대조수)'란 문장에서 '是(시)'가 '大鳥獸(대조수)'인 이유는 '⊙'이 곧 '새'이기 때문이다. '是(시)'는 '이시'로 '指示(지시)'하는 말'이라 하는 것은 '이것이 신을 나타내는 문자'라는 의미다.

일본의 《學研漢和大字典(학연한화대자전)》에서는 戈(ほこ)+止(=趾 あし) 회의문자로 보고 武藝(무예)는 형이상학적이고 武術(무술)은 형이하학적 개념으로 구분하고 있다〈표 1-4〉.[27]

표 1-4. 武(무) 文字の形成 (田中守·藤堂良明ほか (2000) 《武道を知る》不昧堂

2) 戊(무)·矛(모)·戉(월)·戌(술)·戍(수)·伐(벌)·戒(계)의 意味(의미)

표 1-5. 戊(무), 矛(모), 戉(월), 戌(술), 戍(수), 伐(벌), 戒(계)의 갑골문·금문·전문·해서 자형

甲骨文	金文	篆文	楷書
			戊(1)
			矛(2)
			戉(3)
			戌(4)
			戍(5)
			伐(6)
			戒(7)
			한 손에 창, 한 손에 방패

27　16世紀以降における中·日·韓武藝交流に關する研究－《紀效新書》,《武術早學》,《武藝圖譜通志》を中心に－ 朴貴順. 平成18年3月. 博士論文. 金泥大學院社會環境科學研究科 地域社會環境學專攻. 30쪽.

무기술의 기본이 되는 '戈(창과)·弋(주살익)·戉(도끼월)·戍(지킬수)·戒(경계할계)·伐(칠벌)'의 갑골문은 천문과 신화가 연결되고 은하수가 계절과 시간에 따라 움직임을 사람·동물·무기의 모양으로 보았다.

(1)'戊(무)'에는 북두와 은하수의 개념이 들어있다. '伐(벌)'은 별자리다. '볼'은 '불'이다. 하늘에서 불벼락을 맞는 것이 천벌이다.

(2)'矛(모)'의 고문(𤓰)은 '𤓰+弋' 두 자형의 결합이다. 즉 '𤓰'은 음과 양이 결합된 글자다. 이 자형에는 '창'의 모습이 없다. 오히려 '창'은 '戊(창모)'자로 矛(모)의 古(고)자다. 즉 '弋'자형은 '창'을 나타내는데 음가는 '모'다. 한자에서 '모'의 음가는 '여성'과 관련 있다. '母(모)'자를 보면 '𤓰'의 '𤓰'처럼 '⊙(알)'이 두 개다. '창'과 '알'이 한자의 음가에 연결된다. '戳(알:창)'은 '알'속에 새가 부리로 쪼는 행위를 '창'으로 찌르는 것으로 비유했다. 껍질을 뚫고 나오면 '嘎(알:새소리알)'이다. '茅(모)'는 띳집(띠로 지붕을 이은 집)이다. 즉 '矛(모)'는 '둘을 잇는다'는 의미다. 그래서 두름(한 줄에 열 마리씩 두 줄로 엮은 것)이다. 즉 '𤓰'자형은 '둘이 만나서 누추한 거처에서 함께 있다'는 뜻이다. '두름'의 음가도 '둘음'이다. '둘'이 '음'이고 '음'자형도 '𤓰'처럼 'ㅇ+ㅡ+ㅁ'이 결합됐다. 밑에 있는 'ʋ'이 뒤 두 개를 묶는 것이고 '양'인 남성을 나타낸다. '자형은 달려가는 자형으로 북두에서 견우다. 여기서 '모'는 부모 둘을 뜻하지만 여성 중심으로 '모'의 음가를 취했고 '창'은 뜻이다. 후대에 이것이 무기로 채용된다. '牡(모)'자는 남자의 자지다. '牛(우)'가 남자이기에 남성(치우·견우)을 상징한다. 구멍에 넣기에 '열쇠(여는 쇠)'란 뜻이 있다. 즉 '모'의 음가를 취한 것은 남근이 여성의 문을 여는 열쇠기 때문이다. '土(토)'는 위로 솟구치는 남근을 상징함을 알 수 있다. 금문 '↑'를 보면 오늘날 남성을 상징하는 '♀·♂'기호와 같다. 즉 남성의 성기를 '창'에 비유했다. 고대나 현대나 인식의 차이가 없음을 알 수 있다. '矛盾(모순)'[28]이란 의미가 남성과 여성의 관계가 이미 '𤓰'자에 담

---

28 전국(戰國) 시대(時代) 초(楚)나라에 무기를 파는 상인(商人)이 있었다. 그는 시장으로 창과 방패를 팔러 나갔다. 상인(商人)은 가지고 온 방패를 들고 큰소리로 외쳤다. 이 방패를 보십시오. 아주 견고하여 어떤 창이라도 막아낼 수 있습니다. 그리고 그는 계속해서 창을 들어 올리며 외쳤다. 여기 이 창을 보십시오. 이것의 예리함은 천하(天下) 일품, 어떤 방패라도 단번에 뚫어 버립니다. 그러자 구경꾼 중에 어떤 사람이 말했다. 그 예리하기 짝이 없는 창으로 그 견고하기 짝이 없는 방패를 찌르면 도대체 어찌 되는 거요? 상인(商人)은 말문이 막혀 눈을 희번덕거리고 있다가 서둘러 달아나고 말았다. (한비자(韓非子))

겨있다.

(3)'戉(월)'의 금문(🔨)은 '토끼'를 닮아 토끼로 상징된다. '도끼'도 '토끼'와 닮았다. '월'의 음
가는 '月(월)'로 치환되어 '달'과 '토끼'가 연결되면 '달에 토끼가 산다'는 신화와 연결된다. 상
고시대는 음가로 사물을 이해하고 사물의 모양과 토템을 연결시켜 동일시했다. '戈(창과)'의
갑골문 '🪓·🪓·🪓·🪓'과 금문 '🪓·🪓·🪓·🪓'의 자형은 '武(무)'자형의 갑골문 '🪓·🪓'와 같고 '止(발)'
자만 없다. '🪓'은 고조선의 문자에서 '新(신)'자에 해당한다."[29] 북두가 도는 자형에서 취했다.

(4)'戌(술)'의 갑골문은 도끼(🪓)지만 금문은 도끼로 앞을 치는 사람 '🪓=🪓+🪓'으로 '개'로 표
현 된다. 즉 나무를 쪼개기 위해 도끼를 들어 머리 뒤에서 '돌려서 친다'는 동작에서 '연이어
뒤따라 돌아간다'는 개념을 천문에서 사용했다. '戌=戊(무)+一(일)'이다. 여기서 '一'은 술시
에 나타나는 북두칠성의 자루로, 밤이 새롭게 시작되는 시점을 의미한다. 즉 여기에서 '개'의
음가는 새롭게 열린다는 '開(개)'다.

(5)'戍(수:🪓)'는 사람이 '🪓(솟대)'를 지키는 것이다. '🪓'는 '戈·武'의 갑골문과 같다. '🪓'는 삼
족오의 상징인 솟대다. 솟대의 종류가 다양해지면서 솟대를 지탱하는 삼지의 개념이 들어
간 '🪓'자형으로 발전된다. 갑골문 중 한 손에 창(🪓)을 들고 다른 한 손에 방패를 든 자형(🪓)
을 보면 그 원형이 솟대(🪓·🪓)임을 알 수 있다.

(6)'伐(칠벌:🪓)'은 '수(🪓)'자와 다르게 목이 나무에 목을 맺다. 솟대의 가로막대에 적의 목
을 매달기에 '弑(윗사람죽일시)'가 된다. 武(무)와 舞(무)는 천제로 '武舞(무무)'는 곧 의례다.
殷(은) 대에는 간척무가 성행했다. 특히 '伐(벌)'자는 '武舞(무무)'와 '干舞(간무)'로 해석하는
것으로 보아 '인신공양' 또는 '사악한 자를 물리쳐 달라'로 사용된 의미로 적장을 목에 메고
춤을 춘 것으로 추론된다. '武舞(무무)'에 대한 기록은《淮南子(회남자)·繆稱訓(무칭훈)》에
"우왕이 군대를 이끌고 가서 손에 큰 도끼와 방파를 들고 간척무을 추었더니, 삼묘족이 두려
움을 떨고 항복했다."[30]고 한다. 이러한 전통이 武舞(무무)[31]로 내려왔다.

....

29 허대동,《고조선 문자》, 경진출판사, 2016, 157쪽.

30 《淮南子(회남자), 繆稱訓(무칭훈)》, 禹執干戚舞于兩階之間而三苗服.

31 종묘(宗廟)와 문묘(文廟)의 제향(祭享)에서 추는 일무(佾舞 : 사람을 여러 줄로 벌려 세워서 추게 하는 춤)의 하나.
무덕(武德)을 상징하는 춤으로 문덕(文德)을 상징하는 문무(文舞)와 쌍을 이룬다. 종묘와 문묘 제향의 아헌(亞獻)
과 종헌(終獻)의 순서에서 춘다. 무무(武舞) (한국민족문화대백과, 한국학중앙연구원).

(7)'戒(계:㦸)'는 솟대를 감싸고 경계한다는 것을 강조했다.

3) 無(무), 夏(하), 夂(쇠)의 意味(의미)

표 1-6. 無(무), 夏(하), 夂(쇠)의 갑골문·금문·전문·해서 자형

甲骨文	金文	篆文	楷書
(갑골문 자형)	(금문 자형)	(전문 자형)	無(1) 舞
	愚 曼		夏(2)
A	夊		夂(3)

갑골문은 동이족의 문자다. 동이족의 음가를 적용하지 않으면 해석이 불가능하다. 때문에 중국학자들의 갑골문 해석에는 한계가 있다.

(1)'無(무)'는 무당이 무엇인가를 들고 춤을 추는 그림으로 뜻은 '없다'다. 그렇다면 무엇이 없다는 것인가? 바로 '무(물)'이다. '없을 무'는 '무(물) 없음'이다. 물이 없기 때문에 하늘에 기우제를 드리는 것이다. 갑골문에 '霖·霖·霖·霖'자들은 가뭄에 비를 바라는 기우제를 표현한 것이다. 이 한자(霖)가 '潕(물마를무)와 濗(물마를무)'자에 있다. 가뭄이 심해지면(霖) '潕(무무)'가 된다. 더 심하여 논바닥이 갈라지면 초록이 누렇게 되어 불에 탄 것 같기에 '燘(불에탈호·누를호·없을무)'가 된다. 가뭄이 들면 '巫堂(무당)'은 기물을 들고 기우제를 드리면서 이리저리 발을 동동 구르게 된다. 이것을 '爽'자 아래에 '𠦂'자 두 개와 '行:彳'자를 붙여 '舞(霖·霖·舞:춤출무)'가 되어 무당이 춤추는 동작을 표현했다. '雨=丁+㔾'다. 즉 '無'자는 가뭄에 행하는 기우제를 나타낸 글자다. '無'자의 좌우에 신대나무와 같은 '朩·朩·朩'가 있다. 한 개에서 세 개로 그려지다가 '朩·朩·朩·霖'자형으로 변한다.

"사람이 소꼬리와 같은 것을 들고 춤을 추는 형상이다. 후에 이 글자가 無(무)로 차용됐으므로 本字(본자)에 한 쌍의 다리를 더하여 춤추는 동작을 명확히 했다. 갑골각사가 '舞(무)'자를 언급한 가운데 19차례나 비를 말했다. 그리고 제사장의 대상도 모두가 商(상) 사람들이 비를 내리는 데 도움을 준다고 믿는 신이 호아하신과 악(岳)신이었다. 그런 까닭에 기우

의 舞(무)는 간혹 舞(무) 위에 빗방울을 덧붙여 특별한 기능을 나타내기도 했다."[32]

'丅'는 '下(하)'의 고자로 모음 'ㅜ'와 기호가 같다. 하늘 위(ㅡ)에서 땅 아래(ㅣ)로 내려온다는 의미다. 이 두 개의 의미가 한글 '우(丅)'와 한자 '하'로 사용됐다. '而'자형도 '丅+而'이다. 즉 '윗(丅)사람이 내리(而)는 말을 잇는다'는 의미가 된다. '雨'와 '而'자형은 '내린다'는 상징은 같다. 그러나 '雨'는 끊어져 내리는 비의 모습이고, '而'자형은 끊임없이 연결되어 내리는 것이다.

'無能(무능)'이란 의미는 '비를 내리게 못하는 곰'이란 뜻으로 모계시대 무당이 여성이었음을 알 수 있다. 초기 단순한 '武()'자에서 더 구체적인 '武()'자로 표현했다. 전설로 알려진 堯舜時代(요순시대)에 舜(순)이 禹(우)에게 천하를 물려주고 禹(우)에 의해 夏(하)왕조가 세워진다.

(2)'夏(하)'는 비를 내리도록 춤을 추는 무당의 자형이다. 하왕조 이후 商(상)·周(주)를 3대라하여 이상적인 聖代(성대)라 한다. 《史記(사기)》의 〈夏本記(하본기)〉에 의하면, 夏王朝(하왕조)의 시조 禹王(우왕)은 기원전 2070년 왕조를 개국했다. 우왕은 黃河(황하)의 홍수를 다스리는데 헌신적으로 노력했다. 그 공으로 순(舜)이 죽은 뒤 제후의 추대를 받아 천자가 된다. 禹(우)는 제위를 민간의 현자에게 양여하려고 했으나 제후는 禹(우)의 아들 啓(계)를 추대했다. 이때부터 禪讓制(선양제)가 없어지고 相續制(상속제)에 의한 최초의 왕조가 출현한다. 갑골문·금문·소전체의 無(무)자를 보면 기우제와 관련이 있다. 우왕이 '夏(하)'를 세워 홍수를 막았다는 기록이 춤을 추는 금문()과 일치한다.

夏(하)는 '頁+夊'다. 여기서 '頁=百(백)'으로 뜨거운 태양을 강조하는 것과 동시에 '目(목)'으로 사람의 얼굴을 나타낸다.

(3)'夊'는 '천천히걸을쇠'다. 갑골문 ''은 한글 'ㅂ'다. 즉 '발'이다. 足(족)의 갑골문 ''은 '새의 발자국'이다. 여기서 '새'는 날짐승의 '새'보다는 '새'로 추앙받는 사람의 '발'이다. '천천히걸을쇠'의 음가 '쇠'가 '새'임을 알 수 있다. '발'은 'ㅂ·ㄹ'이다. 'ㄹ=새'다. 즉 '발'이란 자형에 '새'

32   허진웅, 《중국고대사회》, 홍희 역, 동문선, 1991, 415쪽.

가 이미 결합되어 있다. '夏(하)'자형은 기우제와 관련 있다. 기우제는 일정한 예법이 필요하다. '昌'는 여름의 해(=알)는 강렬하다. '夏(하)'자형에서 파생된 '戞'자형의 음가가 '알'이고 뜻은 '예법·새소리·두두리다'다. 즉 기우제를 드릴 때 예법의 하나로 쇳소리 나는 징을 쳤음을 알 수 있다.

"하늘에 제를 올릴 적엔 반드시 '모우(牡牛)'라는 흰 소를 잡아 바치고 제관이 흰 소꼬리를 잡고 춤을 추었다."고 한다.[33] '모우'라는 음가는 '비'와 관련이 있다. 冒雨(모우:비가 머리를 덮을 만큼 쏟아지는 것)·暮雨(모우:저녁에 내리는 비)다. '모우(牡牛)'는 '暮牛(모우)'로 저녁 때의 소다. '모우(牡牛)'는 '숫소'다. 숫소를 바치면 저녁에 비가 온다'는 생각을 왜했을까? 그 물음에 대한 답은 견우와 직녀의 신화에 있다. '旄牛(모우:털이긴 소꼬리)'는 군 의례에 사용하는 상징물이다. 지상의 치우는 하늘의 견우로 치환됐다.

모두 좌우 쌍(䕃)이다. '無(무)' 자체가 무당이지만 구체화된 것을 표현하기 위해 표현한 '巫(무:巫)'가 있다. '工(공)'자에 두 사람(从)이 있다. '無(무)'의 좌우에 있는 '茻'자형이 사람을 뜻하는 '某(모)'자형과 같음이 예사롭지 않다. '某(모)'의 고자가 '楳(아무모)'로 사람을 뜻한다. 과거 인신공양이 있었음이 기록에 있다. "주술사 '巫(무)'는 제사의 희생으로 사용되기도 했다(묻겠습니다. 여자를 다른 제사의 주술사의 제물로 무를 사용할까요? 말까요?)."[34]

무당이 점을 치는 갑골문 '筮:筮(점서)'는 '풀로 무당이 점을 쳐서'라는 의미다. 이것이 후대에 주역으로 전해져 '서죽·산가지·산대·산목·산책'이 된다. 초기의 무당은 좌우에 산대와 같은 것을 들었으나 후에 사람의 형상물이나 다른 기물로 사용한 것 같다. 무당이 여성인 것은 '嫵(아리따울무)'에 있다. 춤을 추고 있는 모습을 나타낸다. '嫵(무당무)'가 춤을 추되 발걸음이 三步(삼보)에서 아장아장 춤을 추고 도는 것을 '斌(아리따울무)'로 표현했다. '武(무)'는 세 걸음이란 보법을 뜻하고, '步(보)'는 여섯 걸음을 뜻한다. '踙(발자국무)'는 춤추며 이리저리 움직인 흔적이다.

'武·無·舞·巫(무)'는 모두 무속에서 나온 같은 글자이고, 기우제를 드리면서 발생된 일련

....

33 문화원형백과 오방대제, 삼신.
34 김영일, 《유교탄생의 비빌》, 바다출판사, 2013, 269쪽.

의 같은 사건들에 적용된 글자이기 때문에 '무'의 음가를 가지게 된다. 후대에 공자에 의해 형성된 '儒教(유교)'에도 '巫(무)와 無(무)'의 개념이 흡습된다. "儒(유)라는 글꼴은 商(상)대 갑골문이나 서주·춘추전국시대 청동기 문자와 심지어 전국시대 죽간들에서도 보이지 않는다. 그 이유는 儒(유)라는 글자에 담겨있는 의미가 巫(무)라는 글꼴에 의해 표현되었기 때문이다."[35] "고문자 학자들의 갑골문과 청동기 문자해석을 통해 검증되곤 한다. '儒(유)'자의 儒(유)를 술사, 즉 주술사로 본 설명은 역시 이러한 경우에 해당된다고 할 수 있다."[36] '儒=亻+雨+而'로써 '비를 내리도록 하는 사람'이다. '왕(王)'은 천지인을 하나로 관통한 사람이다. '주(主)'는 하늘에서 점지(丶:불똥주)한 임금이 주인이다. '注(주)'는 하늘에서 비를 구하는 자이다. '물'은 하늘에서 내려주는 하늘의 것이다. 이것을 얻기 위해 비는 것은 王(왕)의 몫이었다. 현재 중국의 학자들도 유교는 공자가 만든 것이 아닌 것으로 보고 漢(한)이 통치에 필요한 철학(사상)을 공자라는 인물을 중심으로 과거의 문화를 새로운 개념으로 정립한 것으로 보고 있다.

물은 하늘의 소유이며 물을 관장하는 주관자가 있다고 생각했다. 때문에 북두칠성에 '武曲(무곡)'이라는 별자리가 있고 우리나라에 '武溪(무계)·斗武(두무)'라는 지명에 그 의미가 남아있다. 제례는 하늘에 올리는 의식이다. 모시는 대상을 상징하는 상징물을 지상에 세우고 기도하는 것이다. 그렇다면 당시에 숭배하던 신은 누구였을까. '武(무)'자에 실체적 존재자로 '神(신)'이 존재한다. '武藝(무예)'의 진정한 의미를 알기 위해선 '武(무)'의 본질을 알아야 한다. 하늘의 별자리는 한민족의 신화와 전설이 기록된 天文(천문)이다. 그러기에 발해국 2대 왕의 이름은 武藝(무예)다. 그리고 동양의 왕은 武王(무왕)이 나라를 세운 이후에야 文王(문왕)이 뒤에 다스린다.

....

35 김영일, 《유교탄생의 비빌》, 바다출판사, 2013, 263쪽.
36 김영일, 《유교탄생의 비빌》, 바다출판사, 2013, 265쪽.

'藝(예)'자에 숨겨진 秘密(비밀)

1) 藝(예)·勢(세)·巫(무)의 象徵(상징)

표 1-7. 藝(예), 勢(세), 巫(무)의 갑골문·금문·전문·해서 자형

甲骨文	金文	篆文	楷書
			藝(1)
			勢(2)
			巫(3)

(1)'藝(예)'의 원자는 '埶(예·세)'다. 즉 '埶(예)'는 '藝(예)'와 '勢(세)'와 같다. 갑골문과 금문을 보면 무당이 무릎을 꿇고 신대를 들고 있다. 땅에 나무를 심는 것이다. 오늘날 무당이 신대를 들고 강신을 받고 무속행위를 하는 일련의 모습과 같다. 일본에서도 신사에 들어갈 때 신주는 신대를 들고 제일 앞서 간다. 이것은 한민족의 '藝(예)' 문화를 함께 공유하고 있기 때문이다. 갑골문은 어느 행사에 일어난 상황을 사진 찍듯이 그린 것이 한자다. 그리고 행사에서 발생된 그림을 기초로 하여 같은 음가를 붙였다. 진시황이 문자를 통일시키는 과정에서 갑골문이 가지는 신화적 요소가 퇴색되고, 다시 허신이 한자를 부수로 나누면서 그림에 담긴 한민족의 신화가 또 다시 사라졌다.

(2)'執(예·세)'의 갑골문 '𢀈(예)'은 무릎을 꿇는 어린 나무를 양 손으로 들고 있다. '埶(세)'자는 땅에 마무를 심어 나무를 세웠다. 나무를 세운 것이 '勢(𤖯)'다. '세'의 음가는 '서기'로 '세운다·서다'의 우리말이다. 우리 민족은 중요 행사에 나무를 심는다. 나무를 심어 하늘에 고하고 하늘은 나무를 키워 보살핀다. 나무는 자라 새의 둥지가 된다. 모두 솟대신화가 전승된 것이다.

《論語(논어)》에 '求也藝(구야예)'라 했다. 하늘에 '藝(예)'를 드려 하늘로부터 '얻는 것'이다. '藝(예)'의 행위는 일정한 '法度(법도)'를 통해 행한다. 藝(예)는 제사란 형태로 법도를 구현한다. 제사는 많은 절도가 있다. 이러한 절차를 主宰(주재)하는 祭主(제주)는 '재주'가 많을 수밖에 없다. 말이나 문장의 끝에 '~세, 하세, ~함세'를 붙이면 명사가 된다. 셀 수 없이 많은 '별(曐:성)'을 세 개의 알(⊙)로 표현했다. 즉 '세(三:삼)'는 완성의 소리며, 하늘의 의미며, 세상 전부를 뜻한다. 이처럼 언어에 '勢(세·셋)'자를 붙여 사물을 하나의 개념으로 묶어 사용하는 것은 한민족 뿐이다. '땅에 나무를 심어서 세우려는 것이 무엇인가?' '서기'라는 음가에 '새(세)'가 있다. 땅에 솟대를 세움은 새신을 숭배하는 것으로 '만물이 새의 뜻에 의해 세워진다'는 의미다. 한자의 음가는 이처럼 우리말에서 만들어진 우리의 글이다. 중국은 한자의 음가가 어디에서 유래됐는지 지금도 밝혀내지 못하고 있다. '藝(예)'는 신에게 무릎을 꿇고 빌면서 '節(절)'을 한다. 禮節(예절)은 藝節(예절)이다. '節(절)'하는 문화는 상고시대부터 한민족에게 있었음을 '藝(예)'자는 말하고 있다. 한자와 한글에서 한글만이 우리글이라고 주장하는 것은 동양문화의 정수 및 한민족의 고대사와 신화를 포기하는 것이다. 반대로 한자가 우리글임을 입증하면 동양문화의 주인이 바뀌는 일대 사건이 된다. 문자를 만들면 그 문자에는 당시 발생된 상황을 설명한 뜻과 소리가 있게 마련이다. 한자에 뜻이 많은 것은 그 글자 하나에 발생된 사건들이 그만큼 많았다는 것이다. 문자에 새로운 개념이 붙여 바뀌게 되면, 최초의 개념은 사라지고 후대에 새롭게 정의된 개념만 남게 되며 본질은 사라진다. 역사는 이런 방식으로 잊혀지고 왜곡된다. 孔子家語(공자가어)에 '藝(예)'를 '諸侯而一貢事禮野(제후이일공사예야)'라 하여 '땅에 심는다'했다.

(3)'巫(무:무당)'의갑골문(巫)은 먼 별(冂)에 있는 두 분 조상신께 (𠂇·又) 제사를 올리는(⊥) 사람이다. 갑골문의 양손(𠂇·又)이 두 사람(人·人)의 손이다. '男左女右(남좌여우)'라는 문장이

있다. 좌측이 남자, 우측이 여자다. 제사를 지낼 때, 남녀가 올리는 손의 위치도, 양위를 합장할 때나 제사의 신위를 모실 때에도 이 원칙을 지킨다. 좌우의 위치는 주관자에 따라 반대가 되지만 북쪽을 등지고 좌·우를 정한다. 때문에 '左文右武(좌문우무)'를 보면 '文(문)'이 여성이고, '武(무)'가 남성이다. 해는 동에서 서로 진다. 좌측방향이다. 글은 위에서 아래로, 우에서 좌로 쓴다.

2) 節(절), 卽(즉)의 象徵(상징)

표 1-8. 節(절), 卽(즉)의 갑골문·금문·전문·해서 자형

甲骨文	金文	篆文	楷書
	節 節	節 節 節	節(1)
卽	卽	卽	卽(2)

(1)'節(절)'의 구성을 보면 '竹+良+卩'로 되어 있다. 竹(죽)의 전서는 '艸'이다. 그렇다보니 '대나무마디'로 해석하고 있다. 그러나 '節(절)'의 금문과 전서 '艸'과 '艸'을 비교하면 '竹(죽)'은 대나무가 아니라 새의 발(艸艸)이다. '藝(예)'가 신에 대한 의식의 개념이라면 '절(節)'은 무릎을 꿇고 신에게 '절'하는 행위의 개념이다. '艸'자형이 '艸'자형으로 바뀌었다. 90°를 돌리면 '艸'이다. 즉 '자식(艸)이 손(艸艸)을 바닥에 대고 엎드려(艸) 절 한다'는 문장이 된다. 만일 '艸=艸'이 절을 받는 주체면 절하는 자는 '艸'이 된다. '節(절)'과 '卽(즉)'은 같은 뿌리다. '卽(즉)'자의 '卩(병부절)'='艸'자로써 두 손을 모아 공손히 무릎을 꿇고 있다. '艸(예)'자형에 절을 하는 무당이 '艸(절)'이다. 고구려의 皁衣仙人(조의선인),[37] 신라의 화랑처럼 백제에는 '武節(무절)'이 있었다는 기록이 위서에 있다. '皁(조)'는 '皂(조)'와 동자다. '十'은 북두칠성이다. 그래서 '皂(조)'는 '白+七'이다. 밤과 곰의 색을 취하여 '검다'는 뜻이다. '상수리·도토리'의 의미가 된 것은 상수리나 도토리는 머리에 관을 썼기 때문이다. '節(절)'은 '藝(예)'의 의미와 개념이 같다.

....

37 고구려 때의 벼슬. 12등급의 하나로 국정을 맡아보았다.
상고시대부터 있어 온 무사(武士)를, 신라에서는 아름다운 용모를 중시하여 화랑(花郎)이라 하고 고구려에서는 조의, 즉 검은 비단옷을 입고 있었으므로 조의선인이라 했다. 이들은 평상시에는 도로와 하천 및 성곽의 개수 등 공공사업에 힘쓰고, 전시(戰時)에는 양식을 가지고 스스로 집단적으로 전투에 자진 참여했다(교육학용어사전).

《國語(국어)》에 '夫祀國之大節也(부사국지대절야:나라 제사에는 큰 절을 한다)'고 했다. 즉 節(절)이 藝(예)다. '藝(예)'는 '節(절)'의 행위다. 武節(무절)은 마치 오늘날 무예·무도·무술과 같이 武藝(무예)에 대한 차별적 개념으로 '武節(무절)'과 '武藝(무예)'의 속성은 같다. 일본 무도의 예법에서 백제 '武節(무절)'이 보인다. '절=저+ㄹ'이다. '저'의 음가는 '低(저)'이고, 'ㄹ'은 엎드린 자형이다. '절'의 음가를 갖은 한자 들은 대부분 '節(절)'의 뜻을 갖는다.

(2)'卽(즉)'의 갑골문 '𝑔'자형이 '𝑔(랑:어리다:良≧룸≧무)'다. 무릎 꿇고(𝑔) 아기(𝑔)를 보살핀다. 그리고 '𝑔·𝑔'자형을 '새'로 보면 '새(태양신)에게 절 한다'는 의미가 된다. '良'은 '새의 새끼'다. '新郎(신랑)·花郎(화랑)'은 이러한 한민족의 정체성이 들어있는 말이다. '새'를 사람의 분신으로 숭배하고, 새의 알(아들)을 이름으로 사용하고, 자식을 '새끼'라 부르고, 무릎 꿇고 '절'하는 민족은 한민족 뿐이다. 중국은 입식문화다. 옛날이나 지금이나 무릎 꿇고 절을 하지 않는다. 때문에 무릎 꿇고 절하는 '藝(예)'도 중화의 문화가 아니다. 이처럼 '예절(禮節)'은 한민족 삼족오의 신화에 숨겨진 실체와 나는 누구인가에 대한 근원적 질문에 대한 답이 들어있다.

3)武藝(무예)의 意味(의미)

'武(무)'는 견우를 상징하고 견우는 '武神(무신)'을 상징한다. 남성들은 국난이 닥치면 전쟁에 나아가 국가와 부모형제를 지키기 위해 적과 싸우며 목숨을 받쳐 나라를 지킨다. 그러기에 武(무)는 용감한 남성을 상징한다. '藝(예)'는 이러한 武神(무신)에게 민족의 안녕과 무사를 기원하고 감사를 표하는 여성의 행위다. 오늘날 현충원과 현충사와 같은 곳이 武神(무신)이 머무는 곳이다. 이러한 이유로 한민족은 치우사당을 武神(무신)으로 모셔왔다.

武藝(무예)에 스며든 玄武(현무)

1)玄武(현무)

한민족은 '武藝(무예)'를 숭상하는 민족이다. 우리는 '무예'라는 용어를 사용하면서 '무예'의 뜻을 정확히 규정하지 못하고 있다. '무예'의 사전적 의미는 '武器(무기)쓰기·주먹질·발길질·말달리기 따위의 武道(무도)에 관한 기술'로 설명하고 있다. 이것은 중화식 무술과 일본의 무도가 결합된 해석이다. 이러한 해석과 사고는 한마디로 무예를 형이하학적으로 풀이한 것이다. '武(무)'와 '藝(예)'는 한민족의 신화와 전설을 간직한 글자다.

그림 1-1. 약수리 벽화

玄武(현무)의 그림을 보면 등은 거북이지만 다리는 맹수와 같고 몸에는 뱀이 감싸여 있다. 초기 현무의 개념이 강한 그림이다〈그림 1-1〉. 약수리의 '현무'는 강서중묘의 현무 그림과 비슷하다. 현재 역사학계는 斗(두)·牛(우)·女(녀)·虛(허)·危(위)·室(실)·壁(벽)을 각각 별자리의 이름으로 봤다. 각각의 글자로만 보다보니 일곱 글자에 담겨진 비밀을 알지 못하고 현무 옆에 있는 남녀 두 사람이 누구인지 모르고 있다. 현무의 그림을 보고 두 동물이 다투고 있는 형상이라 설명하는데, 이 둘은 한민족의 조상신 견우직녀이고 두 동물은 견우와 직녀를 상징하는 거북과 뱀이다. 견우와 직녀 좌우에 두 명의 사람도 둘씩 짝이다. 견우와 직녀가 돌봐야 할 자식이다. '率(솔)'자에 좌우 두 사람을 거느리는 개념이 들어있다. 현무는 기본적으로 '짝'의 개념이다. 한쪽은 半(반)에 불과하다. '반갑습니다'는 말은 '나머지 반쪽을 만나서 반갑다'는 표현으로 견우와 직녀에서 그 유래를 찾아볼 수 있다.

玄武(현무)는 동서남북 칠성 중에 '북'에 있는 북두에 있는 신의 이름이다. 현무는 '斗(두)·牛(우)·女(녀)·盧(허)·危(위)·室(실)·壁(벽)'의 시어로 표현된다. 즉 일곱 개의 글자에 현무의 실체가 숨겨져 있다. '두(斗)'는 북두를 뜻하면서 '둘'을 뜻하는 한민족의 이두문이다. '우(牛)'는 '견우'고, '녀(女)'는 직녀다. 盧危室壁(허위실벽)은 '허공에 깎아질 듯 천 길 낭떠러지 위에 위태롭게 벽으로 만들어진 집'이란 뜻이다. 이것이 '劍(검)'자 한자로 표현됐다. 〈그림 1-1〉의 천막을 나타내는 '个'자형이 '六(육)'이다. 《漢書(한서)》의 《律曆志(율력지)》에 "牽牛初度(견우초도)가 冬至點(동지점)이었다."는 기록을 보아도 현무는 견우와 직녀의 별자리와 관련 있다. '斗牛女盧危室壁(두우녀허위실벽)'은 한민족의 견우와 직녀의 신화가 함축되어 있다. 고구려 덕흥리 고분에 견우와 직녀의 상이 있다. 약수리 현무도에는 좌측에 남자 우측에 여자가 두 사람이 대청마루에 앉아 있다. 대청마루 옆에는 현무, 천막지붕 위에는 북두칠성이 있다. 견우와 직녀가 벽이 없는 작은 오두막에 위태롭게 앉아 있다. 그래서 '두(斗)'자에 '깎아지른 듯이 서있다'는 의미가 있다. 견우와 직녀는 은하수를 사이에 두고 떨어져 있다가 7월 7일 칠석(七夕)날 까마귀와 까치가 다리를 만들어 줘 만나게 된다.

저녁에 비가 내리면 상봉의 눈물로 의미를 부여했고, 이튿날 새벽에 비가 오면 이별의 눈물로생각했다. 별것 아닌 것으로 울면 '칠칠맞다' 하는 것도 견우와 직녀의 신화가 생활 속에 스며든 것이다. 기우제의 대상이 '武(무)'자에 있는 것은 견우직녀의 신화에 근거한다. 7월 7일 견우와 직녀가 만나는 장소가 하늘 허공에 임시로 만든 집으로, 대청마루가 바로 허위실벽이다. 우리말에 '마루'는 네 다리를 세워 그 위에 널 판지로 깔아 놓은 것으로 '하늘'을 뜻하는 순수 우리말이다. 약수리 벽화에서 마루에 앉아 있는 두 남녀가 견우와 직녀다. 일본에 '丸山(환산)'을 '마루야마'라 한다. '九(구)'자가 북두칠성을 의미하고 'ヽ(불똥주)'자를 붙여 북두칠성의 빛나는 여섯 번째 별 武曲星(무곡성)을 나타낸다. 남쪽의 북두칠성 '七(칠)'이 북에 올라간 모습이 '九(구)'가 되면서 '굽는다'는 의미를 가진다. 한민족은 북두칠성 신앙을 신으로 섬기었다. 상고시대 한민족의 신화와 전설이 천문 이름으로 고착됐다. 중화의 패권은 견우와 직녀의 신화로 했으며 한민족 상고의 신화와 상징까지 흡수해 버렸다. 중화에서 여러 왕조가 흥망했다. 다행히 오늘날 중국처럼 통합된 국가가 아니었으므로《吳越春秋(오월춘추)》나《楚史(초사)》 등에 한민족의 역사가 남아있다. 상고 조선의 역사가 위대했음을 말하고 있다. 견우와 직녀의 신화는 한민족의 음가로 해석하지 못하면 현무의 신화를 풀 수 없다. 상고시대는 신화와 토템의 시대다. 후대에 부수적 개념으로는 해석이 불가능하다. 신화와 전설은 단순히 미신으로 치부해서는 안 된다. 그 속에는 천지만물이 하나로 연결됐다는 인간의 사유가 담겨있다. 천지인·홍익인간·삼족오 등의 신화와 전설 속에는 한민족의 정체성이 들어있는 소중한 문화다. 천문에 최초로 개념을 넣은 종족이 한민족이다. 이는 우리의 소리·한글·한자·생활·동화·신화 등 잃어버린 문화와 정체성을 찾는 열쇠가 된다. 정수리에 머리를 묶는 상투는 한자로 上斗(상두)다. 정수리의 '가마'는 곰의 상징이다. 상투는 곰신을 보호하는 것이다. 머리에 쓰던 의관인 '감투'의 한자가 없다. '검다'에서 '검'은 '곰'이다. '밤의 곰 북두'의 개념이 '상두'와 같다. 감투를 쓰는 것은 곧 곰신의 권위를 드러내는 것이다. 남성인 왕에게 '하늘 위에서 엄마가 보신다'는 의미의 '上監媽媽(상감마마)'라 칭하는 것도 모계신화가 전승된 것이다. 지금도 아이들은 엄마가 무섭다.

2) 玄(현), 申(신), 呂(려), 率(률), 豆(두), 親(친), 辛(신), 帝(제), 立(립)의 象徵(상징)

표1-9. 玄(현), 申(신), 呂(려), 率(률), 豆(두), 親(친), 辛(신), 帝(제), 立(립)의 갑골문·고문·금문·주문·전문·해서 자형

甲骨文	古文	金文	籀文	篆文	楷書
					玄(1)
					申(2)
					呂(3)
					率(4)
					豆(5)
					親(6)
					辛(7)
					帝(8)
					立(9)

(1) '玄(현)'의 '亠(두)'자는 편의상 문자정리에 의해 만들어진 자형이지 원래는 '부수'자가 아니다. '上(상)'의 원 자형은 '亠'다. 한글 모음 'ㅗ'가 가지는 '하늘 위'라는 기호의 의미와 같다. 머리 위에 갓과 족두리를 쓰고 좌정하고 앉아 있는 견우와 직녀의 모습이다. 이러한 의미에서 '돼지해머리두'라는 뜻을 부수의 의미로 사용한 것 같다. '玄(현)'은 밤의 상징이다. '12지'는 '해'가 밤에 만들어지고 다음날 태양이 떠서 지는 과정을 나타낸다. '玄'의 뜻은 '검다'고 음은 '현'이다. 즉 '검다'는 뜻과 드러난다는 '현'의 의미는 정반대다. 즉 견우가 우측에 있고 직녀가 좌측에 있는 음양 결합체의 문자가 玄(현)이다. 그래서 炫(밝을현·자랑하다)자에 견우의 남성성이 있고 泫(눈물흘릴현·듣다·이슬빛나다)자에 여성성이 있다. '견우와 직녀가 亥時(해시)에 자식을 만들어 마침내 해가 됐다'는 의미에서 '해'의 음가를 가진 '亥(해)' 자형에 玄(현)의 자형이 들어간다.

'玄(현)'의 금문 '⑧'과 고자 '⑧'는 8자형으로 두 개의 '⊙'이 결합됐다. 즉 '⊕+⊕'은 오늘날 남

녀의 기호 '♂·♀'를 나타낸다. 남성은 '𝆹'이고 여성은 '中'이다. 즉 주역의 양(⚊)과 음(⚋)의 개념이 자형에 들어있다. 모두 '두개'의 숫자다. 특히 '玄'자의 '亠(두)'자형은 머리에 쓰는 玄冠(현관)의 모자로 표현됐고〈그림 1-2〉의 (1), '亠(두)'의 원자가 견우와 직녀의 상징인 '十(십)'자임을 알 수 있다. 두 개의 '⊙'이 하나로 뚫려졌다. '丨'이다.

'玄(현)'의 자형은 북극을 가르키는 '磁石(자석)'의 '磁(자)'에 '玄(현)'이 2개 있어 '玄(현)'이 북극성과 관련 있음을 알 수 있다. '玆(이자·검을자·검을현)'의 뜻과 음가의 '현'은 견우고 '검'은 직녀다. '慈(사랑자)'는 자식을 사랑하는 부모(견우직녀)의 마음이다. 玄(현)자형은 한자에서 북쪽·은하수·여성과 관련된 의미를 가진다. '亠(두)'가 두개인 '䒑'자로써 '둘'임을 강조했다. 磁石(자석)이 指南鐵(지남철)이다. 鬪戰經(투전경)[38]에 '斗向背磁指子者天道乎(두향배자지자자천도호)'라 하여 북두를 등지는 지남철을 '磁指子(자지자)'라 했다. '前(전)'의 머리에 북두를 상징하는 '䒑'이 있다. '刂(선칼도)'는 羅針(나침)을 상징한다. 즉 前(전)은 '南(남)'쪽이다. 前(전)은 '䒑(두)+背(배)+針(침:刂)'이 결합된 것이다. '前'의 갑골문·금문(𣥠·肯)에는 '刀(도)'가 없고 전서(歬)에 있다. 이에 반해 後(후)의 갑골문·전서(後·後)'에는 '幺(𢆶·요)'로써 '玄(현)'자의 '亠(남성상투)'가 없다.

(2)'申(신)'은 한민족의 상고사를 연구하는데 있어서 매우 중요한 글자다. 상형문자로 '번개 모양을 본뜬 글자'라 한다. 전혀 그렇지 않다. '𠃉'자형을 보고 번개로 본 것이다. 즉 번개를 '신'으로 인식했다는 해석이다. 그러나 '𢆶'자형에 '申(신)'의 실체가 있다. 즉 玄(현)의 고문 '𢆶'과 申(신)의 갑골문은 같다. 즉 申(신)은 견우와 직녀다. 때문에 '𠃉'자에 견우와 직녀의 상징이 있다. 즉 '𠃉=𠄌+𠃌'이다. '𠃉'자형의 중심에 있는 'ㄣ'자형이 주문을 보면 '乙'자형임을 알 수 있다. 즉 'ㄣ'자형 상단에 붙은 '一'은 'ㅏ'로 견우를 상징하고, 하단에 붙은 '一'은 'ㅓ'로 직녀를 상

38 平安時代末期(11~12세기) 古代朝廷(고대조정)의 書物管理(서물관리)를 하는 大江家(대강가)는 鎌倉幕府時代(겸창막부) 源頼朝(원뢰조)의 병법사범이다. 투전경이 정확히 누구의 작품인지 알려지지 않고 大江家(대강가)가 관리한 책은 大宰帥(대재수) 匡房(광방)의 저술이라 한다. 일본 국내에 있는 가장 오래된 日本兵法書(일본병법서)다. 여기에는 '사무라이'라는 개념은 없다. '軍(군)·兵(병)'으로 쓰였으며 모두 한자로 된 병법철학서다. 개인적 소견으로는 跋文(발문) '應仁逆亂天下古書盡爲烏有江家之鬪戰經一部幸哉脫其綱矣昔狼秦火' 문장에서 '爲烏(위오)'는 '까맣게 타다'는 뜻으로 '烏(오)'의 '까마귀'의 '까마'의 뜻으로 사용된 이두문으로 보이고 指南磁(지남자)를 磁指子(자지자)로 표현했다. 음경인 '자지'는 항상 등 앞을 보고 선다. '子枝(자지)'는 '자지'의 음가와 의미가 상통하듯이 '磁指(자지)' 또한 그렇다. 영류지목록에 '獅子分身(사자분신)'이 死子分身(사자분신)인 것처럼 사용하는 용례와 같은 이두문으로 보인다. 투전경의 전체 내용과 발문의 마지막, 江家兵學之正統眞人正豊敬書(강가병학지정통진인정풍경서)을 보면 한민족 문서로 보여진다.

징한다. 고문 '𝓈·𝓁'은 북두칠성이 남북으로 세워진 것을 나타낸 것으로 '乙'이다. '𝓁'의 머리 'ว'와 꼬리 'ᒐ'는 魁頭(괴두)를 표현한 것이고, '𝓈'은 '𝓈'과 '乙'이 결합하고 괴두는 태극처럼 휘돌렸다. 또한 외부에 일획을 붙여(𝓈) 남성을 나타내고, 내부에 일획을 붙여(𝓁) 여성을 나타낸다. 申(신)의 주문은 '𝓈=ㅌ+ㄱ+ㅋ'이다. 'ㅌ'과 'ㅋ' 중간에 있는 'ㄱ'이 북두칠성인 乙(을)이며 弓(궁)이다. 弓(궁)을 중심으로 좌우에 견우와 직녀가 있다. 이 자형이 서로 등(ㅋ·ㅌ)을 지면 '北(북)'과 '非(비)'가 된다. 'ㄱ'이 곧게 서면 'ㅣ(곤)'이 되어 전문의 '申(신)'이 된다. '申(신)=臼(구)+ㅣ(곤)'이다. 《說文解字(설문해자)》에 申(신)은 神野(신야)다. 從臼自持也(종구자지야)라 했다. 남자의 양물은 '좆'이다. '좆'은 'ㅈ'이 둘이고 좆을 '자지'라 한다. 자지가 여자의 음부 '절구(臼)' 속에 들어간 것이 '申(신)'이다. 그래서 '十'자의 갑골문은 'ㅣ(불알)'로 남성의 성기다. 여기서 '氏(씨)'자가 만들어진다. '십=씹=씨입'이다. 즉 씨를 넣는 것이고 음부를 열어 넣기에 '열십'이다. 묘한 것은 여성의 몸에는 구멍이 음수의 가장 큰 수 열(十)이고, 남자는 양수의 가장 큰 수 아홉(九)구가 있다. 절구에 씨를 심는다. '씨'와 '심'의 음가는 '신'이다. '坤(곤)=土(토)+申(신)'이다. 즉 'ㅣ'자형이 '꽂는다'는 의미에서 '申(신:남성)'이 '坤(곤:여성)'이다. 땅에 꽂는 것은 곧 하늘이 땅에 심는 것이다. '곤'의 음가는 '고+ㄴ'이다. '고'는 高(고)다. 여기에서 'ㄴ'은 '내려온다'에서 취한 'ㄴ'이다. 즉 '높은 곳에서 내려오는 것이 '곤'이다. '곤두박질'이란 우리말에 '곤'의 음가가 그대로 남아있다. 즉 '땅=곤=지'다. '고마'가 '신'인 이유다. '神(신)=示(시)+申(신)'은 麗(려)의 고문 '丽'에 '示(시)'의 자형이 있다. 示(시)의 갑골문 'T'은 '二+ㅣ'로 '보이다·나타나다·알린다'는 뜻이다. 'T'자형에서 '二'는 직녀, 'ㅣ'은 '견우'를 상징하고, '二'는 음(- -)이고, 'ㅣ'은 양효(—)로 음과 양의 결합이 '신'임을 나타낸다. '丽'자형에 'T'이 있는 것도 견우와 직녀(조상신)를 나타내기 때문이다. 즉 '武(무)=神(신)'이다. '견우와 직녀, 부모, 조상신이 나타나다'는 것이 '神(신)'자다. 啓示(계시), 指示(지시), 黙示(묵시)처럼 '示(시)'자가 있는 한자는 '신이 보여주고 알려준다'는 개념을 갖는다. 한민족은 부모와 조상을 신으로 숭배한 견우와 직녀의 자손, 즉 천손이었다.

즉 神(신)의 글자는 견우와 직녀를 그린 聖畵(성화)와 같다. '고마습니다'와 '감사합니다'는 곰신과 견우직녀를 찬양하는 한민족의 말이다. 타종교에서 '神(신)'자와 '고마워·감사'란 말을 사용하는 것은 자신도 모르게 한민족의 신을 숭배하게 되는 것과 같다.

'藝(예)'에서 나무를 심는 것도 '씨'를 '심'는 행위로 '신'을 세우는 행위다. 《說文解字(설문해자》에 神(신)은 天神引出萬物者也(천신인출만물자야)다. '貴(귀)'자는 '존귀한 사람'을 나타낸다. 貴(귀)를 '虫(궤)+貝(패)'로 보고 재물을 귀하다고 해석하고 있으나 한자에 '虫(궤)'자는 없다. 여기에서 '貝(패)'는 '조개·재물'이 아니라 신을 우러러 보는 사람이다. 貴(귀)의 전문은 '豐=臾+貝'고 '臾=岜+人+ヨ'이다. '岜·ヨ'은 견우와 직녀를 상징하는 북두칠성이고, '人'자형은 '위에 있다'와 '사람(人)'을 의미한다. '귀'의 음가도 천상에 있는 존귀한 존재임을 나타낸다.

(3)'呂(려)'는 '사람의 등뼈가 이어진 모양'이라 한다. 그렇지 않다. 呂律(여율)은 陰(음)과 陽(양)의 음률이다. 즉 '呂(려)'는 견우와 직녀를 나타낸다. 특히 전문 '夢=ㅆ+勿'이고 'ㅆ=方+人+쓰'다. 즉 '두 사람이 달밤에 반갑게 만난다'는 글자다. 또한 '玄'의 전문 '훃'의 '용'와 '呂(려)'의 금문 '용'는 같다. 그래서 '侶(려)'자가 '짝'을 나타낸다. '呂律(여율)'을 도치하면 '律呂(율려)'가 된다. 갑골문 '呂'은 'ㅁ' 두 개가 상하로 있다. 그래서 '짝'이다. '궤짝'이 네모인 이유이고 북두칠성의 네모가 '魁頭(괴두)'로 '궤〉괴'의 음가를 가지는 이유다.

(4)'率(솔)'자는 '玄(현)'이 중심이다. '率(솔)'자는 '十'이 '玄'자형 밑에 있다. 설문해자에는 '牽'자형을 '새를 잡는 그물'로 보았으나 그물과 아무런 관련이 없다. 〈그림 1-1〉약수리 벽화를 견우직녀(조상) 옆 좌우에 두 명의 자식이 있다. 이 자형을 설명한 것이 '率(솔)'이다. '率(솔)'자 안에 있는 '玄(검을현)'자의 상형은 양 날개를 펼친 새로 '까마귀'다.《설문해자》에서는 '새 잡는 그물'의 상형이라 했다. 그러나 '우두머리수·거느릴솔·나란히할비(比:견줄비)'는 '그물'과 전혀 관련이 없다. '率(솔)'자는 '양 날개를 나란히 펼친 우두머리 새'를 나타내는 새 중의 왕이다. '帥(수)'자도 '수'와 '솔'의 음가와 뜻이 같다. 한자는 소리에 개념을 넣고 음가를 갖게 되는 대상의 상태·위치·역할 등을 각각 다르게 표현했다. '率(솔)'의 일본 인칭훈독은 'より(鳥:도리)'[39]다. 즉 일본도 새의 상징을 이름으로 취했다. 신사 앞에 홍살문처럼 세운 '도리'가 있다. 초기 '도리이(鳥居)'는 양쪽 기둥 끝에 두 마리 새가 앉아 있는 것으로 한민족의 '솟대'와 상징이 같다. 북두 현무의 '둘', 즉 '도리'의 음가와 일치한다. 어린아이에게 '곤지곤지'하며 검지로 손바닥을 반복하여 찌르는 동작은 '坤(곤)'이 '地(지)'라는 행위이고, '도리도리'하며 머리를 좌우로 흔드는 것은, 하늘의 북두에 있는 좌우 둘 조상신에게 '도리'를 다하라는 의례적 행위가 전래된 것이 아닌가? 유추해 본다.

....

39 김세택,《일본어 한자 훈독》, 기파랑, 2015, 486쪽.

'十'자형은 북두(현무)가 바로 서는 날로 7월 7일의 별자리다. '十'자형을 새가 나는 모양으로 설정하고 까치가 '견우와 직녀가 만나도록 오작교를 만들어준다'는 설화가 됐다. 이처럼 신화는 口傳(구전) 시대에 전승된 실존의 역사가 천문에 기록되었고, 위대한 인물의 삶과 역사도 천문에 기록되어 혼재됐다. 또한 '率(솔)'은 '牵(솔)'이다. 牵(솔)은 '느릿하게 걷는다'는 뜻이다. '牵=空(공)+卒(졸)'이다. 허공에서 여유롭게 걷는 견우다. '卒(졸)'은 率(솔)을 따르는 무리다. 卒(졸)은 卆(솔)의 訛字(와자)다. 즉 卆(솔)의 九(구)자는 '十(십)'자위에 있다. '九(구)'는 북두칠성으로 '斗(두)'와 '率(솔)'의 자손임을 나타내는 글자임을 알 수 있다. 따라서 고구려의 첫 번째 수도는 卒本(졸본)이다. 졸본은 '모두가 본국이다'는 의미다. 本(본)의 고자는 '夲(본)'이다. 夲(본)=大(대)+十(십)이다. 이렇듯 북두를 근본으로 하는 민족은 한민족뿐이다. 卒(졸)의 갑골문·전서(貪·褁)를 보면 갑옷을 입은 군졸이다. 즉 병졸들도 갑옷을 입을 만큼 군사력이 매우 강했다. 또한 卒(졸)에서 '죽다'라는 의미는 전장에서 많은 병졸들이 죽었음을 알 수 있다. 솔개라는 한자는 없다. 그러나 '喈(봉황의울음소리개)'자를 보면 직녀가 우는 것을 현재에 없는 잃어버린 한자 '솔개(率喈)'로 보인다. 또한 '솔개'는 '소리개'다. "소리"는 "소리"고 "개"의 음가는 "가이"로 '간다'는 의미로 새의 '날개'처럼 '가는 도구'로 쓰인다. 토템시대에는 이두음인 동물의 '개'로 이러한 의미를 전달한 것으로 보인다.

(5)'豆(두)'의 고문'昱'은 玄(현)의 고문'昺'과 닮았다. 즉 '⊙'이 두 개다. 콩은 쪼개지면 '두개'가 되며, 북두칠성처럼 7개가 하나의 줄기 속에 함께 있다. 약수리 벽화를 보면 두 사람이 앉아 있는 것처럼 '玄(현)'자는 앉아있는 자형이다. '昰'는 '제기' 위에 두부를 올린 자형이다. '豆(두)'의 고문'昱'은 조상 두 분을 뜻하기에 '두'의 음가를 가진다. 제사에 '두부'를 놓는 것은, 두 분 즉 견우와 직녀 조상을 상징하기 때문이다. 斗(두)와 豆(두)는 같은 개념이기 때문에 결합된 '斞(두)'가 속자로 사용되고 '콩'은 '荳(두)'자로 사용된다. 붉은 대추는 '태양'이며 부친을 상징하고, 검은 밤은 '어둠'이며 모친을 상징한다. 홍동백서도 붉은 해가 뜨는 동쪽과 하얀 달과 별이 뜨는 서쪽에 맞춰 과일을 배열했다.

(6)'親(친)'은 '見(견)+亲(친)'이다. '亲(친)'은 '進(진)'과 통하여 '나아가 이르다'고 설명한다. 한편 '立(립)+木(목)+見(견)'으로 파자되며 '부모가 나무 위에서 내려 본다'하여 '나무 위에 올라가 자식이 돌아오는 것을 기다리는 부모의 마음이다'라고 해석하곤 한다. 그러나 《易經(역경)》에 '本乎天者親上(본호천자친상) 本乎地者親下(본호지자친하)'라 하고, 《戰國策(전

국책》에 親征(친정)·親耕(친경)·親國(친국)처럼 親(친)자는 天子(천자)에 대해 사용했다. '亲(親)·辛(辛)·帝(帝)'자형은 立(립)의 '●·●'의 자형과 정반대다. '亲'은 '立+丫'고, '丫'은 '∨+丨'이다. '丨'은 '十'이다. '丫'의 좌우 양 뿔은 조상인 견우와 직녀로 '上(상)'을 의미하고, '∨'이 아래 방향으로 향하여 조상이 위에 있음을 나타낸다. 즉 '人'의 역방향성이다. 또한 '丨'은 견우와 직녀의 상징인 북두다. 때문에 '親(친)'자가 '부모'라는 뜻을 가진다. 이들의 자손이 親戚(친척)으로 '겨레'라 한다. '親(친)'의 고자가 '寴(친)'이다. '宀(면:집)'자는 '宇(우:집)'처럼 하늘 위다. '갓머리'라는 개념도 있다. 즉 '하늘에서 갓을 쓰고 앉아 있는 부모'란 뜻이 된다. 또한 '丫'자형은 '소다. '∨'을 돌리면 'ㅅ'이 되고 '丨'자형은 모음 'ㅗ'가 되어 '소라는 자형이 된다. '丫' 자형에 '별'을 나타내는 'ㅊ'자형이 있다.

(7) '辛(신)'은 '문신하는 바늘을 본뜬 것'이라 한다. 그러나 新(신)과 통용하고 '천간'의 별자리다. 천문을 몸에 새긴 것이 '文身(문신)'이다. 이러한 본의가 문신을 새기는 기계와 닮아 차용되면서 '辛(신)'자가 문신용 기계를 본뜬 글자가 됐다. 'ㅡ'자형이 위에 있으면 하늘이고, 아래에 있으면 땅이다. 그 위에 작은 'ㅡ'을 올리면 '二(이)'가 된다. 견우직녀·남녀·부부 등은 둘을 나타내고 '上(상)'으로 사용된다. 천제나 왕이 머리 위에 '冠(관)'을 쓰는 것은 이러한 상징을 나타낸다.

(8) '帝(제)'의 갑골문 '帝(제)'도 하늘에서 지면으로 방향을 둔다. 《가재집고록》에 '△'자형은 集(집)으로, '▽'자형을 古帝(고제)로 읽었다. 후세 사람들이 '꽃받침에서 열매가 나온다'는 의미로 '▽'에 획을 붙여 '帝'자형을 만들어 '帝(제)'가 됐다. '帝'자형의 'ㅡ'은 하늘의 좌우, '丨'은 하늘 상하의 끝을 나타낸다. 사방 끝에 모두 다다르고 그 중심을 '十'으로 표현했다. '帝'자형에 '제'의 획이 있다.

3) 星(성)의 象徵(상징)

'玄(현)'은 회의문자로 '덮다·작은 미세한실을덮어가려·깊숙하고멀다·검다'라는 뜻을 나타낸다. 이런 의미를 가진 '玄'자에는 검은 상투와 갓을 쓰는 한민족의 문화가 들어있다. 즉 '玄(현)'자형의 'ㅗ(두)'는 머리 위에 상투(上斗)를 쓴 자형으로 갓이다. 상투는 '하늘 위에 있는 조상 신'이란 상징을 갖는다. '두(斗)'를 '투'로 발음하는 것도 'ㅌ'과 'ㄸ'은 같은 상징이기 때문이다. '斗(두)'는 반복으로 견우와 직녀며 둘이다.

〈그림 1-2〉는 玄冠(현관)으로 '천자가 쓰는 흑색에 붉은 빛을 띤 관'이다. 견우직녀·북두칠성과 관련이 있다. 현관의 부위별 개념인 紕(가선비)는 천을 둘러싼 것이다. 여기에 '比(비)'의 갑골문 '𠤗'이다. 고자는 '𠤎'으로 '𣥠'다. '𣥠'의 '大(대)'자형은 '大'의 갑골문·고문 '𠁣·大·𠁥'과 자형이 다르다. 즉 '𠁣=十人'으로 북두칠성에 있는 견우와 직녀를 상징하는 자형이다. '비'의 음가를 가진 여러 한자에는 특히 직녀(여성)의 상징이 있다. 'ㅂ'자형은 '比'자가 마주 보는 자형이며, 견우직녀의 칠월칠석은 칠이 두 개(𠤗)로 '비'와 관련 있다. 武(무)의 뜻 虎班(호반)은 좌청룡 우백호로 각각 위치가 나뉘어 진것이다. '호반'의 음가는 湖畔(호반)이며 은하수를 나타낸다. 즉 은하수는 동서를 가로질러 무지개처럼 반호(⌒)로 위치한다. 이때 북두가 '十(새)' 반호의 중간에 서면 견우와 직녀가 만나는 것이고, '새'가 연결시켜 준 것이 오작교다.

그림 1-2. 현관

〈그림 1-2〉 모자의 채양 테두리 명칭을 '武(무:호반무)'라 한다. 이것은 은하수의 반호를 표현한 것이다. 즉 보이는 은하수는 반호(⌒)이기 때문에 '半(반)'이란 개념이 생기고 이것을 '호랑이'로 상징한 것이 虎班(호반)이다. 특히 한 여름 늦은 밤에 뜨는 은하수가 밝게 보여 '호'로 된 한자를 사용했으며, 은하수의 특징적 개념 즉 호랑이·밝음·흰색·반·호수 등의 의미가 있다. '班(나눌반)'자도 은하수를 중심으로 '王(왕)'이 좌우에 있다. 즉 영토를 '좌우로 나누어 다스린다'는 의미다. 나머지 半(반)은 文班(문반)이다. 虎(호:남성)의 짝으로 보면 龍(용:여성)이 된다. 이러한 방식이 선조들이 한자에 음가와 의미를 부여하는 방식이다. 때문에 신화와 연결된 같은 음가의 한자를 모아 연결하여 의미를 파악해야 한다. 그러면 그 속에 대서사시의 신화가 기록되어 있음을 알 수 있다.

은하수 띠는 천문 신화시대 '창·칼·물·폭포·다리' 등으로 은유했다. '戊(천간무)'가 다섯 번째 천간인 이유도 '武(무)'자가 숫자 5인 '正(정)'이 두 개이기 때문이고, '槍(창)'과 '茂盛(무성)하다'는 뜻이 있는 이유다. 현관의 '武(무)'가 모자를 둘러 빛과 물을 막기에 햇볕을 가리는 부분을 '챙'이라 한다. 즉 '창'으로 막는다는 의미에서 '챙'이 된다. 〈그림 1-2〉의 '緌(갓끈유)·纓(갓끈영)'의 명칭은 〈그림 1-1〉에서 보듯 견우와 직녀 옆에서 시종을 드는(委:맞길위) 두 명의 어린아이(嬰:영)를 상징한다. 이러한 신화를 가진 한민족이 '亠(돼지해머리두)' 자형의 갓과 모자를 쓰게 되었다.

4) 一·二·三·四·五·六·七·八·九·十의 意味(의미)

상고시대의 12간지는 上甲(상갑)·報乙(보을)·報丙(보병)·報丁(보정)·示壬(시임)·示癸(시계) 처럼 왕의 시호[40]로 사용되고 있다. 이는 천문의 별자리와 조상을 동일시했기 때문이다. 신화 연구가 조지프 캠벨에 의하면 "고대인은 삶의 시간주기를 우주순환과 상응시키는 경향이 있다고 했다."[41]

'하나·둘·셋'을 표현하려면 '一·二·三(일·이·삼)'이면 된다. 그러나 '弋(익)'자는 천문(견우와 직녀)과 관련이 있기에 '弌(일)·弍(이)·弎(삼)'으로 표현된다. 여기서 '弌(일)'은 양의 하늘, '弍(이)'는 음의 달과 땅, '弎(삼)'은 '日月星辰(일월성신)'이다. 즉 '弌=一=日=하늘=남성=견우'이며, '弍=二=月=달=여성=직녀'의 개념을 함의한다. 즉 '一·二·三'의 숫자에는 신화적 요소가 들어있다. 특히 '土(토)'자는 '二+丨'로써 '토'의 음가도 'ㄷ'이 겹쳐 둘(ㅌ)이다. 실제 '土(토)'는 '두'의 음가를 가진다. 이것은 북두의 원초적 개념이 겹쳐서 사용된 흔적이다. '弍'를 더 구체화 한 것이 '貳(이)'다. '弍+具(구)'로 '具(구)'가 둘로써 견우직녀를 나타냈다. '弎'의 별자〈그림 1-3〉는 (1) 🌿는 參(삼)이다.

(1) 參(삼)갑골문·금문·전문   (2) 星(성)의 갑골문·고문·전문

그림 1-3. 參(삼)·星(성)자

40 김경일, 《유교탄생의 비밀》, 바다출판사, 2013, 81쪽.
41 조지프 캠벨, 《신화의 이미지》, 홍윤희 옮김, 살림, 2006, 174-180쪽.

'三(삼)'은 한민족에게 매우 중요하다. 삼수문화의 시원는 북두칠성이다. '日月星辰(일월성신)'의 문장에 '星(성)'은 세 번째다. 그리고 '星辰(성신)'의 '辰(신)'은 '별'로 '神(신)'이다. 또한 토템으로 '새'를 나타내고 '해'의 상징이다. 33수는 양의 수에서 가장 큰 9로 태양이다. 북두칠성은 별이 7개다. 구조는 'ㄴ'형태의 네 개의 별(樞(구)·璇(선)·璣(기)·權(권) 魁頭(괴두)와 자루부분 3개의 별 玉衡·開陽·搖光(옥형·개양·요광)이다. 여기서 4번째 '權(권)'의 별은 북두칠성 7개별 중에서 중심이면서 별빛이 가장 약하다. 權(권)별을 중심으로 나누고 괴성의 별 3개를 연결하면 '△'형이 된다. 옛날에는 별을 'ㅇ'또는 '●(점)'으로 표현했다. 그래서 '별을 보고 점친다'는 말이 생겼다. 또한 둥근 모양을 보고 '玉衡·璇·璣(옥형·선·기)'처럼 '玉(옥)'자를 붙였다. '원'은 한자로 'ㅿ'이다. 즉 3개의 별을 'ㅿ·ㅿ·ㅿ'로 표현한 한자가 '曑(삼)'이다. 즉 '斗(두)'의 전서 '𣁳'에 '彡'으로 잘 표현되어 있다. 그리고 權(권)과 輔星(보성)을 연결하는 선 아래의 玉衡(옥형)·開陽(개양)·搖光(요광) 3개의 별을 '彡(삼)'으로 표현한 것이〈그림 1-3〉의 (1) '曑(삼)'이다. 북두칠성은 貪狼(탐랑)·巨門(거문)·祿存(록존)·文曲(문곡)·廉貞(염정)·武曲(무곡)·破軍(파군)이다. 《封神演義(봉신연의)》는 明(명) 때의 장편소설이다. 殷(은)과 周(주)의 교체기 전승설화를 다룬 것으로 북두칠성신화를 담고 있다. '樞(추)=木+區'다. 즉 天理(천리)를 담고 있는 'ㄴ(감)'자를 표현한 자형이다. '석삼'의 음가 '석'은 '夕(석)'과 같고 '서이'는 '서다'란 의미를 담는다. '삼'은 '숨'으로 점점 쌓인다는 '섬'과 '산'을 의미하는 소리다.

〈그림 1-3〉의 (1) '參(삼)'의 갑골문 '𤇾'를 보면, 參星(삼성)을 머리에 이고 무릎을 꿇고 있으며, 금문(𤇾)은 머리를 숙여 '彡(삼)'자를 보고 있다. 모두 북두칠성의 구조다. 삼신할매가 웃고 있다. 털이 보송한 세 자식이다. '삼베 치마를 입은 어미의 치마를 세 명의 자식이 붙잡고 따라 다닌다'는 표현이 담겼다. 이러한 의미에서 '參(삼)'은 천문에서 별이름이 된다. 아이를 낳는 것은 '삼신'의 역할이기에 '胎(태)'를 우리나라에서는 '삼'이라 한다. '우리말 '숨'은 '삼·섬·숨·솜'이다. 즉 'ㅿ'자형은 한글 'ㅅ'과 관련 있다. 'ㅿ(사)'의 음가는 '수(사)'고, '始(시)=女+台'로써 '시'의 음가다. 여성이 처음 아이를 가지고 비로소 어미가 되기에 '시'의 음가를 가진다. '彡'은 '터럭삼'으로 '三'이다. '衫(삼)'은 '마'로 만든다. '衫(삼)'으로 옷을 짓는 '어미'다. '마'는 '어미'이기에 '麻(마)'다.

〈그림 1-3〉의 (2) '星(성)'의 갑골문 '𤇾'에서 'ㅇ'은 별이다. 魁頭(괴두)가 바로 섰을 때의 모

습을 표현한 것이다. 〈그림 1-3〉의 (2)를 보면 삼신할매가 웃고 있다. '土'와 '生'의 자형이 星(성)에 있다.

즉 '土(토)'가 '干(간)'으로 되어 '별빛'이 된다. 'ㄱ'은 '간'과 '건'이다. 星(성)의 갑골문 '♉'은 參星(삼성)이다. 이 삼성은 '幹(간)'의 전문 '𠦝'과 '朝(조)'의 갑골문 '𩽤' 그리고 '乾(건)'의 고문 '𠧓'에 '♁'으로 표현된다. 삼성은 밤에 뜨기 때문에 '석(夕)'이다. '三'의 뜻과 음이 '석삼'인 이유다. 즉 '參(삼)'은 무릎 꿇고 앉은 할매의 모습이고, '星(성)'은 정면에서 앉은 모습으로 북두칠성을 신화적으로 형상화한 글자다. 때문에 '七'이 곧 '星(칠성)'이다. 또한 '性(성)=忄(심)+生(생)'이다. 하늘에 있는 삼신의 마음이 '天性(천성)'이다. 하늘의 별은 단순한 별이 아니라 선조들이 살고 있는 천국이다. 별은 의인화되고 지상 세계의 삶의 역사를 담고 있다.

'四'의 고자는 '亖'다. 이 자형이 세워져 '灬=网=冖=冂(망)'이 된다. 즉 '하늘에서 내리는 빛으로 가득 찼다'는 것을 나타낸다.

'五'의 갑골문은 '𝕏'이고, 고자는 'ㄨ'이다. 다섯별(목·화·토·금·수)은 북극성을 중심으로 사신이 돈다는 개념에서 파생됐다. 한자 '五-七-九'의 기원은 같은 자형이다. 모두 오른다는 의미다.

'六'의 갑골문 '𠆢'과 금문 '介'은 집이고, 전문 '𡗜'은 '등에 아이를 업고 아이를 양육한다'는 개념으로 '育(육)'이다. 《易經(역경)》에 '天五·地六(천오·지육)'이다. 《晉書(진서)》에 '六黜淸能(육출청능)'이다. 즉 '여섯육'의 '여섯'은 '려선'의 음가다. '呂仙(려선)'은 인간을 창조하고 양육시킨 한민족의 신이다. '려선이 양육한다'는 뜻이 있다. '려'의 음가는 남녀 '짝'을 뜻하고 '녀'는 '여자'를 나타낸다. 그래서 '呂=儷=侶(려:짝)'다. 즉 '려선'은 '남'과 '녀'다. 그러나 '려'의 음가가 '녀'와 혼용하여 '여성'의 의미로 쓰인다. 즉 '六宮(육궁)'은 后妃(후비)가 거처하는 궁전이다. 또한 '介(집)'과 '려'의 음가가 결합하여 '廬(려:오두막집)'이 된다. 즉 '六(육)'의 고문 '介'에서 '人'은 '僉(첨)'이다. 즉 빈 허공에 세워진 오두막집 虛危室壁(허위실벽)이다.

'七'은 '一+乙'이다. 누워(一)있는 북쪽의 칠성이다. '일곱'의 '곱'은 '거듭·곱다·굽다'는 의미의 소리다. 일곱칠은 '뒤따라 거듭 일어나는 별'이다.

'八'은 '좌우로 떨어진 양팔'이다. 팔을 '열면 팔은 '떨어진다. '八(팔)'은 '捌(팔)'과 동자다.

'九'는 'ㅣ+乙'이다. 남쪽의 칠성이다. '규'로 읽으면 '모으다·합치다'는 뜻이다. 즉 '남쪽'에 있는 칠성이 북쪽으로 올라가 다시 만난다'는 의미다. '十'은 '七(직녀)'과 '九(견우)'가 만난 자형이다.

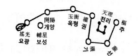

그림 1-4. 북두칠성 별자리 이름

특히 一二三四五는 동양에서는 완성수다. 이 숫자들의 구분된 마디는 그 숫자와 같고, 그 숫자는 주역의 음(- -)과 양(—)이 같다. 즉 一은 주역의 양(—), 二는 음(- -), 三은 양(☰), 四는 음(☷), 五는 양(☰), 六은 음(☷)이다. 참고로 '四'의 '儿(인)'은 숫자가 아니라 뒤를 향해 걸어가는 다리다.

六七八九十은 중복 함축수로써 상괘와 하괘로 나눈다. 즉 六·八·十은 음(—)이고, 七·九는 양(—)이다. 주역에서 초효가 양효인 경우 初陽(초양)이라 하지 않고 初九(초구)라하고 二爻(이효)가 陰爻(음효)인 경우 二陰(이음)이라 하지 않고 二六(이육)이라 하는 것과 같다, 산대 50개에서 한 개를 뽑아 두고 나머지 49개로 점을 치는 것은 북두칠성의 수리와 연결되었기 때문이다.

5) 律呂(율려)

律呂(율려) 고대 천지창조의 주인공으로 등장한다. 신라시대 박제상(朴堤上)의 《부도지(符都誌)》는 창세(創世)의 기록을 담고 있다. 《부도지》에 의하면 천지창조의 주인공은 율려(律呂)다. "율려가 몇 번 부활하여 별들이 나타났고, 우주의 어머니인 마고(麻姑)를 잉태했다. 마고는 홀로 선천(先天)을 남자로 하고 후천(後天)을 여자로 하여, 배우자가 없이 궁희(穹姬)와 소희(巢姬)를 낳고, 궁희와 소희도 역시 선천과 후천의 정을 받아 결혼하지 아니하고 네 천인(天人)과 네 천녀(天女)를 낳았다. 율려가 다시 부활하여 지상에 육지와 바다가 생겼다. 기(氣), 화(火), 수(水), 토(土)가 서로 섞여 조화를 이루더니 풀과 나무, 새와 짐승들이 태어났다. 마고는 율려를 타고 지구를 삶의 터전으로 만들었으며, 천인과 천녀들은 하늘의 본음(本音)으로 만물을 다스렸다."[42]는 기록이 있다.

'麻姑(마고)'의 신화가 '古'에 있다. '마'는 '엄마'다. 즉 '음=마'다. '고'의 음가가 도치되면 '고마'가 된다. 즉 '마고'는 대웅성의 주인 '곰'이다. '魔(마)'는 麻(마)+鬼(귀)가 결합된 자형으로 곧 '마고'가 지상에서 대웅성으로 돌아가면 麻鬼(마귀)가 된다. '마누라'의 어원도 '마고'의 개념이 전승된 것이다.

'呂(려)'는 한민족의 신화가 전승된 고대의 자형으로 오늘날까지 전승됐다. '呂(려)'는 음과 양이 결합된 '몸'으로 '몸=呂'다. 侶(짝려)의 '呂'에 '융·옹'이 있다. '려'의 음가는 부부·남녀·음양·짝으로 '율려'의 의미가 있다. '옹'는 여성으로 '옴'의 자형이 있다.

'려(呂·麗·黎·女)'의 음가는 매우 중요한 상징을 가진다. "紂(주)가 黎山(여산)에서 회맹을 가졌는데, 동이가 반란을 일으켰다. 服虔(복건)이 말하기를 '黎(려)'는 동이의 나라에서 사용하는 이름이다.[43]"하여 '구려〉고구려〉고려'가 모두 같은 상징과 음가를 가진다.

최초의 신은 '여자'다.〈예도〉에서 呂仙斬蛇勢(여선참사세)의 呂仙(여선)은 하늘나라 仙呂(선녀)다. 즉 仙女(선녀)와 仙呂(선녀)의 '女(녀)'와 '呂(려)'는 같은 음가와 같은 개념을 갖는다. 女蝸(여와)는 "고대 중국 전설상의 황제인 복희·신농과 함께 삼황 중 하나로 알려져 있으며 복희의 아내였다."[44]고 한다. 한민족은 남성 이름을 곰의 자식이란 의미로 '麿(마)'라는 사람 이름으로 사용했고, 일본도 근세 이전 귀족 남성의 이름에 '麿(마:갈)'자와 함께 '麻呂(마려:まろ)'로 사용했다. '麼(작을마)'의 전문(麿)은 '麻(마)+幺(요)'다. 즉 '幺(요)=呂(려)'다.

....

42 문학비평용어사전, 2006. 1. 30. 국학자료원

43 紂爲黎山之會東夷叛之(集解), 服虔曰黎東夷國名子姓

44 '태호복희씨'는 동이 배달국 5세 '태우의 한웅(B.C3511~B.C3418, 재위93년)'의 12분의 아드님 중 '막내아들'이고, 그 누이동생이 바로 '여와'다. 즉 복희와 여와는 우리민족의 선조라는 것이다. 더욱이 이 '복희여와도'가 발굴된 지역의 이름이 2005년 이전에는 분명하게 '아사달나(阿斯達那)'로 표기가 되어 있다. 최근에 '아사달나(阿斯達那)'를 '아사탑'으로 이름이 바뀌었다고 한다. 아사달은 고조선의 단군왕검(檀君王儉)이 도읍으로 정했다는 지명이다. 아사달나(阿斯達那)에서 발굴된 '복희여와도'는 현재 대한민국국립박물관에 소장되어 있다.

엄마(주로 할머니)를 부르는 '嬤(마)'자로 女(여)+麼(마)다. '麻(마)'는 '언덕에서 자라는 작은 삼나무'다. '마'의 음가가 사용된 것은 직물과 관련된 뽕나무의 잎을 따고 삼나무를 다루는 일이 여성이었기 때문이다〈그림 1-5〉. '麻姑(마고)'와 '古麻(고마)'의 신화는 이렇듯 한국과 일본의 한자에 살아있다.

(1)뽕따는 동고상

(2) 직포요기도

그림 1-5. 전국동기상의 뽕따는 동고상 여인과 직포요기도[45]

6) 麗(려), 鹿(녹), 驪(려)의 意味(의미)

표 1-10. 麗(려), 鹿(녹), 驪(려)의 갑골문·금문·전문·해서 자형

甲骨文	金文	古文	篆文	楷書
				麗(1)
				鹿(2)
				驪(3)

(1)'麗(려)'는 '鹿(사슴록)' 부와 음을 나타내는 丽(둘이 나란하다)로 보고 '사슴이 잇달아 간다'는 뜻으로 설명하고 있다. 〈표 1-10〉의 '鹿(사슴록)' 갑골문(🦌·🦌)과 금문(🦌·🦌) 소전 (🦌)의 자형은 사슴이다. 그러나 '麗(고울려)'의 갑골문(🦌)·금문(🦌·🦌)·고문((🦌 🦌 🦌)·소

45 허진웅, 《중국고대사회》, 홍희 역, 동문선, 1991, 225쪽.

전(鷺)을 보면 '麗(려)'자에 있는 '鹿(녹)'의 자형과 다르다.

'麗(려)'자의 고문 '丽(려)'는 '곱다·맑다·짝짓다·붙다'란 의미다. '丽'와 같은 자인 '𩆜'자를 보면 '丽'자형이 맑은 '두 눈'을 나타낸다. 여기에서 '맑고 큰 두 눈·짝·짝짓기'라는 의미가 생긴다. '눈이 부리부리하다'는 것은 '눈'을 '불(부리)'로 비유한 것이다. 'ㅂ' 자형에 '불'과 '빛'의 상징이 있음을 알 수 있다. 둘이 짝짓기하기 위해선 두 사람의 눈도 맞아야 하고 서로 '부비고 비비'는 행위를 하게 된다. 이러한 소리에 'ㅂㅂ'처럼 'ㅂ'이 반복된다. '夫婦(부부)'는 '짝'이다. '丽' 자형을 180° 돌리면 '𝕎'이다. '부부'의 자형과 음가가 동일하다. 또한 '丽·𠀤'은 두 명의 신이 나란히 서 있는 것으로 견우와 직녀·부부·조상을 뜻한다. 그래서 '儷(려)=俪(려)=侶(려)=呂(려)=玄(현)'은 모두 '짝'이란 의미를 갖는다. 즉 '儷=亻+麗'고 '俪=儷'다. 즉 '麗(려)'에서 '두 눈'을 강조한 글자다. '𠀤'자형은 매우 중요하다. '丅'자형은 '二+丨'이다. '丨'자형은 '신·하나' 등 여러 가지 뜻이 있다. 즉 '丅'자형은 '둘이 하나'라는 의미와 음양(부부)이 神(신)이라는 의미가 된다. 특히 두 개의 같은 '丅'자형을 한 개로 축약하는 대신, '丅'자형 앞에 붙은 '丿'자형 하나를 좌측에 붙임으로써 '示(신)'자가 됐다. 즉 '하나님'과 '神(신)'의 개념이 '𠀤'자에서 비롯됐음을 확인할 수 있다. 그리고 '丅'자형은 '干(간)'자로 연결된다.

이렇게 한문과 한글의 자형 그리고 소리의 음가와 의미가 모두 일치하다는 것은 문자의 뿌리가 같다는 것을 반증한다.

(2)'鹿(록)'의 자형은 머리에 뿔이 있지만, '려(麗)'자에서는 눈 아래의 얼굴로 나타난다. 즉 麗(려)는 '북두에 있는 조상신(𠀤)께서 굽어 자손을 내려 본다'는 의미다. 또한 '麗(려)'자는 도깨비의 얼굴로 치우다. 선조들은 같은 음가를 사용했기에 "麗(려)는 '釃(검을려)'로 '黎(검을려)'와 통한다."[46]

(3)'驪(려)'의 갑골문과 소전의 자형은 '黎(려)'자와 뿌리가 같다. '驪(검은날려·가라말려)'자의 갑골문에서 소전으로 변형된 과정을 보면 '麗(려)'와 '黎(려)'의 자형이 결합됐다. 즉 모게 곰(직녀)의 '검다'는 개념과 곰의 짝이다. 牛(소우:견우)의 짝은 '儷(려:배우자려)'다. '嫘(나라이름리·짝려)'자도 '女(녀)+麗(려)'로서 '녀'와 '려'의 음가가 결합됐다. 이렇게 보면 '려'

46 김철환, 《漢韓大字典》, 민중서림 편집국, 2007, 2305쪽.

의 'ㄹ'은 'ㄱ(양:태양회전방향)'과 'ㄴ(음:북두회전방향)'이 'ㅡ'로 연결됐다. 또한 '나라이름'이란 뜻이 있다. 즉 '麗(려)'자는 국가를 나타낸다. 신화시대 신은 국가의 상징이다. 때문에 '麗(려)'는 모계와 부계가 통합된 한민족의 견우와 직녀의 신화가 들어있다. 《詩經(시경)》에 '麗(려)'를 '商之孫子(상지손자)'라 했다. 즉 '고구려는 商(상)의 후손'이라는 뜻이다. 商(상)은 한민족의 뿌리 동이족이다. 일본은 고구려를 '고려'라 부르며 고려를 '고마'라고도 부른다. 즉 고구려는 三足鳥(삼족오)뿐만 아니라 모계의 상징으로 '곰을 숭배한 민족이다'는 의미다.

표 1-11. 黎(려), 物(물), 勿(물)의 갑골문·금문·전문·해서 자형

甲骨文	金文	篆文	楷書
			黎(1)
		物	物(2)
		勿	勿(3)

(1) '黎(려)'는 구려(九黎)다. 갑골문을 보면 '치우'의 상징인 '우(우)'가 있다. 견우가 소에게 물(水)을 주는 그림이 '黎(려)'다. 또한 '黎(려)'와 '物(물)'의 갑골문은 같다. '黎(려)'와 '物(물)'자를 합치면 '黎物(려물)'이다. '여물'은 '볏짚으로 만드는 것'으로 '우(牛)'자가 '禾(화)'자로 바뀌어 '黎(려)'가 됐다. 또한 갑골문 '려'자에서 '여(여)'자와 '우(우)'를 분리하면 '여우'가 된다. '여우비'란 뜻이 된다. '牽牛(견우)'는 '소를 끈다'는 뜻이다. 牽牛(견우)는 목동이다. 黎明(여명)에 일어나 견우가 제일 먼저 하는 일은 소에게 여물을 주는 것이다. '犂(밭갈려)'자는 소가 여물을 먹고 밭에 나가 밭을 가는 것이다. 그리고 黎(려)와 勿(물)의 갑골문도 같다. 소가 마시는 '물'이 '勿(물)'이다. 그래서 '吻(물)'와 '黎(려)'는 의미가 같다.

(2) '物(물)'은 '牛(우)+勿(물)'이다. '우물'의 음가도 땅을 파서 물을 괴게 하는 시설이다. '우물거린다'는 소가 여물을 씹어 입속에서 '우물'거리는 행태를 설명하는 말 같다.

'黎(려)'와 '物(물)'의 갑골문은 같다. 그럼에도 '려'와 '물'의 음가로 나뉜다. '黎(려)'는 '이른 새벽에 소에게 여물을 준다'에서 '이른 새벽'을 강조한 것이고, '物(물)'은 '소에게 여물을 준다'는 것을 강조하기 위해 '물'의 음가를 사용했다.

《周禮(주례)》에 '物馬而頒之(우마이분지:소와 말은 머리로 나눈다)'라 했다. '牛'가 소이면 '勿'은 말이다. '소'나 '말'이나 '물'을 먹이는 것이 중요하기에 '물'의 음가를 취했다.《公孫龍子 (공손용자)》에 '天地與其所産焉物也(천지여기소산언물야)'라는 문장이 있다. 이 해석이 매우 중요하다. 신화적 해석으로 보면 '천지에 나는 것은 모두 物(물)이 주는 것이다'로 주체가 物(물)이 된다. '件(건)'의 뜻은 '物(물)'이다. 즉 物(물)과 件(건)은 음가와 자형은 달라도 뜻은 같다. '件(건)=亻+牛'다. 여기서 '牛(소우)'는 牽牛(견우)를 뜻한다. 천제에 '소'를 번제로 드릴 때 '소의 상태를 살피고 좋은 소를 재물로 올린다'는 뜻이다. 物(물)은 '牛勿(우물)'이다. '우물'이 없으면 생명은 유지될 수 없다. 견우가 '물을 주관하는 사람'인 이유다.

(3)'勿(물)'은 '활시위를 튕겨서 상서롭지 못한 것을 털어버리는 모양을 본떠서 '금지'라는 뜻을 나타낸다'고 자전에서 설명한다. 하지만 자형에 활의 모양은 없다. 勿(물)의 금문 '㣖'은 생명의 '물'을 내려주는 자형이다. '汒(물)'은 땅속에 스며든 물이다. 깊은 물에 빠지면 '沒 (몰)'이 된다. '物(물)'의 '牛'는 '소'고 '勿'은 '말'이다. '말'은 유목민의 짐승이고 '소'는 정착민의 짐승이다. '勿(물)'의 음가는 기본이 '물'이다. '물·몰·말·멀'의 음가로 분화된다. '소를 몰다', '말을 몰다'는 '물을 먹이기 위해 몰다'는 뜻이다. 이런 의미에서 고구려의 '多勿(다물)'[47]이란 뜻은 '많은 말을 몰고 뛰어놀던 비옥한 넓은 땅'이란 의미다. 상고시대 숙신의 후예인 '勿吉 (물길)'[48]을 '靺鞨(말갈)'[49]이라 한다. '勿(물)'의 의미인 '말'을 '靺(말)'로 사용한 이두문이다. 즉 '勿吉(물길)'은 '물의 길'과 '물을 따라 '말이 가는 길' '좋은 말'이란 뜻이다. 契丹(거란)[50]은 음

<hr />

47 二年夏六月松讓以國來降以其地爲多勿都封松讓爲主 麗語謂復舊土爲多勿故以名焉〈삼국사기 권제13,4장 앞쪽, 고구려 1 시조 동명성왕〉

48 三韓(삼한) 때로부터 渤海(발해)가 망할 때까지 中國(중국) 歷史冊(역사책)과《三國史記(삼국사기)》에 傳(전)하는 읍루(물길)족의 바뀐 滿洲族(만주족)의 이름. 이들은 본디 숙신(주선)이었는데, 漢(한)과 魏(위)에서 '읍루'로 고쳐 불렀고, 南北朝(남북조) 때 '물길'이라 했음. 滿洲(만주)의 쑹화강 동쪽·韓半島(한반도)의 江原道(강원도) 北部() 북부 以北(이북)에 살았으며, 속말·백돌·안거골·불열·호실·흑수·백산의 7部族(부족)이 있었다. 三國(삼국) 時代(시대)에는 高句麗(고구려)에 딸렸고, 高句麗(고구려)가 亡(망)하고 渤海(발해)가 세워지자, 渤海(발해)에 딸렸다가 渤海(발해)가 망한 뒤 거란에 隷屬(예속)되어 여진으로 바뀌었다.

49 《類聚國史(류취국사)》193, 殊俗部(수속부) 渤海(발해) 上(상) 延歷(연력) 15년(796) 4월 무자조 渤海國者高麗之故 地也(발해국자고려지고지야),處處有村里皆靺鞨部落(처처유촌리개말갈부락)

50 5세기 이래 요하(遼河) 상류인 시라무렌(Siramuren) 유역에서 여러 부족으로 분열되어 거주하였는데, 당나라 말기에 통일의 기운이 일어나면서 916년 야율아보기(耶律阿保機)가 부족을 통합한 다음 황제를 칭하고 거란을 건국하였다《두산백과》.

가도 '큰 새'다. '契'는 '계'로 '잇는다'다. '丹'은 '단'으로 붉은 태양이다. 이것이 '거란'의 음가로 채용됐다.

'牽(끌견)'자는 '玄+冖+厶+牛' 다. '玄(현)'은 견우의 상징인 북두 '玄武(현무)'의 상징과 하나가 된다. '冖(덮을멱)'은 소등의 멍에고 '厶'은 코뚜레다. 견우가 소잔등에 타고 소를 모는 모습이 '牽(견)'자다. 견우는 '소'의 상징이다. 그래서 '소'를 제물로 받치면 하늘이 문제를 해(解)결해준다고 생각했다. '解(해)'는 '角(각)+刀(도)+牛(우)'다. 즉 소를 죽여 번제를 드리면 문제를 해결해준다는 개념이다. '해결하다·풀어주다'의 음가를 보더라도 '소'에서 파생된 어원임을 유추할 수 있다.

'牽牛(견우)'의 '牛 (소우)'는 무신 '蚩尤(치우)'의 상징이다. 치우의 형상을 보면 머리는 소뿔, 한손엔 삼지창, 한 발에는 환두검과 창을 잡고 있다. 한자의 '犐(큰황소과)'는 북두의 견우가 소임을 나타내고 있다. '牽(솔)'자형도 '玄'자형이 중심이다. 〈그림 1-1〉의 약수리 벽화 좌우에 거느린 두 사람이다. 북두와 관련된 한자(斗·率)에는 '十'자가 들어간다. '十'자는 '새'를 상징하여 밤의 새인 까마귀가 되고 북두로 돌아간 새 '鬼(귀)'가 된다. 그래서 북두는 시대에 따라 각색되어 여러 상징이 혼재되어 후대로 전해졌다. 이처럼 신화는 口傳(구전) 시대에 전승된 실존의 역사가 천문에 기록됐고, 위대한 인물의 삶과 역사도 천문에 기록되어 혼재됐다. 즉 동양의 순환 사상을 바탕으로 역사적 인물이 하늘의 점지로 지상에 재림하고, 다시 돌아가 하늘의 별자리에 기록되면서 전후의 신화가 같은 별자리에 결합되어 혼재됐다.

이렇듯 고조선의 문자는 사물의 특징을 원·방·각으로 단순화하고 사물의 모습에서 자모를 취하여 음가와 뜻을 만들었다. 그것이 한자의 음과 뜻으로 사용됐다. 즉 한글은 사물에서 자모를 취하여 음가를 만들었다. 때문에 소리가 사물을 담은 것이지 결코 사물이 소리를 담은 것은 아니다. 한민족의 소리야말로 우주와 사물을 담은 천지인의 문자다. 그리고 한글이 영혼이면 한문은 한글의 몸이다.

중화는 신화를 간직한 갑골문의 의미를 모른 채 갑골문이 한자로 변이 되면서, 문자가 한민족의 신화 자체였던 한민족의 신앙은 마침내 사라졌다. 견우와 직녀의 신화도 각색됐다. 상고시대 혼재된 동이족의 삶이 다양한 신화로 각색되어 한·중·일에 전래되고 있다. 갑골문은 동이족의 문자이기 때문에 중화로는 동이족 문화에서 만들어진 음가를 알 수 없어 해석 자체가 불가능하다.

중국의 학자 낙빈기는 1987년 金文新攷(금문신고)를 발간했다. 낙빈기가 생애를 바쳐 그간 전해진《전적집》과 화폐에 새겨진《화폐집》병장기에 새겨진《병명집》등 4500년 전 각종 청동기에 새긴 그림 글자를 해독했다. 그리하여 그간 중화가 신화시대로 규정한 삼황오제(기원전 2517~2298(9대 219년간) 시대가 역사시대였음을 증명했다. 낙빈기는《사기》에 기록된 삼황오제를 연구하면서 중화의 역사를 찾는다고 시작했다. 그러나 생각지도 않게 동이족의 신화로 밝혀지면서 동이족의 신화시대가 당당한 역사의 시대로 살아났다. 낙빈기의 금문신고는 중국사학계의 이단으로 치부됐으며 금서가 됐다.

사마천은 사기를 쓰면서 중화의 역사 고리를 어떻게든 만들어내야 했다. 그러나 중화가 상고의 역사가 없다보니 동이족의 삼황오제를 중화의 신화로 만들었다. 당시 사마천은 갑골문이나 여러 금문의 내용을 알지 못했다. '麗(려)'자가 소전체에서 '鹿(사슴)'자와 같이 쓰이고 《설문해자》이후 그 개념이 굳어졌다. '麗(려)'는 자애로운 눈으로 손자를 바라보는 조상님의 얼굴 모습을 표현한 그림이다. '高句麗(고구려)'란 이름에 아무런 뜻이 없다는 것이 말이 되겠는가? 商(상) 대의 청동기 도철문·고구려 망와 도철문·백제 벽돌 도철문·신라 귀면와·백제 금동대향로의 도철문이 모두 '麗(려)'의 상징과 상형을 전승한 치우의 부적이다.

낙빈기에 의하면 "신농은 4500년 전 지금 중국의 후베이성 수현 역산에서 태어났다. 신농이 속해 있던 부족은 염소와 양을 치고 살아가는 부족들이라 하여 양족(염소)이라 했다. 황하의 서쪽지방에 큰 부족을 이루고 살았던 양족은 계절에 따라 이동하며 사는 부족이었다. 신농의 아버지는 高矢氏(고시씨) 방계 후손인 熊族(웅족) 출신의 도전이라는 사람이었으며, 어머니는 蚩尤氏(치우씨) 집안의 여자 姜氏(강씨)였다. 신농은 어머니의 성을 따라 강이라 했다."[51]

....

51 김대성,《금문의 비밀》, ㈜북21 컬처라인, 2002, 46쪽.

낙빈기는 4300년 전 두되들이 술잔이 辰觚(신고)에 새겨진 그림 글자와 무량사 석각을 그 증거로 들어 "용의 본래 모습은 신농 계간 조휘로 쓰던 누에(簪(비녀잠)·蠶(자)·辰(진))이며 신농계에 장가든 황제의 사위들이 누에를 본떠 조휘로 사용한 이후 누에가 차츰 변하여 용으로 자리 잡았다고 했다. 실제 신농계에서는 남자를 '蠶(잠), 여자를 '蠶娥(잠아)'로 불렸으나 황제계는 이를 '용'으로 읽었다."[52] '簪(잠)'자를 보면 여자들이 머리에 꽂는 비녀가 '누에'를 상징함을 알 수 있다.

또한 갑골문의 권위자인 董作賓(동작빈)은 논문에서 "동해에 성인이 일어나니, 요 임금과 같은 때, 단군이 나라 땅을 열어, 띠 포기들을 벼고 나무들로 구역을 정하니, 나라 사람들이 조선의 시조라 한다."[53] 단기와 중국고사 연대표에서 "중화기원은 황제 헌원으로부터 시작했다. 요임금 1년이 갑진년이요, 25년이 무진년인데, 이 해가 서기 앞 2333년에 해당한다. 금년 서기 1955년에 2333년을 보태면, 4288년으로 이것이 곧 단군의 기원 햇수다."[54]고 발표했다. 즉 중화보다 조선의 역사가 오래됐다는 중국의 연구논문 발표다.

7) 玄武(현무)와 東邦(동방) 7宿(수)

문자가 정착되기 전, 약 BC 3000년에 한민족이 활동했던 알타이 지역인 몽골의 아르항기 아이주에 소재한 적석총 앞에 세워진 사슴비석(오르도 호오라인 암:남쪽 건조한 골짜기 사슴돌)에서 최근 천문 28수가 새겨진 사슴비석돌이 발견되었다. 이일걸 박사는 "28수, 북두칠성, 북극성, 독수리, 말 등의 대상은 우리 민족이 지닌 전통적인 신앙인 샤머니즘과 공통점을 지녔음을 인식 할 수 있었고 28수는 동양고대 천문학 체계로 28수의 별자리를 사방위로 나누어 사신도로 분석했다."[55]

....

52 김대성, 《금문의 비밀》, ㈜북21 컬처라인, 2002, 80쪽.

53 檀君開國土 誅茅樹區字 至今邦之人 稱爲朝鮮祖

54 至於 從檀紀 倒現在的年數 自然是容易推算的 依據民國三年 商務出版的 世界大事年表 所例中國紀年 始自黃帝 堯元年爲甲辰 二十五年爲戊辰 當西曆紀元前二三三三年 加本年西曆一九五五 正合於四二八八之數: 董作賓等, 中韓文化論集一. 董作賓. 檀紀和中國古史年代. 中華民國五十五年. 三版.台北. 中華大典編印會.

55 신익재, 《솔롱고스가 이어준 몽골》, 도서출판 비자아니, 2018, 61~94쪽.

즉 천문 28수는 문자로 기록되기 전에 이미 한민족은 천문을 알았고, 북두칠성과 28수는 신앙적 대상으로 생활 속에 있었음을 사슴비석돌은 증거한다.

 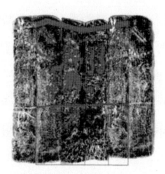

그림 1-6. 사슴비석돌에 새겨진 천문28수와 동물들

"禹(우)가 임금에 오르자 모든 제도를 바꾼다. 하늘의 별자리 이름도 자기 집안사람의 이름으로 바꾼다. 당시 으뜸자리 별은 춘분에 뜨는 별호였다. 즉 춘분에 뜨는 서방 7수 '奎(규)·婁(루)·胃(위)·卯(묘)·畢(필)·觜(자)·參(삼)'의 卯宿(묘수)가 舜(순) 임금의 별이었다. 이를 밀쳐내고 '禹(우)'가 차지한다. 뿐만이 아니라 곤의 별 參宿(삼수)도 셋째 형 후직으로 바꾼다. 그리고 곤을 후직 아래 자리로 보내고 '토벌했다와 영원히 벌준다'는 伐星(벌성)으로 깎아 내린다. 동방 7수 '角(각)·亢(항)·氐(저)·房(방)·心(심)·尾(미)·箕(기)'는 상당 부분 황제계의 이름으로 보면 틀림없다. 원래 角宿(각수)는 신농의 별 羊角(양각)이었지만 禹(우)의 아버지 제곡 고신의 소뿔(牛角)로 바꾸고 으뜸별(歲首)로 삼는다. 《史記(사기)》에 신농의 아들 희화는 '태양이 수레를 타고 여섯 용이 끌게 하여 희화가 용을 부린다(日乘車駕以六龍羲和御之:일승차가이육룡희화어지)'고 했다. 그러나 우임금은 반대로 희화가 용을 끄는 마부로 바꾼다. 그리고 우임금이 해의 자리를 차지하고 三足鳥(삼족오)가 그 자리에 앉힌다. 이로써 '해'는 禹(우)의 상징이 되면서 해안에 새가 있는(日內有鳥:일내유조) 신화를 낳게 된다. 해를 차지한 禹(우)임금은 아침에 해가 뜰 때, 해를 이끌고 나오는 샛별(金星:금성)을 자신의 아들인 '계'의 별로 명명해 啓明星(계명성)으로 바꾼다."는 것이 낙빈기의 해석이다.

玄武(현무)는 북방 7개의 별자리를 총괄하는 이름이다. 현무를 설명하는 글자가 '斗(두)·

牛(우)·女(녀)·虛(허)·危(위)·室(실)·壁(벽)'이다. 이 일곱자에 현무의 실체가 숨겨져 있다. '두(斗)'는 북두를 뜻하면서 '둘'을 뜻하는 한민족의 이두문이다. '우(牛)'는 '견우'고 '녀(女)'는 직녀다. 虛危室壁(허위실벽)은 '허공에 깎아질 듯 천 길 낭떠러지 위에 위태롭게 벽으로 만들어진 집'이란 뜻이다. 《漢書(한서)》의 《律曆志(율력지)》에 "牽牛初度(견우초도)가 冬至點(동지점)이었다."는 기록을 보아도 현무는 견우와 직녀의 별자리와 관련 있다. '斗牛女虛危室壁(두우녀허위실벽)'은 한민족의 견우와 직녀 신화가 함축됐다. 고구려 덕흥리 고분에 견우와 직녀의 상이 있다. 약수리 현무도에는 두 명의 남녀가 대청마루에 앉아 있다. 대청마루 옆에는 현무, 천막지붕 위에는 북두칠성이 있다. 견우와 직녀가 벽이 없는 작은 오두막에 위태롭게 앉아 있다. 그래서 '두(斗)'자에 '깎아지른 듯이 서있다'는 의미가 있다. 견우와 직녀는 은하수를 사이에 두고 떨어져 있다가 7월 7일 칠석(七夕)날 까마귀(까치)가 다리를 만들어 만나게 된다.

비를 기원하는 기우제의 대상이 '武(무)'자에 있는 것은 견우와 직녀의 신화에 있다. 7월 7일 견우와 직녀가 만나는 장소가 하늘 허공에 임시로 만든 집으로 대청마루가 바로 허위실벽이다. 우리말에 '마루'는 네 다리를 세워 그 위에 널 판지로 깔아 놓은 것으로 '하늘'을 뜻하는 순수 우리말이다. 약수리 벽화의 마루에 앉아 있는 두 남녀가 견우와 직녀다. 북두칠성 이름 중에 '天理(천리)'의 '理(리)'는 '王(왕)+里(리)'다. 북두칠성의 마을을 다스리는 관청이 '天理(천리)'다.

일본에 '丸山(환산)'을 '마루야마'라 한다. '九(구)'자는 자루가 남쪽에 있는 북두칠성을 의미하고 'ヽ(불똥주)'자를 붙여 북두칠성의 빛나는 여섯 번째 별 武曲星(무곡성)을 나타낸다. '七(칠)'은 남쪽의 북두칠성이다. '七(칠)'이 북에 올라간 모습이 '九'다. 그래서 음이 '구'가 되면 '남쪽'을 의미하고, '규'가 되면 '모은다·합친다'는 뜻이 된다. '七'과 '九'는 대칭이다. '七(칠)'은 직녀고 '九(구)'는 견우가 된다. 한민족은 북두칠성 신앙을 신으로 섬기었다. 상고시대 한민족의 신화와 전설이 천문 이름으로 고착됐다. 중화의 패권은 견우와 직녀의 신화로 하며 한민족 상고의 신화와 상징까지 흡수해 버렸다. 중화에서 여러 왕조가 흥망했다. 다행히도 오늘날 중국처럼 통합된 국가가 아니었으므로 《吳越春秋(오월춘추)》나 《楚史(초사)》 등에 한민족의 역사가 남아있다. 상고 조선의 역사가 위대했음을 말하고 있다. 견우와 직녀의 신화는 한민족의 음가로 해석하지 않으면 현무의 신화를 풀 수가 없다. 상고시대는 신화와 토템의 시대다. 후대에 부수적 개념으로는 해석이 불가능하다. 신화와 전설은 단순히 미신으로 치부해서는 안 된다. 그 속에는 천지만물이 하나로 연결됐다는 인간의 사유가 담겨 있다. 천지인·홍익인간·삼족오 등의 신화와 전설은 우리에게 소중한 문화다. 왜냐하면 한민족의 신화에는 우리가 잃어버린 정체성이 있기 때문이다. 또한 천문에 최초로 개념을 넣은 종족이 한민족이다. 이는 우리의 소리·한글·한자·생활·동화·신화 등 잃어버린 문화와 정체성을 찾는 열쇠가 된다.

二.

天文(천문),
하늘을
기록하다

천문 二十八宿(이십팔수)는 고대로부터 동아시아에서 사용되어 온 황도와 천구의 적도 주변에 있는 28개의 별자리다. 현재 동양의 별자리 체계를 갖춘 가장 오래된 석각천문도는 남송시대(1127~1279)의 蘇州天文圖(소주천문도) 또는 淳祐天文圖(순우천문도)[56]다. 조선은 1359년(태조4)에 제작된 국보 288호 천상열차분야지도[57]다.

일본의 기토라고분[58] 천장에서 70개의 별자리가 금박으로 새겨진 것이 발견되어 일본열도를 놀라게 했다. 별자리를 연구한 결과, 고구려의 수도 평양이나 백제의 수도 한양을 기점으로 만들어진 것이 밝혀져 고구려나 백제계에 의해 천문이 일본에 전해진 것으로 판단하고 있다. 기토라 고분에도 강서대묘에 있는 四神圖(사신도)가 있어 도래계의 무덤으로 보고 있다. 현재까지 발견된 고구려 고분벽화는 총 91기 중에서 22기에서 별자리가 발견됐다.

조선은 1359년(태조4)에 천상열차분야지도를 석판에 제작했다. 1446개의 별과 280개의

---

56 중국 소주(蘇州)시 문묘(공자묘)에는 남송시대(1127~1279)의 귀중본 비각1)이 전시되어 있다. 네 개의 비각 중에서 현재 '천문도'와 '지리도', '제왕소운도' 세 개만이 전해지고 있는데 지리도 아래 이 비각들을 만든 시기와 유래가 적혀있다. 지리도 아래에는 원래 1190년 황상(黃裳)이 그린 것을 순우 정미(丁未, 1247)년 왕치원(王致遠)이 사천에서 얻어 돌에 새겼다고 기록되어 있다. 천문도는 '소주천문도(蘇州天文圖)' 또는 '순우천문도(淳祐天文圖)'로 불리며 1247년 완성됐다.

57 천상열차분야지도는 동양의 전통적인 천문지식과 별자리 체계를 기초로 만들어져 동양의 대표할만한 천문도 중 하나다. 유래에 따르면 천상열차분야지도는 고구려 천문학의 영향을 많이 받아 만들어진 것으로 전해진다. 천상열차분야지도는 소주천문도와 비슷한 점도 많지만 몇 가지 다른 특징을 갖는다.

58 1983년 석실 내부에서 천문도(天文圖)와 사신(四神, 4개의 방위를 지키는 신)의 벽화가 발견됐다. 발견된 벽화가 나중에 발견된 다카마쓰즈카고분[高松塚古墳]만큼 중국 당(唐)의 문화적 영향의 색채가 짙지 않은 것으로 보아 견당사(遣唐使)가 일본에 귀국하는 704년 이전의 7세기 말에서 8세기 초 무렵에 만들어진 고분으로 추정한다. 2000년 나라의 사적으로 지정됐고 이어서 특별사적으로 지정됐다.

별자리를 연구한 결과 주극원 별자리는 태조시대의 별자리지만 황도와 적도를 둘러 싼 둥근 원에 있는 별자리는 1세기 당시의 별자리임이 밝혀졌다. 즉 1세기 전에 천문을 기록한 천문이 전해져 내려오다가 12세기가 지난 1359년에 태조는 주극원의 별자리만 새롭게 관측하여 판각한 것이《천상열차분야지도》다.

　　만일 새롭게 판각하지 않은 원본지도가 있었다면 동양천문학의 역사가 바뀌었을 것이다. 태조는 천문도를 재 판각하게 된 연유를 기록해 놓았다. 이러한 기록이 있어 최소한 1세기 전부터 천상열차분야지도와 같은 천문도를 선조들이 사용한 것임이 밝혀졌다. 비록 淳祐天文圖(순우천문도)가 동양에서 가장 오래됐다고 하고 있으나 1세기 전의 별자리는 기록에 없다. 한반도는 전 세계에서 고인돌이 제일 많이 분포한 지역으로 고인돌에 북두칠성과 다른 별자리가 새겨져 있어 한민족 천문의 역사는 수천 년 거슬러 올라간다. 특히 경북 신흥리의 자연암에 별자리와 함께 윷판이 새겨져 있는데, "윷판의 중앙점 하나에 28개의 점이 새겨진 윷판은 천문 28수의 운행을 나타낸다."고[59] 조선 선조 때 김문표의《중경지》권 10부록에 기록되어 있다.

　　동양의 천문도의 특징은 三垣(삼원)과 적도 황도의 선, 마지막 외곽원은 365°로 나누어 일 년을 돗수로 표현했다. 28수는 원을 28개로 나누고 그 접경을 나타내는 별자리를 배치하였는데, 28개의 별자리를 7개씩 묶어 동서남북으로 배치하고 은하수를 천문도에 넣어 천문도를 완성했다. 천문 28수의 7개의 별자리는 좌청룡·우백호·남주작·북현무의 동물(4신)로 상징화했고, 각각의 7개의 별 이름은 동물을 나타내는 시로 구성되어 있다. 모두 토템시대의 영향을 받은 것이다. 그리고 은하수와 관련된 천문의 현상을 견우와 직녀로 설정하여 천문 전체를 신화로 묶었다. 무엇보다도 북두칠성은 4신을 다스리는 중심으로 그 형상은 곰이

---

59 〈윷판의 바깥 둥근 것은 하늘을 본뜬 것이고, 안이 모진 것은 땅을 본뜬 것이니, 즉 하늘이 땅바닥까지 둘러싼 것이요, 별의 가운데에 있는 것은 28수(宿)를 본뜬 것이니, 즉 북진(北辰)이 그 자리에 있으매 뭇별이 둘러싼 것이요, 해가 가는 것이 북에서 시작하여 동으로 들어가 중앙으로 거쳐 도루 북으로 나오는 것은 동지(冬至)의 해가 짧은 것이요, 북에서 시작하여 동으로 들어가 서쪽까지 갔다가 또다시 북으로부터 나오는 것은 춘분(春分)에 해가 고른 것이요, 북에서 시작하여 동으로 지나 남쪽으로 들어갔다가 곧바로 북으로 나오는 것은 추분(秋分)의 밤이 고른 것이요, 북에서 시작하여 동을 지나고 남을 지나고 서를 지나 또다시 북으로 나오는 것은 하지(夏至)의 해가 긴 것이니, 즉 한 물건(윷판)이로되 지극한 이치의 포함된 것이 이러하도다〉 고인돌에 새겨진 별자리.《문화원형백과 한국천문 우리하늘 우리별자리》, 문화콘텐츠닷컴 한국콘텐츠진흥원, 2003.

다. 그러나 동양의 신은 함부로 드러나는 존재가 아니다. 왕의 어전을 그릴 때도 왕의 자리는 비운다. 음양오행론에서는 지상의 '土'가 하늘에서 곰의 자리인 북두칠성이다.

중국의 사학자 徐亮之(서량지)가 저술한《중국 25사》에서 "중국의 역법은 동이에서 비롯됐다. 역법을 지은 사람은 義和子(희화자), 즉 자부선인이다. 이 자부선인은 동이의 殷(은)·商(상)시대 이전의 배달시대 사람이다. 동이가 역법을 창조하였음은 의심할 여지가 없다(曆法實倉始於東夷而조小 以前便已發明)."고[60] 했다. 또한《中國史前史話(중국사전사화)》1943년 10월 초판에서 "도방인종의 오행관념은 원래 동북아에서 창시된 것을 계승한 것이다(東方人種之五行觀念 原係創始于東北亞洲)"라 했다. 낙빈기는《금문신고》에서 임금이 사는 '자미원'의 어원이 '蠶(잠)'에서 파생되었음을 밝혔다.

이밖에《太白逸史(태백일사)》,《古史辨(고사변)》등에 "천문은 동이족이 만들었다."는 기록이 있고 한자의 뿌리인 동이족이 만든 갑골문에도 천간지지가 무수히 기록되어 있다. 역법은 천문을 알지 못하고는 만들 수 없다. 한민족은 세상을 보는 규칙을 오행과 칠성을 바탕으로 했다. 즉 하늘의 칠성은 동·서·남·북과 중앙의 북두칠성 5개로 이루어진 오행이다. 그렇기 때문에 상고시대 한민족의 문화는 칠성이 중심이다. 이런 문화를 통해 칠언율시 오언율시 같은 문자적 규칙성도 만들어졌다.

"훈민정음도 모음 기본 11자, 자음 가획 17자를 합하여 28자. 또한 윷놀이 판은 오행과 성좌의 28수를 배열한 천지운행의 이치로 해석된다."[61]

....

60 中國曆法始終於東夷造曆法義和子也系出東夷之殷商先公--東夷造曆實務延問矣

61 강상원,《세종대왕창제훈민정음》, 신미대사학회, 한국세종한림원, 2008, 93쪽.

하늘의 별을 그리다

1) 文(문)의 기록과 주역팔괘

천문의 은하수와 강을, 황하와 지상의 강에 비유한 것으로 보인다. 永(길영)의 고자는 ✲ '=ᕲ+ᕼ'이다. 'ᕲ'은 해와 달이고, 'ᕼ'은 '水'다. 모두 천문에 근거하여 의미를 비유했다. 즉 하도는 "복희씨가 하늘의 뜻을 이어 왕으로 있을 때에 용마가 강에서 나와 그 용마의 잔등에 있는 털의 선모를 보고서 팔괘를 그렸다."했고, 낙서는 "禹(우)가 치수를 할 때에 신귀를 얻었는데 거북등에 새겨 있는 무늬를 보고 아홉까지의 수를 얻고 법대로 벌려 놓아 구주를 만들었다."고 했다. 용마와 거북의 등 모양을 보고 괘사를 만들었다는 기록은 천문의 별자리를 보고 괘사를 만들었다는 것이다. 〈그림 2-1〉은 '文(문)'의 古(고)자다. '文(문)'은 '글월문'이다. 즉 '월'은 '달'이다. '밤하늘의 달과 별의 모습을 가슴에 새긴 것이 '文(문)'이다. 文武(문무)는 짝으로 '文(문)'이 여성이고, '武(무)'는 남성이다.

그림 2-1. 文(문)의 고자

淸(청)의 유학자 모기령의 학설에 의하면 《漢書(한서)》에 거북이 문자를 등에 지고 낙수에서 나오므로 禹(우)가 洪範(홍범)을 널리 폈다고 하였으나, 《주역》 繫辭傳(계사전)에서 河

出圖(하출도), 洛出書(낙출서), 聖人則之(성인즉지), '황하에서 그림이 나오고 낙수에서 글이 나오자, 성인께서 그것을 본뜨셨다'고 하여, 명백히 河圖洛書(하도낙서)가 둘 다 역의 괘를 짓게 된 원인임을 적어 놓았는데도 불구하고 이제 낙서가 나왔으므로 그것을 바탕으로 홍범을 지었다고 주장하는 것이야말로 어찌 허황된 증명이 아니겠는가"[62]라 했다.

한마디로《漢書(한서)》의 기록을 믿기 어렵다는 것이다.《吳越春秋(오월춘추)》에 의하면 "洪範五行(홍범오행)이 조선으로부터 전해진 것이라 하였으므로 이는 믿을 수 있으며, 또 楚史(초사)에 의하면 東皇太一(동황태일) 곧 단군왕검을 제사 지내는 풍속이 호북·절강·등지에 많이 유행했는데, 이곳은 대개 하우가 형산에서 하늘에 제사 지내고 도산에서 부루로 부터 신서를 받은 곳이므로, 蘇塗敎(수두교)[63]가 가장 유행한 지방이 됐던 것이다."[64]

역의 팔괘는 '河圖(하도)에서 나왔다'한다. 여기서 '河(하)'는 지상의 '황하'가 아니라 天河(천하)인 은하수다.《桓檀古記(환단고기)》[65]에 河伯是天河人(하백이천하인)의 河(하)는 곧 天河(천하)다. '龍馬(용마)'의 모양에서 얻었다는 팔괘는 사신의 모양에서 팔괘를 얻었다는 신화적·상징적 표현이다.

《周易(주역)》의 첫 괘사인 乾(건), 元亨利貞(원형이정)의 '元(원)'의 음가는 '둥근 하늘'이다. '원'의 한자 '圓(둥글원)=圜(둥글원)=園(동산원)'은 모두 둥근 상징을 가진다. 亨(형)은 하늘에 제물을 올리며 드리는 제사다. 즉 주역 첫 괘사인 '元亨利貞(원형이정)'은 '바른 마음으로 하늘에 제사를 드린다'는 시어다.《하도낙서》에서 시작된 역이 夏(하)와 殷(은)을 거쳐서 周(주)에서 대성됐다. 역은 동이족의 제천의례의 문화가 담겨있다.

그렇다면 복희가 하늘에서 본 팔괘는 무엇이었을까?

....

62 단재 신채호,《조선상고사》, 박기봉 옮김, 비봉출판사, 2006, 103쪽.

63 수도교의 한자의 음가는 소도교(蘇塗敎)로서 삼한시대에 천신을 제사를 지낸 지역.

64 단재 신채호,《조선상고사》, 박기봉 옮김, 비봉출판사, 2006, 103쪽.

65 自上命 賜烏羽冠加冠有儀 注時封大樹爲桓雄神像而拜之 神樹俗謂之雄常 常謂常在也 河伯是天河人那般之後也七月七日卽那般渡河之日也是日天神命龍王召河伯入龍宮 使之主四海諸神 天河一云 天海今日北海是也天河注日天道起於北極故天一生水是謂北水盖北極水精子所居也.

바로 북두칠성이다. 북두칠성의 별 중, '權(권)'은 자루 쪽 별 3개와 괴두 쪽 별 3개의 중간 별이다. 빛의 세기는 가장 약하지만 좌우 균형 권력의 중심이다. 여기서 '權(권)'별을 제외하고 북두칠성의 별들을 연결하면 '乙乙半弓(을을반궁)'이다. 자미원 안에는 4개, 5개, 6개, 7개, 8개, 9개로 묶여진 별자리가 있다. 북극성은 1이 되고, 4개로 이루어진 좌우는 2가 되고 자미원이 3태극이 된다. '河圖(하도)' 1~10 수리와 주역 팔괘의 시원이다. 천시원에 있는 '靑龍(좌청룡), 右白虎(우백호), 南朱雀(남주작), 北玄武(북현무)'는 방위괘가 된다. 즉 밤하늘을 팔등분하여 외각에 별들을 배치하면 팔괘가 형성된다. 중심에서 시침처럼 반시계방향으로 회전하는 북두칠성은 太乙(태을)이다. 음양도에서는 해와 달이 1년에 12번 서로 만난다. 그중 7월에 만나는 곳이 太乙(태을)이다. 도교에서 태을은 太一(태일) 또는 泰一(태일)이라 하고 천제가 상거하는 北極星(북극성)을 말한다. 도교의 뿌리가 한민족의 북두칠성 신앙임을 알 수 있다. 복희가 본 밤하늘의 북두칠성은 북극성을 중심으로 둥글게 밤새도록 선회하는 커다란 새(乙:을)였을 것이다. 즉 둥근 원 속에 칠성이 '〵'이다. 이 모양이 '☯'으로 太極(태극)이다. 날이 새면 밤새 밤하늘을 선회했던 까마귀는 지상으로 내려와 태양(주작)으로 나타난다고 생각했다. 또한 '桓雄國璽(환웅국새)'를 보면 하늘을 가르는 은하수는 새가 날개를 펴고 선회하는 모습으로 본 것으로 사료된다. '旋(선)' 자형은 '旋回(선회)'하는 큰 새의 모습이다.

이러한 하늘의 별과 해의 운행을 태극팔괘도로 표현한 것이 천문도다. 癸(계)의 갑골문 '𢀖'과 '巫(무)'의 금문 '𢀖'은 자형도 북두칠성이 회전하는 '〵'이 좌우로 결합된 자형이다. '개'란 음가는 '계'와 같다. '개'는 '복종·지킴·이동·시작·따름' 그리고 '밤'을 상징한다. '개'의 음가 분절은 '가기'다. '간다'는 의미다. '개'는 하늘의 천문에서 '癸(계)'로 전이 된 것으로 보여진다. '癸=𣥂+天'이다. '𣥂'은 '좌우로 등져서 간다·사이가 벌어진다·걷다'는 의미다. '癸(계)'는 하늘의 은하수와 별이 '움직인다'는 의미다. 여기에서 '天'은 밤하늘이다. '天=一+大'다. '癸'의 籒文(주문)은 '𦱖'다. 즉 '大'는 '夨'자형으로 나타난다. '夨'자형은 '矢'의 전문 '𠂕'과 연결된다. 즉 '화살'이 날아가는 것을 '새'로 비유했다. '癸'의 '天'은 '하늘' 뿐만 아니라 '새'와도 연결된 자형이다. 불교의 상징인 '卍(만)'자형은 부처님 가슴에 있던 길상의 표시라 한다. 그러나 불교의 윤회나 순환을 상징하는 기호로 북두칠성이 '十(십)'자로 배열되었을 때의 모습이다. 한민족이 숭배한 '旋(선)'의 개념이 불교의 윤회사상과 일치했고, '사람이 죽으면 온 곳으로 다시 돌아간다'는 토템사상과 결합되어 다시 태어날 때 상위 토템으로 태어나길 바란 것이다. 이러한 선회와 회전하는 문화는 인디안들이 새의 깃털을 머리에 쓰고 춤추듯이, 한민족도 새가 선회하듯 돌면서 춤추는 문화가 만들어진 것으로 사료된다. '卍(만)'의 약자 '万(만)'은 북극성을 중심으로 회전하는 북두칠성을 나타낸다〈그림 2-2〉의 (1). 卍(만)자는 변형된 '十'자로 보기도 한다. 그러나 변형된 것이 아니라 북두칠성이 '十'자로 결합된 자형이다. 북두칠성이 일순하여 동서남북에 가득 찬 것이 '卍(만)'이다. '万(만)'은 물이 넘치는 곳에서 사는 부평초(浮萍草)의 모습에서 취한 글자라고도 한다. '만'의 음가는 가득차거나 넘친다는 뜻이다. 그래서 '万=卍=萬'이다.

특히 '太極(태극)'의 太(태)는 '太初(태초)'로 시작되는 중심점을 나타낸다. 저녁의 시작점은 '戌(술)'이다. 戌(술)은 북두칠성의 자루가 있는 서쪽에 있는 것으로 이곳을 출발의 시점으로 보았다. 極(극)은 자루의 끝인 '極點(극점)'으로 중심인 太(태)와 마주한다. 직선의 'ㅣ'은 태와 극이 분리되지만, 太(태)가 돌아 極(극)과 만나면 圓(원)이 된다. 圓(원)이 되면 太(태)는 중심의 '•(점)'에 머물고 테두리가 極(극)이 된다. 즉 太(태)와 極(극) 연결되면 그 선후를 알 수 없어 極(극)과 極(극)이 관통하여 하나가 된다. '〜'을 기준으로 上(상)은 '陽(양)', 下(하)는 '陰(음)'이 되어 태극의 본체를 형성하게 된다. 여기에서 중요한 개념은 '〜'은 북두칠성으로 까마귀로 상징된다. 그리고 반시계방향으로 회전하는 '좌회'다. 북두칠성이 도는 것을 커다란 까마귀가 둥근 원을 그리며 旋回(선회)하는 것으로 생각했다. 제사 때 술잔을 좌로 3번 돌리는 것은 북두칠성의 회전 방향과 일치시켜 돌아감을 나타낸다. 바로 '太乙(태을)'이 북두칠성의 운행을 나타내는 실체다. 즉 둥근 원의 외체는 '太極(태극)'이고 그 원 속의 내체가 바로 '乙(을)'이다. 한민족은 이러한 개념을 太極(태극)과 太乙(태을)을 상징으로 삼고 다양한 회전문화를 만들었다〈그림 2-2〉의 (2). 북두칠성은 大熊星(대웅성)이다. 여기에서 '熊(웅:암컷)'과 같은 음가인 '雄(웅:수컷)'은 '큰 새'로 太乙(태을)과 연결된다. 즉 '밤=북두칠성=태을=까마귀', '낮=태양=원=알=주작'이 된다. 공주박물관에 소장된 바람개비무늬수막새(巴文圓瓦當)는 북두칠성을 상징한 太乙瓦當(태을와당)이다〈그림 2-2〉의 (3).

(1)卍(만)자   (2) 북두칠성과 太乙(태을)   (3)太乙瓦當(태을와당)

그림 2-2. 卍(만)자와 북두칠성과 太乙(태을) 그리고 太乙瓦當(태을와당)

표 2-1. 주역 팔괘의 순환구조

天	人	地
(乾:건)————〔물(澤:택)—불(離:리)—증기(震:진)—바람(風:풍)—구름(水:수)—산(艮)〕————(坤:곤)		

저자는《본국검예》1권 〈조선세법〉을 통해 주역 8괘의 순서는 임의로 정한 것이 아니라, 천지인의 3층 구조로 자연의 대기 순환을 순서로 정했다. 특히 단군신화의 '風伯雨雲(풍백우운)'은 기의 순환을 4상으로 나타냈다. 즉 '伯(☰)·雲(☵)風(☲)·雨(☷)'로 乾坎離坤(건감리곤)이다. 복희팔괘의 순서원리는 천지를 사이에 두고 대기 순환의 과정을 나타낸 것임을 밝혔다.

2) 大熊星(대웅성)과 고마

러시아 페름에 '고미(곰)족'이 사는 '구듬칼'이라는 마을이 있다. 구듬은 '곰의 아들'이며 칼은 '城(성)'을 뜻한다. '城(성)'을 지키는 것이 남성이며 군장이다. 왕을 뜻하는 '칸'과, 군장의 상징어인 '칼'의 음이 같다. '劍(검)'은 '칼검'으로 '칼고미〉칼곰〉칼검'이 된다. '구듬'의 음가도 '곰'과 비슷하다. 고미족의 전설에 추녀가 산에서 '곰과 살다 아들을 낳았다'는 전설이 있다. 이 전설은 공주 '곰나루'의 전설과도 매우 유사하다. 또한 하느님의 아들이 땅을 내려 보니 빨강·파랑·노랑으로 멋이 있어 내려 보내 줄 것을 간청하고 곰으로 변신하여 '카마(곰)강에 내려왔다'고 한다. 하나님의 아들이 '곰'으로 변해서 땅에서 풀(쑥)을 먹는 여자 곰과 결혼해서 '고미족'을 만들었다는 전설도 전해져 내려오고 있다. 여기서 하느님의 아들이 '곰'인 것이 흥미롭다. 조선 숙종 때 설암이 지은《묘향산지》에 桓雄(환웅)의 '雄(웅)'자를 '熊(웅)'자로 쓰고 '곰'을 남성으로 기록한 것도 흥미롭다. 삼태극의 삼색과 단군신화의 줄거리가 거의 비슷하다. 고미공화국의 수도는 '쑥들칼'이다. '쑥들'은 '들'에서 나는 '쑥'의 합성어로 보인다. '뽈이모시족'의 음가를 보면 '불(을)모시(는)족'이다. 태양을 숭배하는 민족이다.

한민족은 북두칠성을 신앙으로 가진 나라다. 당연히 북두칠성과 관련된 많은 신화와 전설들이 천문에 있다. 천문에서 가장 중요한 북두칠성에 '大熊星(대웅성:큰곰별)'이 있다. 우리가 알고 있는 북두칠성은 큰곰별의 꼬리와 엉덩이 부분이다. 북두칠성이 돌면 대웅성이 함께 돌지만 대개는 북두칠성만 바라보고 있다. 북두칠성은 대웅성의 子宮(자궁)이므로 북두칠성은 생산의 장소다. 그렇다보니 곰이 여성일 수밖에 없다.

모계시대의 '여성'은 '직녀'가 되고 '웅녀'가 되고, 대웅성이 되어, '북두칠성신앙'이 된 것이다. 신화는 구전으로 변형되고 각색되다가 후대에 문자로 기록된다. 이러한 단군역사를 일제는 신화로 만들었다. 과거 신화는 그 자체가 역사였다. 고대에 신화가 없었던 나라가 있던가? 일본 역사서는 그 자체가 신화의 기록이다.

《사기》에 중국의 시조 황제 헌원은 '公孫氏(공손씨)'의 후손이고 號(호)는 '有熊氏(유웅씨)'다. 유웅씨는 기원전 2678년 동이족이다. 즉 헌원은 '곰족의 씨'라는 뜻이다.

'公(공)'의 음가도 '곰'과 관련 있다. '公州(공주)'의 옛 이름은 熊州(웅주)로 '公(공)'='熊(웅)'은 같은 상징을 품고 있다. '公(공)'자에는 약수리벽화의 주인공인 견우와 직녀가 반가좌를 하고 앉아있는 자세다. '公=八+厶'자로 '八(팔)'은 흘러내리는 양쪽 '팔'이고 '厶'은 반가좌한 발의 형태다.

'古(고)'가 땅(口)에 있으면 '곰=고마'가 되고, 하늘(ㅇ)에 있으면 '공'이 된다. '古'자형은 한글 'ㅁ'로써 '마'와 '무'로 쓰인다. '務(무:힘쓰다)'는 '矛(창모)+务(무)'다. '厶(모)'자가 '矛'에서 180° 회전했다. 즉 '모'가 돌아 '무'가 됐다. '公(공)'의 '厶'자형은 '귀'의 '歸(돌아갈귀)·鬼(귀신귀)'와 연결된다. '厶'의 篆文(전문)은 'ㅂ'이다. 즉 창힐이 만든 '古(고)'자가 'ㅂ'이다. 'ㅂ'자형은 하늘(ㅇ+ㅣ)로 올라가고 있음에 '고'다. 특히 土(아이태어날돌)자의 전문(ㅎ)이고, 고문(亯)은

116

'아·ㅎ'자형이다. '아이가 뱃속에서 돌지 않아 위태롭다가 갑자기 태어난다'는 뜻으로 '돌'의 음가를 가진다. 'ㅎ'이 바로 서면 '子(ꝑ·Ꝓ·ꝓ)'다. 'ꝕ·ㅎ'자형은 한글 '아해'가 된다. 'ꝕ'자형을 세워 한자에서 'ㅏ'로 됐다. 즉 'ㅏ童(아동)'이다. '古'자는 'ꝑ(자)'를 출산한 어머니다. '古(고)'자가 자식을 의미하고 동시에 자식의 어미를 나타내는 글자임을 알 수 있다.

'子(자)'는 상고에는 '蠿子(잠자)'로 쓰였다. '잠자'는 아이다. '蠿(잠)'자는 여성의 상징이다. 또한 '魚子(어자)'로 쓰여 '알'로 쓰였다. 'ꜙ'는 '流(류)'자형에 있다. 특히 '玄(현)'의 갑골문·고문(ꝗ·Ꝙ)은 두 개의 'ㅇ'이 결합된 것으로 'ꝙ'은 '남성' 'Ꝛ'은 여성의 상징이다. 즉 'ㅇ·Ꝛ·ㅎ·ꝕ'은 서로 연결됐다. '玄'의 'ㅗ(돼지해머리두)'자와 '古(고)'의 고자 'ꝕ'가 결합되어 '公(공)'자가 된다. '공'은 '공·궁'으로 같은 상징과 의미를 갖는다. 즉 公(귀공)은 밤하늘에 있는 '鬼(귀: 견우·직녀)'고, '空(공)'은 하늘이다. '宮(궁)'은 '鬼(귀)'가 머무는 집이다. 또한 남녀가 결합된 'ꝛ'자형이 한자의 '呂(려)'가 되고 한글에 '몸'이 되어 '몸·맘'은 부모(조상·견우직녀)가 준 것이 된다. 머리(ㅇ)는 하늘의 '해'를 상징한 것이고, 몸(ㅁ)을 땅으로 상징한 것이다.

'育(육)'의 고문 'Ꝝ'은 'ꝝ+Ꝟ+ꝟ+Ꝡ'이다. 'ꝝ'자형은 '六'이다. 집에서 부모가 자식을 양육한다. 또한 '育(육)'의 갑골문은 'ꝡ=Ꝣ+ꝣ'다. 고문 'Ꝝ'의 'ꝟ+'이 'Ꝣ+ꝣ'다. 'Ꝟ'자형은 'Ꝥ'자에서 나온 글자다. '남편이(ꝥ) 아내(Ꝧ·Ꝣ)와 누워 팔다리를 벌리고 자식(ꝟ·ꝣ)과 집에서 편안히 있다'는 것을 표현한 것이다. 'Ꝟ'자가 큰 것을 보면 가부장 사회의 단면을 볼 수 있다. 'ꝣ'자를 180°돌리면 'ꝧ'이다. 즉 'ꝧ'는 '아'고, 'ꝣ'는 '해'다. 즉 '아해'는 '아이'다. 한글 자형 그대로다. 또한 '아이=애'다. 이것을 그대로 표현한 한자가 '唲(애:응석할애·아)'다. 그리고 '愛(애)'의 篆文(전문)은 'Ꝩ'와 'ꝩ'다. '愛'의 본 자는 '炁(애)'다. 즉 '炁(애)=旡(기)+心(심)'이다. '旡(기)'는 '음식이 목에 넘어가지 않는 것'이다. 즉 부모는 맛있는 음식을 자식에게 주고 싶어 목이 메인다. 이것이 '애'다. '旡(기)=無(무)'와 같다. 먹을 게 없어 애타는 부모의 심정이 '애'다. 그래서 '애'의 음가를 가진 한자는 '막힌다·아낀다·화난다'는 뜻을 가진다. '旡(기)'자형은 여성을 나타낸다. 때문에 결혼한 여성이 머리에 꽂는 비녀인 '先(잠)'자가 된다. '잠'의 음가는 비녀가 '누에'의 상징이기 때문이다.

'啇(적)'은 立(설립)+冂(멀경)+古(고)다. 또한 '摘(딸적)'를 보면 자식은 별에서 떨(딸)어져 나온 것으로, 북두칠성 삼신할매가 자식을 점지해준다는 전설이 '嫡(적)'자에 담겨있다. 嫡 (적)자는 정실이 낳은 아들이다. 啇(밑동적)자에서 '古(고)'가 자식이다. 滴(물방울적)은 '자 궁에 이슬이 적셔 자식이 나올 기미가 있다'는 의미다. '啇'에 辶(갈착)이 결합되면 適(시집갈 적)이 된다. 같은 자형에 '적'의 음가를 사용하여 의미의 동질성을 유지하고 있다.

원시 모계시대 자식들은 '아비'가 누구인지 모르고 자신을 낳고 기르는 사람은 '어미'였다. 움막동굴 생활 당시 어미의 모습은 곰의 모습과 같다. 이러한 것이 한자에 담긴 것이다. 또 한 북두칠성의 바가지는 곰의 꼬리와 자궁이 되어 자식을 낳는 의미를 갖게 되어 삼심할매 의 신화를 낳게 된다. 따라서 '三神(삼신)'은 '産神(산신)'이다.

'台(태)'는 한글 '台'자형과 닮았다. 생명은 하늘이 점지해주기에 '台(태)'도 '별이름'이 된다. '胎(태)'는 '囲(아이밸태)'다. '台'자형이 어미 뱃속에 있는 '아이'다. 따라서 '台(나이)'는 '이'의 음가를 가진다. 뱃속에서 발길질 하는 아이는 '跆(태)'다. 'ㅇ'는 작은 '해'이며 '을'로써 '아'의 음가로 한자에 '兒(아이아)'다. 즉 '아이'는 '兒台(아이)'가 된다. 개구리 '알(◉)'의 모습에서 뱃 속 생명의 모습을 유추했을 것이다. 그러기에 金蛙(금와)의 신화가 탄생된다. 또한 새와 동 물의 '알'과 인간의 탄생을 연결시켜 '난생설화'가 만들어졌다. '◉(올)'이 올챙이가 되면 'ㅇ'속 에 있던 '·(씨)'가 나온다. 즉 '·(점)'이 나와 'ㅇ'에 붙어 한글의 'ㅇ'과 기호에 그대로 들어간 다. 아침의 해는 'ㅇ'으로 지평선에서 일(이+ㄹ)어 난다. '己(기)'는 사람이 몸을 웅크리고 다 음에 일어나려는 글자며 일어나면 '起(기)'다. 태양이 일어나면 '氣(기)'다. '기'는 '내려왔다 (ㄱ) 올라(ㅣ) 간다'는 기호다.

창힐[66]은 동물과 새의 발자국과 廣察萬象(광찰만상) 세상 만물을 살펴 무자를 만들었다. 특히 '書契(서글)'[67]이란 문장의 어순을 도치하면 '글서(契書)'로 글을 쓴다는 '글써'다. 글은 '금을 긋는 것'이다. 그래서 '금'의 한자 음가는 '一'처럼 '긋는다'는 개념이 들어간다. '金(금)'은

---

66 고문서에 문자 발명의 주인공이 창힐로 나온다. 그의 이름은 전국시대에 와서 《순자》〈해폐(解蔽)〉, 《한비자》〈오 두(五蠹)〉, 《여씨춘추》〈군수(君守)〉 등에서 보이는데, 모두 글을 좋아하여 문자를 발명 내지 창조했다고 나온다.

67 "桓雄天皇 又復命神誌赫德 作書契 盖神誌氏 掌主命之職~始見足印亂鎖~反復審思 廣察萬象 不多日 悟得創成文字 是爲太古文字之始矣"〈단군고기, 신시본기제삼, 규원사화, 태시기〉

금맥의 묻힌 선이다. 噤(금:입다물금)은 입을 꽉 다문 선이다. '昑(금)'은 금음 달(그믐달)이 밝게 웃는 선이다. '契(계)'는 나무판에 칼로 '글을 새겨 계약서'를 만들어 쌍방을 연결한다'는 의미로 '계'와 '글'의 음가를 동시에 갖는다. 과거는 신화시대로 토템의 시대이기도 하다. 태양을 새로 비유하고 동물을 의인화하고 자연을 문자에 담았던 것이 한자와 한글이다. 한자는 이러한 한민족의 신화적 요소가 있다.

3) 四神(사신), 조선하늘의 별

《桓檀古記(환단고기)》의 〈七回祭神之曆(칠회제신지력)〉에 오방신이 기록되어 있다. 사신의 중앙에 있는 신이 바로 黃熊(황웅)이다. 모계시대 '곰'이 절대 권력을 가진 토템의 결과다.

천문 28수의 기원은 청룡·백호 및 28수 전체가 그려져 있는 유물이 발견된 曾侯乙墓(증후을묘)의 조성 시기로 기원전 433년 무렵보다 조금 앞선다. 또한 《漢書(한서)》의 〈律曆志(율력지)〉에 기록된 '牽牛初度(견우초도)가 冬至點(동지점)'이었던 기원전 450년경으로 추정하고 있다.[68] 천문28수의 유래가 바빌로니아라는 설이 있다. 그러나 현재까지 천문 28수의 별자리 이름과 4신의 7언 율시의 구성원리가 어떠한 원리에 의해 만들어졌는지에 대한 연구는 전무하다. 이 구성원리가 밝혀진다면 천문의 시원과 천문을 만든 민족을 유추할 수 있다. 상고시대 7언 율시의 문장으로 하나의 틀로 고정된 것은 북두칠성의 7수를 취한 것이다. 동양의 천문이 '牽牛初度冬至點(견우초도동지점)'이라는 문장은 천문이 견우와 직녀의 신화에서 유래됐음을 알려주는 매우 중요한 문장이다. 조선세법을 해독하던 방식으로 천문 28수의 자형을 살펴본 결과 아주 뜻밖의 사실을 찾게 됐다. 천문 28수는 한민족이 살던 하늘의 별자리를 보고 당시의 우주관과 신화를 연결시켜 천문을 구성한 것이다. 서양의 '큰곰자리와 작은곰자리'가 한민족의 곰신 '대웅성과 소웅성'과 똑같은 것은 무엇을 의미하는가?

《秋左氏傳(좌씨춘추)》에 "봉조 씨는 천시를 앎으로 천문역법을 관장하는 관리며, 현조 씨는 춘분과 추분을 관리한다."는 기록이 있다. 낙빈기는 "이 기록은 천문의 최초기록이라는 《堯典(요전)》(기원전 2357)보다 100년이 빠르고, 세계 최초의 천문 기록이라는 바빌론의 천

---

68 서정화, 〈古代(고대) 中國(중국)의 28宿(수)와 12차 이론의 起源(기원)—東洋(동양) 古典(고전)에 보이는 사례분석을 중심으로—〉, 학술논문, 퇴계학논집 20권, 2012, 31쪽.

상기록보다 300년 이상 빠르다는 것을 증명하는 것이다."[69]고 강력하게 주장했다. 조선세법은 제정일치시대에 군장(단군)이 행했을 것이다. 조선세법의 검결에서 '곰'이 없는 것은 '劍(검)'이 곧 '곰'이기 때문이다. 검은 신이며 곰의 실체고 검을 들고 있는 자는 곰의 현신이다.

천문 28수는 북두칠성(대웅성)을 중심으로 동서남북에 각각 7(칠성)개의 별을 묶어 규정한 것이다. 중앙에 북두칠성이 있으며 중앙의 북두칠성이 바로 곰(대웅성)이다. 곰이 4신을 다스리고 있다. 모계시대 여성의 토템인 '곰'이 천상의 중심 자리에 있다. 때문에 '劍(검)'은 곰의 상징이 되어 지상에서 '왕검'이 되어 나라를 다스렸다. 중화는 한민족의 사신(용·호·주작·현무)을 가져갔지만, 가장 중요한 사신을 다스리는 절대신인 '곰(熊)'은 가져가지 못했다. 그렇다면 중화는 중앙에 어느 상징을 취했을까?《紀效新書(기효신서)》의 〈旌旗金皷圖說篇(정기금고도설편)〉第十六(제십육)에 그 단서가 있다. 5방신 깃발 중앙(土)에 배치된 신은 뱀(蛇)[70]이다〈그림 2-3〉.

그림 2-3. 기효신서의 五神圖(오신도) 배치   중앙에 '土' 蛇(뱀)의 깃발

조선세법에 '撥草尋蛇勢(발초심사세)·斬蛇勢(참사세)·拔蛇勢(발사세)·白蛇弄風勢(백사롱풍세)'의 검결이 있다. '뱀(蛇)의 목을 쳐 죽인다'는 뜻이다. 조선세법은 뱀(蛇)을 물리쳐야 할 적으로 규정했다. 동양천문의 중앙에는 북두칠성이 있고, 북두칠성을 중심으로 한민족

69 김대성, 《금문의 비밀》, ㈜북21 컬처라인, 2002, 114쪽.

70 中央黃陵五炁 戊己丑辰未戌 其神蛇 其色黃 旗心方五色黃色 邊紅 火以生土也 不可用藍爲邊犯木剋土
　　東方靑陵九炁 甲乙寅卯木 其神靑龍 其色藍 旗心籃 邊黑 爲手生木 不可用白 犯金剋木
　　南方丹陵三炁 丙丁巳午火 其神朱雀 其色紅 旗心紅 邊籃 爲木生火 不可用黑 爲水剋火
　　西方皎陵五炁 庚辛申酉金 其神白虎 其色白 旗心白 邊黃 爲土生金 不可用紅 犯火剋金
　　北方元陵七炁 壬癸亥子水 其神元武 其色皀 旗心黑 邊白 爲金生水 不可用黃 犯土剋水

의 곰 대웅성이 있다. 중화는 그 대웅성 자리 중앙에 '蛇(뱀)'이 있다. 중화에서 족보에도 없는 '蛇(사)'를 중앙 '土(토)'에 두었다는 것은 조선 문화가 그만큼 위대했다는 것을 반증한다. '蛇(사)'의 상징성은 '龍(룡)'에 못 미친다. 조선세법에서 '龍(룡)'이 물리친 賊(적)은 이무기인 '蟒(이무기망)'이다. '蟒(망)'은 '10간 12지'의 왕이다. '망'의 음가는 '망하다·죽는다'처럼 좋은 뜻이 없다. '蟒=虫+莽'이다. '罔(그물망)'은 그물로 잡는 것이고, '莽(우거지망)'은 빼곡한 가시 넝쿨에 갇힌 것이다. 즉 '이무기(虫)가 가시넝쿨에 잡혀 죽는다'는 뜻이다. 중화는 신하가 입는 옷을 蟒袍(망포)라 한다. 조선세법의 검결에서 '은망세'는 한민족을 침범한 이무기를 조선의 창룡이 죽이는 내용이다. 사신도가 한민족으로부터 발생된 것이었음이 조선세법이 밝히고 있다. 이처럼 조선세법의 이 위대한 것은 우리가 잃어버린 상고의 문화를 거슬러 찾아갈 수 있는 단서를 제공해 주기 때문이다. 조선세법을 '劍(검)'으로 행한 것은 '劍(검)'이 '곰'이기 때문이며, 이러한 전통은 도교에서 '도가'의 신들이 '곰'의 자리를 대신하기 때문에 검으로 악귀를 물리치는 것이다. 《朱子語類(주자어류)》에 "舞(무)는 춤을 통하여 신을 접하기 때문에, 工(공)자의 양측에 두 사람이 춤을 추는 형상을 취한 '巫(무)'자를 쓰게 됐다."고 한다. 제례에 춤을 추는 사람 '巫人(무인)'이 '巫堂(무당)'이다. 劍舞(검무)를 하는 자 武當(무당)이다. 상고시대 巫人(무인)이 武人(무인)이다. 巫堂山(무당산)이 武當山(무당산)이다. 이러한 전통이 중국 武當劍(무당검)에 전래되고 도가의 검법으로 내려왔다. 즉 검은 무속과 무술의 양면성을 가지고 있다. 조선세법과 본국검도 이러한 양면성이 있다. 신라의 본국검무는 사병들의 전쟁 검술과 의식에 사용됐다. 조선세법도 제례와 장군들의 실전적 검법으로 사용됐다. 武(무)를 천시한 조선에서는 무사들의 실전 검술은 점차 사라지고 무속적 劍舞(검무)와 기생검무로 변형됐다.

4) 天文(천문) 28宿(수)에 숨겨진 秘密(비밀)

玄武(현무) : 斗牛女虛危室壁(두우녀허위실벽)

靑龍(청룡) : 角亢氐房心尾箕(각항저방심미기)

白虎(백호) : 奎婁胃卯畢觜參(규루위묘필자삼)

朱雀(주작) : 井鬼柳星張翼軫(정귀유성장익진)

(1)斗牛女虛危室壁(두우녀허위실벽)

'玄武(현무)'를 설명한다. '斗'는 견우와 직녀 둘을 뜻한다. '牛(우)'는 견우, '女(녀)'는 직녀, '虛(허)'는 빈 하늘, '危(위)' 위태로운 상태, '室(실)'은 허공에 마련된 임시거처, '壁(벽)'은 낭떠러지 같은 담을 나타낸다. 천문의 형태에서 '女(녀)'자는 머리가 두 개인 쌍두로 현무 모습이다〈그림 2-4〉.

(1) 현무의 상형   (2) 女자의 상현

그림 2-4. 현무의 상형과 女자

현무가 두 마리 동물을 상징하는 것은 견우와 직녀를 각각 상징하기 때문이다. 직녀를 상징하는 뱀이 견우를 상징하는 동물을 칭칭 감고 놓아주지 않는다. 헤어지기 싫은 것이다〈그림 2-4〉의 (1). 두 동물이 감긴 것은 교미를 상징하고 견우와 직녀의 사랑을 은유한다. 견우와 직녀 두 사람이 낭떠러지 같은 허공의 대청마루 같은 거처에서 위태롭게 만나고 있음을 7언 율시로 표현했다. '자라'는 거북이다. '鼈(별)'의 음가는 현무가 '별'이기 때문이다. '鼈(별)'과 같은 '鱉(별)'자도 자라지만 黽(맹)과 魚(어)는 다르다. 그럼에도 같은 자로 사용하는 것은 은하에 사는 '별'이기 때문이다. '敝(폐)'자는 해가 진 저녁이다. 또한 '敝(폐)='尚+文'이다. 여기서 '尚(폐)'는 '작은 별'로 '자라'다. '文(문)'은 자라별을 그린 것이다. '자라'의 머리는 성기처럼 '자라난다'. 남자의 성기는 '龜頭(귀두)'다. 거북이 다 큰 성체라면 '자라'는 작은 아이로 더 자라야 한다. 거북이가 '龜(귀)'의 음가인 것은 현무 자리에 있기 때문에 '鬼(귀)'와 같은 음가다. '巳(뱀사)'는 '神(신)'으로서 제사를 지내는 뱀의 상형이다. 즉 현무는 男(남)과 女(녀), 부부를 상징하기에 거북과 뱀, 두 동물이 성교하는 것을 사신으로 표현했다. 현무의 자리에 남방의 주작이 밤에 차지하여 신의 우두머리 '魁(괴)'가 된다. '魁(괴)=鬼(귀)+斗(두)'로 '鬼(귀)'가 북두칠성임을 나타내고 북두칠성에서 'ㄴ'의 형태가 머리 부분이다.

女宿(여숙) 위에 있는 견우를 만나기 위해 깨진 바가지로 은하수 물을 펏던 '敗瓜(패과)'가 있고, 견우를 기다리며 바라보던 정자인 漸臺(점대)가 있고, 사랑의 정표로 견우에게 던져준 베틀북인 瓟瓜(포과)가 되고, 또한 머리빗은 箕宿(기숙)이 됐다는 전설이 있다. 견우가 던졌다는 소의 코두레는 畢宿(필숙)이 된다.

신화적 구조는 후대에 '延烏郞(연오랑)과 細烏女(세오녀)'로 나타난다. '延(연)'의 금문 '𝖸'이다. 견우(𝖸)가 오래 기다리다 직녀를 만나러 나가는 것이다. '烏(오)'가 남성에 쓰이면 '해'가 되고, 여성에 쓰이면 '달'로 쓰임을 알 수 있다. '細(세)'는 '누에를 길러 뽑는 실'이다. 즉 延(연)과 細(세)는 음양이 있다. 때문에 어느 입장에서 사건을 기록했는가에 따라 의미가 달라져 같은 한자에 서로 상반된 의미가 상존한다.

東(동)의 견우와 西(서)의 직녀 사이에 은하수가 있다. 천체의 운행에서 南斗(남두)와 北斗(북두)가 회전하면서 견우성과 직녀성도 자리 이동을 한다. 견우와 직녀성을 중심으로 별들을 연결하면 '十(십)'자 모양의 새가 된다. 이것을 '까치가 다리를 놓았다'고 표현한 것이 '烏鵲橋(오작교)'다. 천체 별자리의 이동에 신화와 전설을 넣은 것은 시경과 사마천의 사기 중국남북조의 은운(471-529년)에 기록되어 있다. 이러한 기록은 고구려 덕흥리 고분벽화(408년)에 이미 그려져 있다. 오래전부터 한민족에 있었다는 것이다. 모든 이야기는 원초적 개념 위에 시대에 따라 각색된다. 약수리 사신도가 소중한 이유다.

상고의 신화와 상징이 고스란히 천문 28수에 들어있다. 천문 28수의 중심에는 大熊星(대웅성) 즉 큰곰자리가 있다. 곰은 한민족의 토템이다. 북두칠성 신앙과 곰을 신으로 모시는 민족은 한민족 밖에 없다. '大熊星(대웅성)'을 한 글자로 쓴 것이 '羆(비=罴)'다. '羆(비)=罒(망)+熊(웅)'이다. '罒'은 밤하늘을 나타낸다. '웅'이 '비'의 음가를 가진 것은 웅녀가 직녀로 치환됐기 때문이다. 妃(비:왕비)·斐(비:여신)·妣(비:죽은어미)처럼 '비' 음가의 많은 한자는 직녀(여성)와 관계있다. 곰이 천문의 중심에 있음은 모계시대 천문의 주인이 웅녀 곰이었음을 의미한다. 천문 28수와 10간 12지의 구성방식의 원리는 '주역의 괘'와도 연결된다. 즉 신화가 천문의 별자리인 '易(역)'의 卦辭(괘사)에 사용됐다. 깃발을 뜻하는 한자 '旗(기)'자에는 한민족의 곰과 호랑이의 토템이 들어있다. '旗=方+人+其' 합(合)자다. '㫃(언)'은 '旗(기)'가 휘날리는 모양이다. '族(족)·旅(려)'는 '旗(기)'자에서 발생했다. 旗(기)는 軍旗(군기)며 나중에는 여러 가지 旗(기)가 있어 각각 다른 글자를 써서, 곰이나 호랑이의 그림을 그린 대장의 旗(기)를 旗(기)라 한다.[71]

최초의 깃발에는 '곰과 호랑이'를 그려 사용했으며 한자의 뜻도 '곰과 호랑이'다. 이것은 무엇을 의미하는가? 신기하지 않은가? 곰과 호랑이는 단군신화에 나오는 한민족의 토템이다. '旗(기)=㫃(나부낄언)+其(그기)'자는 '곰과 호랑이가 그려진 깃발이 바람에 나부낀다'는 의미다. '方(방)'자는 곰(여자·妨)과 관련 있는 글자다. '方(방)'이 곰이면 '人'은 '寅(인)'이다. '인'의 음가로 호족의 동질성을 가진다. 虎族(호족) 왕의 상징 이름도 '璜(인)'이다. 호랑이의 나라 虎國(호국)을 지키는 것이 護國(호국)이다.

깃발이란 개념은 한민족이 처음 사용했다. 처음 만들어진 개념은 쉽게 사라지지 않는다. 중화는 한자를 자국의 문자로 채용하면서 한자에 담긴 개념도 그대로 취했기 때문에 한민족의 상징과 개념이 그대로 남아있다.

'鳴梁海戰(명량해전)'에서 이순신 장군이 위급한 상황에 예하 장수를 불러 모으기 위해 올린 깃발이 招搖旗(초요기)다. 초요기에는 북두칠성이 그려져 있다. 중앙의 북두칠성이 동서남북에 있는 四神(사신)을 호령하는 천문의 의미가 초요기에 있다. 명량해전 시 이순신 장군이 울돌목 해전에서 초요기를 올려 부하 장수를 부르지만 아무도 오지 않아 홀로 고군분투하게 된다. 招(초)는 부르는 것이다. '召'의 '刀(도)'는 칼이 아니라 입안 '세 치의 혀'다. '손발을 흔들고 소리를 지르며 부른다'는 의미다. 세 치의 혀로 사람을 죽이니 혀가 칼이다. 搖(요)자는 북두칠성과 관련된 글자다. '扌+月+缶(두레박관)'이다. '缶(관)=罐(두레박관)'이다. '雚(황새관)'은 새 중의 황제다. 찌그러진 '달(月)'에 夕(저녁석)자를 결합하여 어스름하게 달이 뜬 밤하늘을 표현했다. 북두칠성을 두레박에 비유했다. 칠성(缶)을 새(雚)로 비유한 것이다. 태양을 삼족오로 비유한 것과 같다. 북두칠성이 움직이는 것은 신들의 작용이 있다고 선조들은 생각했다. 한민족은 칠성신을 숭배한 민족이다. 밤이 되면 북극성을 중심으로 북두칠성이 일어난다. 명량의 초요기는 한민족이 숭배하고 믿었던 신앙이 무엇인지를 말하고 있다.

....

71 《네이버 사전》

(2) 角亢氐房心尾箕(각항저방심미기)

'靑龍(청룡)'의 부위별 모습을 7언 율시로 설명한 것이다. '角(각)'은 용머리, '亢(항)'은 목 (項:목항), '氐(저)'는 몸을 숙이고 있는 모습과 몸에 붙은 다리의 모습이다. '房(방)'은 둑·제 방의 뜻으로 용의 몸통이다. '心(심)'은 가슴으로 심장이다. '尾(미)'는 교미를 하려는 모습의 꼬리, '箕(기)'는 곡식을 까 부르는데 사용하는 '키'다. 즉 용꼬리에 붙은 부챗살 같은 지느러 미를 '키'에 비유했다. 승천하는 용의 모습을 표현한 7언 율시가 좌청룡[72] 별자리에서는 '辰 (진)'자의 형태로 구성됐기 때문에 '辰(별진)'이다. '辰(진)'은 '누에'에서 시작된 글자다〈그림 2-5〉.

그림 2-5. 28수의 청룡과 '辰(진)' 자형

"누에가 하늘로 올라가 동방 7수 '角亢氐房心尾箕(각항저방심미기)' 중 가운데인 '房宿(방 숙)'을 차지했다가, 다시 주작에 해당되는 남방 7수 '井鬼柳星張翼軫(정기유성장익진)'의 가 운데인 '성숙(星宿)'이 되었다가, 하늘의 중심인 자미원으로 올라가 북극5성과 북두칠성에 자리를 잡아 생명의 탄생과 죽음을 관장하는 신으로 자리를 잡는다. 즉 누에가 잠을 자고 실 을 토해 고치(繭:견)를 짓고, 번데기(蛹:용)가 되고, 나방(蛾:아)이 되어 하늘로 올라가 동쪽 을 상징하는 청룡이 된다. 또 '남쪽하늘의 주작이 되었다가 북쪽하늘로 올라가 북두칠성이 된다'고 생각했다. 그래서 뉘조는 뽕할메·영동할미·바람할메·삼신할메 등으로 부르는 것 이다."[73]

....

72 허진웅, 《중국고대사회》, 홍희 역, 동문선, 1991, 609쪽.
73 김대성, 《금문의 비밀》, ㈜북21 컬쳐라인, 2002, 76쪽.

(3)奎婁胃卯畢觜參(규루위묘필자삼)

'白虎(백호)'를 설명한다. '奎'(두발벌리고걸을규)'는《張衡(장형)》에 '奎踽盤桓(규우반환)' 이라 하여 '외롭게 홀로 어정거리며 걷는다'는 뜻이다. '婁(루)'는 호랑이의 교차된 앞다리를 나타낸다, '胃(위)'는 호랑이가 발을 뻗은 앞다리를 상징하며 용의 心(심)과 대응하여 위장 을 나타낸다〈그림 2-6〉. '卯(묘)'는 호랑의 몸통과 뒷다리를 나타내며 잡혀 먹혀 위 속에 있 는 '토끼'다. '婁+卯"와 '胃+卯'의 결합된 자형이 호랑이다〈그림 2-6〉. 즉 호랑이가 걷고 뛰는 모습을 두 개의 글자로 표현한 것이다. '卯(묘)'자는 천문의 형태에서는 뒷다리를 상징한다. '畢(필)'은 빠르다·그물·마침내의 뜻으로 '토끼를 빠르게 덮쳐 마침내 잡았다'는 의미다. '田 (전)'자는 호랑이의 얼굴이다. '觜(자)'는 호랑이가 토끼를 잡아먹고 소화를 시켰다. '參(삼)' 은 천문에 있는 호랑이의 꼬리부분이다. 호랑이가 빠르게 뛰어 토끼를 잡아 포식하여 음식 물이 위에 가득 찼다. 마침내 호랑이가 뒤를 돌아보며 어슬렁어슬렁 걸어가는 모습을 7언 율시로 표현했다. 호랑이는 동이족의 토템이다.

그림 2-6. 백호·胃卯(위묘)·婁卯(누묘) 그림

'10간 12지'[74]의 '寅(인)'과 '卯(묘)'의 배열은 호랑이가 토끼를 잡아먹지 못하고 쫓는 모습 이다. 천문 28수와 10간 12지도 서로 연결되어 있음을 알 수 있다. 12지의 자형은 모두 해당 동물의 모양을 그린 글자다. '丑(축)'자는 소코뚜레다. '牛(우)'는 소의 머리를 나타낸 글자로 길들여지지 않은 소를 나타내고, '牛+丑'은 코를 뚫은 소로 인간에 의해 길들여진 '소'다. 어 둠을 뚫고 나오는 해가 '丑(축)'이다. 그래서 '소코뚜레를 집안에 걸면 액운을 몰아내고 막는 다'는 풍습이 전해진다. 서쪽이 '金(금)'인 것은 서쪽 하늘에 뜨는 金星(금성)에서 취한 것이

....

74 10干:甲·乙·丙·丁·戊·己·庚·辛·壬·癸
    12支:子·丑·寅·卯·辰·巳·午·未·申·酉·戌·亥

고, '白虎(백호)'인 것은 태백성(금성)이 흰색이고, 뒤에 있는 장경성과 함께 빛나는 것을 호랑이의 두 눈으로 상징했기 때문이다.

(4)井鬼柳星張翼軫(정귀유성장익진)

남방의 '朱雀(주작)'인 '새(鳥)'[75]를 설명한다. '井(정)'은 남쪽의 주작이 날개를 활짝 편 것으로 낮의 해를 상징한다〈그림 2-7〉의 (1). '北(북)'자가 동서의 북두칠성을 표현한 것이라면, '井(정)'자는 사방의 북두칠성을 표현한 글자다〈그림 2-7〉의 (2). '鬼(귀)'는 주작이 밤에 북두로 돌아가 날개를 접었다〈그림 2-7〉의 (3). 혼백이 죽으면 돌아(歸)가 '鬼(귀)'가 된다는 신화와 연결된다. '柳(유)'는 버드나무다. 주작의 날개를 버드나무의 가지에 비유했다. '星(성)'은 버드나무가지에 붙은 잎을 별에 비유했고, '張(장)'은 주작이 날개를 펼친 것이다. '翼(익)'은 주작의 날개며, '軫(진)'은 날개에 달린 하나하나의 털과 주작의 작은 꼬리다. '井鬼(정귀)'자형은 해가 뜨면 새가 날고 저녁이면 둥지로 돌아와 쉬는 것을 표현했다. 《左氏春秋(좌씨춘추)》에 "봉조씨는 천시를 알므로 천문역법을 관장하는 관리며 현조씨는 춘분과 추분을 관장하는 관리다."는 기록을 보고 낙빈기는 "《堯典(요전)》보다 100년이 빠르고 세계 최초의 천문기록인 바빌론천상기록보다 300년 이상 빠르다는 것을 증명한다."고 주장했다.

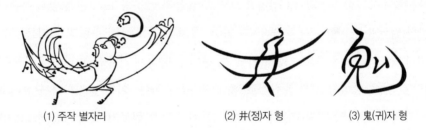

(1) 주작 별자리   (2) 井(정)자 형   (3) 鬼(귀)자 형

그림 2-7. 주작 별자리·井(정)·鬼(귀)의 상형

'井=井'이다. 모계시대 제사를 올리던 '醜尊(추존)'의 이름에 '鬼(귀)'자가 있다. 즉 '鬼(귀)'

---

75 《요전》에 '鳥'는 주작궁인 '井鬼柳星張翼軫'인 남방 7수를 총칭하는 별로 표현되어 있다. 기원전 250년 경 기록인 《월령(月令)》에는 남방 7수의 가운데인 성수(星宿) 7별을 일컫는 칠성(七星)으로 기록되어 있고, 기원전 240년 경 기록인 《여씨춘추》와 기원전 160년 경인 《회남자》에는 성수(星宿)로, 기원전 100년 경의 《사기》에는 칠성으로 기록되어 있다.

는 날개를 접고 앉아 있는 '고마'며 '직녀'고 웅녀가 된다. 《禮記(예기)》에 日在東井(일재동정), 즉 바다는 해를 품은 우물이다. 易(역)에서 우물은 '坎(감)'이고 '井(정)'괘는 水風井(수풍정:☴☵)이다. 날개를 활짝 펴자 날개에 별들이 주렁주렁 달렸다는 것을 버드나무에 비유하여 7언 율시로 표현했다.

표 2-2. 鬼(귀)의 갑골문·고문·금문·해서 자형

甲骨文							古文		金文		楷書
											鬼

'魁(괴)'자는 '鬼(귀)+斗(두)'다. '魁(우두머리괴)'는 북두칠성의 'ㄴ'형의 네 개(탐랑·거문·녹존·문곡)의 별이다〈그림 2-8〉. 'ㄴ(입벌릴감)'으로 '坎(구덩이감)'과 의미가 상통된다. 'ㄴ'이 90° 돌면 담아두는 'ㄷ(상자방)'이 된다. '괴'의 모양을 비유하여 '궤(櫃:물건을 담아두는 그릇)'의 음가가 된다. '鬼(귀)'의 갑골문 네모의 田자형은 머리가 큰 사람으로 모두 'ㄴ'자형에서 파생된다. 그래서 '괴'의 음가에 '네모'라는 의미가 있다. 즉 '괴=귀'는 모음 'ㅗ,ㅜ'만 다를 뿐 의미는 같다. 시어로 "가마괴 저 가마괴 네 어드로 좃차온다."라 하여 '괴'와 '귀'는 같은 음가로 사용했다. 〈그림 2-8〉의 鬼(귀)자를 보면, 갑골문과 금문의 '田'자형은 밭과 무관하고 귀를 포함한 얼굴을 표현한 자형임을 알 수 있다. ''자는 귀를 통해 주변의 소리를 듣는 것으로 신체의 '귀'임을 알 수 있다. 鬼頭(귀두)'는 용마루 양쪽에 세우는 머리가 큰 도깨비상이다. '자라'를 닮은 남성의 성기를 한자로 '龜頭(귀두)'라 한다. 이는 발기하다 원상태로 돌아간다는 '귀'의 개념이 있고 '鬼(귀)'의 자리에 거북이를 닮은 현무가 있기 때문에 '龜(귀)'의 음가가 들어간다. ''자를 '귀'라 읽지만 자형을 나누면 '鬼神(귀신)'이다. 귀신은 어둠의 새, '까마귀'[76]다. 까마귀가 다시 낮이 되어 날면 '주작'이 된다. 고문에는 얼굴이 '田'자가 아니라 '⊗'이다. 즉 《說文解字(설문해자)》에 '象鬼頭陰气(상귀도음기)'로 죽은 사람의 얼굴이기 때문에 '✕'다. 또한 '人所歸爲鬼(인소기위귀)'로 '사람이 죽어 돌아가는 것이 귀'라 했다. 즉 ''(귀)'의 ''은 '신이 내려옴'을, ''은 '죽은 혼이 올라가는 모습'이다. 즉 신이 내려준 아이 (🜔)로 태어

....

76 가마리·가막귀, 慈鳥(자오)가 표준, 鳥(오)·慈鴉(자아)·孝鳥(효조)·寒鴉(한아)·老鴉(노아)·鳥鴉(오아).

128

나 다시 하늘로 돌아갈 때 '까마귀'가 된다. 또한 '鬼神(귀신)'에서 神(신)의 '申(신)'은 '日+丨'으로 '해가 내려가는 것'을 나타낸 글자다. '鬼(귀)'의 음가는 '歸(귀)'와 통하여 '내려온 해가 다시 돌아간다'는 의미를 갖는다. 또한 '⾧T'=⾧+T'다. 여기서 'T'는 示(시)의 갑골문으로 '神'을 의미한다. 즉 '⾧T'은 '귀신'이란 문자로 '견우와 직녀인 조상귀신에게 무릎 꿇고 제사를 드린다'는 글자다.

그림 2-8. 鬼(귀신귀)의 옛 글자 《가재집고록》 18책 19-1.

'까마귀'는 '延鳥郎細鳥女(연오랑세오녀)'[77]처럼 남과 녀에 함께 사용했다. "망자가 되면 조상의 품으로 돌아간다. 즉 주작의 날개 속으로 돌아간다."는 사상에서 '돌아가셨다'고 한다. 그래서 '돌아간다'는 '歸(귀)'가 '귀'의 음가를 갖는다. '尸(죽음시)'의 고자 '⼫'도 북두칠성이다. 죽어도 죽지 않는 전설의 새 不死鳥(불사조)의 뿌리는 한민족의 천문 28수의 신화 속에 있다. 작은 상자인 '궤짝(櫃)'도 '괴'의 연음이고, 金塊(금괴)의 단면도 북두칠성 'ㄴ'의 단면과 같다. '魁頭(괴두)'는 상투를 풀어 머리가 산발된 귀신같은 머리다. '魁首(괴수)'는 '우두머리(소머리)'라는 뜻으로 '牛頭(우두)'는 견우의 상징이며 치우의 상징이다. 무릎 꿇고 있는 두 사람이 좌우(⾧ㆍ⾧)에 있는 것은 남ㆍ녀의 위치로 견우직녀와 연결된다. 갑골문이 동이족의 문자이기에 갑골문에는 한민족의 문화ㆍ종교ㆍ철학ㆍ사상이 그대로 들어있다. 신화와 전설을 잊은 민족은 정체성을 잃을 수밖에 없다.

....

77 《삼국유사》 및 《필원잡기》에 수록되어 전하는 설화이다. 원전은 고려 이전의 문헌인 《수이전》에 실려 있었다고 여겨지며, 태양신(太陽神)에 관한 한국의 신화로는 유일하다. 일본 태양신 신화와의 비교연구가 주목되고 있다.

강상원에 의하면[78] "漢(한)의 유학자들은 설문해자는 알고 있었지만, 글자에 자모가 글자를 생하여 모음이 된다는 사실은 모르고 있었다. 따라서 모음이 자음이 되어 자모는 분리할 수 없다는 원인을 알지 못했다. 또한 실담어와 한자와 훈민정음의 음운에서 발음과 끝이 동일하고 기호만 서로 다를 뿐이다."[79] 했다.《세종실록》103권 "언문은 모두 옛 글자를 본받아 되었고, 새 글자는 아니다."《훈민정음 운해》에 "옛부터 俗用文字(속용문자)가 있었다."

《훈민정음 발문》정인지는 "훈민정음 글자꼴은 옛 글자를 모방했다(字倣古蒙:자주고몽)." "가림토 문자 38자와 한글 28개를 비교해보면, 가림토문이 훈민정음의 원형이 되었다는 것을 쉽게 짐작할 수 있다."[80] 오늘날 확인된 이러한 기록은《환단고기》·《단군세기》·《단기고사》에 "지금으로부터 4184년 전 제3세 가륵단군께서 BC 2181년에 을보륵에게 명하여 정음 38자를 만들고 이를 가림토라 불렀다."고 기록되어 있다.

오늘날 중국은《說文解字(설문해자)》의 음가와 너무 달라져서 전혀 다른 음가가 됐다. 중국은 소리와 한자의 통일성을 유지하기 위해 영어 알파벳을 학교에서 배우고 있다. 한자가 중화의 문자가 아니기 때문에 소리가 변하는 것이다.《說文解字(설문해자)》의 음가가 변함없이 유지하면서 한자를 사용하고 있는 것은 한민족 뿐이다. 즉 한자를 만든 민족이기 때문에 음가의 변형이 일어나지 않는 것이다. 한자를 중국문자라고 하며 버린다면 한자에 담긴 한민족의 소리와 역사 그리고 우리의 문화와 문자를 잃어버리게 된다.

5) 天文(천문) 10干12支(10간 12지)의 秘密(비밀)

10간은 하늘의 위치에서 둥근 圓(원)으로 천문의 운행을 상징적으로 표현했다. 12지의 자형은 땅의 위치에서 해가 뜨는 낮 시간과 별이 뜨는 저녁 시간을 동물에 비유하여 시각을 동

---

78 강상원,《세종대왕창제훈민정음》, 돈황문명출판사, 2008, 37쪽.

79 漢儒知以說文解字而不知文有字母生字爲母 從母爲子字母不分所以失制字旨智

80 《한글은 집현전에서 만들지 않았다》KBS역사스페셜, 1999, 10,9. "《환단고기》에 나오는 가림토 문자는, 이미 4천 년 전에 만들어졌다고 기록되어 있는데, 한글과 꼭 닮았다. 그뿐만아니라 이 문자 이전에 태고의 문자인 녹도문자도 있었다고 한다. 이런 내용에 따르면 우리 민족은 문자를 만든 세계 최초의 민족이 된다." KBS역사스페셜, 1999, 10,9.

물로 표현했다. 《檀君世記(단군세기)》는 1911년 출간됐다. 이해하기 어려운 기록들이 섞여 있어 강단사학계가 '위서'라고 주장할 때, 천문학자 박창문 박사는 '오성치루' 현상은 실제로 발생된 천문현상임을 과학적으로 밝혀냈다. 《檀君世記(단군세기)》에 육십갑자는 5세 단군 丘乙(구을)이 乙丑(을축) 4년(기원전 206년)에 제정했다는 기록과 함께 '10간 12지'의 개념[81]이 설명되어 있다. 여기에 이두문이 있다. 이것을 토대로 '10간 12지'의 자형과 음가를 상징으로 대입시켜 풀어보면 '10간 12지'의 순서와 의미를 알 수 있다. 현재 12지 동물의 순서가 정해진 이유에 대하여 밝혀진 바가 없다. 그렇다보니 동물들의 달리기 경주로 순서와 다리의 발가락 수로 정해진 것이라는 설화만 전해지고 있다. 《檀君世記(단군세기)》에 10간 12지의 개념이 《爾雅(이아)》나 《廣雅(광아)》 등 여타 다른 문서에서도 나오고 더러는 다른 개념으로도 설명되고 있다. 즉 《檀君世記(단군세기)》나 《桓檀古記(환단고기)》가 위서가 아닌 이유다. 일개인이 이 방대한 문서를 위조하기란 불가능하다. 과학적이고 객관적으로 10간 12지의 순서가 정해진 이유를 밝히고 있다. 10간 12지를 보면 코페르니쿠스의 '지동설'이 있기 전에 동양에서는 이미 지동설의 우주관이 있었음을 알 수 있다. 무엇보다도 10간 12지는 토템시대의 문화가 계승된 것으로 동물이 언어적 문자적 기능을 가졌다는 명백한 증거다.

6) 10干(간) 어원의 意味(의미)와 자형의 秘密(비밀)

10간은 하늘의 시간이고, 12지는 땅의 공간이다. 10간 12지 이 둘을 결합시켜 시공간을 규정하여 시간을 만들었다. 천문과 관련된 글자들은 한민목 토템신의 이름이다. 여기에서 干支(간지)라는 개념은 한자를 음가로 쓴 '이두문'이다. 즉 10간의 '干'은 '間(간)'이다. 하늘의 공간을 열 개의 '칸(공간의 구획이나 넓이를 나타내는 말로 한자로 間(간)'으로 나눈 것이고, 12支의 '支(지)'는 '地(지)'이다. 즉 땅을 12개의 줄기로 나누었다는 우리말이다. 하루를 12시간으로 나눈 것도 '음'의 수이며, 地支(지지) 사이의 중간 시간은 모두 음수다. 10간은 하늘의 둥근 원을 10으로 나눈 것이다. 그러나 그 구성방식을 엄밀히 말하면 하늘을 8방위로 나눈 팔괘이고 배치는 오행이다. 즉 동서남북 4방위에 둘씩 8방위에 배치하고 중앙 '土(토)'자리

---

81 癸爲蘇羅, 甲爲淸且伊, 乙爲赤剛, 丙爲仲林, 丁爲, 戊爲中黃, 己爲烈好遂, 庚爲林樹, 辛爲强振, 壬爲流不地, 子爲曉陽, 丑爲加多, 寅爲萬良, 卯爲新特白, 辰爲密多, 巳爲飛頓, 午爲隆飛, 未爲順方, 申爲鳴條, 酉爲雲頭, 戌爲皆福, 亥爲支于離.

에 '戊己(무기)'를 둔 것이다.

〈그림 2-9〉의 복희여와도에 복희는 曲尺(곡자)인 矩(구)를, 여와는 원을 그리는 規(규)를 들고 있다. 즉 둥근 하늘은 컴퍼스인 規(규)로 재어 '10칸'으로 나눈 것이고, 평평한 땅 구분은 矩(구)로 '24방'을 나누었다는 설명이다. 머리 위에는 '해', 발아래에는 '달'이 있고, 태양과 달은 모두 10개의 방위로 나뉘었다. 그리고 북두칠성을 비롯한 별자리가 있다. 복희여와는 사람머리에 뱀의 몸인 人頭巳身(인두사신)으로 표현했다. 두 뱀이 몸을 비틀어 하나된 것은 교미를 표현한 것으로 천문이 탄생되었음을 나타낸다. 만물과 인간을 창조한 신이다.

그림 2-9. 伏羲女媧圖(복희여와도)

《楚辭(초사)》를 지은 굴원(기원전 343?~278?)은 '呂蝸有體執制匠之(여와유체집제장지:여와는 몸을 가지고 있는데 누가 만들었는가?)'하자 王逸(왕일)이 옛 사람에게 전해지기를, 여와는 '傳言女媧人頭蛇身一日七十化其體如此誰所制匠而圖之乎(전언여와인두사신일일칠십화기체여차수소제장이도지호:사람머리에 뱀의 몸과 같고 하루에 칠십 번 변한다고 했는데 어느 장인의 솜씨로 이렇게 그렸는가?)라며 되물었다. 여기서 칠십은 매우 중요한 상징을 품고 있다. '7×10'이다. 하루에 10번 변한다함은 10간의 의미가 들어있다. 7은 밤하늘의 별을 7개로 묶어 사신을 세우고 중앙에 곰신(대웅성)이 있어 오행과 태극의 수리를 가진다. 뱀은 변하고 움직이는 것을 나타내는 '기호'다. 한글의 'ㄹ'도 마찬가지다. 'ㄹ'과 '巳(사)'는 같은 자형이다. 중국은 복희와 여와의 동상을 만들어 모시고 있다. 우리는 우리의 신화와 역사를 역사의 기록에서 모두 잃었으며, 한민족의 신화를 모두 중국에 빼았겼다. 신화를 잃은 민족은 결국 나라를 잃게 된다. 신화가 상고시대 한민족의 역사였음을 알고 소중히 지켜야 하는 이유가 여기에 있다.

(1) '甲(갑)'은 '해'의 '첫자리'다.

표 2-3. 甲(갑), 早(조)의 갑골문·금문·전문·해서 자형

胛骨文	金文	篆文	楷書
十 田	十 田	甲 中	甲
	早		早

상형문자로 거북의 등딱지 상형에서 가차하여 천간의 첫 번째로 사용한다. '甲(갑)'의 자형은 '早(조)'와 연결되어 있다. '早(조)'=日+甲'자로 '甲(갑)'자는 '이른 아침 사람의 머리 위에 처음 해가 떠오른다'는 뜻이다 여기의 '청자리(淸且伊)'가 '처음(청)자리'로 '빛이 또 다시 시작 된다'는 이두식 음가다.

'甲子(갑자)'는 첫 시작이다. '子'는 음에서 양이 자란다. 아이가 어미의 복수 속에서 자라고 있다. 여기서 어미는 '癸亥(계해)'다. '淸(청)=氵+靑'으로 靑(청)은 '丹(단)+出(출)'의 의미다. '出(출)'은 '生(생)'과 같지만 여기에서는 '三'에 ' | '으로, 붉은 태양(丹)이 동쪽 바다 어둠 속에서 점점 위로 떠올라오는 것을 표현한 그림이다. '且(또차)'자형도 켜켜이 쌓여 해가 오르고 있음을 표현했다. 해가 떠오를수록 하늘은 푸르게 된다. '淸(청)'은 바다가 있는 동쪽으로 '辰(진)'이다. '甲(갑)'이 '卯(묘)'로 가기위해서는 '震(진)'의 힘이 필요하다. '甲卯乙(갑묘을)'의 힘은 '震(진)'에 의해 작용된다.

《管子(관자)》는 '陰生金與甲(음생금여갑)'이라 했고,《爾雅(이아)》에서는 '闕逢(알봉)'이라 했는데 '闕(알)'[82]은 '해'를 뜻하며 '闕逢(알봉)'은 '불알'을 '봉알'로 쓴 이두식 표현이다.

" • '를 도형화시킨 것이 'ㅇ'이다. '불꽃주·불씨주·불핵주·불알'이라고 읽는 글자다. 신농의 다른 이름이 불이라는 뜻의 '炎(염)'이다. 炎(염)은 오행에서 남쪽을 뜻하며 봉황을 닮은

---

82 삼국유사에 闕川(알내) 알영샘(閼英井:알영천,俄利英井:아리영천)에 '闕(알)'이 '卵(알)'로 쓰였다.

남주작이라 했다."[83] '甲(갑)'의 음가 '가'는 첫 출발이고 'ㅂ'은 별이다. 별이 밤의 시작을 알린다. '甲(갑)'의 자형은 'ㅣ+日'로써 '日'이 상단에 있다. 즉 해가 막 내려오려고 하는 출발지점이다. 이때는 밤의 기운이 가득하여 별(북두칠성)이 중심이다.

(2)'乙(을)'의 '을'은 새 '올'다.

표 2-4. 乙(을)의 갑골문·금문·전문 자형

胛骨文	金文	篆文
〉	乁	乁

이 글자는 한민족에게 매우 중요한 자형이다.

《爾雅(이아)》에 '太歲在乙日旃蒙(태세재을일기몽)'이라했다. '太歲(태세)'에 '새(乙)가 해(日)의 강보(旃:기) 안에 덮여(蒙:몽)있다'라는 것은 삼족오가 태양 안에 있다는 전설을 표현한 문장이다. '알'은 '붉은해'이기에 두 번째 해의 위치를 '赤剛(적강)'으로 나타냈다. '太歲(태세)'의 소리와 개념은 나무의 '나이테'에 고스란히 담겨있다. 즉 '태=테'다. '丑(축)'은 양이 형성되는 것이다.《爾雅(이아)》에서는 '旃蒙(전몽)'이라 했다. '旃(깃발전)'의 '丹(붉을단)'은 '赤(붉을적)과 붉은 것은 비슷하나. '赤'은 강한 붉은색으로 '剛(강)'이다. '丹(단)'은 약한 붉은 색으로 '蒙(몽)'이다. 새 '乙(알)'이 토끼(卯) 굴속에서 나오기 위해 '震(진)'의 힘이 필요하다. '알'은 '해'이다. '갑'의 별에 이어 '을'의 '해'가 이어진다. 새는 나무 위에 앉는다. 오행에서 木(목)이다.

(3)'丙'(병)자형은 '양 다리를 좌우로 벌려 선 자세'다.

표 2-5. 丙(병)의 갑골문·금문·전문 자형

胛骨文	金文	篆文
内	内	丙

83 김대성, 《금문의 비밀》, ㈜북21 컬쳐라인, 2002, 64쪽.

양 다리를 두 나무(林)에 비유하고, 가운데에 걸린 두 개의 '불알(해)'은 '仲(중)'에 비유하여 '仲林(중림)'이라 했다. '寅(인)'은 '호랑이'로 '호롱불'이다. 좌우 두 개의 샛별이다. 이를 《爾雅(이아)》에서는 '柔兆(유조)'라 한다. 柔(유)는 雙日(쌍일)이다. '兆(조)'자도 좌우 대칭이다. 두 개의 불알이다. 서쪽의 샛별이 동쪽에서 다시 뜬다.

《廣雅(광아)》에서는 '丙剛(병강)'이라 했다. '丙(병)'이 '午(오)'로 오르기 위해 미련을 버리기에 '離(리)'다. 丙午丁(병오정)의 힘은 '離(리)'에 있다. '丙(병)'은 두 개의 불이다. 즉 상징적으로 밤의 북극성(북두칠성)과 낮의 해, 두 개의 불이다. 두 개가 머리 위에 있을 때의 위치는 서로 다리를 벌린 것처럼 거리가 있다. 오행에 '火(화)'다.

(4) '丁'(정)은 '海弋(해익)'이다.

표 2-6. 丁(정)의 갑골문·금문·전문 자형

胛骨文	金文	篆文
▢	●	个

해는 '丁(정)'의 자리에 잠시잠깐 머무를 뿐 오래 머물지 못한다. '丁(정)'은 둥근 해가 머리 위에 곧게 서있는 것이다. 즉 '정'의 음가는 '正(정)'으로 바르게 서는 것이다. 字源(자원)의 상형문자로 '못대가리를 위에서 본 모양이다'라고 하지만 이런 해석은 후대에 확장된 해석이지 천문의 해석과는 무관하다. '頂(정수리정)'자를 보더라도 '머리 위에 곧게 있다'는 의미다.

'海(해)= 氵+每'자형에서 '每(매)=山+母'로 산에 둘러친 강과 호수다. 서쪽으로 해가 떨어지는 시점에 산 높이에 있는 해가 물에 반사되어 두 개로 보이는 모습(母)을 그린 글자다. '每(매)'의 뜻 '매양매'의 '매'는 '鷹(응)'이고, '양'은 '陽(=羊(양))'이다. '해'를 '매'에 비유하고 '양'에 비유했다. 즉 '每日(매일) 뜬다'는 의미다. '매'는 '응시한다·주시한다'는 토템어로 사료된다.

'弋(익)'은 '주살'로 새를 잡는 화살이다. 전설에 의하면, 요임금 때 10개의 해가 나타나 곡식과 초목이 말라 죽고 인간에게 해를 끼치자, '羿(예)'가 9개의 해를 떨어트렸다는 전설이 있다. 해가 동쪽에서 떠올라 '頂首伊(정수리)'[84]에서 서쪽으로 떨어진다. 9개의 태양이란 뜨

---

84 정수리의 한자 단어는 없다. 그러나 소리와 뜻을 일치시키면 '頂首伊(정수리)'이다. 상고시대 청자리(清且伊)처럼 음가중심으로 한자를 조합하여 단어로 사용했다.

거운 태양이 여러 날 계속됐음을 상징하는 것이고, 더위가 가시는 시점을 활로 쏘아 떨어뜨렸다고 한 것이 전설로 만들어진 것이다.

后羿(우예)는 동이족으로 '夷羿(이예)'다. '羿(예)'의 머리에 '羽'은 고구려벽화에 있는 동이족 '조우관'이다. '海弋(해익)'은 천문현상과 동이족의 전설을 담고 있다. '해 끼친다'는 말은 뜨거운 '해(태양)'으로 인한 피해'를 표현한 것이다.' 정상의 '午'에 이르면 방향을 틀어야 하기에, '丁'은 머물지 못하므로 '離(리)'다.《爾雅(이아)》에서는 '疆圉(강어)'다. 圉(양에 해당하는 달어)'의 '口'는 '해'고, 그 안에 '幸'(행)이 있어 행운을 주는 '해'다. '土'와 '干'이 빛을 나타낸다. '羊'의 자형에 '羊(양)'이 있다. '양'이 '양'의 음가인 것은 몸은 흰색이고, '뿔'은 '불'이 타오르는 태양이다. 한 개는 '불'이다. 두 개의 불은 '뿔'이라 했다. '丁(정)'은 머리 위에 있는 해, 또는 별을 나타낸다.

(5) '戊'(무)는 '중황(中黃)'이다.

표 2-7. 戊(무)의 갑골문·전문 자형

胛骨文	篆文
𢆶	戊

《爾雅(이아)》에 太歲在戊日著雍月在戊日(태세재무일저옹월재무일)이라 했다. 오전 3~5시다. 깊은 밤이 지나고 다가올 새벽이다. '戊(무)'는 '물'이다. 용은 물속에서 승천하기에 '辰(진)'과 결합한다. '무'의 음가는 '없다'는 의미와 '물'과 관련 있어 '음'이다. 아직 양(낮·태양)의 기운보다 음(밤·별·달)의 세상이다. '黃(황)'의 갑골문(𡕢)은 '大+口'로 '큰 사람의 허리에 찬 옥'과 '불이 붙은 화살'이란 뜻에서 '노랗다'의 뜻이 나왔다.《說文解字(설문해자)》에도 '地之色也(지지색야)'라 했다. 하늘로 오르지 못한 용은 땅에 있기에 '中黃(중황)'의 '土'이다.《爾雅(이아)》에서는 '著雍(저옹)'이다. 著(저)'는 '드러난다'는 것이고 '雍(옹)'은 둥글고 붉은 항아리다. 즉 '조만간 여명에 드러날 붉은 항아리 같은 해가 떠오른다'는 뜻이다. 해가 여전히 땅 속에 있기에 '土(토)'다.

(6) '己(기)'는 '烈好邃(열호수)'다.

표 2-8. 己(기)의 갑골문·금문·전문 자형

胛骨文	金文	篆文
5	己	己

한글 'ㄹ'자형이다. '理(리)'의 음은 '리'가 곧 '기'라는 뜻의 理則己(=氣)다. '己'는 일어나는 것으로 '기'의 음가에 그대로 사용된다. 즉 '起=氣=己=기'다. 스스로 일어나는 自己(자기)다. 기세 좋게 떠오르는 '해'이기에 '烈好邃(열호수)'다. 이것을 '巳(뱀사)'에 비유했다. '己'는 땅에 엎드려 힘을 축적하기에 '土'다. '己'가 일어나 용이 되면 '氣(기)'가 된다. 《爾雅(이아)》에 太歲在己曰屠維(태세재기일도유)'다. 해가 강하면 만물이 죽는다. 屠維(도유) '維=糸+隹'다. '새(해)'의 목에 줄이 매였다. 땅에 붙어있던 해는 머물지 않고 일어난다. 머물고 떠남이 공존한다.

'土'는 땅이다. 《易經(역경)》에 地六(지육)이다. '六(육)'은 땅에 세운 집이다.

(7) '庚'(경)은 '林樹(임수)'다.

표 2-9. 庚(경)의 갑골문·금문·전문 자형

胛骨文	金文	篆文
朮	朮	朮

'庚(경)'의 篆文(전문)이 '朮'자형이다. 별을 '丫'으로 표현했는데 'ㅊ'자형이다. '칠성'의 자음 'ㅊ'은 빛이 뚫고 나와 퍼져나가는 모습이다. '朮(별경)'자에 'ㅊ'이 있다. 《설문해자》에서는 '丫'을 절구 공이(杵:공이저)로 보고 '두 손으로 절구 공이를 세운다'고 보았다. 이것이 林樹(임수)다. 太白星(태백성:금성)이 뜨면 옆에 한 별을 데리고 뜬다. 즉 두 개(林)의 별이 동시에 뜬다. '樹(수)'는 '나무를 세운다'는 의미로 '두 개의 별 중 하나를 받들어 세웠다'는 의미다. '長庚星(장경성)'이 태백성과 함께 금성을 나타내는 같은 이름으로 생각하지만, '장경성'이 '태백성'을 받들어 세우는 것으로 보아야 한다. '午'와 짝이 되어 '해'를 세운다. 《爾雅(이아)》에서는 '上章(상장)'으로 표현했다. '章=立+早'다. '早(조)'는 해가 머리 위에 뜬 것이다. '日'자가 없으

면 '辛(신)'이다. '庚(경)'은 샛별을 세우기에 기쁨의 '兌(열)'이다. 庚酉辛(경유신)은 모두 새 세상을 세우는 힘이다. 해가 지면서 서쪽 하늘에 별빛이 반짝인다. '干'자형은 '干(간)'자형으로 사용된다.

(8) '辛(신)'은 '强振(강진)'이다.

표 2-10. 辛(신)의 갑골문·금문·전문 자형

胛骨文	金文	篆文
辛	辛	辛

'辛(신)=新(신)=立+十'으로 새로 세우는 것이다. 문신에 사용하는 바늘을 표현한 象形文字(상형문자)라 했지만, 후대에 자형과 비슷한 문신 기구에 빗대서 사용한 의미다. 신이 곧게 섰다. '未(미)'와 짝이다. 强振(강진)은 다시 떨쳐 일어남이다. 《爾雅(이아)》에서는 '重光(중광)'이다. '신은 내림으로 곧 신내림'이다. 은하수가 곧게 서서 강한 빛을 내린다.

(9) '壬(임)'은 '流不地(유불지)'다.

표 2-11. 壬(임)의 갑골문·금문·전문 자형

胛骨文	金文	篆文
工	工	壬

背山臨水(배산임수)로 오행의 '水(수)'다. 갑골문 '工'을 보면 '工(공)'자로 '壬'자가 무당과 관련되어 있음을 알 수 있다. 무당은 여자였다. 壬(임)의 원자는 紝(짤임)으로 베를 짜는 여인이다. 여성은 음으로 '水'다. '姙娠(임신)'의 글자에 하늘의 용(辰:진)이 여성의 양수 속에 있음을 알 수 있다. '壬(임)'자는 '은하수'와 연결된다. 음부로 쓰이면 '지속적으로 견딘다'는 뜻으로 여성의 임신과 인내의 뜻이 있다. '戊(무)'는 갑골문에 '소(牜)'의 상형인 경우가 있고 '壬'자에 견우를 만난 날을 견디며 베를 짜는 직녀가 숨어있다. 이처럼 천문은 신화와 전설을 기록한다.

'背(배)'자형은 '北+月'로 '北(북)'은 북두칠성이고, '月(월)'은 '陰(음)'으로 '水(수)'가 된다.

은하수는 땅에서 흐르지 않는다. 그래서 '流不地(유불지)'다. 서산으로 저무는 해 '申(신)'과 짝이다. 《爾雅(이아)》에는 '玄黓(현익)'이다. 현무 자리에는 견우와 직녀가 있다. '黓(검을 익)=黑+弋'이다. '黑(흑)'자는 어두운 밤하늘의 직녀다. '黦(연지찍을적)'자를 보면 '黑'은 여성 (검은 곰)이다. '壬'은 '壬申(임신)', 즉 '姙娠(임신)'이다. 서산 넘어 사라진 '申'을 다시 바다 속 에 품는 것이다. 그 '申(신)'의 아들이 '子(자)'다. 그래서 '壬(임)'은 '子(자)'를 품고, 아들은 어 미의 양수 속에 있기에 팔괘의 물 '坎(감:물구덩이·水)'과 함께 있다. 견우와 직녀가 만나면 '十(십)'이다. 즉 십은 '씹'이다. 여기서 자식이 생산된다.

(10)'癸(계)'는 '蘇羅(소라)'다.

표 2-22. 癸(계)의 갑골문·금문·전문·주문 자형

胛骨文	金文	篆文	籀文
𢊾	𢊾	𢊾	𢊾

'𢊾'자형은 사방을 대나무 통으로 고정하여 하늘의 별을 볼 수 있도록 한 장치의 모습이 며, 북두칠성의 운행을 나타낸다. 이것이 '𢊾(계)'의 자형으로 하늘의 별자리가 바뀌어 움직 이는 것을 나타낸다. 癸(계)의 '𢊾(발)'은 우리 신체의 '발'이다. 별자리가 이동한 것을 발로 걸 어간 것으로 취하고 여기에서 '가기〉개〉계'의 음가를 취했다. 籀文(주문)을 보면 걸어가는 주체가 '𢊾'이다. 즉 天(천)은 큰 새가 날아가는 모습을 담고 있다. 실제 桓雄國璽(환웅국새) 는 '大'자형 옆에 'ㅣ'자형이 위로 서 있다. 'ㅣ'이 점(·)으로 치환하면 '犬(견)'이다. 즉 '개'는 밤하늘 은하수에 있는 '새'를 상징한다. 때문에 토템시대 새와 관련된 부엉이, 매 등은 지배 층의 상징이 되었다. '열' 번째 천간으로 '癸(계)'는 '열'의 음가로 확장되어 '열다'가 된다. '는 '巫(무)'의 금문과 같다. 𢊾(계)=虱(계)=占(점)+乙(을)이다. 즉 밤하늘에 있는 새의 모습(북두 칠성과 은하수)을 보고 점을 치는 토템시대의 천문이 '癸(계)'에 담겨있다.

《太白逸史(태백일사)》의 〈신시본기〉에 의하면 "최초에 10간 12지를 만들었을 당시에는 '癸亥(계해)'간지로 처음 시작하고 일주일에 7회 제사를 드려 역법을 처음 만들었다."[85]는 기

<hr>

85   神市之世有七回 祭神之曆 一回日祭天神 二回日祭月神 三回日祭水神 四回日祭火神 五回日祭木神 六回日祭金神

록이 있고《大辯經(대변경)》에 "복희는 신시에 태어나 雨師(우사)를 지내고 神龍(신룡)의 변화를 보고 掛圖(괘도)를 지었으며, 신시의 癸亥曆法(계해역법)을 甲子曆法(갑자역법)으로 바꾸어 갑자를 한해의 시작인 歲首(세수)로 삼았고, 여와는 복희의 제도를 계승했고[86] 일 년을 365일 48분[87]으로 관측하고 역법을 만들었다."는 구체적인 기록이 있다. 九疇(구주:오행·오사·오기·오복·팔정·황덕·삼극·계의·서정)는 천하를 다스리는 대법으로 우왕이 天啓(천계)에 의해 얻은 것이다. 구주는 대대로 전하여 기자에 이르러 기자가 무왕의 물음에 대답한 이후에 비로소 세상에 알려졌다고 한다.

'癸(계)'는 '啓(계)'다. '열린다'는 뜻으로 '開(열개)'와 같다. '계=개'는 '거기·겨이〉겨〉거·가'로써 '가'와 '거'의 음가는 去(갈거)에 있다. 이중모음 'ㅐ·ㅔ' 등에 있는 'ㅡ,ㅣ'의 기호는 양방의 순환성이 있다. 그러므로 '개·계'의 음가는 '돌아간다'는 개념이 있다. 새의 '날개'에서 '개'의 자형도 '가기'로써 날개의 기능이다. 우리의 중모음 소리는 '理(리)'와 '氣(기)'가 결합된 음가체계이다. 이것이 분리되면 결합되어 있던 '理(리)'와 '氣(기)'가 드러난다. '十'자형은 북두칠성과 별의 운행을 '헤아린다'는 뜻과 관측이 처음 시작됨을 상징한다. '亥(해)'로써 '核(해)'는 '해(불)의 씨'가 태동하는 것을 의미한다. '癸(계)'는 '蘇羅(소라)'로 이두문이다. '蘇(소)'는 만물이 '소생'하는 것이다. 'ㅅ'에서 파생된 '소라〉서라〉서다'로써 처음 시작되는 시점이다. '癸亥(계해)'의 의미를 보면 '甲子(갑자)'보다 앞에 있어야 한다. 그러나 신화의 역전으로 위치가 바뀐다. 여기서 '癸(계)'는 '개'다. '癸(계)'가 '亥(해)' 앞에 있는 것은 '亥(해)'위에 '癸(계)'가 위치한 것이다. 이것이 토템시대의 상징물로 표현한다면 개가 돼지 위에 위치하게 된다. '癸=癶+天'이다. 즉 '하늘위에 은하수가 펼쳐서 간다'는 의미로 '개·계'의 음가를 갖는다. 桓雄國璽(환웅국새)의 머리는 상부의 반은 개의 형상이고 나머지 반 하부는 돼지인 이유와 일치된다. 이처럼 10간 12지는 고대 한민족의 토템시대와 연결되있다. '소'는 '솟〉숫〉좃'으로 남성을 상징하면서 신화에서 태양신이 다른 모습으로 나타난다. '牽牛(견우=소)'가 남성인

七回日祭土神 盖造曆 始於搓 然舊用癸亥而 檀君丘乙始用甲子 以十月爲上月 始謂歲首 六癸 自神市氏 命神誌 所製 而以 癸爲首 癸啓也 亥核也 日出之根 故癸爲蘇羅‥新市本紀第三, 62장

86 大辯經曰伏羲出於新市而作雨師觀神龍之變而造掛圖改神市癸亥而爲首甲子女蝸承伏羲制度朱襄仍舊文字而如傳六書: 神市本紀第三, 63장

87 作曆 以三百六十五日四十八分 爲一年也, 檀君古記, 三韓管境本紀第四, 74장

이유다. '계'의 음가와 새벽을 알리는 닭(계)과 연결되어 '酉(유)'와 짝이 된다. 《檀君世紀(단군세기)》에 의하면 '계해'를 시작의 기점으로 하였다가 '구을 단군' 때에 '갑자'를 출발의 시점을 바꾸어 새롭게 60갑자를 정했다. 이 기록이 정확하다는 것을 증명하는 것이 '丁(정)'이다. '丁(정)'의 원 개념은 좌우 중간으로 '10'의 중간 '5'가 된다. '癸(계)'를 첫 번째로 해야 '丁(정)'이 다섯 번째가 된다. '癸'는 '필발'로 '발을 펴(필)다'는 의미가 된다. 다리의 '발'과 '癸'의 음가 '발'이 같다. 즉 첫발을 내딛은 것이다. 이것을 바꾸게 된 이유는 '癸(계)'를 북에 두게 되면 남방에 丙(병)이 온다. 그렇게 되면 머리 위에 있는 丁(정)이 남방에 있지 못하고, 甲(갑)도 북에 있지 않게 된다. 그래서 곧게 내린 甲(갑)과 丁(정)을 남북으로 배치했다. 그 결과 '丁(정)'은 네 번째 순서가 됐다.

'癸(계)'는 임신한 아들을 키워 내보내기에 12지 간지의 '子'와 함께 있다. 어미의 양수 속에서 '癸(계)'가 역할을 하기에 팔괘에서 '坎(감)'이다. 북두칠성에 지성을 드려 자식을 가지는 삼신할머니 신화는 천문의 壬子癸(임자계)임을 기원하는 것이다. 계는 새로운 시작을 나타낸다.

7) 12地支(지지) 띠의 秘密(비밀)

하늘을 보고 계절과 시간을 알 수 있는 방법은 주로 '해·달·북두칠성'이었다. 특히 한민족이 숭배하는 북두칠성은 더욱더 상징이 컸다. 북두칠성은 북극성을 중심으로 반시계방향으로 하루에 361°를 돈다. 즉 오늘날 시계의 구조와 같은 하늘의 시계다. 북두칠성의 여섯 번째 일곱 번째, 별이 초저녁(戌時(술시))에 가리키는 방향이 그 달의 月建(월건)이 된다. 즉 정월(寅月(인월))은 여섯 번째 일곱 번째 별이 寅方(인방)을 가리키고, 2월(卯(묘))은 卯方(묘방)을 가리킨다. 이렇게 매달 30°씩 이동하여 1년 동안 12방위를 돈다.

(1) 12支(지) '띠'의 순서에 숨겨진 意味(의미)

'띠'라는 말은 우리말에 '옷 위로 허리를 둘러매는 끈' 또는 '너비가 좁고 기다란 천'을 의미한다. 동물에 '띠'를 붙이는 것은 '해'가 움직이는 가상의 동선을 12지점으로 나누고, 다시 12동물로 치환하여 연결하면 둥근 '띠'가 되기 때문에 '띠'라고 한다. 이러한 12지는 12월을 대표하고 하루를 12시각으로 사용했다. 상고시대 '단음절'의 음가는 함축성이 많다. 동물의 특징과 자형의 모양, 그리고 음가를 서로 연결하여 단음절을 사용했다. 단음절(소리)은 다음절의 뿌리언어다. 12지는 한민족 선조들이 만들었기에 한 음인 소리와 한자, 그리고 토템의 상징·태양과 별의 움직임을 음과 뜻을 이용해서 이두식으로 결합했다. 이렇게 결합된 12지는 해와 별의 운행을 설명하고 있다.

또한 오방신(좌청룡·우백호·북현무·남주작·중앙곰)이 12지와 연결된다. 한민족의 소리와 연결된 신화와 한자를 알지 못하는 중화로서는 이두방식의 문자를 구성할 수 없기 때문에 원형의 본질을 찾을 수 없다.

(2) 12干支(간지)에 담긴 서사시

'癸爲首癸啓也亥核也日出之根(계위수계계야해핵야일출지근)'[88]이라 하며, "10간의 '癸(계)'와 12지의 '亥(해)'가 첫 시작이고 '해(日)'가 돌아 나오는 근원이다."는 총론으로 10간 12지의 원리를 밝혔다. 12간지는 해가 떠서 지고 다시 별이 떠서 지는 과정을 동물로 비유해서 배열한 것으로 다음과 같은 서사시를 담고 있다.

"혼돈의 밤바다가 임신한 해(亥)가 물기에 젖은 축축한 자식(子)을 출산했다(丑). 두 눈이 반짝이는 호랑이다(寅). 자라서 굴속에서 토끼(卯)처럼 튀어나와 하늘로 승천(辰)하고 산등성을 뱀(巳)처럼 기어서 정상에 올랐다(午). 다시 미(未)끄러지듯 신(申)나게 내려온다. 서쪽 하늘 샛별(酉)이 뜨는 밤이 오자, 하늘의 은하수(戌)가 비단처럼 펼쳐진다."

8) 12支(지) '띠'의 순서와 동물의 자형

(1)'子(자)'는 '曉陽(효양)'이다. 쥐로 표현했다. '음'이 '양의 씨(子)'를 품었다.《詩經(시경)》에 '螟蛉有子(명령유자)'로써 모기와 잠자리처럼 작은 양이다. '冥(명)'자는 '어두울명'으로 '어둠 속에 빛'이다. '子'는 '亥(해)'의 '아들'이다.《爾雅(이아)》에서는 '困敦(곤돈)'이다. 어미의 배 속(口)에 갇혀 노는 아이(木)다. '困(곤:졸리다·위태롭다·막다르다)'이다. 불씨는 잘 보살펴야 살아나기에 '敦(도탑다·노력하다)'다. 동짓달 음력 11월이다. 좌(음)와 우(양)에 각각 '1'이

88 桓檀古記 太白逸史 神市本紀.

나란히 있다. '子'는 북이다. 자식은 북두에서 점지한다. 북의 자리에 현무가 있다. 현무는 견우직녀의 자리로 '子'를 낳아준 부모다. 때문에 '玄(현)'의 자리에 둘이 앉아 있는 부모의 마음이 慈(사랑자)'로써 '자'의 음가를 가진다. 주역의 '坎(감)'괘는 '水(수)'이므로 '北(북)'이다.

'浮(뜰부)=氵(수)+孚(부)'이고, '孚(부)'=爫(조)+子(자)'다. 여기서 '爫'자형은 손톱과 아무런 상관 없다. 해가 빛나는 빛을 표현한 것이다. 즉 '아침에 바다에서 해(아들)가 빛을 발하며 솟는다'는 뜻이다. '해'가 '불'이기에 '부'의 음가다.《揚子方言(양자방언)》에 '雞伏卵而未孚(계복란이미부)'라 하여 孚(부)의 뜻이 '알깔부'로 사용했다. 금문 '🜨'은 알 '•'을 두 손(🜨)으로 감싼 자형이다. '🜨'자형이 전문에서 '子'로 되어 '孚(부)'자가 된다. 즉 '알'을 깨고 나온 것이 '子'다. 즉 '알=자=새=해=양'은 상징과 뜻이 서로 교체되고 상통한다. 伏(복)은 '안을복'으로 '알을 품는 것'이다.

(2)'丑(축)'은 加多(가다)다. 길들여지지 않은 '소(牛)'의 코를 뚫어(🐂) 소를 끌고 간다'는 의미다. 인간이 부릴 수 있는 '가축(牛)'이 됐다. '丑(축)'은 수갑이다. '紐(뉴)'자에 '메다·묶다'의 뜻으로 '丑(축)'의 의미가 있다. 즉 '丑(축)'은 陰(음)의 바다 속에 있던 해의 자식인, 알(子:아들)을 끄집어내는 것이다. '丑(축)'은 저울질한다는 '軸(축)'의 의미가 있다. '아들(子)'을 산모의 양수인 밤바다(亥)에서 산파노릇 하는 것이 '丑(축)'의 역할이다. 갓 태어난 '알(子)'의 몸은 축축하다. 바로 '丑(축)'의 음이다. '丑(축)'이 음양의 교착점이며 '未(미)'도 음양의 교착점이다. 즉 '丑未(축미)'는 지구의 지축이다. 음력 12월이다. 어둠을 떨치고 나와야 하기에《爾雅(이아)》에서는 '赤奮若(적분약)'이라 했다. 北(북)의 '坎(감=水)'과 東北(동북)의 '艮(간)'에 걸쳐있다. '丑艮寅(축간인)', 소(丑)와 범(寅)은 밭과 산이 삶의 터전이다. 그래서 '艮(간)'을 근본으로 한다.

(3)'寅(인)'은 萬良(만량)이다. 동쪽 산 위에서 내려오는 호랑이는 '寅良(인량)'이고, 서쪽 하늘로 포효하며 뛰어 오르는 것은 '虎良夷(호랑이)'다. 萬良(만량)은 배불리 먹고 앉아 있는 민화에 나오는 호랑이다. 포식하고 쉬고 있는 호랑이 모습을 '萬(만)'자형으로 표현했다〈그림 2-10〉.《爾雅(이아)》에서는 '攝提格(섭제격)'이고《書經(서경)》에서는 '夙夜唯寅(숙야유인)'이라 했다. '攝(섭)'은 잡는 것이다. '夙(숙)'은 은밀한 가운데 빠르게 움직이는 호랑이

로 새벽 동쪽 하늘에 나타나는 금성이다. 두 개의 별 啓鳴星(계명성)·明星(명성)으로 두 눈 뜨고 내려 보는 호랑이의 두 눈을 비유했다. '랑'의 음가를 가진 '良(량)'자는 사람에게 사용했고, 동물은 '狼(랑)'자로 사용했다. '호롱불'이 '호랑불'이다. 어둠(움)을 물리치고 빛이 드러나는 1월이다. 계명성과 명성은 좌우 두 눈으로 짝이다. '啓(계)'는 '開(개)'로 앞서 문을 열고 나간 것이다. 서쪽의 '태백성'이 동쪽 문을 열고 나온 것이 '계명성'이면 장경성이 '명성'이 된다. 즉 서쪽에 있던 두 별이 동쪽으로 이어졌다. 그래서 '잇는다'는 한자 '系(계)'[89]의 음가와 자형을 취하여 '계'가 된다. 그리고 '해'는 뜨고 다시 지면서 연결된 것으로 系(계)는 奚(해)와 함께 쓰였다. 닭이 울면 '별'을 이어서 '해가 뜬다'는 의미에서, '奚(해)'의 자형을 취하면 '잇는다'는 의미의 '鷄(계)'가 된다. '계명성'이 뜨면 새벽에 닭이 울기에 '닭'을 뜻하는 '계'의 음가를 취해 '鷄鳴聲(계명성)'이 된다. 팔괘의 '艮(간)'이 '寅(인)'과 함께 있는 것은 '艮(간)'이 '東北(동북)'의 '艮(간)'과 '東(동)'의 '震(진)'에 걸쳐있다. 전통 민화에 호랑이와 까치가 함께 있는 것은 닭을 까치로 대리한 것이다.

그림 2-10. 민화 호랑이와 만량의 자형

(4)'卯(묘)'는 '新特白(신특백)'으로 토끼다. 토끼(해)가 굴에서 나온 것이 《白居易(백거역)》에 '神速功力倍(신속공력배)'라 했다. 우리말에 도망을 갈 때 '토끼다'라는 말은 '뛰쳐 나온다'는 말로 땅속에서 토끼가 뛰쳐나온 것이다. '토끼'>토기(土氣)'로서 '토끼'는 땅의 기운이

89 系(계)는 丿(비칠별)+糸(실사)로 뉘조의 토템이다. '系(계)'를 '奚(해)로도 쓴다. (日)를 뜻하는 해는 '실사(糸)', 즉 누에 할머니 위조가 될 것이고 누조를 머리 위에서 손으로 싸안고 아래에서 두 손으로 받드는 모양의 글이 해(奚·)다. 당시 계와 해는 같은 음이었다. 김대성, 《금문의 비밀》, ㈜북21 컬처라인, 2002, 192~193쪽.

란 의미다. 《爾雅(이아)》에서는 '單閼(단알)'이다. 갑의 '알봉'과 묘의 '단알'은 '하나의 해'를 의미하는 우리말이다. 음력 2월이다. 팔괘의 '震(진)과 함께 있는 것은 토끼가 굴에서 나오듯이 우레는 구름 속에서 나오기 때문이다. 토끼는 28수의 우백호 '奎婁胃卯畢觜參(규루위묘필자삼)'의 별자리로 호랑이에게 잡혀 먹혔다. '좌측'에서 토끼가 도망가서 '우측'에서 잡혀 먹힌 것이다.

(5)'辰(진)'은 密多(밀다)다. 붉은 태양이 빠르게 떠오르는 것으로 승천하는 용에 비유하여 '밀다(密多)'다. 은밀히 '밀어 올린다'는 우리의 음가인 '밀다'와 같다. 이 개념이 辰(진)으로 '나아간다'는 進(진)의 음가에 적용됐다. 《爾雅(이아)》에서는 '執徐(집서)'다. '執(집)'자는 '幸+丸'이다. '丸(환)'은 '알'다. 천천히 전진하는 해다. 계절로는 음력 3월로 양기(용)가 드러난 (승천) 봄이다. 팔괘에 '巽(손)'이 辰(진)과 함께 있는 것은 '용'은 '바람'이 있어야 날수 있기 때문이다. '東(동)'의 '震(진)'은 '雨+辰'으로 용의 눈물이다. '용가는 데 구름 간다'는 말은 천문의 방위에 대한 비밀이 숨겨져 있다. '辰(진)'은 항시 나아감을 추구하기에 '進(진)'이다. 辰巳 巽(진사손)이다. 용(辰)과 뱀(巳)은 바람을 따르기에 '巽(손)'이 필요하다. '손바람'이 '巽(손)' 이다. 사신에서 '龍(용)'은 현무의 위치에서 좌측에 있다. 땅에서 볼 수 없는 용은 하늘의 별자리를 통해 볼 수 있다. '辰(진)'은 하늘에 있는 '용'이다.

우리말에 용을 '미르'라 한다. 훈몽자회에 '미르용'이라 하여 처음 등장한다. 대체로 '물〉 믈〉밀'에서 '미르'로 어원이 변형된 것으로 보고 있다. 그렇다면 훈몽자회 이전에 '미르'가 전해져 내려왔다면 그 시작이 있었을 것이다. 《檀君世紀(단군세기)》에 '辰(진)'을 설명하는 '密(밀)'자에서 그 유래가 된 것으로 보인다. 용은 '물'과 관련이 있다. '물'의 한자는 '水(수)'인데, '물'은 '믈'이다. '물'에 빠지면 '沒(빠질몰)'이 된다. '밀'의 'ㅣ'는 상하로 서있어 물이 상하로 곧게 서있는 의미를 가진다. 즉 승천하는 것이다. '密(몰래밀·성씨복)'에서 '必(⿱心)'은= '八+弋(주살익)'다. '八(팔)'은 벌린 양 팔이고 '弋(익)'은 주살이다. '반드시필'이란 '반듯하게(곧게) 편다(펼)'는 뜻으로 '굽은 활을 곧게 편다·활을 쏘기 위해 팔을 곧게 편다'는 의미다. '泌(필)'은 '샘물이 곧게 솟아 흐른다'는 뜻이고, '怭(필)'은 '마음이 꼿꼿하니 무례하다'는 뜻이다. 眡(비)는 '눈을 곧게 펴서 본다'는 것이고, 聁(비)는 '똑바로 듣는다'는 것이다. 拯(비틀비)는 '바로 펴진

팔을 비틀어 굽힌다'는 뜻이다. 즉 '必(필)'자는 굽은 것을 항상 '반듯하게 편다'는 의미다. 그러나 이를 '장식 끈을 무기에 감아 붙인 자루'로 나타냈으며, 가차하여 '반드시'라고 억지 해석했다. '八'은 벌린 양팔로 '팔'로 소리 내고 '必(필)'의 개념과 일치하는 것은 동이족 뿐이다.

《漢書(한서)》에서 '宓(복)'은 '帝宓羲氏(제복희씨)'로 복희씨는 황제며 그의 딸은 宓妃(복비)다. '宓(복)'자의 '必(필)'은 '閉(폐할폐)'의 뜻으로 벌린 양팔을 덮어 감춘 것이다. '伏(엎드릴복)'자와 같다. '伏羲(복희)'는 또한 '宓羲(복희)'다. '伏(복)'은 엎드려 '占(점)'을 친다는 의미가 있다. 선조들이 한자를 음가 중심으로 사용한 명확한 증거다. '宓(복)'은 당시에 '帝(임금제·황제)'로서 '용'이었다. 그래서 '密(밀)'은 《易經(역경)》에 '退歲於密(퇴세어밀:세상에서 물러나 은거함)'과 '密邇王室(밀이왕실:왕실 가까이에 있는 은밀한 방)'이라 했다. '미르(密)'는 '은거한 복희가 세상에 나와 왕(용)이 됐다는 의미와 은밀히 승천했다'는 의미다. '密(밀)=宓+山'이다. 즉 산에 은거해 있지만 빈틈없이 준비되어 있음을 나타낸다. 이것을 천문과 연결시켜 깊은 저녁(多) 하늘에 떠 있는 은하수가 돌아 곧게 서 있는 모습을 은거한 용이 승천한 것으로 비유하여 '密多(밀다)'라고 한 것이다. 은하수의 순우리말도 '미리내'다. '미리'는 '밀'의 음가고, '내'는 한자 '川(내천)'의 뜻이다. 한자음 '천'은 '하늘'이다. 한자인 '銀河水(은하수)'와 '미리내'의 뜻을 연결하면 '미리내'는 '하늘 물'이 되어 은하수와 의미가 일치한다.

《密記(밀기)》에 "복희는 신시에서 비를 다스리는 것을 직분으로 세습했다."[90]는 기록에서 '密(밀)'과 '伏羲(복희)' 그리고 물(雨)의 관계가 기록되어 있다. 물은 용과 관련이 있어 복희는 진(震·震·檀:眞檀)땅에서 나왔다고 기록되어 있다. '진'의 음가로 한자를 취했다. 비온 뒤에 질퍽한 '진땅'이란 음가에 복희의 상징이 전해진다. 팔괘의 원리인 河圖(하도)를 복희가 황하에서 얻은 그림으로 이것에 의해 팔괘를 만들었다고 추상적으로 설명하고 있다. 그러나 《神市本紀(신시본기)》에는 "삼신께 제사를 올리고 '하늘 물(天河)'에서 괘 그림을 얻었는데, 한 괘는 3획이 획 마다 한 가운데가 끊어졌고(☷·곤괘) 다른 한 괘는 3획이 모두 온전(☰·건괘)했다. 이 두 괘들로부터 8괘를 만들고 극자를 만들었다."고 매우 구체적으로 기록되어 있다. 여기서 '하늘 물(天河)'은 은하수를 중심으로 한 별자리를 뜻한다.

....

90 伏羲出自神市世襲雨師之職. 神市本紀第三, 63장

'龍(용)'의 순 우리말 '미르'도 '물'에서 파생된 것이다. 일본 훈독에 "みず(미즈)(水(수))는 물을 뜻한다. '물'에서 '밀-미주(받침 ㄹ-'주'로 분절)-みず'로 이어진다."[91] 즉 '물수'라는 한자의 뜻과 음이 '미즈'로 일본의 훈독에 남아 있다. '물'은 '물·몰'이다. 즉 '沒(빠질몰)'의 음가는 '몰'에서 나왔음을 알 수 있다. '미=みず=물'이다. 'ㄹ'자형은 구불구불 뱀처럼 흐르는 물의 흐름을 '용'으로 비유하여 인식한 것이다.

표 2-23. 逆(역), 必(필), 宓(복), 密(밀)의 갑골문·금문·전문·해서 자형

甲骨文	金文	篆文	楷書
🔣	🔣	🔣	逆
	🔣	🔣	必
		🔣	宓
	🔣	🔣	密

'逆(거스를역)'의 갑골문(🔣)·금문(🔣)을 보면 大와 天(🔣 🔣)자가 거꾸로 되어 있다. 소전(🔣)에서는 새가 바람을 거슬러 양 날개를 겨드랑이 속에 접고 역으로 날아가는 모습으로 '역적의 겨드랑이에는 날개가 있다'는 말이 여기에 있다. 새가 '착착' 세 걸음 걸은 발자국이 辵(🔣)이다.

必(필)의 '🔣'자형과 '密(밀)'의 '🔣'자형은 사람이 활을 쏘기 위해 양팔을 뻗은 그림이다. 이 자형이 천문과 연결되면서 '은하수가 펼친다·또는 곧게 선다'는 개념으로 사용됐다.

갑골문과 금문의 '帝(제)'가 은거하면 '密(밀)'이 되고 다시 승천하면 '帝(제)'가 된다. 용이 위에서 아래로 거꾸로 가면 '逆(역)'이다. '龍(룡)'자의 '肯'은 '帝(제)'의 변형이다. '용'을 '미르'라 하는 민족은 한민족밖에 없다. 이것은 한민족이 '복희' 계열의 자손임을 의미하는 것이다.

(6)'巳(사)'는 飛頓(비돈)이다. 해가 중천을 향해 떠올라 언덕을 넘어 갈 때 작게 보이는 하

91 김세택, 《일본어 한자 훈독》, 기파랑, 2015, 490쪽.

얀 태양을 나타내어 飛頓(비돈)이라 했다. '頓(돈)'은 '기세가 꺾이는 것'이다. 뱀이 산등성을 넘는 '斜線(사선)'에 비유했다.《爾雅(이아)》에서는 '大荒落(대황락)'이다. 쓸쓸히 혼자 올라가다 떨어지는 해다. 음력 '四月(사월)'로 '巳(사)'의 음가와 같다. 팔괘의 南東(남동)의 '巽(손)'과 南(남)의 '離(리)'에 걸쳐 있다. 작은 바람에도 흔들리고 이리저리 떠돈다.

(7)'午(오)'는 '隆飛(융비)'다. 말 머리에 고삐를 씌웠다(牛). 즉 '午+馬'의 결합으로 해가 머리 위에 떠있는 것을 '隆飛(융비)'로 나타냈다. 소의 머리는 '橫(가로)'지만 말의 머리는 위를 향한다. '隆(융)'은 '宛中隆(완중륭)'으로 중앙이 높이 솟아 있다. '오르다'의 '오'가 음가다. '오' 방향이 아래로 바뀌면 '우'다. '牛(우)'와 '午(오)'의 자형도 관계성이 있다. 5월5일 단오 날에 소코뚜레를 다는 풍습은 양(5·5)의 기운이 최고로 달하고 점차 기우는 것을 소코뚜레로 표현한 것이다.《爾雅(이아)》에서는 '敦牂(돈장)'이다. '敦(돈)'의 금문·전문(𣅝·𣅝)을 보면 제기에 쓰이는 해처럼 생긴 두툼한 토기(𥁕:흡)를 나타낸다. 이 토기가 쟁반(해)처럼 생겼기 때문에 '羊(양)'자를 비유적으로 사용했다. 양을 삶는 토기의 기능도 있지만 토기의 모양을 양(해)으로 비유했다. '亯=흡'은 같은 자로 제사에 사용된 글자다. '牂(암양장)=壯(장)+羊(해)'다. 즉 '해(양)'의 기운이 왕성함이다. 음력 '오월(五月)'은 가장 큰 양의 숫자로 夏至(하지)다. '五(오)'와 '午(오)'의 음가도 같다. '子(자)'가 음에서 양으로 이동했다면, '午(오)'는 양에서 음으로 이동했다. 팔괘의 '離(리)'고 '正南(정남)'이다. 먼 길을 떠나려면 말이 필요하다.

(8)'未(미)'는 '順方(순방)'이다. 동에서 서로 해가 방향을 바뀐 것을 상징하여 '順方(순방)'이라 했다. 순리적으로 방향이 서쪽으로 바뀌는 것이다. 정상에서 다시 밑으로 내려간다. '未之有也(미지유야)'다. 아직 '양의 기운이 남아 있다'는 뜻이다.《爾雅(이아)》에서는 '協洽(협흡)'이다. '洽=氵+合'으로 물줄기가 스며드는 것이다. 팔괘의 '坤(곤)'이 함께 하는 것은 '未(미)'가 땅을 지향하기 때문이다. '西南(서남)'이다. '離(리)'에서 멀어진다. 여름의 막바지 음력 6월이다. '羊(양)'은 동물로서 뿔(丷)이 소처럼 뻗지 못하고 기운이 꺾여 말렸다. '未(미)'는 식물에서 솟은 작은 잎이다. 그래서 '미'의 음가에는 끝이라는 개념의 '尾(꼬리미)'자가 있고 '梶(나무끝미)'자가 있다. '羊(양)'의 기운이 쇠해지면서 반대로 '음'의 기운이 조금씩 돋아나기 시작하는 것을 '未(미)'로 표현했다. '미'의 음가는 '미르'로 '물'이다. 그래서 '미'의 음가를

가진 한자에는 '작다'와 '물'과 관련된 뜻을 가진다. 두 음양의 만남이 주역의 '天風姤(천풍구)'다. '未坤申(미곤신)'은 '未(미)'와 '申(신)'은 땅을 향하기에 '신 내림'이라 하고 한자로 '坤(곤)'이다. '坤(곤)'은 '土(토)+申(신)'으로 하늘에서 땅으로 내리는 빛이다.

(9)'申(신)'은 '鳴條(명조)'다. 원숭이가 나무 중간에 매달렸다. 용이 승천하는 '辰(진)'의 대칭 지점으로 해가 서산으로 지는 지점이다. 원숭이도 '나무에서 떨어진다·신나게 떨어진다·해 떨어진다'는 속담과 생활언어는 '申(신)'시에 해가 떨어지는 것을 나타낸 것이다. 원숭이는 무리를 지어 울기에 '鳴條(명조)'라 했지만 당시에 해가 떨어지는 것은 세상의 종말과 같은 것이었다. 그래서 백성들이 해가 떨어지지 않기를 바라는 기원을 이렇게 표현한 것 같다. '鳴(명)'자는 새 '上申日(상신일)'에 칼질하지 말라는 것은 칼을 떨어트리면 사람을 해한다고 생각했기 때문이다. 음력 7월이다. 한여름의 기운은 물러간다. 해는 떨어지지만 결코 땅에 떨어지지 않는다(流不地). 《爾雅(이아)》에서는 '湣灘(군탄)'으로 토하듯 서산에 떨어지는 해를 의미한다. 《淮南子(회남자)》에 湣(클군)을 '大'라 했다. '灘(여울탄)=氵+難(난)'으로 물이 빨리 흐르는 여울이다. 팔괘의 '坤(곤)'이 '申(신)'과 함께 있는 것은 '해'가 떨어지는 곳이 '땅'이기 때문이다. 西(서)의 '兌(태)'로 향한다.

(10)'酉(유)'는 雲頭(운두)다. 닭이 날개를 접고 앉은 정면의 모습이다. 새는 저녁이면 보금자리로 돌아온다. 닭은 시작을 알리는 동물이다. 결혼도 다시 인생을 시작하는 것이기에 하늘에 '닭'을 매개로 하여 고한다. 즉 닭이 이승과 저승의 소식을 잇는 메신저다. '계'의 음가는 '잇는다'는 뜻(系:맬계)을 가진다. '鷄(닭계)=奚(해)+鳥(조)'다. '奚(계)'는 '매다'의 뜻으로 '系(계)'와 같다. '계'의 자형도 '거(去:가다)'의 기본형에 '좌우(=)'로 잇고, '상하(∥)'로 잇는 '=∥'의 기호로 이루어졌다. 현무의 위치에서 주작은 남쪽이다. 이 주작은 정남으로 12支(지)에서는 '말'로 비유했다. 해가 저녁에 서쪽으로 지면 어둠이 오면서 날개를 접는다. 주작이 12支(지)에서 닭으로 비유된 것이다.

'雲頭(운두)'는 '해'가 저무니 '머리 위'에 구름만 남았다. '닭은 달'이다. '닭'이 가면 달이 뜬다. 음력 8월 가을이다. '酉(유)'는 '西(서)'와 같은 글자다. '西=囗+兀'의 '囗'는 땅을 나타내고 '兀'은 서쪽으로 걷는 발이다. '東(동)'이 해가 다시 '돌아(돌+ㅇ=동)' 나오는 방향이라면 '西

(서)'는 동쪽에서 몸을 '돌아서는' 방향이다. 서산으로 돌아간 해가 돌아갈 자리가 '鬼(귀)'다. 《爾雅(이아)》에서는 '作噩(작악)'이다. 닭이 지붕(산등성)을 넘어가며 우는 '噩(놀랄악)=愕(놀랄악)'이다. '噩(악)=吅+吅(부르짖을훤)+玉(=亞)'자로 물속에 잠긴 것이다. 팔괘의 '兌(태)'와 '酉(유)'가 함께 있는 것은 낮과 밤이 바뀌기 때문이다. 일본의 훈독은 'さい(사이=새)', 즉 새다.

 '系(계)'를 '奚(어찌해)'로도 사용하는 것은 'ノ(비침별)'과 뉘조의 토템이 연결되어 있기 때문이다. 해(日)를 뜻하는 '해(奚)'는 '두 손으로 끈을 묶는 것'이다. '실(絲)'은 누에를 기른 뉘조의 상징으로 천문에서 '진(辰)'으로 蛹(용)·龍(룡)·戎(융)·娍(융)'이 된다. '자미'의 어원은 잠자는 누에에서 '잠(蠶)'이며, 하늘의 벌레이기에 天虫(천충)이다. 즉 蚕(잠)이다. 누에는 13마디의 절충으로 12달에 한 달의 윤달을 상징한다. '누조'는 식자층에서 '서능'이라 하고,《史記(사기)》에서는 嫘祖(뉘조)라 하고,《帝王世紀(제왕세기)》에서는 累祖(누조)라 한다. 모두 한자를 음가 중심으로 사용한 증거들이다. '서능'의 '綾(비단릉·능)' 음가인 '느>능'은 누에의 '누=느'의 음가로써 누에고치에서 생산되는 '비단'이다. 신농의 딸 '뉘'의 음가는 '누이'로서 여전히 한민족의 언어 속에 살아있다. '누이'의 어원은 '누우면·누우니·누워서' 등으로 'ㅡ'자형이다. 그래서 서예의 필법에 'ㅡ'자를 蠶頭馬蹄(잠두마제)라 한다. '奚(어찌해)'는 서쪽 저녁 하늘에 올라 북두칠성이 되어 동쪽으로 해가 밝아지면서 닭이 운다. 이것이 '鷄(계)'다. '계'의 음가는 '癸(계)'와 같다. 즉 '첫 시작을 위해 문을 여는 '開(개)'다. '酉(유)'와 '鷄(계)'는 같은 닭이지만 이처럼 상징은 다르다.

(11)'戌(술)'은 皆福(개복)이다. 밤의 시작을 나타낸다. '戊(무)'자와 '戌(술)'자의 차이는 'ㅡ(일)'자가 있다. '戌'의 'ㅡ'자는 북두칠성의 자루가 서쪽에 있다. 그래서 '열한번째지지술'이다. '戊(무)'는 땅속에 있던 해가 드러나는 것이고, 戌(술)은 해가 땅 속으로 들어간다. 그래서 戊戌(무술)은 土(토)다.

 '戌(술)'을 '개'로 비유한 것은 '밤의 문을 연다'는 의미에서 '開(개)'와 연결된다. 즉 새벽을 알리는 것은 '닭'이고 밤을 알리는 것은 '개'다. 밤손님(어둠)을 알리고 대문을 열고 닫는 '개'를 '신'으로 보았다. 개 그림을 문에 붙이면 액운을 막는다는 門排圖(문배도)의 유래가 여기에 있다. 또한 '伏(복)'의 갑골문(🐕)은 주인의 뒤를 개가 따라간다. 서쪽 하늘에 태백성(금성)이 뜨면 뒤에 따라 오는 별이 '개밥바라기별' 장경성이다. 주인을 따라가며 밥 달라고 짖기에 '개밥바라기별'이다. 서쪽 하늘에 밝은 금성(태백성)이 뜨면 그 옆에 약간 흐린 '장경성'이 태백성을 따라 올라가고 있는 모양을 '닭 쫓던 개 하늘(지붕)을 쳐다본다'는 속담 속에 있다. 서쪽에서 올라간 두 별은 새벽에 동쪽으로 내려오면서 '계명성'과 '명성'이란 이름이 된다. 이때가 '寅(인)시로 어두운 새벽에 반짝이는 두 별을 호랑이의 두 눈으로 본 것이다. '天狗(텐구)'의 '狗(구)'는 '개'다. '天狗'는 재해의 징조를 드러내는 '妖星(요성)'이다. 즉 '鬼神害盈(귀신해영)'이 '天狗(천구)'다. '狗(구)'는 '새끼곰·새끼호랑이'의 뜻이다. 즉 '狗(구)'는 곰과 호랑이의 자식이다. 그러나 '狗(구)'는 일본에서 '까마귀' 모습으로 나타난다. 행실이 못되면 '개'로 비하되듯이 '犬(견)=戌(술)'의 훈독은 둘다 'いぬ(이느)'다. 즉 '이놈'이란 우리말이다. '앞잡이'와 욕설로 쓰인다. 집에 돼지를 키우기에 '家(가)'이듯이, '㝐(가)'자도 '집가'다. 여기서 '개'의 음가가 가지는 특성이 더 중요하다.

밤에 개가 요란하게 짖으면 주인은 문을 열고 밖을 보게 된다. 때문에 '개'의 음가는 '간다·연다·지킨다'는 의미를 가진다.

'皆(개)'의 금문(𤲷)·전문(𤾁)은 '𣎴(비)+曰(왈)'이다. 《詩經(시경)》에 '降福孔皆(강복공개)'이다.

《廣雅(광아)》에 '福(복), 盈也(영야) 皆福(개복)'이다. 복을 받으려면 내려주는 주체가 있을 것이다. 그 주체는 바로 견우와 직녀 '𣎴'고 내려주는 복이 '비'다. 즉 '𤲷(개)'는 '비를 내려주니 모두 다 福(복) 받으시개(개)!'라고 말(曰:왈)하는 글자다. 《易經(역경)》에 '鬼神害盈而福謙(귀신해영이복겸)'이라 하여 '복을 내려준다'고 해석했다. 비가 내려야 농사가 잘되어 배불리 먹는다. '福'의 '田'이 밭이다. 또한 '福(복)'의 '畐(복)'자형은 '배'가 복스럽게 나온 사람이 앉아 있는 정면의 모습이고, '㞢(고)'는 잘 먹고 배가 나온 옆모습이다. '고'의 음가는 배가 높이 솟았기 때문이다. 이처럼 견우와 직녀가 내려주는 福(복)을 받는 문화는 중국민간에 '惠比壽(혜비수)·大黑天(대흑천)·毗沙門天(비사문천)·福祿壽(복록수)·弁才天(변재천)'이란 이름으로 전래된다. 그러다 당나라 말기 불교의 영향으로 布袋和尚(포대화상)[92]도 七福神

---

92 明州(명주) 奉化(봉화) 사람, 혹은 長汀(정정) 사람이다. 五代(오대)시대 後梁(후량)의 高僧(고승)으로 성씨와 이름

(칠복신)'의 하나로 받들어진다. 특히 인도와 일본은 '大黑天(대흑천:다이코쿠덴)'을 받든다. 이들 복을 내려주는 견우와 직녀의 별칭들이다.

'福(복)'과 '盈(영)'자형에 포대화상의 모습이 있다. '복'은 '복·박·북'의 음가가 된다. '비'를 달라고 무당의 치는 '점'이 '占(점)'이다. '攴(복:칠)=卜(복)+又(우)'는 점을 '친다'는 의미다. 《설문해자》에서는 '卜(복)'이 '거북의 등딱지를 불로 그을려 생긴 금'이라 했다. 그러나 '卜(복)'은 '주다·헤아리다'와 '십자화과채소무'의 뜻이 있다. 즉 '十(십)'과 '무'의 음가가 있다. 한편 '卜(복)'의 同字(동자)인 '蔔(복)·菔(복)'자를 보면 '蔔(복)=艹+勹+畐'다. 여기에서 '艹'는 始初(시초)의 의미다. 점칠 때 사용하는 '蓍草'(시초)와 筮竹(서죽)은 풀 나무와 대나무를 사용했다. 여기에 복을 주는 주체인 '畐'자가 있다. 거북의 등딱지에 생긴 금은 '点(점)'자가 더 부합된다. 점은 하늘에서 내려주는 '복'을 받으려는 행위다. 즉 '卜(복)'의 음가는 복을 주는 주체를 나타낸다. 그래서 '복'의 음가는 '점을 치고 복을 받는다'는 한자에 사용됐다. 여기서 '卜(복)'은 복을 주는 견우와 직녀의 표식이다. '별'이 곧 '점'이다. 그래서 '별점'이다. '覘(점)·佔(점)·貼(점)'의 한자는 '엿볼점'이다. 즉 占(점)은 '卜(복)+口(구)'다. '별에 기록된 복된 말'을 '점'을 통해 알아내고 전해주는 占(점)이다. 몸에 숨겨진 점이 '복점'이다. 김유신의 몸에도 '북두칠성 점이 있다. 이처럼 '점=복=별'은 같은 상징을 갖는다. '점'은 검다. 밤은 검다. '점'은 곧 '잠'이다. 잠시 잠깐 자는 '한잠'은 '점'이다.

'伏(복)'은 배를 땅에 대고 엎드려 빈다. 배가 부르니 '扑(박·복:칠)'은 잘됐다고 박수친다. 福(복)을 받은 결과 '腹(복)'이다. '점'을 치기 위해 소와 말 등에 짐을 싣는다. 그래서 '卜(복)'은 '짐'이다. '짐스럽다'는 말의 유래다. '왈왈 짓는 개'에 '왈(曰)'의 음가가 있고, '개(게)'는 윗사람이 아랫사람을 칭하는 '거기(게 있느냐!)'라는 말이다.'

'福(복)=盈(영)'이다. '盈(영)'의 '乃(내)'는 '母胎內(모태내)'에 있는 자식이다. '내'의 음가로

'內=乃'다. '이내 속을 어찌 아느냐?'라 할 때의 '이내 속'이 바로 '乃(이에내)'다. 임신한 배가 '孕(잉)'이다. '盈(찰영)'은 '속이 차도록 채워준다'는 뜻이다. 우리는 우리의 신화를 지키지 못한 결과 우리의 칠성신과 상고문화를 모두 잃어버렸다. 《爾雅(이아)》에 '戌(술)'은 太歲在戌曰閹茂(태세재술왈엄무)라 했다. '閹茂(엄무)'는 덮쳐올 어둠이다. 즉 '戌(술)'시에 어둠이 왕성해지면(閹) '별무(茂)'리가 뒤를 쫓아 밤하늘을 덮는다'는 의미에서 '蓋(개)'다. 이것은 밤이 새롭게 열리기에 '開(개)'라는 의미와 같다. '개=계=거기=게'는 같은 음가로 '開(개)'와 '啓(계)'는 같다. '閹(엄)'자는 '고자'란 뜻으로 '알(해)'이 없다. 두 개의 별(태백성·개복)은 밤의 빛이다. '茂(무)'의 '戌(무)(天干:천간)'는 하늘의 별이다. '閹茂(엄무)'는 금성이 뜨는 시각과 은하수로 덮여지는 밤하늘이다.

음력 9월이다. 가을의 끝 겨울의 시작이다. '甲'과 짝이다. '甲'은 시작으로 '由'와 대칭이다. '戌(술)'이 北西(북서)의 팔괘 '乾(곤)'과 함께 하는 것은 밤하늘에 은하수와 칠성이 있기 때문이다. 戌乾亥(술건해)'에서 '戌(술)은 은하수고, '乾(건)'은 자라나고 있는 작은 해다. 또한 '亥(해)'는 자라난 해다. '수'의 음가에 '돈다'는 자형 'ㄹ'를 취하면 '술'이다. 그래서 '수'의 음가 중에서 '隨(수)'자는 橢圓形(타원형)의 뜻과 천문에서 택뢰수(☱☳)로 사용된다. 팔괘의 '兌(태)'에 걸쳐 있음은 다가올 선물에 기뻐함이다. 갑골문은 당시 천문을 보고 하늘에서 얻은 답을 기록한 '易(역)'과 연결되어 있다.

(12)'亥(해)'는 '支于離(지우리)'다. 자리를 지켰던 별들이 방향을 바꿔 옮겨 이동하였기에 '支于離(지우리)'다. '離=隹+离'이고 '离=囟(정수리신)+禸(발자국유)'다. '隹(추)'는 뻐꾸기(두견과의 새)로 머리의 '정수리(가마신:북두칠성)'위에 '가마신' 두견새(해)가 있다. 두견새의 이칭인 '不如歸(불여귀)·歸蜀道(귀촉도)·思歸鳥(사귀조)'등을 보면 '하늘로 올라갔다'는 의미가 있다. '支于離(지우리)'에서 '離(리)'는 '새'고, '于(어조사우)'는 '위'라는 음가를 가지며, '어조사'로 '于(우)'를 생략해보면 '支離(지리)'만 남는다. 이 '支離(지리)'가 한자로 통합되면 鳷(새매지)가 된다. '離(리)'는 주역의 '괘'다. '乙(을)'과 짝이 되어 자리의 이동을 나타낸다. 겨울이 시작되는 음력 10월인 것은 '하늘(乾)'이 '해(亥)'이기 때문이다. '해(亥)'는 태양이다. '亥(해)'가 北西(북서)의 팔괘 '乾(건·☰)'에 있다. '乞(걸)'자에 태양의 상징인 '새(乙)'가 있다. 즉 저녁 하늘에 걸려있는 '해'다. 해월(亥月)은 '시월(豕月)'로 10월이다. '豕(시)'는 이빨이 나

지 않은 새끼 돼지로 울타리에서 기르기에 '가(家)'다.

　'亥(해)'[93]는 '海(해)'이고 '核(핵)'이다. '核(핵)'의 뜻은 '씨'로 '豕(시)'의 음가와 연결된다. '시'는 '始(시)'다. 여성의 배 속 양수에서 '台(태)'가 자라고 있는 개념과 '亥(해)'의 씨(核)가 바다(海)에서 자라는 것은 같다. '亥(해)'가 '음'의 위치에 있는 것은, '海(해)'자형은 해가 서쪽으로 지기 때문이다. '가지에 앉은 꾀꼬리가 하늘로 날아갔다'는 의미의 '支于離(지우리)'는 작은 새끼 '豕(시)'가 자라서 '해(亥)'가 된다'는 의미에서 '도야지〉되야지〉돼지'가 된다. 특히 돼지는 완성의 수 10이다. 10은 둥근 圓(원)으로 해다. '되야지·돼지'는 바람과 희망 그리고 이룸을 나타낸 우리말이다. 사람은 임신하고 10달이 지나야 완성 되고, 돼지는 10달이 '되어야' 수정할 수 있다. 한민족은 돼지 새끼를 자식에 비유했다. 결국 '돼지'가 자라 '해'가 되는 것으로, 우리말 '~해다(했다)·~돼다(됐다)'는 완성·종결형 어미인 '亥(해·돼)'로 추론된다. 한민족 노동요 '에헤야 데헤야'의 음가는 '노력하면 된다'는 의미가 된다. 바다에서 씨가 자라기 때문에 '核(핵)'이다. 또한 '지'의 음가는 한자의 종결형으로 '之(갈지)'가 있고, 멈춘다는 의미로 '止(그칠지)'가 있다. '돼지우리'라는 우리말에 '支于離(지우리)'의 음가가 남아있음이 참으로 신통하다. '우리' 또한 둥근 '울타리'로 '어린 돼지(해)'가 머무는 장소다. 동해는 '해(海)'를 잉태시키는 자궁이며 '우리(울)'다. '亥支于離(해지우리)'의 '亥(해)'자를 '돼'로 발음하여 '돼지우리'로 사용한 이두문이다. 즉 '돼지'가 '해'를 품어 기른다(劾:해). '氦(볕양)'은 '气(기)'에 '米(미)'자 대신 '亥(해)'가 들어간 것으로 '昜(볕양)'자와 같다. 즉 '亥(해)=日(일)'이다. '暟(날씨기)'자는 '日氣(일기)'의 결합자다. 여기서 '米(미)'자는 '光(햇빛)'을 표현한 것이다. 햇빛은 불에 비해 눈에 보이지 않게 미세하게 물을 수증기로 만든다. 때문에 작다는 의미의 '微(미)'의 음가가 들어갔다. '气(기)'는 물이 열로 '기화'되는 자형이다. '亥(해)·日(일)·米(미)'가 하늘의 작용이라면 '火(화)'는 땅에 있는 불의 작용으로 '氣=气+火'가 된다. 한민족이 사용한 '氣(기)'자는 사라지고 오래된 옥편에만 남아 있다.

93　멧돼지를 본뜬 모양으로 달로는 음력 10월, 시간으로는 오후 9시부터 11시이다. 10은 음의 가장 큰 수로 음의 완성이다.

《爾雅(이아)》에서는 '大淵獻(대연헌)'으로 '淵(연)'은 은하수를 담은 연못이다. '淵(연)'이 밤하늘의 바다 '海(해)'다. '해'의 자음 'ㅎ'이 '해'의 모습이다. 한자 '日'자의 '○'속에 있는 '乙(새)'는 씨가 '⊙〉⊖〉◐' 점점 자라난 것이다. '○(해 속에 있는) •(새의 씨가 커서) 乙(부화하여 새가 밖으로 나온다.' 즉 '○•乙'이다. 이렇게 배열된 것이 한글 '읗'이다. 즉 '日=읗'이다. 우리는 '알'의 '몸'에서 태어난 존재로 '새'다. '日'의 뜻 '날'은 '새가 난다'는 뜻이다. 그래서 '송골매'를 '海東靑(해동청)'이라 한다. 이처럼 한글의 상형성에 소리를 겸했다. 이것이 한자의 '뜻'과 '음가'를 형성한 것이다. '東風(동풍)'을 '새파람'이라 하는 것은, '東(동)'에서 뜨는 '해'인 '日(일)'이 '새'이기 때문이다. 즉 '東(동)'의 이두음이 '새'인 이유다. '翌(익)'자는 明日(명일)이다. 즉 '다음날·이튿날'이다. '羽(우)'는 '새의 날개'다. '위로 날아 돌아간 새가 다시 돌아온다'는 것으로 '새'가 곧 '해'임을 알 수 있다.

12支(지)의 각 글자는 동물을 나타낸다. 즉 '子丑寅卯辰巳午未申酉戌亥(자축인묘진사오미신유술해)'의 한자는 각각 동물의 형상을 갖는다〈그림 2-11〉.

(1) '午+馬'의 결합   (2) 12지 한자는 띠 동물자형   (3) '牛+丑'의 결합

그림 2-11. 12지의 자형과 동물의 그림

9) 北斗七(북두칠)의 構成(구성)과 秘密(비밀)

〈을이고〉에 새겨진 16개의 글자 중에 '北(북)'자형 밑에 아이를 들어 올린 그림이 있다〈그림 2-12의 (1)〉. 낙빈기는 'ㅋ比(북)'의 자형이 《周禮(주례)》에 俎(조)는 祖(조)와 같은 음가라는 설명하고 있다. 때문에 '俎→且→祖'로 'ㅋ比'자를 '신주'로 해석했다. 한자가 음가 중심으로 사용됐음을 알고 '조'의 음가에서 '조상'이라 추측했다. 〈그림 2-12〉의 (1) "祭(제)자는 곤의 아들 중, 곤의 제사를 담당한 대례관의 직책을 표현한 글자다."[94] 제사를 뜻하는 '祭(제)'자가

....

94 김대성, 《금문의 비밀》, ㈜북21 컬쳐라인, 2002, 203쪽.

북두칠성의 자손이 북두칠성에 올리는 의식임을 알 수 있다. 원시종교를 바탕으로 지상의 역사가 곧 천문의 역사로 치환되면서, 문자가 없던 시절에 하늘에 역사를 쓴 것이 천문이다. '北斗七星(북두칠성)'의 글자는 북두칠성이 시계반대방향으로 회전[95]하는 천문을 배치하여 그린 것이다〈그림 2-12의 (2)〉.

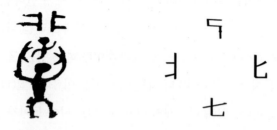

(1) 《가재집고록》의 祭(제)자   (2) '北斗七(북두칠)'은 북두칠성이 도는 모양

그림 2-12. 북두칠성이 도는 모양과 《을이고》에 기록된 문자

(1) 斗(두)에 담겨진 象徵(상징)과 한글

표 2-24. 斗(두)의 갑골문·금문·전문·해서 자형

甲骨文	金文	篆文	楷書
쿠 두	폿 폿	멋	斗

'斗(두)'의 갑골문(둥·두·쿠)은 북두칠성의 괴두가 북에 있는 글자다. 흥미로운 것은 한글 '두'자의 자형도 의미가 같다. 특히 갑골문의 '斗(두)'자는 대칭적인 '두'와 '쿠'가 있다. 이 두 글자를 합쳐보면 한글 '무' 자형이 된다. 북두칠성을 말할 때, 북·두·칠·성 네 글자로 각각 분리시키면 북두칠성의 고유한 개념이 사라진다. '斗(두)'에는 견우와 직녀의 전설이 담겨있다. 견우와 직녀가 만나는 '七月七夕(칠월칠석)'은 '七(칠)'이 둘이기에 그것을 표현한 글자가 좌우 북두칠성 '두·쿠'다. '斗(두)'는 비록 하나의 글자지만 상고시대의 비밀을 온전히 간직한 글자다. '斗(두)'가 '둘'의 소리음가로 전승되어 사용하는 민족은 한민족 밖에 없다. 'ㄷ'자형

---

95 북두칠성의 자루는 시계반대방향으로 매일 회전한다. 계절에 따라 봄─동쪽, 여름─남쪽, 가을─서쪽, 겨울─북쪽에서 일어난다.

은 북두칠성 네 개의 별이다. '두(斗)'의 모습과 한글 '두'의 모습이 같고 의미도 같은 것은 무엇을 말하는가? 한글은 표음문자·표의문자인 동시에 상형문자라는 의미다. '두'의 음가를 가지는 한자는 서로 의미가 연관되어 확장된다. 殷(은)·周(주) 초기에 오작 중 가장 큰 것을 '罍(술잔가·신에게빌가)'라 한다. '견우와 직녀가 만나 둘(皿)이 술을 먹고 복을 기원한다'는 상징이다. 상고시대에 견우와 직녀의 신화는 땅의 역사며 하늘의 역사다.

'七(칠)'자의 갑골문(十)과 전서(丂)를 보면 '十(십)'자와 같다. 즉 '十(십)'자의 갑골문(丨)과는 다르다. "十자는 현재 한자로는 10이지만 이전에는 七이었다."[96] "六·七·八의 자원에 해당하는 갑골문은 당시에 숫자의 의미로 사용되지 아니하였고 周(주)나라 이전부터 전해온 卦(괘)를 적는데 사용됐던 철학적 글자다."[97]

'七=斗(丈)'의 자형으로 북두칠성을 상징한다. 특히 '丂'자형은 '十(십)+丈'으로 북두칠성 위에 '十'이 위치하고 그 밑에 '丈'이 있다. 즉 견우와 직녀가 만난 것을 나타낸 것이 '十(십)'이다.

'劍僉(검첨)'이 북두칠성을 가르키면 검은 '十'자가 된다. 한민족의 왕이 사용하는 '사진검'에는 '一片龍光斗牛射(일편용광두우사)'란 문장[98]이 있다. 즉 '북두에 있는 견우로부터 한줄기 서광의 빛을 받아 적을 물리치겠다'는 기원과 같은 상징을 담은 의례다.

'北斗七星(북두칠성)'을 문자로 해석하면 '북은 좌우 두 개의 칠성'이 된다. 자형(두·丂·丈·丈)이 다른 것은 북두칠성이 돌면서 변하는 모습을 표현했기 때문이다. 후대에 秦(진)에서 '枓'자로 변형되고 '丈(두)'자는 술을 푸는 국자로 사용됐다.

곽말약의《大戴禮記(대대예기)》에 "정월초 저녁에 북두성의 자루는 아래에 걸려있고, 6월초 저녁에 북두성의 자루는 바로 위에 있고, 7월 보름에는 아래에 걸려 있으니 곧 旦(단)

---

96 허대동,《고조선 문자》, 도서출판사 경진, 2016, 30쪽.

97 양동숙,《갑골문과 옛 문화》, 차이나 하우스, 2009, 229~232쪽.

98 《史記·五帝本紀》"황제께서 수산에서 구리를 캐다가 검을 만들고 그 위에다 옛글자로 천문을 새겨 넣었다."

이다. 북두성의 자루가 동쪽을 가리키면 천하는 모두 봄이고, 남쪽을 가리키면 여름이고, 서쪽을 가리키면 가을이고, 북쪽을 가리키면 모두 겨울이다."고 했다. 이렇듯 북두칠성은 계절을 알려주는 하늘의 표식이었다. 7월 보름 아래에 걸려있는 것을 '旦(단)'이라 한 것과 호흡이 아래로 내려간 중심을 '丹田(단전)'이라 하는 것을 보면 모두 같은 문화에서 태생된 개념임을 알 수 있다.

"갑골문의 升(승)자는 바닥이 얕은 국자로 국자 속에 이미 물건이 들어 있는 상태다. 10升(승)은 1斗(두)이니, 큰 국자는 대개 작은 국자의 열 배 용량이었다."[99] 막걸리 '한 되/됫·두되/됫'의 '되/됫'도 '두'의 사투리다.

한민족은 오래전부터 북두칠성을 '국자'로 비유해 왔다. 국자나 숟가락의 모양이 북두칠성의 모양과 닮았기 때문이다. '국자'의 음가는 '구자(九字)'와 같다. '九(구)'는 동양에서 가장 큰 수 최고로 높다는 의미의 상징어다. 차면 기운다. '九(구)'는 최고점의 북두칠성이다. '𠃑'는 '九'의 古(고)자다. '𠃑'자는 높은 곳에 있는 사물을 손을 구부려 잡는 자형이다. '구부린다'는 의미를 갖기에 '구'의 음가다. '鬼(귀)'의 옛글자는 '양귀'를 과장하여 크게 그렸다. '귀신처럼 알아듣는다'는 말처럼 '귀'를 '귀'라 말하는 민족은 우리 한민족 밖에 없다. 귀의 기능은 소리를 듣는 것이다. 어두운 밤에 미세하게 들려오는 낯선 소리는 밤의 신 귀신이었고 두려움과 공포의 대상이었다. 넓은 양귀는 날개와 같아 펴고 접는다는 의미를 갖고 이것이 '까마귀'새로 상징을 갖게 된다. '鬼(귀)'는 지상에서 하늘로 돌아가기 때문에 한자 '歸(귀)'의 음가가 '귀'다. '귀'자형의 'ㄱ'은 하늘(一)에서 내려(l)오는 두 기호의 결합과 사물이 구부러진 모양이다. '귀'는 '구+ㅣ'로 'ㅣ'는 '오른다'는 기호의 결합이다. '기'와 '귀'는 같은 음가다. 모음 'ㅣ'는 한자 'ㅣ(곤)'과 같은 의미와 상징을 갖는다.

'ㅣ'자의 해석은 10개 이상이다. 허신은《설문해자》에서 "첫째, 아래위로 통한다. 둘째, 위로 그어 읽으면 '가마신(囟)'으로 읽는다(引而上行讀若 囟). 셋째, 아래로 그을 땐 물러갈퇴로 읽는다."고 했다.《大漢韓辭典(대한한사전)》에서는 첫째, 곤(袞:임금이 입는 곤룡포곤)으

99 허진웅,《중국고대사회》, 홍희 역, 동문선, 1991, 450쪽.

로 읽고, 의미는 '象數之縱也(상수지종야)셈대 세울 곤'이다. 셈대는 점을 칠 때 사용하는 산가지다. 둘째, 뒤로 물러갈 退(퇴)다. 셋째, 上下通也(상하통야)라 하고 별도로 '신'을 한문으로 표기하지 않고 한글로 썼다. 'ㅣ'자를 "아래서 위로 그으면 '가마 신'으로 읽는 것은 거슬러 올라가면 하늘에 곰신이 있기 때문이다. 정수리에 있는 가마의 음가가 '凶(신)'이다. '가마'는 일본에서 '가마' 또는 '오오가미(大神)'로 '凶=神=大熊神'임을 알 수 있다. '신=시+ㄴ'이다. '시'의 음가와 자형은 '矢(시:화살)'에 있다. 또한 한글 'ㅅ'은 한자 '人(인)'이다. 낙빈기는 고문에 '人(인)'자를 두 가지로 읽었다고 한다. 본음은 '壬(임)'이고 변음이 '夷(이)'다. 우임금이 임금이 되면서 人(인)은 尸(시)와 통하여 主(주)라 해석했다. 우리나라 사전에 '님'은 '옛임·님주(任主)'라 한다. 즉 主壬(주님)이다. 'ㅣ'은 하나밖에 없는 주님으로서 'ㅣ(곤)'이 곧 '申(신)'이다. 이처럼 한글도 상형성과 의미성을 가지며 한자의 상형과 의미가 서로 연결되어 있다.

(2) 明刀錢(명도전)의 秘密(비밀)

명도전은 燕(연)의 화폐라 배웠고 명도전의 앞면만 책에서 보았다. 뒷면에도 수많은 문자들이 있는데 일제가 중국문자라고 규정한 이후로 燕(연)의 문자로 알고 있다. 최근 연구에서《桓檀古記(환단고기)》에 기록된 가림토 문자가 단군조선의 문자며,《海東繹史(해동역사)》에 기록된 자모전이 바로 명도전에 있던 글자임이 밝혀졌다.

중국의 장박천은 논문을 통해 孤竹國(고죽국)은 고조선의 연방국으로 명도전의 초기 화폐로 사용했음을 밝혔다. "尖首刀(첨수도)는 고죽호 기후 때에 이미 있던 화폐고, 원절식도는 조선후국의 화폐다. 이 조선지역이 目夷(목이)·明夷(명이) 지역이다. 孤竹(고죽)·箕(기)·魚(어)등 國族(국족)은 明(명) 지역에서 첨수도를 이미 사용하고 있었고, 그 후 동북에서 사용된 도폐는 이곳에서 기원한다고 볼 수 있다."[100]고 했다. '國族(국족)'이라 하여 동이족과 한민족은 '國(국)'자를 나라의 상징으로 사용했음을 밝히고 있다. 조선전[101](명도전)에 '돈'자가 현재의 '돈'자와 똑같다〈그림 2-13〉. 고조선문자로 보면 '斗(두)'의 갑골문은 자음 '두'와 '돈'이 될 것이다. 조선전(명도전)은 길이 13㎝, 폭 1.5㎝의 刀(도)의 형태다. 한민족은 칠

100 張博泉·魏存成,《東北古代民族·考古與疆域》, 길림대학출판사, 1988.

101 고조선의 문자에서 명도전은 단군조선의 화폐이므로 조선전으로 사용해야한다고 주장.

성사상을 가진 민족이다. 북두칠성이 돌아가는 모습에서 '돈다'는 개념을 취한 것이 조선전(명도전)의 '돈'으로 사료된다. 명도전 모습도 일반적인 칼을 뜻하는 '刀(도)'가 아니다. '刀(도)'는 '칼모양의 돈'이란 뜻으로 북두칠성이 도는 행태와 모습으로 화폐로 만든 것이다. 명도전에는 그밖에도 많은 한글이 적혀있다.

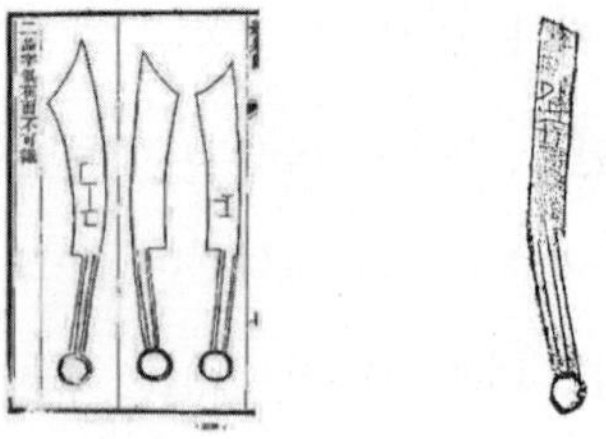

(1) 돈 (2) 놈

그림 2-13. 명도전에 새겨진 '돈'과 '놈'의 한글

한글은 세종대왕이 창제하기 오래전부터 있었다. 《符都志(부도지)》에 훈민정음 28자를 《澄心錄(징심록)》에서 취본 했다고 김시습이 증언하고 있다.[102] 또한 정인지는 서문에 "모양을 본떴으되 글자는 옛 전자를 닮았고, 소리를 따랐으되 음은 일곱 가락에 들어맞고, 삼극의 뜻과 이기의 묘가 다 포함되지 않은 것이 없다."[103]고 했다. 즉 한글은 옛 전서체와 관련이 있다는 역사적 기록이다. 한글 속에 한자가 있고 한자 속에 한글이 있는 것이다. 借字文字(차자문자)는 '한자+한글'의 결합문자다. 즉 '특(걱)'은 '巨(거)+ㄱ(자음)'이 결합된다. '꾇(까치갈)'은 '可(가)+ㄹ(자음)'으로 '可'자를 까치가 우는 의성어로 삼고, '乙(새을)'자는 '새'라는 의미와 자음으로 사용했다. 한글은 갑골문과 전서 속에 결합되어 면면히 내려온 것이다. 심지어 '㐇(밧)'의 경우에는 '外(외)'의 '夕'을 한글 'ㅂ'으로 치환하고 '外(외)'자를 '바'로 보고 '叱(질)'의 '匕'에서 'ㅅ'을 취하여 '밧'의 음가로 사용했다. '外(외)'의 뜻 '바깥'에 '바'의 자형이 들어있다. 즉 '夕(석)'은 'ㅂ'으로 '발'이다. '발'이 밖으로 나갔다. 些(사)의 음가도 此(이차)의 뜻으로, '이'와 '二(두이)'의 '이'가 합하여 구구단처럼 '이×이=사'가 됐다. 籍(적)은 (竹(죽)+耒(쟁

102 박제상, 《부도지》, 김운수 역, 한문화, 2002, 5~9쪽.

103 《훈민정음해례본》, 한글학회, 1985.

기뢰)+昔(저녁석)의 결합으로 晝耕夜讀(주경야독)을 하나로 압축시켜 만든 글자다. 즉 晝(서)=竹(죽), 耕(경)=耒(쟁기뢰), 昔(저녁석)=夜(밤야)다. '낮에 쟁기질하고 저녁에 쌓여 있는 죽간을 읽는다'는 글자다.

이처럼 한자는 문장을 이루기 때문에 선조들은 한자의 자형을 풀어 읽듯이 이해했다.

세종대왕께서 전해져 내려온 한글을 음운학적으로 분석하여 구강구조와 연결시켜 한글 자모의 모습을 재정립한 것이지 한글 자체를 창제한 것은 아니다. 한글을 음운학적으로 분석한 것은 매우 창의적인 해석이다. 그러나 이로 인해 한글이 가지고 있던 상형성과 기호성이 상실되는 결과를 낳았다. 또한 한글창제의 목적에서 밝힌 "나랏말싸미 中듕國귁에 달아 文문字쫑와로 서로 스뭇디 아니홀쎄"에서의 中國(중국)은 明(명)을 지칭한다. 즉 중원에 세워진 나라는 秦(진)·漢(한)·隋(수)·唐(당)·明(명)처럼 외자를 쓰고 뒤에 '國(국)'자를 붙이지 않는다. 그들은 '華(화)'자를 붙여 中華(중화)라 한다. 즉 明(명)을 中國(중국)이라 표현한 것은 한민족이 '國(국)'의 개념을 최초로 만들었기 때문에 明(명)자 뒤에 '國(국)'또는 '나라'라는 말을 붙여야만 '국가'라는 개념을 인식하기 때문이다. 당시 조선의 일반 백성들은 한자를 알지 못한 관계로 한글을 만들었다는 것과 한자를 중국의 문자로 인식했음을 창제목적을 통해 알 수 있다.

2
‘東西南北(동서남북)’의 象徵(상징)

1) 東(동)에 담겨진 象徵(상징)

표 2-25. 東(동), 冬(동), 期(기)의 금문·전문·고문·해서 자형

古文	金文	篆文	楷書
(갑골)			東(1)
			冬(2)
			期(3)

(1)‘東(동)’의 갑골문과 금문은 자루의 양끝을 묶는 자형이다. 밤새 자루 속에 묶여있던 태양이 둥글어 나온 것이다. ‘東(동)’을 ‘日+木’으로 보고 ‘나무 사이에 걸렸다’는 해석과는 다르다. ‘冬(동)’자에 자루에 묶여 있는 ‘해’가 있다.

(2)‘冬(동)’은 ‘겨울지낼동’자로 ‘겨울이 오면 동굴에서 산다’는 의미다. 《史記(사기)》에 冬(동), 土地若寒(토지약한)이라 했다. 즉 ‘冬(동)=寒(한)’이다. ‘冬(동)’의 고문은 ‘日(일)+夊(치)’로 ‘夊(치)’는 ‘終(마칠종)’의 원 자다. 《說文解字(설문해자)》에 冬四時盡也(동사시진야)라 했다. 즉 시간을 다했으니 해가 동굴로 들어가 쉬는 것이다. 금문·전문·고문을 보면 ‘동(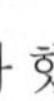)’은 ‘해가 동굴로 들어간다’와, ‘동()’은 사람 또는 빛()이 추위를 피해 동굴()로 들어간다’는 의미다. ‘’자형은 사람이나 빛을 상징하는 ‘ㅊ(뻗친다)·ㅅ(내린다)’의 상징이다. ‘동()’

은 해가 동굴에 들어가 문을 걸어 잠근 것으로 한 겨울을 나타낸다. '冬(동)'자에서 '⚘'을 보면 사람이 동굴에서 살아온 문화가 담겨있다. 동굴의 모양 '⊂⊐'은 'ㄷ'과 같고, 한자 '匸(감출혜)'는 '해를 감춘다'는 뜻으로 '해'는 '혜'로 같은 음가다. '해'는 'ㅏ'의 음가로 밖으로 나온 '해'고 '혜'는 'ㅓ'음가로 해가 들어간 것이다. '해나 달이 뜬다'도 같은 사물이 반복되는 복제의 의미다. 'ㄷ'자형의 '匸(혜)'를 세우면 '�凵(감)'으로 웅덩이다. '감=가마'가 되어 '검'은 곰이 숨는 '캄캄(감감)한 '굴'과 연결된다. 'ㄷ'은 동굴을 측면에서 본 것이고, 'ㅇ'은 동굴 전면의 모양이다. 이 두 기호의 결합이 'ㅎ'이다. 또한 '⊙'은 '해'로써 자음 'ㅇ'과 같다. 즉 고조선 문자의 원리로 보면 'ㄷ+ㅇ'의 기호가 만들어지고 이에 따라 '동'의 '음가'가 생긴다. 'ㅇ'은 한 바퀴 돌아 제자리로 돌아온다는 '◠' 기호가 된다. '동서남북' 모음은 'ㅗ·ㅓ·ㅏ·ㅜ'로 자형에 태양의 운행에 따른 방향성이 들어있다. 자음도 태양의 움직임을 가진다. 즉 'ㅅ'은 하늘에서 내려오는 빛이다. 상 또는 하로 솟는 상형이다. '동'은 해가 돌아 나오는 곳이고, '서'의 기호는 빛(ㅅ)이 들어(ㅓ)간 곳 또는 서쪽의 산 모양을 취한 것이 '西(서)'다.

(3)'期(기)'자의 고문(𣄰)에도 '⊙'이 있다. 일정 간격 속에 있는 '해'다. '期'자형이 '기'의 음가다. '鬼(귀)'의 고문 '鬼'자형과 연결된다. '기'는 일어나는 힘이고 '귀'는 돌아가는 힘이다.

2) 西(서)에 담겨진 象徵(상징)

표 2-26. 西(서), 酉(유), 四(사)의 금문·전문·고문·해서 자형

胛骨文	金文	古文	籀文	篆文	楷書
 ⊎	 ⊗	 ⊗	 ⊠	 鹵	西 (1)
 丫	 曲	 丣		 酉	酉 (2)
⊟	 ⊖	 ⌒		 ⊟	日 (3)

'西(서)'는 '새'와 '알'에 관한 상형성이 명확하게 드러난 중요한 글자다.

(1)'西(서)'는 《說文解字(설문해자)》에 鳥在巢上也(조재소상야)다. 즉 '새가 나무 위 새집 위에 있다'는 것으로 '西(서)'가 '새'와 관련있다. '栖(깃들일서)'는 '새가 보금자리에 깃들임'이란 뜻이다. 새의 집은 동서남북 모두에 있기 때문에 단순하게 '새가 돌아간 집이 '서쪽'이 될

수는 없다. 즉 '새'는 '해'를 상징하기 때문에 '西(서)'는 '새가 날개를 접고 둥지로 돌아간다'는 설명이다.

갑골문 '⿴'는 새의 집을 중심으로 새집으로 새가 들어간 글자다. 이 자형과 금문 '⿴'을 보고 '술 따위를 거르는 용구 모양'으로 잘못 보았다. 오히려 갑골·금문(☷·☶)이 술통이다. 이 것이 '酒(주)'로 사용됐다. '十'자는 '하늘을 나는 새'로 사용됐다. 이런 면에서 '本(본)'자는 '큰 새'를 뜻한다. 금문 '⿴'의 'メ'자는 '날지 않는 새'다. 나무로 얼기설기 엮은 새집은 '⊠'자형으로 그렸다. 이러한 결합자로 '⿴'자형은 '둥지 속에 깃든 새'가 된다.

西(서)의 전문(☶)에서 '새'가 명확하게 나타난다. 새(ㅋ·ㄹ)가 꼬리를 내리고 집(⊠)위에 앉았다.

새가 날지 않는 것을 꼬리를 늘어뜨린 것으로 표현한 것이다. 그리고 고문·주문(☶·☶)에서 'ㅋ'은 '上(상)'으로 바뀌었다. 즉 '上(상)'은 '하늘에 있는 새'의 의미로 사용되고 솟대의 새가 된다. '상'의 음가는 '위'를 뜻한다. 모음 'ㅗ'자가 '上'의 고자다. 'ㅗ'는 '위로 오른다'는 기호다. 'ㅋ'자형은 '弓(궁)'의 개념으로 연결된다.

(2)'酉(유)'의 전문(☶)은 '西(서)'와 같은 자형이다. 해가 지는 시간인 四時(사시)와 닭을 뜻하는 십이지의 '酉(유)'시로 사용된다. 즉 '四(사)·西(서)·酉(유)'는 모두 같은 '새'의 상징을 갖는다. '四(사)'에서 'ㅁ'은 땅을 나타내고 4개의 각이 있기에 '사'다. '땅을 걷는다'는 뜻에서 '儿(어린사람인·아이아)'다.

西(서)의 고문(☶)은 사람이 뒤로 몸을 돌릴 때 원심력으로 양손이 허리로 말려 올라간 모양으로 표현했다. '西=口(땅)+兀(뒤를 향해 걷는 발)'이다. 즉 '해 뜨는 동쪽에서 해지는 서쪽'으로 '돌아서'라는 어순에 '서'의 음이 붙어있다. 'ㅅ'은 돌아 섰을 때의 발의 모습으로 '武(무)'의 갑골문 'メ'에 잘 나타나 있다. '旰(간)=日(일)+干(간)'이다. '해질간·해질한'이다. '干'자형은 위에서 '西(서)'와 즉 '해가 땅속으로 들어간다'는 글자다. '艮(간:멈추다)'은 해가 하늘로 돌아가 머무는 것이다. '간'은 '간다', '한'은 하늘의 음가다. '旱(한:가물다)'는 하늘의 태양이 위에서 아래로 내려쬐니 물이 없다. 모두 우리의 생활언어다. '訐(알·계)=言(언)+干(간)'이다. 말하는 주체가 '해'이기 때문에 '알'이고 계속해서 말을 이어 말하기 때문에 '계'의 음가를 갖는다.

'돌아서'는 동작이 '☶'자형이다. '柳(유)'의 '卯(묘)'는 토끼와 아무런 상관이 없다. '버드나무 가지가 바람에 흔들리는 것'을 손이 흔들리는 것으로 비유한 것이 '卯(묘)'자다. 그래서 '邜'자형의 '卯'로 '卯(묘)'자를 사용한다. 운광류의 '柳絲勢(유사세)'가 돌아서 자세를 취하는 것이 이러한 개념이 있기 때문이다. '西風(서풍)'을 '하늬바람'이라 하는 것은 '하'는 '해'고, '늬'는 '뉘우다'는 뜻으로 '해가 서산에 넘어가 뉘어 놓는다'다. 붉은 '노을'의 '을'은 '알'이 들어간(一) 저녁 해의 모습이다. 또한 해가진 저녁에 서(산등성이에 떠오름)는 것이 '달'이기에 '夕(석)'이다. 서(저녁)+ㄱ(위)에 뜬 달'이다.

'北(북)'은 밤하늘 북두칠성이 있는 방향이고, '南(남)'은 날이 밝으면 별이 땅으로 내려오는 방향이다. '놈'의 'ㄴ'은 '내려와 눕는 것'의 기호고, 'ㅁ'은 땅이므로 '땅 쪽으로 내려오는 방향이다'는 기호가 된다. 봄춘(春)·가을추(秋), 여름하(夏)·겨울동(冬=凍)의 음가의 관계도 춘분과 추분의 대칭관계가 있다. 즉 '춘≠추'는 '하(夏)≠한(寒)'의 대칭적 음가다. '봄'의 음가는 '움튼 새싹을 본다'는 시각의 뜻이 있다. 한자 '춘'은 '추(추)위가 간다(ㄴ)'는 의미가 있다. 여름은 '열음'이다. '열'은 '熱(열)'이다. 더운 한 여름 토하는 숨소리는 '하(夏)'다. 찬바람 드는 가을 숨소리는 '추(秋)'다. '가'는 우측 외부지향이고 '을'은 '알'이다. 즉 '해(알)가 밖으로 간다'는 의미가 자형과 음가에 있다. '겨울'의 '겨'는 '내부로 들어간다', '울'은 빙빙 도는 개념이다. 겨울은 해의 길이가 짧고 해의 회전 폭도 짧다. 즉 '해가 빨리 돌아 들어간다'는 뜻이 음가에 있다.

(3) '日'속에 있는 '一'이 '일'이다. 日(일)의 고자 '⊙'는 '해'와 '새'가 같은 뜻으로 섞여 쓰이면서 해 속에 '乙(을)'자가 들어간 글자다. 《說文解字(설문해자)》에서 단옥재는 "글자 모양 가운데 까마귀가 있다. 그런데 무후가 '⊡'자로 잘못 만들었다."고 주석을 달아놓았다. 새가 알에서 나오면 乙(을)이다. '⊙'자형은 태양 속에 까마귀가 있는 상징으로 '태양'을 상징하고 우주전체를 표현하는 '☯(太極:태극)'이 됐다.

왜? 낮의 태양 '⊙' 속에 어둠의 신 '까마귀'가 앉아 있을까? 이것이 한민족 신화의 비밀이다. 태양의 본 모습은 '✿'이다. 태양은 낮에 동에서 떠서 저녁이면 서로 진다. 이때 낮에 열심히 일을 한 붉은 태양은 밤하늘로 올라가 검은 새(까마귀)가 되어 북두에서 선회를 하며 쉰다고 생각했다. 밤의 색은 '까마'다. 하늘로 다시 돌아가는 것은 '歸(귀)'다. 밤하늘에 하늘로 돌아간 '까마귀'는 어디에 머물고 쉴까? 바로 '북두칠성'이다. 북두칠성을 단순하게 일곱 개의 별로만 보지 않았다. 모양에 따라 '국자·두레박'으로 보았고, 더 크게는 곰의 일부분으로 의미를 부여했다. 이렇듯 북두칠성을 연결한 완만한 선(◡)의 모양에서 하늘로 올라간 커다란 '까마귀'로 보았다. 또한 북두의 개념은 견우와 직녀, 둘이다. 그래서 북두칠성의 자루가 눕는 '◡' 곳에서 '乙乙半弓(을을반궁)'이 되어 음양이 나뉘어졌다. 즉 태양의 속성은 낮의 붉은 '주작'과 밤의 '까마귀'를 겸할 수밖에 없다. 즉 낮에 떠오르는 태양의 본 모습은 표현한 것은 순수한 '〇'이고, 밤에 북두칠성(까마귀)을 표현한 것은 '◡'이다. 이 두 개념이 결합된 것이 바로 '⊖'자형이다. 이렇게 새의 신화가 복잡하게 결합된 것이 太乙(태을)이다. '乙(을)'은 새다. 그래서 '太陽(태양)'속에 까마귀가 머물 수밖에 없다. 또한 '⊖'은 한글 'ㅇ'과 'ㄹ'이 되어 '을'이 됐다. 즉 '⊖=☯=을'이다.

《鄭鑑錄(정감록)》, 《格庵遺錄(격암유록)》 등에서 천부의 이치를 자신의 몸에 실행하는 간결하게 표현한 것이 弓弓乙乙(궁궁을을)이다. 여기에서 弓乙(궁을)의 실체는 바로 '너 자신은 새의 아들, 천손이다'는 주문이 면면히 수천 년 내려온 한민족 깨우침의 소리다.

3) 南(남)에 담겨진 象徵(상징)

표 2-27. 南(남), 凡(범), 庚(경), 干(간), 入(입)의 갑골문·고문·금문·전문·해서 자형

胛骨文	古文	金文	篆文	楷書
㞋	峯	峀	峀	南(1)
븝	븝	尺	尺	凡(2)
芇		芇	芇	庚(3)
	ⵜ	ⴲ		干(4)
∧	∨			入(5)

(1)'南(남)'의 "갑골문은 '屮+入+凡'이다. '屮(철)'은 풀의 상형. '入입'은 '들어가다'의 뜻이다. '凡범'은 '바람'이라는 뜻이다. 봄이 되어 살그머니 스며들어 초목이 싹트도록 촉구하는

남풍의 뜻으로 '남쪽'의 뜻을 나타냄."[104]으로 설명되어 있다.

(2)'凡(범)'의 갑골문 '✄'형과 금문 '✄'형이 닮았기 때문에, 南(남)의 갑골문에서 '배의 바람을 맞는 돛'을 나타낸다고 해석을 한 것으로 보인다. 그러나 고문 '峯'과 전문 '峇'을 보면 '✄'자형과 관련이 없다. 'Y=Ψ=火'은 '빛'이다. '峯=火+羊'자형의 '羊'은 '羊(양)'의 의미로 보면 '태양이 밝고 뜨겁게 일어나는 곳'이란 뜻이다. 금문 '峇'자형의 '火'은 해가 머리위에 곧게 서 있는 것으로 머리는 북쪽이고 고환은 남쪽이다.

'朝(조)'의 고문 '翰·翰'이 '火+丁'으로 南(남)이 금문에 있는 '火'자형과 같은 상징이다.

(3)'庚(경)'의 갑골문 '甬'은 千(천)의 금문 '∩'과 '干'의 결합이다. '∩'은 '冖(덮을멱)'으로 '宀'으로 상통한다. 즉 '하늘을 가득 덮은 빛'이다. 庚(경)의 갑골문 '甬'은 '南(峇·甬)'의 몸통과 같음을 알 수 있다.

(4)'干(간)'의 금문·고문 '半·半'도 '별'로써 '斗'庚(경)'의 금문 '半·干'과 같은 상징을 갖는다. 즉 '별빛이 땅으로 내려 옮'과 '땅속으로 들어감'을 나타낸다. 또한 '干'자형은 '干(간)'자형으로 '土'와 반대 모양이다.

(5)'南(남)'의 갑골문에 있는 '入'의 '∧'은 한자 '入'으로 '들어간다'는 의미로 해석했다. 고문에서는 방향이 바뀌어 'V'이 됐다. 즉 '내려간다·들어간다'는 의미다. 이것은 모두 한글 'ㅅ'의 방향성과 일치한다.

4) 北(북)에 담겨진 象徵(상징)

표 2-28. 北(북), 匕(비), 比(비), 化(화), 人(인)의 갑골문·고문·금문·전문·해서 자형

胛骨文	金文	篆文	古文	楷書
𣥵	𣥵	𣥵		北(1)
𠤎	𠤎	𠤎		匕(2)
𠤎𠤎	𠤎𠤎	𠤎𠤎	𣥵𣥵	比(3)
		𠤏	𠤏	化(4)

104 《한한대사전》 민중서림, 1997, 341쪽.

(1)'北(배·북)'은 갑골문에 '𣎥'자로 북두칠성이 '동·서'에 있는 것을 설명하는 글자다. '北 (북)'자형이 나란히 있으면 '나란히 하다'는 '比(견줄비)'자형이 된다. '比(비)'는 견우와 직녀 가 만난 것이고 '北(배)'는 서로 헤어져 등진 것이다. 특히 '斗(두)'자는 정북을 뜻하기에 '十'자 가 반드시 있다. 북두에서 구부려지면 '九(구)'자가 된다.

(2)'匕(비)'는 무릎을 꿇고 소원을 '비'는 자형으로 妣(비:죽음어미)의 원자로 '여성'을 나타 냄을 알 수 있다.

(3)'比(비)'와 통하여 '돌아가신 아버지와 짝인 여성'의 뜻으로 본다. '毖(폐:죽다)'는 '比 (비)+死(사)'다. '比(비)'가 조상임을 나타낸다. '死(사)'는 '一+歹+匕'다. 한민족의 죽음은 '밤 하늘 북두칠성으로 돌아간다'는 개념의 글자임을 알 수 있다. '比(비)'의 고문 '林'은 '十+𠆢'이 다. 즉 '十'의 두 별은 견우와 직녀로 현무다. 현무는 한민족의 조상신이다. '毖(폐)'도 의미는 같다.

(4)'化(화)'자가 人(인)자형과 닮다보니, 지사로 '사람이 죽은 모양'에서 '바뀌다'로 보았다. '匕(비)'의 고자가 '化(화)'다. 북두칠성 자루의 위치가 바뀐 것이다. 이것을 사람의 죽음과 연 결시켜 의미를 부여했다. 사람이 죽으면 '亡(망)'이다. 땅 구덩이에 있는 사람이다. 한민족은 북두칠성으로 돌아간다고 생각한 민족이기에 칠성판을 두었다.

등지면 '北(배)'가 된다. 나란히 있던 '比(비)'가 서로(견우·직녀) 떨어져 등을 지고 있어 '北(배)'는 '배신'의 뜻이 있고, '比(비)'자도 같은 개념에서 만들어졌기 때문에 '배신'이란 뜻이 있다. '北(북)'자형과 닮은 '등지다'는 '非(비)'자형도, '비'의 음가와 '배반'이란 뜻을 가지고 있 어 한자 背(등질배)·脊(등척)에 사용된다. 또한 '北(북)·比(비)'자는 견우와 직녀의 신화와 연결된다. 즉 '北(배:견우성과 직녀성)'가 북쪽에 있기에 '北(북)'이란 개념으로 쓰인다.

중화에서 貔貅(비휴)는 곰과 호랑이를 닮은 맹수로 천상을 수호한다고 생각했다. '貊(맥)' 에 '豸'자형이 있다. 뜻도 '해치(해태·해채)'로써 '웅크리고 노려본다·해친다'는 뜻이다. 광 화문 앞에 양쪽에 세운 '해치'는 '남산의 화기를 해치운다'는 의미다. 貔(비)는 豸+比로써 '比 (비)'자의 상징이 있다. 해태와 비휴의 양 날개를 比(비)자형에서 취했고, '比(비)'의 음가는 난다는 '飛(비)'와 상통한다.

'北(북)'자가 마주보면 '井(정)'이다. '井(정)'은 동서남북의 정 위치에 자리한 북두칠성을 합친 글자다. 첨성대의 정상에 있는 '井(정)'자가 북두칠성이다. 또한 등진 '北(배)'자가 마주

보면 한글의 'ㅂ'이 된다. 몸의 '등' 반대에 '배'가 있기에 한자 '背'의 음가는 '배'다. 騰蛟勢(등교세)에 '등(騰)'은 등의 이두문이다. 사람의 등을 '산등'으로 비유하였음을 알 수 있다. 따라서 '등'의 음가를 가진 모든 한자에 '오른다'는 기본 의미를 가진다. 옛날에는 '북쪽(등)'을 기준으로 하여 왼쪽은 동쪽, 오른쪽은 서쪽을 나타냈다. 좌청룡은 북의 현무 위치에서 정했기 때문에 해가 뜨는 동쪽이 '좌'다. 우백호는 서쪽의 '우'다. 동쪽은 해가 뜨고 해는 바다에서 나온다. 그리고 용은 바다에서 산다. 그래서 '海東靑(해동청)'은 모두 같은 상징과 개념을 공유한다. 즉 '東(동)'은 해가 뜨는 곳으로 '해=ㅇ·ㄹ(올)=남자=靑(청)'이다. '서'는 백호다. 서쪽의 상징인 '金(금)'이 '白(백)'이고, 금성이 호랑이를 상징하기 때문이다. '동해'의 대칭은 '서산'이다. 즉 해가 뜨고(ㅣ) 넘어가(ㅓ)는 '산(ㅅ)'을 '서'로 정한 것이다. 넘어가는 '해'는 음에 물들여져 붉게 된다. 즉 해가 가고 달이 온다. '밤=ㄷ·ㄹ(돌)=여성=붉음=紅(홍)'의 상징이 연결된다. 남방문화인 중화족의 위치에서는 '東(동)'은 '우청룡'이 된다. 즉 동서남북과 사신(좌청룡·우백호·남주작·북현무)의 개념은 북방문화이지 남방문화가 아니다.

북극성은 중심에 홀로(丶)있기에 '丼(정)'자가 된다. 이때는 홀로라는 '單(단)'의 음가를 가지게 된다. '丹(단)'의 고어 '彬(단)'의 자형에 '丼(단)'이 있는 이유다. 즉 '丼=丹'으로 북두칠성의 중심인 북극성을 신체중심과 연결시켜 개념을 잡은 것이다. '북'의 한글을 분석하면 높고(ㄱ) 높은 곳(ㅜ)에 있는 'ㅂ(견우·직녀)'란 기호가 된다.

3

朝鮮(조선)과 韓民族(한민족)의
신화를 담은 漢字(한자)들

"조선이란 이름은 伯益(백익:단기1세기(4300년 전))《山海經(산해경)》의 〈大荒東經(대황동경)〉에 '청구나라가 북녘에 있다 또는 조양 북녘에 있다'《海內經(해내경)》에 '조선'[105]이라는 나라에 대한 기록이 처음 나온다. 고조선 마지막 임금 때 저술된《山海經(산해경)》은 주나라와 진나라 때 다시 기술됐다가 전한 때 궁중 비서였던 유흠에 의해 다시 정리되고 동직의 곽박에 의하여 주석이 갖추어졌다. 이 책이 처음 만들어졌을 당시에는 상고금문인 그림 글자로 쓰여져 난해하여 후대의 역사가들의 시각에 따라 해석이 구구했음은 말할 것도 없다. 2000년이 지난 후 한나라 때 한자로 다시 쓰여졌다."[106]

위 내용은 '상고금문으로 된 고조선의 문서를 중화에서 해석할 수 없어 의견이 분분했던 것을 2,000년이 지난 후에 한자로 옮겨 적었다'는 것이다. 2,000년 후에 한자로 옮긴 문서의 내용이 어느 정도 정확한지 의문이다. 상고금문은 동이족이 사용한 음가와 의미를 적용해서 해석해야 잃어버린 상고의 역사를 찾을 수 있을 것이다.

....

105 東海之內(동해지내) 北海之隅(북해지우) 有國名曰(유국명왈) 朝鮮天毒(조선천독) 其人水居(기인수거) 偎人愛之(외인애지).

106 김대성, 《금문의 비밀》, ㈜북21 컬쳐라인, 2002, 154쪽.

가장 오래된 백과사전 《爾雅(이아)》에 '朝(조), 早也(조야)'라 했다. 가장 이른 할아버지, 시조 '조(祖)'가 '조(朝)'의 소릿값이다. 《爾雅(이아)》에서는 또 '朝(조)'를 이두음 '阿朕(아짐)'이라 했다.

《山海經(산해경)》에 "大荒之中有山(대황지중유산) 名曰不咸(명왈불함) 有肅愼氏之國(유숙신씨지국)", 《晋書(진서)》의 〈四夷傳(사이전)〉에 "肅愼氏(숙신씨) 一名挹婁(일명읍루) 在不咸山北(재불함산북)", 《魏志(위지)》의 〈勿吉傳(물길전)〉에 "勿吉在原來肅愼(물길재원래숙신)", 《舊唐書(구당서)》의 〈靺鞨傳(말갈전)〉에 "靺鞨蓋肅愼之地(말갈개숙신지지)"라고 명확히 기록되어 있다. 朝鮮(조선)의 이두표기는 肅愼(숙신)·朱里眞(주리진)·珠申(주신) 등이다. 우리가 알고 있는 女眞(여진)의 본래 표기는 朱里眞(주리진)이다. 현재 중국인들은 '뉴우신'으로 발음한다. 이처럼 명확하게 기록되어 있는 고조선 계열의 나라들을 우리는 중화의 나라로 배웠다.

《史記(사기)》에 "장연이 조선에 濕水(습수), 洌水(열수), 汕水(산수)가 낙랑으로 의심되며, 이름을 취해서 조선이라 했다."[107]고 하자 索隱(색은)은 "朝(조)'의 음가는 '潮(조)'요, '鮮(선)'의 음은 '仙(선)'이고 '汕(산)'의 음은 '訕(산)'으로 汕水(산수)가 있는 까닭에 조선이라 했다."[108]고 풀이했다. 이미 한자를 음가 중심인 이두로 사용했던 것을 안 것이다.

"鳥(조)와 朝(조)가 같은 뜻임을 알 수 있다. '鳥(조)'는 뜻풀이 이고 새의 옛 우리말은 해다."[109] 이처럼 한자를 음가 중심으로 사용해왔던 기록들은 무수히 많다. 이것을 '이두문'이라 후대에 붙인 것이다. 낙빈기는 '朝(조)'자의 '卓'는 두 손으로 해를 받들고 있는 '𦥑'로 보았다. 가장 오래 된 '朝(조)'자가 "장삼식의 《대한한사전》에 진나라 이전에 쓰던 문자 '翰(조)'자가 실려 있다."[110] 또한 '期(기)'의 금문(𦥑)에도 '𦥑'자형이 있다.

....

107 張晏曰濕水), 洌水, 汕水 三水 爲 列水, 疑樂浪 朝鮮取名於此也.

108 朝音潮 鮮音仙 而有汕水故然也 汕一名訕.

109 김대성, 《금문의 비밀》, ㈜북21 컬처라인, 2002, 149쪽.

110 김대성, 《금문의 비밀》, ㈜북21 컬처라인, 2002, 151쪽.

사마천은 "조선왕 衛滿(위만)은 원래 燕(연)나라 사람이다. 衛滿(위만)이 망명하여 천여 명의 무리를 모아서 상투를 틀고, 蠻夷(만이)의 의복을 입고 동쪽으로 요새를 빠져 달아나 패수를 건너 秦(진)의 빈 땅의 아래위 보루에서 살면서 진번·조선의 蠻夷(만이)와 옛 燕(연)·齊(제)의 망명자들을 점차 복속하게 하고, 왕이 되어 王險(왕검)을 도읍으로 삼았다."[111]고 했다. 燕國(연국)의 섬서성 국민들은 대부분 한민족의 상징인 '韓氏(한씨)'를 사용했으며, 식민사학자 이병도도 韓氏朝鮮(한씨조선)이라 주장했다.

1) 朝(조)에 담겨진 象徵(상징)

국호 '朝鮮(조선)'의 '조' 음가에는 '새'를 상징하는 내용이 포함되어 있다. '嘲(지저귈조)'자를 보면 '朝(조)'자 앞에 'ㅁ'자를 붙여 아침에 '지저귀는 새'의 의미로 사용했다. '새=세'를 뜻하는 '조(鳥)'의 음가 '조'의 상하에 있는 가로(一)는, 위쪽은 하늘을 아래는 땅을 의미한다. 땅(一)에서 하늘로 오르는 상형(丨)이 결합하면 'ㅗ'가 된다. 또한 'ㅅ'은 사람이 서서 손은 좌우로 45° 내린 모습이다. 또한 하늘을 나는 '새'의 모습이다. '아'는 '태양'을, '어'는 '달'을 상징하고 '丨'는 올라간다는 기호다. '丨'가 결합되면 '새'가 '세'가 된다. 지상의 '새'는 '조상(祖上)'으로 숭배되어 鳥(조)가 된다. 아침에 뜨는 해(새)도 '조(朝)'의 음가를 가지는 이유다. 朝(조)의 古字(고자)는 '晁(조)'다. '晁(조)'자형은 새가 양 날개를 펼치고 날아오르는 자형이다. 여기서 '兆(조)'는 새의 날개를 나타내기도 하지만 밤하늘 동서에 펼쳐진 별이다. 날이 새게 되면 별이 지면서 '해를 떠받친다'는 의미가 내포하고 있다. 이렇게 '조선'은 단순하게 '고요한 아침의 나라'만을 의미하지 않는다.

---

111 朝鮮王滿者,故燕人也. 滿亡命,聚黨千餘人 魋結蠻夷服而東走出塞 渡浿水,居秦故空地上下鄣 稍役屬真番 朝鮮蠻夷及故燕,齊亡命者王之 都王險。

표 2-29. 朝(조), 乾(건), 幹(간), 斡(알), 韓(한), 韋(위), 司母戊鼎(사모무정)'의 갑골문·금문·전문·주문·대한한사전·강희자전·해서 자형

胛骨文	金文	篆文	籀文(주문)	대한한사전	강희자전	楷書
𣇵	𣇵			𣇵	𣇵	朝(1)
	乾	乾	乾			乾(2)
		斡			斡 斡	幹(3)
		斡				斡(4)
𩰫	韓	韓				韓(5)
韋 韋	韋	韋 韋				韋(6)
	司母戊鼎	司母戊鼎	司母戊鼎			司母戊鼎

(1)'朝(조)'는 秦(진) 이전에 사용된 '𣇵'자에서 '人+舟'가 '人+月'로 바뀌고, 다시 '月'로 최종 바뀌어 지금의 '朝(조)'가 됐다. 중국의 소남자는 진시황 때 사용된 '斡(간)'의 좌측 '𦥑'자형이 '朝'자형의 본 형태로 최초의 '朝(조)'자가 '𣇵'자라고 추정했다. 김대성은《금문의 비밀》에서 '𦥑'자형을 날 일(日)자 세 개 사이에 솟대가 세워져 있고, 그 아래 손으로 떠받들고 있는 것으로 보았다.

그런데 저자가 연구한 결과 '乾(건)'의 전문에도 '𦥑'자형이 사용되고 있는 것을 확인했다. '𩰫'은 '韓(한)'의 '갑골문'과 '𩰫'와 똑같고. 특히 '치우'의 모습은 '소'와 매우 닮았다. '蚩尤(치우)' 자형에 '𤑳'가 있다. 치우는 전쟁의 신으로서 후대에 '소'의 형상 투구를 머리에 쓰고 천문의 주인으로 있어 신으로 숭배했다. '尤(우)'자는 '절름발이尢(왕)'이다. 즉 'ㅜ(정)'의 자형이 절름 발의 왕이다. '𤑳+丁'는 '머리가 소인 왕이 '외발로 서있다'는 뜻과 '丁(정)'은 正(정)이다. 正 (정)은 丅(하)와 丄(상)이 바르게 곧게 만난 것이다. '丁'자형의 한글 음가는 '우'다. 여기에 '斡' 자형은 '𦥑=𦥑=𩰫'으로 변형됐음을 알 수 있다. '치우'가 '창'을 만들었기 때문에 戟(극)[112]자에

....

112 《운부군옥(韻府群玉)》에 "길이는 1장 6척이고 너비는 1촌 반이다. 두개의 곁가지가 있어서 극(戟)이라고 하며 곁가지가 하나이면 과(戈)라고 한다."

'흑'자형이 있다. '戟(극)'은 삼지창으로 치우머리에 뿔로 표현됐다〈그림 2-14〉.

고구려의 철갑기마병인 '鎧馬武士(개마무사)'의 鎧(개:갑옷)=金(금)+豈(개)다. 豈(개)는 凱歌(개가)로 '승전가'다. '豈=개가개'로 '개'의 음가는 '가기'다. '기'는 한자로 己(기:다스릴기)가 되어 '긔(개·기)=豈(개·기)'다. '어찌 감히'의 한자 '豈敢(기감)'과 승전곡인 '凱歌(개가)'를 보면 연전승전한 개마무사의 무서움을 알 수 있다. 또한 豈(개)의 갑골문은 삼지창에 '豆(두)'다. 머리에 삼지창이 붙어있다. 즉 치우의 상징이다. '己(기)'자형은 몸을 굽힌 모양이다. '跽(기:무릎꿇다)'다. '기'의 소리가 갖는 '다스리다·웅크리다·일어난다'는 의미를 사용하여 '騎(기)'는 '말탈기'가 된다.

중요 제례에 '소'를 제물로 바치는 것도 '소'가 '신'의 상징이고, 견우가 소를 끄는 것도 '소'가 '견우'의 상징이기 때문이다. '告(고)=牛+口'는 '알릴고·곡할곡·국문할국'의 의미와 음가를 가진다. 갑골문은 소를 잡아 신이나 조상에게 제물로 받쳐(犧牲(희생):牛자가 붙어있음) 告(고)하는 것으로《書經(서경)》에 기록된 告厥成功(고궐성공)이다. '成功(성공)'된 일을 告(고)하는 주체는 '소'다. 諜告曰楚幕有鳥(첩고왈초막유조:염탐한 것을 초막에 있는 새에게 고합니다)의 기록을 보면 상고시대에 동물은 '牛(우)·鳥(조)'처럼 사람의 상징이었고 이것이 토템이다. 때문에 '馬加(마가)·牛加(우가)·狗加(구가)·豬加(저가)'처럼 동물들로 부족장을 나타냈다. '加(가)'는 족장을 뜻한다. 후대에 '가'의 음가인 家(가)로 사용되고 있다. 고대 토템은 보편적 인식이었기 때문에 반인반수의 그림과 조각이 있다. 즉 '치우=견우=현무'로 연결된다.

치우와 관련 있는 '毒(독·대)'자에 현무와 관련된 '거북이'의 뜻이 있다. 즉 현무는 거북이와 뱀의 형상이다. 여기서 견우는 거북이고 직녀는 뱀이 된다.

(2) '乾(건)'의 전문 '𩏂'은 '幹(간)'의 '倝'자형과 닮았다.

(3) '幹(간)'의 강희자전 (倝(간):해돋다)의 음가는 '간다'는 우리말 '간'이다. '倝'자가 '幹(간)'이다. '干(간)'은《皇極經世(황극경세)》에 '支干配天地之用也(지간배천지용야)'라 하여 천지를 연결하는 것으로 '빛줄기가 곧게 내려간다'는 기호다. '干(간)'은 '二(이)+丨(곤)'이다. 여기서 '二(이)'는 북두를 나타낸다. '幹(간)'의 전문 '倝'은 '乾(건)'의 籒文(주문)=大篆(대전) '𩏂'에서 '乙(을)'자만 빠졌다. 즉 '𩏂=朝+人+乙'로 '사람(人)과 새(乙)'다.

(4)'幹(알)'은 '훙+휵'이다. '휵=人+휵'이다. 여기서 '人+훙=𠦝(幹)'이 된다. '휵'는 '斗(두)'다. 斗(두)와 干(간)은 같은 뿌리기에 '알'과 '간' 두 음가를 가지고 뜻은 돈다는 의미의 '돌'이다. 즉 '해와 북두칠성이 돈다'는 글자다. '알'은 '둥글다·해·새' 그리고 '해가 뜨고 지는 가로의 횡선'과 관련 있다. 여기에서 '人(인)'자는 견우직녀를 나타내고, 한자 '二(이)'와 '上(상)'으로 된다. '人(인)'의 'ㅣ'은 '별(여성)'이고, 'ㄴ(남성)'은 '불'이다. '휵'에서 '彡(삼)'은 북두에 사는 삼신이다. 삼수문화가 '斗(두)'자에 들어있다. 임금의 교지인 '旨(지:뜻)'는 '上+日'이다. 즉 '하늘의 뜻을 전한다'는 의미다.

(5)'韓(한)'은 '韋(에워쌀위)'는 '圍(위)'다. 고려시대에도 유학을 중시한 경주는 신라계를 華風(화풍)이라 하고 불교와 전통종교를 중시한 國風(국풍)과 세력다툼을 했다. 그 당시만 하여도 '國(국)'자가 한민족만이 사용하는 상징적인 글자로 계승됐다. 이처럼 한민족은 해와 달 그리고 신화체계를 담은 한자를 조합하여 나라의 국호로 정했고 한자를 음가중심으로 사용했다.

(6)'韓(한)'은 '𠦝+韋'자의 조합이다. 이 자형은 '乾(건)·韋(위)'자와 연결되고 사모무정에 韋(위)가 새겨져 있다. 즉 '해가 둥글게 에워싸다'와 '빙 돈다'는 뜻이다. '한'의 음가 자체가 '하늘'이다. '늘'의 'ㄴ'은 양손을 날개로 표시한 기호로 '새가 날개 짓으로 날아간다'는 것이고 'ㄹ'이 '乙'로 '새'다. 즉 '하늘'은 '해(새)가 날아간다'는 뜻이다. 낙빈기는 '𠦝'자형을 양 손으로 해를 떠받치는 '𢦏'자형으로 보았다. 즉 '韓(한)'자의 의미는 '해가 대지를 밝게 비춰주는 태양의 나라'다.

三韓(삼한)과 大韓(대한)에 쓰인 '韓(한)'자는 《詩經(시경)》의 〈한혁편〉에 처음 나온다. 즉 '韓後(한후)가 周(주) 선왕을(기원전 827-782) 방문했다'는 기록이다. 여기에서의 韓(한)은 춘추전국시대의 韓(한:기원전 403)보다 400년 전에 존재했던 나라다. 後漢(후한)의 왕부는 《潛夫論(잠부론)》에서 "《詩經(시경)》에 기록된 韓候(한후)의 후손은 위만에게 망해서 바다를 건너갔다."고 했다. 즉 고조선이 망하기 전에 이미 '韓(한)' 나라가 있었다는 것이다. 고종은 조선의 뿌리를 잊지 않기 위해 大韓帝國(대한제국)이란 국호를 지은 것으로 보인다.

| 치우상형 | 朝(조) | 乾(건) | 韓(한) |

그림 2-14. 치우의 상징과 '朝(조)·乾(건)·韓(한)' 자형의 비교

상고시대는 토템의 시대였다. 복희씨와 여와의 몸은 뱀이고, 편작은 새의 모습이다. 이러한 神怪圖像(신괴도상)은 토템시대에 당연한 관념이었다. '뱀'의 소리 음가는 '뱀(밤+이)'이다. "밤에 휘파람불면 '뱀' 나온다."는 속담은 '밤에 여자(뱀)를 집에 불러들여 성교를 한다'는 토템의 은어다. 실제 밤에 휘파람 분다고 뱀이 집에 들어오지 않는다. '뱀'은 야행성이고 '밤(뱀)'은 '음'으로 여성을 상징한다. 남녀가 서로 감싸 앉고 성교하는 것을 뱀으로 묘사한 것이다. 뱀은 한번 성교하면 72시간을 한다. 정력의 상징이며 다산의 상징이다. 이러한 상류시대의 은유와 토템을 실제적 사실로 해석한 것이다. 여와와 복희의 몸은 뱀으로 서로 꼬여있다. 이것은 서로 성교하여 만물을 창조한다는 상징적 표현이다.

2) 鮮(선)에 담겨진 象徵(상징)

표 2-30. 蘇(소), 魚(어), 鮮(선)의 갑골문·금문·전문·해서 자형

胛骨文	金文	篆文	楷書
	𩵋	𩵋	蘇(1)
𩵋 𩵋 𩵋	𩵋 𩵋	𩵋	魚(2)
	𩵋		鮮(3)

(1)'수두'의 한자 음가는 蘇塗(소도)다. 상고시대는 음가중심으로 사용한 한자 중 '수두'나 '소도'는 같은 상징과 개념으로 혼용하여 사용했다. '蘇塗(소도)'의 '魚(고기어)'자를 '魚(어)'의 '갑골문·금문을 비교하면 서로 다르다.《梁簡文帝(양간문제)》에 流蘇(유소), 金蘇翠帳(금소취장)이라하여 오색 찬란한 천이 늘어서 있는 곳(술소), 그리고 쉬는 곳(쉴소)이 성소다. 이

176

러한 글자가 '蘇(소)'다. '蘓(검불소)·麻(초가소·암자)·嚛(잔소리할소)·櫯(다목소)'를 보면 소도는 검불 나무나 흙담으로 만든 작은 암자다. 즉 '魚(어)'자가 집을 나타냈음을 알 수 있다. 또한 '蘚(선)'은 이끼다. 김산호는 대한민족통사에서 사슴이 이끼를 따라 이동한 것으로 보아 '조선'의 원 음가인 '쥬선'을 한자 '走蘚(주선)'으로 해석했다. '소도'는 당시에 신을 모시는 성소였다.

(2)'魚(어)'는 魚에서 '魚(고기어)'자가 됐다. 한민족은 소도에 '솟대(수두=소도=솟대)'를 세우고 솟은 臺(대:제단)도 세웠다. '蘇(소)'자에서 '禾(화)'자는 솟대다. '독수리(禿:독)'의 '禿(독)'은 '禾+儿'이다. '禾'자형이 나무에 앉은 '새'다. '塗(도)'는 성소에 잘 만들어진 제단이다. 21대 단군의 이름도 蘇臺(소대)로 '솟대단군'이다.

《爾雅(이아)》에 '鮮罕也(선한야)'라 했다. 罕(한)은 '鳥網(조망)'과 '星宿(성수)'다. 즉 '한'의 음가는 '하늘'이고 '鳥網(조망)'의 '鳥(조)'는 하늘의 '해'를 상징한다. 사전의 해석으로 '鳥網(조망)'은 '새를 잡는 그물'이다. 그렇다면 어순이 '鳥網(조망)'이 아니라 망조(網鳥)가 되어야 한다. 그물은 새보다는 고기를 잡는데 더 쓰인다. 즉 '鳥(조)'가 '網(망)'이므로 '태양의 빛이 온 대지를 그물처럼 뒤 덮는다'는 뜻으로 해석해야 한다.

(3)'鮮(선)'의 갑골문과 금문은 '𩶑'=𝑂+魚'이다. 여기에서 '魚'자형을 '고기'로 보았다. 그러나 '魚(어)'의 갑골문(𩵋)·금문(魚·魚)과 다르다. '魚'자형 머리 위에 '𝑂(해)'가 있다. '魚'은 양 날개를 활짝 펼치고 하늘로 치솟는 '새'다. '𝑂(해)'가 '羊(양)'으로 치환됐다. 양을 하얀 모습과 뿔이 말려 돌아간 것이 태양의 속성을 닮았다고 생각한 것이다. '𩶑(鮮)'은 밤에 사라졌던 태양이 다시 아침이면 生(생)겨나 새처럼 하늘로 치솟아 旋回(선회)한다고 생각했다. 즉 '鮮(선)'자가 '둥근 해'를 뜻하기 때문에 둥근 '玉(옥)'이 '璇(선)·琁(선)'처럼 '선'의 음가를 갖는다. 또한 작고 둥근 '조약돌'의 음가가 '조' 인 것도 鳥(조)가 '알'이기 때문이다. 조약돌의 한자는 사라졌지만 한자로는 '鳥弱㐌(조약돌)'이 될 것이다. '선'의 자형의 기호를 보면 해는 동에서 서로 진다. 이때의 모양이 '⌒'다. 즉 '〜'이다. 다시 돌아 나오는 '◡'은 'ㄴ'이다. 'ㅓ'는 해가 서쪽으로 들어간 방향이다. '魚'자형처럼 치솟는 새는 'ㅅ'이다. 두 마리의 새가 날면 'ㅅㅅ'으로 '쌍'자의 'ㅆ'이다. 동해에서 떠오른 새는 서산에서 날개를 접고 하늘로 올라가 북두에서 선회한 후 아침이면 다시 떠오른다. 매일 돌고 도는 반복됨이다. 그래서 '선'의 음가는 '순환·선회·새로움·일어섬'의 뜻을 가진다. '鮮(선)'자에는 이러한 한민족의 신화를 담고 있어 '곱다·빛

나다·새롭다'는 의미를 갖는다. 이러한 뜻의 鮮(선)을 '생선'으로 생각하게 된 것은 '鮮'자형을 '魚(어)'자로 인식했기 때문이다. 그러나 '魚'의 발음은 '선'이 아니라 '어'다. 고기의 '알(⊙)'에 '어'의 자형이 있다.

3) 艮(간)과 良(랑)에 숨겨진 한민족의 秘密(비밀)

표 2-31. 艮(간), 良(랑), 目(목)의 갑골문·금문·전문·고문·해서 자형

商 胛骨文	金文	篆文	古文	楷書
		艮		艮(1)
良	良	良	目 良 良	良(2)
目	目	目	目	目(3)
	良 良 良		랑·량(네발·걷지 못해 앉음)	

(1)'艮(간)'과 '良(랑)'은 한민족의 비밀을 품고 있는 매우 중요한 글자다. 글자의 자형은 거의 비슷하지만 음가는 '간'과 '랑'으로 전혀 다르다. '艮(간)'자에 대한 한자 사전의 字源(자원)에 따르면 상형문자로 '사람의 눈을 강조한 모양을 형상화하여 본디 눈을 뜻했던 것 같음'으로 설명되어 있다. 허신과 중화의 학자들은 한자의 음가와 동이족의 신화 속에 담긴 의미를 모르기 때문에 정확한 진의를 파악하지 못하고 자의적으로 해석한 것이다.

서쪽을 보거나 앞을 보는 자형이라면 '見'이 되어야 한다. 그러나 '艮(간)'의 형태는 동쪽을 보고 있다. '艮'자의 전문을 보면 '산(山)'과 무관한 글자다. 그러나 八卦(팔괘)에서 '七艮山(칠간산)'으로 '산'이다. '艮(간)'이 일곱 번째에 배열된 것도 '북두칠성'의 위치와 관계가 있고 '艮(간)'이 '山(산)'인 것도 '호랑이(良)'를 의미하기 때문이다. 그래서 '寅(인)'도 같은 방위에 있다.

(2)'艮·良'을 90° 회전하면 '良'으로 네발로 걷는 것을 그린 한자다. 자형을 보면 서지 못하여 앉거나(良·良) 네발로 기어 다니는 어린 아이 또는 미숙한 자를 '랑'이라 한다. '신랑' 화

랑' 등의 '랑'도 여기에서 유래한다. 그래서 '虎狼(호랑)'이다. 虎狼夷(호랑이)[113]는 한민족의 산신으로 산에서 살기에 '艮(간)'은 동북의 '산'을 의미한다. 천문과 주역을 한민족이 만들었다는 결정적인 글자가 '艮(간)'과 '良(랑)' 그리고 '寅(인)'이다. 호랑이족 왕은 '璌(인)'이다.

'良(랑)'의 음가는 '릉'으로 '올'의 'ㅇ'과 'ㄹ'의 상하가 바뀐 것이다. '알'이 낮의 '해'라면, '랑'은 밤의 '빛'이다.

(3)'羅(라)'[114]는 고구려에서 '태양'을 뜻하는 말이다. 밤에 다니면 '도깨비불'을 만난다고 밤에 다니는 것을 조심했다. 도깨비불은 한 곳에 머물지 않고 이리저리 움직이기에 호랑이 눈빛과 동일시해왔다. 그래서 호랑이의 빛나는 '눈알'을 강조해서 눈을 고문에서 '目=目'로 표현했다. '눈이 무섭다'는 것은 '눈이 호랑이처럼 무섭다'는 것이다. 호랑이 '범'의 어원은 '봄'이다. 즉 으슥한 '밤'에 활동하기에 '범'이라 한 것이다. 그래서 '燐(도깨비불인)'의 음가와 '寅(인)'이 같다. 밤에 들고 다니는 '호롱불'이 '호랑불'이다. 곰과 호랑이의 신화는 이렇게 동이족의 삶 속에 묻어있다. 호랑이가 사는 '산'이기 때문이다. '夤(조심할인·밤깊을인)'자는 '夕+寅'으로 호랑이가 움직이는 어두운 새벽이다. 움직임을 삼가고 조심해야 한다. '目'의 갑골문은 '간(ⲡ⊅)'처럼 생겼다. 그래서 한의학에서 '눈'을 '간'과 동일시했다. 현무의 위치에서 '백호'는 우측에 있지만 땅에서 보면 '좌측'에 있다. '寅'은 우측에 있던 백호가 좌측으로 이동하여 토끼 사냥을 나왔다.

---

113 호랑이의 한자는 호랑(虎狼)까지만 있다. 동이족은 호랑이의 나라였다. 그래서 '호랑이(虎狼夷)'로 표기한다. 사견으로 진시황이 선조들이 사용한 음가중심의 한자를 분서한 것으로 생각한다. 음가중심의 '호랑(虎狼)'은 한 동물을 지칭하지만 개별 한자로 해석하면 두 개의 동물이 된다. 중화는 이러한 '이두식' 개념을 사용하지 않기 때문에 같은 한자를 해석하는데 큰 차이를 가지게 된다.

114 월간 한배달 4333년 4월 호. '한국'은 '밝은 태양의 나라'

我(아)! 나는 누구인가?

　매우 근원적인 질문이다. 동이족은 '나'라는 존재를 무엇이라 생각하고 나를 어떻게 표현했을까? '我(나아)'의 사전적 의미는 '회의 문자로 '手(수)와 戈(과)部를 합(合)한 글자라고 생각했다. 그러나 갑골문을 보면 톱니 모양으로 날이 붙은 武器(무기)인 듯하다. 나중에 發音(발음)이 같으므로 나·자기의 뜻으로 사용하게 됐으나, 이 해석으로는 '나아(我)'의 실체와 정체성이 무엇인지 알 수가 없다. '我(아)'자의 갑골문을 보면 나는 누구인가? 우리는 누구인가? 한민족은 무엇을 숭배했는지에 대한 내용이 '我(아)'의 갑골문과 금문에 세워져 그려있다〈표 2-32〉.

　'我(아)'자의 갑골문은 나는 누구인가에 대한 근원적 질문을 하고 있다. 우리는 우리가 천손임을 모르고 있다. 나라(國)는 새의 상징인 솟대를 세우고 태양을 숭배하던 한민족의 부적이며 상징이다. 지금 대한민국은 한민족의 원초적 신앙인 '새의 나라·태양의 나라·하늘의 나라'가 사라지면서 정체성도 사라지고 있다. 한민족이 三數(삼수)를 숭배하는 것은 삼족오의 전통이 면면히 전승됐기 때문이다. '無(무)'자는 상고시대 한민족 신화의 많은 비밀을 간직하고 있다. 후대에 '無(무)'의 개념이 형이상학적으로 해석되면서 동양철학·종교적 등으로 다양한 개념으로 파생됐다.

1) 我(아)의 象徵(상징)

표 2-32. 我(아)의 갑골문·금문·해서 자형

甲骨文		金文	楷書
(갑골문 자형들)		(금문 자형들)	我

(군고록) 권1-1-51

허진웅에 의하면 "갑골문 ꝺ(아, 我)자는 날 부위가 톱날 모양을 한 무기의 형상이다. 이 것이 차용되어 제1인칭이 됐다."[115]고 설명하고 있다. 글자의 자형을 90° 뉘어놓고 보면 새의 형상이 보인다. 특히 'ꝺ · ꝺ'자형은 완벽한 '새'다.

'ꝺ'자형은 我字彝(아자이)에 새겨진 자형으로 我(아)자의 古(고)자다. 堯(요)시대의 成祝 (성축)과 瞿祝(구축) 형제가 합해진 글자로 보고 있다. 'ꝺ=ꝺ+ꝺ'다. 'ꝺ'는 어깨에 도끼를 메 고 한발이 앞으로 나갔다. '父(부)'의 갑골(ꝺ)·금문(ꝺ)은 아버지가 회초리를 든 자형이다. '斧 (부:도끼)'는 아버지가 도끼를 든 자형으로 'ꝺ'이다. 'ꝺ'는 뒷발을 대신한다. 90° 세우면 'ꝺ' 으로 '새(ꝺ)'다. 'ꝺ'자형은 '도끼를 메고 형과 함께 나가 영토를 지킨다'는 의미다. 이처럼 '나'라는 존재의 상징과 의미를 보면 한민족 천지인 사상과 난생설화가 그냥 만들어진 것이 아님을 알 수 있다.

'나아'라는 음가는 '나'다. '나'는 '난다·나간다'는 뜻으로 알에서 나온 주체가 바로 '나'이고 처음 날개 짓을 하는 주체가 바로 '나'다. '我(아)'의 갑골문은 새가 나는 것처럼 춤을 추는 글 자다. 마치 인디언들이 새의 모습으로 몸을 단장하고 한손은 펴고 다른 손은 벌린 형태다. 양 손을 펼쳐 새가 날듯이 날개 짓하고 하늘을 선회하듯이 도는 아리랑 춤의 동작이다. 이 몸짓 은 자신이 새가 되어 날아가는 동작을 취한 것으로 '나+ㄹ(乙:새)=날'이 된다. 즉 '나'는 새다. 새의 자손이라는 선언적 글자가 '我(아)'다. '나리'라는 존칭어도 '나'에서 유래함을 알 수 있 다. 'ㄴ'는 '나·너'다. 모음 'ㅏ'와 'ㅓ'로 서로 반대적 개념을 나타냈다. '너이=네=내=니'다.

---

115   허진웅, 《중국고대사회》, 홍희 역, 동문선, 1991, 494쪽.

'爾(너이)'자는 나의 짝인 너도 '새'다. '爾'자형은 날개를 활짝 펴고 나는 모습이다. '爾'자의 쓰임은 '國璽(국새)'에 있다. 즉 國璽(국새) 안에 '새'가 있기 때문에 '새'다. 즉 '國(국)'자는 새를 숭배하는 족의 상징 글자다. 때문에 새를 숭배하지 않는 민족은 '國(국)'자를 사용하지 않았다.

한민족은 '삼족오'를 숭배한다. 삼족오는 '해'를 상징한다. 선조들은 '해'를 새의 '알'로 보았기 때문에 각종 난생설화[116]가 생겼다. 새의 자식인 우리는 '새끼'다. 그래서 왕의 이름과 신체도 '알·불알·눈알'처럼 새의 이름을 붙였다. 우리 신체에 해와 관련된 이름을 사용하는 민족은 한민족 뿐이다.

'世(세)'의 갑골문은 세 가닥의 발(止:족)이다. 이 자형이 '丗'에 'ㅣ(十)'자형 세 개를 묶은 것으로 보고 '삼십(30)'으로 보고 있다. 그러므로 '足(족)'자의 갑골문(足)과 금문(足)의 '止'자형이 같다. 즉 '止'자형은 순수한 새의 발이며 삼족오의 발이다. '足'은 'ㅇ+止'으로 'ㅇ(알=사람)'의 발이다. 솔개는 매목 수리과로 70~80년을 산다. 40년 쯤 됐을 때 발톱·부리·털을 갈고 30년을 더 산다. '丗(세)'자형은 장수한 새의 발(止)에 새롭게 난 발톱이다. 이러한 새 중의 왕 매(鷹:응)[117]를 왕족의 상징으로 취했다. 그래서 '매(왕)'의 자식이 '세자(世子)'다. '눈매가 매섭다'는 말은 사람의 눈이 '매'의 '눈'처럼 '매섭다(스럽다)'는 비유어다.

'膺籙(응록)'은 천자의 자리에 오를 운명을 받은 것이다. '매'가 천자임을 알 수 있다. '膺(가슴응)=广+隹+月'의 금문(膺)은 '팔꿈치에 앉힌 매를 가슴에 당기어 품는다'는 글자다. '매'는 줄로 묶어(매어) 가슴에 품고 기른다. 그래서 膺(응)의 뜻에 '뱃대끈(허리에 매는 끈)응'이 있다. 매를 잘 기르면 사람의 말에 응하여 사냥을 한다. 때문에 '응'의 한자 鷹(응할응)·膺(대답할응)은 '매'와 관련 있다. '응'자는 'ㅡ' 중간에 'ㅇ'이 있다. 서로 짝이다. 매를 길들일 때 두 눈을 응시하여 교감을 나눈다. 매의 두 눈 모양도 '**ㅇIㅇ**'이다.

....
116 삼국유사에 박혁거세는 '한 붉은 알', 석탈해(신라 4대) '큰 알', 김수로 해와 같이 둥근 5개의 누런 금알, 고구려 시조 동명성왕은 어머니 유화부인이 낳은 '알'에서 태어났다.
117 공주 수촌리 능에서 발굴된 백제의 관은 매의 형상으로 만들었다.

'雁(응)=鷹(응)=松鶻(송골)=海東靑(해동청)'으로 모두 '매'다.

'鶻(골)'은 '나라이름홀(골)'로서 고구려에서는 골(郡)과 골(縣)을 '골(忽)'이라 했다. '鶻(골)'은 '나라를 상징하는 새'였다. '불새'란? '불'이 '새'다. 不死鳥(불사조)의 음가를 또 다른 한자로 보면 '弗似鳥(불사조)'다. 즉 '弗(不)似(같을사)鳥'로 '새'가 '불'이다. 즉 '알'이 '불'로 '알불'이다. 이처럼 한민족의 상징은 우리의 언어 속에 숨어있다. '새알'은 '새'가 '알'이다. '불알'이다. 남자는 '수컷'의 새 '雄(웅)'[118]이고, 여자는 '암컷'의 곰 '熊(웅)'이다. 夫婦(부부)처럼 '웅'의 음가 하나에 암수가 함께 공유한다. 이런 문화에서 환웅이 웅녀를 왕후로 삼은 것이다.[119]

'환웅(桓雄)'의 '환(桓)'은 곧고 높은 나무다. '亘(뻗칠긍)'의 갑골문(⊟)과 전문(亘)은 '日'자가 아니다. 하늘을 빙빙 도는 '旋回(선회)'의 뜻이다. '웅(雄)'은 양 날개를 활짝 펴고(厷·클굉:厷(활을 당긴 팔의 모습)) 하늘 높이 선회하는 '새(隹:새추)'다. 즉 桓雄(환웅)은 솔개가 양 날개를 활짝 펴고 하늘을 선회한 후 나무 위에 내려앉았다'는 의미다.

'桓雄國璽(환웅단군국새)'에 있는 큰 새가 我(아)의 갑골문인 '𢀛' 형태와 유사하다. 은하수를 보고 양 날개를 활짝 편 큰 새의 모습으로 보인다. 흑피옥에 이러한 형태가 있는 것은, 하늘의 모습이 흑피옥에 새겨진 것으로 이런 형태와 의미로 天符印(천부인)이라 한 것으로 사료된다. '口'안에는 '大'자형의 무늬가 새의 머리와 날개에 연결되어 있다. 하늘이 돈다는 것을 나타냈다. 또한 '大'자형과 새의 머리는 연결됐다. 이것이 한자 '厷'으로 표현된 것으로 사료된다. 그래서 '雄(웅)'이다. '口'은 홀로 쓰여도 '國(국)'이다. 즉 '國(국)' 자형은 天符印(천부인)의 형태를 기록한 글자다. 때문에 환인단군계열의 나라는 '國(국)'자를 쓰고 이민족은 '國(국)'자를 사용하지 않고 피한 것이다. '口'안에 새가 있으면 國璽(국새)가 된다. 桓(환)의 '亘(긍)'자형의 갑골문은 '亘'이다. '亘(긍)'자 안에 日은 '日(일)'이 아니다. '돈다·회전한다'는 'ㅂ'자형이다. '亘'자형 상하의 '一'은 하늘과 땅, 음과 양으로 그 사이를 돈다는 의미다. 國璽(국새)가 발견됨으로써 그 도는 주체가 大雄(대웅)이었음을 유추할 수 있다. 한편 桓雄國璽(환웅국새)를 상하 또는 좌우로 돌렸을 때, 음각과 양각이 뒤 바뀌는 기한 현상을 표현한 것

---

118 《삼국유사》에 南解居西干 亦云 '次次雄'이라 하여 '雄'을 왕의 이름으로 사용.

119 命群靈諸哲爲輔 納熊氏女爲后

은 아닌지 하는 의문도 든다. 때문에 '桓(환)'의 '木(목)'자는 나무라기보다 '大'자나 날아가는 새의 형태에서 변형된 것으로 보인다. 삼족오가 검은 새인 이유이기도 하다.

'웅'의 음가는 암수 중에서 최고를 나타내는 소리다. '熊(웅)'은 북두칠성에 있는 곰이고 '雄'은 은하에 있는 거대한 새다. 《신사기》에 "雄(웅)은 敎化主(교화주)의 환웅이다. 환웅은 곧 스승이며 흔님의 별칭이다."고 정의했다. 불교가 들어오면서 한민족의 신 桓雄(환웅)이 불교에서 말하는 크게 깨달은 자 곧 부처라고 포교했다. 그러면서 주불전에 환웅을 모셔놓고 '大雄殿(대웅전)'이라 한 것이다. 아침에 치는 28번의 범종은 밤이 지났음을 알리는 천문 28수이고 저녁의 33번[120] 타종은 낮이 지났음을 알리는 숫자다. 망자에게 7일마다 齊(제)를 올려 49(칠칠제)齊(제)로 마무리한다. 모두 북두칠성 신앙이다. '스승'이란 말을 '슷웅〉숫웅〉스승'으로 '수컷 새'인 '雄(웅)'과 관련 있음을 알 수 있다. '스님' 뿌리도 '슷웅'에서 나온 것으로 사료된다. 스님의 역할이나 무당의 역할이 같았기 때문에 함경도 방언에 무당도 스승이라 한다. 남자 무당을 '박수'라 하는 것도 '밝은 수컷 새'를 나타내는 용어로 사료된다.

한국과 일본 불교에서만 大雄殿(대웅전)이라 한다. 초기 기독교인 야소교(耶蘇敎)가 한민족의 절대신 하나님과 하느님(어원:흔)으로 신의 이름을 바꾼다. 어찌 보면 불교든, 기독교든 주신의 이름은 桓雄(환웅)과 桓因(환인)을 부르는 격이다.[121] 천불천탑이 있는 '雲住寺(운주사)'[122]에는 북두칠성과 북극성 자리에 '부부와불'이 있다. 부부와불의 모습은 우리 부

---

120 불교가 들어오기 오래전부터 통금을 알리던 타종 수를 절에서 불교의 의미를 숫자에 넣은 것으로 보인다. 28수는 10수로 음이고, 33수는 9수로 양이다. 三(삼)은 '새'를 상징하는 숫자기에 '셋'이다.

121 영어성경은 God, holy father, My Lord, 야훼, 엘, 아도나이로 표기됨. 선교사 L.H.Underwood는 "옛 한국의 일부였던 고구려왕국에서는 하나님이라 불리우는 유일한 신만을 섬겼다. 그리고 유일한 신 하나님은 크고 유일한 하나(only One)를 가르키는 것이었다." 선교사 J.S.Gale은 "우리의 색슨어 'God'는 복수로 사용되었고 이방 신에게 적용되던 것이기 때문에 원하는 바 목적에 사용되기 전에 많이 조정하지 않을 수 없었다. 그리이스어 'Theos'나 일본어 'Kami'는 소위 많은 신들에게 적용될 수 있는 것이었고, 중국의 上帝(상제) 또한 많은 신위 중에서 최고신에 불과하다. 그러나 하나님은 다른 이름들이 오랜 기간 동안 사용 시기를 거치면서 애써 도달하려 했던 의미를 일시에 획득하고 있다." 선교사 H.E.Hulbert는 "한국인은 엄격한 일신론자이다. 그리고 한국인이 소유하고 있는 순수한 종교적 개념은 외래적 의식과는 아무런 연관이 없는 것이다." 라 했다. '하나님'은 한민족 신의 이름임을 초시 선교사들이 입증해주고 있다.

122 운주사(運舟寺)라고도 한다. 도선(道詵)이 세웠다는 설과 운주(雲住)가 세웠다는 설, 마고할미가 세웠다는 설 등이 전해지나, 도선창건설이 널리 알려져 있다. 칠성바위는 별이 인간의 길흉화복과 수명을 지배한다는 칠성신앙과 깊은 관계가 있다. 칠성신앙은 비를 내려 풍년을 이루게 하고, 수명을 연장해 주며, 재물을 준다는 현세적 기복(祈福)신앙이다. 이러한 칠성신앙이 불교와 결합하면서 음력 7월 7일 즉 칠석(七夕)이 우리에게는 단순히 견우성과 직녀성이 은하수에서 만나 하루 동안 못다 한 사랑을 나누는 동화적인 상상에 불과하지만, 불교에서는 연중 큰 행사이다《두산백과》.

모의 모습이다. 저자는 견우와 직녀 두 부부가 와불로 표현된 것으로 추론한다. 또한 불교의 대웅전 뒤에는 '七星閣(칠성각)'을 모시고 있다. 한민족 북두칠성신앙이 불교와 결합된 것이다. '아들'은 불알(고환) 속에 '알'이 드러난 존재이니 '아들'이다. 지금도 아이(애)들을 '알라(들)' 또는 '얼라(들)'라고 부른다. 부끄러우면 붉어지는 '볼'은 '불'이 올라오는 얼굴의 현상이다. 고구려 안악 3호·덕흥리 고분·무용총 등에는 하늘 세계를 뜻하는 천장고임에 인면조가 그려져 있다〈그림 2-15〉. 특히 무용총엔 봉황의 몸에 긴 모자를 쓴 사람의 머리가 달려 있다. 백제무령왕릉에서 출토된 동탁잔과 신라의 식리총 신발바닥에도 人面鳥(인면조)가 있다. 즉 동이족은 새의 자손으로 새를 인식하는 세계관이 신화적 상상으로 나타난 것이 인면조다.《山海經(산해경)》의〈海外西經(해외서경)〉에는

"在女子國北(재여자국북) 人面蛇身(인면사신) 人首鳥身(인면조신) 鳥皆鳳凰屬也(조개봉황속야)"란 기록이 있다. 人面蛇身(인면사신)은〈그림 2-9〉복희여와이고 人首鳥身(인면조신)은〈그림 2-15〉의 인면조다. 또한《산해경》에는 한민족 계열의 나라인 많은 '國(국)'들이 있다. 즉《산해경》은 고조선의 신화와 역사를 기록한 것이다.

덕흥리 인면조

그림 2-15. 인면조

2) 天(천)과 '㉫'의 象徵(상징)

'天(천)'의 옛글자는 '𡗓'이다. '𡗓=⊙+大'으로 '⊙'은 태양으로 알이다. 天의 초서체(乙)도 '一+大'가 아닌 '一+乙(새을)'이다. 새가 하늘의 상징으로 한민족의 삼족오 사상이 한자에 흡착됐다. '昊(영·대)'자는 '日(일)+大(대)'로 '𡗓'의 자형과 같다. 그래서 둥글다는 의미의 '영'과 해가 크다는 '대'의 음가다. '莫(막)'자는 艹(초)+昊(영)이다. 갑골문(𦱤)·전서(𦱤)는 '해'가 나무로 사방이 막혀있다. '막'이 음가가 되고 '해가 없다'는 뜻이 된다. '저물었다'는 뜻으로는 '모'의 음가다. 'ㅁ'은 '음'이다. '모'는 '음(ㅁ)이 오른다(ㅗ)'는 기호다. 저물면 엄마(모)가 부른다.

'ㅇ(해)' 속에 '乙(삼족오)'가 들어있는 것이 '㉫(태극)'이다. 즉 해(○)와 'ㄹ'의 결합이 '㉫'이다. 태극의 신화적 표현은 '밤하늘 속에 삼족오가 있다'다. 때문에 한민족은 자신이 새에서 태어났기에 자식을 '새끼'라 한다. 이것이 난생신화와 연결되어 신라 4대 석탈해왕은 알에서 나와 '알지'라 했다. '새끼'의 '끼'는 '기'로 '己=氣'다. 즉 '새의 몸', '새의 기운'이란 뜻이 된다.

《삼국사기》의 〈본기〉에서 김부식은 "신라인이 소호씨 후손이기 때문에 성을 '金氏(김씨)'라 했다." 金은 쇠붙이와 금이라는 뜻도 있지만, 당시에는 쇠붙이라는 뜻보다는 '새(鳥)'라는 의미가 더 강했을 것으로 추측된다. 새는 어머니 뉘조 '새을(乙)'의 씨표다. 새의 또 다른 뜻은 '해(日)'다. 바로 '金'자 속에 신농족, 즉 '불족·밝은족(火族)·태양족(日族)'이라는 의미가 담겨 있는 것이다.[123]

'◐'모습은 음양을 반반 나뉘었다는 균형과 정체의 의미고, '◑'은 음양이 활기차게 움직이는 역동성이다. 문자는 太乙(태을)[124]이고 기호는 '◉(태극)'이다. '나이테·테두리'의 '테'는 '태(太)'로 '둥글다·태양'의 뜻이다. '태=타+ㅣ'고 '테=터+ㅣ'다. '태'가 외향적이면 '테'는 내향적이다. 한 해(太)가 지나면 나무는 '나이테'가 생긴다. '나이'는 '內(내)'다. 즉 안에서 밖으로 '나'가 면서 하나(ㅣ)씩 선(테)이 생긴다. '태을'을 이두문으로 해석하면 '큰알' 또는 '큰새'가 된다. 이처럼 한자의 음가는 우리의 소리와 결합되어 있다. '태을'에 한민족 삼족오의 태양 신화가 들어있다. 한자의 소리 음가 근원을 알 수 없는 중화로서는, 결코 한자에 담긴 소리와 그 의미를 찾아낼 수도 이해할 수도 없다. 상고시대에 문자를 알고 사용한다는 것은 특수층의 점유물이다. 대부분의 사람들은 문맹으로 음가중심으로 의사소통을 하였기에, 그 소리가 가지는 의미를 중시할 수밖에 없었다.

'日(날일)'의 한글 음가인 '일'은 '해'의 모습을 그대로 그린 상형문자다. 'ㅇ'은 해의 모습이고 'ㅣ'는 '올라간다'는 기호며, 'ㄹ'은 '새(乙:을)'의 결합이다. 즉 'ㅇ ㅣ ㄹ(일)'은 '해(새)가 지평선에서 위로 올라간다'는 것을 표현한 기호다. 'ㅣ'과 'ㅡ'의 단면은 점(·)이기에 '◉'이 된다. 'ㅣ'과 'ㅡ'을 그대로 표현하면 'ㅇㅡ'이다. 즉 '◉·ㅇ·ㅡ·日'은 한글 'ㅇ+ㅣ'자의 결합이다. '日'의 한자에 사용된 '일'의 음가는 한글에서 파생됐다는 증거다. 즉 한자의 음가는 한글과 깊은 관련이 있다. 모계시대 한민족 신화의 삼족오는 밤하늘 은하수 大雄(대웅)이다. 밤하늘을 'ㅇ'으로 표현하고 그 속에 새가 있는 것이 삼족오다. 그런데 부계시대의 도래와 함께 후대에 'ㅇ'

123 김대성, 《금문의 비밀》, ㈜북21 컬쳐라인, 2002, 116쪽.

124 《太乙》, 태일(太一:泰一)이라고도 한다. 도교(道敎)에서는 천제가 상거(常居)한다고 믿는 태일성(太一星:北極星)을 말한다. 또 陰陽道(음양도)에서는 해와 달은 1년에 12번 서로 만나며 그중 7월에 만나는 곳이 태을로 사방위(巳方位)에 해당된다《두산백과》.

을 태양으로 해석했다. 새가 '날아간다'는 의미에서 '날'자를 뜻으로 취하고, 해의 움직임을 표현한 기호가 한자 '日'자의 음가인 '일'자가 되어 '날일'이 됐다. '날=나+ㄹ'로 'ㄹ'은 새를 나타내는 '乙(새을)'이다. 즉 '새가 날아간다'는 것이 '일'과 결합됐다. '有窮國(유궁국)[125] 활의 명인 '羿(예)'가 천제의 10명 아들(알)인 새(태양)를 활로 쏘아 9개를 떨어뜨린 신화는 동이족의 신화일 수밖에 없다. 동이족계열이 사용하는 '國(국)'자와 둥근 하늘을 의미하는 '穴=쓷'과 '乙'의 개념에서 파생된 '弓'자, 그리고 사람인 '身(몸신)'이 결합된 '窮(궁)'자가 '유궁국'에 있다.

'ㄹ'은 한자의 '乙(을)'이다. 즉 '耆(놀)=老(노)+乙(ㄹ)'이고, '唗(솔)=所(소)+乙(ㄹ)'이다. 한자와 한글이 연결되어 있다. '을'의 고어는 '올'이다. 한글 'ㄹ' 기호의 음도 '리을'이다. 즉 '리=을=새'다. '離(리)'자는 '離=离+隹'로 '离'자형은 치우가 앉아 있는 형상이다. 이 형상은 '魑(도깨비치)'나 鴟·鵝(솔개치)처럼 새(隹)의 상징을 겸하고, 치우의 이름 첫 글자 '치'와 치우의 형상인 '도깨비'와 결합하여 '도깨비치'와 산신의 뜻을 가진다. 때문에 '올'은 'ㅇ+•+ㄹ'로 'ㅇ'이 'ㄹ' 위에 있어 '알'을 중심 개념으로 삼았고, '릉'은 'ㄹ'이 위에 있어 새가 '알' 속에서 나온 것을 개념화했다. 이처럼 'ㄹ'은 하늘의 '새'와 땅의 '뱀' 그리고 움직이는 동작의 개념으로 사용된다. '•'은 우주 그 자체를 나타낸다.

'天(천)'은 땅에 대비한 개념으로 하늘이고 '태양'과 만물의 주재자인 상제다. '天(천)=二(이)+人(인)'이다. '昊'의 '⊙'자형은 낮에는 태양신으로, 밤에는 '太乙(태을)'로 북두칠성과 은하수에 있는 큰 새를 표현했다. 하늘에 있는 두 사람은 견우직녀. 북두칠성은 지상에서 보면 오른쪽으로 올라간다. '오른쪽'이란 북두칠성이 올라가는 방향이다. 武(무)자에서 오른쪽에 있는 弋(익)자는 견우를 상징한다. 견우는 '오른우'의 '우'음가다. 이것이 '옳다'는 의미로 확장된다.

125 하남성(河南省) 낙양시(洛陽市) 남쪽에 있었던 고대의 나라다.

5

闕白台(알·백·태)와
闕英井(알·영·정)의 秘密(비밀)

동이족이 세운 '商(상)'은 정치적 이유로 도읍을 殷(은)으로 옮겼다. 그래서 상왕조를 '은왕조'라 부른다. 앞의 '하왕조'와 뒤의 '주왕조'와 함께 3대를 '하은주' 또는 '하상주'라 하여 모두 商(상)이었다. 하남성 소둔촌에서 갑골문이 발굴되어 전설로만 전해져 내려온 商(상)이 실존의 역사였음이 밝혀졌다.

商(상)에 천제를 올리기 위한 '闕白台(알백태)'란 제단이 있다. '알백태'의 상징성 때문에 商(상)이 망한 뒤에도 周(주) 대와 그 후대에도 '알백태'를 찾아와 천제를 드렸다. 이 '알백태'에는 매우 중요한 한민족 삼족오 신화와 한글·천부경의 원리인 원방각의 개념이 들어있다.

'台(별태)'는 《晉書(진서)》에 '三台六星(삼태육성)'이라 하여 '上台(상태)·中台(중태)·下台(하태)'를 뜻한다. 즉 '厶'은 삼각형(△)을 나타낸 글자다. 즉 '闕白(알백)'은 '빛나는 둥근해'로 '○'을 상징한다. '台'는 '△+□'이다. '闕白台(알백태)'는 '圓方角(원방각:○□△)'의 상징과 개념을 담은 글자다. 즉 '台(태)'는 '△·□' 형태의 제단을 뜻하고 '闕(알)'은 둥근(○) 해를 상징한다. 이것은 한민족의 천지인과 천부경의 사상을 개념화한 문자다. '태(台)'는 '태양·크다'의 의미다. 마니산 첨성단과 홍산문화 유적지에서 ○□△(원방각)의 제단이 발굴된 것은 商(상)의 문화가 한민족에 전래된 것임을 증거한다. '臺(대)'는 높이 쌓는 것으로 '속자로 '台(태·대)'다.

《삼국사기(三國史記)》에 "박혁거세 5년 정월에 용이 閼英井(알영정)에 나타났다. 용은 오른쪽 갈빗대에서 계집아이 하나를 낳았다. 늙은 할멈이 이 광경을 보고는 이상히 여기어 계집아이를 데려다 길렀다. 그리고는 우물 이름을 따서 계집아이의 이름을 지었다."는 기록이 전하고 있다.

《三國遺事(삼국유사)》에 閼川(알내)·閼英井(알영샘(정의 이두음))·俄利英井(아리영정)에 '閼(알)'은 알(卵)이다. 또한 《檀君世紀(단군세기)》와 《爾雅(이아)》에 '閼逢(알봉)'의 기록이 있다. '閼逢(알봉)'은 '해맞이'다. 남자의 고환은 '弗閼(불알)'이다. '불알'의 어순을 바꾸면 '알불'이다. 즉 '새=불=알=랑'이다. 한민족 삼족오 신화와 난생설화는 관계가 있다. 삼국유사에 '閼(알)'을 이두식 '俄利(아리)'로 사용했음을 알 수 있다. 한강 '아리수'의 한자는 '閼水(알수)' 또는 '俄利水(아리수)', '아리수'의 '아리=알'이다. 한강의 아리수란 '햇빛이 흐르는 강'이란 뜻이 된다. 黑龍江(흑룡강)을 '아무르강'이라 한다. '아'는 태양이고 '무르'는 '물'이다. 즉 아무르강이나 아리수는 같은 어원에 같은 개념을 갖는다. 한민족의 노래 '아리랑'은 '알랑'으로 '해랑'이 된다. '해'는 나라·임금·남편·자식 등을 은유하여 가슴의 한을 담아 불렀던 노래로 유추할 수 있다. 항아리의 '아리'도 '알'이며 해의 모습이다.

1) 閼(알), 於(어), 烏(오), 鳥(조), 乙(을), 乚(을), 燕(연)의 象徵(상징)

표 2-33. 閼(알), 於(어), 烏(오), 鳥(조), 乙(을), 乚(을), 燕(연)의 갑골문·금문·고문·전문·해서 자형

商 胛骨文	金文	古文	篆文	楷書
			閼	閼(1)
	於	於 於		於(2)
	烏	於 烏	烏	烏(3)
鳥	鳥		鳥	鳥(4)
乙	乙		乙	乙(5)
乚		乚	乚	乚(6)
燕			燕	燕(7)

'알'과 연결된 소리와 음가는 '해=새=알'과 연결된 개념으로 한민족에게 매우 중요한 글자다. 이것이 한자에 어떻게 표현되었는지 확인함으로써 한글과 한자와의 관계, 그리고 신화와의 관계를 밝히고자 한다.

(1)'闕(알)'의 전문(闕)은 '門+於'다. 여기서 '門'자는 冂('冖':덮다)+北(北:北·北·北)다. '門(문)'은 여닫는 '문'이 아니다. 해가 동쪽에서 떠서 서쪽으로 지는 것을 '門(문)'자로 표현했다. 즉 해를 맞이하는 것이다.

'卵(란·난)'자는 '알'이 여럿이다. 그래서 '睾丸(고환)'으로 '불알'이다. '난'의 음가는 '알'이 孵化(부화)하려면 열기가 있어야 하기에 暖(따스할난)·煗(더울난)·㬉(따스할난)이다. '爰(원)'자도 손을 둥글게 말아 움직이기에 '원'의 음가를 가지며, '孚(부)'자는 양손으로 알을 품은 글자다. '부'의 음가는 '불'이다. 즉 '불=부+ㄹ(새)'다. 알 품은 새는 알을 정성스럽게 품어 열기를 모아야 하기에 丹(정설스러울난·붉을단)이고 이것이 쌓이면 '단'이다. 알을 품은 새는 부산하다. 그래서 亂(어지러울난)·圞(둥국란)·鸞(난새난·방울날)이 새와 관련된 자형이다. 닭장 같은 '울'은 闌(난)이다. '闌=門+柬'으로 '柬(간)'은 알을 나무속에 숨긴 것이다. '揀(간)'은 숨긴 알을 찾는 것이다. 한자의 음가는 이렇게 우리의 음가로 만들어지고 이런 방식으로 의미가 분화되면서 파생됐다.

(2)'於(오·어)'의 금문과 고문은 '까마귀(於)'로 '烏(오)'의 금문(烏)과 고문(於·絹) 모두 같다. '오'의 음가를 갖는 것은 까마귀가 하늘로 '올라가는' 자형이기 때문에 '오'의 음가를 취한다. '오·우'의 음가는 같은 뿌리로 '於(어)·于(우)'는 같은 개념으로 사용했다. 이것을 까마귀 울음소리에서 '오'의 음가를 취했다고 한다. 그러나 까치나 새는 '오~'하며 울지 않는다. 이 자형이 중요한 것은 견우직녀의 신화를 모두 담고 있기 때문이다. '於(오)'의 구성은 '於=於+仌'과 '絹=於+絹'다. '於=於=烏'로 까마귀가 하늘로 올라가는 자형이다. 그러나 '仌'자형과 '絹'자형은 무엇인가? '仌'은 '人+二'으로 두 사람이다. 이 두 사람을 더 구체적으로 표현한 것이 '絹'다. 즉 '勿+比'은 '勿(물)'과 '比(비)'다.

'새가 운다'는 '鳴(울명)'도 마찬가지다. 이것은 새(해)가 울면 '해'가 뜨고, 해가 뜨면 날이 밝아진다. 그래서 '明(밝을명)'의 개념과 '명'의 음가를 취했다.

(3)'烏(오:까마귀)'의 금문 '烏'은 까마귀 '烏'에 꼬리가 '丫'로 '於(오)'의 금문'烏'은 새와 다르다. 눈알도 없고 대머리다. 솟는 양의 기호 'ㅣ'이 견우고 눕는 음의 기호 'ㅡ'가 직녀로 이 둘

이 7월7일에 만나 '十(십)'이다. 이 둘이 만나는 역할을 '까마귀'가 하고 둘이 만나서 '씨+입=십'이다. 즉 자손을 만든다.

(4)'鳥(조)'의 갑골문 '𪔗'과 금문 '𪐷'을 '烏(오)'와 비교해보면 전혀 다름을 알 수 있다. 새와 관련된 足(족)자의 갑골문 '𝓥'은 앞을 향한 발이고, '𝄐'은 뒤를 향한 발로 '夊(뒤쳐질치)'다. '앞'은 '아'의 음가고 'ㅍ'은 'ㅂ'이 둘로 'ㅂ'자는 '발'의 상형이다. '아'의 반대로 뒤의 '후'는 '아'의 반대 'ㅓ'를 합치면 '후(ㅓㅏ)'자가 된다. '뒤후'의 '뒤'는 '두+ㅣ'로 '두이(二)'의 음가다. 선후를 정하려면 반드시 둘의 상관관계가 있어야 구별할 수 있다. 前(전)은 남성이고, 後(후)는 여성이기에 왕의 아내를 '王后(왕후)'라 한다. '后=後'다.

(5)'乙(을)'은 새의 가장 단순한 표현이다. 이 자형은 새와 관련된 자형에 붙는다. '烏(오)'의 전문 '𩾌'은 '𩾌+乙'이다. 모음 'ㄹ'이 명확하다. '鳥(조)'의 전문 '𩾌'에도 '乙'이다. '乙'자형은 'ㅋ(궁)'이 된다.

'乞(알)'은 '𠂢(아)+乙(ㄹ)'로 𠂢(공)이 곧 '아(해)'다. 하늘은 둥글다. 공도 둥글다. 즉 '아'의 음가는 둥근 것을 나타낸다. '乞(알)'은 해의 모양을 닮은 '알'이다.

'알'은 삼족오 '태양'이다. 또한 '알'은 '올'이고, '랑'은 '릉'으로 'ㅇ'과 'ㄹ'의 위치가 바뀌었다. '알'은 'ㅇ' 중심이고, '랑'은 'ㄹ' 중심이다. 'ㄹ'은 '새'로 '랑'은 알을 깨고 새가 나온 것이다.

'불(태양)'을 간직한 '알(새)'의 존재다. '올'은 '알·얼·울·올'이 된다. 알은 해이기에 둥글고 빛이 난다. 따라서 '눈'은 '알'이 되어 '눈알'이라 한다. 서양은 '새가 노래한다'고 한다. 그러나 한민족은 '새가 운다'고 한다. '새가 날아 올라간다·새가 울다'의 '올'도 '올'에서 나온 것이다. 즉 '올(새)'의 '울'이 울림이 되어 '운다'는 의미를 가진다. '알'이 외체(몸·남자·양)면 '얼'은 내체(정신·여자·음)다.

(6)'乚(을·알)'은 '乙'자의 변형이다. '乙'과 구분하기 위하여 별체로 '乢(을·알)'로 썼다. '乢(알)'은 '玄鳥(현조)'라 한다. 특히 제비를 나타내어 '燕乢(연알)' 또는 '燕鳥(연조)'라 한다. 음가가 '을'과 '알'이다. 즉 '을'이 '알'이고, '알'이 '새'임을 명확히 증명한다. '鳦(알)'자는 콧대 끝 둥근 모양이 '알'이다.

(7)'燕(연)'을 '玄鳥(현조)'라 하는 것은 강남에 갔다 다시 돌아와 만나기 때문에 견우와 직녀의 만남과 연결되고, 燕侶(연려)는 부부와 연결된다. 두 마리 제비가 짝으로 살기에 부부로 비유한 것이며, 지금도 '부부의 연을 맺는다'고 한다. 공주박물관에 있는 왕비의 비녀는

새의 모양인 것은 밝혔으나 무슨 새인지는 명확하게 밝혀내지 못했다. 필자는 상징성과 형태상으로 보아 제비를 형상화한 것으로 보인다. 燕(연)의 갑골문은 단순한 제비 '❀'의 형태이지만 전문 '𤀰'은 양 날개에 '᠈ᚺ(北)'자를 붙였다. '北(북)'자형은 남녀가 등을 진 것이고, '比(비)'는 둘이 만나서 운우지정을 쌓고 헤어짐에 '우'는 것이다. 여기서 '우'는 것이 '비'가 된다. 그래서 '우'의 음가와 '비'는 이러한 뜻을 갖는다. '비'의 음가는 '霏(눈내릴비)·鎞(비녀비)·斐(방황하는여자비)·媲(결혼할비)·嬶(여편내비)·羆(큰곰비)·妣(죽은어머니비)처럼 곰의 신화와 직녀, 그리고 여성의 특징을 갖는다. '雨(우)'가 '비'다. 특히 여성의 음부인 '屄(보지비)'의 '尸'의 금문·전문(᠈·ᚱ)은 북두칠성이다. '비'와 관련된 한자는 내리는 '비'와 관련이 많다. 이처럼 한자는 우리의 소리와 음가 그리고 한민족의 신화가 담겨진 글자다. '제비'의 음가는 '燕(연)'자의 단정한 차림의 '齊(제)'와 양 날개가 모아진 '比(비)'자의 음가를 취한 것으로 보인다.

표 2-34. 蚩(치), 禹(우), 卨(설)의 고문·금문·전문·해서 자형

古文	金文	篆文	楷書
	𡴩	𡴪	蚩
禽	禹	禹	禹
卨		卨	卨

'설'의 음가가 '설명하다'에서 나왔음을 알 수 있다. '辥(설)'은 '薛(설)'자로 쓰인다. '薛(설)'의 갑골문(𩵋)에는 '᠈'대신 알(ᗡ)이다. '薛(설)'은 '周代(주대)'의 나라이름이다.

'卨(설)'은 은(銀)나라 탕왕의 조상이름이다. '契(계)'와 같은 자로 쓰인다. 자형은 어떤 짐승의 모양이라 한다. '卨(설)'이 '契(계)'로 쓰이는 이유를 알려면 '辥(설)'이 '挈(계)'로 사용된 이유를 알아야 한다. 蚩(치)·禹(우)[126]·卨(설)은 모두 동이족의 왕들이다. 이 자형은 또아리 틀

---

126 《사기》〈하본기(夏本記)〉에 의하면, 전욱(顓頊)의 손자이며, 곤(鯀)의 아들이다. 요(堯)의 치세에 대홍수가 발생하여 섭정인 순(舜)이 그에게 치수(治水)를 명했다. 하왕조의 시조이다.

고 머리를 치켜든 뱀의 형상이다. 상고시대는 같은 계열이 아니면 취할 수 없는 자형들이다.

孽子(얼자)는 庶子(서자)와 庶孼(서얼)의 합자다. '얼'의 음가를 보면 모계의 용어임을 알 수 있다. 庶(서)의 금문(庶)에서 '厂(엄)'은 헛간 같은 집이고, '广(엄)'은 좋은 집이다. '𡚸(廿)'자는 헛간에 사는 여자다. 신분이 낮은 시종이다. 주인 앞에 늘 '서'있는 사람이기에 '서'의 음가다. 전문(庶)의 여자는 '炗'이다. 머리를 올려 비녀도 꽂았다. '火'자형을 光(광)과 火(화)로 인식하지만, 뜻과 금문·전문을 보면 전혀 그렇지 않다. '辥(설)'의 갑골·금문(辥·辥)은 '신(辛) 앞에 무릎(㔾) 꿇고 네 허물과 죄는 무엇이다'고 설명을 듣고 있다. 패전국 여자나 신분이 낮은 여자임을 알 수 있다. '挈(설)'은 '손에들설·새길계·문서계'다. 즉 '손에 나무를 들고 계약 내용을 설명하여 문서를 만든다'는 뜻이다.

2) 尸(시), 仁(인), 人(인), 千(천)의 象徵(상징)

표 2-35. 尸(시), 仁(인), 人(인), 千(천)의 갑골문·금문·고문·전서·해서 자형

胛骨文	金文	古文	篆文	楷書
	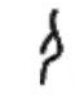		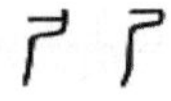	尸(1)
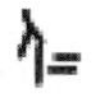	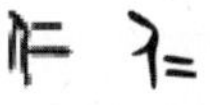	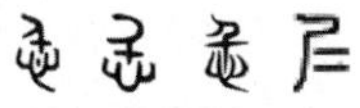		仁(2)
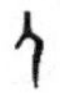	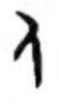		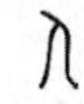	人(3)
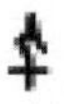	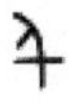		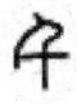	千(4)

《설문해자》에 '𡰥古文仁惑从尸(인고문인혹종시)'라 하고 '𡰥(인)은 '夷(이)'와 仁의 古字(고자)다. 《강희자전》에는 '𡰥(인)·夸(과)·夷(이)·𡰥仁夷(인인이)'라 했다.

(1)'𡰥=仁=夷'다. 즉 '夷(이)'자는 단순하게 '활을 잘쏜다'는 의미 이상을 담고 있다. '尸+二'다. '尸(시)'는 북두칠성이다. 한민족은 사후 조상이 있는 북두칠성으로 다시 돌아간다고 생각하여 관에 칠성판을 두었다. 죽음은 마침이 아니라 새로운 시작이기에 '시'의 음가를 갖는다. 북두에 있는 조상신, 견우직녀를 상징한다.

(2)'仁(인)=亻+二'다. '二(이)'의 뜻 '두'가 의미하는 것이 북두의 '斗(두)' 임을 알 수 있다. '이'가 '인'의 음가와 연결되어 있음을 알 수 있다. '尻(꽁무니고)'도 북두칠성의 끝으로 말단을

의미한다. 이 자형이 인체에 적용되어 '꽁무니'로 채용된다. 중화는 동이족이 위대한 민족임을 기록했다. 그러나 조선은 스스로 '오랑캐'라 낮춰 불렀다. 이는 조선이 중화에 사대하면서 유학자들이 스스로 조선을 낮추고 비하한 결과다.

尸(시)·仁(인)·人(인)·千(천)의 자형은 매우 원초적인 글자들로 상고의 신화와 깊은 관련이 있다.

특히 '仁(인)'의 고문 '𣎳'은 '𣎳+心'으로 千(천)+心(심)이다. 또한 '千(천)'자는 '人(인)+十(십)'이다. '𣎳'의 '𣎳'자형은 '斗(두)'의 갑골문과 같다. 하늘에 있는 두 사람 견우와 직녀다. '𣎳'를 보면 '𣎳'자형이 '亻(인)' 부수로 쓰였음을 알 수 있다. '천'의 음가는 '하늘'이다. 즉 '十(십)'자는 하늘의 칠성이 동서남북에 위치해 있는 것으로, 제일 윗자리가 '북'의 현무가 위치한 자리다. 그렇기 때문에 斗(두)에 '北(북)'이 붙어 北斗(북두)'가 된다.

(3)'人'은 丿(별)과 乀(불) 좌우 2개의 자형 결합으로 '이(二)'다. 즉 '두이(二)'의 '두'는 북두의 '斗'이고 '이'는 둘의 '이'다. 즉 '두'와 '이'가 견우·직녀와 연결되어 있음을 알 수 있다. 역사는 기록을 바탕으로 소유를 주장한다. 그러나 개념문화는 국가와 국경·시대를 초월한다. 개념 속에는 당시의 사상과 문화가 담겨있기 때문에 어느 민족이 개념을 만들었는지 알 수 있는 중요한 실체적 역사다.

(4)'千(천)'이 '人(인)'이다. 천심은 하늘에 있는 두 사람(견우직녀:조상)이 자식을 바라보는 마음으로 바로 '仁(인)'이다.

3) 族(족), 奏(주)의 象徵(상징)

표 2-36. 族(족), 奏(주)의 갑골문·고문·전문·해서 자형

甲骨文	古文	篆文	楷書
			族(1)
			奏(2)

몽골에서는 '까마귀'를 '케레(kəpəə)'라 한다. '케레'는 '겨레(族=붗:족)'라는 우리의 소리다. 즉 몽골도 같은 한민족이기에 같은 신화체계와 같은 소리 음가를 가진다.

'겨레'는 '같은 핏줄을 이어받은 민족'이란 뜻이다. 몽골은 한민족 雄(神(웅신)인 '까마귀'를

194

음가로 간직했고, 우리는 '민족'이라는 개념으로 간직했다. '까마귀'는 '떼'로 몰려다닌다. 즉 '까마귀의 핏줄을 이어받은 사람들이 모인 집단'이 '겨레'다. 한자로 '民族(민족)'이다.

(1)'族(족)'에서 '方(방)'이 '까마귀'임을 '於(어:鳥)'에서 확인할 수 있다. 즉 '⚑'자형이 새가 나무 위에 앉은 솟대다. '⚐'자형은 활을 쏘는 사람(⚐)[127]과 솟대가 달린 깃발을 들고 있음을 알수 있다. 동이족 '夷(이)'의 금문·전서 '⚐=夷=⚐=⚐'와 같다. 즉 '夷(이)'의 무리가 곰과 호랑이 깃발아래 모이는 것이 '族(족)'이다. '⚐'를 보면 좌우에 있는 사람 '⚐'자형으로 나타냈다. 이 자형은 朝(조)의 갑골문·금문에 견우의 '소뿔'로 나타난다. 族(족)자는 고대에 '奏(주)'[128]자와 상통하여 사용했다. 현재 이 자형의 신화적 해석을 하지 못한 관계로 불명확하다. '아뢸'려면 누구에게 아뢸 것인가?

(2)'奏(주)'의 고문 '⚐'형은 불두칠성(⌐)에 두 사람이 앉아(⚐)있는 자형이다. 그리고 두 손(⚐)으로 받들어 모시고 있다. 또한 '⚐'자형은 '干'자로 좌우에 있는 두 사람이 하늘에 있는 존재임을 나타낸다. 즉 북두에 있는 칠성신의 우두머리 견우와 직녀 두 조상신에게 아뢰는 것이다. 이것이 '천자에게 아뢴다'는 뜻으로 사용된다. 그렇다면 천자는 천재를 드릴 때 누구에게 '아뢸'것인가?

4) 君(군), 契(계)의 意味(의미)

중화의 기록에 '군자국(君子國)의 사람들은 의관을 갖추고 칼을 차고 다녔고 함부로 싸우지 않았으며 굴복한 자는 '예'로 대우했다'는 기록이 있다. 이것이 무사의 덕목이며 仙人(선인)·風月道(풍월도) 사상의 근본이다. 고구려의 皁衣仙人(조의선인)은 무사집단으로 주로 검은 옷을 입거나 검은 띠를 둘러 신분을 표시했다. 특히 상고시대의 本(본)·國(국)·君(군)·氏(씨)·辰(진) 등의 문자는 한민족의 상징과 관련되어 있어 중화의 상징어로 채용하길 꺼렸다.

(1)'君(군)'은 '무리·집단'의 뜻이다. '군'의 음가에서 병졸의 집단인 '군(軍)'자의 음가가 나온다. 집단의 우두머리 '군(君)'이 '임금군'이 된다. 檀君(단군)은 신단수 앞에 있는 우두머리

---

127 彼謂我族爲이設文所謂이從大從弓爲東方人夷者是也: 神市本紀第三, 60장

128 會意. 屮+夲+収. 屮+夲은 확실치 않으나, 일설에 의하면, 갈라놓은 짐승의 뜻.《한한대사전》. 민중서림, 515쪽.

로, '壇君(단군)'은 제단에 있는 우두머리를 표현한 글자다. '君(군)'이 다스리던 고을이 '郡(군)'이다. 郡=君+阝(언덕부)다. '阝'자형은 '〿'으로 작은 언덕의 '山'이다. 그 앞에는 평지가 펼쳐진 고을이다. 평지의 언덕위에 '君(군)'이 관청을 세우고 다스렸음을 郡(군)자를 통해 알 수 있다. '氏(씨)〉族(족)〉國(국)'은 사회 발전의 단계다. '國(국)' 속에는 '氏族(씨족)'의 개별 집단이 구성요소다. 사람을 부를 때 ~'군', ~'씨'자를 붙인다. '씨를 심으면 씨에서 또 다른 생명이 나온다'는 의미로 '氏(씨)'자를 이름에 사용하는 민족은 한민족 뿐이다. 자식이 부성을 따르는 것은 땅에 씨를 심으면 '씨'의 실체가 나오기 때문에 '씨'를 준 아버지의 성을 취한 것이다. "갑골문에서 '군(君)'은 거의 대부분 복수의 형태로 사용되고 있다. 단독적으로 사용되는 '군(君)'은 현재까지 발견되지 않았으며 모두 多君(다군), 즉 다수의 족장이라는 의미로 사용되고 있다."[129]

상고시대 초기 '氏(씨)'집단이 커지면서 같은 언어·종교·혈족집단이 한 깃발아래 모여 '族(겨레족)'이 된다. 이러한 개념을 통합한 '겨레'의 음가를 이두식 한자로 치환해 보면 '契(계)'자가 가장 근접한다.

(2)'契(계·글)'은 '結(결)'과 같이 쓰인다. '契=刧+大'다. '刧(교묘히새길갈·맺을계)'는 칼로 나무에 약속을 새기는 것이다. 즉 오늘날 문서로 약속하는 것과 같다. 이러한 의미로 인해 '契(글)'은 '부족이름글'로써 '글'이란 음가를 가진다. '글자'는 '契字(글자)'로써 '어느 부족이 쓰는 글자'라는 의미가 된다. 또한 '契'는 '맞을결·새길결'의 뜻과 '계'와 '결'의 음가를 겸한다. 약속을 지키지 못하면 '끊을계'로 사용되어 '絕(절)'이 된다. '계'란 한민족의 특수한 문화로 대동계·동지계처럼 수많은 '계'모임이 오늘날까지 전승되고 있다. 이러한 개념이 글자가 없던 시절 새끼줄(絲)이나 띠로 문자를 삼은 '結繩文字(결승문자)'가 바로 그것이다. 그래서 '結(결)=契(계)'는 같다. 특히 '結(계·결)'자에 '상투계'의 뜻과, '결'의 음가는 머리에 '상투'를 묶는 한민족의 문화를 그대로 담고 있다. 약속이란 하늘에 맹서하는 것이다.

5) 신(|)의 象徵(상징)

(1)' | '은《설문해자》에서는 아래에서 위로 그으면 '신'이라 음독한다. '引而上行 上下通也

....
129 김경일, 《유교탄생의 비밀》, 바다출판사, 2013, 304쪽.

讀也(인이상행 상하통야 독야)'라 한다. 즉 '囟(정수리신)'의 자형이 갓난아이가 머리로 숨 쉬는 숨구멍이다.

(2)'囟(신)'자형이 '가마'를 나타낸 글자다. 때문에 머리에 '가마'를 보호하기 위해 '上斗(상투)'를 틀고 갓을 쓰는 문화가 생겼다.

(3)'申(신)'에 'ㅣ(신)'이 있다. 'ㅣ'자형을 그릴 때 아래로 그으면 또 다른 음가로 '退(퇴)'라 발음한다. 즉 引而下行 讀也 退(인이하행 독야 퇴)다. 또한 上下通也 像數之縱也 讀也 袞(상하통야 상수지종야 독야 곤'이다. 즉 'ㅣ'자형이 상하로 통한다는 의미로 쓰이면 '袞(곤)'이다.)'[130]이라 한다. 이처럼 한자는 자획 하나에도 모두 '의미'가 있고, 의미에서 파생된 '상징'과 개념이 들어있다. 한자에 많이 사용되는 '也(어조사야)'자는 《禮記(예기)》에 문장 끝(句末)에 결정을 나타내고, 《長子(장자)》에 '어간에 넣어 병설하는 조사로 쓰고, 《論語(논어)》에 이름을 부를 때 이름 아래에 사용하고, 반어에 사용하고, 《孟子(맹자)》에 의문에 쓰이고, 《사기》에 감탄을 나타낼 때 사용하고 있다."[131] 설문해자에 '也(야)는 여성의 생식기다.' 하지만 이러한 뜻으로 사용된 문장의 예는 제시되지 않고 있다. 也(야)의 금문과 전문(𠂤·𠂤)의 자형을 보면 혀를 길게 내민 형태로 '더 이상 할말이 없다'는 개념으로 한자에서 종결의 의미로 쓰인다. 입에서 혀를 내민 모습이 '也'로 모음 'ㅑ'와 닮았다. '야'는 여전히 우리말의 종결어로 '여·요·유'라는 사투리로 변용되어 여전히 사용하고 있다. 이 밖에 焉(언)·哉(재)·乎(호)·也(야)·此(차)·矣(의)·與(여)[132] 등 한자에서 사용되는 지칭이나 종결형 어미를 보면 지금 우리들이 사용하는 말들이다.

6) 此(차), 乎(호), 焉(언), 以(이)의 意味(의미)

(1)'此(차)'는 발로 '찰' 수 있을 정도로 가장 가까이에 있는 것으로, 발로 '차다'라는 음가에서 취했다. '此(차)=玆(자)'로 '玆(검을자)'는 발로 차도 될 정도로 더럽고 작은 사물이다. '哉(재)'는 '口+𢦏'로 '𢦏'는 '사람이 손을 내밀고 나서는' 글자다. 의문과 감탄을 손과 함께 입으로

....

130 《大漢韓辭典》에 古本切, 袞, 청나라 단옥재는 '退'자를 '袞(곤)'으로 읽는다고 했다.

131 김철환, 《漢韓大字典》, 민중서림 편집국, 2007, 121쪽.

132 《논어》 "孝弟也者 其爲仁之本與(효제야자 기위인지본여)"의 "與(여)"는 종결의 이두문.

표현하기에 '口'자와 결합된다. 우리 사투리에 '밥 먹었재!' '재~ 좀 봐라'에 음가가 남아 있다.

(2)'乎(호)'는 감탄하여 혀가 움직여 소리가 나간다. 뜻은 '오호~그런가'로 우리의 실생활에서 표현하는 음가다.

(3)'焉(언:)'은 '새'다. 새는 '왕'이다. 왕이 하는 말이 '言(언)'이다. 즉 성인과 같은 존재가 아랫사람에게 하는 '~느냐? ~도다'라는 말이다. 'ㄷ'자형은 '다·더'로써 같은 의미를 가진다. 특히 말이나 문장의 종결어 '~다'는 '구두점'이다. 문장의 구절을 뜻하는 한자의 음가는 '讀(두)'다. '讀(독)'이 되면, '읽다·헤아리다·구절'이란 뜻이 된다. 즉 '도'는 북두칠성에서 천문을 읽기에 시간에 따라 '도(회전)'는 방향과 숫자를 세고 그 의미를 읽고 절기를 결정지어야 한다. 즉 종결형의 음가 '~다'의 뿌리는 '두'가 변용된 것이 아닌가 사료한다. '도'의 음가가 '회전한다'는 뜻에서 '道(도)'의 한자가 가지는 자연 순환성과 '도'의 음가가 일치한다.

(4)'以(이)'의 갑골문(ㆍ)은 '쟁기를 본 뜬 자형'이라 한다. 그러나 '以(이)'의 뜻에는 쟁기와 관련된 내용이 전혀 없다. '以(이)'의 뜻은 '句(구)·語調(어조)·已(이)'다. 《孟子(맹자)》에 無以則正乎(무이즉정호)다. 즉 '以(이)'는 '말이 그침'을 뜻한다. 한자에서 원(ㅇ)은 'ㅿ'자형으로 썼다. 갑골문()은 사람이 원을 그리는 모양이다. 사람을 뺀 것이 ''이다. 이 자형이 후대에 '쟁기'와 닮다보니 쟁기의 뜻으로 사용되고 있다. 그러나 용례를 보면 '글을 쓴다'는 뜻이다. 즉 '=ㅿ+人=以'다. 또한 '以'자형은 한글 'ㅆ+ㆍ'자형으로 서서 글을 '쓴다(써다)'는 뜻이다. 모음 'ㆍ'이 '이'의 음가를 만든다. 그래서 '以(이)'는 주격조사로 한자에서 쓰이고 '而(이)'는 접속사로 쓰인다.

문자가 나오기 수억 년 전부터 사용해온 우리의 소리는 1만 년 전후로 문자(기호·글자·한자)가 창제되면서 문자는 시대에 따른 문화와 사유를 담았다. 마치 레코드판에 여러 노래를 기록한 것처럼 한자 하나에 많은 뜻이 이렇게 생겨났다. 때문에 어느 것을 선택하여 문장을 해석하는가를 결정하는 것은 쉬운 일이 아니다. 나이테가 작을수록 오래된 것처럼 상고의 문화를 해석하려면 한민족의 소리와 뜻 그리고 문화가 담긴 나이테를 분석해야 한다.

6

한글은 漢字(한자) 음가의 뿌리

《檀奇古史(단기고사)》[133]에 제3세 가륵단군이 "乙普勒(을보륵)에 명하여 正音(정음)을 精選(정선)하다(白岳 馬韓村 古碑文)" 했고, 고려때 행촌 李嵒(이암·공민왕 12년, 1363)이 지은 《단군세기》에 정음 38자에 대한 加臨土文(가림토문)이 그대로 전해고 있다. 가림토문에는 한글 28자가 모두 있다. 또한 천부경은 천지인(ㆍ ㅡ ㅣ)의 원리를 제시하고 있다. 이것은 한글 모음의 뿌리다. 훈민정음의 초성, 중성은 하도낙서에 기원을 두고 있다. 이러한 제시는 한글이 세종대왕의 창제 이전에 한글의 원형이 존재했다는 것으로 단순하게 한글은 구강의 구조에서 취한 글자가 아니란 의미다. 가림토문은 천지자연의 이치를 담았다. 이러한 것에 착안하여 우리가 사용하는 음가와 한글 자음이 가지고 있는 기호적 의미를 추론했다.

오늘날 '이모티콘'은 언어와 인종이 달라도 보기만 해도 무엇을 의미하는지 안다. 이러한 이모티콘의 기호는 실생활의 동작과 자연의 모습을 취했기 때문이다. 하나밖에 없는 '해'에 대한 표현도 형태·위치·빛깔 등의 변화와 차이에 따라 각자가 가지고 있는 기호의 상징들이 서로 혼용된다. 한글의 모음과 자음도 상형성과 의미를 갖고, 한글이 갖는 상형성과 의미

---

133 발해의 시조 고왕(대조영)의 동생인 대야발이 719년(무왕1)에 썼다고 전해진다. 본래는 발해문으로 씌어졌는데, 약 300년 뒤 황조복이 한문으로 번역하였다고 하나 지금은 1905년 정해박(鄭海珀)이 한문본을 국한문으로 번역한 것이 전한다. 구성은 서문, 제1편 전단군조선, 제2편 후단군조선, 제3편 기자조선으로 되어있고 이경직(李庚植)과 신채호(申采浩)의 중간서(重刊序)가 붙어 있다. 최초의 《단기고사》가 전하지 않으므로 현존하는 것이 최초의 것과 같은지는 의심스럽지만 다른 상고사서와 비교할 때 기본 틀은 비슷하다《두산백과》.

를 한자의 음가에 부여한다.

1)'ㄱ·(ㅏ)ㄴ'의 대칭적 구조로, 신체와 사물의 형태에서 'ㄱ·ㄴ'의 자형을 취하여 한글과 한자의 음가로 사용했다. 'ㄱ'은 걷기위해 팔·다리가 앞뒤로 벌려진 모습을 취하여, '가세(가위)·말이 달려가다'처럼 땅에서 움직이는 발의 동적인 기능을 나타낸다. '골'의 'ㄱ'은 전후로 나가는 '발'의 모양을 취한 기호다. 옛날에 '左(좌)'는 前方向(전방향)을 뜻한다. 때문에 글씨든 그림이든 좌측에서 오른쪽으로 했다. 즉 '간다'는 개념은 좌에서 우로 향하기에 '去(거)'가 '갈거'의 뜻과 음가를 가진다. 또한 'ㄱ'은 입을 벌렸을 때의 모습이다. '歌(가)'의 음가다. 즉 '可(가)'는 'ㄱ+ㅁ'으로 'ㄱ'은 입을 벌린 모습, 'ㅁ'은 입속에 있는 '혀'를 나타내기 때문에 '가'의 음가를 가진다. 또한 위에서 내린 모양에서 高(고) 또는 角(각)의 개념을 가진다. '극'에서 'ㄱ'이 밖으로(ㅏ) 향하면 '각'을 세우는 것이고, 안으로(ㅓ) 향하면 '꺽(걱)'는다는 의미다. '곡'이 되면 구부러진다. 'ㄲ·ㅋ'은 'ㄱ'의 의미를 강조하여 '꼭대기'는 더 이상의 높이가 없다. 'ㄲ'은 꺾인다는 의미로 더 이상으로 가면 꺾이는 꼭지점이다. 쌍 기억이 두 개다. 꼭대기에 둘이 앉아있는 '斗(두)'의 개념이다. 'ㅋ'은 'ㄱ'을 두 개 쌓고 'ㄲ'은 좌우 나란히 있는 것으로 'ㄱ'의 개념을 강조한다. 특히 '꽃'자는 꽃의 모양을 그대로 취했다. 'ㄲ'은 여러 개의 꽃잎을 표현했고 'ㅊ'은 5개의 꽃잎 술을 표현했다. '공=고+ㅇ'다. '고=높다, ㅇ=하늘'로 높은 하늘이다. '고'의 'ㄱ'은 반원(⌒)으로 구부러진 것을 상징하고, 'ㅗ'의 'ㅡ'는 땅, 'ㅣ'는 높음을 상징한다. '高句麗(고구려)'의 '句(구)'자형에서 '勹(포)'자형은 '머리를 내리고(丿) 허리를 굽혀(ㄱ) 땅(ㅁ)을 내려 본다'는 의미다. 즉 '하늘 높은 곳에서 '麗(려)'가 굽어 내려 보고 있다'는 의미가 된다. 이처럼 한자는 한글의 자형과 결합되고 한민족의 소리로 음가를 만들었다.

(2)'ㄴ'은 '我(나아)'의 갑골문 '𤪌'처럼 양팔을 수평으로 벌려 한쪽 팔이 위로 올라간 모양이다. 팔은 몸 위 하늘에서 움직이는 기능으로 '새의 날개 짓'이다. 따라서 '나간다·날다'는 의미가 된다. 그래서 'ㄴ'에 '乙'의 자형이 들어있다. '간다'의 '간'자형은 'ㄱ+ㄴ'의 결합으로 '발과 팔의 두 작용으로 앞으로 간다'는 의미 기호가 된다. 'ㄱ'은 위에서 내려오는 기호며, 'ㄴ'은 옆으로 이동하거나 올라가는 기호다. 《가재집고록》의 '𤯵'자형에 한글 'ㄴ'자형이 있다. 낙빈기는 '𤯵'자형을 '主(주)'자로 풀었다. 그러나 '𤯵=丬+乀'이다. 즉 'ㄴ+乀'과 'ㅓ+乀'으로, 즉 왼발

(🐾)과 오른발(🐾)이 나가기 때문에 'ㄴ'의 방향이 바뀌어 'ㄴ'으로 표현 된다. 즉 '앞으로 걸어 나 간다'는 뜻이 된다. 이렇게 보면 '主(주)'보다 '步(보)'나 進(진)에 그 의미가 가깝다.

또한 양 팔을 밑으로 내리면 자음의 'ㅅ'이 된다. 즉 'ㅅ'은 '내린다'는 의미가 되어 한자 '水 (수)'의 음가에 들어간다. 즉 'ㅜ'의 기호(위에서 내린다)와 'ㅅ'이 결합하여 '수'의 음가가 된다.

'出(출)'의 뜻은 '날'이다. 날의 뜻이 한자의 음가로 사용된 것이 '齙(날)'이다. '齙(날)=出+ 虎'다. '虎(호)'는 白虎(백호)다. 백호는 태양이고 태양은 알이며 새다. 새는 날개 짓으로 날아 간다. 한자의 음과 뜻은 서로 교차하여 만들어진다.

3)'ㄷ'의 자형은 '담고·숨기고·덮고·덜고'하는 기호다. 'ㄸ'은 같은 사물이 복제되거나 'ㄷ' 을 강조한다. '땅'은 'ㄷ'이 좌우로 퍼진 수평의 개념이고, '토'는 'ㄷ'이 상하로 겹친 개념이다. '地(따지)=土(토)+也(야)'로 '따=토=야'다. '也(야)'는 '~이여·이다'의 종결어 '之(지)'도 '~이지, ~했지'처럼 종결어로 사용하고 있다. '똥'은 동그란 것이 위로 쌓였으니 '똥'이다.

'多(다)'의 갑골·금문(🜚·🜚)은 '夕(석)'과 관련이 없다. 'ㅃ'자형이다. 'ㅂ'은 사람의 '발'이다. 두 발을 상하의 위치로 보면 '포개다·많다'는 의미가 되고, 나란히 서다는 개념은 '붙이다·때 마침·일을 마쳤다'는 의미다. '🜚'를 180°회전하면 'ㅃ'이다. 'ㄷ'은 ㄷ+•로 한글 종결형 어미 '~ 다'가 된다. 발이 앞뒤 'ㄷㄷ'에 있으면 'ㄸ'으로 '따라 간다'가 된다.

'ㄷ'은 '돌아 나온다'는 기호다. 이것이 한자에서 주로 '돌아 나온다'의 의미로 사용된다. '回 (회)=ㄷ+巳(사)'로 돌아 나오는 것이고 '回(회)'는 빙빙 도는 것이다. '汇(회)=氵+ㄷ'로 '물돌아 나갈회'다.

(4)'ㄹ'은 '새'의 자형으로 乙(을)이다. 'ㄹ'자형의 사물(己)과 물 같은 움직임을 나타내고 '巳(사)'와 '龍(룡)'처럼 동물의 자형에 사용된다. 또한 'ㄹ'은 '새'가 활동하는 '弓(궁)'자로 변형 된다. 새를 잡는 것이 '弓(궁:활)'이고 새가 나는 하늘도 '穹(궁)'이다.

즉 'ㄹ'이 '궁'인 것은 'ㄱ'과 'ㄴ'이 연결된 자형으로 '음양' 동체이기 때문이다. 그래서 '려'와 '녀'의 음가는 한자에서 다른 뜻으로 사용된다.

(5)'ㅁ'은 땅·입모양·네모의 형태를 나타내고, 멈춤·응축·고착의 개념을 갖는다. 한자에

서 갑골문 'ㅂ'을 'ㅁ'으로 나타낸다. 특히 'ㅁ'의 자형은 'ㅣ+ㄱ+ㅡ'이 연결된 기호로 'ㅣ'는 내려 오는 '신'의 의미다. '음'과 '양'의 한글도 파자로 분석하면 '음'은 위에 'ㅇ', 아래에 'ㅁ'이 위치 한다. '음'은 '양'을 품는다. '음'의 'ㅇ·ㅁ'이 위치를 바꾸면 '뭉'이다. '망·멍·몽·뭉'이 된다. 용 에 죽임을 당하는 이무기도 '蟒(망)'이다. '암 닭이 울면 망한다'는 '망'의 음가에 그 의미가 있 다. '음'은 '암·엄·움·옴'이다. '엄마·어머니'와 보이지 않는 '소리'는 '쿕(음)'이다. '쿕(음)'으로 가득 찬 하늘은 '쏜(공)'이다. '양'은 상하가 'ㅇ'이 두개다. 모음 'ㅑ=ㅏ+·'다. 'ㅏ'의 강조다. '빛'의 세계는 '色(색)'으로 '양'이다. '어'가 '음'이면 '아'는 '양'으로 '아버지'다. 즉 '어≠아', 'ㅁ≠ ㅂ'의 음양 관계가 한글에 있다. 실제 '아'의 소리는 밖을 향하고 '어'는 안으로 오그라 들어간 다. 둥근 입모양의 크기로 보면 '아〉어〉오〉우'의 순서가 된다. 우리의 소리와 한글은 음양의 개념과 구조로 만들어졌다. 중화의 언어 체계는 이런 구조의 언어가 아니다. 이것은 한민족 이 '음양'의 시원이라는 증거다.

6)'ㅂ'은 무언가를 담는다. 또는 비운다는 의미와 'ㅂ'자형의 사물을 나타낸다. '哭(곡)'의 갑 골문(哭)은 'ㅁ'이 '님'이다. 소리가 밖으로 나가는 것을 나타낸다. 한자에서 'ㅁ'은 'ㅂ'과 같은 계열이고 사람의 '발'을 'ㅂ'으로 사용한다. 한자 '匕(비)'자 두 개가 마주한 자형(ﾄ·ﾄ)으로 둘 (견우·직녀)이 합치면 자음 'ㅂ'자형이 된다. '반갑습니다'라는 인사말은 '半(반)'이다. 즉 '반 쪽 같다'는 의미다. 'ﾄ·ﾄ'자는 남녀 '짝'이 등을 대고 있기 때문에 '등'을 우리말로 '등짝'이라 한다. '背反(배반)'이고 다시 뒤집으면 '飜覆(번복)'이다. '본'이 기본자형으로 '반·번·본·분'의 음가는 숫자 '둘'의 의미를 갖는다. '半(반)'은 좌우를 나눈 것이다. '反(반)'은 상대의 반대쪽이 다. '飜(번)'의 '番=米(미)+田(전)'이다. '밭에 번갈아가며 작물(씨)을 차례로 뿌린다'다. '分 (분)'도 좌우로 둘을 나누는 것이다. '本(본)'자는 大(대)+十(십)이다. '十'은 좌우가 결합된 것 으로 북두칠성이다. 즉 견우직녀 '둘'의 결합으로 '둘'이 근본이란 뜻이다. 이처럼 'ㅂ'의 자형 에서 북두칠성을 나타내는 '七·匕'에 '比·北'이 있다. '七'과 '匕'는 같은 뿌리다. 7월 7석의 좌 측 '月(월)'은 직녀(7)고 우측 '夕(석)'은 견우(7)를 표현한 것이고, 둘이 만난 것을 표현한 것이 '十(십)'이다. '7·7'을 한자로 표현된 것이 '比·北'다. 이것이 한글로 표현한 것이 '비'이다. 둘 이 만나서 기쁘고 헤어질 때 슬퍼서 내리는 '비'도 'ㅂ+ㅣ'이고, 다시 만나게 해달라고 '비'는 것도 'ㅂ+ㅣ'다. '불'은 위로 올라가기에 'ㅂ'과 'ㄹ'이다. '불'은 불·볼·벌·발로 모두 '불'의 개

념을 가지고 한자의 음가로 사용된다. '발'의 한자 足(족)의 갑골문은 '𤴕'과 '𤴕'이다. '𤴕'의 '𡳾=ㅂ·ㅏ'다. '발=바+ㄹ'이다. '빠르다'의 'ㅃ'은 '발'이 강조됐다. '𤴕=ㅁ+ㅂ'이다. 'ㅁ'은 땅이다. '𤴕=ㅇ+𡳾(ㅂ)'이다. 'ㅇ'은 하늘이고 '𡳾'은 발이다. 그리고 'ㄹ'은 '새'다. 즉 '발'은 '새'의 '발'이다. '조'의 음가는 '鳥(조)'에서 '조+ㄱ=족'이다. 또한 '𤴕'의 '𡳾'은 발이 걸음을 멈춘 것으로 止(지)다. 발이 땅에 붙었으니 '지'의 음가로 된다. '之(지)'의 갑골문은 '𡳾'이다. 땅에 붙었던 발이 출발하면 '갈지'가 되고 목적지에 도착하면 종결의 의미가 된다. 그래서 문장 중간에 之(지)자가 있으면 연속되고, '之(지)'자가 문장 뒤에 위치하면 종결형 어미가 된다. 그래서 之(지)자는 가다 멈추고 오락가락 하기 때문에 '갈지'라 한다. 多(다)의 갑골문(𡕨)도 발을 가지고 만든 글자다. 창힐이 동물발자국을 보고 문자를 만들었다는 것은 이렇게 증명된다.

7) 'ㅅ'은 '내린다·뻗친다·솟는다'의 상징과 새의 자형이다. 'ㅆ'자형으로 '뻗친다'는 개념이 된다.

'申(신)'자는 '日(해)'가 'ㅣ' 내려온다는 뜻이다. 矢(시)의 갑골문 '↑'은 화살이 위로 솟는 자형이다. 'ㅅ+ㅣ=시'다. '일=ㅇ+ㅣ+ㄹ'이다. 여기에서 'ㅣ'는 올라간다는 '기'의 개념이다. '日氣(일기)'라는 단어가 된다. '있다·없다'는 것도 한글 자형으로 분석하면 '있다'는 'ㅇ+ㅣ+ㅆ'으로 '해(ㅇ)가 하늘 위로(ㅣ) 솟았(ㅆ)다'는 의미가 되고, '없다'는 'ㅇ+ㅓ+ㅂ+ㅅ'으로 '해(ㅇ)가 속으로(ㅓ) 들어가(ㅅ) 담겨(ㅂ)있다'는 의미가 된다. 'ㅅ'은 '△'의 형상이다. '산'이란 글자에 '산'의 형태가 있다. 즉 '△(산)이 연결되어 밖으로(ㅏ) 나간다(ㄴ)는 설명이 산이다. 소나무의 형태는 한글 '소(𥘉)'자형이고 한자도 '松(송=소+ㅇ)'이다. '松=木(목)+公(공)'이다. '公(공)'은 'ㅇ'이며, 귀한 소나무는 돌로 빙둘러(ㅇ) 모셨기에 '송'이다. '소'자를 180° 뒤집어서 보면 '소'의 머리다. 큰 나무는 한글 '수'자형이다. '수'가 좌우로 퍼져(ㅍ) 많으면 '숲'이다. 한민족은 神壇樹(신단수)를 신으로 모시고 받들었다. 나무는 오래 살기에 믿고 따른다. 이러한 특징은 모두 한자에서 '수'의 음가를 가진다.

8) 'ㅇ'은 사물의 둥근 모습과 '해'를 나타낸다. '月(월)'의 기본 음가는 '을'이다. '알'이 태양이면 '얼'은 달이다. 여기에 위에서 좌우로 움직인다는 기호 'ㅜ'가 결합되면 '월'이 된다. '熊女(웅녀)'의 '웅' 음가는 하늘에서 내려온 큰 새(단군)다. '雄(웅)'을 만나 남자 쪽의 음가를 취한

것으로 보인다. 즉 모계권력이 부계권력으로 넘어간 것이다. 지금도 자식들이 아버지 성을 따르는 것은 부계권력이다. 雄(웅)의 뜻의 '수컷'에서 '수'는 '지배자'를 뜻하여 '따른다, 우두머리' 등의 음가로 된다.

9) 'ㅎ·으·ㅎ'은 같은 '해'의 개념이다. 'ㅎ'는 해(ㅇ)가 땅(ㅡ) 아래에 있다는 기호고, '으'는 해가 수평선 위에 있는 것이다. 'ㅎ'은 '해'가 위로 점점 떠오르는 것과 빛이 퍼져 나가는 기호다. '빛난다'는 '煥(환)'의 음가에 'ㅎ'이 있다. 'ㅇ'은 '해' 자체의 모습과 둥근 사물을 나타낸다.

'ㅇ'을 중심으로 'ㅏ'가 상하좌우로 붙어 해의 이동을 나타낸다. '후'는 '동에 있던 해가 서쪽에 있다'는 기호다.

그림 2-16. 'ㅇ'과 ㅗ·ㅏ·ㅜ의 결합

10) 'ㅈ'은 화살이 떨어지는 방향인 'ㅅ'자형을 세운 것이다. 'ㅈ'은 화살이 날아가다 '>' 당도한 사물 'ㅣ'다. 'ㅅ'으로 막힌 것을 뚫지 못했다. 화살표는 오르다 막힌 것(↑), 좌로 나가다 막힌 것(←), 우로 가다 막힌것(→), 위에서 아래로 내려온 것(↓)을 나타낸다.

11) 'ㅊ'은 막힌 것 'ㅈ'을 뚫고 위로 올라가는 것을 나타내는 기호다. 'ㅈ'과 마찬가지고 상·하·좌·우 로 뚫고 나가는 의미를 가진다. '추켜세우다, 어깨 춤' 등의 '추'와 '춤'은 위로 돈다는 의미가 있지만, '墜(추:떨어지다)'는 위에서 아래로 막힘없이 내려오는 것이다. '槍(창)·囪(창)'도 막힌 것을 뚫고 들어가는 것이다. '빛'의 한글도 '해'에서 담긴(ㅂ)것이 뚫고 나온다(ㅊ)는 기호다. '堞(치)'는 성벽에서 튀어나온 담이다. '堞(치)=土+矢'자형으로 활을 쏘는 자형임을 알 수 있다. '推(추)'자도 그 예다. 한자에서는 'ㅊ'의 상징과 의미는 '土·干'자형으로 나타낸다.

12)'ㅌ'은 'ㅂ'자와 연결된다. 'ㄵ(비)'자형의 배열에 따라 '比·北·非'가 되지만 서로 같은 개념을 공유한다. 'ㅂ'에서 가로 'ㅡ'가 세로 'ㅣ'로 서면 'ㅌ'이 되어, 담긴 사물이 밖으로 '터'져 나가는 의미의 기호가 되고 'ㄷ'을 두 개 쌓는 개념이 된다. '톨=탈〉털'로 한자에 '脫(탈)'의 음가다.

13)'ㅍ'은 'ㅂ'자와 연결된다. 'ㅂ'의 강조와 좌우 수평으로 결합된 것으로 좌우로 '퍼진다·나눈다'는 개념이 들어간다. '平(평)'자에 'ㅍ'의 자형과 의미가 그대로 들어있다. '바람'은 좌우로 움직이기에 '풍·풀'이다. '品(품)'은 '묘'이다. 'ㅍ+ㅁ'의 상하 위치가 바뀌면이 '폼'이다. 즉 'ㅍ'은 'ㅁ'이 2개로 '品'자형은 한글 '폼=품=품'이 된다. '폼'잡는다는 말은 '품'의 격을 낮춘 표현이다. 'ㅂ'은 상하 방향성의 의미가 있지만 좌우로 둘이 결합하면 'ㅍ'이 되어 좌우 대칭의 개념이 들어간다. '判(판)'과 八(팔)도 좌우로 나눈다. 이러한 한글 기호의 상징성과 사물의 자형에서 자모의 모습을 취해 문자를 만들었다. 많은 학자들에 의해 한자가 동이족의 문자임이 밝혀졌지만 한자의 '음가'에 대한 원리는 밝혀진바 없다. 그동안 조선세법을 해독하면서 한자의 자형이 무술의 동작을 표현한 것임을 깨닫고, 고무예서에 '주어+목적어+술어'의 문장과 음가 중심의 이두문으로 기록된 것을 확인했다. 또한 고조선 문자와 한글이 연결된 관계를 확인했고, 한글이 소리문자이기 전에 상형문자와 상징기호문자의 결합임을 확신하게 됐다. 더불어 일본의 훈독이 우리의 '소리'임을 알았다. 학계에서는 국가 간 300단어의 음가와 개념이 일치되면 언어전이를 인정한다고 한다. 그런데 '갑골문, 금문, 설문해자, 한자'를 추적한 결과 수 천자 이상이 우리의 소리·음가와 일치한다. 이러한 한글문자의 DNA를 연구하고 싶지만 혼자 연구하는 데는 한계가 있다. 학계에서 세밀하게 연구해주길 간절히 바라는 마음에서 간략하게 소개했다. 이 연관성을 학술적으로 밝혀 잃어버린 우리의 상고의 문화와 신화를 온전히 찾아주길 기대한다. 그렇게 되면 중국의 상고문화와 동북공정은 무너지게 될 것이고 일본의 실체도 밝혀지게 될 것이다.

7

한글은 '형태(形)·소리(音)·의미(意)'가 일치된 文字(문자)

갑골문은 동이족의 정체성과 신화를 간직하고 있다. 중화인은 한민족의 소리 음가를 알지 못하기 때문에 진의를 알기에는 한계가 있다. 중화가 수천 년 동안 문자해석을 독점하고 중국에 있던 동이족의 문화를 자의적으로 해석하여 왜곡했다. 이러한 문서를 의심 없이 믿고 인용한 결과 우리의 신화와 역사는 중화의 문화가 됐다.

동이족의 문자를 우리가 해석해야지 누구에게 맡긴단 말인가? 문자는 '형태(形)·소리(音)·의미(意)'가 일치될 때 문자로써의 기능이 발휘된다. 이 세 가지 중 한 가지만 없어도 문자로써의 역할을 할 수 없다. 비록 한자가 사물의 모양을 그린 그림일지라도 '形(형)·音(음)·意(의)'가 없으면 화폭의 그림일 뿐이다. 즉 한자에서 그림의 형태만 문자고, '소리(음)'는 문자가 아니라는 것은 어불성설이다.

한글의 자형에는 '형태(形)·음(音)·의미(意)'를 가지고 있다. 즉 한글은 '소리(音)'로만 구성된 문자가 아니다. 지금까지 문자에 대하여 잘못된 인식을 하게 된 것은, 한자와 한글을 각각 다른 문자로 분류하려는 데에서 기인한다. 중국의《通志(통지)》卷(권)36 七音序(칠음서)[134]에 의하면 漢(한)의 유학자들도 한자 음가의 근원을 찾아보려 했으나 결국 찾아내지

---

[134] 漢儒知以說文解字以 不知文有字母生字爲母 縱母爲子 字母不分所以失制字之旨 四聲爲經七音爲緯 江左之儒知縱

못했다. 그렇다보니 한자에서 형태만 취하여 문자로 인식했다. 즉 한자는 '형태는 있으나 소리와 의미를 모르고 있다.' 이것은 한자가 중국의 문자가 아니라는 증거다. 역사는 왜곡되고 문서는 사라졌을지 몰라도 우리가 사용하는 소리와 한자의 뜻에 고스란히 저장되어 있다. 저자가 '兪(유)'자와 연결된 한자 喩愉愈踰揄逾媮覦龥瑜 등을 모아 의미를 해석한 결과 '전설따라 삼천리'에 나오는 유씨 집안의 내용인 것을 알고 무척 놀랐다. 즉 잃어버린 고문서를 찾은 것과 같았다. 소리의 주인이 문자의 주인이고 의미의 주인이다. 결코 문자는 소리의 주인이 될 수 없다. 때문에 소리야말로 한민족 문화를 찾아가는 열쇠다. 특히 우리의 언어에는 토템시대에 형성된 의미가 들어있다. 뿐만 아니라 한글의 기호와 많은 한자들도 토템시대의 개념과 연결되있다. 문자의 본의를 알려면 토템을 이해하지 않고는 알 수 없다. 그럼에도 현재 이에 대한 연구는 전무한 상태다. 한글과 한자에 담겨진 토템의 개념을 연결하면 잃어버린 한민족의 상고신화와 역사의 단편을 찾을 수 있다. 한민족만이 한글과 일치된 소리를 갖게 된 것은 동이족 중에서도 제사권을 갖고 있었던 장자계열이였기 때문으로 사료된다.

有平上去入爲四聲 而不知衡有宮商角徵羽半徵半商爲七音.

三.
本國(본국)의
武神(무신)
蚩尤天皇
(치우천황)

蚩尤天皇(치우천황)

중국의 《山海經(산해경)》과 《史記(사기)》 등의 기록에 따르면, 치우는 매우 광폭한 무력 집단의 우두머리로서 황제도 감히 어떻게 하지 못할 괴물로 표현되고 있다. 이 당시를 기록한 문헌들의 여러 내용을 종합해보면 치우는 구리의 군왕이었다. 천자로 극동에서 최초로 칼[135]을 비롯한 무기를 만든 막강한 실력자였다. 지금의 灤河(난하)와 黃河(황하) 사이에서 남쪽의 황제와 자웅을 겨룬 14대 단군이다.

《史記(사기)》에 따르면 동북아시아의 역사는 동이족의 蚩尤(치우)와 중화의 황제 싸움으로 시작됐다. 치우천황은 황제와 수차례 전투를 치르고 중화민족을 몰살시킨 당사자다. 중화의 주장은 '탁록전투에서 황제가 치우를 죽여 오늘날 중화민족이 됐다'고 한다. 그러나 한국측 기록은 그 반대로 '황제가 패하고 신시의 규범을 지키겠다'고 약속하여, 치우는 돌아가고(칩거) 치우 예하의 장수 치우비가 끝까지 남아 황제와 싸우다 죽었다고 한다. 치우천황은 한·중·일 동양 삼국에서 무신으로 추앙받고 있는 동이족 14대 단군으로 실존인물이다. 중국 최초의 정사 사마천 사기 본기에 있다. 《사기》에 기록된 대로 산둥성에서 무덤이 발굴되어 복원되었으며 우리나라 민족사서에 등장하는 실존인물이다. 더욱이 중국에 사는 소수

---

135 "옛날 葛天氏(갈천씨)가 廬山(여산)에서 금을 캤다. 치우천왕의 명으로 여산에서 캐낸 금으로 칼(劍)·갑옷(鎧)· 자루가 긴 창(矛)·미늘창(戟)을 만들었는데 이것이 검의 시작이다."《관자·數地篇》

민족인 묘족은 치우환웅을 시조로 모시고 있다. 漢(한) 고조 유방은 항우와의 마지막 전투에 앞서 치우에게 제사를 지냈고 그 전투에서 이겼다. 이후 중국에서는 치우를 전쟁의 신으로 모셔왔다. 동양에서 철제 무기를 최초로 만든 동이족의 치우천황이 원시무기를 가지고 있었던 중화에게 패했다는 논리가 사마천 사기의 기록이다. 이는 총을 든 자가 몽둥이를 든 자에게 패했다는 것과 같다. 더욱 논리적으로 맞지 않는 것은, 전쟁에서 승리했다는 중화의 조상인 황제를 무신으로 모시지 않고 오히려 패한 치우를 전쟁의 신으로 숭배하고 있다. 승자인 황제를 무신으로 숭배하지 않고 왜 패자인 치우 사당을 세워 무신으로 숭배하는가? 왠지 역사적 음모의 냄새가 풍긴다.

역사란 승자의 기록이기도 하지만 쓰는 자의 기록이기도 하다. 그리고 어떠한 형태로든 기록을 후대까지 남기는 자가 역사적 주인으로 유리한 고지에 서게 된다. 우리의 기록은 중화의 기록과 전혀 다른 기록을 하고 있다. "치우가 최초로 지남차를 만들어 백전백승한 것을 황제가 지남차를 처음 만든 것으로 바꾸고, 치우천황의 부장인 치우비가 죽은 것을 치우가 죽었다."[136]고 기록하고 있다. 그럼에도 우리 학계는 중화의 기록을 더 믿는다. 이것은 오랜 사대와 식민의 결과다. 대한민국은 문인들이 학문적 권력을 차지하고 강단에 뿌리 깊게 내려있어 사대와 식민의 구덩이에서 헤어 나오지 못하고 있다. 어찌 되었건 우리의 조상이 중화보다 먼저 칼을 만들었다는 기록이다. 이렇듯 칼에 관해서는 한민족이 동양 삼국의 종주국이다.

중국사서에 蚩尤(치우)는 九黎族(구려족)의 임금이다. 고대 천자의 이름이고 구리머리에 철이마(銅頭鐵額)를 하고 모래를 먹었으며, 금속을 제련해서 다섯 가지 병기와 갑옷을 처음 만들었다. '구려'라는 음가와 치우의 상징을 동이족이 계승하여 高句麗(고구려)로 전승된다. 고구려는 '고구리-고우리-가우리'로 음가가 전이 된다. 상고시대의 '음가'는 오늘날처럼 일정한 소리로 통합되어 문법적으로 쓰이지 않았다. 비슷한 음가로 쓰였으며 한 음가에 여러 의

---

136 我神市而廣造兵甲又制指南之車敢出百戰 我將治尤飛者不幸有急功沒史記所謂擒殺治尤者 神市本紀第三 65장 太始紀 53~54장.

미가 포함되어 있었다. 이러한 '소리'를 따라 한자를 채용하여 사용한 것이 향찰·구결·이두다. 신라의 설총 이전부터 '이두'가 사용됐다는 것이 학계의 정설이다. 그렇기에 중화의 많은 문서에 이두의 흔적이 있다. 상고시대는 한자를 사물의 모양이나 현상을 그렸고 한자를 소리음가로 사용했다. 때문에 한자 '九黎(구려)'는 句麗(구려)로 치환되어 고구려의 국호로 사용했다. '九=句'로 보면 '굽힌다'는 개념으로 '九'가 사용됨을 알 수 있다, 즉 신화시대의 사고로 본다면 '북두칠성이 최고점에서 굽어진다'는 것에서 '허리를 굽혀 내려본다'는 개념이 된다. 그리고 '黎(려)=麗(려)'다. '黎(려)'는 '견우'와 관련된 글자로 '麗(려)'는 견우의 자상한 얼굴이다. 이렇게 보면 '밤하늘 북두에 조상인 견우와 직녀가 자손들을 굽어 살핀다'는 의미가 국호에 담겨있다. 구리는 '청동(銅)'이다. '銅(동)'을 '구리'로 소리하여 사용하는 민족은 우리 한민족 뿐이다. '구리 머리에 철 이마'라는 것도 투구를 쓴 머리를 상징적으로 표현한 것이다. 또한 '모래를 먹는다'는 것도 '모래에서 沙鐵(사철)을 모아 철기를 제련한다'는 것을 비유적으로 표현한 것이다.

《史記(사기)》에 의하면 치우의 형제가 81명 있다. 여기에서 81의 숫자는 오늘날 전설처럼 전해지는 용의 비늘 숫자 81개와 같다. 용이 치우와 연결되어 있음을 알 수 있다. 81명 중에 특출난 한 명이기에 외발장군 '尤(더욱우)'다. 과거의 기록은 자연과 동물의 특징 및 위계를 토대로 인간의 삶 속에 상징어로 대부분 표현했다. 이것을 반영하지 않고 왜곡된 한자의 뜻을 곧이곧대로 하면 엉뚱하게 해석된다. 치우는 여덟 개의 팔 다리에 둘 이상의 머리를 지녔다는 설, 사람의 몸에 소의 발굽에 네 개의 눈과 여섯 개의 손을 지녔다는 설, 치우의 귀 밑털이 칼날과 같고 머리에는 뿔이 돋았다는 설도 있다. 소의 발굽 머리에 소뿔이 돋았다는 설은 발에도 철제 신을 신고 머리에는 소뿔처럼 붙인 투구를 썼으며, 손에는 삼지창 등 여러 무기를 든 모습을 당시 미개했던 중화민족이 치우를 처음 보고 표현한 것이다〈그림 3-1〉의 (1). 얼굴을 투구로 감싸니 눈이 넷일 수밖에 없고, 손에 삼지창을 들었으니 치우의 손이 여러 개의 손으로 보였을 것이다. 이런 모습을 처음 보았고 더구나 당하는 입장에서의 치우 모습은 당시 숭배하던 토템의 무서운 동물의 모습이며 상상 속의 악귀였을 것이다. 그러나 동이족의 입장에서는 수호신의 모습으로 보였을 것이다. 한민족은 치우의 상을 악귀를 쫓는 도깨비로 표현하여 부적으로 사용해왔지만, 중화의 기록은 치우의 이름에 '벌레'라는 나쁜 개념을 붙여 사용했다. 갑옷을 입고 창을 들고 있는 치우의 모습을 눈이 4개·손이 6개라 하여 악귀의 모습으로 보고 있다.

(1) 치우형상   (2)신라 귀면와   (3)백제벽돌 도철문   (4)고구려망와 도철문

그림 3-1. 치우의 여러 형상

중국의 소수 민족인 묘족은 치우를 선조로 삼고 제례에는 머리를 소처럼 꾸몄다. 일본 쇼군의 투구 또한 소의 머리 형태로 되어 있다. 이렇듯 치우를 다양하게 표현했다. 치우가 상고시대에 다양한 삶의 문화에 영향을 주었고, 그 영향을 받은 곳에서는 그곳에 맞게 치우의 상징을 적용하여 사용했다〈그림 3-1〉의 (2)(3)(4). 그렇기에 치우의 형태가 다양할 수밖에 없는 것은 지극히 당연하다.

왜곡된 蚩尤(치우)의 이름

치우의 이름이 가지는 상징과 의미는 무엇인가 중화는 그동안 치우의 이름을 '어리석은 버러지'라고 왜곡해 왔다. 蚩尤(치우)와 관련된 한자와 蠹(독)자형의 毒(독)의 원형과 변화를 통해 그 의미를 찾고자 한다. 동이족에게는 중원을 호령했던 치우의 이름이 나쁜 의미로 사용되었을리 만무하다. 한자를 음가로 사용했기 때문에 '蚩尤(치우)'를 '治尤(치우)'로 같이 사용한다.《神市本紀(신시본기)》나《太始記(태시기)》에서는 '물을 다스리는 왕'이란 뜻으로 '治尤(치우)'라 한다.

표 3-1. 蚩(치), 尤(우), 尢(왕), 毒(독)의 갑골문·금문·전문·해서 자형

胛骨文	金文	篆文	楷書
	屮+虫	屮+虫	蚩 (1)
尤	尤	尤	尤 (2)
	尢	尢	尢 (3)
	毒	毒 毒	毒 (4)

(1) '蚩(치)=屮+虫'다. 금문에 '屮'자형은 '止'자형이지만 치우를 표현한 소의 머리와 다리를 보면 삼지창이 있다〈그림 3-1〉의 (1). 치우와 관련된 글자에는 모두 '뿔'을 나타내는 '屮'자형

이 있다. '뿔'은 '불'의 상징이다. 동물의 '뿔'을 '불'이 타오르는 것으로 본 것이다. '뿔'이 하늘로 치솟는 '불'이라면, '뿌리'는 땅 속으로 퍼지는 '불'이다. '뿔'과 '뿌리'는 같은 자형에 같은 '불'의 상징을 가진다. 이러한 '뿔'을 '용'에 비유했다.

벌레를 뜻하는 '虫'자형의 '𥝱'은 독이 올라 고개를 바짝 치켜든 뱀(蛇:사)이다. '뿔난 뱀'이 무엇인가? 바로 '용'이다. 승천하기 위해 목을 치켜세우고 위엄 있게 앉아 있는 용이다.

(2)'尤(우)'는 '오른손'을 나타내기에 '우'의 음가를 갖는다. 갑골문·금문을 보면 오른손에 '삼지창'을 들고 있는 치우의 상징이 그려있다. 그런데 전문은 '君(군)'자형으로 나타냈다.

(3)'尢(왕)'은 '尤(우)'와 상통하여 '으뜸 왕'이란 뜻을 가진다. '蚩(치)'에서 '虫(충)'과 '尤(우)'를 합쳐 '蚘(치우우)'로 쓰기도 한다. '蚩(치)'의 자형은 '우'의 음가로 전이되어 '禹(임금·벌레우)'자형으로 후대에 채용된다. '寓(집우)'는 '천하', 즉 '치우의 천하'다. 이것이 확장되어 '宇(집우)'자로 같이 사용한다. 치우의 양 다리에 각기 다른 무기가 있다. 尢(왕)의 고문자(桂)는 '尤+屮+王'이다. 다리는 삼족오의 발이고 삼지창의 무기다.

(4)'毒(독)'의 전문(毒)을 보면 '桂(왕)'자형을 상하로 배치한 글자다. 즉 '屮'자는 '초(艹)'자와 아무런 상관이 없다. 고문(蘜)의 'ᄊᄊ'자형을 '풀(草:초)'로 보아 '독초'로 해석했지만 이것은 '발'이다. 다만 치우가 '두꺼비'로 상징되면서 '두꺼비의 독'을 일반화하여 '독초'란 의미로 사용했다.

'竹(죽)'자의 부수는 기본적으로 대나무를 뜻하나 사물의 형태에서 취했다. '笑(소)'자의 '竹'은 대나무가 아니라 사람이 웃는 눈의 모습이다. 고문자(蘜)의 'ᄊᄊ'도 '풀'이 아니라 상하에 있는 두 개의 삼지창을 위로 모아놓은 것이다. 또한 '복(畐:가득할복)'으로 쓰여 복(畐)을 주는 왕(𠂤)이다. 즉 '𠂤'자형은 '北'자형의 '좌측'으로 견우며 치우다. '蚩尤(치우)'는 한민족에게 행복을 주는 '으뜸 용'이며 '무신'이다.

3

蚩尤(치우)의 별칭
慈烏支天皇(자·오·지천황)

　　치우에 대한 기록에서 의미심장한 것은 "전쟁에서 안개와 바람을 일으킨다는 것과 81명의 장군이 있었다.", "단군신화에서 풍백·우사·운사 등의 상징어가 전래된 것과 천문을 보고 천기의 운행을 알았다." 또한 '蚩尤(치우)'의 다른 이름이 '慈烏支天皇(자오지천황)'으로 불린다는 것은 매우 중요한 의미가 있다. 선조들은 아명·본명·예명·호 등의 여러 이름이 있다. 선조들이 사용한 이름은 지금 우리가 사용하는 이름보다 더 많은 인물에 대한 정보가 담겨있을 뿐만 아니라 그 시대의 문화와 정체성이 내포되어 있다. 유명인에게 본명 이외에 걸맞은 별명이 있는 것과 마찬가지다.

　　'慈烏支(자오지)'라는 이름에는 상고시대의 신화와 역사가 숨겨져 있다. '慈烏(자오)'란 자애로운 새(까마귀), '支(지)'란 치우천황이 삼족오의 자손이란 뜻이다. 《사기》에 '치우'는 동이족이라 했지만 군이 《사기》의 기록이 아니더라도 '慈烏支(자오지)'의 이름만 보아도 '치우천황'이 '삼족오'를 숭배하는 동이족임을 알 수 있다. 삼족오가 고구려에 와서 갑자기 나타난 것은 결코 아니다. 부적 중에 삼족오가 있다. 이것은 한민족의 태양신 토템 신화의 산물이다.

　　상징이란 오늘날 종교와 같다. 각 민족의 상징은 절대적인 고유성을 갖는다. 상징(신)을 지키기 위해 모든 민족은 기꺼이 피를 흘린다. 수천 년이 흐른 오늘날에도 종교를 위해 전쟁하는 것은 마찬가지다. 인류가 발전했다지만 알고 보면 여전히 신의 굴레에서 벗어나지 못하고 있다. '蚩尤(치우)'는 중화민족의 적이었기에 '어리석은 벌레'라고 폄하했다. 그러나 그들에게 치우는 자애로운 대상이 아니라 공포의 대상이었다. '치우'에 대한 동이족의 이미지는 자애로운 '삼족오(새)의 분신'이다. '慈烏支(자오지)'는 치우천황이 삼족오의 자손임을 말하고 있으며, 고구려의 삼족오는 한민족의 뿌리가 '蚩尤(치우)'의 후손임을 말하고 있다.

　한·중·일의 무장들은 치우의 모습으로 갑옷을 입었다. 그 중 치우의 모습을 가장 잘 간직한 것이 일본의 사무라이 쇼군(將軍(장군):しょうぐん)이다. 쇼군은 일본의 장군으로 우두머리다. '將(장)'자는 일본 발음으로 '소우'다. 즉 將(장)은 우두, 소머리다. 우두머리란 치우의 이름이다. 그리고 일본 장수의 갑옷은 치우의 모습을 상형한 것이다. 일본의 장군들은 '將(장)' 자를 왜 '소우'라 발음하는지 그 뜻을 모를 것이다. '우두머리'는 단체의 장(長)을 뜻한다. '牛頭(우두)', 즉 '소머리'를 한 사람(투구)이 '將(장)'이다. 이러한 것은 치우의 상형이 글자와 소리에 흡착되어 계승된 것이다.

三. 本國(본국)의 武神(무신) 蚩尤天皇(치우천황) **217**

4

잊혀진 蚩尤祭(치우제)

　'치우천황'은 동양 삼국에서 무신으로 추앙받고 있는 동이족 14대 단군이다. 중국 최초의 정사 사마천의《사기》에 기록된 대로 산동성에서 무덤이 발굴되어 복원됐다. 치우는 한민족 상고사와 단군역사의 열쇠를 푸는 시발점이다. 그러나 치우의 실존 역사가 방대하고 기록이 풍부함에도 치우가 언제 사망했는지 언제 태어났는지 정확히 알 수 없다. 현재 유일한 단서는 중국의 소수민족인 묘족의 제사다. 묘족은 한민족의 강역이 축소되면서 중화에서 살아왔던 동이족으로 치우천황의 탄신일을 10월 10일, 기일을 6월 6일, 또 한편으로 음력 7월 27일(양력 9월 9일) 寅時(인시)를 탄신일로 하여 제사를 지내고 있다. 하지만 그 날짜 또한 어떠한 근거를 가지고 정했는지 확인할 수는 없다. 그러나 쌍 10일, 쌍 6일, 쌍 9일의 숫자에는 분명히 의미가 있다. 중국은 홍산 문화의 발견으로 치우천황을 중화의 조상으로 인정하지 않을 경우 상고역사의 주인이 동이족이 된다. 즉 단군의 역사에 파묻힌다는 것을 알고 치우를 중화의 시조로 만들고 거대한 치우동상과 치우제를 부활시키고 있다. 치우의 흔적은 둑제뿐만 아니라 여러 문화에 깊이 스며있고 한·중·일과 몽고의 문화에도 남아있다.

　치우의 탄생은 24절기의 하나인 '경칩'과 '상강'에 숨어있다.《漢書(한서)》에는 啓蟄(계칩)이라 했는데, 漢(한) 武帝(무제)의 이름이 啓(계)이므로 避諱(피휘)하여 이후에는 啓(계)자 대신 驚(경)자를 쓰면서 '계칩'이 '경칩'으로 바뀌었다. 驚蟄(경칩:음력 2월)과 霜降日(상강일: 음력 9월)에 조선시대 군대를 출동시킬 때, 軍令權(군령권)을 상징하는 국가 제사에 병조판서가 주관하여 纛(둑)제사를 지낸다는 것은 치우와 관련된 매우 중요한 단서를 제공한다.

《國朝五禮儀(국조오례의)》의 〈軍禮(군례)〉 序禮(서례)에는 둑에 대하여 '蚩尤(치우)의 머리와 같다'고 했다. 즉 강력한 적을 정벌한 뒤 그 위엄을 과시하는 상징물이었던 것이다. 《亂中日記(난중일기)》를 보면 이순신 장군은 임진왜란 시기에 경칩·상강·미상일에 치우환 웅께 '둑제'를 총 세 번 올렸다. 1593년(癸巳(계사)) 2월 초사일(경칩), 1594년(甲午(갑오)) 9 월초 8일 장흥부사를 獻官(헌관)으로 삼고, 흥양현감으로 전사(典祀)를 삼아 초아흐레(9일) 둑제를 지내기 위해 入齋(입재)시켰다(상강). 그리고 1595년(乙未(을미)) 9월 20일 새벽 2시 에 둑제를 지낸 기록이 있다. 《國朝五禮儀(국조오례의)》 편찬 이후에도 1555년(명종10) 出 師(출사)할 때 반드시 둑제를 지내도록 하고, 1618년(광해군10) 姜弘立(강홍립)을 앞세워 明 (명)에 파병할 때에도 둑제를 지낸 것은 둑제가 군대의 출정과 연결되어 시행된 사례다.

《明宗實錄(명종실록)》에 의하면 명종 10년 6월 9일에 헌관은 병조판서가 맡았는데, 둑제 에 참여하는 사람은 모두 갑옷과 투구를 갖추었다. 중앙의 纛所(둑소) 및 지방의 병영·수영 등에서도 둑제를 지냈다. 만일 둑제를 제대로 행하지 못하면, 지방의 병사(兵使)는 처벌당했 다. 큰 군기(纛)가 있는 곳의 제사에는 병조판서를 헌관으로 보냈다. 악장 역시 龍飛御天歌 (용비어천가)를 쓴다는 기록[137] 등을 볼 때 군기가 있는 군영, 특히 兵營(병영)이나 水營(수 영)에서 둑제를 행하였음을 알 수 있다. 둑제에 참여하는 무관들은 갑옷과 투구를 갖추어 입 었다. 1795년(정조19) 병조판서 沈煥之(심환지)의 건의로 헌관들도 갑옷에 투구를 쓰게 됐 다. 둑제는 조선 말기까지 계속해서 시행됐으나, 1908년(순종1) 둑신묘의 제사를 연 1회로 정한 뒤 군대를 해산할 즈음하여 없어졌을 것으로 추측된다. 둑제의 행사에는 23명의 樂生 (악생) 중 大金(대금)·小金(소금)을 든 각 1명·中鼓(중고) 1명·旗(기) 9명은 모두 甲冑(갑 주)를 입었다. 干戚(간척) 4명은 冑(주)와 청방의(靑防衣)를 입고 弓矢(궁시) 4명은 주와 홍 방의(紅防衣)를 입으며 槍(창)과 劍(검) 각 1명은 갑주를 입었다. 무원 10명은 白苧布(백저 포)에 纏帶(전대)를 띠고 雲鞋(운혜)를 신었다. 初獻(초헌) 때 干戚舞(간척무)를, 亞獻(아헌)

----

137 《정조실록》, 정조 17년 11월 6일.

때 弓矢舞(궁시무)를, 그리고 終獻(종헌) 때 창과 검을 든 무원은 서로 마주보면서 槍劍舞(창검무)를 추고 '納氏歌(납씨가)'를 불렀다. 갑주·간척·궁시·창·검을 행사에 사용하는 것은 치우가 처음 만들었던 철제무기를 만들었음을 나타내는 행위다.

5

사·라·진 纛祭(둑제)

서울의 '뚝섬'은 태조 때 둑제를 올렸던 곳이다. 대한제국 후반까지도 둑제소가 있었지만 지금은 어느 곳에 있었는지 그 장소를 알 수 없다. 제사의 날짜는 아무렇게 정하는 것이 아니다. 제사를 받는 사람의 탄신일이나 돌아가신 날, 그리고 망자의 일생에 매우 의미 있는 날을 제삿날로 정한다. 그동안 치우의 탄생과 기일에 관한 역사적 기록이 없기에 학계에서도 치우 제삿날 지정에 한계에 봉착해 있다. 그러나 경칩과 상강이 치우와 관계가 있다는 것은 역사적 기록을 보면 있기에, 계칩과 상강이 가지는 의미가 분명히 있다. 상고시대 한민족은 한자를 음가중심으로 사용했다. 오늘날처럼 누구에게나 다 이름을 사용한 것은 아니었다. 그리고 이름에는 그 사람의 특징과 일생이 담겨있고, 그 이름에 사용한 한자의 모양과 소리(음가)는 남들이 함부로 사용할 수 없는 기휘의 글자였다. 그러기에 계칩과 상강의 한자는 치우와 관련된 단서가 내재되어 있다.

고대사회는 신화와 토템의 시대였다. 그 당시의 문자와 소리는 철저히 상징으로 되어 있다. 그렇기 때문에 상징으로 이해해야 한다. 오늘날의 사전적 개념으로 해석하면 해석되지 않는다. 고대에는 신의 상징이나 황제가 사용한 글자의 상징은 기휘의 글자로써 함부로 쓸 수 없었다. '蚩尤(치우)'의 '치'의 음가와 '蚩(치)'의 상징에서 파생된 蟄(칩)자는 치우의 역사를 담고 있다. 상고시대에는 오늘날처럼 문자로 개념을 구분하지 않고 소리(음가)로 의미를 사용했다. 중국학자 낙빈기의《金文新考(금문신고)》에 의하면 한자 또한 점·획 하나에도 의미가 있다고 한다. 초기의 문자는 가문이 숭배하는 神(신)의 이름과 가문의 상징을 나타냈다. 그렇기에 소리(음가)와 같은 한자의 모양은 마치 인간의 DNA처럼 계승되고, 기본형에서 소리와 모양이 변형되어 갔다.

啓蟄(계칩)의 한자를 보면 '啓(계)'는 '열린다'는 뜻이다. '蟄(칩)'은 '숨어 잠자는 벌레'다. '동면하던 동물이 땅속에서 깨어난다'는 뜻이며, 날씨가 따뜻해져 초목의 싹이 돋는 시기다. 양력으로는 3월 6일경부터 춘분 전까지다. 여기서 '벌레'라는 의미에 대하여 깊이 생각해야 한다. 상고시대는 인간들보다 뛰어난 동물들의 능력에 대한 경외심이 있었다. 그래서 곰·호랑이 등을 숭배하는 토템이 있는 것이다. 고구려 동명성왕 설화에 나오는 동부여의 金蛙王(금와왕)도 '금 두꺼비'를 왕의 상징으로 했다. 두꺼비는 치우의 여러 상징 중의 하나다. '금(金)'은 당시에 권력의 상징인 철기를 가지고 있음을 알 수 있다. '虫(벌레충)'이란 단순히 벌레로만 생각해서는 안 된다. 벌레·동물·용 그리고 토템의 총칭이 '虫(충)'이다. 산모에게 '떡 두꺼비 같은 아들'을 기대한다는 비유를 보더라도 두꺼비가 우리에겐 좋은 상징이다. 두꺼비와 도깨비의 음가도 같다. 서로 상징이 대리 교차한다. '啓(계)=戶+攵+口'로 '토굴을 막은 외짝 문(戶)을 치운다(攵)'는 의미다. '口'은 구멍의 첫 음가와 입으로 부른다는 함의가 있다.

'蟄(칩)'이란 '執+虫'으로 '숨은 벌레를 잡는다'는 의미다. '啓(계)'나 '開(개)'는 '연다'는 의미기에 같은 소리인 '개(계)'의 음가를 사용한다. '開(개)'가 닫힌 문을 연다면, '啓(계)'는 어떤 작용에 의해 연다는 의미가 있다. '蟄(칩)=執+虫'에서 '虫(벌레충)'자는 '蚩(벌레치)'의 자형과 같고 의미도 같다. 위대한 자의 죽음은 매우 추상적으로 기록한다. 망자를 '돌아가셨다'고 표현하는 것도 결국 '죽은 것이 아니라 온 곳으로 되돌아갔다'는 표현이다. '蟄(칩)'자에서 파생된 蟄居(칩거)란? '활동을 접고 집안에 틀어박혀 있다'는 뜻이다. 이는 치우가 황제에게 패한 것이 아니라 '칩거'한 사실이 언어로 전승된 것이다. 만일 치우가 죽었다면 蟄亡(칩망)·蟄死(칩사)·蟄卒(칩졸) 등 죽음과 관련된 언어가 전래됐을 것이다. '계칩'이란 '칩거에 들어간 사람을 다시 불러낸다'는 의미가 있다. 계칩은 굴속에 들어가 있는 것이다. 그렇기에 계칩은 치우의 죽음과 관련이 깊어 보인다. 자손들이 제사를 드리는 날은 마치 망자를 다시 불러 나오게 하는 것과 같은 행위다. 그렇다면 霜降(상강)이란 치우가 탄생한 날로 볼 수 있다.

음가 중심으로 사용했던 당시로 보면 치우의 性(성)이 '姜(강)'이란 설도 일리가 있다. 姜(강)=羊(양)+女(녀)로 양토템에 모계혈통임을 알 수 있다. '降(내릴 강)'이 가지고 있는 한자의 여러 뜻을 보면, '치우'의 일생과 관련된 내용이 함축되어 있다. 특히 '降(강)'자에 '태어나다·탄생하다'는 뜻이 전해져 내려오는 것을 보면, 상강이 치우의 탄생일이 아닌가? 하는 생각을 하게 된다. '霜降(상강)' 절기에는 서리가 내린다. 하얗게 내리는 서리는 세상의 초목과 식물들을 죽인다. 이러한 계절의 특성이 무신 치우와 연결되는 것은 당연하다. '서릿발 같이 무섭다'라는 우리의 말은 '치우처럼 무섭다'는 것을 은유적으로 표현한 것이다. 하늘에서 처음 내리는 서리와 치우가 하늘에서 탄생하는 탄생신화가 연결된다. 상고시대의 한자는 우리가 생각하는 것보다 더 많은 정보가 담겨져 있다. 纛祭(둑제)의 '纛(둑)'자의 원 발음은 '독'이다. '둑'으로 발음하는 것은 '둑'이 기회 음가이기 때문이다. 이 글자의 자형을 보면 둑제를 드리던 둑제 묘에 걸어둔 纛旗(둑기)의 모습에서 알 수 있다. '纛(둑)=毒+縣+系'다. 기록에 의하면 둑기는 치우의 형상을 본떠서 만든 것으로 전장으로 출정 시에는 반드시 둑기를 앞세우고 나갔다.

둑의 모양에 대한 《古今韻會(고금운회)》[138]의 기록을 보면 '旄牛(모우:털이긴소)'의 꼬리로 만들고 왼쪽 騑馬(비마)의 머리에 싣는다. '크기가 말(斗)만 하다(광운)' 검은 비단으로써 尾(미)를 만드는데 치우의 머리와 비슷하다. '군사가 출정할 때에 둑에 제사를 지낸다(이의실록)'는 기록과 《국조오례의》에 그려진 둑기의 모습을 보면, 지금 몽골의 전통행사와 몽골군 의장에서 사용하고 있는 둑기의 형태와 같다.

(1)속오례의

(2)전통몽골 행사

(3)몽골군 의장

그림 3-2. 속오례의와 몽골의 둑기

---

138 古今韻會(고금운회) 韻(운)으로 한자를 찾게 되어 있으며, 1008년 송의 陳彭年(진팽년), 邱雍(구옹) 등이 왕의 칙명으로 편찬한 《大宋重修廣韻廣韻(대송중수광운)》의 206 韻(운)을 107운으로 줄여 편찬 한 것이다. 1202년에 간행했다.

〈그림 3-2〉의 (2)·(3) 둑기의 모습과 '蠹(둑)'자의 형태를 비교하면 같음을 알 수 있다. 즉 '毒(독)'의 형은 투구에 삼지창을 붙인 것으로 치우가 투구를 쓴 모습이다〈그림 3-2〉의 (1). '縣(고을현)'은 '매단다'는 뜻으로 '県'은 '고을에 걸어둔다'는 뜻이고, '系'는 '소 꼬리털을 이었다'는 것이다. 즉 상고시대 마을과 현에는 치우의 형상을 걸어두었다. 행정구역을 '郡縣(군현)'이라 하는 것은 치우의 상징을 고을에 매달았고, 그 곳을 다스리는 자가 '君(군)'[139]이었음을 알 수 있다. 이것은 둑제의 기록과 일치한다. 치우에 대한 사서의 기록에는 치우가 사망했음을 제후들이 믿지 않자, 치우의 상징인 둑기를 들고 제후들을 항복시키는 용도로 사용한 것처럼 중화는 기록했다. 그러나 반대로 '蠹(둑)'자의 상징으로 보면, 치우를 상징하는 둑기를 모심으로써 치우를 숭배하는 같은 동족임을 표시하는 상징물로 사용됐다. 또한 전쟁에서 旁牌(방패) 앞면에 치우상을 새겨 넣어 적을 공포로 몰아넣었고 자신을 지켜주는 부적을 대신했다. 단옷날에도 치우의 상징을 그려 악귀를 쫓는 풍습에서 부적이 유래됐다. 부적과 둑기의 상징는 '치우를 믿고 따른다'는 의미다. 부적을 가지면 치우로 부터 죽음을 면할 수 있다는 증표였다. 이런 관행은 과거의 유물이 아니라 현재도 마찬가지다. IS는 코란을 믿지 않으면 죽인다. 결국 국가의 본질은 그 민족의 정체성을 간직한 종교와 상징을 지키는 것이다. 모든 나라는 자국의 상징을 담은 깃발을 가지고 있다. 태극기도 고종이 둑제에서 둑기를 보고 창안했다는 설이 있다. 《기효신서》에 의하면 "전쟁에 나갈 때 둑기를 매우 중요하게 모셔 중군에 세운다."는 기록과 둑기의 형태가 그려져 있다. 이것을 보면 오늘날의 태극기 형태와 같음을 알 수 있다. 高宗(고종)은 나라가 위태로운 처지에 나라를 지켜달라는 절박함에 치우의 상징인 태극팔괘도를 대한제국을 대표하는 상징으로 취한 것이 아닌가? 하는 생각이 든다.

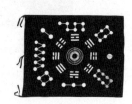

(1) 기효신서의 中軍坐蠹(중군좌독)　　　(2) 좌독기

그림 3-3. 좌독기

---

139 임 군~, 김 군~처럼 '君(군)'자를 성씨 뒤에 붙여 지금까지 사용하는 것은 '군'자가 한민족계열이기 때문이다.

〈그림 3-3〉을 보면《기효신서》의 좌둑기와 함께 천문의 별자리가 새겨진 팔괘태극의 깃발이 있음을 알 수 있다. 몽골전통축제와 국가의전에 사용되는 둑기는《국조오례의》에 있는 그림과 같다. 즉 둑기에는 둑기뿐만 아니라 태극기 형태의 깃발도 함께 있다.《기효신서》의 둑기는 행군 중에는 사용하게 하지 않고 중군에 세웠다. 지금 태극기의 봉 끝에는 무궁화 꽃이 있지만,《기효신서》에는 태극 깃발의 봉 끝에 '둑기'의 형태를 유지하고 있다. 이것을 보면 뚝섬에 있던 둑제소에 팔괘태극의 깃발과 함께 둑기가 같이 있었을 가능성이 있다. 조선시대의 좌독기가《기효신서》의 중군좌독기와 같다. "軍旗(군기)의 하나로 행진할 때 主將(주장:장수 중 우두머리)의 앞에 세우고 멈추면 將臺(장대:군사를 지휘하는 사람이 올라서서 명령하던 돌로 쌓은 대)의 앞 왼편에 세웠다."[140]

太極(태극)은 'ㅡ+乙'의 '天(천)'자를 형상화한 도형이다. 동양천문에서는 혜성의 일종으로 꼬리가 깃발이 나부끼듯 구부러진 것을 '蚩尤旗(치우기)'[141]라 한다. 漢(한) 대의 무덤인 마왕퇴에서 치우기를 묘사한 백서가 발굴됐다. 혜성을 '치우기'로 묘사한 것은 우산을 접은 깃 같은 '둑기'의 모습이 마치 혜성과 비슷하기 때문인 것 같다. 여기서 중요한 것은 '纛(기독)'을 '둑'이라 발음하는데 원래의 한자음은 '독'이다. '毒(독)'이란 '해치다·죽이다·거칠다'란 뜻으로 '독한 놈·毒氣(독기)를 품어라·해 치우다'는 말에 여전히 남아 지금도 사용하고 있다. 즉 '毒'의 상형과 '蚩(치)'의 자형은 같은 상징을 가지고 있다. '主'자형이나 '山'자형은 삼지창을 표현한 것이고, '母'자형은 투구를 쓴 얼굴을 나타낸다. 좌독기를 보면 삼원의 중심은 북극성을 중심으로 북두칠성 대웅성이 돈다. 삼원을 중심으로 팔괘가 배치되어 있다. 삼원 속에 있는 북두칠성과 주변의 별이 태극을 상징한다.

태을(太乙)[142]은 자미원에 속하는 태일(太一)이다. 또 다른 이름은 북극성이다. 한국과 중국의 많은 고문서에 '태을'이 있다. '太'가 '태양'을 상징하듯이 '乙(을)'은 '새'를 상징한다. '을(새)'이 곧 '을'이다. '태을'은 삼족오(태양=새=알) 사상이 철학적 개념으로 재정립되어 전해

....

140 《문화원형백과》

141 《한국고전용어사전》

142 《동의보감》. 太乙救苦天尊(태을구고천존)을 외워 천연두를 물리친다.

져 내려오고 있다. 고구려 15대왕 美川王(미천왕)의 이름은 乙弗(을불)이다. 즉 '乙(을)'은 '새'고 '弗(불)'은 활활 타오르는 '불'이다. '旻(불)=日+出로 '동틀 무렵의 밝은 불'이다.

太乙眞人(태을진인)[143]은 崑崙(곤륜) 12선인의 한명으로 封神演義(봉신연의)에 나오는 인물이다. 진인·선인의 개념은 한민족의 신선사상에서 파생된 용어다. 한민족은 소리와 한자를 함께 사용하면서 음과 뜻을 취하여 언어와 한자를 사용했다. 즉 '밭을'은 '田乙(전을)'로, '길다'의 長(장)은 祇他(지타)로, 눈동자는 목동자(目童子)로, 듣고는 문고(聞古)로, 나는가내(那殷去內)처럼 한자를 사용했다. 이처럼 '태을(太乙)'을 '큰 새'로 읽는 것은 한민족이 한자를 사용한 용례다. '삼족오=태양=알=난생'은 신화가 아니라 한민족이 세상을 바라본 토템 신화적인 인식이다.

민가에서 '두꺼비'를 치우의 상징으로 보기도 한다. 두꺼비는 피부가 두껍고 독을 품고 있다. 즉 갑옷과 '독기'를 품고 있다. '두꺼〉둑〉독'이 모두 같은 어원을 가지고 있는 것도 이러한 치우의 용맹한 성품과 상징들이 두꺼비에 비유됐다. 두꺼비의 모습은 근엄하게 앉아서 내려 보는 위엄이 있다. 개구리처럼 경박하게 뛰지 않고 위엄있게 걷는다. 두꺼비 머리에 울퉁불퉁 돋은 모양은 왕관같다. 토템시대 두꺼비의 이런 모습을 치우의 상징으로 본 것이다. '두껍아 두껍아 헌집 줄게 새집 다오' 하는 놀이도 개구리가 나오는 경칩의 의미가 숨어있다. 제방을 쌓아 물길을 만드는 긴 둑은 마치 군사들이 길게 행군하는 것으로 용이 꿈틀거리는 모습이기도 하다. 둑에는 두꺼비가 살고 두꺼비는 개구리과의 천적인 뱀을 무서워하지 않고 오히려 독사에게 덤빈다. 금와왕도 이러한 두꺼비의 상징을 취했다. 이러한 모습을 통해 毒(독)은 '치우'의 성품과 상징으로 한자에 남아 있다. 또한 전쟁에서 싸움을 감독하고 사기를 북돋는데 사용하는 '督戰(독전)'도 독기를 흔들며 전쟁을 한다는 의미다. 이처럼 '치우'는 상고역사에서 특히 전쟁과 관련하여 매우 중요한 인물이다. 치우와 관련되어 파생된 전설은 한·중·일의 여러 문화에 스며들어 있으며, 치우의 상징과 관련된 문양과 글자 소리(음가)들은 여러 곳으로 파생되어 사용되고 있다.

....

143 《태을도인칠금문》, 小言語養內氣 戒色欲養精氣 薄滋味養血氣 嚥精液養臟氣 莫嗔怒養肝氣 美飮食養胃氣 少思慮 養心氣

6

중국의 東北工程(동북공정)

모든 민족은 신화와 전설로 되어 있다. 더러는 종교적 신념에 의해 그깟 신화와 전설을 신격화하는 것에 거부감을 가지고 있는 사람도 있다. 그러나 상고시대에는 신화가 곧 종교였다. 신화가 사라지면 민족을 하나로 모을 수 있는 정체성이 상실된다. 지금 우리는 우리민족의 신을 지키지 못한 결과 한민족의 정체성이 사라져가고 있다.

신을 부정하는 사회주의 중국이 동이족의 상징과 역사를 빼앗아가려 하는 이유는 무엇일까?
중국은 1987년부터 '치우'를 중화민족의 시조로 모시고 있다. 치우를 중국의 역사에 편입시키려는 것이다. 신화가 없는 민족은 언젠가 역사에서 사라진다. 영토보다 더 강한 것이 신화와 종교다. 유대인은 영토 없이도 수천 년을 떠돌았지만 종교를 지킨 결과 나라를 세울 수 있었다. 지금도 선민사상을 통해 국민을 단결시켜 세계를 통치하고 있다. 일본은 고유 종교인 '신도'를 지키고 있기에 강인한 단결성이라는 민족적 특색과 정체성을 유지하고 있다. 영국 역시 로마 가톨릭의 영향에서 벗어나기 위해 英國國敎會(영국국교회)를 탄생시켰다. 결국 세계사가 전쟁의 역사가 된 원인도 종교와 이념 때문이다.

지금도 중화와 일본은 역사왜곡을 통해 한민족의 정체성을 야금야금 빼앗아 가고 있다. 일제가 전통무예를 말살하고 일본 무도를 우리나라에 심어 놓은 결과 전통무예는 사라지고 있다. 일본무도에 익숙한 일부 무인들은 전통무예가 오히려 낯설고 수준 낮은 무예로 간주하는 경향이 있다. 일부 무인들은 중화와 일본무도를 추앙하며 기득권을 가진 전통무예단체들은 전통무예 복원에 대한 의지가 없다. 이러한 풍토는 학계도 마찬가지다. 식민과 사대는 이런 방식으로 진행된다. 일제의 무도 잔재(殘滓)를 청산하지 못하였기에 우리의 무예가 아직도 독립하지 못하고 있다.

纛祭(둑제)의 復活(부활)

대한민국에 과연 우리의 정체성이 얼마나 남아있다고 생각하는가? 우리가 목숨 걸고 지켜야할 가치는 무엇인가? 국가란 거창한 것 같아도 실은 자기 민족의 종교(신)을 지키는 것이다. 국운융성은 '움직일(辶) 수 있는 軍事力(군사력)'이 있어야 가능하다. 결국 무인의 힘이 국가의 운명을 결정한다. 군사력이 없으면 강대국에 의해 멸망 당한다는 것은 지난 역사를 통해 알 수 있다. 조선을 건국한 이성계는 왕권은 무인으로 인해 언제든지 무너질 수 있다는 것을 잘 알고 있었다. 그러하기에 무인을 키우지 않고 무력을 중화에 의지했다. 특히 선조는 임진왜란의 전공을 따지면서 이순신 장군과 수많은 의병의 전공은 인정하지 않고, 明(명)에게 전공을 돌리고 당쟁을 펼친 문인들을 일등공신으로 책봉했다. 이후 조선의 사대주의는 심화되어 중국 황제나 관운장 인물의 무덤을 조선 땅에 만들어 제사를 지내고, 전국에 산재한 둑제소(치우사당)[144]를 허물고 관우를 모셨다. 민가의 무속도 관우를 모실망정 치우상의 존재는 잊혀졌다. 뿐만 아니라 세조·예종·성종실록[145]을 보면 明(명)의 눈치를 보고

----

144 조선 태종 13년 단군과 기자를 비롯한 태조들에게 제사를 드리게 했다. 세종은 평양의 단군묘인 성제사를 세채로 증축하고 단군과 고려의 동명위판도 모셔 제사를 올렸다. 세조원년에 '조선시조단군지신위'로 위패로 고쳐 백관을 거느리고 제사를 드렸다. 이밖에 많은 단군사당과 제사의 기록이 있다.

145 수서령이 내려진 고서는 〈고조선비사〉·〈표훈천사〉·〈주남일사기〉·〈고려팔관기〉·〈대변설〉·〈조대기〉·〈통천록〉·〈지공기〉·〈삼성밀기〉·〈도증기〉·〈진역유기〉·〈지리성모〉·〈지화록〉·〈도선한도참기〉·〈마슬록〉·〈호중록〉등이다. 수서령을 통해서 조선의 조정은 위 책들을 수거하지 않으면 참형까지 처한다는 왕명을 내렸다. 이러한 왕명을 내린 진정한 이유는 밝혀지진 않았지만, 중국의 눈치를 보느라 그런 것이 아닌가 추측하고 있다. 서희건,《잃어버린 역사를 찾아서》, 고려원, 1986.

위대한 조선의 역사가 기록된 상고의 사서들을 스스로 수거하여 불태웠다.

조선이 일제에 의해 망하게 되자 이번에는 일본의 신도로 다시 바뀌게 된다. 일제는 을사늑약 이후 전국에 일본의 신사를 세웠다. 아마테라스 오미카미를 기렸던 곳이 234개, 神社(신사) 33개, 神祠(신사) 201개, 합사신사 95개였다. 조선에 있던 약 300여개의 신사 중 거의 다 아마테라스 오미카미를 섬기게 하여 조선에 있는 신사는 총독부에서 관리하는 神明神社(신메이신사)가 됐다. 1934년에는 천왕 및 왕족을 봉제하는 신사를 건립한다. 결국 단군 신을 비롯한 우리 고유의 신을 치워버리고 그 자리에 일본의 신들로 가득 채웠다. 이렇듯 나라의 정체성은 종교와 신화가 근본에 있음을 결코 잊지 말아야 한다.

동이족은 갈라졌지만 북두칠성 신앙에서 파생된 신화체계는 하나였다. 이제 사대에 의해 허물어지고 일제에 의해 사라진 민족신앙을 고취하여 단 한 개도 남아있지 않은 치우사당을 다시 세워야 한다. 그리고 경칩·상강에 치우제를 올리고 이 날을 '무인의 날'로 제정하여 한민족의 잃어버린 정체성이 되살아나도록 해야 한다.

四.
武寧王劍
(무령왕검)

蠶頭馬蹄(잠두마제)

한민족은 오래전부터 '하늘나라 임금이 거처하는 곳은 북극의 중심에 위치한다'고 여겼다. 바로 '紫微宮(자미궁)'이라는 궁궐이다. 그래서 그 궁궐의 담을 '紫微垣(자미원)'이라 불렀다. "누에는 13마디로 되어있는 절충이다. 그렇기 때문에 일년 열두달과 한달의 윤달을 상징하기도 한다. 하늘의 벌레 天虫(천충)이라 하고 '蚕(잠)·蠶(잠)'이라 한다. 서법에 一(한일)을 蠶頭馬蹄(잠두마제)라 한다. 누에는 뽕잎을 먹고 몇날 며칠을 자기에 '잠자는 벌레'라 한다. 잠을 잔다는 의미 '잠'의 음가와 한자가 일치한다. '農(농)'자는 잠박曲(곡)자와 누에辰(신)자가 모여서 이루어진 글자로, 잠박은 처음에는 누에가 구부러진 모양으로 입 벌림 감(凵)의 모양이었다가 지금 쓰고 있는 曲(곡)자로 변했다."[146]

"누에 辰(신)·辰(진)은 황제 계열로 가면서 '蛹(용)·戎(융)·娀(융)·龍(룡)'으로 변한다. 신농을 神戎(신유)·神龍(신용)으로 발음하는 것과 같다. '별진(辰)'으로도 읽고 해석한다. 땅의 누에가 하늘로 올라가 청룡에 해당하는 동방 7수 角(각)·亢(항)·氐(저)·房(방)·心(심)·尾(미)·箕(기) 중에서 '房宿(방수)'를 차지했다가, 다시 주작에 해당되는 남방 7수 井(정)·鬼(귀)·柳(유)·星(성)·張(장)·翼(익)·軫(진)의 가운데인 '星宿(성수)'가 됐다가, 하늘의 중심인 자미원으로 올라가 북극 5성과 북두칠성에 자리를 잡아 생명의 탄생과 죽음을 관장하는

---

146 김대성, 《금문의 비밀》, ㈜북21 컬쳐라인, 2002, 74쪽.

신으로 자리를 잡는다. 누에는 네 잠을 자고 나면 실을 토해 고치(繭:고치견)를 짓고 그 속에서 번데기(踊:뛸용)가 되고 나방(蛾:나방)이 되어 하늘로 올라가 동쪽 하늘을 상징하는 청룡이 된다. 또 남쪽 하늘의 주작이 됐다가 먼 북쪽으로 올라가 북두칠성이 된다. 그래서 누조를 뽕할매·영동할매·삼신할매 등으로 부른다. 三辰(삼신)이 해·달·별(북두칠성)을 뜻하지 않던가? 누에 할머니이며 노조의 부호 문자인 'ㅡ'자가 바로 우리가 찾고 있는 칠성각·삼성각·삼신각에 있는 '삼신할머니'로 봐야 할 것이다. '자미'라는 글자의 어원은 '잠'이다."[147] '용·융'의 음가와 상징도 뿌리가 같음을 알 수 있다.

낙빈기는《금문신고》외편〈중국상고사회신론〉에서 영국의 금세기 중국학의 권위자인 죠셉 니이담(Joesph Needham) 박사가 쓴《중국과학기술사》권5〈천문학〉편에서 '동양 천문학이 바빌로니아에서 왔다'는 주장을 '누에신'이라는 글자로 뒤집고 있다.[148]

상고신화의 시대는 천문의 시대다. 서양은 서양의 별자리가 동양의 별자리에 영향을 주었다고 하는 것은 서양이 동양보다 천문의 원조임을 말하고 싶은 것이다. 그러나 서양의 큰곰자리·작은곰자리와 동양의 대웅성·소웅성의 별자리 이름이 같은 것은 무엇을 말하는가? 상고시대는 이처럼 천문과 신화 그리고 상징으로 점철된 문화다. 이러한 문화를 바탕으로 한민족은 한자를 그림으로 사용했고, 동일 사건에 같은 음가를 적용하여 한자의 음가를 규정했다. 그러므로 이러한 내용을 바탕으로 한민족 상고의 역사를 보아야 진의에 가까이 갈 수 있다. 중화가 왜곡한 방식의 문자해석으로는 우리의 문화를 찾을 수 없다. 상고시대는 땅의 역사를 하늘의 역사와 동일시하여 신화가 되고, 별자리에서 하늘의 현상을 기록하여 천문이 되어 '鳳凰(봉황)'의 상징과 신화를 구성했다.

---

147 김대성,《금문의 비밀》, ㈜북21 컬쳐라인, 2002, 76~78쪽.
148 김대성,《금문의 비밀》, ㈜북21 컬쳐라인, 2002, 76쪽.

鳳(봉)·龍(용)자의 象徵(상징)

표 4-1. '鳳(봉)·龍(용)'의 갑골문과 해서 자형

商 甲骨文									楷書
①	②	③	④	⑤	⑥	⑦	⑧	⑨	鳳(1)
									龍(2)

〈표 4-1〉①②③은 봉황이 날개를 뒤로 펼친 모습이다. ⑧은 기우제와 관련 있는 '無(무)' 자의 갑골문 '霖'처럼 머리 위에 '雨'자형이 있다. 제사장은 기우제와 관련이 있다. ④⑤⑥의 봉황은 머리 위에 관을 쓰고도 옆에 'ㅛ'자형이 있다. '날개를 펼친다'는 의미와 '비를 내린다'는 상징으로 보면 'ㅛ'과 의미가 상통한다. ⑨는 봉황 뒤에 무당이 무릎을 꿇고 있다. 갑골문에 가림토문자와 관련성이 있어 보인다.

(1) 한국의 백제금동대향로의 봉황

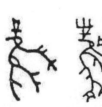
(2) 갑골문

(3) 일본의 봉황

그림 4-1. 한국과 일본의 봉황의 모습과 갑골문

〈그림 4-1〉의 (2) 갑골문의 봉황은 삼족오의 형상이다. 봉황은 하늘로 돌아가 주작이 된다. 이러한 새에 대한 한민족의 숭배는 〈그림 4-1〉의 (1) 백제금동대향로에 있는 봉황에 잘 드러나 있다. 〈그림 4-1〉의 (3) 일본의 봉황도 같은 모양으로 모두 갑골문의 상형과 같다. 백제의 봉황과 일본의 봉황이 같은 형태인 것은 무엇을 의미하는가? 머리의 벼슬이 '山(산)'자 형인 것은 '삼수'와 연결된다. '벼슬'은 권위의 상징으로 冠帽(관모)가 '벼슬'이다.

(1)'鳳(봉)'은 남성을, 凰(황)은 여성을 상징하며 후대에 상징이 서로 바뀌어 사용되기도 한다.《左氏春秋(좌씨춘추)》〈소공 17년〉 "우리 고조 소호 摯(지)가 즉위할 때 마침 봉황새가 이르렀음에 새를 기틀을 두고 새로써 백관과 사장의 벼슬 이름을 했다."는 기록이 있고 용과 호랑이가 신하의 직책으로 있다. 동이족이 조우관이나 조선의 관모에 화려한 꿩의 깃털을 묶는 전통은 한민족의 상징인 '새(봉황)'을 모시기 때문이다.

(2)'龍(용)'은 '누에'[149]가 변하여 하늘에 올라가 '辰(진)'이 됐다가 '龍(용)'이 된다. 그래서 '蠶(잠:누에)'가 '天虫(천충)'이기에 蚕(잠)이다. 龍(용)은 태생적으로 물속(자궁)에서는 '이무기'다. 성장을 해도 '용'이 되기 어렵다. 하늘의 부름을 받아야 한다. 즉 '태양'의 힘이 필요하다. 그렇기에 '룡'은 '태양'의 상징인 '삼족오(새)'보다 하위개념이다. '龍(용)'자의 머리에 있는 "𛰫'자는 교극의 씨칭으로 '아들자'인 子(자)로 읽다가 교극의 아들 제곡고신 때 '•'이 붙어 '辛(신)'자가 된다."[150] '麗(려)'와 '龍(용)'은 개념적으로 관련이 있다. '용'은 여성이며 '음'이다. '용모(容貌)'라는 말은 용의 얼굴이다. '용'은 여성의 자궁(水) 속에서 자라 밖으로 나온다. 여성은 해를 품은 달이다. 어린용을 품에 안고 앉아서 굽어보는 어미용의 얼굴이 '麗(려)'의 상징이다.

....

149 낙빈기는 4300년 전 두 되들이 술잔 「辰觚(신고)」에 새겨진 그림과 무량사 석각을 증거로 룡의 본모습은 신농계가 족휘로 쓰던 누에(簪(잠:비녀)·蚕(잠:누에)·辰(진))가 변하여 '룡'이 되었다 한다. 실제 신농계에서는 남자는 蠶(잠), 여자는 蠶蛾(잠아)라 불렸고 황제계는 '룡'으로 읽었다. 김대성, 《금문의 비밀》, ㈜북21 컬처라인, 2002, 80쪽.

150 김대성, 《금문의 비밀》, ㈜북21 컬처라인, 2002, 120~121쪽.

3

雖(今)자의 象徵(상징)

표 4-2. 雖(수)의 금문·전문·해서 자형

金文	篆文	楷書
𧌓 𧌒	雖	雖

'雖(아무리~하여도수)=虫(충)+足(족)+隹(추)'다. '虽'자형=口+今으로 머리(首:수)를 치켜 세운 뱀의 머리를 새(𠂤)가 발(口)로 누른 자형이다. '雖(수)'는 뱀의 머리를 잡았기 때문에 '수'의 음가를 가진다. '뱀(巳:뱀사)이 아무리 머리를 세워도 새(隹새추:높을최)에게는 오직(唯) 죽음 뿐이다'는 뜻이다. 이처럼 한자의 음가는 문장을 한글자로 함축했다. '蛇(사)'와 '虫(충)'도 같은 자형이다. 그러나 '사'와 '충'으로 음가가 다른 것은 뱀에 물리면 죽기에 '死(사)'의 음가를 취했다. 이렇게 보면 '龍(용)'의 상징은 '봉황'에 미치지 못한다. 즉 '雖(모름지기수)'자는 '뱀·이무기·용'은 '새·매·봉황에 못 미친다'는 의미다.

1971년 충남 공주에서 백제무령왕능이 발굴됐다. 왕릉에서 왕비의 관이 나왔다. 한국사학계에서는 왕관의 형태에 대하여 중국의《舊唐書(구당서)》(940~945) 동이족 백제조에 "그 왕의 옷은 붉은 저고리에 청색 두루마기와 금빛 바지를 입고 새가 나는 관과 금꽃으로 장식했다."[151]는 문장을 참고하여 왕비의 관을 금화로 보고 왕비의 관을 '꽃'으로 해석하고 있다. 학계가 '용'을 꽃의 상형으로 규정하다 보니 한민족의 위대한 용의 상징이 소멸되고 한갓 식

----

151 《舊唐書》東夷傳 百濟條 '其王服大袖紫袍靑錦袴烏羅冠金花爲飾

물의 '꽃'이 됐다. 상징체계를 이해하지 못하고 중국이 규정한 것을 맹목적으로 추종한 탓이다. 백제금동대향로에 새겨진 한민족 고유의 신선도 중국의 도교 영향으로 규정했다. 東夷族(동이족)의 '夷(이)'자의 뜻은 '활을 잘 쏘는 큰 사람'이란 뜻임에도, 스스로 '오랑캐'라 천대하여 부르고 있으니 통탄할 노릇이다. '새(봉황)'는 태양으로 '양'이고, '용'은 물로 '음'이다. '용'이 남성의 상징으로 바뀐 것은 부계시대로 인한 변화다. 〈그림 4-2〉의 (1) 백제금동대향로를 보면 최상위에 '봉황'이 있고, 그 아래에 '용'이 있다. 왕비의 관은 '용'의 얼굴로 만든 황룡의 얼굴이다. 〈그림 4-2〉의 (2) 무령왕의 鳥羅冠(봉황관)은 봉황이 날개를 활짝 펼친 모양이다. 왕과 왕비의 관은 입체감을 주기 위해 신하가 앞에서 보는 시각에서 구도를 잡고, 황금 왕관의 뒤 배경은 봉황과 용의 모습이 잘 보이도록 검은색으로 했다. 백제는 고구려에서 건너왔으므로 고구려의 상징인 '麗(려)'자를 왕관에 넣었다. 〈그림 4-2〉의 (3) 백제 무령왕비의 관을 자세히 보면 '용'의 얼굴이다. 이 용의 모습은 〈그림 4-2〉의 (4) 백제금동대향로에 조각된 용의 얼굴과 닮아 있음을 보게 된다. 이것은 왕관과 백제금동대향로를 같은 곳에서 제작하였거나 제작기법이 선대로부터 계승됐을 가능성이 높다. 지금까지 우리의 사학계가 중국의 사서를 맹신한 결과 용의 코를 '꽃병'으로 규정했다. 분명한 것은 치우나 도깨비의 형상으로 볼 수 있어도 꽃병은 아니다. 그로 인해 한민족의 소중한 용의 상징은 소멸됐다. 상고의 문화는 그 당시의 신화와 절대적 규정에 의한 상징체계로 나라가 유지되었음을 잊지 말아야 할 것이다.

(1)백제금동대향로　　(2)무령왕관(봉황)　　(3)무령왕비관(용)　　(4)백제금동대향로각인(용)

그림 4-2. 무령왕(비)관 백제금동향로의 용과 봉황의 상징

여기에서 간과할 수 없는 것은 보편적으로 용이 남성이고 봉황이 여성으로 생각하고 있

다. 그러나 용은 여성인 여왕의 상징이고, 봉황은 남성인 왕의 상징이다. '姙娠(임신)'의 '娠(신)'자에 하늘의 '龍(룡)'인 '辰(진)'자가 있다. 즉 '辰(진)'은 북두칠성의 용으로 '삼신할매가 자식을 점지해준다'는 신화를 담고 있다. '辰(진)'은 땅으로 내려와 '龍(룡)'으로 태어나고 다시 승천하면 '辰(진)'이 된다. '星(별성)'의 갑골문 '🌟'을 보면 별을 '◎(알)' 세 개로 표시했다. 三神(삼신)이다. 자형에도 삼신할매의 웃는 모습이 있다. 아기가 태어나면 三七日(21일)에 금줄을 하여 자빈의 출입을 금하고, 삼칠일 이후 三神床(삼신상)을 올리고 수수경단을 만들어 일가친척을 청해 대접한다. 백일 후 삼신할매에게 장수를 기원하는 백일상을 차렸다. 이를 三神床(삼신상)이라 한다. 三七日(삼칠일)은 웅녀가 마늘을 먹고 사람이 된 날이고, 百日(백일)은 기도한 날수다. 불가나 민가에 이런 전통이 남아있으나, 민족신앙은 약화됐고 이런 것들이 단군신화와 연결된 것도 잊었다.

중화는 '용'을 황제의 상징으로 취했으나, 한민족은 봉황과 '용' 둘을 상징으로 했다. 봉황의 상징은 궁궐에 사용되어 궁궐은 봉황이 머무는 곳이기에 丹鳳(단봉)이라 한다. 즉 태양의 상징인 삼족오가 붉은 봉황새로 계승됐다. 또한 '宮禁(궁금)'이라고도 한다. 궁궐을 아무나 들어갈 수 없기에 그 속에서 무슨 일이 일어나는지 모른다. '궁금하다'는 말이 여기서 나왔다. 대한민국이 태극과 봉황의 상징을 계승하고 있는 것은 다행스러운 일이다.

4

王儉(왕검)의 象徵(상징)

고대사회에 王(왕)·巫(무)·儉(검)·劍(검)은 중요한 글자다. 이 자형에서 파생된 상징은 같은 개념이 들어있다. 巫(무)는 '工+人人(2:음)'이다. 王(왕)자는 '工+一(1:양)'이고 巫(무)는 음의 여성이다. 모계에서 부계로 권력이 넘어가면서 남성의 상징인 '王(왕)'자가 권위를 차지한다. 주역은 무속과 관련된 경전이다. 주역 산대의 筮法(서법)에 있는 '筮(점서)'는 무당(巫)이 대나무(竹)를 들고 있는 글자다. 艸(풀초)가 있으면 莁(흰비름무)가 된다. 무당이 神木(신목)에 강신을 하고 신대잡이를 한 것이다. '巫(무)'는 제정일치의 권력이 들어있다. 신을 독점하던 무당의 시대를 종말 시킨 것이 주역이다. 소승불교가 대승불교로 발전한 것과 같다. 이처럼 주역의 출현은 특권 종교가 일반 종교 시대를 여는 일대의 사건이었다. 주역은 당시로는 과학이었다. '巫劍(무검)'은 무당이 칼을 들고 하늘에 제례를 올리는 춤이다. 이것이 '巫舞(무무)'다. 검(곰)은 신의 상징이기에 제례에는 '검'을 사용했다. 또한 '劍璽(검새)'는 재위의 표시로 천자가 소지한 칼과 御寶(어보)다. 그렇기 때문에 왕은 검을 가진 자 王儉(왕검)이다. 儉(검)은 '人+僉(인검=인, 곰=인금=임금)'이다. 즉 王儉(왕검)과 王劍(왕검)은 같은 글자다. '王儉(왕검)'의 이름은 檀君(단군)이 최초로 사용했다. 檀君(단군)의 아버지는 桓雄(환웅)과 熊女(웅녀)다. '儉(검)'자는 단군이 두 사람의 자식이라는 증표다. '僉'자는 환웅과 웅녀의 상징이 결합됐다. 이때부터 견우와 직녀의 신화가 발생된 것으로 추측된다. 즉 천인을 상징하는 '새' 토템족인 환웅이 '곰' 토템족인 웅족의 여자와 결혼하여 자식을 잉태한 것을 알게 된 桓因(환인)의 분노가 둘 사이를 갈라서게 하고, 단군은 왕검이란 이름을 얻어 비로소 천손이 된다. 그리고 견우와 직녀인 두 분을 조상신으로 섬기게 된 것으로 사료된다.

무령왕릉에서 발굴된 검은 왕검으로 '환두왕검'이라 해야 맞다. 이것을 사학계는 칼의 형태로만 보고 '환두대도'라 명명하여 한민족 왕검의 상징이 사라져 버렸다.

'劍(검)=僉(첨)+ 刂(도)'다. '검'은 '금'으로 '고마·가마'가 된다. 일본은 '熊(웅)'을 '곰'이라 훈독하고 高麗(고려)를 '고마'라 읽는다. 고려가 숭배하는 신이 곰이라는 것이다. 신은 함부로 그릴 수 없다. 왕의 행차 그림에도 왕의 모습을 대신하여 빈 '가마'만 그린다. 일본에서 '가마'는 신이 타고 있는 '神輿(신여)'라 하고 '미코시'라 훈독한다. '신을 믿고'라는 뜻이다. '神主(신주)'라는 뜻도 있다. 왕가의 신주단지와 '가마'는 모두 같은 모양이고 같은 상징을 가지고 있다. 머리 정수리에 '가마'가 있다. '가마'는 북두칠성인 上斗(상두)다.

'劍(검)'자의 金(금)과 '僉(첨)'자형에는 한민족의 신화가 담겨있다. '僉(첨)'자에 숨겨진 상징을 찾아야 '劍(검)'의 진정한 의미를 알 수 있다.

1) 劍(검)에 담겨진 견우와 직녀

표 4-3. 劍(검)·僉(첨)·今(금)·令(령)·金(금)·自(자)·鼻(비)·矢(시)·至(지)의 갑골문·고문·금문·전문·해서 자형

商 胛骨文	金文	篆文	楷書
馨	矗 矗	僉 僉	僉(1)
	錻	劍	劍(2)
A	A	今	今(3)
龠	龠	龠	令(4)
金(고문)	全	金	金(5)
씽 씽 씽 씽	씽 씽 씽 씽 씽	𦣻	自(6)
씽(고문)	씽	鼻	鼻(7)
↑ ↑	↑	矢	矢(8)
至 至(고문)	至	至	至(9)

《詩經(시경)》에 僉曰於鯀哉(첨왈어곤재)라 했다. '鯀(곤)'은 전욱의 아들이며 우 임금의 아버지이므로 '僉(첨)'은 '鯀(곤:魚+系) 가문의 여식'이다. 시집가는 여자가 연지곤지를 찍는 것은 '鯀(곤)의 신앙을 잇(系)는다'는 징표다.《檀君古記(단군고기)》에 '僉曰庶子桓雄 仁智兼勇(곰(첨)왈서자환웅 인지겸용)' '僉(곰신)'이 말하기를 '서자 환웅은 인의와 용을 겸비했다'고 하셨다.《說文解字(설문해자)》에 '僉(곰)'은 皆也(개야) 吳書曰僉曰伯夷(오서왈곰(첨)왈백이)다. '僉(곰)'이 '皆(개)'인 것은 '皆(개)'가 '福(복)'을 주는 견우와 직녀기 때문이다. 즉 '僉'자형은 하늘 높이 솟아 있는 조상신 견우와 직녀며 북두다. 또한 '오서에 이르기를 검은 백이다'한 것처럼 '僉'은 '검·신'이란 뜻이다. 기록에 '곰신'이 있음에도 '곰'의 음가를 사용하지 않는 것은 '신'의 이름은 함부로 사용하지 못했기 때문이다. '첨'의 음가는 신이 계시는 곳이다.

(1)'僉(첨)'의 금문 '蠢'은 '나에게 생명을 주신 조상이 계신 높은 곳'이란 뜻이다.

'蠢'의 꼭대기에 있는 '↟〉↟〉△'에서 '↟'자형은 뾰족하다. 이 자형을 나타낸 한자가 尖(첨)이다. 이것이 발전되어 '△'자형이 되면서 '亼(집)'이다. 즉 '뾰족한 집'이란 뜻에서 '첨'의 음가를 가진다.《說文解字(설문해자)》에서는 '亼'자를 '三合也(삼합야), 讀若集(독약집)'이라 한다.

'蠢'의 중간에 있는'从〉ΥΥ〉ΥΥ〉从'자형에서 '从=ΥΥ'은 두 사람이 마주 앉아 결합됐다. 'ΥΥ'자형은 앞을 향한다. 한자 '比(비)'자가 된다. '从'자형은 뒤를 향한다. 한자 '北(배)'자가 된다. 모두 북두칠성과 견우직녀를 나타낸 한자다. '从=ΥΥ'자형은 한글 '부부'의 자형이 된다. 이 자형은 '麗(려)'의 고문 '丽·朿·朿'에 전승된다. 일본은 '僉(첨)'과 '皆(개)'를 같은 뜻과 같은 음가인 みな(미나)다. 즉 '皆(개)'자는 견우와 직녀다.

(2)'劍(검)'에 '蠢'자형이 들어가 있다. 실물의 검 끝은 '劍尖(검첨)'이고, 검첨 끝의 삼각형 모양은 '亼(집)'이다. 검의 중앙 좌우는 견우와 직녀고, 검의 날은 견우와 직녀를 따르며 지키는 사람이다. 그래서 칼을 뜻하는 '刀(도)'에 점획을 붙여 칼날을 뜻하는 '刃'자형을 만들고 '인'의 음가를 붙였다. '半(반)'의 자형은 二(이)+丨(일)이다. 즉 견우와 직녀가 좌우로 나뉜 상태다. 이것을 丿(별)과 乀(불)로 나타냈다. 견우와 직녀가 만난다는 개념과 은하수를 배를 타고 건넌다는 개념을, 검과 손잡이 사이의 코둥이를 배로 만들어 '盤(반)'이라 한다. 베 짜는 기구인 '베틀북'은 배의 모양이며 견우와 직녀가 있는 '북'쪽의 음가가 결합됐다. 刀刃(도인)이 道人(도인)이고 道伴(도반)이다. 즉 조상신을 지키고 따르는 사람이다. 예로부터 한민족의 왕은 신물인 '劍(검)'을 숭상하고 장수에게 '劍(검)'을 내려줬다. 지금도 上方劍(상방검)을

장수에게 내리는 전통이 계승되고 있다. '上方(상방)'도 '하늘의 뜻을 받아 지킨다'다.

'○'은 하늘이다. 즉 하늘 꼭대기에 두 사람이 마주 앉은 '僉座(첨좌)'다. '𠆢(첨)'이 'ㅅ(집)'으로 변용된다.

(3)'今(금)'은 'ㅅ+ㅡ'이다. 즉 집 앞에 금(ㅡ)을 그었다. 時方(시방)·只今(지금)의 뜻으로 '시간을 땅에 표시한다'는 의미다. 즉 이때 긋는 今(금)이 刻(각)이다. '刻(각)'은 '亥(해)'의 운행을 새긴 것이다.

(4)'令(령)'은 ㅅ+卩(절)이다. 집에서 살림하는 여자(𠂊)다. '명령하다·부린다·아름답다'는 뜻으로 모계시대 천체의 시간과 천문을 그리고 명령했던 여성의 권위가 깃든 글자다.

(5)'金(금)'의 고문은 광산에 들어가 금맥에서 금을 찾는 것이다. 금맥의 모양이 '금(ㅡ)'이다. '唫(금:입다물금)'자는 입 다문 입술의 모양이 금(ㅡ)이다. '唫=吟=齡=噙=噤'이다. 금줄이 '금(ㅡ)'이다. '黅(금:누른빛)=黃(황)+今(금)'이다. 즉 '黃金(황금)'이 '黅(금)'자로 합쳐졌다. '金(금)=今(금)'인 것은 '금'의 음가와 속성이 같기 때문이다. '금〉그〉긋'의 자형이 '今〉ㄱ'자에 들어 있다.

'合(합)'의 갑골문(合)은 'ㅅ(집)+ㅂ'이다. 한글 '合〉집'으로 지붕(ㅅ)과 벽(ㅂ)이 결합된 큰 집이다. 그래서 '盒(합:짝)'이다. '집'을 '집'으로 짓고 '집'이라 말하는 민족은 한민족 뿐이다. '천문에 가면 '坎(감)'이 된다. 곰에게 바라는 것이 '欲(감:바라다)'이다.

(6)'ㅂ·ㅂ'자형은 '自(자)'의 갑골문과 같다. '自(자)'는 '自己(자기)·始初(시초)·처음·따르다·~부터 시작되다'의 뜻으로 '鼻(비)'의 古字(고자)다. 즉 '自(자)'의 뜻은 '나는 부모로부터 시작됐고 부모를 따른다'는 의미가 된다. 《正字通(정자통)》에 故謂始祖爲鼻祖(고위시조위비조비)다. 즉 '옛날에 이르기를 조상의 시작이 비조'다.

(7)'鼻(비)'는 祖母(조모)인 직녀다. '自(자)'는 '子(자)'다. 자식을 낳는 것이 '古(고)'다. '子'의 갑골문 '𢀜'이고, '古(고)'의 갑골문은 '𠙵'이다. 즉 '𧍪'자형 밑에 있는 '𡥆'은 '아들과 딸'을 상징한다. '코'는 숨도 쉬지만 '바람'을 만든다. 견우 밑에 있는 새는 머리가 하나(양:🐍)다. 직녀 밑의 새는 머리가 둘(음:🐍)이다. 〈그림 2-9〉의 복희여와도는 복희가 曲尺(곡자)인 '矩(구)'를 들고 있지만, 〈그림 4-3〉에서는 원을 그리는 '規(규)'다. 하늘은 둥글(○)다. 남성의 상징으로 원을 그리는 '規(규)'를 복희가 들고 있다. 땅은 네모(□)다. 땅을 그리는 '矩(구)'를 여와가 들고 있는 것이 상징과 일치한다.

鼻先受形(비선수형)은 '코가 제일 먼저 형성된다'는 뜻이다. 옛날에는 자식을 낳다 죽는 일이 다반사였다. 그래서 숨쉬는 것을 나타낸 '自(자)'가 중요하다. 그러다 '코'만을 나타낸 한자 '鼻(비)'를 만들었다. 鼻(비)=自+畀(비)다. 여기서 '畀(비)'는 여자다. 그래서 嬶(비)는 코가 예쁜 마누라고, '膞(비)'는 코가 큰 마누라인 고마다.

(8) '矢(시)'의 갑골문 '↑'의 화살은 하늘을 향하고 '至(지)'의 갑골문 '↓'는 矢(시)+土(토)다. 화살이 땅에 떨어진 자형이다. '矢(시)'의 음가는 화살의 모양 '↑=个=人+ㅣ=시'다.

(9) '至(지)'의 음가는 '↓'자형을 180°돌린 '↑=ㅈ+ㅣ=지'다. 'ㅈ'의 원 방향은 '∨'자형이다. 땅이 '지'의 음가를 가진 이유다. 화살이 하늘에 도달하면 '到(도)'다. '到(도)'는 하늘에 올라가야할 '활'이 다시 떨어지면 '倒(도)'다. 즉 돌아 떨어지기 때문에 '도'의 음가다. 하늘을 나는 새도 '∧'다. 여기서 올라간 화살이 떨어지지 않고 하늘에 머물면 '∏'으로 'ㅈ'이다. '鳥(조)'는 한민족의 신이다. '鳥(조)=示(시)'가 되어 '祖上(조상)'이 된다. 矢(시)의 뜻과 음가가 '화살시'다. 화살은 '火殺(화살)'이다. '불화살'이란 말은 있어도 '물화살'은 없다. 즉 '화살이 새'를 죽인다. '새'는 '태양'이기 때문에 이러한 뜻과 음가가 있고 태양을 활로 쏘아 떨어트린 '羿(예)'의 신화가 있다. 화살은 밑으로 떨어지기 때문에 '底(저)'고, 화살이 날아가 맞은 사람이 '敵(적)'이다. 과녁에 맞으면 '的(적)'이다. 이처럼 한글은 상형 및 기호를 가지고 한자의 음가에 적용된 것으로 한민족의 문자다.

하늘과 땅이 연결된 '♯'은 〈그림 4-3〉 복희여와도의 人頭巳身(인두사신) 伏羲女媧圖(복희여와도)로 표현된다.

그림 4-3. 복희여와도

'♯'자형은 견우와 직녀가 땅 아래(↓)로 연결됐다. '♯'자형은 반대로 땅에서 하늘로 위(△)로 향한다. '♯'자형은 방향 없이 연결됐다. '♯'자형에 '뾰쪽하다'는 '뾰'자가 있다. 즉 僉(첨)

은 검 끝으로 모든 것을 '모은다'는 뜻이다. 또한 'ᾮ'자형에 '부부'의 한글 자형이다.

〈그림 4-3〉의 복희여와도에서 인물의 머리에 쓴 모자가 'ㅂ'이다. 'ᾯ'자형에도 'ㅂ'이 있다. 이것이 머리에 쓴 '벼슬'이다. 벼슬은 '볏'이다. '볏'자에 복희여와 모습이 있다. 'ᾯ'자형에서 'ᾰ'자형은 땅으로 화살이 내려오는 자형이고, 'ᾮ'자형에서 'Δ'자형은 '↑'으로 화살이 하늘로 향한다. 이 자형이 矢(시)와 至(지)·到(도)·倒(도)의 개념으로 전이된다.

'ᾱ'자형은 복잡한 자형을 과감히 생략하고, 견우와 직녀 부부인 'ᾮ'자형만 남겼다. '僉(첨)'자는 '처엄〉엄마〉고마'가 있는 위치와 상징을 나타내면 '첨'의 음가로 사용되지만, 실체적 존재를 나타내면 '검'의 음가를 갖는다. 그래서 王儉(왕검)이 곧 王僉(왕검)이다. '촘'은 '첨·참·춤·촘'이다. 첨=처음, 참=참·참음, 춤=춤, 촘=촘촘은 여성적 의미가 된다.

瞼(눈꺼풀검)·臉(뺨검)·襜(행주치마검)·儉(검소할검)·顩(엄·검·금:턱이 어긋나고 곱지 못한 여자)은 모두 여성이다. '嬐(우러러볼음)'의 '음'은 모계시대 여성의 지위가 높았음을 알 수 있다. 또한 '貪(곰)'이 동굴에서 살기에 '廒(동굴감)'이다.

'籤(첨)'은 신점을 치는 산가지다. '籤(첨)'자와 같은 자가 '簽(첨)'이다. 이를 '제비첨'이라 하는데, '제비'는 한자로 '燕(연)'이다. 제비는 1.1. '중구 절 9월 9일에 떠났다가 삼짇날 3월 3일 돌아온다'고 믿었다. 즉 비는 하늘의 소식을 가지고 온다. 제비가 우는 것을 '지지배배'라 한다. 마치 제비가 말하는 것처럼 보인다. 이러한 모습에서 제비를 여자에 비유하여 삼샛날(음력 3월3일) 또는 '여자의 날'이라 한다. '삼(三)=샛(三)'이다. 즉 '샛=셋'이다. 제비는 추녀와 부엌에 둥지를 틀고 여자와 같이 생활한다. 簽(제비첨)자에 '僉(첨)'이 있는 것은, 점치는 목적이 하늘에서 답을 가져오기 때문이다. 이것을 '제비'로 비유했다 또한 모계시대 최고의 신은 '고마'다. '고마'의 속성을 가진 여성이 무당이다. 점괘는 '처음(첨)'뽑은 산가지로 답을 구한다. 점괘가 나쁘다고 두 번 묻지 않는다. 여기에서 신주를 모신 작은 '집'인 欌(장)과, 절 탑 '佛龕(불감)'의 '龕(감실감)'자에 뜻과 음가가 전이됐다. '匰(단)=匚(방:상자)+單(단:홀로)'이다. 신주를 모셔두는 함으로 '主櫝(주독)'이다. '櫝(독:함)=匚(방)'이다. 우리가 사는 '방'의 음가와 모양이 같다. '主(주)=單(단)'이다. 한자는 이런 방식으로 분화됐다. '집' 음가의 한문(輯·戢·集)들은 우리가 모여 사는 집과 관련이 있다. '黯(검을암)'도 '곰'을 표현한 글자(검·

감·곰·굼)다. '黑(흑)'은 검은 색의 곰이고, '旮(음)'은 여성이고 '水(수)'다. '妙(묘)'의 음가는 '묘〉모로 여성의 음가인 '무'이며 자형은 어린소녀다. 또한 여신이 전하는 하늘의 말은 거짓이 아니라 진실이기에 '참'이다. '춤'과 촘촘함도 여성적이다. 하늘에 제사를 올리는 사람이 하늘을 대신하여 땅을 지배할 권리를 가진다. 고대에는 여성이 제사를 주관하는 모계시대였다. 이러한 '僉(첨)'의 상징이 '麗(고울려)'의 상징 속에 들어간다. 한민족의 문화와 음가를 알지 못하면 이러한 해석은 불가능하다. 〈그림 4-4〉의 '醜(추)'[152]와 藝(예)에 제주의 실체가 그려있다.

그림 4-4. '醜(추)'에 여성이 잔을 들고 제상에 꿇어앉은 모습.

'劍(검)'은 僉(첨)+ 刂(도)다. 칼끝이 뾰족하다. '劍(검)'은 양날이다. 桓雄(환웅)과 熊女(웅녀)의 자식이 檀君王儉(단군왕검)이다. 즉 두 부모의 상징이 결합된 글자가 儉(검)이다. 여기에서 견우직녀의 설화적 배경이 탄생된 것으로 보인다. 견우와 직녀성인 북두칠성은 어두운(검) 밤에 나타난다. '밤'은 '컴컴〉캄캄〉검'으로 어둠의 신이다.

곰은 검다. 모계시대 '곰'은 밤하늘을 주관하는 대웅성으로 주신이었다. 또한 '劍(검)'의 ' 刂'는 '하늘을 향하여 곧게 선' 검이다. ' 刂'자형은 하늘과 땅을 연결한 '刂'자형이다. '刀(도)'와 人(인)의 갑골문 '𠂤'은 같다. 즉 사람이 ' 刂(도)'다. 또한 刂는 '칼'과 북두칠성을 닮은 작은 국자 숟가락인 '刀圭(도규)'로 북두칠성이다. 그래서 '刀(도)'는 '돈'이다. 또한 '𠑹'자형은 좌우 양날의 검을 상징하고 '山'은 뾰족한 劍尖(검첨)이다. 때문에 劍(검)은 '곰'이고 검을 가진 자만이 곰의 자식으로 하늘과 소통할 수 있다. 이러한 신화가 四辰劍(사진검)의 '一片龍光斗牛

152 《군고록》 권1-2-140. 김대성, 《금문의 비밀》, ㈜북21 컬쳐라인, 2002, 220쪽. 중계의 이름 醜尊(추존)이 새겨져 있음.

射(일편용광두우사)'와 四寅劍(사인검)의 乾降精坤援靈日月象岡澶形撝雷電運玄坐推山惡玄斬貞:건강정곤원령일월상강단형휘뢰전운현좌추산악현참정) 검결에 그대로 담겨있다.

2) 能(능)의 象徵(상징)

표 4-4. 能(능)·熊(웅)의 갑골문·금문·전문·해서 비교

胛骨文	金文	篆文	楷書
𤉡		𤠔	能(1)
𤝗	𤠔	𤠔	熊(2)

'곰·재능이 있는 사람'을 뜻한다. 즉 능력 있는 사람이 곰이다. 즉 '能(능)'은 사람을 곰에 비유한 글자다. '熊(웅)'은 곰 자체를 나타낸 글자다. 《漢書(한서)》에 '能'을 '胡貊之人(호맥지인)'라 하여 '貊族(맥족)'이 곰족임을 기록했고, '胡(호)'자도 곰인 '古(고)'와 여성인 '月(월)'로 동이족이다. 또한 熊(웅)은 'ム(마늘모)+月(월)+匕(비)+匕(비)+灬(화)'다. '곰(月)'이 마늘(ム)을 먹고 사람이 되길 북두에 빌고 빌어(匕·匕) 사람이 된다(灬)'는 결합으로 단군신화가 고스란히 담겨있다.

또한 (2)'熊=能+黑(省)+肱'으로 (1)'能'은 곰의 형상이며, '黑'은 '검은 곰'이다. '黙(익)=黑+弋'으로 '검다'는 뜻과 천간의 '壬(임)'자로 쓰일 뿐만 아니라 주살이다. 즉 '오늬'다. '虎(호)'자는 호랑이가 뛰쳐나가는 자형으로 이런 자형을 보고 이야기를 만든 것이 신화다.

공주 금강 강변의 熊神壇碑(웅신단비)의 비문을 보면 공주의 옛 이름이 한자로는 熊津(웅진)이다. 우리말로는 '고마나루'다. 백제의 '고마'가 일본에서 'かみ(가미)'다. '곰'이 어원의 뿌리다. 일본인이 熊津(웅진)을 '가미나리'라 발음하고 '하늘 나라'로 해석하는 것은, 백제인이 그대로 일본에 도래해서 이주했기 때문에 한민족의 신화가 그대로 남은 것이다. 대동류유술의 무가 집안은 대대로 신직으로 내려왔다. 이들은 雄野神社(웅야신사)와 羽黑神社(우측신사)에서 제를 올렸다. 雄野(웅야)는 새인 환웅이고, 羽黑(우흑)은 곰인 熊(웅)임을 알 수 있다. 웅야신사 경내에 불국사의 금강역사처럼 '데코이 상'이 있어 무사들이 호신의 역할을

했음을 알 수 있다.

'곰'은 '웅녀'이기에 '熊州(웅주)'와 公州(공주)다. 또한 '곰'은 '여성'으로 그 상징이 '달'의 이름에 숨겨져 있다. 초승달의 한자는 없다. 사전에는 '초생(初生-달)'이다. 그러나 표준어는 '초승달'이다. 이승·저승에서 生(생)자를 '승'으로 읽는다. '初生月(초생달)'을 '초승달'로 써도 되지만 이두식 '初昇月(초승달)'로 써도 무방하다. 서울의 지명에 곰달래 길이 있다. 이두식으로 '곰달래(古音月川)'로 쓴다. 고음(古音)이 '곰'이고 월천(月川)이 '달내'다. 곰(고마)은 '古麻(고마)'다. 달은 여성의 상징어다. 임신한 여성의 배는 달이 차오르는 모습과 '닮'았다. '닮다'라는 어원이다. 어미의 몸에서 떨(딸)어져 나온 딸이다. 곰의 모습 자체가 검다. 가슴에는 반달이 있어 반달곰이다. '달'의 음가를 직접 취해 '達(달)'로 쓰기도 한다. 곰이 달을 품고 있다. 반달은 그믐달과 똑같다. 곰이 달이다. '곰=달'이 '금달-그믐달'이다.

일본어는 츠고모리(つごもり)·미소카즈기(みそかづき)다. '고모=곰'이고 '미소'는 그믐달을 웃는 것으로 표현한 음가다.

그믐달이 어두운 이유다. 그믐달은 달빛이 조금 남은 음력 27~28일의 달이다. 초승달은 음력 3일에 떠오르는 달이다. 초승달은 '朔(삭)'이다. 月(월)이 점차 아래에서 위로 거슬러 올라온다는 의미로 屰(역)자를 쓴 것이다. 보름달은 온달이다. '온'은 100이며 둥근 '원'을 뜻한다. '반달(半月)'은 음력 7~8일에 뜨는 달의 위쪽이 밝은 상현달(上弦月)과, 음력 22~23일에 뜨는 아래쪽이 밝은 하현달(下弦月)이 있다. 초승달-상현달-온달-그믐달은 모계시대 한민족의 곰과 웅녀의 신화를 간직하고 있다. '곰달래(古音月川)'에서 古(고)+月(월)이 결합한 '胡(턱밑살호·늙은이호·구렛나룻호)'의 뜻을 보면 곰가슴에 있는 '그믐달'의 모습에서 취한 개념임을 알 수 있다. 그래서 '古(고:곰:웅)=月(월)'이란 상징이 담긴다.

일본에서는 百濟(백제)를 '쿠다라(くだら)'라 발음한다. 이에 대한 여러 설이 있다. 백제는 "도성을 '고마'라 하고 읍을 '담로'라 했다."[153] '固麻(고마)'는 '곰'이다. 그래서 公州(공주)의 옛 지명이 熊津(웅진)으로 '곰나루'다. 나루를 '구드래'[154]라 했다. '쿠'는 '구'로 '고'의 옛말이다.

---

153 號所都城曰固麻謂邑曰擔魯如中國之言郡縣也. 남사 권제79, 4장 뒤쪽, 열전 69 이맥 하 백제.

154 백제를 오가는 왜의 배들이 구드래 나루터를 통해 백제의 수도인 사비에 들어 오는데, 왜에서 백제를 부를 때 '구다라'라고 부른 것은 '구드래'와 관련된 것으로 보인다. 문화재청 홈페이지, 구드래의 전설과 유래.

'다래'는 '돌'로써 백제의 신과 지명을 보면 '곰달'이란 개념이 드러난다.

현재 한글로 된 유일한 백제가요인 井邑詞(정읍사)에 대한 해석은 지금도 학계에서 분분하다.

저자는 '돌하 노피곰 도드샤 어긔야 머리곰 비취오시라'라는 시에서 '돌'이 '곰'으로 상징된 것으로 생각된다. '娘(낭)'이 자식을 낳으면 '古(고)'가 된다. '良(량)'이 자라면 무서운 '虎(호)'가 된다고 생각하여 '胡'의 음가가 '호'가 된다.

百濟(백제)와 日本(일본)의 神化(신화)

5

일본은 동양에서 유일하게 중·러·미 3대 강국과 전쟁을 치른 나라다. 중국과 한국은 천왕의 존재가 사라졌지만, 일본은 천오백년을 이어 신으로 숭배된 천왕이 오늘날까지 존속하고 있는 세계에 유일한 나라다. 이 의미는 천오백년 한을 지속시킬 수 있는 혈통의 역사가 있다는 것이다. 일본은 외래 종교가 유입되어도 일본 종교인 神道(신도)의 한 부분으로 취급한다. 그렇기 때문에 천왕을 중심으로 한 일본의 신도는 흔들리지 않는 응집력을 갖는다.

일본의 신화는 삼족오(해)와 '고마(곰)'으로부터 나오고 일본천왕의 이름에 사용됐다. 즉 '日'자는 단순히 '해'만을 뜻하는 것이 아니라 '鳥(새:삼족오)'의 신화까지 포함한다. 일본의 모든 신사 입구에는 'ㅠ'자 모양의 문이 서 있다. 일본인들은 그것을 '鳥居(도리이)'라 한다. '새가 사는 집'이란 뜻이다. 신사 안에는 붉은색 도리이가 있다. '도리(鳥居)'는 우리의 '솟대'다. 즉 솟대는 '새대'다 '새가 앉은 대'다.

鵐(참새무:しとど(시토도))는 무당이 새(참새:삼족오)를 모신다(し:시)는 의미가 내포된 글자다. 검 자루 끝 부위에 鵐目(무목)이란 명칭이 있다. 이는 검이 무속적 행위의 기물로 사용됐기 때문이다. 神(신)은 일본어 훈독으로 'かみ(가미)'다. 'かみ(가미)'는 '곰'이 어원이다. 공주의 옛 이름은 '고마나루' 熊津(웅진)이다. '크다'에서 큼-캄-카미와 '곧다'에서 '곧음-고음-곰-감-가미', '곱다'에서 '곰음-곰-가미'로 이어진다.[155] 즉 백제의 '고마'가 일본에서 'かみ(가

---

155 김세택,《일본어 한자 훈독》, 기파랑, 2015, 535~536쪽.

미)'로 신의 이름이 된다.

일본의 熊野本宮大社(웅야본궁대사)[156]는 한민족의 '곰 신'을 모시는 곳이다. 특히 일본에서 '戌(술)'자를 '고마'라 훈독한다. 도리이를 지나면 사자상(해치)이 나오는데 이것을 고마누이(拍犬:박견)라 한다. '고마(熊)'는 '古麻(고마)'다.

이러한 신화적 요소를 잃고 후대에 성문의 모습에 자형을 꿰맞췄다. '곰(북두칠성)'과 '개(고마누이)'의 연관성이 있다. '狗(개구)'는 천문과 연결된 별자리 이름이다. '새끼곰'이란 뜻을 보면 대웅성의 자식 소웅성인 새끼곰이다. '貊(맥)'에 '豸(치)'자가 있다. '치'의 음가는 신성하다. '勵(치:이무기)'자에 '麗(려)'와 '彡'자가 결합됐다. '豸(치)'는 《爾雅(이아)》에 無足謂之豸(무족위지치)로 '발이 없는 것을 치'라 했다. 발 없는 '뱀'은 '용'으로 신이다. '蛋(치)'의 자형이 '용'이다. 그리고 '豸'는 몸을 구부리고 먹이를 덮치는 동물로 곰과 호랑이다. 또한 神獸(신수)인 '獬(해)'다. '獬豸(해치)'[157]가 '해태'다. '해치우다'는 말에 '해치'가 남아있다. 狗倻國(구야국)'의 '狗(개구)'는 '개'가 아니라 '곰'이다. 즉 '狗倻國(구야국)'은 '작은 곰의 나라'다.

신라시대의 왕 '麻立干(마립간)'[158]의 의미를 신화로 보면 '干(간)'은 《皇極經世(황극경

....

156 구마노산잔[熊野三山] 중 하나다. 구마노산잔은 구마노혼구타이샤[熊野本宮大社], 구마노하야타마타이샤[熊野速玉大社], 구마노나치타이샤[熊野那智大社] 3개의 신사를 총칭하는 말로, 일본 전국에 약 3천 개 있는 구마노신사[熊野神社]의 총본사다. 구마노산잔의 중심되는 신사로 중세부터 귀족과 서민 등의 참배자가 많아 아리노쿠마노모우데[蟻の熊野詣]라고도 했다. 2004년 고야산[高野山] 등과 함께 유네스코가 지정한 세계유산 '기이산지의 영장과 참예길[紀伊山地の霊場と参詣道]'의 일부로 등록됐다. 모시는 신은 게쓰미미코노오가미[家都美御子大神]다. 이 신은 구마노니마스오가미[熊野坐大神], 구마누카무로노미코토[熊野加武呂乃命]라는 별명을 갖고 있다. 전설에 의하면 구마노니마스오가미는 당나라의 천태산[天台山]에서 날아왔다고 한다. 태양의 사자로 불리는 야타가라스[八咫烏]를 부렸다는 것에서 태양신이라는 설(説)과 맨 처음 강 위에 진좌(鎮座)하였다는 것에서 수신(水神)이라는 설, 또는 목신(木神)이라는 설 등이 있다. 신사의 창건 연대는 확실하지 않으나 창건 이래부터 1889년 대홍수로 사원이 떠내려가기 전까지는 구마노강[熊野川]의 나카스[中州]에 있었다. 현재의 사전(社殿)은 산 위에 있으며 구 사원이 있었던 나카스에는 오유노하라[大斎原]로 불리는 일본에서 제일 높은 높이 33.9m의 도리이[鳥居]가 세워져 있다《두산백과》.

157 사자와 비슷하나 머리 가운데에 뿔이 있다고 한다. 중국 문헌인 《이물지(異物志)》에는 "동북 변방에 있는 짐승이며 성품이 충직하여 사람이 싸우는 것을 보면 바르지 못한 사람을 뿔로 받는다"라고 설명되어 있다. 한국에서는 대사헌의 흉배에 가식(加飾)되기도 하였고, 화재나 재앙을 물리치는 신수(神獸)로 여겨 궁궐 등에 장식되기도 하였다《두산백과》.

158 《삼국사기(三國史記)》에는 제19대 눌지(訥祗), 20대 자비(慈悲), 21대 소지(炤知), 22대 지증(智證) 등 4대의 임금을 마립간(麻立干)이라 하였으나, 《삼국유사(三國遺事)》에는 제17대 내물(奈勿)에서 22대 지증까지 6대의 임금을 마립간이라 했다. 일반적으로 《삼국유사》의 설을 따른다. 《삼국사기》에 실린 김대문(金大問)의 해석에 의하면, '마립은 국어의 말뚝, 즉 궐(橛)로써 함조(諴操)를 의미하며, 함조는 자리를 정하여 둔다는 뜻이다. 그리하여 왕궐(王橛)은 주(主)가 되고, 신궐(臣橛)은 그 아래에 있으므로 임금을 마립간이라고 한다'고 했다. 이에 대해

250

세)》에 支干配天地之用也(지간배천지지용야)로 '支(지)=地(지)'고 干(간)=天(천)이다. '地支(지지)'의 자형에 '土'가 있고 '天干(천간)'의 자형도 같은 모양이다. '干'의 금문·전문은 '兯·半'이다. '干(간:천)'과 '天(천:하늘)'자형에 모두 '二'자가 있다. '天=二+人'이다. 만물의 주재자인 上帝(상제), 하느님이다. 즉 하늘에 있는 존재자다. '斡(알)'과 '斡(간)'은 동자로 '干(간)'이 곧 '斗(두)'다. 庚(별경)의 금문(庸)도 '干'으로 180° 회전하면 자음 'ㅊ'으로 'ㅊ'은 별빛이다. 따라서 '눈이 환하다'는 '환'에서 '睅(환)' 한 글자가 문장을 대신한다. 또한 '경'의 음가는 곧게 내려오는 별빛의 의미가 있다. '經典(경전)'의 '經'자는 '경전에 쓴 글자들이다. '巠(물줄기경)'자는 '물이 위에서 아래로 또는 아래서 위로 솟구친다'는 뜻이다. 옛 글은 위에서 아래로 물이 흐르듯이 내려쓴다. 또한 종이에 쓴 글은 밭의 모양이다. 그래서 '전'의 음가를 갖는다. '典(전)'자는 '田(전)+共(공)'자형이다. '두 손으로 글을 공경히 받든다'는 의미다. '畊=耕(밭갈경)'자를 보면 '밭'의 모양이다. '京(경)'은 한양의 도로가 밭처럼 잘 정비됐기에 '경'이다. 이처럼 하나의 음가는 동질의 의미를 갖는다.

마립간은 '고마(곰)가 보내어 세운 왕'이란 의미가 된다. BC 2세기부터 494년까지 존재한 부여는 마가(馬加)·우가(牛加)·저가(猪加)·구가(狗加)의 족장이 있었다. 지금도 자식을 '돼지·강아지' 등에 비유한다. 지금도 '개 있느냐!'라며 사람을 '개'에 비유한다. '누이'는 북한 방언 '누에'로 남아있다. '누에'를 치는 것은 여성 고유의 일이었다. '螻蟻(누이)'는 '땅강아지와 개미'로 보잘 것 없는 '작은 힘'을 비유한다. 엄마의 뒤를 강아지처럼 따라다니며 돕는 누이를 비유한 것으로 생각된다. 도와주면 '고마우이'라 하는 소리도 '고마누이'와 연결됨을 알 수 있다. '婁(누)'는 열여섯 번 째 별로 시집갈 나이다. 토템시대에 동물은 천문의 신이었다. 즉 천문과 연결되면 '곰'이 있는 먼 밤하늘로 대웅성이다. '婁(누)'자는 '여성'과 관련되어 '女'자와 결합되어 사용되며 '男'와 결합되어 사용하지 않는다. '누에'는 잠을 자기에 '蠶(잠)'이다. 어린 아이는 잠만 자기에 '자'의 음가를 가지고 '子'시에는 모두가 잠을 잔다. 아이가 탯줄

이병도(李丙燾)는 《삼국사기 역주(三國史記譯註)》에서 마립은 마리[頭]·마루[宗·棟·廳] 등과 같은 어원(語源)에서 유래한 것으로서 극소(極所)·정상(頂上)을 뜻하며, 고구려의 최고 관직인 막리지(莫離支)와도 상통하는 말이라 했다《두산백과》.

을 끊으면 스스로 숨을 쉬어야(息) 산다. 그래서 自息(자식)이 子息(자식)이다. 여성이 뽕잎을 따고 층층이 쌓인 집에서 산다. 이 자형이 '婁(누)'다. 즉 '婁(누)'자형과 '누'의 소리는 '누에'와 '여성'과 관련된 한자로 구성된다. 즉 누이는 '嫂(누)'다. 즉 '戌(술=수+ㄹ)'이 12지에서 은하수를 나타내고 '福(복)'을 내려준다'는 의미로 보면 '고맙다'는 답례 인사에 묻어있다. 感謝(감사)하다는 '感'=戌+口+心'이다. 즉 '戌(술)'자형에 戊(무)와 一(일:북두칠성자루)인 '곰·감'의 의미와 상징이 들어있다. 또한 갓난 아이들의 정수리의 한자 '囟'의 음가는 '가마'를 뜻하는 '신'이다. '감'은 어둠의 신, 즉 북두의 신, 견우와 직녀에 대한 고마움의 표현이다.

'狀(모양상:爿=像)'에서 犬(견)'을 '개'로 보았으나, 《易經(역경)》에 '狀(상)'은 '知鬼神之情狀(지귀신지정상)'이라 했다. 즉 여기에서 '신'은 '곰'이다. 신사에서 물로 정화의식을 하는 것을 신도에서 '하라이'라 한다. 말 그대로 '하라'는 우리말의 명령어다. 신사에 소속된 미혼의 여신관인 '巫女(무녀)'나 神子(신자)'를 '미코'라 한다. '믿는 자(믿고)'라는 우리말이다. 백제무령왕능의 '석수'가 무슨 동물인지 학계는 아직 밝히지 못했다. 하지만 웅진과 일본의 '고마·누이'란 의미를 보면 '곰과 호랑이의 모습으로 요괴와 악마의 침입을 막는 貔貅(비휴)'일 가능성이 크다. 地支(지지)로 보면 '개'는 밤의 문을 여는 동물인 동시에 죽음의 세계로 들어가는 문을 지키는 동물이기 때문이다.

한반도에서는 통일신라와 고려를 거쳐 불교를 국교로 삼았다. 그 결과 불교에 흡착되어 한민족의 신앙은 점차 약화되어 근근이 전래됐다. 조선이 유교를 국시로 삼은 결과 明(명)에 사대하고 숭유억불 정책을 펴면서 그나마 있던 민족종교도 잃어갔다. 이에 반해 일본은 중화의 영향을 적게 받았다. 비록 불교와 유교를 받아들였지만 불교·유교·천주교 등 외래종교를 일본신도 하부 종교로 흡수하면서 전통 신앙을 지켰다. 고향을 떠난 자가 고향을 더 그리워하듯이 나라를 잃고 열도로 이주한 도래인들은 한민족의 전통과 정체성을 소중히 지켰다. 그 결과 오히려 일본에서 한민족의 문화와 정체성을 되찾아야 하는 지경에 이르렀다.

'곰'은 신의 소리로 기휘의 문자다. 검의 음가는 신의 상징이기에 검을 대할 때 신처럼 모셨다. 신을 앞에 두고 어찌 엄숙하지 않을 수 있겠는가? 칼을 빼고 넣을 때, 출검·입검이라 하지 않고 拔劍(발검)과 納劍(납검)이라 한 것은 검이 신이기 때문에 '납신다·납시오'라고 한 것이다. 중국은 입식문화다. 그러나 한국과 일본은 좌식문화다. 엎드려 절하는 것이 가장 큰 존경을 나타내는 예법이다. 검을 사용하기 전에 좌식으로 엎드려 절하는 것은 당연하다. 이것이 한민족의 문화다. 이러한 좌식검의 예절과 좌식술기는 기생무(평양검무·진주검무)에 스며들었다. 검을 사용함에 있어서는 반드시 발검과 납검의 의미를 알고 행해야 한다. 발검과 납검이 '일본식이다·아니다'를 논하는 것은 검의 개념과 의미를 모르고 하는 말이다.

고대 한국과 일본은 같은 사상과 신화체계에서 살았기 때문에 동질의 문화적 배경을 공유한다. 중화와의 패권과 조선으로 유교가 도입되면서 사대주의가 만연해지고 주체문화가 사라졌다. 그러나 왜 열도로 집단 이주한 한민족 이주민들은 한민족의 종교와 신화를 고스란히 간직하고 지켜오면서 샤머니즘을 고등종교로 발전시켰다.

유물과 기록만 역사적 증거인가? 선조들이 사용한 소리와 언어·문화가 중화와 일본에 전래된 것은 역사가 아닌가? 오히려 역사는 기록한 자의 입장에서 얼마든지 왜곡이 가능하다. 그러나 일반 백성들이 사용하는 언어와 문자는 삶을 담고 있어 왜곡이 쉽지 않다. 대한민국이 일제가 규정한 실증사학의 굴레에 스스로 갇혀있는 사이, 중국은 중화의 역사서에 기록되어 있는 동이족의 역사와 신화를 자국의 역사로 만들고 있다. 중국학자들은 갑골문이 동이족의 문자임을 밝혔다. 한자가 우리의 문자라는 것이 증명되면 중화문명의 근본이 바뀌는 대 사건이다. 한글만이 우리의 문자라고 주장하는 것은 한자로 기록된 상고 역사를 포기하는 것이다. 또한 갑골문이 동이족의 문자이기에 한자의 음과 뜻에 한민족의 문화가 담기는 것은 당연하다.

6

阿斯達(아사달)과 徐羅伐(서라벌)

《魏書(위서)》에 '이천년 전 단군이 阿斯達(아사달)에 도읍을 세웠다'는 기록을 토대로 학계는 '아사달'의 지명과 이름에 대한 연구를 해왔다. '達(달)'[159]이 '달'이면 그 짝인 '阿(아)'[160]는 '해'다. '斯(사)'는 '떨어질사·하얗다'는 뜻으로 '해의 분신 하얀 달'이다. 즉 '해와 달이 비추는 도시'라는 뜻이 된다. 아사벌(阿斯伐=阿斯國)의 '벌(伐·火)'이 '골(忽)'이다.

한자는 현장을 찍은 사진이다. 그래서 한자를 해석할 때는 그림을 설명하듯 한다. 이것이 '이두'와 일본의 '훈독'이다. '그림'을 문자로 표시하면 '글'이다. 新羅(신라)를 '서라벌'이라 한다. '新(신)'의 '亲=立+木'으로 '세우다'다. '서'의 음가다. '羅(라)'는 '태양(새)이 넓게 비춘다'는 의미다. '라' 또는 '나'[161]의 소리와 자형은 '태양'과 '새(알)'를 지칭한다. 그래서 신라·가라(伽羅)다. 즉 '新羅(신라)'는 '새 태양이 찬란히 떠오르는 나라'를 의미한다.

정조 20년(1796) 문무대왕릉 비문이 경주에서 밭을 갈던 농부에 의해 발견됐다. 당시 경

---

159 '달(達, 月)'이 배달(倍達, 風月)의 '달'로써, 땅(地, 양달=陽地 음달(陰地),
안호상, 《환웅과 단군과 화랑》, 1987, 75쪽.

160 예도의 '太阿倒他勢'에 '太阿(태아)'는 태양이다.

161 이집트의 태양신이 '라(Ra)'다. '매'가 태양을 머리에 이고 있다. 또한 이슬람의 유일신도 '알라'다. 즉 '알'과 '라'의 소리는 모두 '태양과 새'라는 상징을 갖는다. '알'의 어원이 '일라흐(ilâh)'다. 즉 '올'이 '일'로서 '일어나다'는 음가다. 한민족 신화와의 연계성이 추론된다.

주부윤 홍양호(1724~1802)가 보고 받고 탁본하여 주위에 알렸다. 모두 금문으로 되어 있어 해석이 어려웠다. 추사 김정희도 이 탁본을 해석하려고 연경으로 가져갔다. 그러나 금석문자에 대한 연구가 오늘날처럼 되지 않은 관계로 해석할 수 없었다.

여기에는 문무대왕릉비문을 소남자(김재섭)가 해독한 결과 문무대왕의 계보는 (1)火官之后(화관지후:기원전 2,300년대) (2)秦伯(진백:기원전 650년대) (3)派鯨津氏(파경진씨:기원전 200년대) (4)秺候(투후:기원전 100년대) (5)駕朱蒙(가주몽:기원전 50년대) (6)成漢王(성한왕:기원전 20년대) (7)文武王(문무왕:서기 660년대)이다. 문무왕은 火官之后(화관지후)의 자손으로 화관지후는 순임금이고 김알지는 星漢王(성한왕)이다. 그동안《삼국지》의〈위지동이전〉과《삼국사기》·《삼국유사》에 "신라 사람들은 진나라에서 망명해온 사람들이다.", "신라 김씨는 소호 김천의 후손이라 성을 김씨라 했다." 김종직의〈김유신전〉에 "소호 김천의 후예다."는 기록과 신라의 6촌장들이 秦(진)에서 망명해온 '秦之亡人(진지망인)'이란 기록이 문무대왕릉 비문이 해독됨으로 사실임이 입증됐다. 이 기록은 문무왕은 고조선의 창시자, 즉 곡부에서 나라를 연 신농씨의 직계 후손인 순의 계열이다. 문무대왕이 자신의 족보를 왜곡할 이유가 없다. 이것이 사실이라면 우리가 잃어버린 상고사가 복원되는 중요한 자료가 된다. 그렇게 되면 우리가 그동안 배워온 역사는 일거에 물거품이 된다. 그럼에도 사학계는 요지부동이다.

표 4-5. 隹(유), 隹(추), 羅(라)의 갑골문·금문·전문·해서 자형

胛骨文	金文	篆文	楷書
	雗	維	維 (1)
佳	隹	隹	隹 (2)
		羅	羅 (3)

(1)'維(유)'는 '天柱地維(천주지유)'다. 즉 '세계를 떨어지지 않게 하는바'다. 그렇다면 누가 줄로 세상을 매달고 있는가 바로 금문 '雗=隹+糸+隹'이다.

(2)'隹(추)'는 '隹(추:새)'가 주체다. '維斗(유두)'는 북두칠성의 이칭이다. 즉 북두 꼭대기에

매달려 앉아 있는 두 사람 견우와 직녀를 나타내기 때문에 '維(유)'자를 썼다. 즉 '維(유)'는 '날개를 접고 나무 꼭대기에 앉아있는 새'다. 여기에서 '하늘과 연결하다·잇다·매다'의 뜻이 파생된다. 그래서 '추'의 음가를 가진 한자는 이러한 의미를 갖는다.

　(3)'羅(라)'의 ''(망)은 '四(사)'와 같다. 새의 도움이 '햇빛이 사방을 천지를 덮는다'는 의미다. 여기서 빛의 줄기를 '絲(사:줄)'로 표현했다. 신화적 해석이 사라진 탓에 기록된 의미를 정확하게 찾지 못한 것이다. 이러한 사상을 토대로 신라는 한해의 첫 해가 떠오르는 동지일출을 숭배했다. 그렇기 때문에 천년고도 신라의 수도 금성의 주대로는 동지일출이 떠오르는 東向(동향)을 향하도록 조성했고, 중요 건축물도 동지일출을 향해 나란히 늘여 세웠다. 그런데《漢書(한서)》의〈律曆志(율력지)〉에 '牽牛初度(견우초도)'가 '冬至點(동지점)이었다'는 기록이 있다. 즉 견우와 직녀의 신화가 연오랑과 세오녀의 신화구조와 연결된다. 또한 '星(성)'은 한자로 '羅理(라이)'라 쓰고 '별이'라고 읽었다. '벌'은 伐(벌)로 '新羅伐(신라벌)'에서 '伐(벌)'이 생략된 음차다. 즉 '漢(한)'을 '한나라(漢國)'로 읽는 것과 같다. '新'은 '神'과 상통하여 신라는 '태양이 세우신 새나라'란 뜻이 된다. 이렇게 보면 '설날'의 '설'은 '서+ㄹ'로 'ㄹ'은 '새'다. 즉 음력 '설'은 '새가 처음 서는 날'이란 의미가 된다.《輿地勝覽(여지승람)》에 "신라의 땅 이름은 대개 '火(화)'를 '불'이라고 일컫는데, '火(불)'은 곧 '弗(불)'의 굴음(轉)이요, '弗(불)'은 '伐(벌)'의 굴음이다."[162]고 기록되어 있다. 즉 '火(화)=弗(불)'이다. 즉 신라는 태양신을 숭배한 나라였다. '서울'의 '울'은 '을'이 기본음가로 '해가 중천에 떠있다'는 뜻이다. '벌'이 '울'로 바뀌었을 뿐 '서라벌'의 의미와 본질은 같다.

162　新羅地名 多稱火 化乃弗之轉 弗又伐之轉：輿地勝覽 券二十二 蔚山郡.

五.
劍(검)의
始原(시원)은
朝鮮勢法
(조선세법)

1

雙明刺(쌍명자), 旋風格(선풍각), 騰蛟洗(등교세), 虎穴洗(호혈세)

《武備志(무비지)》의 초습에는 66세에 없는 '雙明刺(쌍명자), 旋風格(선풍각), 騰蛟洗(등교세), 虎穴洗(호혈세)' 4개가 있다. 현재까지 이들 기법에 대한 연구가 전무하다. 곤오검결가와 조선세법을 연구한 결과 4개의 勢(세)가 무엇을 의미하는지를 알게 됐다. '雙明刺(쌍명자)'는 坦腹刺(탄복자)와 衝鋒勢(충봉세) 두 勢(세)를 지칭한다. 坦腹刺(탄복자)의 '坦(탄)'은 '우회'로 돌아 찌르는 것으로 해가 뜨는 것을 상징한다. '坦(탄)'과 '腹(복)'자에 '日月(일월)'이 있어 '明(명)'자가 된다. 충봉세는 御車勢(어거세)에 있다. '좌회'로 돌아 찌르는 것으로 '달(月)'을 상징한다. 이 둘이 짝이기에 '雙明刺(쌍명자)'다. 즉 해와 달, 음·양의 태극이다. '坦腹刺(탄복자)'는 '우각'이고 '御車勢(어거세)'는 '좌각'으로 대칭이다. 조선세법에서 어거세는 '右(우)'로, 충봉세는 '左(좌)'로 간다. 旋風格(선풍각)은 우회 또는 좌회로 돌아 머리를 막는 기법이다. 은망각에 '旋風(선풍)'의 단서가 있다. '騰蛟勢(등교세)'의 '騰(등)'은 이두문으로 칼을 '등'에 올린 자세다. '蟒(이무기망)'의 '虫(충)'과 '絞(교:목멜교)'의 '交'에서 '蛟(교)'자를 취했다. 즉 '칼을 목에 둘러멘다'는 기법을 설명한다. '交(교)'에 자세가 있다〈그림 5-1〉. 은망세는 좌견, 등교세는 우견에서 시작된다. 즉 은망세와 등교세 둘은 대칭이다.

그림 5-1. 본국검 우요격세와 제독검 대적출검세의 '交'자세

'虎穴勢(호혈세)'는 호랑이 굴에 신속하게 앞으로 들어가는 '호준세'의 첫 보법과 은밀하게 뒤로 들어가는 '호좌세'의 보법이다. 조선세법 중, 拔蛇勢(발사세)와 隨勢(수세) 2개는 보법과 수법이다. '拔蛇勢(발사세)'는 '염시세'에서 '발을 움직이는 보법'이고, 隨勢(수세)는 '횡충세'에서 '손을 움직이는 수법'이다. '발'은 '拔(발)'로, 손은 '隨(수)'로 사용한 이두식 표현이다. 조선세법 서두의 초습(안법·격법·세법·자법)은 조선세법 전체의 구성이다.

1)擊法有五(격법유오)¹⁶³는 (1)豹頭擊(표두격) (2)跨左擊(과좌격) (3)跨右擊(과우격) (4)翼左擊(익좌격) (5)翼右擊(익우격)이다. 표두격은 정면머리, 과좌격과 과우격은 좌우걸터베기, 익좌격과 익우격은 좌우머리, 다섯 방향으로 공격하는 칼의 기본선이다. 좌·우 대칭에서 '左(좌)'를 먼저 하는 것은 보법 때문이다. 과좌격은 掃掠下殺(소략하살), 과우격은 撩剪下殺(요전하살)이다. 대칭임에도 '掃掠(소략)'과 '撩剪(요전)'으로 검결이 다르고 기법도 다르다. 그 이유는 파지법으로 인해 과좌격은 손이 'X'자 꼬이기 때문이다. '掃掠(소략)'은 제수세와 짝으로 '雙剪(쌍전)'이다. '撩剪(요전)'도 '剪(전)'이다. '剪(전)=前+刀'으로 '깎는다'는 의미다. '撩剪(요전)'은 밑에서 위로 걸터벤다. 조선세법의 문장에서 左翼勢(좌익세)는 '上桃下壓(상도하압)'이고 右翼勢(우익세)는 '剪殺兩翼(전살양익)'이다. 좌·우 대칭이지만 기법은 전혀 다르다. 그래서 초습에서 좌·우 기법을 일치시키기 위해, 翼左擊(익좌격)과 翼右擊(익우격)으로 도치시켰다. 豹頭擊(표두격)은 霹擊上殺(벽격상살)로 머리를 치고 平擡勢(평대세)는 掣擊中殺(체격중살)로 칼을 몸 중심으로 당겨 손목을 치는 기법이다.

2)刺法有五(자법유오)은 (1)逆鱗刺(역린자) (2)坦腹刺(탄복자) (3)雙明刺(쌍명자) (4)左夾刺(좌협자) (5)右夾刺(우협자)다. 刺法(자법)만을 구성하여 전·후·좌·우 회전하며 찌르는 기법을 구성했다.

3)格法有三(각법유삼)은 (1)擧鼎格(거정각) (2)旋風格(선풍각) (3)御車格(어거각)이다. 거

---

163 擊法有五(격법유오)를 '有五擊法(유오격법)', 格法有三(각법유삼)은 有三格法(유삼각법), 刺法有五(자법유오)은 有五刺法(유오자법), 洗法有三(세법유삼)은 有三洗法(유삼세법)으로 하고, 擊法有五(격법유오)에 腰擊(요격)과 內外掠法(내외략법)을 추가하여 '千迷流(천미류)'를 만들어 현재 수련하고 있다.

정각과 어거각은 머리·허리를 막는 기법이고, 선풍각은 뒤로 돌며 머리를 막는 기법이다. 유피류는 앞뒤로 곧게 나가고 물러나며 일직 선상에서 막는 기법이지만, '각법유삼'은 전후로 회전하면서 막는 기법이다.

4)洗法有三(세법유삼)은 (1)鳳頭洗(봉두세) (2)虎穴洗(호혈세) (3)騰蛟洗(등교세)다. 봉두세에서 호혈세로 다시 돌아 등교세로 마무리된다. '洗(세)'를 익히기 위한 것으로 洗法(세법)을 모르면 할 수 없게 되어 있다. 봉두세의 기법은 '洗刺剪(세자전)'이다. 洗(세)는 베는 것이고 刺(자)는 찌르는 기법이다. 각기 다른 기법이다. 등교세와 연결된 '봉두세'는 刺剪(자전)의 기법이 된다. 즉 조선세법을 구성할 때, 봉두세가 두 개의 기법과 연결된 것을 '洗刺剪(세자전)'으로 설명했다. 擊法(격법)은 진퇴로 구성되어 있지만 나머지 刺法(자법), 格法(각법), 洗法(세법)은 모두 회전으로 구성되어 있어 조선세법의 구성과 기법이 같다. 조선세법이 회전의 검술임을 다시 한 번 확인된다.

조선세법 24세 속에 기법과 관련된 勢(세)는 중복된 것을 포함하여 총 66세 조선세법 총 66세[164]다. 여기에 초습 4세(쌍명자·선풍각·호혈세·등교세)를 합하면 70세다. 70=7×10이다. 즉 북두칠성의 완성이다. 즉 조선세법은 북두칠성에 제를 올리는 의례와 관련 있다. 때문에 '太阿倒他勢(태아도타세)'에서 손을 허공에 한 바퀴 돌리는 것은 태극인 하늘을 나타내며 '하늘이 시어 적을 물리쳐 주소서'라는 기도의 의미다, '여선참사세'에서 하늘에 칼을 3번 던지는 것은 '여와에게 도움'을 갈구하며, '금강보운세'에서 칼을 머리 위에서 수평으로 하고 3번을 돌리는 것은 '안녕을 기원'하는 행위다. '양각조천세'에서 무릎을 꿇고 손가락 사이에 칼을 걸어 3바퀴를 돌리는 것은 '양을 제물을 받치'는 행위다. 천지인 '三數(삼수)'의 사상이 검법의

---

164 (1.거정세 2.평대세 3.군란세 4.점검세 5.발초심사세 6.어거세 7.좌익세 8.직부송서세 9.역린세 11.표두세 11.태산압정세 12.탄복세 13.창룡출수세 14.과우세 15.작의세 16.요략세 17.장교분수세 18.찬격세 19.어거세 20.충봉세 21.봉두세 22.전기세 23.탁탑세 24.점검세 25.간수세 26.기수세 27.호준세 28.요격세 29.은망세 30.찬격세 31.백원출동세 32.요격세 33.요격세 34.참사세 35.역린세 36.전시세 37.편섬세 38.거정세 39.우익세 40.안자세 41.요격세 42.계격세 43.호좌세 44.좌협세 45.수두세 46.요격세 47.과좌세 48.제수세 49.흔ика세 50.조천세 51.탄복세 52.역린세 53.탐해세 54.좌익세 55.염시세 56.발사세 57.요격세 58.우협세 59.분충세 60.거정세 61.봉두세 62.백사롱풍세 63.계격세 64.횡충세 65.수세 66.요략세)

동작에 들어있다. 밀양검무의 경우 검을 잡고 '양각조천세'처럼 칼을 하늘에 던져 잡는 동작이 있다. 두 명이 행하는 밀양검무는 '쌍검'으로 한명이 공격하고 다른 한명은 방어하는 동작이다. 마치 무예도보통지의 '쌍검'을 춤으로 재현한 것 같은 실전적 동작이다. 이 4세가 천제의 검례를 완성한다. 중화나 일본은 조선세법처럼 검을 가지고 '제례'를 올리기 위한 절차적 형식의 검술은 없다. 조선세법은 한민족 제천의례의 문화적 원형을 간직한 劍舞(검무)의 시발점이다. 조선세법에서 떨어져 나온 자식과 같은 본국검도 33세다. 더구나 본국검의 劍路(검로)는 땅에 '本'자의 형태로 행하는 것으로 '땅이 근본'임을 나타내고 있다. 땅이 나라다. 땅의 근본이 되는 나라는 조선이다. 조선세법과 본국검은 태극과 천지인·삼일(三一)사상을 몸으로 표현하는 제례행위로 이 검법 속에는 면면히 내려온 천부경의 수리가 숨어있다.

북두칠성은 한민족에게는 신이었다. 북두칠성은 곰신(대웅성)이었으며 검은 곧 곰의 현신이다. 북두칠성의 별 하나하나에는 수많은 신화를 간직하고 있다. 이러한 상고시대의 신화가 한민족의 칠성신앙이 되어 도교와 무속을 통해 설화로 계승됐다. 무속에서 사용하는 칠성부는 천원을 상징하는 둥근 원에 정사각형이 들어있고 동서남북에는 별자리가 있다. 그 안에는 다음과 같은 7언 율시의 문장이 있다.

我本天台綠髮翁(아본천태록발옹) : 나는 하늘에 사는 머리 검고 윤이 나는 노인이다.
三尺長劍在手中(삼척장검재수중) : 삼척장검을 손에 들고 있다.
昨夜上帝嚴令下(작야상제엄령하) : 어제 저녁 상제께서 엄하게 명을 내리셨다.
一揮長劍斬惡神(일휘장검참악신) : 한 번 장검을 휘두르면 악신은 참수되리라.

위 시의 칠성부는 악신을 물리치는 호신이다. 악신을 물리치기 위해 노옹이 휘두르는 무기가 '검'이다. 왕이 장수에게 '검'을 수여하듯이 '곰신'이 자신의 상징인 '검'을 통해 세상을 다스릴 권한을 부여한다. 여기서 노옹에게 명을 내린 상제의 실체는 '곰'이다. 검을 들고 조선세법을 행하는 자는 곧 노옹이 된다. 삼척장검을 들고 동서남북 四神(사신)의 도움으로 악을 물리친다는 제례의 의미가 있다. 칠성부는 조선세법의 의미를 고스란히 간직하고 한민족의 칠성신앙을 품고 있다. 이처럼 조선세법은 목적에 따라 '禮劍(예검)'이 된다.

제갈공명은 자신이 노옹이 되어 四神(사신)을 움직이려고 제를 드렸다. 삼국지에 나오는 위·촉·오 삼국은 220년~280년, 약 60년간 서로 전쟁만 하다 모두 멸망한 나라다. 한마디로 역사가 매우 짧고 긴 역사에서 비춰보면 성과가 크지 않다. 그러나 중국의 나관중 문학작품에서 관우와 제갈량을 위대한 인물로 묘사하여, 조선에서는 이들을 신으로 숭배했고 오늘날까지 회자되고 있다. 100만 적벽대전·동남풍·10만 개의 화살도 모두 소설이다. 어찌 되었건 제갈공명이 칠성단을 쌓아 4신과 북두칠성에게 제를 올린 기록을 통해 제갈공명이 한민족의 북두칠성 신을 믿고 숭배했다는 것을 알 수 있다. 그러나 정작 조선은 사대에 빠져 제갈공명이 숭배한 북두칠성신을 믿지 않고 오히려 제갈공명과 관우를 신으로 숭배했다.

조선세법이 천제에 사용된 것이라면 '濊(예)'에도 당연히 계승됐을 것이다. 그렇다면 조선세법을 '예검'이라 불렀을 가능성이 있다. 이렇게 유추한 것은 조선세법이 곤오국에서 '곤오검'이라 불렀고 조선에서 '銳刀(예도)'라 했기 때문이다. 어찌 됐건 최초에 武劍(무검)이 만들어질 당시, 무당(단군)은 천문을 보면서 천문(태극팔괘)의 상징으로 구성한 검로를 따라 검을 들고 무검을 추며 기우제를 드렸을 것이다. 그 기우제의 대상은 견우·직녀와 연계된다.

'치우'의 음가는 '治雨(치우)'와 연결되어 '비를 다스리는 자'가 되고, 천상북두의 牽牛(견우:소를 끄는 자)는 '소(牛)'의 상징이 된다. 이러한 상징을 품은 치우를 무신으로 숭배했던 것이 '武藝(무예)'란 글자로 표현됐다. 즉 '武(무)'는 '치우'의 상징이다. 동양삼국에서 '武神(무신)'이라함은 '치우'를 나타낸다. '무신'에게 바람을 기원하고 감사의 '예'를 올리는 것이 한민족이 인식했던 '무예'의 본질적 개념이다.

2

朝鮮勢法(조선세법)과
天遁劍法(천둔검법)

　　여동빈[165]은 여산에서 火龍眞人(화룡진인)[166]에게 天遁劍法(천둔검법)을 사사받아 요마를 물리쳤다. 한국 도맥의 일파에서는 매월당 김시습이 천둔검법을 체득하고 홍유손에게 《천둔검법연마결》을 전수했다고 전해진다. 그러나 현재 한국과 중국에서는 천둔검법은 사라졌다. 곤오검 28수가 조선세법 28수다. 천둔검법은 곤오검에서 나왔으므로 조선세법의 전체적인 구성을 보면 천둔검법의 실체를 유추할 수 있다. 이것으로 충분히 복원할 수 있다. 天遁(천둔)의 '遁(둔)'은 '달아나다·回避(회피)하다·좇는다'는 뜻이다. 天遁(천둔)은 순양의 공격기법으로 '적을 물리친다'는 의미가 있다. 검법은 파생된다. 따지고 보면 본국검도 조선세법에서 격법을 중심으로 구성된 검법이다. '遁(둔)=辶+盾'이다. '盾(순)'은 '피하다·방패'라는 뜻이고, '辶'은 '좇는다'는 개념이다. 따라서 같은 자형인 '循(순)'이 '돌순·빙빙돌다'다. '둔'의 음가는 '돈'과 같다. 즉 '遁(둔)'에 '돈다'는 개념이 그대로 들어있다. 천둔검법은 회전으로 검법이 이루어짐을 알 수 있다. 조선세법은 방어기법과 공격기법으로 구성되어 있다. 조선

165 　중국 도교 팔선에 속하는 선인으로 불리는 인물로 당나라 말기 때 사람으로 본명은 여암(呂嵒), 자는 흔히 이름으로 알려져 있는 동빈(洞賓), 도호는 순양자(純陽子)

166 　화룡진인은 성씨가 정(鄭)이고 이름이 사원(思遠)이었다. 도호(道號)는 소축융(小祝融)이었다. 진희이(陳希夷)는 양생장수의 도와 신체운동을 화룡진인(火龍眞人)에게 전수하였는데, 이 화룡진인이 바로 장삼봉 진인의 스승이다.

세법에서 '평대세-점검자-발초심사세'처럼 공격수만을 연결한 공격기법이 천둔검법[167]일 가능성이 높다. 실제로 방어수를 제외하고 공격수만 연결하면 기법이 매섭고 빠르다. 이러한 천둔검법을 '도가에서는 요마를 물리친다'고 생각했다.

....

167 중국의 도교 전설에서 팔선 중 한 명, 여동빈이 체득했다는 전설상의 검법. 천둔(天遁)이란 하늘로부터 스스로를 감춘다는 의미로, 신검합일의 경지를 가리킨다는 견해도 있다. 여동빈이 출가하고 천하를 돌아다니며 수행을 하던 도중 여산(廬山)에서 화룡진인(火龍眞人)이란 이인을 만나 그에게 천둔검법을 사사했다고 전해지며, 이후 여동빈은 검을 비껴 차고 이 천둔검법에 힘입어 요마를 쳐 없애고 공덕을 쌓았다. 한국의 도맥(道脈) 일파에서는 매월당 김시습이 이 천둔검법을 체득하고 있어 홍유손에게 《천둔검법연마결》(天遁劍法鍊磨訣)을 전수했다고 전해진다.

3

朝鮮勢法(조선세법)과 四寅劍(사인검)

　　四寅劍(사인검)은 주술적 목적으로 악을 물리친다는 검이다.《조선왕조실록(朝鮮王朝實錄)》에 사인검(四寅劍)과 삼인검(三寅劍) 관련 기록은 성종(成宗) 재위 시 1건, 연산군(燕山君) 재위 시 3건, 중종(中宗) 재건 시 4건, 숙종(肅宗) 재위 시 1건 등 모두 아홉 건이다. 그러나《三國史記(삼국사기)》제41권〈列傳(열전)〉제1에 "김유신은 몸에 칠성무늬를 가지고 태어나서 보검에 기도하여 虛(허)와 角(각)의 신령이 깃들게 했다."고 한다. 청룡(靑龍:角亢氏房心尾箕(각항저방심미기))을 뜻하는 글자는, 첫 번째 글자인 角(각)이고, 현무(玄武:斗牛女虛危室壁(두우녀허위실벽))를 뜻하는 글자는 4번째 글자인 虛(허)다. 청룡과 현무만 뜻하는 두 글자에게만 기도할 이유가 없기 때문에 角(각)과 虛(허) 두 자가 28수 전체를 함축한 것으로 보아야 한다. 즉 '28수 별자리를 새겼다'는 표현으로 보아야 한다.

　　또한 순양의 검 四寅劍(사인검)은 24자(乾降精坤援靈日月象岡澶形撝雷電運玄坐推山惡玄斬貞:건강정곤원령일월상강단형휘뢰전운현좌추산악현참정)의 검결도 새겼다. 여기에서 중요한 글자가 運玄坐(운현좌)와 玄斬貞(현참정)이다. 현좌(玄坐)의 玄(현)은 견우와 직녀로 후대에 도교의 영향으로 원시천존(元始天尊), 옥황상제(玉皇上帝)[168] 혹은 현무대제(玄

<hr>

168　옥황상제는 도교에서 그리 오래된 신이 아니다. 원래 도교의 최고신은 인격성이 그리 강하지 않은 원시천존(元始天尊) 이었으며 옥황상제는 송나라 이후에야 최고신으로 등장한다. 현재 도교에서 옥황상제가 살고 있다고 믿는 북극성에는 원래 당나라 시대까지만 해도 현천상제(玄天上帝), 현무 대제(玄武大帝), 진무대제(眞武大帝), 혹은 북

武大帝)로 변한다. 즉 玄(현)이 현무(玄武)인 것이다. 運玄坐(운현좌)는 '현무가 중심 자리에 앉아서 四神(사신)을 움직여 악을 참하고 바르게 세운다'는 것이다. 이것은 조선세법 전체 검결의 내용을 24자로 압축한 것이다.

四辰劍(사진검)의 7언 율시 '一片龍光斗牛射(일편용광두우사)'에도 '斗牛(두우)'는 북두에 있는 '견우'로 현무다. 즉 사진검과 사인검의 주인은 모두 현무다. 이처럼 사인검의 검결은 한민족의 신화가 담겨 있다. 때문에 신화의 해석이 배제되면 그 진의가 사라진다. 四寅劍(사인검)은 7글자가 한 문장으로 구성된 4개의 문장이다. 4개의 문장은 사신을 상징한다. 특히 각 문장들은 대조된다. 즉 精靈(정령)·象形(상형)·撝運(위운)·推斬(추참)이 對句(대구)를 한다. 특히 '雷(뢰)'와 '電(전)'은 현무를 중심으로 좌우에 있는 범과 용을 비유한다. '용 가는데 구름일고 범 가는데 바람 인다'는 말이 있다. 번개는 용이고, 우레 소리는 호랑이의 포효다. 24자의 가결에서 중요한 글자는 '岡(강)'과 '澶(전·단·선)' 그리고 象(상)과 形(형)이다.

1)岡(강), 澶(선·단)의 意味(의미)

표 5-1. 岡(강), 澶(선)의 금문·전서·해서 자형

金文	篆文	楷書
𡉚	𡉚	岡(1)
	𠧪	澶(2)

(1)'岡(강)'은 '网(망)+山(산)'이다. '산등성이강·산등성마루'로 산봉우리가 에워싼 산이다. '网(망)=亢(항)'과 '四(사)'같은 의미로 '막는다'와 '천지를 덮는다'로 하늘을 뜻한다. 즉 구릉이 산에 막혀 있는 장소다. '岡(강)'의 속자는 '罡(강:북두칠성)'이다.

'강'의 음가에서 '強(강)'은 '강하다'는 의미다. '罡(강)'의 '罒(망)'은 하늘이고, '正(정)'은 북두

극진무현천상제(北極眞武玄天上帝)라고 불리우는 신이 살고 있었다. 현천상제(玄天上帝)는 인간으로 태어났으나 무당산(武當山)에서 수도를 하여 깨우친 후 북극성에 올라 신이 되었는데 칠성검(七星劍)을 들고 북두칠성을 다스리며 인간의 죽음을 주관한다. 김성혜·김영섭, 〈도검의 기능성 연구〉, 육군 박물관 학예지, 1999, 제6집.

칠성을 의미한다. 大雄殿(대웅전)보다 높은 곳에 七星閣(칠성각)이 있다. 칠성각에서는 老人星(노인성)을 모시고 있는데 이 노인성이 天罡星(천강성)으로 인간의 수명을 결정하고 생명을 유지한다. 불교가 들어왔지만 전통 북두칠성 신앙과 결합됐음을 알 수 있다. 무속에 전래된 칠성부의 髮翁(발옹)이 노인성이다.

고구려의 역대 국왕 이름을 보면 故國原王(고국원왕16대)을 國罡上王(국강상왕)으로, 陽原王(양원왕)은 陽崗上王(양강상왕24대)으로, 平原王(평원왕)은 平崗上好王(평강상호왕25대))으로 대응한다. 고구려의 왕 이름에 '國(국)'과 '岡·崗(강)'자를 사용한 것은 한민족이 새와 북두칠성을 숭배하는 민족이기 때문이다.

(2)'澶(단·선·전)'은 'ソ(수)+亶(단)'이다. '亶(단)'은 '㐭+旦(단)'이다. '亶(단)'자형은 한민족의 고대신화와 역사가 담긴 글자다. 檀君(단군)의 '檀(단)'과 祭壇(제단)의 '壇(단)'에 사용된 '亶(단)'자형은 천제와 관련 있다. 또한 '襢(단)'과 관련된 것으로 '襢衣(단의)'는 '흰 베로 만든 예복'이다. '襢(소매걷을단)'은 '袒(단)'자와 같다. 제례를 올릴 때 '손목을 덮은 긴 소매를 걷는다'는 것이다. '亶'은 '믿음(단)' 산이름(선)·머뭇거릴(전)'의 3음가를 가진다. 모두 제례와 관련된다. 주음 '旦(단)'은 '하나의 해'다. 즉 '홀로' '하나님'이란 뜻의 '單(단)'이 된다. '단'의 음가는 '丹(단)·段(단)·壇(단)'처럼 하나하나 쌓는 '모양·동작'을 나타내는 한자가 되고 '당'의 음가로 전이된다.

'段(단)'의 '𠂤'은 계단이 있는 처마 높은 집이다. '殳'은 계단을 오르는 사람이다. '단'의 음가는 '돈'이다. '돈'자형도 계단의 옆모습 '𠂤'으로 '𠂤'과 같다.

'宣(선)'자는 '임금이 하교를 내리는 것'이다. '선'의 음가는 '單(단)'에 '神(신)'이 결합하여 '禪(선)'이 된다. 즉 '단'이나 '선'의 음가는 같은 상징이 연결되고 이 자형들이 다른 한자와 결합하여 동질의 문화를 담는다. 한민족 상고의 신화와 문화를 담은 가장 원초적인 글자다.

특히 '㐭'은 '亠(두)+回(회)'다. '쌀을 보관하는 곳간'으로 보는 것은 단순한 외형적 모양이다. '亶'자형의 쓰임으로 보면 '해가 아침에 뜨고 하늘을 반복해서 돈다'는 의미다. '해가 반복해서 돈다'는 의미에서 '旋(선)'의 음가다. 반복해서 쌓으면 '단단하다' 그리고 높이 쌓으면 우뚝 선 존재가 된다. '亶(단)'자형에 '祭壇(제단)'의 모습이 있다. 또한 '邅(떠돌아다닐전)'과 '鸇(송골매전)'자형을 보면 '亠'은 '宀(면)과 上(상)'처럼 '하늘'을 나타내고 '回'자형은 '반복해서 돈다'는 의미를 나타낸다.

'回(회)'의 한글음가 '호+ㅣ'에서, 'ㅎ'의 위에 추가된 'ㅡ'와 모음 'ㅣ'가 바깥 원을 나타낸다. 즉 '澶(전)'자는 '물이 잔잔한 큰 호수'와 '떠오르는 해'라는 개념이 결합된 글자로 '호수에 아침 해가 떠 있다'는 문장이 된다. 澶(전)자 앞에 '岡(강)'이 있기 때문에 '산봉우리가 병풍처럼 빙 둘러 있는 곳에 있는 호수'란 뜻이다. 즉 백두산 '天池(천지)'와 같은 곳이다. '澶(전)'자가 '선' 의 음가로 사용되면 '호수이름선'으로 신선한 산에 있는 호수라는 개념이 된다. '岡'(강)은 '日 (일)'과 대구하여 산위에 떠오른 '해'고, '澶(강전)'은 '月(월)'과 대구하여 밤하늘 은하수와 함 께 떠있는 '달'이다. 이것은 '日月五峰圖(일월오봉도)'를 설명하는 문장이다. 별칭은 '日月五 岳圖(일월오악도), 日月崑崙圖(일월곤륜도)'로 다섯 물체는 산(山)·부(阜:언덕)·강(岡)·능 (陵)·천(川)을 나타낸다. 중화는 황제 뒤에 주로 용을 두지만 우리나라는 일월성신과 자연 을 그린 日月五岳圖(일월오악도)를 둔다.

'象(상)'은 외면에 나타난 모습이고 '形(형)'은 내면이 드러난 형상이다. 여기에서 '象(상)' 은 '上'으로 높이 솟은 산과 하늘의 해와 달을 나타낸 것이고, '形(형)'은 아래에 서 드러난 '澶 (전)'의 모습을 나타냈다. '形(형)'자의 '开(열개·떨어지질개·평평할견)'는 산골자기를 휘돌 아 평평하게 흐르던 냇물이 낭떠러지를 만나 지상으로 떨어지는 폭포를 나타낸 것이 '彡'다. 한자는 단순하게 뜻과 의미로만 사용하지 않았다. 한자는 한편의 풍경화처럼 전제의 상황 을 그린 글자다.

하늘이 정기를 내리면 땅은 영으로 돕는다. 해와 달은 높은 산위에 떠 있고 강물은 산천 을 휘돌아 폭포로 떨어진다. 앉아 있던 현무는 雷(뢰:호랑이)와 電(전:용)을 지휘하여 산같이 드러난 악을 참하여 마침내 정의를 바르게 세웠다.

김유신의 보검이 사인검이란 기록은 없다. 그러나 한자의 기록은 함축성을 갖기 때문에 북두칠성과 28수와 관련된 것으로 보면 사인검일 가능성이 크다. 사인검에서 칠성의 상징 을 중시하면 玄天上帝(현천상제)의 七星劍(칠성검)이며, 팔괘를 취하면 팔괘검이며, 태극 을 취하면 태극검이며, 여동빈의 純陽劍(순양검)과 장릉의 斬邪劍(참사검)이 된다. 斬邪(참사검)만 보더라도 四寅斬蛇劍(사인참사검)의 명칭과 같음을 알 수 있다. 여동빈의 순양검도 陰(음)을 몰아내기 위해 陽(양)의 기법만 모은 천둔검법의 목적과 같다. 특히 寅劍(인검)이란 개념은 중국과 일본에는 없고 오로지 한국에만 있다. 辟邪(벽사)의 용도로 劍(검)을 사용한 것은 '劍(검)'이 大熊星(대웅성)의 현신이기 때문이다. '검'이란 소리는 '사람에게 화복을 내려 주는 신령'이란 뜻으로 전해지고 있으며 '검'의 어원 '고마·가마'에서 '고맙습니다'는 말이 전해졌다.

조선 중기 이전에는 곤오검·칠성검·팔괘검·천둔검·본국검처럼 '劍(검)'자를 취했다. 그러나 무예도보통지에서는 조선세법을 '銳刀(예도)'라 했다. 무비지의 조선세법을 무예도보통지로 옮기면서 '劍(검)'은 '刀(도)'로 바뀌었다. 또한 군사용으로 사용되면서 '銳(군대가날래고용맹할예·나카로울예)'자를 사용하여 '銳刀(예도)'라는 새로운 검명을 갖게 됐다. 朝鮮勢法(조선세법)의 '勢法(세법)'은 劍名(검명)이 아니다. 무사시의 교본에도 '勢法(세법)'은 '칼을 사용하는 자세의 기법'으로 사용되고 있다. 즉 조선세법은 시대와 쓰임에 따라 검명은 변해왔다. 본국검으로 본다면 조선검이다. 그러나 조선세법의 신화적 요소와 雄武(웅무)와 '武步(무보)'의 개념을 보면 雄劍(웅검) 또는 武劍(무검)에 가깝다.

또한 眞人(진인)은 유가의 개념이 아니다. 선가의 용어를 도가에서 차용하고 불가에 전래됐다. 左別爲正(좌별위정) 右佛爲眞(우불위진) 古名爲人(고명위인)[169]이라했다. 人(인)자의 좌측 빠침이 'ㅣ(별)'이다. '별이 떨어지는 의미'로 '別(별)'의 음가를 나타내고, 오른쪽으로 삐친 'ㄟ(불)'자는 '파임불'이다. '태양에서 떨어져 나온 땅의 불'로 '佛(불=이두문)'이 된다. 이러한 '人'을 하늘의 '별'과 태양의 '불'에서 떨어져 나온 존재로 '천손'임을 표현했다. 여기서 '진인(眞人)'이란 용어가 나왔다. 또한 'ㅣ(별)'은 하늘에서 별이 떨어지는 '좌측(左別)' 방향성이며, 'ㄟ(불)'은 땅에서 하늘로 올라가는 '右佛(우측)' 방향성을 가진다.

---

169 천지팔양경은 당나라 정대사가 만든 위경이다. 즉 당시에 무속과 선교의 문화가 있었기 때문에 불교를 신선과 도교 그리고 무속의 입장에서 이해한 것이다.

4

朝鮮勢法(조선세법)과
昆吾劍法(곤오검법)

곤오검결가는 조선세법이 어느 시대에 만들어진 것인가에 대한 중요한 단서를 제공한다. '昆吾(곤오)'는 "열자에 서해에서 나는 질 좋은 곤오석으로 철을 만들어 검을 만들고 옥을 진흙처럼 자른다."[170] 청동무기가 대세일 때 철기로 만든 堀珸劍器(곤오검기)[171]는 매우 강력한 무기였다. 기록에 의하면 곤오검은 쌍수도다. 기원전 2070년 세워진 夏(하)[172]에서 장검의 쌍수검을 만들었다는 것은 우리의 상식을 뛰어 넘는다.조선세법의 그림이 쌍수도로 되어 있다. 그렇다보니 고조선 시대에 무슨 장검이 있었느냐고 반문하지만, 사기의 기록과 발굴된 진시황의 칼은 90㎝의 장검이다. 더구나 20세기에 발견된 검에는 크롬도금이 되어 있어 녹이 슬지 않았다.

김부환(2006)에 의하면 "고구려 고분에서 보이는 칼은 주로 환두대도인데, 그 길이가 매우 길다. 백제의 劍(검)은 모두다 단면이 볼록하게 나온 형태이며, 대부분 날이 일자로 곧게

---

170 列子西海上多昆吾石治成鐵作劍切玉如泥

171 곤오검기는 옛날 곤오산의 광석으로 연성된 검이다. 장검으로 검신에는 원래 한쪽에만 날이 있었고, 양쪽 끝머리에는 봉(鋒)이 있었다. 후에 이것이 변하여 검날 전반부의 가운데는 척(脊)이 있고, 그 양편에 모두 날이 있으며 후반에는 날이 없이 평판으로 되어있고, 주로 양손으로 사용하게끔 검자루는 길게 만들었다. 《중국무술사사전》, 쌍수검(雙手劍), 80쪽.

172 《史記(사기)》〈夏本記(하본기)〉에 의하면, 夏王朝(하왕조)의 시조 禹王(우왕)은 기원전 2070년 왕조를 개국하여, 黃河(황하)의 홍수를 다스리는 데 헌신적으로 노력하여 그 공으로 舜(순)이 죽은 뒤, 제후의 추대를 받아 천자가 됐다.

뻗은 直劍(직검)이다. 백제 또한 고구려와 마찬가지로 검보다 도를 많이 사용된 것으로 보인다. 신라의 경우도 검보다는 날이 곧은 직도가 많다."[173]고 하여 고구려시대에도 칼이 길다고 했다.

고조선 문명인 부여 강역 길림성 유수노하심 유적에서 철로 된 장검이 발굴되었고, 충북시 오송읍 정방리 토광묘에서도 부여식 장검인 '銅柄鐵劍(동병철검)'이 발굴됐다. 또한 제주 용담리 유적에서탐라국 건국 무렵 북방에서 이동해온 부여·고구려·양맥족의 을나(족장)이 착용한 것으로 보이는 85㎝의 부여식 장검 2자루가 출토되었다.[174] 그동안 한국의 무예학자 중에는 고조선 시대에는 장검이 없었기 때문에 쌍수의 조선세법이 존재할 수 없다고 부정해왔다. 그러나 계속해서 고조선 영역에서 장검이 발굴되면서 쌍수기법이 정설로 받아들일 수밖에 없게 됐다.

한민족은 한자를 음가중심(이두)으로 사용했다. 때문에 '昆吾(곤오:사람이름)·錕鋙(곤오:곤오에서 나는 철)·堒瑤(곤오:곤오 왕이 사는 곳)'라는 소리에 각기 다른 한자를 사용했다.

'곤오'는 '夏(하)' 사람이다. 일설에는 우리의 조상인 蚩尤(치우)와 昆吾(곤오)가 二里頭(이리두) 청동기 문화의 주역으로 등장한다. 치우는 劍(검)을 최초로 만든 사람으로, 곤오는 솥을 만든 사람으로 알려져 있다. 곤오는 자철 생산국으로 철제무기가 발전된 나라다. 昆吾國(곤오국)에 한민족의 상징인 '國(국)'자와 '氏(씨)'자를 사용한 '夏(하)'[175]의 제후국이다. 상고시대 이름은 모두 신화적 의미를 가진다. '昆後(곤후)=後裔(후예)=昆裔(곤예)'다. 그래서 중화는 곤오를 混夷(곤이)·昆夷(곤이)라 했고 '옛 서쪽 오랑케의 나라'라 하여 西夷(서이)라 했다. 곤오검이 있었다면 여기에 맞는 검법이 있는 것은 당연하다.

《譯者考(역자고)》에 "중국 고대부터 전래되는 많은 검법 중 가장 실전적인 정통검법을 곤오검(법)이라 부르는데,《武備志(무비지)》를 찬술한 모원의(1594-1640) 대에 와서는 거의 실

---

173 김부환, 〈삼국시대 무예체육사 연구〉, 동아대학교 박사논문, 2006, 157~158쪽.
174   신용하, 〈탐라국의 형성과 초기 민족이동〉, 한국학보, 제90집, 1988.
175 《고사고》에 '하나라 때 곤오 씨가 기와를 만들었다(夏時昆吾氏作瓦).

전됐다. 그 가결을 조선에서 다시 찾아 왔으니 '조선세법'으로 그 원명이 바로 '곤오검법'이다. 현재 중국에 이름 있는 검법이 대략 800여 가지가 되는데, 그중에서 양손을 쓰는 쌍수검법은 매우 드물다. 오늘날 중국 무술계에서도 이 '조선세법'은 고전적인 가치에다가 실전적 가치를 겸비한, 희귀하면서도 아주 소중한 무술적 자료로써 그 위치를 차지하고 있다."[176]

모원의에 의하면 "당태종이 검사 천여 명을 두었으나 기법이 전해지지 않았다. 斷簡殘編(단간잔편) 중에 가결이 남아 있는데 자세하지 않았다. 어느 호사자가 조선에서 얻어왔는데 그 세법이 구비되어 있다며 중국에서 잃은 것이 조선에 있다."고 무비지에 기록했다.

또한 곤오국을 중국의 역사로 보고 조선세법이 중화의 검법이라는 논리를 세웠다. 그러나 곤오국은 夏(하)의 제후국이며 夏(하)는 동이족이 세운 나라다.

중화의 검술이 곤오검법에서 파생됐다면 조선의 검술은 모두 조선세법의 아류다. 중국학자 임혜상은 "한족이 중국에 들어오기 전에 앞서 중부와 남부는 본시 동이 겨레인 묘겨레(묘족)가 살고 있다가, 한족이 들어 온 뒤에 점점 접촉했다."고 했다. 서양지는 "은나라 앞전 주나라 때까지 하북성, 하남성, 강소성, 안휘성, 발해연안, 요동반도, 산동반도, 조선반도 등에서 동이족이 살고 있었고 그 중심에 산동성이 있다."고 발표했다.

저자가 저술한 《본국검예》 1권 〈조선세법〉에서 "모원의가 조선세법을 입수하고 무비지에 기록하면서 실전성이 없는 모든 자세를 빼버렸을 가능성이 있다."고 제시한 바 있다. 《武編(무편)》에 기록된 곤오검결가가 조선세법의 가결이다. 그렇다면 조선세법의 문서에 곤오검결가와 예도의 태아도타세·여선참사세·양각조천세·금강보운세가 하나로 있었을 가능성이 있다.

중화에 4대 검술로 '곤오·청평·순양·팔선'이 있는데, "근래 청대 강서룡 호산 천사부의

176 사전편집위원회, 《중국무술대사전》, 조선쌍수, 1990, 500쪽.

반원규 진인이 창안한 검법으로 靑萍劍(청평검)[177]과 표리가 되는 검법으로 이름도 '곤오검'으로 편수(단수)검이다."[178] 이 말은 쌍수의 곤오검법이 편수의 청평검으로 재구성했다는 것이다. 하양신은《陳紀(진기)》에 "卜莊子(변장자)의 紛絞法(분교법), 王聚(왕취)의 起落法(기낙법), 劉先主(유선주)의 顧應法(고응법), 馬明(마명)의 閃電法(섬전법), 馬超(마초)의 出手法(출수법)이 있었는데, 이 다섯 사람의 검법은 전해지지 않았다고 했다."[179] 이는 '오늘날의 중국 검술 실전 검법은 단절되고 도가적 검술만 남은 것이다'라 할 수 있다.

"곤오검법은 쌍수검으로 擊(격)·刺(자)·格(격)·洗(세)를 모두 할 수 있어서 공방에 민첩하고 편리하며, 急緩强柔(급완강유)의 법도가 있고 실전에 적합하여, 그 품격이 古朴無華(고박무화:고풍스럽고 소박하며 꾸미는 화식이 없음)하다." [180]

'古(고)'는 '淳朴(순박)·暫時(잠시)'다. 순간 '固定(고정)'된 듯 멈춘 동작이다. '朴(박)'은 淳樸(순박)·擊(격)이다. 즉 군더더기 없이 치는 것이다. '無華(무화)'는 꾸밈이 없다. '古朴無華(고박무화)'는 한민족 모든 무예 동작의 기본이다. 또한 검법의 기본은 一手一法(일수일법)이다. 一手一法(일수일법)은 모든 무도의 기본임에도 점점 잊혀져가고 있다. 반면에 거합도, 아이키도, 가라데는 古朴無華(고박무화)와 一手一法(일수일법)의 기본에 충실하고 있다.

곤오검법의 검결은 擊(격)·刺(자)·格(격)·洗(세)로 되어 있다. 특히 洗法(세법)이 있는 것을 보면 곤오검법과 조선세법이 같은 기법임을 알 수 있다. 곤오검결가는 조선세법의 검결(창룡출수세, 탐마세, 봉두세, 조천세, 표두압정세, 전시세, 요략세)에 있는 글자를 취하였고 7언 율시로 되어 있다.

....

177 조선세법, 본국검 그리고 청평검법에는 발초심사세가 들어 있어 한·중의 교류를 알 수 있는데, 이 법이 중국에서는 곤(棍)이나 창(槍)에도 쓰이고 있으며 수호지(水滸志)의 '林沖棒打洪敎頭' 편에도 나오는 것으로 보아 매우 다양하게 쓰였던 것을 알 수 있다. 이종림(성균관대학교). 한국체육학회지, 제 38권 제1호 p17.

178 사전편집위원회,《중국무술대사전》, 1990, 180쪽.

179 허일웅 · 감계향,《42식 태극검》, 1998, 정담, 4~5쪽.

180 사전편집위원회,《중국무술대사전》, 1990, 80쪽.

조선세법은 중국식 편수기법이 아니다. 화려하면서도 실전적이며, 완급과 부드럽고 강한 동작으로 이루어졌다. 특히 '左進靑龍雙探爪(좌진청룡쌍탐조)'는 조선세법의 창룡출수세와 탐해세[181]를 표현한 것이다.

박정진(2016)은 "무예의 비결인 劍訣(검결:칼의 노래)이 중요하다. 검결은 동양무예의 핵심이다. 검결에 무술의 비법이 숨겨져 있다. 검결을 해독하지 못하면 정수를 찾을 수 없다. 조선세법의 검결은 중국 대부분의 무술에 부분적으로 사용되고 있다. 즉 조선세법이 동양 삼국무예의 뿌리라고 할 수 있는 강력한 증거가 된다."[182]고 했다.

곤오검 첫 검결가 電掣昆吾晃太陽(전설곤오황태양) 一陞一降把身藏(일승일강파신장)의 7언 율시와 사진검의 一片龍光斗牛射(일편용광두우사)의 7언 율시, 내가장권 육로의 첫 가결 佑神通臂最為高(우신통비최위고)의 7언 율시, 그리고 소림사 간과권의 첫 시작인 雙臂擧鼎上雲端(쌍비거정상운단) 등의 7언 율시를 해독하고 비교해 봤다. 비교한 결과 모든 무예의 첫 동작은 하늘에 간절히 기도하는 공통점이 있음을 확인하고 '태아도타세'가 거정세 앞에 있음을 확신했다. 조선세법의 '태아도타세'는 '하늘이시어 적을 물리쳐 주소서!'라는 검결이다. 내가장권의 육로 첫 구절 '우신통비최위고'도 오른손을 하늘에 들어 천우신조의 도움을 구하는 내용으로 하늘에게 도움을 갈구하는 내용이다.

조선초만 하더라도 검명은 본국검·곤오검·칠성검·태극검처럼 검자가 뒤에 붙었다. 모원의도 '조선세법'을 '곤오검'이라 했다. 그러던 것이 조선 정조(1790년)때 무예도보통지에 기록되면서 劍(검)에서 刀(도)로 칼이 바뀌고 제례의 의미보다 전쟁에 사용할 목적으로 바뀌면서 '銳刀(예도)'로 개명된다. 그러나 실질적으로 조선세법은 천제를 드리는데 사용된 검법이다. 또한 雄武(웅무)라는 개념을 보면 상고시대 '武(무)'자의 권위와 신성함을 알 수 있다. '武藝(무예)'의 정신에 계승된 禮始豫終(예시예종)은 무예의 본질이 천제였음을 알 수 있

181 《본국검예》1권 〈조선세법〉에서 '창룡출수세와 탐해세'가 서로 한 쌍임을 밝혔다.
182 박정진, 〈이제는 무문시대를 열어야 할 때〉 무예신문, 2016, 11, 25.

다. 조선세법의 검결이 천제를 드리는 대서사시의 내용이고, 천문 28수의 사신이 있는 것으로 보면 상고시대 조선세법의 검명이 朝鮮武劍(조선무검)이 이었을 것으로 추론 해본다.

조선세법은 천제를 올릴 때 사용한 검법이다. 중화의 도가[183]에서 전해지는 검법과 귀신을 쫓거나 의식을 치를 때 검과 칼을 사용하는 것은 검술에 담겨진 이러한 상징문화가 계승된 것이다. 조선세법의 첫 동작은 오른손을 들어 하늘에 도움을 구하는 제례의식적인 동작(태아도타세)이다.

본국검의 검로가 '本(본)'자형으로 구성되었듯이 조선세법 70세는 '大熊(대웅)'의 상징인 태극을 중심으로 四神(사신)이 있다. 四神(사신)은 四卦(사괘)로 변용되고, 8괘와 64괘로 분화한다. 이러한 내용으로 만들어진 조선세법은 중화에서 편수 기법으로 변용된 검술로 여러 개로 분화하여 전승됐다.

제례는 목적에 맞는 상징과 예법의 형식을 갖는다. 본국검은 本(본)자와 33세가 가지는 상징에 맞게 제례를 행하고, 조선세법 24세는 검결 2~3개를 하나의 勢(세)로 묶었다. 24세는 24절기를 상징한다. 전체를 24세개로 나눈 것을 보면 24절기에 맞게 24세를 행하고, 다시 전체 70세를 연결하여 제례에 '武劍(무검)'을 한 것으로 보인다.

조선세법 총 66세 중, '32' '33'에 연이어 '요격세'가 반복 한다. 즉 '32'에서 태극이 마무리 되고, 다시 '33'에서 태극이 시작된다. 즉 천부경의 45:55의 음양비율로 구성되었다. 태극에서 음양(6×6)이 교차하는 기점으로 태극의 끝은 끝이 아니라 또 다른 시작이다. 이것은 '태극이 극점에 이르면 다시 태극은 움직인다'는 '태을사상'이 조선세법에 담겨져 있다. 이러한 동양철학은 이미 '고조선시대에 체계화 되었다'는 몸짓의 증거다.

---

183 도가(도교)는 煉丹(연단) · 練劍(연검)의 환상을 통하여 장생불로의 선경에 도달하려 하였고 검은 法器(법기)라 불렸으며 검술에 일부 신비한 색채를 가미했다. 허일웅 · 감계향, 《42식 태극검》, 정담, 1998, 3쪽.

조선세법이 가지고 있는 철학적·종교적·문화적 상징을 보면 '태극과 팔괘'임을 증명한다. 한편으로는 천문과 음양오행, 역 등 동양철학과 종교의 상징이 한민족 단군조선에서 유래했음을 조선세법을 통해서도 유추할 수 있다. 《紀效新書(기효신서)》에 보면 중군 깃발에 치우의 상징물이 태극이 있다는 것은 태극이 치우와 관련이 있기 때문이다.

조선세법은 자세에서 글자를 취하고 문장을 만들었다. 자연히 24세의 순서는 한편의 대서사시로 진행됐다. 이러한 기록방식으로 천문 28수를 연구한 결과, 천문 28수는 4개의 신을 설명하는 7언 율시로 이루어진 문장이다. 뿐만 아니라 한자의 자형은 4신(좌청룡,우백호,남주작,북현무)을 표현한 것임을 찾게 됐다. 이러한 방식은 한민족이 상징을 표현하는 독특한 형식이다. 상고시대 천문은 신화와 종교가 결합된 집합문화다. 천문의 주인이 동양 역사의 주인이다. 동양의 천문 28수에 숨겨진 비밀이 조선세법 해독의 계기가 되어 이렇게 밝힌다.

1) 昆吾劍訣歌(곤오검결가)

'昆吾(곤오)'의 '昆(곤)'을 금문(𦥑)전문(·𥝢)으로 해석하면 '후예·장자·자손·종족'을 의미한다. 昆裔(곤예) 또는 昆後(곤후)로써 '곤의 후예가' 된다. 그렇다면 곤은 누구의 후예인가? '▢=◉=알=새'과 '𣲖=比=북두칠성'의 상징을 숭배하는 자손이란 의미다. 조선은 단군이 다스리는 천제의 나라였고 곤오국은 제후국이었다. 조선세법의 상징과 여러 검술은 시대와 지역에 따라 다르게 파생됐으며 중화에서 편수로 변화됐다.

무예도보통지에 기록된 昆吾劍訣歌(곤오검결가)[184]는 아래와 같다.
(1)電掣昆吾晃太陽(전설곤오황태양)　　(2)一升一降把身藏(일승일강파신장)
(3)搖頭進步風雷響(요두진보풍뢰향)　　(4)滾手連環上下防(곤수연환상하방)
(5)左進靑龍雙探爪(좌진청룡쌍탐조)　　(6)右行單鳳獨朝陽(우행단봉독조양)
(7)撒花蓋頂遮前後(살화개정차전후)　　(8)馬步之中用此方(마보지중용차방)

....

184 《무예도보통지》, 권 2, 〈예도〉.

(9)蝴蝶雙飛射太陽(호접쌍비사태양)　(10)梨花舞袖把身藏(이화무수파신장)

(11)鳳凰浪翅乾坤少(봉황랑시건곤소)　(12)掠膝連肩劈兩旁(약슬연견벽양방)

(13)進步滿空飛白雪(진보만공비백설)　(14)回身野馬去思鄕(회신야마거사향)

위 검결가는 7언 율시로 총 14개다. 이것을 반으로 나누면 좌우로 각각 7개가 된다. 검결가는 조선세법의 검무를 보고 쓴 시다. 때문에 검결가 중에 검법의 동작을 덧붙여 설명문을 달았다.

2) 昆吾劍訣歌(곤오검결가)의 解讀(해독)

(1)電掣昆吾晃太陽(전설곤오황태양) : 전광석화같이 곤오검을 빼들자 태양빛에 섬광이 번쩍인다.

(2)一升一降把身藏(일승일강파신장) : 검을 올리고 내릴 때마다 몸은 검파에 숨는다.

'左右四顧四劍(좌우사고사검)' : 좌우사방을 돌아가며 네 번 검으로 친다(일수일법의 기법과 좌우방향이 있다) 좌우사고(四顧)는 동서남북이다. 좌우는 분명한 방향을 지칭하지만 '전후'는 '사고(四顧)'로 표현했다. 은망세의 설명문에 四顧(사고)가 있지만 기법은 전후만 행한다. 은망세의 특성상 전후만 칼을 휘둘러도 四面(사면)을 치게 된다.

(3)搖頭進步風雷嚮(요두진보풍뢰향) : 머리를 흔들며 나가면 바람은 귓전을 울린다. '進(진)'과 嚮(향)을 대칭적으로 사용하여 곧게 나가는 것과 회전하는 모습을 표현했다.

(4)滾手連環上下防(곤수연환상하방) : 滾(곤)은 밑에서 위로 솟는 힘이다. 손을 위로 솟구치되 연속해서 몸을 돌며 상하를 막는다. 초퇴방적세의 기법으로 과우세의 기법을 설명한 것이다. 開右足一劍(개우족일검) 進左足一劍(진좌족일검) 又左右各一劍(우좌우각일검) : 우수는 우각을 동반하고 좌수는 좌각을 동반한다. 곤오검결가를 보면 조선세법이 우족일검 좌족일검처럼 '일수일법'과 연속된 회전 기법임을 알 수 있다. 조선세법의 검결을 추상적으로 해석하면 '일수일법'의 검법을 할 수 없다. 예를 들어 '발초심사세를 숲에 숨은 뱀을 헤쳐 찾아 죽인다'고 하여 칼로 숨을 헤치는 동작을 몇 번 하고 내려치는 것은 '일수일법'에 어긋난다. 조선세법은 하나의 검결에 한 동작인 것을 검결가는 증명하고 있다.

(5)左進靑龍雙探爪(좌진청룡쌍탐조) : 청룡이 좌에서 앞으로 나아가 적을 찾아 두발을 뻗

는다.

縮退二步開劍(숙퇴이보개검) 用右手十字(용우수십자) 撩二劍(요이검) 刺一劍(자일검) : 몸을 낮춰 2보 물러나 검을 늘어트린다, 우수를 사용하고 십자로 자세를 취한다(조선세법의 창룡출수세 기법 2개의 검법을 취한다). 雙(쌍)에 대한 설명으로 문장은 청룡 하나지만 청룡의 짝은 探爪(탐조)다. '探爪(탐조)'는 조선세법의 탐해세다. 刺一劍(자일검)은 단순하게 한 번 찌른다는 뜻이 아니다. '刺(자)'는 '알아본다'는 뜻으로 숨겨진 일검이 '탐해세'다.

(6)右行單鳳獨朝陽(우행단봉독조양) : 우로 가면 봉황이 홀로 조선을 비춘다.

用左手一刺(용좌수일자) 跳進二步(도진이보) 左右手各一挑(좌우수각일도) 左右手各一蓋(좌우수각일개) 右手一門轉步(우수일문전보) 開劍作勢(개검작세) : 좌수로 한번 찌르며 2보 나간다. 좌우수 각각 한 번씩 돌아 세운다. 좌우수는 덮어씌우는 기법이다. 우수로 한쪽 문을 열어 돌아가는 보법이 개검작세다. : 單鳳(단봉)은 조선세법의 봉두세고, '朝陽(조양)'은 조선세법의 '조천세'다. 조선세법에 봉두세는 2번, 조천세는 1번 나온다. 이 세 개의 기법을 설명한 것이다.

(7)撒花蓋頂遮前後(살화개정차전후) : 꽃잎이 휘날려 천지를 덮어 얼굴 앞뒤를 가린다.

右滾花六劍開足(우곤화육검개족) : 우에서 꽃잎이 치솟으면 나가며 친다. 撒花蓋頂(살화개정) : '殺(살)'격은 좌우로 빗겨친다. 우각이 나가며 세차게 좌우로 살격하며 머리를 공격한다.

(8)馬步之中用此方(마보지중용차방) : 기마세 중에 이 자세를 사용한다. 곤오검결가에 '기마세'로 검의 자세를 비교하고 있다. 조선세법 뿐만 아니라 권법이나 창법과 같은 무예서가 있었다는 반증이다.

(9)蝴蝶雙飛射太陽(호접쌍비사태양) : 나비가 쌍쌍이 날듯이 태양은 비춘다.

右足進步(우족진보) 右手來去二劍(우수래거이검) 左足進步(좌족진보) 左手一刺一晃(좌수일자일황) : 우족이 나가고 우수가 오고 가는 두 개의 검이다. 좌족이 나가고 좌수로 빠르게 찌른다. 조선세법의 '탄복자'와 '충봉세'는 해와 달로 짝이다. 별칭은 '쌍명자'다. 이것을 암수 호접으로 표현했다.

(10)梨花舞袖把身藏(이화무수파신장) : 배꽃 날리 듯 소매를 들어 춤추며 칼자루에 몸을 숨긴다. 退二步(퇴이보) 從上舞下四劍(종상무하사검) : 2보 뒤로 물러서고 연이어 위로 칼이

춤추고 아래로 칼을 둘러친다. '작의세'와 '요략세'를 설명한 문장이다.

(11)鳳凰浪翅乾坤少(봉황랑시건곤소) : 봉황이 날개를 한껏 펼치니 하늘과 땅도 작구나!

進右足(진우족) 轉身張兩手(전신장양수) 仍飜手(잉번수) 左手一劍(좌수일검) 右手來去二劍(우수거래이검) 左手又一劍(좌수우일검) 開劍進右足(개검진우족) : 우족이 나가며 몸을 돌린다. 동시에 손을 뒤집어 양손을 뻗는다. 一劍(일검)은 좌수에 있는 검이고 우수로 가면서 一劍(일검)이 된다. 검을 늘어뜨리고 우족이 나간다(조선세법 전시세를 설명하는 문장이다). 飜手(번수)는 역린자에서 전시세로 전환할 때 팔이 교차되고 칼이 뒤집어진다.

(12)掠膝連肩劈兩旁(약슬연견벽양방) : 무릎과 어깨, 양쪽에 기대어 휘두른다(과좌세·과우세처럼 양 옆에 걸터 올려 치는 기법을 설명한 문장이다). '劈(쪼갤벽)'자에 '刀(도)'가 아래에 있고 '掠膝(략슬)'은 동작의 설명이다. 과우세의 '撩剪下殺(요전하살)'이다.

(13)進步滿空飛白雪(진보만공비백설) : 한번 발이 나가면 허공에는 흰 눈이 휘날린다.

從下舞上四劍(종하무상사검) 先右手(선우수) : 아래로 내려갔다 위로 올라가면 검은 위에서 돈다. 우수가 이끈다. 검결가 '舞(무)'자는 '劍舞(검무)'를 뜻하고 '四劍(사검)'은 검이 사방위에서 움직인다는 기법을 설명한 것이다. 전기세·백사롱풍세는 아래로 내려간 칼을 거두어 몸이 돌면 칼끝은 하늘에서 빙 돌게 된다. 이러한 기법을 사용할 때, 우수가 먼저 작용을 한다는 것을 설명한 문장이다.

(14)回身野馬去思鄕(회신야마거사향) : 몸을 돌려 거친 말을 몰아 고향을 그리며 가네!

右手抹眉一劍(우수말미일검) 右手抹脚一劍(우수말각일검) 抹眉一劍(말미일검) 左手抹腰一劍(좌수말요일검) 一刺(일자) 右劍一手收劍(우검일수수검) : 우수로 검 손잡이 둘레를 스치고 검의 언저리가 통과할 때 우수우각이 검과 하나로 움직인다. 좌수의 허리에 검이 통과한다. 검을 검집에 찌르듯 넣는다. 우측에 있는 손으로 검을 거둔다. 이 문장은 조선세법을 모두 끝내고 마지막에 검을 검집에 넣는 동작을 설명한 것이다. 여기에서 '眉(미)'는 검병의 둘레 부분명칭이다. 우수에 있는 검을 좌측 허리의 검집에 스치듯 꽂아 넣고 우수우각을 거두는 동작이다. 일본식 납검방식은 조선세법에서 해오던 방식임을 기록을 통해 알 수 있다.

3)拔劍(발검)과 納劍(납검)

발검과 납검의 의례절차가 단절됐다. 이에 전승된 용어를 통해 세 단계의 절차를 정한다.

첫째 按劍(안검)이다. 안검은 칼을 빼려고 칼자루에 손을 두는 것이다. 둘째 揶劍(날검)이다. 날검은 칼날이 검집에서 나오는 것이다. 셋째 拔劍(발검)이다. 칼이 검집에서 나오는 동시에 발이 함께 나가는 것이다. 검집에 넣는 것이 '납검(納劍)'이다. '납검(納劍)'의 '納(납)'은 '神(신)'에게 사용하는 용어다. '임금님 납시오'하는 용어와 치우둑제에서 부르는 '納氏歌(납씨가)'에 남아 있다. '납시오'의 음가를 한자로 전환하면 納氏鳥(납씨오)가 된다. 이 말은 '까마귀가 들어온다'는 삼족의 신화가 언어에 계승됐다. 이사를 가면 대문에 실을 걸어두는 풍습도 '신이 먼저 들어간다'는 '納=糸(사)+內(내)'의 의미다. 여기서 '糸'는 실로써 직녀(곰)를 상징한다. '실낱같다'는 말은 '실이 곧 날'이란 뜻이다. 실의 색은 하얀색이다. 실의 하얀색은 빛을 상징한다. 즉 날은 태양신을 의미한다. 또한 '糸'는 뒤로 걸어가는 자형이다. 다시 들어가기 때문에 뒤에 '內'가 붙는다. 納劍(납검)의 절차는 피를 제거하는 洗劍(세검)을 한다. 이 때 우산의 비를 털 듯이 크게 터는 것을 傘飛(산비), 작고 절도 있게 터는 것을 到切(도절)로 새롭게 규정한다. 鯉口(이구)는 劍鞘(검초)의 입구다. 여기에 칼끝을 댄다. 刜劍(사검)은 칼집에 날을 꽂는 것이다.

칼의 형태가 '도(刀)'라 해서 納刀(납도)라 하지 않고 여전히 납검이라 하는 것도 이러한 전통이 계승된 것이다. '납도'란 용어는 최근에 만들어진 형이하학적 개념일 뿐이다.

朝鮮(조선)은 中華武術(중화·무술)의 始原(시원)

1) 斗劍之風(두검지풍)

'斗劍(두검)'은 두 사람이 승부를 내고자 할 때 사용하는 검술로, 전국시대에 斗劍之風(두검지풍)이 성행했다. '斗劍(두검)'이란 글자에는 '두'가 '곰(검)'이란 의미를 내포하고 있다. '두'의 소리는 머리 두(頭)의 음가와 같고 다툼을 나타내는 '투(鬪·投)'로 파생된다. 이처럼 한민족의 소리는 한자의 음가를 결정하는 중요한 바탕이다. 중화의 기록에 있는 '斗劍之風(두검지풍)'은 둘이 검을 겨루는 풍이라는 뜻으로 두(斗)는 '둘'이라는 이두문이고 '풍(風)'이란 '유행'이라는 뜻이다. 신라에서 사용해온 '풍류도(風流徒)'라는 개념이다. 한민족의 사상과 문화를 기록한 문서가 중화에 남아 있음이 기적처럼 느껴진다.

《管子(관자)》에 의하면 "오왕은 검객을 좋아하였고, 백성들은 나의 검반(검에 다친 상처)이다."고 했다. 《莊子(장자)》의 〈說劍篇(설검편)〉에는 "조문왕은 검을 좋아하여, 그 휘하에는 검사들이 삼천여명이 있었다. 그 앞에서 밤낮으로 서로 '격검'을 일삼았다."[185]고 했으며,

---

[185] 斗劍是兩人 互較勝負的格斗 在戰國時 斗劍之風盛 吳王好劍客 百姓我劍瘢《管子》趙文王喜劍 劍士夾門而客三千余人日夜相擊于前《莊子·說劍》.

하·상·주 삼대 이후에는 점차 다른 무기로 대용되어 검의 실전작용은 사라졌다고 한다. 또한 "고대의 엄격한 패검제도는 패검인의 연령·지위에 따라서 검의 장식과 재질이 금속이나옥·돌 등으로 나누어졌다. 검은 일종의 고대 상무정신의 상징물로 존재하였으며 현시 문화적 풍아와 패식이 나타났다. 문인학사들도 패식을 즐겨 고아한 풍속으로 여겨졌다. 서주 때이미 검은 출현했으며 전국시대를 거치면서 근접전에서 단병기로써 몸을 보호하는 병기로즐겨 사용됐다. 전차전이 되면서 검은 전장에서 점차 쇠퇴했다. 다만 군율을 지휘하는 데에만 사용됐다. 후에 검을 대신하여 도가 주로 격살을 작용하는데 주로 쓰이게 됐다. 검은 전장에서는 사라졌지만 위에서 서술한 바와 같이, 가문의 권위를 유지하는 법기로 주로 사랑을 받아 애용되면서 여러 종류의 단련술법이 전해져 내려오게 됐다. 검술의 역사는 3천년전부터 이어져 내려온 '斗劍(두검)'과 '舞劍(무검)' 두 종류가 있다."[186]고 했다.

두검의 방법이란 전국시대에 있던 대결방식으로 당시 가장 저명한 검술가로 손꼽힌 월녀의 무술가론에서 검에 대한 것을 논했다.

2) 吳越春秋(오월춘추)

《吳越春秋(오월춘추)》〈권 9〉에 의하면 "여류 검술가는 越(월)의 깊은 산속에서 태어났으며 깊은 산속과 인적 없는 들판에서 자랐다. 그래서 그녀는 격검을 매우 좋아했다. 그녀의검술은 생활에서 스스로 터득한 것이었기에 독특한 면모를 갖추고 있었다. 越(월)의 재상범려는 그녀를 군중의 무사(무술사범)로 삼고 경내로 오는 도중 노장 검객 원공과 검술을 겨루어보게 했다. 월녀의 무술은 매우 민첩하고 변화무쌍하였기에 원공은 나무 위로 올라가몸을 숨겼다. 그녀는 대단한 검술의 소유자였을 뿐만 아니라 검의 기술 가운데 허·실이 선후·내외·강약·자세와 정신·빠른 회전·흐름·호흡 등 구체적 방법이 있다. 무릇 손으로 겨루는 모든 것은 안으로는 정신이 살아 있으며 겉으로는 편안한 모습을 나타났다. 언뜻 보기

186 在古代有嚴格的佩劍制度 佩劍人的年齡·地位不同 裝飾劍的金屬或玉石等也不同 劍還是一種顯示文化的風雅佩飾 文人學士佩之以示高雅不俗 西周就已出現了劍 在車戰時代 是一種短兵相接時才運用的防身兵器 車戰衰退后劍曾一度作爲軍陣格斗的利器 后來刀取代了劍的格殺作用 劍遂成爲琥藝家們掌中愛物 迅速發展成多種演練形式在三千年的發展過程中 劍術形成了 斗劍和舞劍兩類.

에는 평범한 아녀자이나 싸움에 임하여서는 호랑이를 떨게 했다. 몸을 날릴 때는 기운을 차린 후 정신을 차려 나아간다. 어두울 때는 해와 같고 절반은 토끼처럼 뛰어올라야 한다. 형을 쫓고 그림자를 따라 몸을 움직여야 하며 빛과 같이 빨라야 한다. 호흡조절을 잘하여 법도에 어긋나지 않아야 하며 반대로 힘을 종횡으로 움직여도 거침이 없어야 한다."[187]는 검법의 이론을 월왕 구천에게 당당하게 설파했다. 위 기록을 보면 검을 수련함에 있어서 깨우쳐야 할 이론적 내용들이 많이 있다. 이러한 것들이 계승되지는 않았으나 실질적으로 대개의 수련과정에서 보편적으로 중요시하고 지도하고 있는 내용이다. 춘추전국시대 이래로 검을 수련하고 검을 춤의 형태로 발전시킨 이면에는 한민족의 검술이 가지는 무속적인 동작이 전래되어 남아 있음이다. 또한 중국이 明(명)·淸(청) 대에 이르러 무검이 발전하여 검술의 '검로'가 발전했다고 하는 것은 시사하는 바가 크다. 투로는 연결동작이 체계화 되었다는 것이다. 이것은 明(명)·淸(청) 이전에는 투로의 형성이 미비했다는 의미다. 즉 조선세법이 임진왜란(1592년) 이후 明(명)에 전래된 시기와 투로가 발전된 시기가 일치하기 때문이다.

삼국시대 위문제 조비는 궁전 연회에 북귀장군 등전증과 함께 '두검교기'를 논했다. '斗劍是兩人互較勝負的格(두검시양인호교승부적격)'의 '斗'는 둘을 뜻한다. '十'형의 좌상에 있는 '丶'자형은 '二'의 숫자를 나타낸다.

3)易筋經(역근경)의 始原(시원)은 朝鮮(조선)

조선세법의 거정세는 소림 간가권에서는 '雙臂擧鼎(쌍비거정)'으로 명명하였으며 다음 동작은 '覇王擧鼎(패왕거정)'이다. 이밖에 조선세법의 검결과 일맥상통한(쌍수탁탑, 대붕전시, 봉황전시, 선풍각, 금계독립, 청룡뇨해) 검결이 적지 않게 사용되고 있다. 또한 불가인 소림사에서 한민족 선가의 가결(직녀요전, 이랑담산)을 사용한다는 것은 무엇을 말하는가? 실제 가결들은 시대에 따라 '太公釣魚(태공조어), 韓信點旗(한신점기), 秦王磨旗(진왕마기)'[188]

....

187 斗劍的方法 在戰國時就已有了 好的總結 最著名的便是一位名爲越女的武術家論劍 凡乎戰之道 內實精神 外示安儀 見之如好婦 奪之似懼虎 布形候氣 與神俱往 杳之若日 偏如騰追形逐影 光若佛 呼吸往來 不及法禁 縱橫逆順 直復不聞《吳越春秋 卷九》這些論述闡明了劍技中的虛實 先后 內外 强弱 形神等 還迷及了速度 路線 呼吸等具體方法.

188 《본국검예》 1권 〈조선세법〉에서 '奏(주)'자를 秦王磨旗(진왕마기)의 의미를 살려 '秦(진)'으로 대체했다.

처럼 영웅의 이름들로 대체된다.

소림무술은 달마대사의 '역근경'[189]에서 유래했다는 설이 있으나 역근경은 무술서가 아니다. 이것을 증명하는 것이 달마의 2대 제자 '혜가'의 행보를 통해 알 수 있다. 즉 혜가는 무술과 거리가 먼 삶을 살았고 참선을 중시한 선종을 전파한 스님이다.

《神市本紀(신시본기)》에 환웅천왕의 5대 太虞儀(태우의) 환웅이 "가만히 침묵하면서 마음을 청심하게 하고 숨을 고르게 하고 정기를 보정하여 오래 사는 술법을 가르쳤다."[190]는 단전호흡법이 바로 역근경에 나오는 선법이다. 오히려 달마대사가 9년을 면벽수도했던 '달마동'의 원 이름은 '치우동'이다. "소림사 무공의 원조가 달마대사인데, 그 달마대사는 소림사 뒷산에 있는 달마동에서 그런 무공을 수도했고, 이 동굴이 원래는 '치우동'으로 달마보다 먼저 치우천황이 이 동굴에서 초능력을 닦았다."[191] 그렇다면 소림무술에 조선세법의 검결이 사용되고 있다는 것은 소림무술의 근원이 한민족임을 드러내는 증거다. 달마대사가 지었다는 '易筋經(역근경)'이 소림무술의 원조처럼 각색되어 있으나, 역근경은 무술서라기보다 도인양생술에 관한 책이다. '經(경)'이란 經書(경서)다. 역근경 가결이 곧 경서다. 그럼에도 여기에는 불경과 전혀 관계가 없는 내용이다. 중국에서도 이에 대한 논쟁이 커지자 안양 사범대학에서 1990년부터 10여년을 연구했다. 연구결과 소림무술의 창시자는 달마대사가 아니라 초우선사[192]라 했다. 더구나 역근경에는 불경에 관한 내용은 없다. 역근경의 수행법

---

189 소림사는 495년 천축국 발타선사가 창건하고 32년 후, 527년 달마대사가 남북조시대에 양나라로 왔다. 양무제와 문답 후, 북위 숭산의 소림사에 들어가 9년을 면벽좌선하고 이 선법을 '혜가'에게 전수 했다. 역근경은 범어로 쓰여 서축의 성승인 발라밀제(중인도 사람으로 705년 중국 광주의 제지도량에서 능엄경 10권을 번역)가 한역했다. 승려를 통해 서홍객, 규염객(수나라 말지 장중견), 이정(당태종 때 인물)에게 전해진다. 그리고 송의 우고에게 전해져 책으로 출판된다. 역근경은 伏氣圖說(복기도설),소림권술정 등의 여러 명칭으로 전해졌다. 송대에 달마 저자의 역근경이 많이 발행됐다. 송대의 역근경은 그 이전의 역근경에 없는 禪定(선정)·金丹(금단)의 개념이 있다. 현재 가장 오래된 판본은 청나라 咸豊(함풍) 8년 潘蔚(반울)이 편찬한 內功圖說(내공도설)에 들어있다.

190 自桓雄天皇 五傳而有太虞儀桓雄 敎人必使黙念淸心調息保精是乃長生久視之術也

191 월간 흔배달, 4335, 8월호.

192 달마대사가 하남성에 머물던 시기에는 소림사가 존재하지 않았다. 인도 승려였던 달마대사가 소림사 일대인 하남성 숭산 지방에 머문 문헌상의 시점은 효문제 10년(486)에서 19년(495) 사이다. 하지만 당시 숭산에는 소림사라는 절이 있지도 않았고, 따라서 달마대사는 소림사나 소림사 무술과는 아무런 관계가 없다. 소림무술의 창시

을 鮮道(선도)라 기록한 것은 무었을 말하는가? 역근경 用戰(용전)에 '希仙作仙(희선작선)'이라 하여 '精氣新(정기신)을 수련하면 바라던 신선에 이를 수 있다'고 하여 수련목적이 신선임을 분명히 하고 있다. 또한 역근경의 내장론(內壯論)에 사용된 '內壯(내장)'은 '內臟(내장)'이다. 또한 '骨髓(골수)'를 '骨數(골수)'로 쓰고 있다. 이것은 한민족의 이두문이다. 역근경에는 동양의 '易(역)'과 '氣(기)'에 대한 이론과 임맥·독맥과 동양의학의 처방, 경낙경혈의 호흡법이 기록되어 있다.

(1)'天突(천돌)'의 혈의 '突(돌:·)'은 '혈(穴))+견(犬)'이다. '개()'가 구멍에 빠져 '빙빙 돈다'는 것과 땅을 동그랗게 판다는 것에서 '기구를 돌려 구멍을 뚫는다'는 의미로 쓰인다. '돌'의 음가는 '回(돌회)'다. 우리말에 '돌개바람·바람개비'다. '突(돌)'은 '空+犬'의 의미도 있다. 여기서 '犬(견)'은 동물의 '개'보다는 '太(태)'에서 '丶(주)'가 밖으로 나간 자형으로 하늘의 북극성을 중심으로 도는 별들을 나타낸다.

(2)'璇璣(선기)'혈은 북두칠성의 두 번째와 세 번째 별 이름이다.

(3)'華蓋(화개)'혈도 천문과 연결되어 있다. 즉 '천돌·선기·화개'는 '하늘이 돌면서(天突) 북두별이 돌면(璇璣) 밤하늘 가득 별들이 만개하여 덮는다(華蓋)'는 천문을 설명하는 시가 된다.

혈자리는 삼원사상을 접목하여 임맥 '좌우'로 두 개의 맥이 더하여 3개의 선이 중추가 된다. 여기에 다시 오행사상이 접목되어 좌우 두 개가 추가되어 총 5개의 맥이 임맥의 중추가 된다. 독맥은 몸의 背(배)면이다. 背(배)는 칠성으로 독맥에 칠성사상이 접목된다. 독맥을 중심으로 좌우 3개씩 총 7개의 혈맥이 중심이다. 頭部(두부)의 맥도 총 7개가 중심이다. 즉 인체의 혈자리 이론과 이름은 삼수문화와 북두칠성·음양오행 사상을 적용했다. 인체가 소우주인 것은 당연할뿐만 아니라 이러한 사상은 한민족 상고시대의 철학이었다.

역근경 부록 하권에 호흡법은 '皆丹家河車妙旨也(개단가하차묘지야)'라 하여 "모두 단가에서 면면히 흘러 전해진 묘법이라 했다."

자는 초대 주지인 보토어스님에 이어 제 2대 주지 초우선사다.

4) 易筋經(역근경) 12세 歌訣(가결)

(1)韋馱獻杵第一勢(위타헌저제일세) (2)韋馱獻杵第二勢(위타헌저제이세) (3)韋馱獻杵第三勢(위타헌저제삼세) (4)摘星換斗勢(적성환두세) (5)出爪亮翅勢(출조량시세) (6)倒拽九牛尾勢(도예구우미세) (7)九鬼拔馬刀勢(구귀발마도세) (8)三盤落地勢(삼반낙지세) (9)靑龍探爪勢(청룡탐조세) (10)臥虎撲食勢(와호복식세) (11)打躬勢(타궁세) (12)工尾勢(공미세)[193]는 한민족의 북두칠성사상과 사신을 나타내는 용어다.

韋馱獻杵(위타헌저)는 세 동작이 같은 이름이다. 한 동작을 세 동작으로 나눴다. '韋(위)'는 '에워싸다'는 것으로 '圍(위)'와 같고 '圍(위)'는 또한 '圓(원)'이다. 반원을 그리는 동작이다. 三盤落地(삼반낙지)와 대칭으로 해가 서산에 떨어지고 밤이 와서 별들이 떠오르는 동작을 표현했다. '馱(옮길타)'는 양손을 위로 옮긴다는 동작을 설명한다. '獻(드릴헌)'자는 12세의 행위가 신에게 헌신하는 엄숙한 행위임을 나타낸다. '杵(공이저)=木+午'다. 杵(저)는 저(底)이고, '午(오)'는 '오른다'는 의미다. 절구를 들어 '밑에서 위로 올리는 동작'을 韋馱獻杵勢(위타헌저세)로 했다.

5) 易筋經(역근경) 12세 가결의 秘密(비밀)과 解讀(해독)

(1)韋馱獻杵第一勢(위타헌저제1세) : 양팔이 수평이 되도록 코 높이 까지 올린다. '韋(위)'자와 '獻(헌)'자에 행공의 자세가 있다. 특히 '獻(헌)'의 鬳(솥권)은 虍(호)+鬲(횡경막액)이다. '虍'는 양손을 올린자형이고 '鬲'자에 행공의 자세가 있고 황경막을 나타낸다. '韋馱(위타)'는 횡경막 위를, '獻杵(헌저)는 밑에서 횡경막까지의 동작이다.

(2)韋馱獻杵第二勢(위타헌저세2세) : 손바닥을 밖으로 밀어낸다.

(3)韋馱獻杵第三勢(위타헌저세3세) : 양손을 둥글게 하여 머리위로 올린다. '韋'와 '鬲'자에 행공자의 자세가 있다. 중천 하늘에 별이 뜬 것을 표현했다.

---

[193] 역근경 12식은 명나라 말 장씨집본에 처음 나온다. 감풍 8년(1858) 역근경 12세와 다른 기공서를 모아 중국 청나라 반위가 찬집하여 '위생요구(衛生要求)'를 편찬하고 광저 7년(1881)에 위생요구를 재판하고 후에 '위생요구'의 이름이 '내공도설'로 바뀌어 퍼진다.

(4)摘星換斗勢(적성환두세) : 북두칠성의 자세로 북두칠성이 도는 것을 표현했다. 摘(적)의 '商(밑동적)'은 양팔을 내린 행공의 자세를, '星(성)'자 '生(생)'의 'ノ(별)'은 한 손을 올리는 것을, '換(환)'는 행공의 자세를, '斗(두)'자의 '十'자는 양팔을 벌려 앞을 보고 있는 행공자세를 나타낸다. 이처럼 한자로 행공의 자세를 표현했다.

(5)出爪亮翅勢(출조량시세) : 朱雀(주작)이 날개를 펴고 발을 뻗는 동작이다. 그러나 마지막은 편 양손을 거둬 주먹을 쥐고 양 겨드랑이 속으로 넣는다. 즉 아침에 해가 뜨고 저녁에 해가 지는 것은 낮의 새(주작)가 저녁이면 돌아가면 까마귀(鬼)가 되어 하늘로 돌아가는 것을 표현한 것이다. '亮(량)'에 행공의 자세가 있다. 이 공법에서 중요한 것은 손 모양이 철사장처럼 해야 한다.

(6)倒拽九牛尾勢(도예구우미세) : 견우가 소꼬리를 잡고 당기는 것이 '曳牛却行(예우각행: 소를 끌고 뒷걸음질 한다)'이다. 여기서 '九(구)'는 단순하게 '구'라는 숫자가 아니라 북두칠성이 현무의 자리에서 구부러져 내려오는 것이다. 즉 견우가 북두칠성을 잡아끌어 돌리는 것이다. 견우와 직녀 둘을 상징하면 현무가 된다. '拽(예)'자는 첫 행공의 자세를, '九'자세는 소를 몸 쪽으로 당기려고 몸을 뒤로 젖히려는 자세를, '牛(우)'자는 손을 가슴에 당긴 자세를, '尾(미)'자 '尾'의 'ㄹ(시)'는 뒤를 향하고, '毛(모)'자는 '手(수)'자형의 반대로 상체가 뒤를 보고 손을 뒤쪽까지 당긴다는 동작의 자세와 설명을 표현했다.

(7)九鬼拔馬刀勢(구귀발마도세) : 말을 타고 등에 맨 칼을 뽑아 베는 동작을 행공에 적용했다. 九鬼(구귀)는 북쪽에 있는 '까마귀'다. '鬼(귀)'가 등 뒤에 가로 멘 칼을 뽑고 말을 타고 지상에 내려오고 있다. '拔拔(귀발)'에 행공의 자세가 있다.

(8)三盤落地勢(삼반낙지세) : 천지인 삼수가 있다. '盤(반)=般+血'이다. '般(반)'은 밑이 그믐달 '‿'같이 생긴 배다. '盤(큰대야반)'은 밑이 둥근 대야를 배로 비유한 글자다. 검의 코등이가 배를 닮아 '盤(반)'이다. '반'은 하나를 둘로 나눈 것이다. 三盤(삼반)은 上·中·下(天·地·人) 중, 주작이 양 날개짓하며 하늘(上) '⌒'에서 남쪽 땅(下) '‿'으로 내려앉은 것이다. 즉 낮에 태양의 상징인 삼족오가 정남에 있으면 주작이 되고 밤에 정북으로 돌아가면 鬼(귀: 까마귀)가 된다. 이러한 해의 상징이 삼족오·까마귀·봉황·금계·응조 등의 상징으로 변화된다. 盤(반)은 '半(절반)'을 의미하는 이두문이다. '穹≧꽁'이다. '穹(궁)'과 '꽁(공)'은 '구'와 '고'의 대칭관계다. '〇'의 형은 둥근 하늘이다. '盤(반)'에 행공의 자세가 있다.

(9)靑龍探爪勢(청룡탐조세) : 좌청룡이다. 날카로운 용이 발톱을 내어 구름 속에 숨어 있는 적을 바람을 일어 구름을 걷어내고 잡는 것을 나타낸다. 밤하늘의 四神(사신:좌청용·우백호·남주작·북현무)이 '九鬼(구귀)'가 칼을 빼들며 진두지휘하자 함께 움직이는 것이다. '九'는 鳩(비둘기구)=鳩(구)와 鸜(구관조구:九官鳥)=鴝(구)처럼 새와 관련이 있다. '비둘기'는 사이좋은 부부를 나타내는 상징으로 현무가 견우와 직녀의 다정한 부부를 상징하고 새의 자식도 鷇(새끼구)다. '구부린다'는 의미에 '구'의 음가를 사용한 이두문이다. '探(담)'자에 행공의 자세가 있다.

(10)臥虎撲食勢(와호복식세) : 우백호로 사악한 적을 포획하여 잡아먹는다. 용과 호랑이는 좌청룡 우백호의 대칭적 구성이다. '落地(낙지)'의 의미는 주작이 땅에 내려앉아 사악한 괴수를 잡는 것이다. '虎撲(호복)'에 행공의 자세가 있다.

(11)打躬勢(타궁세) : 주작이 고개 숙여 적의 살점을 쪼아 먹는 자세를 상징한다. '打(타)'에 행공의 자세가 있다.

(12)工尾勢(공미세) : 현무를 상징하며 거북의 동작을 묘사했다. 먹이를 쪼아 먹고 기분이 좋아 머리를 들고 꼬리를 흔든다. 특히 '工尾(공미)'는 우리말 '꽁무니'의 이두식 한자다. '공미세'는 '空(공)'의 자세다. 즉 '空(공)'자에서 '穴(공)'자를 숨기고 '工(공)'자만 취해 가결을 지었다. 행공도 '21(7×3)'회를 하고 좌우 '7번' 움직인다. 모두 칠성사상과 천지인 삼수로 연결된다. 이 가결은 견우가 북두의 사신을 움직이고, '九鬼(구귀)'가 대작이 되어 四神(사신)을 움직여 사악한 무리를 물리쳐 잡아먹고 평화를 이룬다는 서사시다. 조선세법 검결의 대서사시 내용과 일맥상통한다.

이러한 가결들은 불경과 전혀 관련이 없는 내용이다. 그래서 저자는 달마대사의 易筋經 (역근경)을 本國易筋經(본국역근경)으로 명명한다. 한편 불법을 수호한다는 경주 석굴암에 있는 金剛力士(금강역사)는 역근의 동작이다. 입을 다문 채 방어하는 밀적금강은 '훔금강역사' 입을 연 나라연금강은 '아금강역사'라 한다. 역근과 호흡이 금강역사에 있다. 그런데 금강역사의 모습은 승려가 아니다. 금강역사의 동작원리로 역근을 만들면 한민족적 '금강역근경'이 된다. 달마대사가 '梁(양)'으로 들어오기 오래전부터 동양에 있던 한민족의 칠성과 四神(사신)을 숭배하고 믿어왔던 종교다. 또한 역근경 속에 있는 '外壯神力八段錦(외장신력팔

단금)'은 좌식호흡법으로 북두칠성의 수 7×7=49회를 행한다.

'坐式(좌식)'은 중화의 문화가 아니다. 지금도 중국인들은 입식문화다. 또한 練功秘訣全書(연공비결전서)에 五拳(오권)이 있다. ①龍拳(용권)은 雙龍掉尾(쌍용도미) ②虎拳(호권)은 黑虎試爪(흑호시조) ③豹拳(표권)은 金豹定身(금표정신) ④蛇拳(사권)은 八卦蛇形(팔괘사형) ⑤鶴拳(학권)은 白鶴亮翅(백학량시)의 가결과 연결되고, 亮翅(량시)는 역근경의 출조량시세의 가결과 연결된다. 오권은 무예의 목적 보다는 五禽戲(오금희)[194]처럼 동물자세를 취하는 체조법이 목적이다.

淸(청) 대에 나타난 역근경 서문에 "당 정관 2년(628)에 李靖(이정)이 역근경은 달마대사가 범어로 쓴 것이다." 기록되어 있고, 그것을 성승 般剌密諦(바라밀제)가 한문으로 번역했다. 그런데 그 이후 발견된 역근경은 모두 淸(청) 후기(1800)의 것들이다. 이러한 연유로 당호나 철동씨 등 많은 고증가들은 역근경을 淸(청) 대 만들어진 위서로 보고 있다.[195] 만일 이것이 진서라면 달마대사가 동양의 선도와 관련된 책을 접하고 범어로 번역한 것이라는 의구심을 가지지 않을 수 없다. 중국정부는 중국기공을 세계화시키기 위해 2003년 4대 공법(역근경, 오금희, 육자결, 팔단금)[196]을 세계화 시키고 2007년 태극양생장, 12단금, 도인양생공 12법, 마왕퇴도인술, 대무 등 5대 신공법을 추가하여 9개의 건신기공을 보급하고 있다. 역근경은 2003년 무한체육대학에서 연구한 것이 채택됐다. 그러나 무한대학에서 연구한 역근경은 근육을 사용하는 동작의 힘과 호흡원리 그리고 행공의 동작이 역근경의 원문과 전혀 다르다. 역근경을 중화의 문화에 맞게 변형한 것이다. 필자는 역근경에 대한 해석과 동작복원을 이미 마쳤다. 추후 출판을 통해 밝히겠다.

....

194 《후한서》〈화타전〉에 처음 등장한다. 한나라 名醫(명의) 華佗(화타)가 호랑이·사슴·곰·원숭이·새 등의 활발한 동작을 모방해서 독창적으로 구성한 체조형식의 운동.

195 달마대사의 이름은 달마 추정 몰년(528) 5백년 후 宋高僧傳(송고승전)에 처음 나오기 시작한다. 이것을 후대에 景德傳燈錄(경덕전등록) 傳寶正宗記(전보정종기)등에서 인용하여 설을 덧붙인 것이고 청나라 이전 소림무술서인 《소림곤법천종》《권경》《정기당집》 등이나 소림사의 사서에도 《역근경》의 이름은 나오지 않는다. (도설중국무술사. 송전육지, 조은흔 감수)

196 ①역근경(무한체육학권)②오금희(상해체육학원)③육자결(중국중의연구원서원의원)④팔단금(북경체육대학)⑤태극양생장(청화대학)⑥도인양생공십이법(북경체육대학)⑦십이단금(북경체육대학)⑧마왕퇴도인술(상해체육학원)⑨대무(무한체육학원)〈중국국가체육총국건신기공관리중심, 2003, 2010〉

6) 內家掌拳(내가장권)의 始原(시원)은 朝鮮(조선)

검뿐만 아니라 중국이 자랑하는 《내가장권》은 오늘날 동양 맨손무예의 근원처럼 되어 있다. 일설에는 "소림무술을 수련한 장삼봉(장송계:1247~)이 內家(내가)를 창안했다. 내가라 이름 한 것은 소림을 外家(외가)라 했기 때문이다." 《明史(명사)》의 〈方伎傳(방기전)〉에 따르면 "장삼봉은 요동 의주 사람으로 이름은 전일(全一), 또는 君寶(군보)이고 三豊(삼풍)은 그의 號(호)다"[197] 또한 장삼봉은 '丹士(단사)'라 불리었다. '丹(단)'은 '仙(선)'의 개념과 통한다. 장삼봉의 스승은 火龍眞人(화룡진인)이고 그의 사부인 陳摶(진단)의 號(호)는 圖南(도남)으로 화산에 은거했다. 宋(송)의 태조가 장삼봉에게 希夷(희이)라는 호를 내린 것은 동이족 강역인 震檀(진단) 출신이었기 때문이다. 火龍眞人(화룡진인)은 진단으로부터 天遁劍法(천둔검법)과 仙丹(선단)의 비결을 배운다. 仙丹秘決(선단비결)·丹訣(단결)·金丹(금단)은 한민족 계열이 수련해온 내가호흡의 비결을 나타내는 仙道(선도)의 용어다.

황백가가 지은 내가권법에 의하면 "장삼봉 사후 100년 뒤에 그를 사숙한 왕정남이 홀로 산속에서 수련하여 내가권을 완성했다."고 한다. 왕정남은 권법 외에 창·도·검·월을 동시에 수련하면서 "어느 부분은 창법과 같고, 또 어느 곳은 검법과 같고, 월법과 같은 것을 알았기에 무기술을 연마하는데 어려움이 없었다."[198]고 한다. 즉 내가장권에서 무기술법이 들어 있었던 것을 왕정남은 알아 차렸던 것이다.

'내가권법'의 창시자도 北宋(북송) 말 장삼봉, 南宋(남송)의 장삼풍, 元末明初(원말명초, 1350년 경)의 도사, 장상봉이라는 등 여러 설이 있다. 시대는 다르지만 공교롭게 이름은 같거나 비슷하다. 전설처럼 내려온 북송의 장삼봉 전설이 각색되어 전해진 것이 아닌가 생각된다. 무당파의 내가권법과 태극권[199]은 서로 관련이 없다는 설이 지배적이다. 오히려 내가권법의 기록에 설명된 "상대의 뼈 사이와 힘줄(급소)을 잡아 종횡전후로 얽는다."[200]는 설명을 보면 마치 오늘날 대동류유술의 기법을 설명하는 것 같다.

....

197 張三豊, 遼東懿州人 名全一 一名君寶 三豊其號也.

198 因爲余兼及槍刀劍鉞止法曰拳成外此不難矣某某處卽槍法也某某處卽劍鉞之法也.

199 당호, 서동철 등 무술사가들의 고증에 의하면 태극권은 명말, 청초에 온현 진가구의 진왕정이 창시한 것이라고 하는데, 현재 중국에서는 이 설을 유력하게 보고 있다.

200 應縱橫前後悉逢肯綮

290

내가권법에서 전해지는 6로[201] 10단금의 歌訣(가결)과 한자석전의 설명문이다. '仙人立起朝天勢(선인입기조천세)'의 朝天勢(조천세)는 조선세법과 본국검의 검결과 같다. 朝天勢(조천세)는 조선세법과 본국검에 나오는 검결로 '조선의 하늘이 일어선다'는 시어다. 이것은 무엇을 의미하는가? '仙人(선인)'[202]이란 한민족의 신앙과 정체성이 담긴 상징이다. '斗門深鎖轉英豪(두문심쇄전영호)'의 斗門은 '두 개의 문'이란 뜻의 이두문이다. 특히 첫 문장 '佑神通臂最爲高(우신통비최위고)'의 동작이 권법의 첫 자세 '탐마세'를 설명하는 문장이다. 佑神(우신)은 天佑神助(천우신조)의 준말이다. 무예의 첫 동작은 하늘의 도움으로 승리하기를 간절히 바라는 의식적 몸짓이다. 예도의 '태아도타세'와 같다. 이처럼 조선세법과 내가장권의 첫 동작이 같은 것은 무엇을 의미하는가? 또한 내가장권의 '斂步翻身(염보번신)'은 조선세법의 '斂翅勢(염시세)'의 보법이다. 조선세법의 파편적 술기가 전해져 장삼봉이 수련했고, 이것을 맨손으로 구현했던 것이 내가장권이다. 10단금은 함축된 '6로'의 가결을 후대에 보충하여 설명한 것이다.

陣家太極拳(진가태극권)은 明末淸初(명말청초, 1600년경) 진왕정이 창시했다는 설과 장삼풍이 창시했다는 설 등이 분분하다. 여러 설이 있지만 내가장권에서 사용하는 '탐마세·요단편세·당두포세·칠성권'의 가결이 진식태극권 83'式(식)'에 있고, 10단금과 내가장권에 사용된 개념이 태극권의 '式(식)'에 사용됐다. 중화는 한민족이 사용하는 '勢(세)'의 개념을 버리고 그들 문화에 적합한 '式(식)'으로 개념화 시켰다. 그뿐만이 아니다. 조선세법의 '蒼龍出水(창룡출수)·跨虎(과호)·金鷄獨立(금계독립)·獸頭勢(수두세)·白猿(백원)·退步(퇴보)'등의 검결과 '勢(세)'를 사용하고 있다. 진가를 수련했던 楊露禪(양로선:1799~1872)은 弓步(궁보)를 적용하여 양가태극권 85식을 만들었지만, 진가류와 순서만 다를 뿐 거의 같은 검결을 그대로 사용하고 있다. 오식태극권의 경우에는 '六封四閉(육봉사폐)'를 '如封似閉(여봉사폐)'로 바꿨다. 왕종악의 태극권보를 시중의 소금가계에서 발견한 武禹襄(무우양:1812~1880)은

---

201 其六路曰佑神通臂最爲高 斗門深鎖轉英豪 仙人立起朝天勢 撒出抱月不相饒 揚鞭左右人難及 煞鎚衝擄兩翅搖。其十段錦曰 : 立起坐山虎勢 廻身急步三追 架起雙刀歛步 滾斫進退三廻 分身十字急三追 架刀斫歸營寨 紐拳口步勢如初 滾斫退歸原路 入步韜隨前進 滾斫歸初飛步 金雞獨立緊攀弓 坐馬四平兩顧。

202 禪, 仙, 善, 鮮.

양로선에게 진식태극권을 배워 무식태극권을 완성했다고 한다. 무식태극권 96식에는 무예도보통지 권법에 나오는 伏虎勢(복호세)와 下揷勢(하삽세) 개념인 '下勢(하세)'가 있다. 소림곤법에도 伏虎打彼手(복호타피수)가 있다. 이처럼 내가장권과 태극권에 대한 역사와 기록은 복잡하고 무엇이 정설인지 알 수 없다. 중국의 북방 소림사는 발을 주로 사용하지만 남방 소림사는 발을 많이 사용하지 않고, 북방에 있는 장삼풍의 내가장권은 발을 사용하지만 남방의 진가류는 주로 손을 사용하다. 즉 북방계와 남방계의 무술은 근간이 전혀 다르다. 이것은 북방계열의 무술이 한민족 계열이기 때문이다.

어찌됐건 태극권과 내가장권의 가결을 보면 조선세법과 깊은 관련성이 있음을 알 수 있다. 태극검 또한 조선세법의 겸결과 기법의 용어가 드문드문 보인다. 즉 장삼봉의 내가장권에 검결이 있다는 것은 검형을 가지고 내가장권과 태극권을 창시한 것으로 볼 수 있다. 이러한 내가장권이 중국의 편수문화에 맞게 태극권이 창시되고 태극검을 만든 것이다. 검을 들고 태극권의 동작을 천천히는 할 수는 있다. 그러나 실전처럼 빠르게 하면 검신일체가 되지 않는다. 즉 태극검과 태극권은 완성된 무술이 아니다.

7) 少林棍法(소림곤법)의 始原(시원)은 朝鮮(조선)

《무비지》에 기록된 少林棍法闡宗(소림곤법천종)의 표지를 보면 少林棍式(소림곤식)이라 하여 '式(식)'으로 했다. 그러나 그 안에 들어 있는 기법은 모두 '勢(세)'로 되어 있다. 더 중요한 것은 표지에 敎藝(교예)라 하여 한민족의 '藝(예)'자를 사용하고 있다. '勢(세)'는 '藝(예)'와 같은 글자로 신화와 연결된 한민족의 정체성이 담긴 소중한 글자다. 이는 고대 동이족계열의 문서가 중화로 흘러들어가 소림사에 전해진 것으로 볼 수 있다. 문장의 형식과 조선세법의 검결이 많이 사용됐다. 특히 '羣攔勢(군란세)'는 조선세법의 '退步裙襴(퇴보군란)'과 연결되어 있다. 소림곤법의 '羣(군)·攔(란)'은 조선세법의 '裙(군)·襴(란)'으로 사용됐다. 기법의 동작은 '내려 비껴 막는다'는 것으로 한자의 부수만 다를 뿐 기법은 똑같다. '羣(무리군)=君+羊'으로 양떼를 앞에서 이끄는 사람이 '君(군)'이다. 즉 '羣(군)'자는 북방유목민의 문화가 들어간 글자다. 이것이 후대에 '群(군)'자로 바뀐다. 검의 기법과 곤법이 같기 때문에 곤법의 술기의 가결을 검결로 했다. 즉 검술과 봉술의 원리는 같다. 실제 곤을 잡듯이 쌍수로 검을 잡고 곤법의 좌우전을 하는 검술은 한·중·일의 검법세 중에서 한국의 조선세법과 본국검 밖에 없다.

(1)'攔(막을란)=扌+闌(가로막을란)'이고 '闌=門+柬'이다. '柬(가릴간)'은 대문을 가로막는 빗장이다.

(2)'欄(란)'은 나무로, '攔(란)'은 손으로 막은 것이다. '裙(치마군)=衤+君'자는 형성문자로 '많은 천을 이어 붙인다'는 것으로 '群(군)'과 상통한다.

(3)'襴(내리닫을난)=衤+闌'은 '옷으로 내려 가린다'는 뜻이다. 조선세법의 퇴보군란은 좌각우수의 '平擡勢(평대세)' 후에 좌각좌수로 물러나며 막는 자세다. 퇴보군란의 검결로 보면 '뒤로 물러나면서 막는다'는 방어의 기법이다. '退步(퇴보)'를 하려면 '좌각'이 뒤로 빠져야한다. 즉 소림곤법의 '羣攔勢(군란세)'에서 '좌각'을 뒤로 빼는 것이다. 즉 조선세법에서 '퇴보군란세'라 이름한 것은 이미 '군란세'라는 자세가 당시에 있었다는 것이다. 邊攔勢(변란세)에서 '羣攔勢(군란세)'를 '右羣攔(우군란)'이라 한다. 군란세는 '좌군란·우군란' 두 세가 있다. 즉 '羣攔勢(군란세)'에서 '退步(퇴보)'를 하는 것이 '退步裙襴(=左羣攔)'이다. '裙襴(군란)'의 부수 '衤'자가 좌에 있다. '衤'자를 '劍(검)'으로 치환하면 좌측을 막는 '左裙襴勢(좌군란세)'다. 또한 '裙襴(군란)'은 천제를 마치고 뒤로 물러나며 무릎을 꿇고 취하는 마지막 예의 동작이다. 즉 앞발 '우각'은 굽히고 좌각을 뒤로 빼며 무릎을 땅에 대는 跪坐(궤좌)의 동작이다. 이때 치마를 내리는 동작을, 뒤로 빠지며 칼로 아래를 막는 동작으로 표현한 것이 '裙襴(군란)'이다. '退步(퇴보)'의 '退'자형은 〈그림 5-2〉의 (1) 羣攔(=右羣攔勢:우군란세)에 있고 〈그림 5-2〉의 (2) '步(보)'자형은 조선세법의 '退步裙襴(=左裙襴勢:좌군란세)'에 있다. 이처럼 소림곤법 군란세에서 조선세법에 없는 퇴보군란의 기법을 찾을 수 있다. 무예서에 기록된 '進(진)·退(퇴)·足(족)·步(보)'의 개념을 정확하게 알지 못하면 보법이 잘못되어 기법을 찾을 수 없다. 즉 '進(진)'은 '우각'이 나가는 것이고 '退(퇴)'는 '우각'이 뒤로 빠지는 것이다. 이러한 것은 군란세를 통해 확인할 수 있다. '步(보)'는 '足(족)'자 2개가 앞뒤로 붙은 것으로 2족장의 거리를 뜻하는 글자다. 즉 '退步(퇴보)'는 '좌각'이 2족장 만큼 뒤로 빠진 것이다.

(1) 羣攔勢(군란세:손림곤법선종2·소림곤식)　　(2) '步(보)'자형[203]

그림 5-2. 군란세와 步(보)자형

明(명)의 모원의가 곤법 중에서 소림의 곤법이 으뜸이라 했다. 하지만 곤법의 달인 유대유는《正氣堂潗(정기당집)》에서 자신이 본 소림의 곤법이 이미 옛사람의 진수를 모두 잃은지라, 그것에 대하여 일일이 지적해주고 소림사에서 추천한 종경과 보종 두 승려에게 곤법을 3년 동안 가르쳤다 한다. 만력 44년《少林棍法闡宗(소림곤법천종)》을 정리한 정충두는 소림의 곤법고수 홍전에게 배웠다. 그런데 홍전이 저술한《목록당창법》은 곤법이 아니라 창법이다. 즉 소림에서는 곤법을 창법이라 했던 것으로 보인다. 소림곤식 기법의 전체 그림은 곤으로 시연을 하고 있으나 문서에는 창이 달린 그림을 끼워 넣었다. 어찌 되었건 곤법이 소림사 무술이 아님은 분명하다. 정두충이 어떤 문서를 가지고《소림곤법천종》을 정리하였는지는 더 연구가 필요하지만, 조선세법의 검결과 문장들이 소림곤식의 가결과 톱니처럼 연결되어있는 것은 부인할 수 없다. 즉 조선세법과 '소림곤법천종'은 같은 문화권에서 만들어진 무예다. 조선세법과 같은 체계적인 문서가 있었기에 창술·권법·선법과 같은 무예서가 있는 것은 당연하다. 그 증거가 조선세법에는 검결만 있고 그림이 없는 기법이 있다. 즉 다른 문서에 조선세법과 연결된 검결과 그림이 있었다는 반증이다.

8) 朝鮮勢法(조선세법)의 劍訣(검결)

본국검의 金鷄獨立勢(금계독립세)와 조선세법의 검결 展翅勢(전시세)는 鳳凰單展翅勢(봉황단전시세)로, 跨右勢(과우세)는 秦王跨劍勢(진왕과검세)·勾跨劍(구과검)으로, 提水勢(제수세)는 單提手勢(단제수세)로, 退步裙襴(퇴보군란)은 退步羣攔勢(퇴보군란세)·前步羣攔(전보군란)·打羣攔(타군란)으로, 朝天勢(조천세)는 朝天鎗勢(조천창세)로, 斬蛇勢(참사

---

203 임성묵,《본국검예》1권 〈조선세법〉, 도서출판 행복에너지, 2013, 417쪽. 退步裙□(퇴보군란).

세)는 高祖斬蛇(고조참사)로 사용됐다. 또한 조선세법의 白蛇弄風勢(백사롱풍세)는 低四平勢(저사평세)의 설명문으로, 旋風格(선풍각)은 穿袖勢(천유세)의 설명어인 旋風定勢(선풍정세)로, 斬蛇勢(참사세)는 朝天鎗勢(조천창세)의 설명어로 사용됐다. 조선세법의 探海勢(탐해세)는 夜叉探海勢(야차탐해세)로 연결된다. 예도에 있는 제례와 신화로 연결된 검결인 太阿倒他勢(태아도타세)의 倒他(도타)는 倒拖剉棘勢(도타비극세)로, 金剛步雲勢(금강보운세)의 금강은 金剛抱琵琶勢(금강포비파세)로, 呂仙斬蛇勢(여선참사세)의 신화는 穿袖勢(천수세)와 仙人坐洞勢(선인좌동세)와 연결된다. 이밖에 左右獻花勢(좌우헌화세)는 滴水獻花勢(적수헌화세)로 내가장권과 6로10단금에 사용된 伏虎勢(복호세)·下揷勢(하삽세)·高四平勢(고사평세)·鞭勢(편세)의 가결과 같다.

또한 飜(번)·靠(고)·逼(핍)·搭(탑)등의 개념이 내가장권에 사용됐다. 곤법의 가결은 불가의 내용과 전혀 관계 없다. 오히려 한민족 선가의 가결들이다. 조선세법과 곤법은 한 짝이었지만 한민족이 망하면서 중화에 남아 소림사에 전해졌던 것으로 보인다. 즉 소림곤법은 표지만 바꾼 것이다. 조선세법에 평대세·발초심사세·충봉세처럼 검결만 있고 그림이 없다는 것은 다른 곳에 이와 관련된 자료가 있다는 것이다. 소림곤법에 이런 기록이 있다는 것은 한민족 계열이 만든 문서라는 것을 반증하는 것이다. 조선세법은 동이족 昆吾國(곤오국)의 昆吾劍(곤오검)이다. 음가 중심으로 한자를 사용한 것으로 보면 '棍(곤)'은 곤오국과 연결되어 있음을 유추할 수 있다. '곤법'이 '창법'의 시원이기 때문에 여러 창법에 곤법의 가결들이 사용되고 있다. 무엇보다도 동작의 이름을 '勢(세)'로 지었고 이두문이 있다. 또한 四夷賓服勢(사이빈복세)에는 동이족을 나타내는 四夷(사이)가 있다. 그밖에 仙人(선인)·二郎(이랑)과 같은 한민족의 시원인 용어들이 있다. 무예서는 한민족이 잃어버린 무예인문학의 보고다.

9) 太擊(태격) 그리고 太極武(태극무)

조선은 유교이념이 들어오고 武(무)가 천시되면서 호남의 기호학파인 율곡학이 이론적 토대가 됐다. 이러한 율곡학의 수양 목적으로 내가권을 '太擊(태격)'이라 이름하여 사용했다. 태격은 유교이념과 태극이론을 접목하면서 가결을 바꾸게 된다. 舜步適義(순보적의)·禹步熊形(우보웅형)·太公釣魚(태공조어)·周遊歸魯(주유귀노)·君臣相照(군신상조) 등의 유교적 용어가 사용됐다. 여기에도 조선세법의 蒼龍出海(창룡출해)·天擧鼎勢(천거정세)·踊躍(용약)·兩翼(양익)·同出(동출) 등을 사용했다. '태격'은 경주 김씨 본사공파 가문의 심신 수양 목적으로 400여년 계승된 태격[204]이다. 기록의 연원으로 보면 중국의 진가태극권과 비슷하다. 이 태격에는 내공의 이론이 있고 '天下太擊大寶圖(천하태격대보도)'는 왕종악이 쓴 '태극권보'가 그림으로 표현되어 있다. 입식행공에는 기경팔맥을 회통시키는 내단 호흡법이 전승되고 있다. 王宗岳(왕종악)(1791~1795:산서성)의 太極拳論(태극권론)·太極拳釋名(태극권석명)·太極拳解(태극권해)·十三勢歌(십삼세가)[205]·打手歌(타수가)는 태극권의 핵심이론이다. 그러나 이것은 선가의 호흡법이나 역근경의 이론과 본질적으로 크게 다르지 않다. 일설에 왕종악은 明(명) 대의 인물로 어려서부터 여러 경전을 두루 섭렵했다고 한다. 위 문헌을 보면 선가의 호흡법에 대한 이론을 태극권에 접목했음을 쉽게 알 수 있다.

唐手道(당수도) 창시자 黃琦(황기)의 手搏道(수박도)[206]를 보면 十三勢歌(십삼세가)와 무예도보통지의 권법(내가장권) 육로의 이론을 토대로 창시했음을 알 수 있다. 황기는 기효신서에 기록된 권법이 한국전통무술이 아니라는 것에 대하여 "고구려 안악제 제3고분에서 발견된 수박도가 무예도보통지의 권법보 첫 동작과 우연히도 유사하다. 명나라는 고구려보다 약 1천 년 후에 생긴 나라다. 그렇다면 명나라의 척계광은 오히려 우리나라 수박기를 모방하였다는 것이 타당하다고 볼 수 있다. 따라서 기효신서에 기록된 권법도 척계광이 창조한 것도 아니고 고대로부터 전래되어 온 것을 토대로 하여 발표한 것이 명백하다고 본다."[207]고 주장하고 있다. 고대사의 흐름 속에서 중국무예의 근원을 바라본 것이다.

오늘날 태견의 뿌리는 태격에서 볼 수 있다. 조선도 태극이론을 바탕으로 맨손무예가 전

---

204 태격정로. 김종회. 2005.9 도서출판 동영. 내용 참조

205 十三勢歌 : 十三總勢莫輕視 命意源頭在腰隙 變轉虛實須留意 氣遍身軀不稍癡 靜中觸動動猶靜 因敵變化是神奇 勢勢存心揆用意 得來不覺費工夫 刻刻留心在腰間 腹內鬆淨氣騰然 尾閭中正神貫頂 滿身輕利頂頭懸 仔細留心向推求 屈伸開合聽自由 入門引路須口授 工用無息法自休 若言體用何為準 意氣君來骨肉臣 詳推用意終何在 益壽延年不老春 歌兮歌兮百四十 字字真切義無遺 若不向此推求去 枉費功夫遺嘆息.

206 황기, 《수박도》, 무덕관, 1992년.

207 황기, 《수박도》, 제1장총론, 무덕관, 1992년.

해졌지만, 조선이 武(무)를 천시한 관계로 무예서의 기능을 살리지 못하고 사대부의 심신 수련 용으로 보급하는데 그쳤다. 중화는 창의 문화에 맞게 자법 중심으로 태극권과 태극검을 만들었다. 그러나 조선세법의 일부 기법만 있고 세법이 없는 관계로 태극권과 태극검의 동작은 하나로 일치되지 않는다. 태극검의 기법으로는 무거운 쌍수검을 사용할 수 없다. 이것은 태극권이 미완의 권법임을 보여주는 것이다. 태극권은 양다리 간격이 넓은 궁보의 특성상 자세가 낮고 보폭이 넓어 회전에 적합하지 않다. 대부분 좌우로 걷는다. 중국의 태극권에는 '洗法(세법)'이 없다. 때문에 '一手一法(일수일법)'과 몸 회전에 사용되는 보법과 신법이 사라져 태극 이름에 걸 맞는 회전 동작이 부족하다. 조선세법은 急緩強柔(급완강유:빠르고 느리고 강하고 부드러움)하고 古朴無華(고박무화:고졸하고 소박하며 꾸밈이 없음)하여 태극권의 이론이 이미 조선세법에 들어있다. 조선세법을 맨손으로 하면 검과 맨손이 하나로 결합된 완전한 검신일체의 태극권이 된다. 이 모든 근원을 보면 그 안에 조선세법이 있다. 즉 조선세법이 복원됨으로써 동양 최초로 태극권의 원리와 일치된 진정한 태극권이 된다. 태극이 태와 극은 음양의 대칭적 개념이다. 음과 양은 결코 머물지 않는다. 서로 작용하여 변화하면 이것이 곧 태을이다. 즉 태극이 靜(정)이라면 태을은 動(동)이다.

태극은 한민족의 절대 상징이며 동양철학의 핵심이다. 중국이 제일 안타까워하는 것은 한국이 태극기를 국기로 한 것이다. 태극은 동양 삼국이 과거부터 현재까지 공유하고 있는 개념이고 개념이다. 태극문양은 한민족의 영역에서 오래전부터 발굴되고 있다. 때문에 태극의 개념은 선후 소유의 문제가 아니라 한민족 정체성이 담긴 개념이기에 지켜 내야 할 소중한 가치다. 중국은 태극권을 진가·양가·오가·손가·무가 또는 진식·양식·오식·손식·무식으로 가문의 무예로 분류했다. 그 이론적 바탕으로 태극을 사용했다.

'불'은 우리 몸에 '발'로 사용된다. 즉 '발'이 '불'이다. '발(發)'이 '불(弗)'이면 '손(巽)'은 '바람(風)'이다. 우리말에 '머리카락'을 '머리숫'이라고 하듯이 '首(수)'자는 사람의 얼굴에서 머리를 나타내는 글자다. '수'의 음가는 '내린다'는 의미로 水(수)와 같다. '손바람'이란 말은 그냥 나온 말이 아니다. 우리 몸의 중심 丹田(단전)은 땅이기에 '田(=土)'이다. 손을 돌리는 것은 '氣'가 움직이는 것으로 태극·음양이론이 이미 우리의 신체에 고스란히 남아있다. 중화의 음가로는 신체에서 한민족과 같은 이런 개념이 나올 수가 없다. 조선세법은 음양(태극)과 64

괘 그리고 오행으로 구성되어 있다. 태극(태양 속의 새)이 내재 된 음양의 힘이라면 태을(태양 밖의 새)은 태극이 역동하는 외적인 힘이다. 이것은 선인의 검이다. 선인이 검을 놓고 맨손으로 조선세법을 하면 검신일체의 태극무예가 된다. 이것을 太極武(태극무)로 한다.

한민족에게는 《삼국사기》나 《삼국유사》 등에 여러 무예서의 기록은 있지만, 문서는 전해지지 않는다. 하지만 조선세법이 明(명)의 무비지에 기록된 것처럼 한민족이 세운 국가들이 멸망하면서 그러한 기록들이 중화에 기록되고 더러는 민간으로 전래됐다. 대제국 隋(수)·唐(당)을 물리친 고구려가 대군을 지휘하는 진법과 장졸들을 수련시키는 병서가 없었겠는가? 나라가 망하면 많은 기록들은 약탈당하고 분서된다. 중원의 역사는 단일 국가가 아니었다. 여러 나라로 쪼개져 서로 다투며 흥망성쇠했다. 특히 元(원)·金(금)·淸(청)은 한족이 아니라 북방민족이다. 만주족과 동북3성인 遼寧(요녕)·吉林(길림)·黑龍江(흑룡강)의 유전자를 비교한 결과 한민족과 같다는 결과가 나왔다.

《金史(금사)》에 "금태조는 고려에서 건너온 함보를 비롯한 3형제의 후손이다."라는 기록과 《欽定滿洲源流考(흠정만루원류고)》에 "금나라의 명칭이 신라의 金(김)씨에서 비롯됐다."는 기록이 있다. 중원의 주인이 바뀌면 기존의 문서들도 주인이 바뀐다. 때문에 모든 문서가 지금의 중국 것이라고 단정하면 우리의 역사는 단절된다. 《기효신서》나 《무비지》가 明(명)에 의해 기록됐다. 그러나 이미 明(명)은 망한 나라다. 중국도 淸(청)이 망한 이후 건국된 신생국이다. 임진왜란 때에도 많은 사고가 소실됐다. 丙寅洋擾(병인양요)에는 강화도에 있던 사고를 프랑스가 약탈해갔다. "일제는 1911년 한일병탄 후, 채 석달도 안되어 상고사와 관련된 문서를 압수했다. 1차 색출작업은 1910년 11월부터 다음해 12월까지 약 1년 2개월 동안 총 51종 21만 여권[208]을 소각했다."고 조선총독부 관보에 기록되어 있다. 삼국을 통일한 신라가 백제와 고구려의 사서를 어떻게 했겠는가? 고구려가 망하면서 그 많은 사서들은 다 어디로 갔겠는가? 김부식[209]은 약소국이었던 신라의 역사를 신라 입장에서 기록할

---

208 서희건, 《잃어버린 역사를 찾아서》, 고려원, 1986.
209 고려 초엽부터 평양에 도읍을 정하고 나아가 북쪽의 옛 땅을 회복하자는 화랑의 무사가 한 파를 이루고, 事大

수밖에 없었을 것이다. 이러한 역사에서 한민족의 무예서가 중원과 일본에 흘러 들어가는 것은 의심할 여지가 없다. 한민족의 잃어버린 무예를 찾기 위해선 무예 인문학적 연구가 필요한 이유다.

현재 중국과 일본은 무비지와 기효신서 같은 무예서는 있으나 이것을 복원하지 못하고 있다. 특히 중국은 태극권과 같은 비체계적인 가전무술로 고착됐다. 法古創新(법고창신)의 정신으로 동양무예의 종주국이 되기 위해서는 기록된 무예를 정확히 복원해야 한다. 그러면 일제에 의해 말살된 한국무예의 정체성을 바로 세울 수 있다.

(사대)로 國是(국시)를 삼아서 압록강 안에 구차히 편안하게 있을 것을 주장하는 儒敎徒(유교도)가 한 파가 됐다. 두 파가 대치에서 논전을 벌이기 수백 년 만에 불교도 妙淸(묘청)이 화랑의 사상에 陰陽家(음양가)의 미신을 보태어 평양에서 군사를 일으켜서 북벌을 실행하려다가 유교도 김부식에게 패망하고, 김부식은 이에 그를 근본으로 하여 삼국사기를 지은 것이다. 최남선, 《조선상고사》, 제3장 구사의 종류와 그 득실의 약평.

六.
倭劍(왜검)은
本國劍(본국검)의
支流(지류)

本國劍(본국검)의 歷史(역사)

本國(본국)은 많은 의미를 함축한다. 본국검은 신라의 황창랑이 처음 창안한 검법이라 하지만 일곱 살쯤 된 황창랑이 본국검과 같은 검술을 창안하고 검결을 지었다는 것은 설득력이 매우 부족하다. 오히려 본국검은 신라의 國仙(국선)에 의해 화랑들이 수련했다는 것이 논리적이다. 일곱 살인 황창랑이 백제왕을 실제로 죽였다면 역사적으로 엄청난 사건이다. 이러한 큰 사건은 분명히 사서에 기록이 있을 것이다. 그러나 황창랑에 대한 자료도 없고 왕이 죽었다는 기록도 없다.

또한 검법의 명칭에 '본국'이라는 명칭은 쉽게 붙일 수 있는 개념이 아니다. 본국은 어느 나라를 지칭하는 것인가? 신라·고구려·백제 그것도 아니면 조선(고조선)?, 공교롭게도 日本(일본)이란 명칭에도 '本(본)'자가 있다. '본'이란 근본을 말한다. '신라의 근본'이 되는 나라는 어디인가? 바로 한민족 근원의 나라 고조선이다. 왕 중심 시대에서의 나라는 왕의 소유라는 의미다. 그래서 나라의 이름을 지을 때는 왕의 성씨를 주로 사용했다. 지금도 성씨를 물을 때, '本貫(본관)'을 묻는다. 또한 '本=大+十'이다. '十'은 활공하는 새를 의미하기도 한다. 즉 '큰 새'로 '새의 나라'란 의미가 있다.

1) 國(국)과 三足烏(삼족오)

표 6-1. 國(국), 或(역), 惑(혹), 感(감), 咸(함), 鳥(조), 鳳(봉), 止(지), 足(족), 正(정), 世(세)의 갑골문·금문·전문·해서 자형

商 胛骨文	金文	篆文	楷書
圖像	圖像	圖像	國(1)
圖像	圖像		或(2)
	圖像	圖像	惑(3)
	圖像	圖像	感(4)
圖像	圖像	圖像	咸(5)
圖像	圖像	圖像	鳥(6)
圖像		圖像	鳳(7)
圖像		圖像	止(8)
圖像	圖像		足·正(9)
		圖像	世(10)
圖像 (我)= 圖像 + 圖像,		圖像, 圖像	攈古錄金文(군고록금문)권1-1-51(11)

(1)‘國(국)’자가 사용된 것은 상고시대에 이미 ‘나라’의 개념이 정착됐다는 것이다. 중국은 ‘華(화)’의 개념을 사용했다. 새로운 나라가 세워져도 ‘國(국)’자를 취하지 않았다. 전설에 帝堯(제요)와 ‘夏(하)’가 나오고 ‘有窮國(유궁국)’이 나온다. 《桓檀古記(환단고기)》에 나오는 12개[210] 나라와 《山海經(산해경)》의 모든 명칭도 國(국)자를 썼다. ‘窮(궁)’자에도 ‘夷(大弓)’의 큰 활의 그림이 있다. 특히 한민족의 상징인 ‘國(국)’자가 있다. 有窮國(유궁국)·有熊國(유웅국)·孤竹國(고죽국)과 같이 ‘國(국)’자를 가진 나라는 동이족 계열이다. 고유의 상징성을 가지고 있는 문자를 꺼리거나 두려워서 피한다. 이를 忌諱(기휘)라 한다. 고구려는 동이족 계

210 《환단고기》에 환국은 12개로 구성된 연방나라로 비리국(卑離國)·양운국(養雲國)·구막한국(寇莫汗國)·구다천국(句茶川國)·일군국(一群國)·우루국(虞婁國) 또는 필나국(畢那國)·객현한국(客賢汗國)·구모액국(句牟額國)·매구여국(賣句餘國) 또는 직구다국(稷臼多國)·사납아국(斯納阿國)·선비국(鮮裨國)이다. 영토는 남북이 5만리 동서가 2만리 였다고 기록되어 있다.

열이기에 수도를 國內城(국내성)이라 했다. '國(국)'자의 갑골문(帗·帗) 금문(帗) '或(역)'의 갑골문(帗·帗·帗·帗)에도 '帗·帗·帗'의 자형이 있다.

'國(국)'의 갑골문 '帗'는 '戈(과)'의 갑골문 '帗'와 같다. 자형 밑에 삼족(三足)이 있다. 금문 '帗=⊙+帗'이다. 여기서 '⊙'은 새의 머리고 '帗'은 양 날개다. 즉 '帗'자형은 '새'다. '桓雄國璽(환웅국새)'는 '大(대)'자 우측에는 은하수가 상에서 하로 빗겨 내려간 모양이 마치 새가 양 날개를 활짝 펴고 좌측으로 날아가는 자형으로 '帗'자형의 상징과 형태가 일치한다. 즉 '國'자는 한민족 환웅 신을 뜻하는 글자이기 때문에 중화에서는 '國'자의 사용을 꺼렸다.

고조선의 건국신화가 기록된《삼국유사》에 '단군의 아버지 환웅은 桓國(환국)의 서자'라고 기록되어 있다. 이것을 일본인 사학자 이만회가 '國(국)'자를 '因(인)'자로 변조한 것을 우리 사학계는 역사로 받아들였다. 그러나 동경제대의 발간본에는 변조되기 전인 '桓國(환국)'이 정확히 기록되어 있다. 즉 '桓國(환국)'은 신화가 아니라 역사다. 때문에 그 이후 개국된 나라에서는 동이족 계열이 아니거나 적통이 아니면 함부로 '國(국)'자를 사용할 수 없었고 기휘하는 글자가 됐다. 예를 들어 '秦(진)'을 '진나라'라고 부르지만 '秦國(진국)'이라 쓰지 않는다. '中國(중국)'의 국호는 근대에 만들어진 이름일 뿐이다. 本國(본국)이란 거대한 개념을 가진 국가명이 중화에는 없다. 한편 '桓國(환국)'과 '韓國(한국)'의 '桓(환)'과 '韓(한)'의 음가와 상징성은 같다. 자신들이 숭배하는 신의 상징물을 세워 영토를 표시했다. 태양과 관련된 글자가 '國(국)'자이며 '桓(환)'이다. 오리가 우는 소리의 의성어는 '꽥꽥'이다. 사람의 목을 꽉 잡으면 '꽥 소리난다'고 표현한다. '摑(잡을괵)=扌(수)+國(국)'이다. 즉 손으로 오리의 목을 꽉 잡자 '괵괵' 소리 지른 것이다. 원래 '國(국)'자의 음가는 '귁'이다. '괵'의 음가와 같음을 알 수 있다. 즉 國(국)은 하늘을 나는 '오리'와 관련 있음을 알 수 있다.

(2)'或(역)'의 사모무정(帗·帗)과 '帗·帗'를 비교하면 '帗'는 사람이다. 일정 지역(帗·帗)을 중심으로 돈다는 의미다. 천문에서 '帗'자형은 은하수 그리고 견우직녀와 관련된다.

'國(국)'이 닫힌 공간이라면 '帗(역)'은 열린 공간이다.

(4)'感(감)'의 자형을 설문에서는 '咸(함)+心(심)'으로 해석한다. 그러나 (5)의 '咸(함)'의 갑골문·금문(帗·帗)과 '感(감)'의 '帗+帗'과 '帗+帗'과 비교하면 전혀 다르다. '帗=⊙+帗'고 '帗=帗+帗'이다. 즉 '⊙'은 '낮'이고, '帗'은 '밤'이다. '帗'은 '比(비)'가 마주본 자형 '帗'으로 자음 'ㅂ'이다. 'ㅂ'의 음가인 '비·부부·봄' 등은 같은 상징과 의미를 갖는다. '感'은 '감동시킬감'으로

감동시킬 대상이 견우직녀 조상인 부모다.

(6)‘鳥(조:🐦)와 ‘鳳(봉:🐦)’의 갑골문도 ‘새’를 표현한 그림이다. ‘國=囗’자는 ‘囗(나라국)’과 같다. 즉 ‘囗’은 땅의 영토를 뜻한다. ‘囗’ 안에 ‘새’가 들어가 있다. 즉 삼족오가 태양 안에 들어가 있는 것이 ‘國’이다. ‘새’는 ‘세운다’는 의미고 세우는 주체가 새(鳥)다. 즉 ‘삼족오’다. 삼족오는 ‘새의 나라·태양의 나라’를 뜻한다. 동이족 종교의 상징인 삼족오가 ‘國’자인 것이다.

‘나라’는 ‘날아가는 실체’가 생략됐다. 즉 하늘을 ‘나라’가는 것은 ‘새’다. 일본의 도시 ‘나라(奈良)’도 ‘나라’의 음가다. ‘國(국)’의 동자는 ‘囻(국)’이다. 즉 ‘囻(국)=四+方’ 또는 ‘八方(팔방)’이다. 또한 ‘方(방)’은 於(어)의 금문에서 치솟는 새, ‘🐦’다. 國(국)은 ‘새가 사방으로 날아간다’는 뜻이다. 우리민족은 ‘唐(당)·元(원)·明(명)’처럼 외자 뒤에 ‘나라’를 붙여야 비로소 국가로 인식한다. 이처럼 ‘國(국)’자의 의미는 ‘새나라’란 뜻이다.

(11)‘🗡’자형은 《攈古錄金文(군고록금문)》[211]의 ‘🗡(我)’에서 솟대(🗡)를 들고 있다. 방패와 솟대다. ‘창과 방패(🗡)’ 중에 ‘창(🗡)’의 형태와 같다. 위 글자를 통해 ‘국’과 ‘구’는 상고시대에 동질의 소리로 인식하였기 때문에 문자를 모르는 대다수의 족속들은 ‘九夷(구이)’를 ‘國人(국인)’으로 인식하였을 것이다.

‘🗡’는 그의 아들 瞿乙(구을) 대에 오면 아버지대의 글자인 ‘🗡’를 180°로 뒤집은 ‘🗡’자로 쓴다. 이 글자는 ‘🗡’와 ‘🗡’로 변하면서 나중에는 ‘나라국(國)’이 되며 ‘我(나아)’의 자원이 된다.[212]

(1)의 금문 ‘🗡’에서 ‘🗡’는 새가 양 날개를 활짝 편 것이다. ‘囗=日(해)’이고, ‘🗡’자를 90° 돌리면 ‘🗡’ 된다. 땅 위로 해가 날아간다는 것을 나타내는 글자임을 알 수 있다. 솟대가 곧 ‘國(국)’이다. 國(국)의 주인은 ‘宮(궁)’에 산다. ‘宮=宀+呂’다. 呂(려)의 자형과 음가에 모계의 신화가 있다. ‘궁’의 음가 한자는 같은 개념을 공유한다. ‘弓(궁)’의 자형과 한글 ‘국=궁’의 자형과 유사함도 있다.

....

211 오식분(吳式芬) 청나라 산동. 금석(金石)에 관심이 많아 《寰宇訪碑錄(환우방비록)》의 미비한 점을 보완하고 잘못된 부분을 바로잡아 《攈古錄金文(군고록금문)》을 지었다.

212 김대성, 《금문의 비밀》, ㈜북21 컬쳐라인, 2002, 188~189쪽.

새의 음가 '조'에 'ㄱ(발)'이 붙은 (9)의 '족(足)' 갑골문은 '正(바를정)'과 같다. (8)의 '止' 갑골문은 왼발(ㄓ)이다. 즉 첫 발을 오른발로 나가 '正'이고, 두 번째 발로 나간 상태에서 멈춘 것이다. '世(세)'의 갑골문(ㄓ)은 세(ㄓ) 발가락에 곁가지가 붙어있다. 삼족오란 세 마리의 '새'를 나타내기도 하지만 새의 발을 세 개로 표현한 것이다. 민가에 세 마리의 새에 다리가 하나인 부적(🔥)이 전해지는 것도 이러한 삼족오의 신화가 부적으로 전승된 것이다. 태양 속에 있는 삼족오는 세 마리 독수리(매)의 다리가 9개인 새를 함축하여 표현한 것이다. 9의 수는 양의 가장 큰 숫자다. 당시 태양신을 숭배한 한민족은 삼족오를 태양의 화신으로 인식했다. 고구려의 왕관(◉)에 빛나는 태양 속의 삼족오가 있게 된 이유다.

2) 本國(본국), 새의 民族(민족)

낙빈기는 "'隹(추)'자는 여자를 상징할 때는 '기러기안'으로 쓰고, 남자를 상징할 때는 '매·솔개·응(鷹:매응)'로 쓴다."고 했다. 따라서 '隹王(추왕)'자를 '鷹王(응왕)'이라 했다. 응왕은 國王(국왕) 또는 鳥王(조왕)·辛王(신왕)으로 풀이가 된다. 鷹(응)은《春秋左氏傳(춘추좌씨전)》의〈襄公(양공16년〉(기원전 556)의 마지막 구절, '宣子曰匃在此 敢使魯無鳩乎(선자왈흉재차 감사노무구호)'에서 나오는 '鳩(비둘기구)'자를 '國(국)'으로 해석한 것을 들어 '鳩王(구왕)'을 곧 '國王(국왕)'해석했다. 그러나 '隹(추)'는 '최'의 음가로 큰 새인 '응=웅'의 음가와 연결된다. 소호 김천 때, '鳥官人皇(조관인황)'이란 관직이 새의 이름에서 연유되고 있음을 알 수 있다.

나랏일을 맡는 직을 '벼슬'이라 한다. '닭벼슬'에 벼슬의 개념이 있다. 벼슬을 뜻하는 '冠(관)'이 닭의 볏이다. 한민족이 머리에 鳥羽冠(조우관)을 쓴 이유가 여기에 있다.

실제 "응왕 제곡고신의 아들 네 명은 아버지를 따라 올빼미·비둘기라 하여 모두 새를 '씨' 칭으로 썼으며 우임금과 후직은 비둘기를 이름으로 썼다."[213] 당시에는 문법이 없었다. 글자의 상징과 발음이 유사하면 서로 음가를 대리 교차하여 사용했다.

'비둘기(鳩:구)'와 '까치(鵲:까치작)'는 서로 연결되어 있다.《詩經(시경)》의 維鵲有巢 有鳩

---

213 김대성, 《금문의 비밀》, ㈜북21 컬쳐라인, 2002, 233쪽.

居之(유작유소 유구거지)를 함축한 것이 鳩居鵲巢(구거작소)다. '비둘기는 집을 짓지 못하고 까치집에 산다'는 뜻이다. 비유적으로 '아내가 남편의 집을 자기 집으로 삼는다'는 뜻으로 사용된다. '鳩(구)'와 관련되어 '비둘기 마음은 콩밭에 있다'는 속담은 견우와 직녀가 떨어져 있어 일을 해도 일에 열중하지 못하고 마음은 딴 곳에 있다는 것으로 비유된다. '비둘기'의 한자는 없다. 그러나 천문의 상징성으로 '비둘기(鳩)'의 음가를 이두식 한자로 보면 '비'의 한자 '比'와 관련 있다. '比'는 '두(斗)' 사람이 늘어선 자형으로 견우와 직녀 '둘(斗)'의 상징이 있고, 견우와 직녀를 뜻하는 '오늬'라는 뜻이 있다. '鳩(구)=九+鳥'의 '九'는 최고점에 있는 북두칠성의 자형이다. '北·斗·七·九·比'의 자형들은 모두 북두칠성과 관련이 있다. 그래서 '比(비)'는 주역 64괘에서 水地比(수지비:☵☷)로 사용된다. '比卦(비괘)'는 '감상(坎上)·곤하(坤下)'로써 '비'는 '물'이다. 그러므로 水地比(수지비)는 '비=물'이 된다. 이것은 '견우와 직녀가 만나면 비가 내린다'는 신화가 동양문화의 정수인 주역의 '卦(괘)'에 적용되고 '직녀(여성)'는 '견우(남성)'를 '따른다'는 점사로 스며든 것으로 사료된다. '비나이다'라는 축문은 '비를 내려주소서'라는 뜻이다. '비'의 음가로 된 대개의 한자는 여성·낮은 지위·여성의 성격 등을 나타내며 견우와 직녀가 관계된 개념이 있다. 대웅성의 여신은 곰이다. 즉 곰은 직녀로서 '비'를 내려준다. 그에 대한 보답으로 감사의 예를 드린다. 그래서 '곰'의 음가는 '감(가마)'과 '곰(고마)'가 되어 '감사합니다·고맙습니다'의 인사말이 된다. 즉 '곰왔습니다'라는 소리가 되어 '곰 덕분에'라는 의미를 담는다. '坎(구덩이감)'은 하늘에 있는 곰(대웅성)이 머무는 웅덩이인 '동굴'이다. '坎(감)'자의 뜻에는 우리가 알고 있는 직녀의 심정이 고스란히 담겨있다. 머리 정수리에 숨겨져 있는 '가마'가 있고 '가마'를 보호하는 '상투(上斗)'는 모두 북두칠성의 신앙과 연결된다. '坎(감)'에는 '웅덩이·구덩이·숨기다'는 뜻이 있어 여성이 타고 가는 '가마'에 그 의미가 있고, '웅덩이'의 '웅'에 '熊(웅)'의 음가가 들어 있다. 이러한 것을 바탕으로 새와 북두칠성은 한민족의 조상신이 되어 토템이 된다. 전통혼례의 '奠雁禮(전안례)'는 이러한 한민족의 신앙이 흡습된 것이다.

'새' 또는 '세'는 같은 음가다. 그래서 한민족은 경계지에 솟대를 세워 새를 숭배하는 민족이 사는 곳으로 영역을 표시했다. 우리민족을 '동이새족(東夷鳥(새)族)'이라고 부르는 것도 魯(노)의 좌구명(左丘明:춘추전국시대, 공자와 동시대 사람)이란 학자가 없었다면 그 이유를 알 수 없었을 것이다. 공자가 郯(담)의 임금을 만나서《左氏春秋(좌씨춘추)》[214]에 기록된 것처럼 동이족이 새로 관직명을 사용한 것을 직접 듣고 "천자께서 바른 직분을 잃으면 학문이 사방의 夷(이)에 있다."고 했다. 이 내용을 공자는《춘추》에서 빼버리고 짤막하게 "郯(담)이 來朝(내조)했다."고 기록했다. 孔子(공자)[215]는 魯(노)의 창평 추읍(陬邑, 陬鄒) 闕里(궐리)에서 태어났다. 鄒(추)의 땅이 魯縣(노현)인데 周(주) 때까지만 해도 邾婁國(주루국)이었다. 鄒(추)·魯(노)는 산동성에 있는 것으로 진시황 때까지 청주의 일부로 곧 동이의 땅이었다. '추'의 음가에서 한자만 다르게 취했다. 동이족의 '國'자가 있다.

고구려는《晉書(진서)》의〈제기(齊紀)〉와《三國史記(삼국사기)》의〈百濟本紀(백제본기)〉에 "고구려 또한 高辛氏(고신씨)의 후손이므로 성을 고씨라 한다(高句麗亦以高辛氏後姓古氏)." 高辛(고신)은 교극의 아들이고 고양의 새로운 아들이다. 그래서 소남자는 '고구려인은 고양의 후예라 해도 무관하다'고 했다. 고양은 전욱의 다섯째 이름이다. 高羊(고양)의 고문은 '♧♉'이다. "자형은《가재집고록》에 있다. '固'가는 네모 안에 '高(고)'가 있지만 '固'자형은 '十'형에 있다. '十'형은 북두의 상징이다. 고구려의 두 번째 수도는 '國內(국내)'다. '북두칠성'과 '본국'의 개념이 고구려에 계승된 것이다. 이러한 '國'자는 三國(삼국:고구려·백제·신라)뿐만 아니라, 伽倻國(가야국) 등에서도 상징이었으며, 倭(왜)에 나라를 세우면서 '國(국)'자를 사용했다. 고구려의 제 1위 관등인 大對盧(대대로)는 일명 '吐捽(토졸)'이라 한다. 大對盧(대대로)는 우리말 '대대로'를 한자로 표기한 이두문이다. '乙支文德(을지문덕)'의 '乙支(을지)'도 '새의 자손'이란 뜻이다. '吐捽(토졸)'은 병권을 가진 사람이다. 대대로가 병권을 가졌음

214 좌구명이 쓴《좌씨춘추》를 보면 "가을 郯(담) 임금이 노나라로 와서 조회했다. 소공이 그에게 연회를 베풀었다. 이때 소공이 묻기를 '소호씨가 새로써 官名(관명)을 지은 것은 무슨 까닭인가'했다. 담자가 말하기를 '우리 선조니까 내가 알고 있다. 옛적에 황제는 구름(雲)으로 관명을 기록했다. 百官(백관)과 師長(사장)을 모두 구름으로 이름 지었고, 염제는 불(火)로써 본을 삼았다. 그러므로 화(火)로써 이름 지었고, 共工氏(공공씨)는 물(水)로써 기본을 삼았으므로 백관을 수(水)자로 이름 지었고, 태호씨(太皥氏)는 룡(龍)으로 기틀을 잡았으므로 백관을 룡자로 이름했다. 우리 고조 少皥摯(소호지)는 즉위할 때 마침 鳳鳥(봉조)가 날아왔으므로 새(鳥)를 기틀두어 백관과 사장의 이름을 붙였다. ~중략"라고 했다. 공자가 이 말을 듣고 담나라 임금을 만나고 나서 사람들에게 고하기를 '내 듣건데 천자가 천자의 직분을 잃으면 학문이 사방 이(夷)에 있다는 소리가 오히려 믿을 만하다'라고 했다. 김대성,《금문의 비밀》2002.5.6 ㈜북21 컬쳐라인. 109~111쪽.

215 《사기》에 '공자는 은(상)의 성인 탕 임금의 후손이다. 또는 탕 임금의 후손인 미자의 후손이다'

을 알 수 있다.

3) 琉球國(류구국)과 唐手術(당수술)

공수도(가라테)의 발생지인 오키나와는 琉球國(류구국)이다. 독립된 왕국이 100여 년간 삼국으로 분할된 것을, 1429년 尙巴志王(상파지왕)이 통일하여 中山國(중산국)을 건국했다. 일본에 편입된 것은 불과 1879년이다. 한국과의 교류는 1389년 고려시대[216]부터 있었으며 조선왕조실록에도 류구국이 조공을 받쳤고, 1416년(태종16)에는 사신을 파견하기도 했다. 역사적으로 일본보다 조선에 더 가까웠다. 琉球國(류구국)은 독립된 나라였다. 한반도와 중원의 나라는 통교는 하였으나, 동이족의 적통이 아닌 경우에는 '國'자를 나라의 이름에 사용하지 않았다. 琉球國(류구국)에 '國'자를 사용한 것은 매우 중요하다. '琉(류)'자는 '王+流(흐를류)'로 '왕이 바다를 건너왔음'을 알 수 있다. '球'자도 '王+求(구할구)'로 '왕이 나라를 구하고 세웠다'는 뜻이다.

唐手術(당수술)의 '唐(당)'자를 보고 '당나라'의 무술이라고 섣불리 단정하기도 한다. 류구국(오키나와)에서는 唐(당)은 나라를 의미하지 않고 단순히 '테(手)'다. 여기에 지방명칭을 붙여 슈리테(首理手)·나하테(那覇手)·하쿠테(泊手) 3개의 계통이 발생한다. '唐(당)'자는 류구국에서 태어난 후나코시(船越義珍) 기친(1868-1957)이 최초로 사용하였으며 선조는 한반도인이다.[217] 후나코시가 1916년 일본 본토에 전파하였는데, 강도관에서 자신이 수련한 '테(류코권법)'를 당수라고 소개하고 최초의 출판서에 같은 용어를 사용했다. 후나고시가 처음 발행한 단중에도 唐手硏究會(당수연구회)라 발행되어 있다. 후나고시 기친의 한자 이름 船越義珍(주월의진)을 보면 선조가 배를 타고 이주한 민족임을 알 수 있다.

"일본은 수박기법에 대한 역사는 매우 짧다. 일본에서는 明(명) 때에 陳元賓(진원빈)[218]이

---

216 《고려사》, 신창 원년 8월호 참조.

217 김산호, 《슈벽, 가라테 그리고 태권도》, 2011.

218 명(明)의, 虎林人(호림인). 처음에는 陳五官(진오관)이라고 함. 1619년 長崎(장기) 거주의 명인을 의지하여 來日함. 1621년 浙江道奉檄使(절강도봉격사) 單鳳翔(단봉익)을 따라 上洛하여 京都所司代板倉伊賀守를 면회하고,

萬治(만치2) 制陶法(제도법)을 전하러 온 일이 있는데, 이 자가 수박기법을 보급하였다고 하나 문헌을 통해 본 일이 없다. 중국 진씨 집안에 수박기법을 진씨류라 하여 전해진 사실에 비추어 진씨도 그 술법을 잘 알았을 것이라는 추측에 불과하다."[219]

唐(당)은 618년 李淵(이연)이 건국하여 907년에 망한 나라다. 시대적으로 唐(당)의 무술이 전래되기 어렵다. 오기나와에서 '계유년 고려와장조'라 쓰여진 고려와가 출토되어 오히려 고려시대 삼별초가 1273년(원종14)에 제주도에서 몽골군에 패한 후 오키나와로가 류구국을 건국했다는 것이 더 설득력을 가진다.[220]

"조선시대 홍길동이 연산군 6년(1500)에 제주도로 유배를 간다. 이때 수하들과 오키나와로 탈출하여 아카하치(赤蜂:적봉)라는 이름으로 불리었고 오키나와 이시가키에는 홍길동의 기념비가 서 있다."[221]

石川丈山(석천장산) 등과 친교를 맺었다고 함. 사서를 비롯하여 製陶(제도), 권법 등 다예다능한 사람으로 관영 2~4년 사이에 에도로 나와 麻布(마시)의 호악산 국창산등에 체류하며 이동안 福野(복야)등과 접촉하고 소림사계의 권법을 전수하였다고 함. 나중에 尾張(미장)의 德川義直(덕천의직)에게 쓰임을 받아 관문 11년 6월 나고야에서 歿(몰)했다. 小松源壽(소송원수), 〈진원빈연구〉, 1964.

219 황기, 《수박대감》, 1970, 48쪽.

220 2009년 4월 20일과 KBS 역사추적 다큐멘터리(KBS 1, TV, 2010.09.12.)에서 고려시대 삼별초가 제주도에서 전멸한 것이 아니라 오키나와로 피신하여 명맥을 이어갔다는 가설을 방영했다.

221 김산호, 《슈벽, 가라테 그리고 태권도》, 2011.

2

가라데의 語源(어원)

가라데의 오키나와 설과 중국 전래설 등이 있는데, 여기서 문화적 이동 경로로 '가라데'의 근원을 알 수 있는 것이 '唐(당)'의 'から(가라)'와 '手'의 て(た)(데·테)의 음가다. 한반도 중남부에 加羅國(가라국)이 있었다. 가라국은 가라(迦落·伽羅·迦羅·柯羅)·駕洛(가락)·伽倻(가야) 등으로 쓰였다. '唐(당)'자를 '가라'로 음독한 경위는 시경의 中唐有甓(중당유벽)에 있다. '길 가운데 벽돌을 깔았다'는 뜻으로 '唐(당)'자가 '길'이란 뜻으로 쓰여 '길-가다-가라'의 훈독으로 쓰인다. '唐(길당)'은 堂(사당)으로 가는 '길' 가운데에 벽돌을 깔아 놓은 것을 의미한다. 즉 '堂'과 '唐'은 같다. 실질적으로 고구려·백제·신라·가야의 사국시대에 가라국은 倭(왜)와 통교하고 당시에 유구국(오키나와)에도 이주한 것으로 보인다. 때문에 '唐'의 훈독이 '가라'로 남은 것이다. 실제로 일본에는 '唐(당)'을 '가라'로 훈독하는 성씨가 30여개가 있고 '가라'의 성씨 집단촌이 있으며 일본의 지명도 6개나 있고 가라신사도 있다.[222] 한반도 남부의 三韓(삼한)의 '韓(한)'자도 'から(가라)'로 훈독한다. 삼한이 '가라'의 나라였기 때문이다. '가라'의 명칭의 유래는 '가라(kele)-가야(kaya)-카레(kyare)-겨레(kyeore)'의 '겨레'라는 설이다.

'가라데'는 '唐(당)'(중원에서 발생된 나라는 '國'자를 취하지 않기에 '唐國(당국)'이라고 쓰지 않았다)과 무관하다. 만일 '당나라'의 의미로 쓰였다면 '唐(당)'의 한자 음독 'とう(도우)'가

---

222 김세택, 《일본어 한자 훈독》 저자에게 '唐'자의 훈독 '가라'의 어원에 대하여 구술. 2016.11.4.

되어 '手'의 음독 'しゅ(슈)'가 된다. 그렇다면 '가라데'가 아니라 '도오테·도오테이·도우슈'로 발음해야 한다. '手'의 훈독이 'た·て(테·데)'인 것은 우리말 "손을 ①'대다'에서 '대(다)-て(た)' '손 친다'에서 ②た·て'와 합성되어 '침-촘-솜-솜'가 합성되어 'てそめ·たそめ'가 된 것이다."[223] '唐(당)'의 음독 'とう(도우)'는 훈독 '가라'와 어순을 도치하여 연결하면 '길도(가라도우)'가 된다. 즉 '唐=道'다.

'唐(당)'의 훈독 'から(가라)'와 '空'의 훈독 'から(가라)'가 같은 것을 착안하여 선(仙) 사상을 접목했다. 초기에는 당수술(唐手術)이었으나 '術(술)'자를 버리고 '道(도)'자를 붙여 唐手道(당수도)라 했다. 그러다가 '唐(당)'자가 중국과 연관되어 '唐(당)과 훈독이 같은 '空(공)'자를 취하여 空手道(공수도)라 쓰고 읽기는 '가라데'로 읽었다. 그러나 空手道(공수도) 세 글자의 훈독은 からとてう(가라데도우)이지 '가라데'가 아니다. 즉 '道(도)'의 음가가 생략됐다. 이것은 '가라데'가 일본 무술이 아니기 때문에 음가가 일치하지 않는 것이다. '가라데'는 唐手(당수)라는 '두 개'의 한자에 '세 개'의 소리로 된 우리의 음가다.

空手(공수)가 처음 사용된 것은 게이오 대학 공수도부 오수라는 부분에서 나타난다. 1929년 게이오 대학에서 가라데를 지도하고 있던 후나코시는 가마쿠라 엔가쿠와 후루가와 간쵸로부터 '仙(선)' 관련 가르침을 받고 있었다. 이때 한창 중국과 전쟁을 치루고 있었기 때문에 '唐'자가 중국의 나라로 인식되어 '空'자로 바꾸어 공수라는 용어가 사용되기 시작했다. 당수도에 대한 것은 여러 가지 기원설이 있다. 1930년대 후반에 쇼도칸(후나코시 기친)·와토류(오오쯔카 히로노리)·시토류(마부니 겐와)·고쥬류(미야기 쵸준)과 같은 4대 유파가 무덕회[224]에 등록된다.

일본 가라데의 시연을 보고 있던 이승만 대통령은 '태견'을 떠올리고 '태견이구먼!'이라고

---

223 김세택, 《일본어 한자 훈독》, 기파랑, 2015, 490쪽.

224 1911년에 교토의 무덕전(武德殿)에서 처음 가라데의 시범을 가졌고, 그 당시에는 유구당수술(琉球唐手術)이라는 명칭으로 소개되었는데, 일본사람들은 가라데를 일본전통무술로 완전히 인정하지 않고 농부의 무술로 취급하였으나 이후, 1936년 일본무덕회(日本武德會)에서 일본무예로 공식인정을 받았다(김영만·김용범, 2011).

했고, 그 발음으로 인해 한국의 무예가들은 일본의 가라테를 발판으로 다시 태권도를 재창조해냈다.[225]

"류구국의 문화적, 언어학적으로 보면 아버지를 '아부지', 어머니를 '암마', 할머니를 '할메'라고 부른다."[226] 뿐만 아니라 오키나와 전통 씨름 '시마'는 일본의 스모와 다르고 우리의 씨름과 같다. 이것은 류구국의 사람들이 한민족 계열임을 명확하게 드러내는 것이다. 장보고 암살 후, 그의 세력이 왜로 건너가 오늘날 대동류유술의 시원이 되었듯이 사국시대에 이미 '가라'에서 류구국으로 사람과 문화가 건너갔다. 그리고 고려의 삼별초 세력이 몽골군에 쫓겨 류구국으로 이주했다. 몽골의 추격에 대비하여 지도층과 백성들은 무술을 연마했다. 류구국은 중원과도 사신의 왕래 등 문화적 교류가 있었다. 그러나 언어학적으로 보면 한반도 세력의 무술이 전래되고 흡수된 것을 알 수 있다.

타국의 상징을 회피하는 것은 오늘날도 마찬가지다. '本國(본국)'은 한민족의 상징이 들어있는 글자다. 본국검에 쓰인 本(본)자는 이미 스스로 본체가 아님을 나타낸다. '本(본)'의 뒤에는 숨겨진 실체가 있다. 본국의 실체는 조선이라는 것을 '本(본)'자는 말하고 있다. '日本(일본)'은 '本(본)'자를 사용하여 '해의 근본'이라는 뜻으로 해석하려 한다. 그러나 이미 '本(본)'자 스스로는 실체가 못된다. 즉 '日本(일본)'의 '本'자에는 이미 '百濟(백제)'라는 개념이 들어가 있다. 本(もと:모토)의 발음을 이두식 한자로 치환하면 '母土(모토)'다. 즉 어머니의 땅이다. 母國(모국)의 의미가 일본의 훈독에 흡착되어 있다. '國'자가 삼족오(솟대:태양)를 세우고 에워싼 자형이다. 즉 '國'의 개념과 '日(일)'의 개념은 실제로는 같다. 本國(본국)이 '國本(국본)'으로 된 것이다. 이처럼 '本國(본국)'이란 글자에는 많은 상징성이 내포된 개념이다. 국가란 동일 종교를 숭배하고 지키는 동족간의 집단이다. 이것은 오늘날도 마찬가지다. 강대국이 약소국을 점령하면 그 민족의 정체성과 관련 있는 문화나 종교를 파괴하고 그 자리에 자국의 종교와 문화를 심는다. 이것이 식민이다. 식민 이후에 스스로 섬기면 사대가 된

225 박정진, 〈무맥〉 '랑의 무예 한풀', 세계일보, 2010.8.30.
226 김산호, 《슈벽, 가라테 그리고 태권도》, 2011.

다. 이 단계에 오면 약소국의 정체성은 사라진다. 오늘날은 전쟁을 통한 종교이식이 어렵다. 때문에 문화를 통해 종교를 전파한다. 중국이 정책적으로 기독교를 선교하지 못하도록 하는 이유도 이러한 이유 때문이다.

무예서를 연구하면서 本國(본국)이란 두 글자 속에는 한민족 상고의 역사와 일본의 역사가 함축되어 있음을 깨닫게 됐다. 그런데 임진왜란 중에《武藝諸譜(무예제보)》를 만들면서 조선 군영에서 수련하던 본국검을 기록하지 않고《武藝圖譜通志(무예도보통지)》에 기록했는지 의문이 있었다. 그 단서가 기록에 있다.

3

本國劍(본국검)과
武藝圖譜通志(무예도보통지)

중국의 茅元儀(모원의)가 조선의 옛 劒法(검법)인 朝鮮勢法(조선세법)을 임진왜란 때 조선에서 가져와 武備誌(무비지)에 채록함으로써 무예도보통지에도 수록하게 됐다. 《무예도보통지》에 의하면 "모원의가 얻은 검보는 세법이 구비되어 있으며, 이것은 조선이 자기 나라의 검보를 창안한 것이었을 텐데 어째서 스스로 전하지 못하고 스스로 익히지 아니하여 중국의 모원의에 의해서 전하고 익히게 됐는지 알지 못할 일이라고 통탄하고 있다."[227] "모원의는 잊어버린 우리의 병법서인 〈김해병서〉나 〈무오병법〉을 얻어 본 것으로 믿어진다. 〈무예도보통지〉 본국검에는 왜 우리는 우리의 것을 잃어버리고 다시 중국에서 검보를 얻게 되었는가를 통탄하고 있을 뿐이다."[228]

임진왜란 당시 조선세법은 소실되고 무비지를 통해 무예도보통지에 기록한 것이다. 또한 조선세법을 본 후, 조선군영에서 수련해 왔던 본국검이 조선세법에서 파생된 것을 비로소 알게 된 것이다. 그러나 조선세법이 모두 소실된 것은 아니다. 일부분이 민가에 계승되어 〈銳刀(예도)〉로 계승됐다.

---

227 本國劍(본국검) 한국민족문화대백과, 한국학중앙연구원.

228 이종림, 〈朝鮮勢法考(조선세법고)〉, 한국체육학회지, 1999, 제38권, 제1호, 9~21쪽.

〈銳刀(예도)〉가 조선군영에서 도입된 배경은 영조 10년(1734.8.8.) 승정원일기에 있다. "예도[229]는 고만흥의 부친 후점이 어느 곳에서 배웠는지 모르겠으나 그 기술이 매우 기이하여 다른 사람을 가르치게 하여 지금 팔십여 사람이 하고 있다."[230]고 기록되어 있다.

고후점에 관한 기록은 종 6품직 부사과로 되어 있다. 그의 아들로 추정되는 고만세는 영조 4년(1728) 무신별시문무과방목 병과에 합격한다. 그의 가족내력에 부친이 고후점(高厚點)이고 형이 고만흥(高萬興)이라 했다. 고만세가 1728년에 병과에 합격하고 1734년 8월 8일 예도가 처음 등장한다.

모원의의 《무비지》와 다른 계통에서 《무예도보통지》에 기록됐지만 〈조선세법〉과 〈예도〉의 검결이 같다는 것은 조선세법이 다른 갈래에서 전승되어졌음을 반증하는 것이다. 이는 조선세법이 한민족의 검법임을 입증하는 것이다[231] '銳刀(예도)'는 '조선세법'에서 파생된 것으로 한민족 무예사의 아픈 상흔이다. '銳刀(예도)'라는 이름은 매우 형이하학적이다. 한민족은 '劍(검)'의 문화에서 '刀(도)'의 문화로 발전했다. 임진왜란 당시 해전을 그린 〈조선역해전도〉를 보면 '검'을 많이 사용하고 있다. 조선 중기 '刀(도)'를 상용하면서 칼의 모양에서 '刀'자를 취하여 '예도'라는 이름을 사용했을 가능성이 크다. 만일 '劍(검)'의 시대였다면 '藝劍(예검)'이라 했을 것이다. 무비지의 조선세법은 '검'이다. '예도'는 군사용으로 사용하기 위한 '예명'이지 조선세법 본래의 명칭은 아니다. 본국검을 신라의 검법이라 기록한 것은 신라보다 강성했던 고구려나 백제의 역사를 지우고 신라의 입장에서 기록했기 때문으로 사료된다.

문인이었던 한교는 중국의 장수 허유격의 도움을 받으며 《무예제보》를 만들었으나, 明(명)의 무술 위주로 작성하였고 조선의 무예는 편입되지 않았다. 조선의 무예는 자체적으로 존재하기에 조선에 없는 중국무예를 기록하는 것이 더 중요했으리라 생각된다. 그러나

....

229 1728년 병과에 합격하고 1734년 8월 8일 예도가 처음 등장한다.

230 銳刀則高萬興之父後漸 未知學於何處 而其術甚奇 故仍以敎他人今爲十八餘人矣.

231 임성묵, 《본국검예》 1권 〈조선세법〉, 도서출판 행복에너지, 2013, 208쪽.

한교가《무예도보통지》에 조선은 궁술 하나만 있다고 기록하다 보니 마치 조선에는 검술이 없는 것으로 후대에 오인하게 됐다. 임진왜란 때의 전도를 보면 조선 군영에 槍(창)·劍(검)·刀(도)·弓(궁) 등 많은 무기들이 그려져 있다. 무기들이 있으면 그것을 다루는 술기도 반드시 있다. 단지 기록이 없다는 이유로 우리의 무예가 없었다는 것은 성립되지 않는다. 이러한 것이 실증사학의 문제점이다.《무예도보통지》의 예도 18세는 조선에서 이미 조선세법을 수련하고 있었다는 것이고, 예도(조선세법)가 민가에서 계승되었음을 증명한다. 또한 예도 4세(태아도타세·여선참사세·양각조천세·금강보운세)는 조선세법이 제천의례와 사용되었음을 증거한다.

1) 本國劍(본국검) 繼承(계승) 및 本國劍(본국검)·朝鮮勢法(조선세법)의 복원에 관한 主張(주장)

(1) 이종림의 연구

본국검과 조선세법을 복원하기 위한 학계의 노력 일환으로 여러 편의 논문이 있다. 여러 논문에는 역사적 고찰이 대부분이며 동작구현에 관한 논문은 일부분이다. 그나마 동작구현에 관한 논문으로는 현 대한검도회 회장 이종림(1983)의 〈한국고대검도사에 관한 연구(신라본국검법을 중심으로)〉[232]가 있다.

이종림의 논문 전제를 보면,

"무예도보통지의 검보나 총도를 보면 검법의 운용만 순서에 따라 대충 그려 놓았을 뿐이고 세법에 관한 자세한 설명이 없어 그 전체의 묘를 터득하기 어렵다. 그 이유는 이 검법이 실린 무예도보통지의 편저가 본국검법에 관해 아는 것이 적었고 또한 병법을 알고 있었던 실무자 역시 조예가 깊지 못하였던 것 같으며 도보를 그린 화공은 더 말할 나위도 없을 것이다."고 했다.

《무예도보통지》는 왕명에 의해 만들어진 것으로 무사 백동수·이덕무·박제가 등과 조선

---

232 이종림, 〈한국고대검도사에 관한 연구(신라본국검을 중심으로)〉, 성균관대학교 석사논문, 1983.

군영의 무사 조선의 천재 화가 김홍도가 참여하여 만든 것이다. 그러나 이종림은 "본국검법에 관해 아는 것이 적고 병법을 알고 있었던 실무자 역시 조예가 깊지 못하며 도보를 그린 화공은 더 말할 나위도 없다,"며 폄하했다. 이렇게 폄하한 후 이종림은 자신만의 기법으로 해석하여 본국검 원문에 없는 일본식 기법인 중단세를 3번 넣어 본국검을 창작했다. 동작 또한 본국검의 원문 동작과 대부분 일치하지 않는다. 이것은 무예도보통지의 본국검이 아닌 이종림식 본국검이다. 이렇게 만든 본국검을 대한검도회는 승단심사를 하면서 마치 제대로 된 본국검을 계승하는 것처럼 위장하고 있다. 조선세법은 왜곡이 더 심하다. 조선세법 원문과 대한검도회의 조선세법은 전혀 일치하지 않는다.

또한 이종림(1999)은 〈조선세법고〉에서 "조선세법은 검법의 형태로 보아 한 손을 쓰건 검으로는 실기가 적절치 못하게 되어 있다. 모원의는 이 검법이 원래는 중국 것이라는 점을 은근히 강조하기 위해 그림에 검을 사용하였으나 부적당한 것이 도해에 그대로 나타나 있다."[233]고 했다. 뿐만 아니라《조선세법》원문을 근거로 하지 않고 〈조선세법고〉를 "劍理(검리)와 力學原理(역학원리)에 입각해서 24세 중 8세를 실기로 해석했다."[234]고 한다. 그렇다 보니 당연히 원문과 동작이 전혀 다를 수밖에 없다. 즉 대한검도의 조선세법은 이종림의 창작물이다.

대한검도회 회장 이종림은 모원의가 조선세법에 대하여 "검법이 원래는 중국 것이라는 점을 은근히 강조하기 위해 그림에 검을 사용하였으나 부적당한 것이 도해에 그대로 나타나 있다."고 했다. 이는 조선세법이 한민족의 검법임을 주장하는 발언으로 보인다. 그러나 이종림의 "조선세법은 검법의 형태로 보아 한 손을 쓰는 것은 검으로는 실기가 적절치 못하게 되어 있다."와 대한검도 부회장 이국노의《실전우리검도》(2016)에서 "무비지 검의 그림이 이치에 맞지 않는다."는 주장은 지극히 이종림과 이국노의 개인적인 생각이다. 이러한 이종림과 이국노의 시각은 '무비지의 조선세법이 조작되었다'라는 사고와 일맥상통한 것으로 보

....

233 이종림, 〈朝鮮勢法考(조선세법고)〉, 한국체육학회지, 1999, 제38권, 제1호, 9~21쪽.
234 오마이뉴스, 2005.5.16.

인다. 이들의 주장과는 달리 무비지 그림과 검의 흐름은 매우 실용적이고 합리적이다.

이종림(1999)은 "조선세법의 명칭이 무엇이었는지도 알 길은 없다. 그러나 이 검법이 적어도 조선왕조 이전부터 이 땅에 전해 내려온 것이며 임진왜란 후에야 나라 밖에 까지 알려져 국제적인 성격을 띤 검법으로 발전하게 됐다고 볼 수 있다."[235]고 했다.

이는 조선세법이 이씨 조선이 아니라는 것을 이종림도 어느 정도 인정한 것으로 본다. 이국노도 "그림에 나오는 의복, 머리 모양이 명나라의 모양이 아니며"[236]라고 했다. 그렇다면 이는 조선세법이 明(명) 이전의 검법이라는 견해다.

그렇다면 조선세법은 언제 만들어 졌을까?《무예도보통지》의 기록을 보면 "劍是古制而可用於今腰刀(검시고제이가용어금요도) : 검은 고제이고 요즘(명나라)에는 요도를 사용한다. 事物紀原(사물기원)에 燧人作刀此刀之始(수인작도차도지시) : 수인이 처음 도를 만들어 도의 시조가 된다.《管子(관자)》에 蚩尤制劍此劍之始(치우제검차검지시) : 치우가 검을 처음 만들어 검의 시조가 된다."고 기록되어 있다. 즉 '劍'은 古制(고제)로 무비지에 검으로 그려졌다는 것은 조선세법이 상고 조선 시대의 검법임을 증거 한다. 쌍수검을 사용한 가장 오래된 기록이 '곤오검'이다. 진시황의 양날 검도 '쌍수'로 사용한다. 조선세법은 제례의 형식과 상징성을 가지고 구성한 검법으로 왕이나 군장이 사용하는 검법이다.

(2) 이국노의 연구

대한검도회 8단 이국노[237]는《실전우리검도》(2016)[238]를 통해 본국검과 조선세법의 기법

----

235 이종림, 〈朝鮮勢法考(조선세법고)〉, 한국체육학회지, 1999, 제38권, 제1호, 16쪽.

236 이국노, 《실전우리검도》, 직지, 2016, 65쪽.

237 2015.07.17. 이국노의 요청으로 장산곳(강서문화원 앞)에서 역사적인 만남을 가졌다. 조선세법과 본국검에 대한 여러 질문에 대한 답을 드렸으나 정확한 검의 용어와 개념, 세법 기법에 대하여 이해하지 못하는 것 같아 아쉬웠다. 타(打)와 격(擊)의 차이를 알아야 본국검을 이해할 수 있음을 말씀드렸다. 이 만남은 한국무예역사에 중요한 자리기에 박정진(무맥) 및 유영, 권선복, 임수원이 함께 했다.

238 이국노, 《실전우리검도》, 직지, 2016, 65쪽.

을 발표했다.

《실전우리검도》 28쪽을 보면 "예도(조선세법)이나 본국검의 근본적인 파지법이 쌍수로 이루어지고 擊·打·刺(격·타·자)중 擊(격)과 打(타)의 경우 반드시 두 손으로 하게 됐음에도 불구하고 한 손으로 잡는 검으로는 근본적으로 불가능하였기에 모원의가 쓴 《무비지》에 비해 「무예도보통지」에서는 도(刀)로 표현한 것을 보면 모원의의 실수라고 생각된다."고 했다.

위 내용은 무비지의 조선세법이 검으로 그려졌기 때문에 모원의가 실수했다는 주장이다. 즉 조선시대에는 刀(도)를 사용했기 때문에 《무비지》에 검으로 그려진 것은 조작됐다는 것이다. 그러나 《무예도보통지》의 기록을 보면, 모원의는 쌍수검법이 明(명)에 전래하지 않음을 깊이 탄식했다. 쌍수검법을 모르는 모원의가 스스로 검보를 찬술했다는 것은 불가능하다. 그 보(검보) 즉 그 비결을 조선에서 얻었다고 했으며 바다 건너에서 그 식을 얻었다(中國不但劍術不傳幷與其器而罕有之竊疑茅元儀深歎劍術不傳自撰其譜又傳其圖一則曰得其訣于朝鮮一則曰得其式于海外)고 기록한 것을 보면 모원의의 실수라고 볼 수 없다.

《실전우리검도》 28쪽을 보면 "검술을 공부한 사람이면 초보자도 「무비지」의 검의 그림이 이치에 맞지 않는다는 것은 다 알고 있는 사실인데 「무예도보통지」의 저자인 이덕무, 박제가, 백동수가 모를 리가 없었을 것이다. 그러므로 절대로 그 자료를 의심하거나 부정해서는 안 될 것이다. 여기에 참여한 200여명이 넘는 〈장용영〉무사들이 모를 리는 만무하다. 조선이 되기 전 고려 말부터는 刀(도)가 아닌 劍(검)은 사라진지 오래다."[239]고 했다.

위 내용 중 '검술을 공부한 사람이면 초보자도 《무비지》의 검의 그림이 이치에 맞지 않는다는 것을 알고 있는 사실'이라며, '검의 그림이 이치에 맞지 않다'고 이국노 개인이 일방적으로 판단하여 결론을 내렸다. 그러나 그렇지 않다. 검으로 동작을 해도 기록된 그대로 재현하는데 전혀 문제가 없다.

....

239 이국노, 《실전우리검도》, 직지, 2016, 28쪽.

《무예도보통지》의 〈수권〉 범례편에 "보군의 관복은 구도는 척시도에 의하였고 머리에 매는 수건은 급작히 꾸민 것으로 그 갈래의 종류와 모양을 이해하지 못하므로 오늘날은 모두 개혁했다(步軍官服舊圖依戚圖帕首急裝不解其色樣今皆釐改)."[240]고 했다.

위 글은 박제가를 비롯한《무예도보통지》제작에 참여한 사람들은 '무비지의 그림에 있는 머리띠와 관모 그리고 허리띠의 그림(비표)을 이해하지 못해 새롭게 그렸다'고 솔직하게 고백했다. 무비지의 원본에서 중요한 비표를 배제하고 그린 것이《무예도보통지》의 〈예도(조선세법)〉다. 그런데 예도를 진본으로 보고 무비지의 조선세법을 조작으로 본다면 본말이 전도된 것이다. 무예도보통지의 예도로 조선세법을 복원한다는 것은 어불성설이다. 왜냐하면 관모와 머리띠 그리고 허리띠에 검의 기법이 숨겨져 있기 때문이다. 그러나 예도에서는 하나의 관모로 모두 통일시켰기 때문에 무예도보통지의 예도를 바탕으로 복원하면 정확한 동작구현이 불가능하다.

《무예도보통지》의 〈수권〉 범례편에 "예도는 이미 모씨의 세법으로 도보를 만들었으니 지금 연습하는 보와 아주 다른 까닭에 부득불 금보로써 별도로 총보를 만들었다. 또 모설해를 별도로 만들어 이미 익힌 자는 배운 것을 잊지 않게 하며 아직 익히지 아니한 자는 이런 책이 있음을 알게 했다(銳刀旣以茅氏勢法爲圖譜而與今連習之譜逈異故不得不以今譜別作總譜又別作茅說解使己習者不廢所學未習者知有所本)."[241]고 했다.

위의 내용은 淸(청)에서《무비지》를 입수하기 전에 조선에서는 이미 '예도'를 하고 있었다는 것이다. 박제가는 예도가 〈조선세법〉에서 파생된 것임을 알고 술기를 비교해보았지만 많은 차이가 있는 것을 알게 된다. 그래서《무예도보통지》에 수련해왔던 예도를 그대로 기록했다. 본국검도 마찬가지다.《무예제보》에 〈본국검〉의 기록은 없었지만 예도처럼 조선의 군영에서 전해져 내려왔는데, 조선세법을 보고나서야 본국검이 조선세법에서 파생된 것임

240 임성묵,《본국검예》1권 〈조선세법〉, 도서출판 행복에너지, 2013. 226쪽.
241 임성묵,《본국검예》1권 〈조선세법〉, 도서출판 행복에너지, 2013. 227쪽.

을 알게 된 것이다.

《실전우리검도》 65쪽을 보면 "도보의 문자가 한문으로 기록됐으나 이를 표현한 자세의 그림은 조작의 의심이 간다. 우선 「조선세법」은 洗法(세법)·擊法(격법) 위주의 勢法(세법)으로 그림처럼 양날의 중국식 칼이 아니라 한쪽 날로 된 刀法(도법)이라는 것이다. 또한 그림에 나오는 의복, 머리 모양이 명나라 모양이 아니며 두 손으로 하는 도법으로 한 손으로 하는 중국의 劍法(검법)에는 이치상 전혀 맞지 않는다. 따라서 「조선세법」은 격법·자법·세법을 기초로 하여 24세를 만들었다. 또한 「조선세법」은 두 손으로 하는 刀(도)로 할 수 있는 격법과 세법 위주로 된 한국토종으로 보아야 하며 중국의 한 손 검법과는 전혀 다르다. 勢法(세법)은 근본적으로 이치가 문제가 되며, 양날의 검인 경우 요략·찬격·전격·교격 등을 할 수 없다."[242]고 했다.

위 내용은 '격법' 위주의 대한검도회의 검리로 보면 조선세법이 당연히 이치에 맞지 않는다. 그렇다고 섣불리 모원의가 '刀(도)'를 '劍(검)'으로 바꾼 것으로 조작이 의심이 간다는 주장은 역사에 대한 오만이다. 이국노는 조작의 근거 중 하나로 "勢法(세법)은 근본적으로 이치가 문제가 되며, 양날의 검인 경우 '요략·찬격·전격·교격' 등을 할 수 없다."고 했다. 이것은 勢法(세법)과 洗法(세법)의 차이를 전혀 모른다는 것을 자인한 것이다. 유감스럽게도 위 기법들은 洗法(세법)을 알면 초보자도 양 날의 검과 한 날의 도를 가지고 쉽게 할 수 있는 기법들이다. '격법'만 알기에 '격법'의 시각으로 '洗法(세법)'을 勢法(세법)으로 판단한 것으로 사료된다.

《실전우리검도》 385쪽을 보면 "본국검은 격법과 타법을 절반씩 넣어 총도를 만들었다. 즉 전기세를 기본으로 이전은 격법 이후는 타법으로 이어졌다."[243]고 했다.

....

242 이국노, 《실전우리검도》, 직지, 2016, 65쪽.
243 이국노, 《실전우리검도》, 직지, 2016, 385쪽.

본국검은 전기세를 기점으로 앞부분의 동작은 '擊(격)'의 기법으로 구성되어 있다. '打(타)'의 기법은 발초심사세가 유일하다. 그 뒤의 동작은 '洗(세)'법인 좌요격세와 우요격세 2개의 洗(세)와 '殺(살)'법으로 구성되어 있다. 이국노의 주장을 보면 '打(타)·擊(격)·洗(세)·殺(살)'의 정확한 개념과 기법을 이해하지 못하고 있다. 또한 대한검도의 파지법은 타법에 적합하도록 검병을 잡은 우수와 좌수의 간격이 벌려져 있는 일본식 '양수법'이다. 본국검과 조선세법의 격법과 세법에 적합하도록 우수와 좌수를 붙여 검병을 잡는 '쌍수법'과 다르다. 파지법이 다르면 칼과 몸의 움직임이 다르게 된다. 본국검의 劍路(검로)는 '本(본)'자 형태로 구성되어 있다. 금계독립세 이후 '左一廻(좌일회)'를 넣은 이유는 '本(본)'자의 구성을 위한 검로 구성과 관련이 있다. 조선세법도 같은 회전방식이다. 그러나 대한검도회는 원문에 있는 '좌일회'를 하지 않는다. 〈쌍수도〉 원문에 '轉身(전신)'이라 했다. 〈쌍수도총도〉에서는 '회전'의 표식이 생략되었지만 실연에서는 회전을 한다. 즉 이국노의 《실전우리검도》는 전제가 잘못되었으며, 잘못된 전제를 바탕으로 창작된 이국노식 조선세법과 본국검에 불과하다. 본국검의 해석과 검로의 움직임도 전반적으로 이종림의 본국검과 크게 다르지 않다.

쌍수검법이 중화에서 실전되고 明(명) 대 당시에 편수 검법만 있었다보니, 모원의가 《조선세법》 원문이 刀(도)로 그려졌는데, 劍(검)으로 조작했다고 생각한 것이다. 明(명) 대에는 '검'보다 '도'를 더 많이 사용했다. 모원의가 조작하려 했다면 오히려 '刀(도)'로 그렸을 것이다. 편수만 알던 모원의가 쌍수로 조선세법을 조작했다면 조선세법은 쌍수로 재현될 수 없다. 그러나 반대로 쌍수로 조선세법이 모두 실행이 된다면 조작되지 않은 것이다. 무비지의 조선세법을 정확하게 이해하면 양날의 검을 가지고 조선세법을 자유자재로 구사할 수 있다. 이국노가 수련한 일본검리로는 도저히 조선세법을 구현할 수 없기 때문에 원문이 조작됐다고 주장하는 것으로 사료된다.

이종림(1999)은 "《검도의 발달》이란 책의 저자인 일본의 下川潮(하천조)는 《무비지》를 인용하여 조선의 검법은 양날의 칼을 사용하였으니 擊斬(격참)을 주로 하는 일본검도와는 차이가 있다."[244]고 했다.

이는 일본검도의 擊法(격법)과 조선세법의 기법이 검으로 인해 다르다는 주장이다. 이것은 당연하다. 조선세법은 쌍수로 검을 사용하지만 격법·자법도 있으며 세법을 주로 하는데 어떻게 일본의 검리와 같겠는가?

모원의가 살던 明(명) 대에는 검을 한 손으로 사용하는 편수법이 주를 이루었다. 그로서는 조선세법의 쌍수법을 보고 무척 놀랐던 것이다. 그리고 조선이 쌍수법을 가지고 있는 것에 자존심이 상했을 것으로 사료된다. 그래서 중화에서 잃어버린 곤오검을 조선에서 찾았다고 한 것이다. 그러나 무예도보통지 편자들은 반대로 '중화에 검술이 없는데 모원의가 조선세법을 어찌 만들 수 있겠는가'라고 했다. 당시에 중화와 조선은 모두 '刀(도)'를 중심으로 사용했기 때문에 모원의가 조작하려 했다면, 오히려 '검'을 '도'로 바꿨을 것이다. 영·정조 시대 군영에서 '검'을 사용하지 않고 '도'를 주로 사용하기 때문에 '검'을 '도'로 바꾼 것 뿐이다.

《실전우리검도》 72쪽을 보면 "대한검도회 이종림은 검도승단시험에 2015년에는 검도심사 5단 이상에 응시할 경우 심사항목으로 조선세법을 넣게 된다. 그러나 일본검도 승단 과정에 양념식 첨가보다는 독립적인 체계가 되어야 타 단체의 비아냥거림을 없앨 수 있을 것이다."[245]고 했다.

이는 현재의 대한검도회는 일본검도라는 것을 시인한 것이다. 대한검도회에서 행하는 본국검과 조선세법은 수련하려는 목적이 아닌 일본검도의 양념 정도라는 것이다.

한편, 이국노는 김재일·허일봉(2000)의 《조선세법》에 대하여 "연변교포 중 허일봉 연변대 교수가 김재일 선생과 함께 만든 《조선세법》을 저술했으나 중국식 해석으로 치우쳐

....

244 이종림, 〈朝鮮勢法考(조선세법고)〉, 한국체육학회지, 1999, 제38권, 제1호, 16쪽.
245 이국노, 《실전우리검도》, 직지, 2016, 72쪽.

진 것이 유감이며 풍습에 한계가 있는 것으로 사료된다."[246] 했으며, "그 내용이 중국의 학자 마명달의 글과 세법의 근원을 수호지, 초한시대, 삼국지 등에서 인용하였기에 순수 우리나라 것에 대한 인식에 문제가 있다고 본다. 이는 고 허일봉이 중국사람 때문이라고 사료된다."[247]고 했다.

즉 배달국무연구원장 김재일은 대한검도 8단의 최고수였다. 그러나 대한검도가 일본의 검도임을 알고 나서 정체성을 찾아 대한검도회를 탈퇴한 인물이다. 김재일이 연변대 허일봉 교수의 도움을 받아 복원한 조선세법[248]이 '중화식으로 복원되었다'고 평한 것이다. 실제로 김재일의 조선세법과 본국검은 원문과 많이 다르고 중화의 기법으로 해석됐다.

(3) 김광석의 연구

재야에서는 김광석 선생의《무예도보통지실기해제》[249]와《본국검》[250]을 통해 본국검의 동작을 발표했으나, 중화식 편수로 해석하여 원문과 동작이 전혀 일치하지 않는다.

무예 24기 최형국 박사의 본국검 동양상은, 경당의 임동규와 18기의 김광석류와 같다. 본국검의 안자세와 직부송서세, 좌요격세와 우요격세, 용약일자세와 우찬격세의 방향이 바뀌었다. 그럼으로써, 勢(세)와 勢(세)가 연결된 간결한 회전이 팽이처럼 빙빙 돌게 됐다. 그 결과 실전의 중후함과 무게감, '중직팔강시이유'의 검리가 사라진 劍舞(검무)가 됐다. 24반은 무비지에 기록된 조선세법은 해독하지 못한 관계로, 검로 중간에 갑자기 여선참사세로 칼을 하늘에 던지고, 진중에 들어와 무릎 꿇고 양각조천세를 하는 예도총도를 중심으로 시연한다. 쌍수도와 제독검도 방향을 찾지 못한 관계로 오류가 있다. 특히 왜검류 4류는 전혀 해독하지 못했다. 본국검과 조선세법이 제대로 복원됐다면 그 기법 그대로 적을 맨손으로 제압하는 체술이 구현된다.

....

246 이국노, 《실전우리검도》, 직지, 2016, 54쪽.

247 이국노, 《실전우리검도》, 직지, 2016, 71쪽.

248 김재일 · 허일봉, 《조선세법》, 화산문화, 2000.

249 김광석, 《본국검》, 동문선, 1987.

250 김광석, 《본국검》, 동문선, 1987.

(4) 이재식의 연구

이재식은 "본국검은 일제 강점기 때 독립운동을 하던 조부(이현길)를 거쳐 부친(이덕선) 그리고 자신이 10세 때부터 수련하여 50년을 계승한 3대 가전무예라 주장한다. 또한 무예도보통지에 그림으로 소개된 본국검총도의 동작을 제대로 할 수 있는 사람은 이대산 회장이 유일하다."[251]고 했다. 그러나 세계종합무술대회창건 국책연구보고서에 이재식의 본국검[252]은 복원도 아니고 전승무예도 아닌 창시무술로 명확하게 규정되어 있다.

이재식의 주장에 몇 가지 의문이 있다. 첫째, 과연 3대째 가문에 계승된 본국검이 신라 때부터 전승됐다는 것인지? 아니면 조부 때부터 전승된 것을 신라 때부터 전승된 것이라 주장하는 것인지? 둘째, 본인만 할 수 있다는 본국검총도가 가문에 전승된 것인지? 그리고 그것이 무예도보통지의 본국검총도와 같다는 것인지? 아니면 다르기 때문에 자신만 할 수 있다는 것인지? 셋째, 만일 본국검총도가 무예도보통지의 것과 같다면 24반무예와 18기에서 재현한 것과 무엇이 다른지? 넷째, 과연 본국검총도는 본국검보를 연결한 것으로 본국검보를 해석하지 못하면 안된다. 현재 이재식이 재현한 동작이 본국검보의 원문과 맞는지?

최영란과 이재식이 공저한《본국검도》교본을 보면《무예도보통지》의〈본국검〉과 차이가 크다. 그렇기 때문에 이재식의 주장처럼《무예도보통지》의 기록과 일치하는지 객관적으로 인정할 수 있는 자료와 함께 3대 계승에 대한 증거를 학계와 무예계가 제시해야만 그의 주장이 설득력을 갖게 될 것이다. 또한 이재식은 영문의 'BONKUKKUM(본국검)'[253]으로 상

....

251 세계일보 2016.11.08. 인터뷰 정연찬 기자.

252 세계종합무술대회 창건연구 2009.12. 연구수행기관.체육과학연구원.서울대학교스포츠연구원. 90쪽.

253 2015.6.19. 이재식 대표는〈귀 단체에서 신청하신 '대한본국검예협회' 상호 표기는 본 사단법인이 명칭 및 상호 지적재산권을 등록하여 사용 중인 표기다. 만일 상호를 사용할 경우 부정경쟁방지법과 지적 재산권에 의한 민. 형사상의 책임을 엄중히 물을 것을 경고한다.〉는 내용증명을 보내왔다.
이에 대해, 2015.6.8.일〈'본국검'이란 명칭은 18기, 24반 무예, 대한검도, 해동검도에서도 오래전부터 사용되어 왔다. 검을 수련하는 많은 단체에서 인터넷에 올린 본국검(본국검도)의 동영상도 무수히 많다. 이처럼 '본국검'의 명칭은 신라시대부터 전래되어 조선시대 영정조가 지으신 무예도보통지에 '본국검'이란 명칭으로 수록되어 있고 그 밖에 옛 문헌에도 '본국검'이 수록되어 있다. '본국검'이란 개념은 국어사전에 '신라시대 화랑도들을 중심으로 무술을 연마하기 위해 사용한 우리 고유의 검술'로 명확하게 정의되어 있다. 본국검의 한글 명칭은 고유명사로 상표로 등록될 수 없다. 실제로 이재식의 특허출원보다 앞서 1996.9.17. 김영수, 1996.11.16. 정낙석·나한일도 '본국검도'를 출원하였으나 모두 특허등록이 취소됐다. 이재식은 '본국검'을 등록하는 방법으로 영문 'BONKUKKUM'과 이를 읽는 소리로 '본국검'을 밑에 병기하여 2005.2.16.일 출원하여 2006.11.9.일 상표등록된 것이다. 이것은 순수 한글 '본국검'에 대한 특허가 아니다. 그럼에도 특허권을 행사하는 것은 상표법 6조 1항

표등록을 했다. 영문으로 상표등록 후 누구나 사용할 수 있는 한글로 된 본국검의 명칭을 무예계가 사용하지 못하게 행사하고 있다. 이는 일개인이 전통을 독점하려 것으로 한국무예 발전에 바람직하지 않은 처사다.

2) 武藝研究(무예연구)의 현실

세계일보에 '무맥(2019)'을 43회 연재한 박정진 교수는 "무맥을 연재할 때는 단절된 전통무예를 찾을 수 있다는 희망이 있었다. 전통무예에 대한 긍정적인 기대는 무예 고수들을 취재하면서 실망으로 변했다. 한국의 전통무예가들은 중국과 일본무술에 기대어, 무예도보통지를 부분적으로 복원하는 정도였다. 무예도보통지의 일부분을 복원하고도 전체 복원을 한 것처럼 선전하는 무예인도 있었다."고 취재과정에 본국검의 전승은 단절되고 복원도 이루어지지 않음을 확인했다.

또한 "무예의 비결인 검결(劍訣:칼의 노래)의 해석이 중요하다. 검결은 동양무예의 핵심이다. 무예동작에 붙여진 이름이지만 그것에 무술에 비밀이 숨겨져 있다. 특히 조선세법이 중요하다. 그 숨겨진 내용을 알아내지 못하면 무술의 정수를 찾았다고 말할 수 없다."[254]고 밝혔다.

필자 임성묵의《본국검예》1권〈조선세법〉(2013)은 무비지를 바탕으로 조선세법을 복원했고,《본국검예》2권〈본국검〉(2013)은 무예도보통지를 바탕으로 복원했음을 밝혔다. 본국검은 조선세법에 근간을 두기에 본국검과 조선세법에서 같은 검결은 같은 동작이어야 한다. 그러므로 조선세법을 알지 못하면 본국검을 복원할 수 없다. 특히 조선세법에서 가장 중요한 것은 검결이다. 검결을 해독하지 못하고는 복원할 수 없다.《본국검예》1·2권에는 조선세법과 본국검의 검결에 담긴 상징과 비밀을 해독하고 원문의 해석이 어떻게 되었는지 자세히 설명했다.

1호·2호·3호·5호에 위반된 것이다.〉고 답변을 했다.

254 박정진,〈이제는 무문시대를 열어야 할 때〉무예신문, 2016.11.25.

본국검과 조선세법의 복원을 주장하는 무예단체들마다 해석과 동작이 각기 다르다. 복원된 전통무예의 완성도를 확인할 의지만 있다면, 정부와 학계가 각각의 연구물과 실기를 비교함으로서 충분히 확인할 수 있다. 그러나 정부와 학계는 검증을 하지 않고 있다. 복원무예가 정립될 수 있도록 정부와 학계가 나서주길 기대한다.

이에 대하여 서울대학교 나영일 교수는《전통무예의 현황과 과제》(1994)에서 "문화체육부에서 공인하여 생활체육지도자를 배출하는 단체 중 상당수의 전통무예단체에서는 한권의 서적도 갖추지 못한 상태에서 지도자와 수련생이 지도와 학습을 하는 등 학문적 뒷받침 없이 이루어진 사상누각의 모습을 하고 있는 것이 오늘의 현실이며, 정말로 이러한 분야를 연구해야할 국기원이나 군 기관 또는 전신문화연구원과 같은 곳에서 우리의 전통무예를 깊이 연구하고 있지 못한 실정이다."고 했다.

지금도 마찬가지다. 나영일 교수가《전통무예의 현황과 과제》를 통해 지적한지 24년이 지났어도 대한본국검예협회 외 책 한 권을 제대로 낸 단체는 없다.

이것이 우리 전통무예의 현실이다. 우리가 우왕좌왕하는 사이 중국과 일본[255]은 조선세법이 중국의 검법이라고 끊임없이 지금도 학술적으로 역사를 왜곡하고 있다.

무비지 기록에 의하면 일본에 상서가 있다며 다음과 같이 기록했다.

"구양수의 日本刀歌(일본도가)에 서복이 갔을 때, 焚書(분서)를 하지 않았기 때문에 逸書百篇(일서백편)이 지금 일본에 남아 있는데, 이것이 중국에 전해지는 것을 엄하게 금지하고 있다. 그래서 古文言(고문언)·書經(서경)이 세상에 드러나지 않아 아는 사람이 없다. 그러나 고본이 서복이 가지고 가서 일본에 지금 있다는 말이 있다."[256]

---

255 일본 츠쿠바 대학의 '마즈다 유자'는《중국무술사》를 쓰면서《조선세법》을 중국무술이라 기록함.
256 日本之尚書:歐陽脩日本刀歌徐福行時書未焚逸書百篇今尚存令嚴不許傳中國擧世無人識古文言書經古本徐福攜去尚在日本蓋託言也

구양수의 기록은 일본에 조선세법이 있다는 기록이다. 조선세법 24세를 하나의 세로 단락 지으면 24개의 검법이 된다. 일본의 고류검술이나 거합술이 한 단락의 검형을 마치고 발을 뒤로 빼면서 피를 터는 형식은 조선세법의 '퇴보군란'의 형태로 보인다. 그 밖에 몇몇 동작은 조선세법 동작과 흡사한 기법이 있다. 만일 일본이 조선세법을 가지고 있다면 조선세법 24세에서 일부 동작을 취하였거나 변형했을 가능성이 있다. 24세 전체의 연결동작이 보이지 않는 것으로 보아 일본도 실전되거나 해독을 못했다. 구양수의 생각처럼 일본에 조선세법이 있다면 일본검도의 시원이 조선임이 밝혀지는 일대의 사건이다.

日本(일본)은 또 하나의 百濟(백제)

1) 日本(일본)의 實體(실체)

(1) 倭(왜)의 뜻

倭人(왜인)은 신체가 작고 순종한다는 뜻이다. '倭'(倭)'의 '委'는 '禾+女'다. '禾는 벼가 익으면 머리를 숙인다'는 개념으로 왜인들이 머리를 조아림을 나타내며 '女'자는 두 손을 공손히 하고 무릎을 꿇고 절(跪)하는 자형이다. 《說文解字(설문해자)》에 '委隨也(위수야)', 《後漢書(후한서)》에 委質爲臣(위질위신)라 했다. '委(위)'는 '순종과 신하가 허리를 '굽힌다'는 뜻으로 '委(위)'자의 개념이 명확하다. 매사에 무릎을 꿇고 절하며 친절한 일본인의 문화에 '倭(왜)'의 속성이 들어있다. 矮小(왜소)하다는 한자의 '矮(난장이왜)'는 '矢(활) 정도의 크기'라는 것이다. 矬(난쟁이왜)는 신체 자체가 작다는 것이다. 이처럼 상고시대에는 '활'을 통해 사람의 크기를 비유했다. 동이족은 활보다 크니 '夷(이)'자를 쓴 것이다. '矬(난쟁이좌)'는 '矮(난쟁이왜)'와 같은 뜻을 가진 글자다. '孬(좋지않을왜)·歪(바르지않을왜)·喎(물을왜)'자에 일본 문화의 특징이 담겨 있다.

(2) 일본의 三足烏(삼족오) 神化(신화)

고조선 天孫族(천손족)은 만주에 살던 고구려·백제·신라계의 騎馬(기마)민족으로 이즈

모(出雲)²⁵⁷라 한다. '出'자를 いず(いづ:이쭈)로 읽는 것은 숨겨져 있던 것이 현재 새로이 나타나 있음을 뜻한다. '있다'에서 '이쭈-いず'의 훈독이 됐다. '雲(운)'자는 '구름'에서 '굴음-구음-굼-구모-くも'의 훈독이 됐다. 즉 '이즈모'는 '구름(하늘)에서 나온 민족'이라는 뜻으로 민족은 단군의 후손을 가리킨다. 당연히 고조선으로부터 계승된 새의 상징인 삼족오 신앙이 그대로 일본에 전래된 것이다. 《倭名類聚抄(왜명유취초)》(귀족의 한자사전,938)에 "陽烏(양오:태양 까마귀)는 역천기에서 말하기를, 해 가운데 세 발 가진 까마귀가 있는데 붉은 색이며, 지금 안문서에서는 이를 '양오'라 일컫고, 일본기는 이를 두팔지오라 일컫는데, 전 씨 사기에서는 야태가량수라 한다."고 했다. 頭八咫烏(두팔지오)는 신무천왕이 새로운 나라를 찾아 이동할 때 길을 안내한 새를 말한다.

《三國遺事(삼국유사)》 권1 〈射琴匣條(사금갑조)〉에 "까마귀가 비처왕을 인도하여 못 속에서 나온 노인으로부터 글을 받도록 했다. 비처왕은 '거문고 갑을 쏘라'는 글의 내용을 보고 宮主(궁주)와 잠통한 내전의 焚脩僧(분수승)을 처치했다."²⁵⁸는 기록이 있다. 여기서 '까마귀'는 사람으로 보아야 한다. 즉 延烏郎細烏女(연오랑세오녀)는 '사람'이지 '까마귀'가 아닌 것처럼 비유적으로 표현한 것이다.

"진신의 난에서 야마토 정권의 귀족은 몰락하고 승리한 오아마가 텐무로 등극하면서 텐노의 힘을 바탕으로 텐노중심 국가가 급속히 자리 잡았다. '왜' 대신 '일본'으로 바뀐 것도 이때였다."²⁵⁹ '國(국)'의 음독은 '나라'다. 일본의 '奈良(나라)'²⁶⁰가 우리 음가의 이두 한자다. '奈=大+示'로 '태양(大) 신(示)'이란 의미다. '良(량)'은 젊은 호랑이다. 즉 '태양 신, 새'란 뜻이 된

---

257 윤광봉, 《일본 신도와 가구라》, 태학사, 67쪽. 고대이즈모는 해양국가다. 우리고어에서 친척을 아잠이라고 한다. 이즈모는 바로 아잠이 변해서 이뤄진 말이라고 한다. 이즈모는 스사노오와 그의 일족이 개척한 왕국이다. 다라서 건국 단계에서부터 신라와 관계가 깊다. 이로 볼 때 신라의 태양신 신앙이 히노마루로 된 것이 아닌지 의심해 본다.

258 《한국민족문화대백과》, 한국학중앙연구원.

259 전국경사교수모임, 《처음 읽는 일본사》, (주)휴머니스트 출판그룹, 52쪽.

260 일본 긴키(近畿) 지방 나라 현(奈良縣)의 북부에 있는 현청 소재지. 지명은 한국어의 '나라(國)'와 '토지'라는 뜻의 나라스에서 유래됐다고 한다. 교토(京都)로 천도하기 전까지 70여 년간 나라 시대의 수도였다.

다. '나라'라는 의미가 태양의 상징인 삼족오가 하늘 높이 '나라' 오른다는 개념임을 알 수 있다. 지금 우리는 신화를 잃어버리면서 우리 한민족 신을 잃어버렸다.

(3) 일본 천왕가의 혈통

아키히토 일본천왕은 2001년 1월 68세 생일 기자 회견에서 "나로서는 간무천왕의 생모가 백제 무령왕의 자손이라고 《속일본기》[261]에 기록되어 있는 것에서 한국과의 인연을 느낀다. 무령왕은 일본과 관계가 깊고 이때 오경박사가 대대로 일본에 초빙됐다. 무령왕의 아들 성명왕(성왕)은 일본에 불교를 전해준 것으로 알려져 있다."고 하여 이례적으로 백제와의 혈통관계를 밝혀 주목을 받았다. 일본에 산신을 맞이하는 산인(山人)춤은 도래계 씨족을 매체로 和氏舞(화씨무)가 됐다. '화(와:和)'씨는 백제계의 귀화족이었다. 천왕이 밝혔던 桓武天皇(간무천황)[262]의 어머니가 바로 화(와:和)씨다.[263] '桓(환)'자와 '干(간)'은 같은 뿌리의 음가다. '伊伐干(이벌간)·角干(각간)·居瑟邯(거실한)=居西干(거서간), 舒發翰(서발한)=서불한(舒弗邯)'이다. 즉 '干(간)·汗(한)·旱(한)·翰(한)·韓(한)'은 모두 같다. 이 한자의 특징과 음가는 모두 '해·불·빛'의 상징을 가진다. 한민족은 한자에 따라 각기 다른 의미를 여러 '음가'로 사용했기 때문에 오랜 세월이 흘러가면서 변화됐다. 이러한 형식이 잘 보존된 것이 일본의 훈독이다.

운광봉(2009)은 "慶福(경복)은 의자왕의 아들 禪廣(선광)의 3대 손으로 백제가 멸망할 때 풍장과 함께 일본으로 이주해왔다. 豊璋(풍장)은 일본의 지토천황으로부터 백제왕이라는 성을 받고 오사카나니와에서 살았다. 경복이 육오수로 부임했을 때 도다이(動大寺) 대불주조를 위해 금을 헌상했다. 이로 인해 750년에 자신이 지은 백제사를 氏神(씨신)으로 백제왕

---

261 《속일본기》는 793년 당시 간무 천황이 펴낸 역사서로 간무 천황의 어머니가 백제 무령왕의 직계 후손인 화씨부인이라고 적고 있다.

262 간무천황은 헤이안 시대의 제50대 일본 천황이다. 어머니가 백제계 도왜인(일본으로 건너간 사람)이다. 794년에 수도를 교토로 옮겨 헤이안 시대를 열었다. 그는 헤이안의 도성 조영과 동북 지방의 에미시를 평정하는 데 힘을 기울였다. 또한 부 조직과 기능을 적극적으로 개선했고, 현실주의적 입장에서 율령제를 재편하여 전제적 친정 체제를 시도했다.(네이버 지식백과)

263 윤광봉, 《일본 신도와 가구라》, 태학사, 2009, 49-50쪽.

경복이 백제왕신사를 만들었다. 제신은 牛頭大王(우두대왕)으로 스사노모가 소시모리에 내려왔다는 기록에 의한 것으로, 소는 牛(우). 모리가 머리인 頭(두)의 한국어임을 나타내 도래계임을 당당히 표시했다."[264]

일본은 660년 羅唐(나당)연합군에게 패망한 백제의 역사를 안고 태어났다. 백제 망명정부가 힘을 합쳐 세운 왕국을 日本(일본)이라 했다. 백제가 멸망한 이후 福信(복신)·黑齒常之(흑치상지)·道琛(도침)을 중심으로 한 인물들은, 661년 1월 일본에 있던 의자왕의 아들 부여풍(扶餘豊)을 옹립하고 백제부흥운동을 꾀한다. 662년 5월 왕자 豊(풍)은 170척에 2만7천의 군사를 이끌고 왔지만 백촌강 전투에서 나·당연합군에게 패한다. 반격을 두려워 한 일본은 쿠슈에 성을 쌓고 수성을 준비한다. 이로써 일본은 한반도에서의 영향권을 잃게 된다. 百濟(백제)라는 국명의 百(백)은 일(一)+백(白)으로 '하나의 태양이 밝게 비춘다'는 의미고 '濟(제)'는 '물을 건넌다'는 뜻이다. 즉 산동반도와 한반도·일본을 연결하는 '해양왕국'이라는 개념이 백제라는 국명에 내포되어 있다. 백제멸망 후, 새로운 나라의 이름을 지으면서 해의 상징을 취하여 일본이라는 국명을 만들었다. 즉 일본은 백제의 새로운 이름으로 봐야 한다.

倭列島(왜열도)의 문화는 신석기시대 한반도에서 분리된다. 당시 倭(왜)는 원주민 아이누족이 거주했다. 이때를 繩文文化(조몬문화)라 한다. 그러나 2500년 전 일본에 야오이 토기와 비파형동검, 쌀이 등장한다. 그리고 원주민인 조몬인이 약 10만명이었는데 갑자기 50만명의 인구로 폭증한다. 이 시기는 고조선이 망한 때다. 즉 고조선이 망하자 대거 倭(왜)로 이주하여 최초로 쌀농사를 왜(요시노가리)에 전파하고 彌生文化(미생문화:야요이문화)를 만들었다. 한반도에서 왜로 대거 이주한 최초의 역사다. 일본에 고조선의 문화가 잘 보존된 이유다.

고구려·백제·신라에서 정치적으로 망명하거나 또 다른 이유로 이주한 한민족에 의하여 형성되어졌다. 특히 백제의 멸망 이후에는 약 30만명 이상의 백제인들이 일거에 왜로 이주

---

264 윤광봉, 《일본 신도와 가구라》, 태학사, 2009, 65쪽.

했다.

김용호(2005)는 "고려 말에 여몽연합군이 일본원정에 나섰던 적이 있고, 왜구가 고려의 해안을 수시로 드나들었으며, 왜구 중에는 조선인도 일부 끼어있었으니 양국 간에는 어떤 형태로든 무예의 교류가 있었을 것으로 예상된다."[265]고 했다.

위 내용처럼 한·중·일은 서로 전쟁을 통해 인적 교류가 되고 《기효신서》와 《무비지》를 공유하여 무술이 서로 흡착됐다. 그렇기 때문에 실전된 우리 무예를 찾기 위해선 한·중·일 무예를 모두 비교해야 한다. 모든 무예서는 최소한 그림·가결·설명이 기록되어 있다. 조선세법의 검결과 똑같은 검결명이 중국의 창술·권법 등에 남아있다면 이것은 무엇을 의미하는가? 누군가가 처음 검결명을 지었고 그 검결명이 먼 타국에서 있다는 것은 전래되었다는 것이다. 따라서 음가와 가결을 추적하면 그 연원을 찾을 수 있다.

백제계의 세력이 일본 왕실의 주인이 된다. 오사카 동북부 히라가타에 있는 백제왕 신사는 백제의 마지막 의자왕과 신라계의 우두천왕(牛頭天王·스사노오미코드)을 함께 모시고 있다. 여기서 신라계의 우두천왕은 치우의 상징인 소머리(우두머리)를 뜻한다. 왜장들의 투구에 있는 뿔이 치우의 상징이다. 백제는 일본에 장인을 보내 검과 술기를 전파시킨 장본인이다. 《日本書紀(일본서기)》에 칼을 刀部(도부)에서 제조하고 兵法者(병법자:검술사범)가 일본으로 이주해 간 기록이 있다. 현재 일본의 正倉院(정창원) 수장고에 보관되어 있는 聖德太子(성덕태자)의 칼, 金銀鈿莊太刀(금은전장태도)·丙子椒林劍(병자초림검)·七星劍(칠성검) 등을 보면 金銀(금은)으로 鈿莊(전장)된 고도의 예술품으로 삼국의 칼이 보관되어 있다. 이 칼들의 특징은 직도가 아니라 곡도다. 언제부터 곡도가 나타났는지 정확한 고증이 어려운 상태이나 일본이 칼을 만들 때 사용하는 용어나 음가를 보면 백제계나 이주민들이 만들었을 가능성이 크다. 더구나 일본의 "스사노오가 오로치를 물리칠 때 사용했다는 칼은 '韓助(한조)의 劍(검)'이라고 기록되어 있어 이 칼이 한국계(신라계)의 칼이었다는 사실이

265 김영호, 〈무예제보번역속집의 왜검과 무예도보통지의 왜검, 교전의 비교〉, 2005.5.9.

다.[266] '韓助(한조)'는 '하늘이 돕는다'는 뜻이고 '韓(한)'은 한민족임을 나타낸다. 고구려와 신라의 검술도 부여로부터 전래된 것으로 학계는 보고 있다.

김부환(2016)은 "고구려는 부여로부터 시작된 나라였다. 그러므로 고구려의 검술도 부여로부터 나왔을 것으로 추찰된다. 삼국지의 기록은 부여의 무기가 以弓矢刀矛爲兵(이궁시도모위병)이라하여~, 부여의 刀(도)를 고구려에서도 그대로 사용했음을 更弓矢刀矛(갱궁시도모)라고 밝히고 있다."[267]며 고구려 검술이 부여로부터 전래됨을 밝히고 있다.

(4) 日本(일본)의 國號(국호)

倭(왜)가 일본이라는 국호를 사용한 것은 백제가 망한 10년 후 670년경이다.《삼국사기》에는 삼국통일을 한 670년(문무왕10) 12월에 "왜국은 나라 이름을 일본으로 고쳤는데, 그들은 스스로를 말하기를 '해 뜨는 곳에 가까우므로 이렇게 이름 하였다'고 했다."《구당서》의 〈동이전〉·〈왜국일본〉에 "일본은 왜국의 별종이다. 태양 주변에 나라가 있기 때문에 이름을 일본이라 했다. 혹은 왜국 스스로 나라 이름이 좋지 않다고 여겨 새롭게 고쳐 '일본이라 했다' 또는 '일본은 본래 소국이었는데 왜국이 땅을 병합했다'고 했다." 즉 백제가 왜국의 땅을 병합하고 일본을 식민지[268]로 만들어 국가 명을 바꾸었다는 기록이다.

....

266 김달수,《고대일조관계사》. 出羽弘明, p84-85. 出羽弘明는 21세기의 일본에 고대의 신라라는 나라 이름을 단 신사가 각지에 널려 있다는 사실을 그의 근무지에 있는 三井社(園城師)의 長吏로부터 듣고 이를 연구하게 됐다고 한다.

267 김부환,〈삼국시대 무예체육사연구〉, 동아대학교 박사논문, 2006. 153쪽.

268 응신이 일본열도로 망명하기 이전에 北九州에는 邪馬臺國(야마도)이 있었다.《일본서기》는 이 邪馬臺를 淡路(담로)라 칭했고, 비류백제의 군현을 가리키던 檐魯(담로)와 일치한다.《梁書》백제전에는 이 檐魯(談路)에 비류백제 왕실의〈子弟宗親〉이 임명되었다고 한다. 이러한 일련의 관계를 종합해 보면, 邪馬臺는 비류백제의 식민지였음을 알게 된다. 그렇지 않고서는 일본서기가 야마도를 담로(淡路)라고 하는 특이한 명칭으로 불렀을 리가 없다. 따라서 AD 100년 경에 야마도를 개설한 崇神이, 한반도에서 건너왔다고 주장한 江上 박사의 견해는, 야마도가〈淡路〉(식민지)임에서 귀결되는 당연한 결과이기도 하다. 이 숭신이야말로 비류백제에서 임명된 첫 번째 담로주(檐魯主)였고, 이점은《일본서기》의 신대기(神代紀) 복원에서 확정적으로 입증된다. 그 이후, 70년가량 지나서 母系原住倭人에 세력기반을 갖고 있던 神功皇后(鬼彌呼)가 네 번째의 담로주이던 중애(衆哀)를 죽이고 여왕 지배체제를 확립했으나, 신공사후에 양쪽의 충돌이 야기되어, 야마도의 역사는 AD 269년을 기하여 종말을 고했다.《비류백제와 일본의 국가기원》

유적으로 '야요이'시대에 조성된 북큐우슈우의 '고인돌'은 똑같은 시기의 南韓(남한)에 있던 墓制(묘제)다. 즉 한반도 남쪽에서 북큐우슈우로 이동한 것이다. 천왕궁 안에서 매년 11월 23일 지내는 천왕 新嘗祭(신상제) 때 읽는 고대로부터 전래된 황실축문이 있다. 阿知女於介於於於於介(아지매여오개오오오오개) 여기서 '아지매여(阿知女)'는 '아주머니'의 경사도 사투리다. 처녀를 뜻하는 '오미나(をみな)'는 우리말 '에미나'다. 일본의 天照大神(천조대신)은 '히루메'로 태양의 어머니(메)란 여신이다. 우리의 소리를 알지 못하는 일본은 측문을 그저 읽을 뿐이다. 불경의 축문 '옴마니밧메옴'은 산스크리트어로 '옴마니'는 우리말 '어머니'라 강상원은 주장한다.

일본 왕궁에서 제사를 모신 최고의 신은 신라의 園神(원신:そのかみ)과 백제의 韓神(한신:からかみ)이다. 신라인 이즈모족 스진천왕이 처음 다스린 국가가 '奈良(나라)'였고, 백제가 망하기 전까지의 일본 왕실은 '천황'이란 용어를 사용할 수 없었다. "風土記(풍토기)에 나오는 신라왕자 아메노히보고(天日槍)가 이주민 1호라고 일본학자 이마이케이치는 말한다. 또한 나카다 카오루(1877-1967)는 히보코의 이름으로 보아 '아메(天)'는 하늘, 히(日)는 태양, '보코(槍)'는 창'이란 뜻으로 보고 아마노히보코의 아마는 일반적으로 우리 천손민족의 고향을 가르키는 것으로 사실은 조선반도 이른바 가라구니노시마(韓鄕島), 특히 신라를 가리키고 있음은 의심할 바 없다."[269]고 해석했다. 여기에 덧붙여 일본의 훈독을 보면 '天(あま·あめ)'은 '머리 위'에서 '위머리-우머-아머-아마(아메)'[270]로 '머리 위에 있는 하얀 태양을 보고'라는 우리말이 된다. 많은 일본학자들이 한국 학자들과 일본의 초기신화에 등장하는 인물들이 신라와 가라계인 것을 이미 여러 논문과《豊前國風土記(풍전국풍토기)》을 통해 밝혔다.

"옛날 신라국의 신이 스스로 바다를 건너와서 이곳 가와라에 머물며 살았다. 그리하여 곧 이 신을 가와루의 신이라 했다."[271]

269 中田薰,《古代日韓交涉史斷片考》, 創文社, 1956, 3面.
270 김세택,《일본어 한자 훈독》, 기파랑, 2015, 865쪽.
271 吉野裕 譯,《風土記》, 343쪽.

(5) 倭(왜)로 이주한 한민족 무사집단

일본무예의 중흥기를 보면 신라명신 장보고[272]의 영향이 지대하다. 장보고가 염장에게 암살[273] 당하자 장보고의 세력과 식솔들이 일본으로 도피한다. 이들의 세력이 오늘날 일본 무예의 뿌리가 됐다 해도 과언이 아니다. 고려의 삼별초가 내륙에서 몽골에 대항하다 고려가 친몽골적인 왕실파와 반몽골 파인 자주독립 세력으로 갈라진다. 반몽골 항쟁세력이 제주도로 거점을 옮겨 1273년(원종14)까지 항전을 하다가 마침내 애월항에 있는 항파두성(북제주군)에서 여몽연합군에 의해 무너진다. 이때 삼별초의 많은 무인들이 일본으로 피신하여 이주한다. 삼별초의 항쟁이 무산되자 14세기 중반까지 고려는 원의 정치적 관리 하에 놓이게 된다. 이러한 역사적 사태가 발생할 때마다 일본으로 많은 이주민들이 건너가면서 도피한 무인들이 본토의 침공에 대비하여 무술을 연마한다. 일본에서 와신상담하며 복수의 칼을 품은 것이다.

(6) 三國(삼국)의 식민지 對馬島(대마도)

김수로왕의 아들 6형제가 지금의 김해에 있었던 任那(임나)로 정착한다. 척박한 임나에서 오늘날 對馬島(대마도)인 津島(진도)를 정벌한다. 그 후 비류천황은 임나를 점령하고 진도를 차지한다. 그리고 多勿(다물)계가 점령했다는 의미로 津島(진도)를 對馬島(대마도)로 바꾼다. 이때부터 왜 열도는 삼국의 식민지가 된다. 당시 왜열도는 시베리아에서 건너온 극소수의 아이누족·즈치구모(土蜘蛛) 그리고 작은 몸에 손발이 길고 몸에 털이 난 원숭이를 닮은 허키히토(侏儒)족이 주류였다. 이주민들의 입장에서 보면 미개하고 '왜?'라는 '난데쓰까'라는 질문을 많이 하는 '왜놈'이었다. 왜구(矮軀)의 왜(矮)는 '활보다 작다'는 의미고, '軀(구)'자의 '區(구)'자는 '구차스럽다'와 '허리를 구부린다'는 뜻이다. 왜구의 모습이 '倭(왜)'의 한자에 다 들어있다. 당시 倭寇(왜구)는 나라(國)로 인정하지 않았다. 계속되는 토벌로 전체

---

272 장보고에 대한 문헌은《삼국유사·삼국사기·신당서·속일본후기》에 기록되어 있다.

273 장보고의 사망 시기는 삼국사기에 846년 춘삼월, 일본은 841년 11월 중에 사망했다고 기록됐다. 엔닌(圓仁)의 《입당구법순례행기》에 청해진 병마사 최훈십이랑이 국란을 당해서 845년 7월에 중국의 신라방에 망명 생활을 한 것을 기록했다. 이 국란이 장보고 암살사건으로 학계는 보고 있어 841년 11월에 암살된 것으로 본다(해상왕 장보고기념사업회, 2004).

인구의 6%인 원주민만 살아남게 된다.

"아이누족 만이 유일하게 살아남은 원주민이며 전 인구의 94%의 일본인은 다 반도에서 이주해 간 이주민들이다."[274]고 했다. 이 학설에 오류가 있다는 주장에 다시 과학적 조사를 한 결과, 일본 역사학계는 벼농사를 지은 일본인 직계조상인 야요인은 4~5세경 춘주전국시대 중원대륙에서 혼란을 피해 이주한 것이라 했다. 그러나 돗토리대학의학부 이노우에 다카오연구팀이 DNA 염기서열을 확인한 결과, 현재 한국인과 천왕계의 염기서열이 똑같거나 유사하다고 발표했다. 이러한 연유로 백제가 '倭(왜)'라 멸시했던 왜 열도에 망명정부를 세우면서 '왜'라는 국호를 취할 수 없었을 것이다. 그래서 '百濟(백제)'는 해의 상징을 살려 '일본(日本)'으로 국호를 바꾼 것이다. 비록 '일본'으로 이름은 바꿨지만 조선은 여전히 '왜구'라 불렀고 지금도 일본은 한국인을 '조선인'이라 부르고 있다.

2) 倭(왜) 文字(문자)의 始原(시원)

倭(왜)는 문자를 가지지 못했다. 당연히 이주민들이 사용하던 문자를 채용했다. 왜열도로 건너간 백제는 새롭게 《日本書紀(일본서기)》(720)를 쓰면서 치욕적인 기록을 지웠다. 그렇다 보니 《일본서기》가 위서로 비난을 받고 있다. 일본은 이를 근거로 임나일본부설을 주장하고 있다. 일본의 고문서는 당연히 백제가 사용한 방식으로 기록됐기 때문에 대부분 향찰 이두식 한민족의 음가로 쓰여졌다. 《隋書(수서)》권81 〈동이전〉 왜국조에 의하면 "문자는 없고, 나무에 새긴다든지 포승을 묶을 뿐이다. 불법을 존경하고 백제를 통해 불경을 습득하여 비로소 문자를 가지게 됐다."고 한다. 《古事記(고사기)》에 의하면 "백제의 왕인 박사가 처음으로 한문과 여러 전적을 가져가 교육했다."고 기록되어 있다. 《고사기》(712)를 저술한 太安万侶(태안만려)는 백제 망명 인으로 일본에서 사용하던 언어를 한자로 기록하기 위해 고심했다. 그래서 서문에 다음과 같이 기록했다. "상고의 것은 말과 의미가 모두 소박하며,

....

274 일본학자 埴原和郎의 《原住民과 移住民의 人口比例研究》에 의하면 "왜에는 원주민 아이누족과 즈치구모(土蜘蛛) 히키히토(俀儒)라 하여 몸에 비하여 손발이 긴 족속들이 살고 있었다. 가야의 뒤를 이어 백제가 밀물 듯이 들어와 영토전쟁을 하여 원주민이 거의 토벌되어 전체 인구의 6%에 불과하게 된다. 오늘날 일본인의 94%는 한국에서 건너간 사람들의 후손들이다."

문장을 만들고 또 문구를 만들려고 하였지만, 한자로 나타내기가 매우 어려웠다. 모두 훈독하여 서술하면 말이 그 의미와 일치하지 않고, 또 이를 음독하여 서술하면 이번에는 그 내용의 문장이 너무 길어진다. 이와 같은 까닭으로 지금 하나의 구(句) 안에 음독과 훈독을 혼용하였고, 경우에 따라서는 모두 훈독으로 기록한 것도 있다."고 했다. 마치 우리의 소리를 한자로 쓰기위해 고민하는 것처럼 느껴진다.

(1) 이두문과 和語(화어) 그리고 訓讀(훈독)

《삼국유사》에 기록된 신라 향가를 토대로 8세기 이후 신라인이 향찰을 이용한 것으로 추정해왔지만, 그보다 앞선 6세기에 백제인들도 한자의 음과 뜻을 빌려 우리말을 기록하는 향찰식(이두) 표기법을 사용했다는 것이 밝혀졌다. 즉 백제가 신라보다 100여 년 앞서 향찰식 표기를 사용해왔다는 것이다. 설총이 692년(신라 효소왕 즉위년)에 이두문을 만들었다고 하지만, 설총이 이두문을 만들기 60년 전에 서동요, 100년 전 경주 남한산성비(591년)에서 이두문이 발견됐다. 향찰은 한자의 음이나 훈을 빌어 전적으로 사용한 것이고 이두문은 한자의 어순이 한국어 구문(주어+목적어+술어)으로 배열된 것이다. 둘 사이에는 차이가 있지만 학계에서는 모두 '이두문'으로 본다.

"일본에서는 고유어라는 말 대신 '고유의 일본어'라는 뜻으로 '和語(화어)'라 한다. 일본어에는 '고유'라는 말은 있어도 '고유어'라는 말을 쓰지 않고, 사전에도 실려 있지 않다. 일본어의 어원을 밝힌다는 것은 결국 '화어'의 훈독이 왜 그렇게 읽혀지는가를 밝히는 것이다."[275]

일본의 천왕은 신이기에 이름만 있고 성은 없다. 고대 일본천왕들의 시호와 이름은 한자로 되어 있다. 하지만 천왕의 이름은 중국식 한자표기로 되어 있지 않다. 그렇다보니 일본학계는 자신들이 숭배하는 천왕의 이름을 일본식 음·훈독으로 호칭할 뿐 정작 그 뜻은 여전히 알지 못하고 있다. 마치 〈영류지목록〉의 검결을 모르고 있는 것과 같다.

....

275 김세택, 《일본으로 건너간 한국말》, 기파랑, 2010, 책 머리말.

한반도에서 기원전 BC 200년경, 5세기 후반~6세기 초에 이주하다가 7세기 후반 백제가 패망한 후, 백제가 패망의 상처를 극복하고 일본을 세우고 천황[276]의 칭호를 사용했다. 당연히 역대 모든 일본천왕의 이름이 향찰과 이두로 기록될 수밖에 없었다. 지금도 일본학계는 한자로된 천왕의 이름은 읽을 수는 있어도 그 뜻을 알지 못한다. 예를 들면 제13대 '稚足彦天皇(치족언천황)'의 이름의 뜻은 '얼이 바른'의 순 우리말이다.[277]

(2) 일본의 언어는 한민족의 소리

마츠리(まつり:祭)는 일본의 대표적인 축제다. '마츠리'라는 말은 '제사를 지내다'의 명사형으로 원래는 신에게 제사를 지내는 것을 말하며 그 의식을 가리키는 말이기도 하다. 마츠리는 신을 맞이하는 집단적 군무의 축제다. 일본 전통복장을 하고 북과 꽹과리를 치며 샤이사라는 마차를 끌며 밤새 거리를 행진한다. 일본의 축제는 성스럽다. 행사의 시작과 마무리는 신사에서 한다. 마츠리는 마츠루(奉る)라는 말에서 파생된 말이다. 奉(봉)자의 어원은 세 가지로 (1)마츠우라(まつうら) (2)추카에루(つかえる:섬긴다) (3)모테나시(もてなし:대접하다)다. 奉(봉)은 신을 받드는 것으로 신을 받들어 모시는 데는 일련의 절차가 있다. 그 첫 절차가 마중하는 것이다. 마츠리는 '신을 맞이한다'는 한민족의 음가다. '오다마츠리·가다마츠리·왔소마츠리'의 소리만 들어도 우리는 무슨 말인지 알 수 있지만 일본인은 지금도 그 의미를 알지 못한다. 마츠우라는 '마주우라'의 평안도 사투리다. 추카에루는 '축하해'다. '대접한다'라는 '모테나시'는 한자로 '饗応(향응)'이다. 모테나시는 신을 '모셔나가' 향응을 드리는 것이다. 마츠리는 '맞으리'의 우리말이다. 즉 신년에 동해의 '해맞이' 풍습이 '마츠리'다. 마차행렬을 뜻하는 토사이(渡祭)의 한자 뜻은 '도래인의 제례'라는 의미다. 일본의 중요한 축제는 이주민들이 고국에서 행하던 풍습이었고 왜구는 이주민들을 신(해:하이)처럼 받들어 모셨던 것이다. '하이'나 '아리가또(ありがとう):알(해)이 뜨오(또)'다. 밤에 만났을 때 하는 인사 '곤방와(こんばんは)'는 우리말 '금방와'다. 동료와 하루 일을 마치고 헤어지며 인사하는 '마타네(またね)'와 '쟈네(じゃね)'는 '마치네·자넨'이다. 이처럼 일본의 생활 속 인사말도 우

---

276 1945년 신으로 추앙받던 천황이 승전국 미국의 맥아더에 의해 인간으로 격하되면서 '천왕'이 됐다.

277 김인배, 《신들의 이름》, 오늘, 2009, 98쪽.

리말을 알아야 의미를 알 수 있다. 토쿄 다마시의 다마강 지류에 '곱다강(こつたがわ)'[278]이 있다. 고구려인들이 모여 사는 곳으로 너무 아름다워 '곱다강'이라 불렀고 지금까지 '곱다강'으로 불려지고 있다.

(3) 일본무술용어는 고대 한민족의 설명어

"신라에서도 검술이 발달하였는데, 화랑세기의 기록을 통하여 신라에서도 고구려나 백제와 마찬가지로 검술을 수련했음을 알 수 있는 기록이 있다. ~중략~ 이처럼 신라에서는 칼날이 하나인 환두대도를 사용하는 도법의 수련을 중심으로 검법의 수련도 열심히 했다."[279]

"고구려의 고분에 보이는 칼은 주로 환두대도인데, 그 길이가 매우 길다. 백제의 劍(검)은 모두 다 단면이 볼록하게 나온 형태이며, 대부분이 날이 일자로 곧게 뻗은 직도다. ~ 백제의 궁궐에서는 刀部(도부)를 따로 설치하여 여러 가지 칼을 제작하였는데, 그중에서 일본까지 전해진 七支刀(칠지도)에 관한 기록이《日本書紀(일본서기)》에 나오는 것으로 보아서 백제의 도검 제작 능력이 빼어났다고 추찰된다. ~신라에서도 고구려 및 백제와 마찬가지로 환두대도가 많이 출토되는 것으로 보아 무기체계가 비슷했던 것으로 보인다. 단지 칼집에 작은 小刀(소도)를 부착한 것이 고구려 및 백제와 다른 형태를 보인다."[280]고 했다.

고구려·백제·신라·가야의 도검 제작이 일본에 전래된 결과, 우리의 소리가 일본에 그대로 남아있다. '劍(검)'은 '찌르기' 기법이 많다. 검을 일본어로 '츠루기(つるぎ)'[281]라 한다. 칼을 두드리는 '타타라'는 '타타탁 때려라'는 소리다. 칼 테두리를 '한 바퀴' 돌려 꽉 '鎺(조)'이는 '하바퀴'는 '한바퀴'다. '鮫(교)'는 손잡이를 상어어피로 둘둘 감'싸매'는 것으로 일본어로 '사

---

278 곱다강 주변에서는 고구려식 고분이 많이 발견됐다. 이곳 이나리즈카 고분 입구에 쓰여진 설명에 의하면 '고분의 전장은 38m, 석실 길이 7.7m, 2단 구조의 정교한 기술로 만들어진 횡혈식 석실로 한반도에서의 도래인 고구려인의 기술에 의해 축조됐다. local세계. 2018. 3.30. 이승민.

279 김부환, 〈삼국시대 무예체육사연구〉, 동아대학교 박사논문, 2006, 156~157쪽.

280 김부환, 〈삼국시대 무예체육사연구〉, 동아대학교 박사논문, 2006, 158~159쪽.

281 김세택, 《일본어 한자 훈독》, 기파랑, 2015, 96쪽.

메'다. 칼의 入口(입구)는 이두한자 '鯉口(이구)'로 썼다. '잉어가 입을 벌리고' 있는 것이다. 일본 칼의 특징인 칼끝의 '요코테'는 橫手(횡수)다. '요코테'의 음가는 鋒先端(봉선단)의 '끝'을 설명하는 '요끄테'다. '요끄테서 切先(절선)까지 쓴다'는 뜻으로 '요코테쓰지'라는 훈독이 된다. 칼과 손잡이를 연결하기 위해 구멍을 뚫는다. '메꾸'는 것을 目釘(목정)이라 하는데 일본어로는 '메쿠기'다.

　백제 장인들이 설명해준 용어가 훈독으로 사용된 것이다. 검의 부위별 명칭도 사용자의 신분과 상징에 따라 변화됐다. 한민족이 예로부터 사용하던 劍盤(검반)의 '盤(코등이반)'이 '鐔(담)'으로, 劍把(검파)는 '柄(병)'으로, 劍鋒(검봉)은 '鋒(봉)'으로 바뀌었다. 실질적으로 자루는 '棟(자루병)'이다. 같은 음가인 '柄(병)'자를 사용했다. 죽도도 검도에서 나왔기 때문에 죽도의 용어에 도래계의 언어가 흡착되어 있다. '세메(攻勢)'라는 것도 '싸움해〉쌈해〉세(싸)메'의 음가가 된다. '攻(칠공)'의 본질이 '쌈(싸움)'이기에 훈독이 '세메(せめ)(る:루)'다. 여기에서 '勢(세)'는 음독이 세·세이(せ·せい)인데 '세(싸)메'의 음가에는 배제되고 공세적 싸움(세메)을 뜻한다. '勢(세)'의 훈독이 '세이(せい)'로 기법용어에 사용되기도 한다. 선조들은 한자 끝에 '勢(세)'자를 붙여 명사로 사용했다. 즉 '서기'라는 두 음가를 '勢(세)'라는 한 음가로 했다. '기가 바르게 드러난 실체'를 형이상학적으로 표현한 것이다. 또한 동사를 명사로 만들 경우 종성에 'ㅁ'을 붙여 사용했다. 이러한 방식으로 종결어 '-메(메ㄴ), -며(면), -지(하지), -해(하라)' 등의 어미형이 일본검도 용어 속에 남아있다. '氣勢(기세)'에서 '氣(기)'를 취하면 '기싸움〉기쌈해〉기세메'가 된다. 일본어에 'ㅐ'의 모음은 없기 때문에 '아이'로 나눠서 발음한다. 그래서 'ㅔ'와 'ㅐ'는 겸용한다. '메(매)'는 '매질·돌팔매'처럼 '打(타)'의 순수 우리말이고 '매'에는 '가방을 메다' '풀을 매다' '메치다'처럼 어깨의 힘을 이용한다는 의미가 들어있다. 또한 석장들이 사용하는 망치를 대메, 중메라 한다. 즉 '메'와 '치'는 같은 의미로 두자가 결합하면 '메치다'가 된다. 떡을 만들 때 치는 '떡메(매)'는 이러한 동작이 담긴 명사다. 한자에서는 '枚(매)'자가 이러한 음가와 뜻이 일치한다.
　둘이 겨룰 때에 상대를 다치지 않게 타격점에서 멈추는 기법을 '슨도메(すんどめ:寸止め)'라 한다. '寸(촌)'자는 손의 '마디'로 셋이라는 수의 의미를 가지고 있다. 손의 마디에서 손이 '슨'이 되고 '止(지)'는 그만 두는 것을 뜻한다. '두다'에서 '둠-돔-도마-(とまる·とめる)'로 이

어진다.[282] '손도매'의 용어에 한민족의 음가가 들어 있다. 이것은 왜인에게 검술을 가르치던 무사는 이주민(移住民)이었다는 것을 반증하는 것이다.

"일본 장수나 군졸 모두 글자를 모른다. 오직 장수 옆에 따르는 한두 명이 겨우 옮겨 쓰지만 뜻은 알지 못한다. 문답을 나눌 때 간혹 문자를 써서 보이지만 모양이 되지 않고 뜻이나 이치가 통하지 않았다."[283]고 기록되어 있다.

검결과 무예에 사용된 가결은 당시의 철학과 사상을 엿볼 수 있는 인문학의 보고다. 당시에는 문자를 읽는 계층도 한정되어 있었다. 더구나 무예에서는 국가나 가문의 비서로서 외부에 함부로 유출하지 않았다. 임진왜란 당시에도 많은 왜장들은 문자를 알지 못했다. 하물며 병졸들은 더 말할 필요가 없다. 그래서 한자의 '음'을 보다 더 알기 쉽게 설명한 설명어를 취한 것이 일본의 '훈독'이다. 따라서 일본이 사용하는 용어를 추적하면 무술의 시원을 찾을 수 있다.

상위세에서 손을 뒤로 '눕혀 피하는' 것을 '누키멘'이라 한다. '시카케'는 '시작해'다. 검도는 '打(だ:타)'의 기법을 주로 사용한다. '打(타)'는 '위'에서 '내려'치는 설명어가 훈독 'うち(우츠)'다. '맨 위(에)'와 머리(面:면)를 치는 '맨우치'는 어원이 같다. 面上(면상)은 모두 같은 어원이다. 'おこり(起こり頭:오꼬리·오코리)'는 상대방이 기술을 걸려고 했을 때에 나타나는 순간의 동작을 간파하고 곧바로 치는 기법으로 죽도 끝으로 서로 치는 동작을 '꼬리'로 비유했다. '起(おきる)'에서 'お(오)'를 취했다. '起(기)'와 '氣(기)'는 같은 뜻과 음가로 '오른다'는 개념을 가진 글자다. '起(기)'를 '気(き:키)'로 쓰면 '氣の起こり'가 된다. 'お(오)'의 한자는 '尾(꼬리미)'로 '尾(お)=こり'의 등식이 성립된다. '오코리가시라'에서 '가시라'는 頭(かしら·あたま)의 훈독이다. 'あたま(아다마)'의 あ(아)는 둥근 머리가 해다. 머리가 해를 닮(たま)은 것이다. 'かしら(가시라)'는 큰 것을 뜻하는 사투리 '크지라'에서 '구지라-가시라-かしら[284]로 이어진다. 즉 '오코리가시라'는 '크게 친다'는 것이다.

....

282 김세택,《일본어 한자 훈독》, 기파랑, 2015, 818쪽.

283 권두문,《남천선생문집》, 1735.

284 김세택,《일본어 한자 훈독》, 기파랑, 2015, 247쪽.

한글 '올'자에서 파생된 '알'은 몸 밖의 외체다. '얼'은 몸 안의 정신이다. '올'은 '위쪽', '울'은 '울타리'처럼 담장이 둘러친 안쪽을 뜻한다. '울'은 한자로 裏(리)이고 훈독으로 '우라(うら)'다. '알'은 한자로 表(표)로 두 개의 훈독을 가진다. 첫째가 '아라와스(あらわす)'다. 여기서 '알'이 훈독 '아라(あら)'로 된다. 두 번째는 'おもて(오모테)'다. '올'은 '얼굴'이기에 'おもて(오모테)'는 한자로 '顔面(안면)'이다. '알몸'은 몸의 겉 테두리로, '테'의 음가와 결합하여 알몸은 '오모테(おもて)'가 된다.

상대가 공격하도록 유도하여 공격하는 순간 되받아치는 '데바나(出ばな)'의 기법이 '되받아'의 우리말과 일치한다. 검도는 피아의 숨을 흩뜨리는 싸움이다. 흩뜨려진 쪽이 패한다. 상대의 氣心(기심)이 움직이는 순간을 간파하고 목숨을 거는 것이다. 이때 기심을 느낌으로 알고 치는 것이 '勘(감)'이다. 즉 직감의 感(감)이다. 과거 일본 검도는 300여개의 유파가 있었다. 대부분이 동시에 내려치는 이이우치(相打:서로 동시에 치는 것) 유파였다. 한쪽이 마음을 머뭇거린 순간 이미 죽은 것이다. 즉 검도는 술기의 문제가 아니라 마음의 문제로 보고 山岡鉄舟(야마오카테슈)는 '검법사정변'에서 '몸을 적에게 맡겨라'고 했다. 그렇게 때문에 각 문파는 동시에 칠 때 이기기 위해 비전을 숨겼다. 소야파일도류의 擊刺(격자)도 이러한 기법 중 하나다. 전쟁 중에 검으로 서로 공격하다보면 다가서게 된다. 또한 검이 부러지거나 없을 경우 맨손으로 검과 대적할 수밖에 없다. 이러한 경우를 대비한 무술이 相撲流(상박류)다. 상박은 맨손을 칼로 대체하여 수련하던 방식으로 대동류유술의 뿌리다.

'데고이(手乞:수걸)'는 일본의 대표적인 고무도다. 최용술은 '데코이'가 '태견'[285]의 일본어라 하고 대동류유술의 비전기술 6수가 태견과 같다 했다. 手(수)는 대는 기능을 하는 신체의 부위다. '대다'에서 '대(다)-て(た)'로 이어진다. '乞(걸)'은 '그리워'에서 기대는 것을 뜻한다. '그리워'에서 '굴이어-그이-고이-(こい)'로 이어진다.[286] 여기서 '乞(걸)'이 '주다'라는 뜻으로 사용되면 氣(기)의 음가로 사용된다. '乞(걸)'은 '거지'가 손을 내밀어 빌고 구걸하는 의미

285 장군, 《대동무》, 밝터, 2010, 179쪽.
286 김세택, 《일본어 한자 훈독》, 기파랑, 2015, 95쪽.

로 '빌걸'이다. '걸다'는 '손이든 발이든 걸어서(대서)'라는 의미다. 즉 '手乞(수걸)'은 손을 내밀어 대면 '手氣(수기)'가 들어간다는 이두식 한자 표현이다. 의미를 보면 손을 칼로 보고 상대가 손을 잡도록 대어주고 있다. 즉 데고이(てこい)는 고무예를 수련할 때 '(손)을 대고~ 술기를 건다'는 우리의 말로 이것이 훈독에 남은 것이다. 일본은 相撲(상박)[287]이라 표기하고 스모(すもう)라 읽는다. 스모는 두 사람이 맞서(솜)' 싸우는 '쌈(솜〉스모)'이다. "백제의 사신이 일본에 사신으로 가서 상박을 했다는 기록도 있고 백제금동대향로의 옆면에 상박을 하는 백제인의 모습이 있다."[288]

----

287 씨름 형 각저는 후대로 오면서 각력(角力), 상박(相撲), 쟁교(爭交), 솔교(摔交) 등으로 불렸다.

288 송일훈외 5인 교수감수, 태격(제13회 전통무예시연), 용인대학교 무도연구소, 2009.

5

新羅(신라)의 擊劍(격검)과
일본 劍術(검술)

1) 本國劍(본국검), 新羅起源說(신라기원설)의 矛盾(모순)

《花郞世紀(화랑세기)》에 의하면 신라는 '격검'을 했고, 《三國遺事(삼국유사)》에 의하면 김유신도 '격검'으로 '術(술)'을 얻었다'했다. 화랑이 수련했던 검술이 본국검이다. 그렇다면 '격검'은 신라만의 고유검술일까? 그렇지 않다. 조선세법이 해독되면서 본국검은 조선세법에서 간추려져 구성된 것임이 드러났다. 즉 본국검이 신라에서만 사용한 것이 아니라는 것이다.

또한 《무예도보통지》의 서두에 본국검의 유래를 밝히고 '本國劍〈增〉俗稱新劍(본국검은 속칭 신검이라 칭한다)'고 기록했다. 이 신검(神劍)을 박청정이 《무예도보통지》 주해서에서 '새로 만든 검법"이라고 주장한 관계로 본국검이 신라부터 조선에까지 전승된 것에 의문을 제기했다. 이로 인해 지금도 논이 있다. 본국검의 명칭은 정조 이전 현종 14년 3월 11일 (1673) 승정원일기에 사용된 기록이 있고 저자는 조선세법과 본국검 검결을 통해 본국검은 고조선에서부터 유래되었음을 주장하고 조선세법과 본국검이 한 뿌리임을 기법을 통해 증명했다. 최근 제갈덕주는 윤기(1741~1826)의 시집 《無名子集(무명자집)》의 詩(시) 新羅劍 舞黃昌娘(신라검무황창랑)에 新羅劍(신라검)이 곧 본국검을 지칭한 것을 확인하고 《정조 실록》에는 《무예도보통지》에 관한 기록도 포함되어 있기 때문에 그 편찬자인 윤기선생이 황창랑과 관현해서 명확하게 新羅劍(신라검)이라 표현했다. 〈純齋稿〉 5권에 수록된 '십팔만

346

기 부마기명(十八般技 附馬技銘)에 "始自黃昌(시자황창) 新羅之人(신라지인) 乃入百濟(내입백제) 舞劒而傳(무검이전) 新劒之名(신검지명) 始自本都(시자본도) 或稱本劒(역칭본검) 或稱腰刀(혹칭요도)"[289]라는 괘인사본(순조)이 발견됨으로써 신검이 곧 본국검임이 확인됐다. 한편《해동역사》제 46권《藝文志(예문지)》5.〈書法(서법)〉에 당나라 "御府(어부)에 10폭으로 된 寄新羅劍帖(기신라검첩)[290]이 있다." 신라검에 대하여 狂草(광초)로 쓰여진 10폭의 긴 서책이라는 것으로 보아 詩語(시어)로 된 조선세법의 가결로 여기에서의 신라검은 고조선에서부터 4국에 전래된 조선세법으로 보인다.

실제로 고구려·백제·신라·가야 4국이 영토전쟁을 하던 때에 가장 무력이 강성한 나라는 고구려였다. 고구려는 고조선과 부여를 계승한 맏형의 나라며 군사강국이었다. 고구려는 산악지형과 평원의 나라로써 수렵에 필요한 기마술과 결합된 射法(사법)[291]이 발달했다. 뿐만 아니라 강한 검술을 보유하고 있었다. 이 사법이 조선에 계승됐고 18세기 일본에 전래되어 8대 장군 요시무네[292]에 의해 일본에서 시작됐다. 삼국의 무예는 전쟁을 통해 서로 공유될 수밖에 없다. 신라가 삼국통일을 하면서 승자의 입장에서 기록했을 뿐이다.

《화랑세기》비보랑의 贊(찬)에 "劍道大擅(검도대천)이다."고 했다. 여기에서 '劍道大擅(검도대천)'의 '擅(천)'은 '천단천'이다. 천제를 드릴 때 검을 사용했음을 알 수 있다.

신라 원성왕 때 大舍(대사) 武烏(무오)가 〈병서〉15권을 왕에게 바쳤다. 그〈병서〉에 우리 무예에 관한 내용이 상당량 기록되어 있었을 터이나 이름만 전해질 뿐이다. 신라 花郎徒(화랑도)의 '徒(도)'는 '道(도)'와 같은 음가인 '花郎道(화랑도)'가 된다. 화랑의 무리가 격검과

---

289 제갈덕주,〈신라검(新羅劍)은 본국검(本國劍)의 속칭인가?〉, 무예신문, 2018.11.19.

290 《宣和書譜(선화서보)》승려 夢龜(몽귀)는 世系(세계)를 알 수가 없다. 당나라 天復(천복)연간 東林寺(동림사)에 있으면서 顚草(전초)를 썼는데, 갖가지 모양세가 기과 했으며, 筆力(필력)이 굳세어 힘이 있었다. 지금 어부에 소장된 것이 10폭이며, 기신라검첩이 있다.

291 덕흥리 고분벽화는 408년에 축조된 것으로 이름이 鎭(진)으로 건위장군·국소대형·좌장군·용양장군·요동태수·사지절·동이교위·유주자사 등을 역임하고 77세에 사망했다. 고분벽화에 5개의 표적에 4명의 무인이 馬射戲(마사회)를 하고 있다. 특이한 것은 파르티안 숏이라는 자세로 몸을 돌려 과녁을 쏘는 것으로 이 사법이 일본에 전래되어 일본에서 押捩射(압렬사)라 했다.

292 《유덕원실기》향보 4년(1720) 10월 15일, 대신들과 함께 취상에 행차하여, 조선 마장에서 騎射挾物(가사협물)을 구경했다. 요시무네는 재세시에 60여 회 조선 마장에 왔다(今村嘉雄, 1970:314-318)

동시에 정신 수련한 '道(도)'는 '風流道(풍류도)'다. 삼국유사 金庾信(김유신)조에는 '검술을 연마하여 국선이 되었다(修劍得術爲國仙:수검득술위국선).' 修劍(수검)은 격검만을 의미하는 것인지 확인할 수 없다. 그러나 그 뒤의 문장에서 '검을 수련하여 그 술을 얻으면'이라 기록한 것을 보면 '劍術(검술)'의 의미는 '격검'을 수련한 끝에 얻는 것이 '검술'이라는 것을 알 수 있다. 화랑세기를 보면 이러한 해석의 단초를 제공해 주고 있다. 또한 김유신은 七曜(칠요)의 정기를 받아 등에 七星(칠성)의 무늬가 있다 하여 칠성신앙을 믿었음을 알 수 있다.

4세 풍월주 二花郎(이화랑) 조에 의하면 "비조공의 아들 文弩(문노)가 격검을 잘했으므로 4세 풍월주 이화랑이 사다함으로 하여금 문노에게 검을 배우게 했고 비노공의 아들 문노 또한 호걸로 격검을 잘했다." 比助公子文弩 亦豪傑善擊劍 年十二從文弩 能擊劍이라는 기록이 화랑세기에 전해진다. 즉 격검은 격법의 검술로 오늘날 일본의 검술형태의 기법이다. 격법이 일본에 전해져 격법의 형태가 분류되고 분파가 생기면서 '流(류)'와 '術(술)'의 개념으로 분류된다.

당시 '劍(검)'은 '고마(곰)'로서 신의 상징으로 매우 신성시했다. 이러한 한민족의 신화와 신앙이 擊劍(격검)에 흡착되어 일본의 '神道(신도)'가 된다. 특히 단군조선의 국자랑·고구려의 조의선인[293]·백제의 무절·신라 화랑의 전통과 이 속에 담겨진 한민족의 신앙은 일본 修驗道(수험도)[294]와 히코야먀(英彦山)의 開山傳承(개산전승)·환웅신앙·산신 신앙으로 전승된다. 일본의 英彦山(영언산)[295]에는 단군이 白山(백산)·桓雄(환웅)이란 이름으로 전해지고

---

293 "통전·신당서 등 이름 있는 책에 의하면, 皂衣先人(조의선인) 또는 帛衣先人(백의선인)이라는 관명이 있었고, 고구려사에는 명림답부(고구려재상)를 掾那皂衣(연나조의)라 하였고, 후주서에는 조의선인을 翳屬先人(예속선인)이라고 하였으니, 先人(선인) 또는 仙人(선인)은 다군어 '선인'을 한자로 음역한 것이고, 皂衣(조의) 혹 帛衣(백의)란 고려도경에 이른바 皂帛(조백)으로 허리를 동이므로 이름 함이다. 선인은 신라의 國仙(국선)과 같은 종교적 무사단의 단장이요, 僧軍(승군)은 국선 아래 딸린 團兵(단병)이요, 승군이 재가한 화상이라 함은 후세 사람이 붙인 별명이다. 《조선상고사》, 최남선. 제4장 자료수집과 선택.

294 修驗道(수험도:しゅげんどう 슈겐도)는 산에 틀어박혀 엄격한 수행을 함으로써 깨달음을 얻고자 하는 일본 고래의 산악신앙이 불교와 결합된 일본 특유의 혼효종교다. 불교의 종파로 취급할 경우 修驗宗(수험종)이라고도 한다. 수험도를 익히는 자를 수험자 또는 산복이라 한다.

295 1993년 5월, 서울에서 개최된 한국학술회의에서 나카노 하타노(中野幡能) 교수는 "단군신앙과 일본 고대 종교"라 발표. 또한 소에다정청(添田町役場)에서 펴낸 〈英彦山(영언산)을 탐구한다〉(1985, 添田役場 編)에, 일본 영

있다. 이러한 한민족의 원시문화와 무사문화가 일본의 사무라이 문화에 영향을 준다. 일본에는 단군과 관련된 기록과 유물이 있고 천왕가에서도 단군제를 지낸다. 일제는 우리의 단군역사를 실존으로 하지 않고 신화로 격하시켜 우리의 상고사를 말살했다. 식민사학을 벗어나지 못한 강단사학은 여전히 단군을 신화로 규정하고 상고의 역사를 스스로 지우고 있다.

2) 本國劍(본국검)의 日本傳來(일본전래)

《무예도보통지》의 〈본국검〉 내용에는 "신라에 이웃한 왜국에 직접 무검과 칼 그리고 서로 싸우는 기술이 반드시 전해졌다. 그러나 고증하기가 어렵구나(新羅隣於倭國則舞劍器必有相傳之術不可攷矣(신라린어왜국즉무검기필유상전지술불가고의)."[296]라고 기록되어 있다.

少笠原信夫(소립원신부)가 저술한 《일본검도》 첫 장에 6세기 조선에서 출토된 금장환두대도가 실려 있고 고려시대의 韓鍛治(한단치)가 일본에 귀화해서 칼을 제작했다는 사실과 BC27년 "신라왕자 천일창이 玉鋒(옥봉)과 小刀(소도)를 가지고 일본에 귀화했다."는 내용이 《일본서기》에서 인용한 검도사 연표에 쓰여 있다.[297]

위 기록에서 '舞劍(무검)·器(기)'란 글자는 큰 의미가 있다. '器(기)'란 '劍器(검기)'로 검을 만들고 제작하는 기술뿐만 아니라 고대로부터 신라시대를 거치면서 검이 일본에 전래 된 것이다. '舞劍(무검)'은 요즘의 品勢(품세)와 같은 개념이지 '춤'같은 검술이 아니다. 당시 '舞(무)'는 (1)舞文弄(무문롱:자유자재로 농락한다) (2)抃舞(변무:뛰어 친다) (3)鳥舞魚躍(조무어약:새는 선회하고 고기는 뛴다)의 의미로 사용됐다.

'舞(무)'자의 뜻에 본국검의 古朴無華(고박무화) 기법과 劍路(검로)[298]의 보법이 모두 들어 있다. 후대에 이르러 '舞(무)'를 '춤'으로 해석한 결과 실전의 본국검이 춤처럼 되어 버렸다. 본국검은 33세가 하나로 연결되어 있으며 '本(본)'자형의 劍路(검로)를 따라 검을 행한다. 이

언산 神宮(신궁)에 있는 환웅상이 한반도에서 건너갔음을 분명히 밝히고 있음.

296 新羅隣於倭國則舞劍器必有相傳之術不可攷矣

297 이종우, 〈한국검도의 변천과정에 대한 고찰〉, 상지대학교 교육대학원 석사학위, 2001. 21쪽.

298 劍路(검로)는 검을 가지고 행하는 움직임이다. 품새는 태권도에서, 공수의 기본 술기를 연결한 동작에 사용되고, 套路(투로)는 중국무술에서 사용되는 용어로 쓰이고, 가타는 일본의 용어다. 이것과 구별을 하기위해 劍路(검로)라 한다.

것은 본국의 땅을 지킨다는 의미로 '本(본)'자를 쓰면서 '舞劍(무검)'을 행한 것이다.

本國劍舞(본국검무)[299]는 고려시대에 가면을 쓰고 처용무와 함께 假面童子舞(가면동자무)[300]를 했다. '劍術(검술)'의 명칭은 곤오검·태극검·본국검처럼 '검'의 명칭이 뒤에 붙는다. 이 劍舞(무검)의 명칭이 조선중기(숙종이후)에 이르러 女技(여기)들에 의해 劍舞(검무)[301]가 행해지고 점차 가면을 쓴 假面童子舞(가면동자무)도 사라진다. 그리고 두 명의 女技(여기)가 劍舞(검무)를 하는 쌍검무가 된다. 이로써 실전의 舞劍(무검)은 점차 사라지고, 춤의 劍舞(검무)만 남아있다.

본국검 33세는 한 번에 수련하기 어렵다. 전체를 몇 개로 구분하여 수련할 수밖에 없다. 본국검이 일본에 전래됐을 것이라는 기록이 있지만, 일본에서 전체가 하나로 연결된 舞劍(무검)의 형태는 보이지 않는다. 일본의 검류는 한두 걸음의 '武步(무보)' 거리에서 행한다. '武步(무보)'로 구성된 劍術(검술)'은 '武劍(무검)'이라 할 수 있다. 즉 舞(무)는 전체가 연결된 연무고, 武(무)는 구분된 동작이다. 구분된 동작은 시작과 마침이 있다. 때문에 시작과 마치는 동작에는 반드시 禮始禮終(예시예종)의 예법이 있다. 서법에 간단한 '一' 字(자)를 써도 일파삼절(一波三折)의 법도를 따른다. 한민족은 천지인 삼수를 예절의 근본으로 삼았다. 신이 거동하는 발검과 납검에는 삼절의 법도에 따라 반드시 엄숙하게 행해야 한다.

'武劍(무검)'을 복원하기 위하여 본국검 33세를 10개로 나누어 본국10검[302]을 창제했다. 武步(무보)를 기본하며 발검과 납검을 삼절로 하여 구성했다.

---

299 《증보문헌비고》〈黃昌郎舞條(황창랑무조)〉에 諺傳 八歲童子爲新羅王 謀釋憾於百濟 往百濟市 以劍舞 市人觀者 如堵墻 百濟王聞之 召入宮令舞 昌郎於座 揕王殺之 後世作假面以像之 與處容舞並陳.

300 "後世作假面以像之,與處容舞並陳(후세에 가면을 만들어 쓰고 처용무와 함께 연희하였다)."

301 숙종 때의 西浦(서포) 金萬重(김만중), 1637~1692이 지은《西浦集》의〈觀黃昌舞(관황창무)〉라는 칠언고시 중 '翠眉女兒黃昌舞(취미여아황창무)'라는 시구는 이때부터 女妓(여기)에 의한 검무가 있었던 것을 짐작케 한다. 그리고 같은 시대인 1712년(숙종 38) 燕京使行(연경사행)의 수행원이었던 金昌業(김창업)의 往來見聞錄(왕래견문록)인 《老稼齋燕行錄(노가재연행록)》의 기록을 통해 가면을 쓰지 않은 여기 2인의 검무 모습을 살필 수 있어 여기 검무가 숙종 초부터 출연하여 여기가 있는 여러 고을에서 여악女樂의 출연물이 됐음을 확인할 수 있다.《한국민속예술사전》

302 본국십검(임성묵, 2012): ①지검내격 ②금계후격 ③금계선격 ④안자직부 ⑤발초압정 ⑥조천협격 ⑦전기요격 ⑧장교우찬 ⑨용약격자 ⑩향전시우

'劍舞(검무)'는 '고마(곰:무당·단군·왕)가 검을 들고 기우제를 드린다'는 의미다. '劍(검)'은 신으로 하늘과 통하기에 도가에서 검으로 귀신을 쫓고 검을 제례의 행사에 사용했다. 후백제의 제2대 왕(재위 935~936) 견훤의 아들 이름이 神劍(신검)·양검(良劍)·용검(龍劍)이다. 특히 양검(良劍)의 良(량)이 '호랑이'라는 의미로 용검과 짝이다. 장남이 '神劍(신검)'인 것은 '劍(검)'이 곧 神(신)임을 나타낸다.

검무는 시대에 따라 변형되지만 실전된 우리 검법의 쓰임을 엿볼 수 있다. 이러한 劍舞(검무)의 시원은 '武舞(무무)'로부터 시작되어 왕조의 宗廟祭禮樂(종묘제례악)에 木劍(목검)과 木槍(목창)을 들고 춤을 추었다. 비록 춤이라고는 하나 동작은 매우 정적이고 엄숙하며 예법이 모두 들어있다.

3) 明治神宮(명치신궁)의 劍道(검도)

명치신궁에서는 검도를 '祓いの太刀とは'라 했다. 일본에서의 검은 "일본 고래의 신앙, 신도의 미소기하라이(みそぎはらい)정신이 있음을 의미한다. 무기에는 신령이 임하고 무술을 쓰는 몸과 마음은 맑고 바른 것이어야 한다. 그 행동은 祓(불)제하여 맑게 하는 기도가 근본이다. 미소기(みそぎ)란 몸에 붙은 오점을 제거하여, 신의 은혜인 물을 몸에 부어서 신성을 명심하는 것으로 정기(正気)로 사기를 씻는 것이다. 이러한 사상이 근본이 되어 궁술이 궁도로, 검술이 검도로, 유술이 유도·아이키도 등으로 발전하고 있다."[303] 이렇듯 術(술)이 道(도)로 변화됐다. 즉 곰 신에게 예를 드리는 '검예의 철학'이 일본 검도에도 있음을 알 수 있다.

4) 劍佩用(검패용)과 服飾(복식)

칼을 패용한 방식을 두고 일본식과 전통을 구분 짓는 경향이 있다. 이는 편협한 사고다. 칼의 형태와 검 집의 형태·사용하는 장소·복식 등에 따라 패용방식이 달라진다. 직도인 劍(검)은 수평이기에 앞·뒤가 없다. 그러나 刀(도)는 반호로 휘었기 때문에 허리에 차면 칼날이 위로 향한다. 그 상태로 잡는 것이 자연스럽다. 이러한 것이《單刀法選(단도법선)》에 잘 기록되어 있다. 군영에서 갑옷을 입고 활을 들거나 말을 탈 경우는 고리를 달았다. 왕을 운

---

303 《일본의 전통, 영혼을 닦는 무도 메이지신궁 지성관》, 명치신궁 편저, 12쪽.

검(호위)하는 장수는 칼을 어깨에 세워 들었다. 이것은 장소에 적합하게 위엄을 드러내는 패용 방식이다. 우리가 전통방식이라는 주장하는 고리방식도 중국과 일본에도 있다. 그렇다면 고리방식도 우리의 전통이 아닌 것인가? 아니면 중국과 일본이 우리방식을 따라한 것인가?

그림 6-1. 장검 패용과 출검(단도법선)

세종 31년(1449)에 내린 금제(禁制) 중에 "서인(庶人)·공상(工商)·천례(賤隸)는 직령·겹주음첩리(裌注音帖裏)를 통착(通着)한다."고 했다. 따라서 직령이 서인 복으로 지정됐으며 하료(下僚)들의 공복(公服)은 국속(國俗) 복식이 주류를 이루었다. ≪經國大典(경국대전)≫에 보이는 향리(鄕吏)·별감(別監)의 상복(常服), 궐내(闕內) 각 차비(差備)의 예복(例服)이 그것이며, ≪續大典(속대전)≫에 보이는 별감·수복(守僕)의 홍직령(紅直領)이 그것이다. ≪京都雜志(경도잡지)≫〈風俗條(풍속조)〉에 의하면 "후세에 와서 직령은 무관(武官)의 상착(常着)이 되었던바, 그것은 마치 문관(文官)에 있어서의 도포(道袍)가 상복이 된 것과 같았다."고 한다. 도포(道袍)에서 보듯이 의복에 도(道)라는 용어는 오래전부터 사용됐다. 도복이란 문인의 상의인 도포와 무인의 직령을 도복으로 현대에 정립한 용어다. 무예도보통지의 그림을 보면 상의는 무용총의 그림처럼 바지 밖으로 내어 입고 허리에 띠를 매었다. 바지는 품이 넓어 자연스럽게 허리에 주름이 지어진다. 이러한 주름은 새의 날개인 天翼(천익)을 상징한다. 천익이 철릭이란 명칭으로 고려후기(고려가사 정석가)부터 조선말까지 기록이 나타난다. 선조 25년(1592) 선조수정실록에 '백관의 융복으로 흑립에 철릭, 광사대를 착용하고 검을 차도록 하라'라는 기록으로 보아 검과 함께 철릭을 착용했음을 알 수 있다.

조선 초(1447~1524)의 원주 변씨의 바지를 보면 옆구리가 터지지 않았을 뿐 바지의 폭은 오늘날 일본의 검도복식과 비슷하다〈그림 6-2〉의 (1). 조선후기(1818~1879) 이연응 묘에서 출토된 바지는 오늘날 사폭바지인 개량한복과도 비슷하다〈그림 6-2〉의 (2). 무예도보통지의 바지는 무릎 폭의 세부선이 표현되지 않아 정확한 구성을 알 수는 없지만 개량된 사폭바지를 표현 한 것이 아닌가 생각한다〈그림 6-2〉의 (3). 조선 후기까지 일본의 '하까마(はかま)'와 같은 바지폭이 넓은 사폭바지를 우리도 입었다. '하까마'는 한자로 '袴(바지고)'다. '夸(과)'는 '넓다'는 의미로 '袴(고)'는 '하의가 넓은 바지'다. '袴(고)'는 나무나 풀의 줄기를 감아 싸고 있는 껍질로 '감다'에서 '가마-(かま)'[304]다. 倭(왜)는 본시 옷이 없어 발가벗고 살다시피 했다. 풀과 잎을 감아서 입었던 문화가 '가마'라는 훈독에 남아있다. 조선의 邪幅(사폭)과 일본 하까마의 차이는, 조선은 바지의 양 허리를 가르지 않았고 일본은 양 허리를 가르고 등허리를 받치는 요대를 덧댔다. 이것은 패검하던 일본문화에 맞게 만든 것이다. 특히 衣式(의식)의 차이는 조선은 상의를 밖으로 내어 입고 일본은 상의를 바지 안으로 넣어 입었다. 즉 속바지를 입고 주름치마(천익)를 입은 것은 우리의 전통복장이다. 전통사폭바지의 형태와 개념을 유지하여 도장에 맞게 개량하여 입으면 된다.

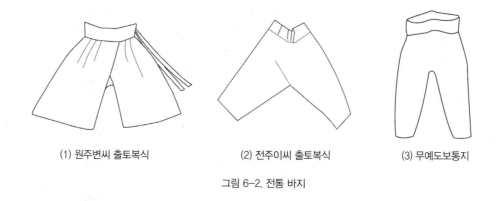

(1) 원주변씨 출토복식   (2) 전주이씨 출토복식   (3) 무예도보통지

그림 6-2. 전통 바지

304 김세택, 《일본으로 건너간 한국말》, 기파랑, 2010, 124쪽.

七.
本國(본국)의
맨손무예
相撲(상박)

맨손 무술에 대한 용어는 여러 가지가 전래된다.《무예도보통지》에도 '卞(변)·弁(변)'의 개념으로 '卞角(변각) 경기를 했다'고 했으며, '弁(변)이 手搏(수박)'이라 기록되어 있다.《고려사》에 충혜왕이 '手搏戲(수박희)[305]를 구경하였다'는 기록과 角觝(각저)·角抵(각저)·角戲(각희)·相撲(상박)등의 용어들은 한·중·일에서 함께 사용하고 있다.

《高麗史(고려사)》에 手搏(수박) 또는 手搏戲(수박희)로 기록되어 있지만,《漢書(한서)》의〈예문지(藝文志)〉에도 나온 말이다.《朝鮮王朝實錄(조선왕조실록)》에는 手拍(수박)으로 적혔으며,《才物譜(재물보)》에서는 "수박은 卞(변)이며, 힘을 기르는 무술로 지금의 탁견"이라 했다. 옛 풍속대로 다리를 쓰는 재주는 탁견"이라고 덧붙였다.

교전보 마지막에 '相撲(상박)'[306]이 등장한다. 상박은 '쌈박질'을 한자로 표기한 이두문으로 '相撲(상박)'은 우리의 맨손무예의 이름이다. 여러 문헌에 전해져 내려오는 이러한 개념들에 대하여 명확하게 정리하지 못하여 구별이 어려운 것이 현실이다. 즉 相撲(상박)은 '둘이 싸운다'는 총제적 개념이고, '手搏(수박)·手擘(수벽)·角抵(각저) 등은 종목의 명칭이다. 그러나 각각 자형의 특징과 그 자형이 사용된 그 당시의 범례 그리고 자형의 모습과 음가를 비교하면 술기에 따라 용어를 다르게 사용하였음을 유추할 수 있다.

....

305 《고려사(高麗史)》〈두경승전(杜景升傳)〉에 수박하는 자가 경승을 불러 대오(隊伍)를 삼으려 했다고 하고,〈이의민전(李義旼傳)〉에는 이의민이 수박을 잘해서 의종(毅宗)의 사랑을 받았다고 하며,〈최충헌전(崔忠獻傳)〉에는 수박에서 이긴 군사에게 교위(校尉), 대정(隊正) 자리를 상으로 주었다고 했다. 또〈정중부전(鄭仲夫傳)〉에는 의종이 보현원(普賢院)에서 무신들에게 오병(五兵)의 수박희를 하게 했다는 기록이 있고, 고려말의 충혜왕(忠惠王)은 수박희를 즐겨 관람했던 것으로 전해진다. 조선 전기에도 고려 수박의 전통은 그대로 계승된다.《태종실록(太宗實錄)》,《세종실록(世宗實錄)》,《세조실록(世祖實錄)》에는 수박희로 시험하여 군사를 뽑았다거나, 왕이 수박 잘하는 사람을 별도로 뽑아서 연회 때 하게 했다는 수박과 관련된 기록이 적지 않게 전해지고 있다. 특히 주목할 대목은 수박희가 15세기에 이미 민간의 세시풍속으로 정착됐다는 사실이다.《동국여지승람(東國輿地勝覽)》에 따르면, 충청도 은진현(恩津縣)과 전라도 여산군(礪山郡)의 경계 지역인 작지(鵲旨)에서 매년 7월 15일 근방의 두 도에 살고 있는 사람들이 모여서 수박희로 승부를 겨루었다고 한다. 수박희 [手搏戲] (한국세시풍속사전, 국립민속박물관)

306 씨름형 각저는 후대로 오면서 각력(角力), 상박(相撲), 쟁교(爭交), 솔교(摔交) 등으로 불렸다.『문헌통고(文獻通考)』에서는 각력을 "장사들이 웃통을 벗은 채 맞붙어 승부를 가리는 것" 1)으로 설명하고 있다. 각력에 대해 전론한 글로는 조로자(調露子)의『각력기(角力記)』가 유명하다. "각저란 상박의 다른 이름이다. 또는 쟁교라고도 한다."는 설명은 오자목(吳自牧)의『몽량록(夢粱錄)』에 보인다. 2)솔교는 만주족의 전통 씨름을 지칭하는 용어로 청대에 널리 사용되었다.《상박(중국의 전통잡기)》, 서울대학교출판부, 2006.

卞角(변각)과 手搏(슈박)

표 7-1. 弁(변), 搏(박)의 금문·전문은 격투자세의 형태

金文	篆文	擊鬪形態(격투형태)	楷書
𤰔	𤰔	𤰔	卞·弁(1)
𤰔	𤰔		搏(2)

　(1)'卞(변)'은 '弁(변)'과 음가가 같다. '弁'자는 고깔 쓴 사람의 모양으로 상형문자라 한다. 그러나 '弁'자의 전서와 별체에 '손(手)'이 그려져 있어 'ㅿ'자형이 '손'을 주로 사용한 무예임을 알 수 있다. 즉 '卞=弁'으로 '上=ㅿ', '下=廾'의 대칭으로 'ㅿ'은 손을 모으고 있는 상체를 옆에서 본 모습이고, '廾'은 하체의 발을 그린 것이다. '弁(𤰔)'을 '手搏(수박)'이라 한 것을 보면 손을 주로 사용하는 무술이기 때문이다. '拚(손뼉칠변)'에 '弁'의 쓰임이 있다. 그러나 '卞'자로 보면 손과 발을 사용하는 것으로 태견과 유사함을 알 수 있다. 《漢書(한서)》에 試弁爲期門(시변위기문), 즉 '기문에서 변 시합을 했다'는 기록이다.

　(2)'搏(칠박)'은 搏殺(박살)이다. '搏=扌+専(甫+寸)'로 '손을 크게 뻗는다(펼친다)'다. '搏(박)'은 '捕(잡을포)+寸(촌)'이다. 《說文字解(설문자해)》에 博(박)은 索持也(색지야)로 '잡는다'다. 《春秋(춘추)》의 〈公羊傳(공양전)〉에 "화가 난 閔公(민공)의 부하 長萬(장만)이 수박으로 민공의 목을 비틀었다(怒搏閔公絶其脰(노박민공절기두)."는 손을 중심으로 사용했던 무술이 수박이었음을 알 수 있다.

　'角'은 '뿔을 세운다·각을 세운다'로 서로 다툼을 나타낸다. 《史記(사기)》에 彈箏搏髀(탄쟁박비), 《禮記(예기)》에 務搏執(무박집), 《장자》에 搏扶搖羊角(박부요반각)의 기록을 보면 치고·잡고·쥐는 손 술기를 주로 하는 무술이었음을 알 수 있다.

2

角抵(각저)

표 7-1. 弁(변), 搏(박)의 금문·전문은 격투자세의 형태

金文	篆文	擊鬪形態(격투형태)	楷書
	㧜		抵(1)
𠂤	氐	𢎚	氏(2)

(1)'抵(던질저)'는 《後漢志(후한지)》에 因毀以低地(인훼이저지)라 하여 땅에 넘어트리는 것임을 알 수 있다. '氐'자는 '낮다'는 뜻과 함께 한민족의 '氏(씨)' 음가가 '씨름'의 동작에 그대로 들어가 있다. 즉 고조선의 씨 놀음[307]에서 씨름이 유래한다.

(2)'氐'자를 90° 돌리면 '𢎚'자형으로 여자가 엎드려 엉덩이를 든 자세다. 《漢書(한서)》에도 '氐首仰給(저수앙급)'으로 '氐'는 '머리를 숙이다'라 했다. '氏'의 갑골문 '𠂤'자형은 엎드린 '⌒'여성의 음호에 남자의 성기 '↓'를 넣는 것이다. 남성의 불알(↓)은 열십(✛)자[308]와 같다.

....

307 "첫 조선 유적지에서 출토된 청동유물에 새겨진 그림에 풀치마를 입은 왕과 신하가 있고, 그 옆에 씨름의 승자가 나신으로 엉거주춤 서 있으며, 그 앞에 역시 나신의 엎드린 여인들이 있다. 즉 씨 놀음(씨름)을 통해 승자만이 씨를 뿌렸을 것이다." 최동환 외 5인 공저, 《새로운 천부경 연구》, 백암, 2008, 108쪽.

308 금문에서 '✛'은 '↓'의 허리가 불룩하게 튀어나와 알을 벤 형상을 하고 있다. 일(1)은 태양(日). 음양의 '양(陽)'을 뜻한다. 김대성, 《금문의 비밀》, ㈜북21 컬쳐라인, 2002, 58쪽.

358

열린 음호에 씨(•)를 넣는 것이다. 우리의 욕, '씨할년·놈·씨불알'에 여전히 '씨'의 본질적 의미가 남아있다. 이 자형을 고조선 문자의 형식으로 분석하면 '⌒'자형과 '⌐'의 결합으로 'ᅪ'는 한글 '너'가 된다. 즉 'ㅓ'는 안을 향하고 'ㅏ'는 밖을 향한다. '너'는 '넣는다', '나'는 '나간다'는 기호가 성립된다. 즉 '너'와 '나'는 상대적 개념으로 상대를 가르키면 손가락은 밖으로 향하고 자신을 가르키면 손가락은 안을 향한다. 허신은 '氏(⻏)'자를 지사로 분류하여 '氏+⌐'를 '평평한 숫돌'이라 했으나, 사용범례는 '오랑케이름저·숙일저'로 전혀 다르다. 즉 허신은 한민족의 음가를 모르기에 '숙인다·엎드린다'는 의미를 '숫돌'로 억지 해석했다. '⻏'자형을 '氏(씨)+ㄱ'다. 여성이 엎드리고 남성이 뒤에서 성기를 세웠다. 이렇게 되면 '씨+ㄱ'는 '솟〉솟다〉솟'이 된다. '솟'은 '숫'과 같은 어원으로 '숫컷'이다. 즉 '氏(저)'는 '솟=숫=솟'의 상형과 개념이 일치한다. 우리가 지금 사용하는 어원은 수억 년 진화되어 계승된 것이다. 동이족이 만든 갑골문에 우리의 소리가 연결되는 것은 당연하다. '氏(씨)'자를 '姓(성)'과 구분하지 않고 사용한 것은 여성의 몸에 '氏(씨)'를 넣고 자식을 생산하기 때문에 '姓(성)'이다. 한자에서 유일하게 '氏'만 '씨'의 음가를 가진다. 한글은 소리문자이기 전에 사물의 모양과 특징에서 원·방·각을 취하여 사물을 표현한 상형문자이며 상징의 기호문자다. 'ㅆ'은 'ㅅ'이 둘이다. 즉 똑 같은 사람으로 복제된다. 'ㅆ'에서 'ㅅ'이 하나 없으면 '씨'가 없어 자식을 낳지 못하니 '시름(걱정)'이다. 결국 몸이 쇠해져 '시름시름 앓다' 죽는다.

'氏(씨)'자는 동이족의 왕조와 제후와 왕조·제후·세습된 관직명에 사용됐다. 갑골문 이후에 성교를 구체화하여 '⻏'자형이 만들어졌다. 이러한 의미로 볼 때 '十(십)'은 즉 '氏入(씨입)'이다. 또한 여성의 성기가 '열린다'는 의미로 '열'이 된다. 즉 동이족 계열의 이름에는 '伏羲氏(복희씨)'처럼 '氏(씨)'를 붙여 사용했다. '氏'의 자손은 '民(백성민)'이기에 '氏'자가 들어간다. '색시'라는 말은 '새색시'의 준말이다. 즉 '새'의 '씨'를 받는 여자가 색시(씨)다. 출가하기 전에 부르는 '아기(가)씨'는 '아기(가)+씨'이고 출가한 '아주머니'는 '아기+주머니'가 된다.

'民'의 갑골문은 'ᘛ·ᗞ·ᗴ'자형이다. 'ᘛ' 자형은 여성의 성기에 남성의 성기가 들어가기 전의 자형이고 'ᗞ'자형은 남성의 성기 'ᗷ'를 '밀어 넣은 'ᗞ'것이다. '민'의 음가를 가지고 '백성(百姓)'이란 뜻을 가진다. 그런데 'ᗞ'자형을 눈으로 보고 중화는 '한쪽 눈을 바늘로 찌른 형상을 본떠, 한쪽 눈이 찌부러져 눈먼 노예·피지배의 민족이다'로 중화는 해석하여 한민족을 폄하했다.

바늘로 눈을 찌른 글자는 '監(감)'자다〈그림 7-1〉. '눈을 감는다'는 말이 '監(감)'이다. '감'의
소리는 '검'이다. 때문에 어둠이다.

그림 7-1. 監의 고자 《가재집고록》 7책 7

'童(아이동:童)'의 금문(童+童+土)을 보고 눈이 큰(童) 아이 머리 위에 있는 '후(辛:신)'자를
보고 '한 눈이 문신용 칼로 눈을 찔려 눈이 멀게 된다'는 뜻으로 해석했다. '후'자형은 '辛(신)'
이다. 아이들은 '조상신이 보호한다'고 생각한 것이 '童'다. 아이들은 해(童) 뜨면 땅(土)에서
논(童+土)다. 이 세 가지가 결합된 것이 '童'다. 허신은 동이족의 '새·알·달'의 신화가 우리 몸
의 이름으로 사용된 것을 모르고 단지 자형을 부수에 맞춰 억지로 해석했다.

'氐=氐(저)'자는 '一(땅)'에 머리를 숙였으니 낮다는 뜻이다. '觝(저)'자는 '角抵(각저)'를 합
한 글자로 '角(각)'은 '脚(다리각)'으로 '다리로 아래부위를 공격한다'다. 즉 '牴(저)'자와 同字
(동자)로 손과 발기술이 겸해진 것을 나타낸다. '抵(저)'자는 '抵(칠지·막을저)'와 함께 쓴다.
柳得恭(유득공)의 《京都雜誌(경도잡지)》에 "씨름은 고려 때부터 민속으로 내려왔기 때문에
중국인들이 高麗伎(고려기) 또는 燎足交(요족교)라고 부른다."고 했다. 그러나 고려 때부터
가 아닌 상고시대를 거쳐 고려까지 계승되어 내려온 것이다.

3
相撲(상박)

표 7-3. 撲(박), 戱(희), 虛(허)의 금문·전문은 격투자세의 형태

金文	篆文	擊鬪形態(격투형태)	楷書
		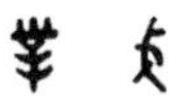	撲(1)
			戱(2)
			虛(3)

(1)'撲(칠박·칠복)'은《後漢書(후한서)》에 摧撲大寂(최박대적),《劉基(유기)》에 剖之如有煙撲口鼻(부지여유연박구비),《韓愈(한유)》에 朽机懼傾撲(후궤구경박)으로 범례에 기록되어 있다. 그리고 '扑(종아리채복)'자와 同字(동자)다. 이러한 것을 종합해보면 '撲(박)'은 의미처럼 손으로 잡고 찌르고 종아리를 차고 상대를 넘어트리는 종합무술이다. '菐(번거로울복)' 자형은 이런저런 몸동작을 연결해서 상대를 넘어트리는 것으로 '伏(엎드릴복)'의 의미와 음가가 같다. 금문을 보면 상투를 틀어 올리고, 양팔을 벌린() 젊은 무사를 향해 뛰어()가며 손(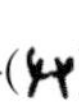)을 사용하는 자형이 있다. 마치 고구려의 '수박도'〈그림 7-2〉의 (1)(2)는 일본의 '스모'[309]를 보는 듯하다. 相撲(상박)은 두 사람을 강조하여 '相(상)'이다. 무예도보통지에서 교전

309 일본유술의 기원은 고대의 맨손 격투기에서 찾는다. 천황이 野見宿□(야견숙이)와 當麻蹶速(당마궐속)의 두 사

보의 相撲(상박)은 칼을 든 적과 맨손으로 교전하며 맨손으로 상대의 관절을 꺾어 넘어트려 제압한다. '上搏(상박)'은 '어깨에서 팔꿈치'의 부위다. '搏=捕(잡을포)+寸(촌)'의 전서(搏)를 보면 '屮'는 편손, '⊐'은 손목, '𢎜'은 팔을 잡은 손을 나타낸다. 즉 손목과 관절을 잡아 제압하는 술기로 의미와 같은 무술이다. '搏(박)'은 '相撲(상박)'에 상용된 주술기의 부분이다.

(1)고구려 무영총 수박도   (2)고구려 미천왕 고분벽화 수박도

그림 7-2. 고구려 무영총과 미천왕 무덤의 상박

(2)'戱(희)'는 '戈+虛'자로 '실전용이 아닌 놀이용 창을 나타내고 한탄의 의성어로 사용된다'고 해석하고 있다. 그러나 '戱(희)'의 갑골문(戱)을 보면 '𢀛'자형은 '撲(박)'의 금문에 '𢀛'자형이다.

(3)'虛(허)'의 갑골문(虛)을 전서와 비교해 보면, '𢀛'은 두 손이 교차된 '𦥔'으로 됐고 '△'자형은 '𠀎'으로 교체 됐다. 즉 두 사람이 등(𠀎)을 져 서로 상대(적)임을 표현했다. 두 손이 교차(𦥔)된 자형은 무기를 가지지 않고 서로 손으로 겨루는 것을 나타낸다. '𢀛'자형은 어린 아이고 '△'은 공이다. 뛰면서 '헉헉'거리고 '희희'웃는 것이 음가에 들어갔다. '球(공)'의 음가 '쏜(공)'은 '虛(허)'와 같다. 이러한 의미에서 '빌허'의 뜻이 된다. 그러나 허신은 '戈'의 자형을 '창과'로 일률적으로 해석하여 '가짜 창'으로 겨룬다고 해석했다.

람을 조정에 불러 그 시합을 보았는데 이것이 일본사기에 실려 있다. 이 승부에서 숙이가 궐 속을 발로 차 쓰러뜨리고 그 늑골을 밟아 죽음에 이르게 했다. 당시의 爭力(쟁력)과 角力(각력)으로 상대를 완전히 굴복시키는 것을 목적으로 한 격투기임을 알 수 있다(大谷武一 외, 1951).

4

韓民族(한민족)의 相撲(상박)과 신라의 大東流柔術(대동류유술)

    우리의 대동류유술의 역사를 보면 "신라인 청화 원씨[310]에게 전해진 평법학은 어느새 무술만을 주로 행하게 됐다. 평법학에 있는 무술은 중국의 掌形術(장형술)이라는 것인데 원씨인 삼랑원의광을 거쳐 오늘날 합기술의 각파로 발전됐다. 天和天皇(천화천황)의 제6왕자 정순친왕 때 원씨[311]일가는 武(무)를 숭상하는 집안이었다. 1055년 한반도에서 이주해온 이민들 사이에서 서로 쟁탈전이 벌어졌다. 이때에 신라삼랑원의광이 반란을 평정하자 국가에선 그에게 甲悲(갑비)라는 한 지역의 영토 통치를 맡겼다. 그는 성을 갑비원(原)씨로 공표하였으며 그 후 그의 차남인 義淸(의청)이 武田(무전)으로 이주 후 성을 무전으로 바꾸어 武田家(무전가)의 시조가 된다(鹽田剛三, 1971)."[312] 武田(무전)이란 지명을 보면 당시 무력을 기르기 위해 힘쓰던 심정이 담겨있다. 이병선(1996)과 이창후(2003)에 의하면 "삼랑씨는 본래 신라 고유의 성씨이며, 신라 삼랑 원의광 이전의 삼랑씨는 역사적으로 존재하지 않고 있으며,

---

310 등원씨가 대두한 것은 645년 무렵이다. 신라계 경황자가 백제계 황극여황을 제거하기 위해 등원 출신 겸자련이 반란을 일으킨다. 그 후 그는 백제계 천지왕의 내대신이 되어 등원동사 때(821) 일본정권을 좌지우지한다. 藤原冬嗣의 뒤를 이어 그의 아들 良房이 承和의 變(842)을 일으켜, 그의 동료였던 大伴氏와 橘氏를 쫓아내고 자신이 太政大臣이 된다. 그는 文德帝를 폐하고 자기의 外孫인 淸和를 옹립(858)한다. 이때부터 일본국은 신라인 藤原氏의 전권과 源氏의 무력에 의해 지탱된다. 문정창, 《일본고대사》, 인간사, 1989, 238쪽.

311 원씨가 일본 사서에 나타난 것은 《紀略》·《水鏡》 등에서 〈弘仁 6년(814) 5월 8일, 황자·황녀에게 源朝臣의 성을 하사하다〉. 문정창, 《일본고대사》, 인간사, 1989, 236쪽.

312 정순태(2004). 다케다(武田) 가문의 시조는 신라사부로(新羅三郎)라는 이름의 무사다. 다케다 가문의 시조가 신라사부로하는 것은 일본 무사의 뿌리가 신라계임을 부인 할 수 없는 증거다.

청화원의 일족으로서 갑비원씨를 형성하여 대동류합기유술의 시조가 됐다."고 한다.

한국과 관련된 신사 중, 백제신사·신라신사·고려신사가 있지만 사람에게 국가명이 붙은 것은 신라대명신 '장보고' 뿐이다. 일본천왕가의 시조인 스사노오미 코도(牛頭天皇)는 바다를 건너와 일본의 왕국을 건설했다고 전해진다. 스사노오미코도 교토는 고도의 제련기술을 가지고 온 신라계 이주민의 조상신이라는 설이 지배적이다. 또한 일본의 교토(동경)을 구상하고 도시를 만든 것은 신라의 도래인 '하타씨'다. 교토중심의 헤이얀 궁은 도래계 혈통인 제50대 간무천왕(781~806)이 교토로 천도하여 헤이얀 시대를 연다.[313]

'하타씨'나 '헤이얀'의 훈독을 보면 '해다'와 '하이얀'이란 뜻이다. 신라명신의 얼굴은 유난히 하얗다. 일본인의 인사말은 '하이'다. '해'를 뜻하는 말과 일치한다. 즉 왜인들의 입장에서 보면 이주민들은 '해'의 분신이었다. 日本(일본)이란 국명도 같은 맥락에서 만들어졌다. '헤이안 시대 후기에는 조정과 귀족을 보좌했던 사무라이가 정권을 장악하여 일본 최초의 무사정권인 가마쿠라막부(쇼군)를 연다. 최초의 쇼군 미나모토 요리토모(源賴朝:원뢰조)는 신라사부로(新羅三郎)의 형인 '하치만 타로(八幡太郎)'[314]의 후손으로 카마쿠라 현에 '하치만 궁'을 세운다. 권력을 얻은 하치만 신과 신라명신은 일본 전국에 급속히 퍼진다. 11세기 일본의 고산죠 천왕은 매년 신라명신에게 제사를 지낸다. 신도를 언급할 때 하치만이나리하치만(八幡稲荷八万)말이 있는데, 이것은 하치만신과 이나리신을 위한 신사가 각각 4만개씩 총 8만개였다.

일본천왕의 시조인 스사노오오미코도(素盞嗚尊)을 모시고 있는 三井寺(삼정사)에 '신라대명신'이 모셔져 있다. 이 신라대명신이 바로 '장보고'다. 일본 대동류유술의 조상이 신라사부로, 미나모토 요시미츠 즉 源義光(원의광,1045~1127)은 源賴義(원뢰의,988~1075)의 셋째 아들

313 역사스페셜(KBS)

314 신라계 鎌倉源氏 막부를 세워(1186) 140년간 일본을 통치한다. 전국말 豊臣氏를 무너트리고 江戸幕府를 개설하고 264년간 근세 일본을 통치한 德川家 또한 원래는 이 신라계 '源 씨'다(德川幕府의 역대 장군이 궁왕에게 제출한 國書는 모두 덕천가의 성을 源이라 하였다). 문정창,《일본고대사》, 인간사, 228쪽.

이다. 조보 源賴信(원뢰신)은 진주부의 쇼군이다. 부친이 아베 호족과의 전쟁을 승리하기 위해 '신라대명신(장보고)'을 모시고 있는 시가현의 원성사에 도움을 청한다. 원뢰의는 승전을 하면 신사에 자신의 셋째아들 삼랑(三郎)을 보내기로 약속하고 신사의 도움을 받게 된다. 당시 신사는 토지와 승군을 보유한 권력집단으로 호족들은 신사와 전략적 유대관계를 가졌다.

원뢰의는 신사와의 관계를 위해 자신의 세 아들을 신사로 보내 성년식을 치르게 한다. 太郎(태랑:장자) 源義家(원의가:미나모토 요시이에)는 서쪽의 八幡[315](팔번:하치만·철제련 술을 일본에 전래한 이주민을 모신)신사에서, 次郎(차랑) 源義綱(원의강)은 북쪽의 賀茂(하무:가모노) 신사에, 셋째 三郎(삼랑:사부로) 源義光(원의광)은 동쪽 신사에서 성인식을 치르게 했다. 현재 일본의 신사 약 10만 여개 중에서 4만 여개가 하치만과 신라명신을 모시는 신라계열의 신사다.[316] 송일훈(2008)은 논문을 통해 신라삼랑원의광의 墓(묘)와 장보고의 문양이 대동류합기유술의 문장과 같다[317]는 것과, 일본 武田(무전)[318]지방에 정착한 신라계 이주민과 장보고를 연계하여 대동류유술이 장보고와 연결되어 있다고 주장한다. 혹자는 장보고는 배에서 싸우는 해전을 했기 때문에 대동류유술은 선상의 무술이 아니라고 주장하기도 한다. 그러나 전쟁은 선상에서만 했겠는가? 해상에 상륙하여 육전에서도 한다. 전쟁의 술기는 해상과 육상이 구분될 수 없다.

....

315 일본 문헌에 원 씨의 조상신은 八幡大神이라고 한다. 팔번신은 8세기중 엽까지 구주의 신라신이었으나 서울에 올라와 조정의 숭배신이 되고 전국적으로 보급되는 것은 신라계 聖武帝 때부터다. 天平九年(737)四月一日 遣使 於伊勢神宮 大神社 筑紫住吉 八幡二社及香椎宮 奉幣以告神羅無禮之狀《續日本記》. 문정창,《일본고대사》, 인간사, 229쪽.

316 역사스페셜(KBS)요약

317 송일훈,〈古流《大東流柔術》의 張保皐(新羅明神)에 關한 硏究〉, 한양대 박사학위 논문, 2008.

318 天和天皇(청화천황)의 제6왕자 정순친왕 때 원씨 일가는 武(무)를 숭상하는 집안 이었다. 1055년 한반도에서 이주해온 이민들 사이에서 서로 쟁탈전이 벌어지자 이때에 신라삼랑원의광이 반란을 평정하자 국가에선 그에게 甲悲(갑비)라는 한지역의 영토 통치를 맡겼다. 그는 성을 갑비 原(원)씨로 공표했으며 그 후 그의 차남이 義淸(의청)이 武田寸(무전촌)으로 이주 후, 성을 武田(무전)으로 바꾸어 武田家(무전가)의 시조가 됐다.(鹽田剛三.1971)

1) 倭(왜)의 神社(신사)와 源氏(원씨)과 平氏(평씨)

"히로시마의 신라신사는 1300년에 다케다(武田信宗)에 의해서 가이쿠니(甲斐國)[319]로부터 시작되어, 제신으로 미나모토요시미츠(원의광)가 모시다가, 아키쿠니(安藝國) 다케다(武田)씨의 수호신으로 숭앙됐다. 고대 한반도에서 영화를 누렸던 신라국과 같은 이름의 신사가 전국에 58사로 확인됐으며, 그중에는 '신라'라 부르기도 하고, '시라기'라고 발음하는 한자 '白白(백백)·白木(백목)·信羅貴(신라귀)·志木(지목)'등으로 표기하기도 한다. 신라신사는 이주민 원씨계로 구별되는데, 도래계는 신라로부터 이주해온 사람들이 그들이 모셨던 신을 직접 모시는 신사고, 전국에 39사가 있다."[320] '源(원)'의 훈독은 두 개다. (1)みなもと(미나모토) (2)はじめ·もと(하지메모토)다. 여기서 대개는 (1)みなもと(미나모토)로 쓰이지만 인명훈독은 '源(원)'을 외자이름으로 사용하여 (2)はじめ(하지메)로 쓰인다. 즉 '원'의 음가는 '해'와 관련되어 있다. '하지메'는 '해지메'라는 것으로 여기에서 '~지메'는 평안도 사투리로 '~이다'라는 말로 '해이다'라는 뜻이 된다. 처음 만나 인사하는 'はじめまして(하지메마시데)'의 'はじ(하지)'는 한자 '始(시)'와 '初(초)'다. 즉 처음 보는 사람에게 '해를 맞이한다'는 의미가 훈독에 있다. 즉 '原(원)'의 인칭훈독도 'はじめ(하지메)'와 'こうげ(고우케)'다. 일본은 바다에서 떠오르는 태양을 '源(원)'자에서 취하여 외자 이름에 적용한 것으로 보인다. 'こうげ(고우케)'의 훈독은 해가 '곱게=고우케'다. みなもと(미나모토)는 이처럼 태양과 깊은 관계가 있어 태양을 숭배한 신라의 왕족과 귀족에게 사용된 것으로 사료된다. 이에 반해 백제계는 지평선에 떠오른 해라는 의미로 '平(평)[321]'자를 취한 것으로 보인다. '平(평)'의 인명훈독은 ひと

---

319 安倍氏를 토벌한 후, 源氏 義家는 八幡이라 하고, 동생 義光은 新羅로 각각 성을 고친다. 토벌의 공로로 源賴義는 伊豫守로, 그 장남 義家는 出羽守로, 차남 義光은 甲斐國守가 된다, 이로써 원의광은 명문무사집안 갑비원씨의 祖가 된다. 문정창, 《일본고대사》, 인간사, 1989, 238쪽.

320 리빙히로시마. 2002년 2월 2일자 신문.

321 平氏(평씨)의 유래는 《紀略》에 〈字多 3년(889), 桓武(환무) 천황의 증손 高望王(고망왕) 등에게 平朝臣(평조신)을 하사하다〉라고 기록되어 있어 원씨보다 75년 늦다. 평씨의 기반은 동북지방으로 임신대란이후, 삼한인에 의해 개척됐다. 858년 등원량방의 청화제를 옹립한 후, 청화원씨는 939년 平將門(평장문)의 난을, 1031년 平忠常(평충상)의 난을, 1057년 안배뢰시의 난을 종결한다. 그러나 의가의 아들 義親(의친)이 對馬守(대마수)로 임명되어 악행을 저질러 1102년 유배됐으나 탈출하여 출운의 목대를 살해한다. 이후 원씨에 종속됐던 평씨일족이 탈주한 의친이 난을 일으키자 백하원은 平正盛(평정성)에게 진압을 명한다. 난을 평정한 공으로 平正盛(평정성)의 아들 忠盛(충성)이 근신이 된다. 또한 忠盛(충성) 아들 淸盛(청성)은 태정대신으로 승진하고 권력을 차지한다. 그리고 평청성은 그의 딸 德子(덕자)를 高倉帝(고창제)의 后(후)로 삼아(1171) 마침내 왕의 장인이 된다. 院政(원정)

し(히도시)다. 즉 '해돗이', なり(나리)는 '날'이다. 우리말에도 지체 높은 사람을 '나리'라 한다. '태양'의 신화로 보면 '난다'는 개념의 '날=나리'다. 'ひら(히라)'는 흰 해다. 'つね(쯔네)'와 'ただ(타다)'는 해가 쨍쨍 '찌네'와 불에 '타다'다. 이처럼 平(평)자에 '해'와 관련된 훈독이 많다. 특히 '平(평)'의 음독에 '해'의 음가인 'ヘイ(헤이)'가 있다. 김유신의 아들도 김씨가 아니다. '원'씨인 '元述郎(원술랑)'[322]이다. '源(원)'씨는 신라 귀족이, '平(평)'씨는 백제 귀족이 사용했다. 무사와 사무라이의 개념을 사용한 것도 원씨가다. '태랑·차랑·삼랑'의 이름 끝에 붙은 '郎(랑)'은 남자에 붙여 사용하는 우리 선조들이 사용해온 이주계의 문화가 닮긴 소리며 문자다.

우리가 알고 있는 新羅(신라)를 '信羅(신라)나 白白(백백)'으로 쓰고 '白白(백백)'을 '신라'로 읽는다. 상고시대 한민족은 한자를 음가중심으로 사용했다는 명백한 증거다. 해를 보면 눈이 '시다'라 하고 '히다'라고도 한다. 음가는 다르지만 해 빛의 속성을 나타내기에 같은 한자라도 다른 음가로 표현한 것이다. 학계는 '연오랑세오녀'[323]의 기록이 신라의 일원신앙이 일본에 전래된 것으로 보고 있다.

2) 新羅系(신라계) 天王家(천왕가) 源氏(원씨)

일본 천왕가의 시조인 '素盞嗚尊(소잔명존)'의 한자는 '태양의 흰 빛이 등잔처럼 빛나는 아름답고 존경스런 새'라는 뜻이다. 스사노오미코도의 한자는 '牛頭天皇(우두천황)'이다. 우두는 '치우'의 별칭 '우두머리'다. 태양을 뜻하는 삼족오의 신화와 치우천황의 상징이 일본천왕가에 그대로 옮겨갔다. 신화만 간 것이 아니다. 이주민 자체가 왜 열도로 이주한 것이다. 또한 성씨와 이름은 최상위층이 아니면 가질 수 없었다.

신사는 조상신을 모시는 절이다. 源(원)씨의 뿌리가 신라이기에 신라계의 팔번신과 장보

이 평씨를 견제하려하자 평청성은 1180년 1월 쿠데타로 고창제를 폐하고, 자신의 딸 덕자의 아들 安德帝를 옹립하고 섭정을 한다. 그러자 원뢰정이 後白河法皇(후백하법황)의 아들 以仁王(이인왕)을 옹립하여 源·平戰(원·평전)이 시작된다. 이 20년간의 싸움으로 평씨정권이 무너지고 相模灣(상모만)에서 신라계 鎌倉源氏(겸창원씨) 140년의 정권이 세워진다(1186).

322 김유신의 둘째아들 어머니는 태종무열왕의 딸 지소부인

323 三國遺事 卷第一 紀異 第一.

고를 신사에 모서 숭배했다. 대동류유술의 源正義(원정의)도 源(원)씨이고 淸和天皇(천화천황)에 뿌리를 두고 있다.

3) 大東流柔術(대동류유술)의 系譜(계보)

대동류유술은 여러 대에(大庭一翁(대정일옹)-佐藤金兵衛(좌등금병위)-中村久(중촌구)) 걸쳐 근대의 源義正(원정의:1860~1943)[324]에 의해 중흥됐다. 흥미로운 것은 '惣角(총각)'이라는 이름이다. '惣角(총각)'은 '總角(총각)'과 같은 한자다. 즉 '武田惣角(무전총각:다케다 소가쿠)'은 '무전지방의 총각'으로 실제의 이름은 源正義(원정의)로 한국식이다. 그의 부친은 總吉(총길:소키치)이고 그의 형은 總勝(총승:소카쓰)이다. '總(총)'자가 계보로 쓰였다. 이밖에 關口流(관구류)·制剛流(제강류) 등 많은 유술과 관련된 한자로 된 문서들을 보면, 이주계의 문서로 보이며 더러는 이름 뒤에 '氏(씨)'자를 붙인 이주계의 이름도 있다.

4) 大東流柔術(대동류유술)의 한국 재유입

검술 또는 대동류유술과 같은 종합무술은 가문의 秘傳(비전)이다. 일본의 경우 源正義(원정의:武田總角)[325]이 근대에 일본 전국을 돌며 비전의 술기를 전수했다. 때문에 이를 바탕으로 植芝盛平(식지성평:우에시바 모리헤이)이 오늘날 合氣道(합기도:아이키도)[326]를 창

---

[324] 이병선은 "日本古代地名硏究(1997)"라는 저서에서 武田家와 新羅三郎源義光에 관하여 "일본에 있어서 관동 무사의 조상은 한국이며, 또한 관동 무사의 모태가 되는 甲斐源氏로 불리어진 武田氏의 조상은 新羅이며, 따라서 武田氏의 조상인 新羅三郎源義光도 신라사람의 후예로 신라의 무술인 大東流合氣柔術을 일본에 전했다." 특히 그는 이 부분을 강조하기 위하여 각주를 달아 부연설명을 하는데 "新羅三郎源義光은 거병하여 큰 전공을 세운 까닭으로 武田의 姓을 받았는데, 이 무술은 그의 35대 武田惣角(1860˜1943)에 의하여 같은 新羅의 後孫인 大邱 사람 崔龍述(1899˜1986)氏에게 전수되어 오늘날 한국의 合氣術로 전승되고 있다."고 함으로써 大東流合氣柔術이 신라의 무술임을 설명하고 있다(김이수, 2000).

[325] 1859년 10월 10일 다케다 소우요시의 차남, 신장 150㎝의 왜소한 체구, 부친에게 검술,봉술,반궁,스모,다이토류를 배우고 전국도장을 순회하여 무술기법과 심신수련을 함, 무예18반을 숙달, 1939년 4월 25일 아오모리에서 순회지도중 향년 84세에 객사.

[326] 1931년 황무관(皇武館)에서 황족, 군인을 지도했다. 황족과 군인을 지도한다는 것은 황국사상(제국주의)을 갖지 않고는 지도할 수 없다. 지금도 명치신궁 지성관에서 합기도를 지도하고 있는 93세의 田中茂穂(전중무수)에 의하면 합기도 수련의 목적이 사이라이 정신 고취와 야마토정신의 부활을 수련 목표로 하고 있다. 더구나 가미가제에서 죽은 일본군을 추모하는 '不期生還(불기생환)' 현판을 도장 입구에 걸어 놓고 수련한다. 즉 植芝盛平(식지성평)은 1942년 제국주의에 반대했지만, 그 이전의 정한론자들과 궤를 같이했던 역사도 함께 평가받아야 한다. 합기도를 포함한 일본 무도는 일본 국가주의적 목적과 통제에 따라 지금도 움직이고 있음을 확인할 수 있다.

시하여 세계적인 무술로 탄생됐다. 이에 반해 한국은 일제에 강제 점령되어 무맥이 단절된 상태에서 대동류유술이 두 갈래로 들어온다. 한 갈래는 장인목에 의해 한국에 전파됐으며, 또 한 갈래는 최용술에 의해 한국에 전래됐다. 장인목은 송전풍작으로부터 비전목록을 받았다. 그러나 최용술은 한국 합기도에 절대적 영향을 끼쳤음에도 불구하고 비전목록이 없는 관계로 후대에 대동류유술을 누구에게 배웠는지 지금까지 미궁 속에 있다. 일설에 의하면 吉田幸太郎(길전행태랑:요시타 코다로)[327]의 제자라는 설이 있었다. 그러나 英名錄(영명록) 〈그림 7-3〉의 (1)과 謝禮錄(사례록)이 발견되면서 모든 논란에 종지부를 찍었다. 영명록에 '昭和十七年 八月 六日부터 八月 十五日'까지 10일간의 수련기록이 있다. 〈그림 7-3〉의 (2) 사례록에 '一金參十円 一金參十円 二回分 昭和十七年 九月 十八日'로 기록되어 있다. 즉 사례록에 2회분은 미지급한 8월분과 9월 사례비를 합한 60엔이다. 〈그림 7-3〉의 (3) 이 자료만 놓고 보면 崔龍述(최용술)은 源正義(원정의)에게 총 20일 수련했다. 또한 영명록에 기재된 주소와 직업[328]과 일본 寄留證(기류증)에 기록된 주소와 직업과도 일치한다. 한편 비전목록을 받은 장인목은 1935년 9월, 20살(1915년 8월생)부터 수련하다 3년 후, 昭和十三年八月(1938.8), 23살에 비전목록을 받고 다시 1943년 6월까지 6년을 더 수련하여 총 9년을 수련했다. 최용술은 장인목 선생보다 4년 뒤인 39살 昭和十七年八月(1942)에 20일 수강했다. 그런데 20일 수련한 문하생이 구사하기엔 술기가 너무 출중하다. 여기엔 우리가 밝혀내지 못한 또 다른 사유가 분명히 있다. 이에 대한 학계의 연구가 필요하다. 성도원은 "대동류유술의 원리는 검에서 나온 것으로 최용술에 전래된 한국 합기도에 대동류유술의 검의 기법이 없는 것만 보더라도 장기간 수련하지 않은 것이 명백하다. 이런 연유로 비전목록과 같은 수련증을 받지 못한 것으로 보여진다."[329]고 했다.

....

327 미국의 저명한 무술가 리처드 킴이 1984년 미국 하와이의 합기도인 글렌(Glenn)의 질의가 담긴 편지[21]에서, 최용술이 일본의 극우파 조직 흑룡회의 멤버이자, 武田惣角(龍(룡))으로부터 敎授代理(교수대리)를 받은 요시다 코타로(吉田幸太郎:호시나 지카노리에서 개명)의 뛰어난 조선인 제자였으며, 그가 해방된 조국에 돌아가 자신이 배운 무술에 합기도라는 명칭을 사용했다고 증언한다. 최용술 도주의 일본 이름이 요시다 아사오(吉田朝男)였다고 증명한다. 이 때문에 일본을 비롯한 많은 위키백과에서는 최용술을 요시다 코타로 쪽의 제자로 분류했다.

328 昭和 十六年 北海道 小樽市 色內 町 一丁目 四十五番地와 昭和 十七年 小樽市 色內 町 二丁目 九番地 旅館業. 일 년 만에 이사한 기록이 있다.

329 2018.10.15. 무예신문. 최용술은 북해도 오타루시(北海道小樽市)에 거주하고 있었고, 수련 기간은 타케다 소우카쿠로부터 2번에 걸쳐 20일 동안 수강했다. 사례록(謝礼禄)에는 20일수에 맞는 사례금 60엔(1회 30엔)을 지

(1) 英名錄(영명록) 표지 　　(2) 최용술 수련일 　　(3)私禮錄(사례록)

그림 7-3. 英名錄(영명록)과 私禮錄(사례록)

《무예도보통지》의 권법과 교전보[330]에 상대의 손을 제압하는 그림이 있고《무예제보번역속집》의 무검사적세에 '以其劍刀夾乙右手以奪乙劍(이기검인협을우수이탈을검)'이라 하여 적의 검을 맨손으로 탈취하는 기법이 기록되어 있다. 즉 전시에 칼이 부러지거나 근접 상황에 맨손으로 상대를 제압하는 술기를 군영에서 수련했다는 명백한 증거다. 이 기록은 맨손 무술사에 매우 소중한 자료다. 〈그림 7-4〉의 술기는 실전에서 쉽게 펼칠 수 없는 고도의 술기다. 대동류유술과 같은 총체적 종합무술의 술기가 조선 군영에 있었다는 명확한 증거다. 칼로 머리를 치면 누구나 옆으로 피할 수밖에 없다. 그리고 상대의 손을 잡고 돌아 넘어 뜨리는 술기를 사용하여 적의 뒤로 가야한다. 이것은 대동류유술의 술기 중 가장 기초다. 또한 택견의 송덕기 옹의 술기는 발차는 술기만 있는 것이 아니다. 대동류유술 같이 손목을 꺾어 팔을 제압하고 회전시켜 상대를 눕히는 술기가 있다. 이러한 술기의 바탕엔 넘어질 때 땅을 구르는 '圓體(원체)'[331]의 기법들도 당연히 있었을 것이다. 무예도보통지의 기록에 상박의

불한 기록이 있다. 〈사례록과 최용술 수련일, 영명록 표지는 세계평화무도 성도원 사무총장이 제공했다.〉

330　저자는 2015년 4월 18일 제 2회, 무예신문사에서 주체. 대한민국합기도를 위한 포럼에서 '검과 대동류유술의 연계성'을 증명하기 위하여 조선세법이 동작과 합기도의 술기를 비교하여 동영상을 통해 발표했다. 그리고 무예도보통지의 권법과 왜검술의 관절기법과 합기술의 연계성을 서면자료를 통해 발표했다.

331　圓體(원체)의 기법은 칼을 쌍수 또는 편수로 잡은 상태에서 넘어지는 것을 상정하였다. 또한 넘어진 후에 바로 돌아서 일어서는 '圓回術(원회술)'을 원칙으로 太身(태신)·太後身(태후신)·傳神(전신)·後腎(후신)·側身(측신)·胸身(흉신)·熊身(웅신)으로 구분하고, 다시 熊身(웅신)은 변용에 따라 太熊身(태웅신)·後熊身(후웅신)·側熊身(측웅신)으로 구분했다. 또한 좌식의 원회술은 座瓮(좌옹)을 기본을 변용한다. '熊(웅)'자는 '웅신'으로 북두칠성의 회전의 상징을 취했다. 또한, 맞서는 자세는 相交(상교) 對交(대교), 面位(면위), 背位(배위), 側位(측위), 後位(후위)로 한다.

술기는 비록 몇 개 안되지만 단절된 무예의 역사를 다시 세울 수 있는 소중한 자료다.

그림 7-4. 권법·교전보의 맨손 제압술

5) 大東流柔術(대동류유술)의 뿌리, 朝鮮勢法(조선세법)

대동류유술과 합기도는 손을 검으로 대체한 기법이다. 검의 기법이 없으면 이론이 성립되지 않는 무술이다. 즉 상대가 손을 잡아 주지 않으면 자유자제로 술기를 걸 수 없다.

대동류유술의 종가를 계승한 石橋義久(석교의구)[332]는 大東流合氣武道百十八カ条(대동류합기무도백십팔개조)[333]에서 검과 대동류 술기의 특징을 비교했다. 또한 小野派一刀流(소야파일도류)에서 '打(타)'를 '切洛(절낙)', 되받아치는 것을 '迎突(영돌)'이라 한다. 이것은 '擊刺之法(격자지법)'이다. 즉 擊(격)을 打(타)와 刺(자)로 제압하는 살법이다. 擊(격)의 '迎突(영돌)'은 조선세법의 역린세와 표두세의 기법과 같고 자법은 안자세와 우찬격세의 원리와 일치한다. 대동류유술의 공격은 칼을 타법으로 내려치는 우수우각과 자법을 기본으로 한다. 그리고 방어는 타법과 자법에 대한 검 탈취술을 기본으로 한다. 대한민국 '고류 술기'의 뿌리를 찾고 기법을 복원하기 위해서는 조선세법에서 찾아야 하는 이유가 여기에 있다. 이렇게 검의 기법에서 맨손검 교전과 상박의 원리와 술기를 찾으면 일본의 신라삼랑설과 대동류유입설에서 탈피할 수 있다.

....

[332] 일본 무도의 상징인 명치신궁에 지성관 명예관장인 합기도 9단 田中茂愁(전중무수)를 2017년 6월 29일 만나 합기도의 뿌리가 대동류유술임을 확인했다. 대동류유술의 종가 3대 武田正修(무전정수)가 2016년 7월 2일 사망하여 현재 그 뒤를 石橋義久(석교의구)가 종가 대리로 잇고 있다. 2017년 7월 2일 석교의구는 대동류유술이 검술에서 나왔음을 밝히고 대동류유술을 시연하기 전에 검술 동작을 먼저 선보였다. 또한 龍(롱)이 전수한 소야파일도류의 비전인 '切落(절락)과 迎突(영돌)' 직접 선보였다. 저자는 소야파일도류는 조선세법의 '역린세'와 같은 '격자'법임을 밝혔고 시연을 통해 입증하였으며 여러 본국검의 기법을 소개했다.

[333] 石橋義久,《大東流合氣武道百十八カ条》, 東口敏郎, 2015, 17~31쪽.

그렇게 되면 더 이상 한국의 무예계나 학계는 일본의 무도사를 근거로 우리의 무예사를 연결시킬 필요가 없게 된다. 실제 대동류유술의 一本捕(일본포)는 조선세법의 평대세의 공격과 거정세의 방어와 같고, 본국검에서는 조천세에서 좌협수두세로 연결된 기법이다. 또한 양손을 들어 한손으로 막고 나머지 한손으로 얼굴을 가격하는 것은 조선세법의 찬격세와 같다. 상대의 내려치는 공격을 왼손으로 막고 오른손으로 얼굴을 밀어치는 車到(차도)는 찬격세와 표두압정세의 결합이다. '撞木(당목)'은 상대를 목에 걸쳐 업는 자세로 '향상방적세'의 기법이다. 내려치는 기법은 '打(타)'와 '殺擊(살격)' 두 개를 중심기법으로 했고, '刺法(자법)'은 손으로 찌르는 기법을 응용했다. 내려치는 공격은 옆으로 피하는 것과 직접 막는 방법이 있다. 내려칠 때 막는 기법으로 크게 7개가 있다. (1)擧鼎勢(거정세)는 내려치는 칼을 막는 기법으로 자세가 높다. 상대가 완전히 내려치기 전에 막는 것이 효율적이다. 맨손으로 내려치기 전에 팔을 제압하는 원리와 같다. (2)朝天勢(조천세)는 내려치는 힘을 뒤로 돌려서 제압하는 방식이다. (3)鑽擊勢(찬격세)는 내려치는 것을 왼손은 막고 오른손은 동시에 치는 기법으로 적용됐다. (4)逆鱗勢(역린세)는 정면에서 내려치는 것을 곧게 올려 찔러 상부에서 막는 기법으로 상대의 손이 내려오기 전에 막는 기법에 적용됐다. (5)禦車勢(어거세)는 좌측 허리를 막는 기법으로 적용되었다. (6)右垂劍勢(우수검세)는 右藏(우장)으로 우측 허리를 막는 기법으로 적용됐다. (7)小手返(소수반)의 원리는 대동류유술의 검리에서는 찾을 수 없다. 오히려 본국검의 '雁字勢(안자세)'에 있다. 상대가 넘어졌을 때, 팔을 꺾는 기법은 點劍刺(점검자)와 연결된다. '빗장걸이'는 가로질러 구멍 사이에 넣는 막대기다. 여자들이 머리에 꽂는 '비녀'다. 즉 손을 지렛대로 삼아 꺾는 기법을 오래전부터 사용된 기법이다. '柲(꺾을비)'에 '빗장'의 기법이 있다. 검의 자세는 中直(중직)이 기본이다. 대동류유술도 몸을 곧게 세운다. 이러한 기법은 삼국(고구려·백제·신라)에서 전쟁에 사용된 기법들이다. 이것이 일본에 건너간 것이 대동류유술이다. 조선세법에서 술기를 찾고 술기를 실전의 범위에 맞게 입기·좌기·와기를 적용하면, 잃어버린 상박의 뿌리를 찾을 수 있다. 그러면 한민족 맨손무예의 시원은 고조선으로 거슬러 올라가게 된다.

6) 大東流柔術(대동류유술) 118개조의 기법과 合氣道(아이키도)

비전목록에 대동류유술의 기법은 118개로 되어 있다. 그러나 실제 비전목록은 6개[334]의 분류에 총 94개의 술기만 적혀있다. 그리고 비전목록에는 술기에 대한 명칭이 없이 모두 條(조)로 구분되어 있다. 武田時宗(무전시종:도키무네)는 118[335]개에 없는 술기를 추가하여 118개의 숫자를 맞추고 명칭을 붙였다. 118개의 명칭중 선대로부터 내려온 것과, 武田時宗(무전시종)이 추가한 것이 어떤 것인지는 학계가 추후 연구해야 할 부분이다. 실제 曾川(증천:소가와)의 대동류유술 술기의 이름을 비교해보면 같은 것도 있고 다른 것도 많다. 武田時宗(무전시종:도키무네)는 118개를 다시 5개조로 구분하고 각조는 다시 4개 (1)座捕(좌포) (2)立合(입합) (3)半座半立(반좌반립) (4)後捕(후포)로 분류했다. 비록 술기는 118개라 하지만 기본 술기를 중심으로 4개의 자세에서 반복된다. 得物捕(득물포)는 杖(장) 5개, 十手捕(십수포) 5개, 短劍捕(단검포) 5개, 太刀捕(태도포) 5개, 傘捕(산포) 5개, 小太刀(소태도) 7개다. 모두 기본 맨손 술기를 이용하여 탈취하는 기법이다. 多人數捕(다인수포)는 二人(이인) 2개, 三人(삼인) 2개, 四人(사인) 1개, 五人(오인) 1개로 구성됐다.

....

334 비전목록의 구성은 총 6개 조(총 94개 술기):①座取(22개) ②半座半立(12개) ③立取(44개:실제는 46개) ④二人詰之(6개) ⑤傘取之(2개) ⑥刀鞘捕(2개)

335 1개조 31개---四方投는 表·裏로 2개
①座捕 10개(1.一木捕 2.逆腕捕, 3.肘返 4.車倒 5.絞返 6.抱締 7.搦投 8.小手返 9.拔手捕 10.膝締)
②立合 10개(1.一木捕 2.車倒 3.逆腕捕 4.腰車 5.搦投 6.裏落 7.帶落 8.切返 9.小手返 10.四方投)
③半座半立 5개(1.半身投 2.裏落 3.居反 4.肩落 5.入身投)
④後捕 5개(1.立襟捕 2.兩肩捻 3.兩肘返 4.抱締捕 5.肩落)
2개조 30개
①座捕 10개(1.小手返 2.逆襟 3.肘返 4.木葉返 5.手刀詰 6.頸捻 7.小手返 8.片羽捕 9.鎌手詰 10.逆小)
②立合 10개(1.逆襟 2.引落 3.首投 4.裾拂 5.背負投 6.手刀詰 7.小手返 8.肩車 9.腰車 10.背挫)
③半座半立 5개(1.手刀詰 2.小手返 3.裾捕 4.肘挫 5.入身詰)
④後捕 5개(1.突倒 2.搦投 3.逆小手 4.首投 5.肘挫)
3개조 30개
①座捕 10개(1.釣落 2.手枕 3.外小手 4.卷詰 5.拳返 6.抱挫 7.搦詰 8.切羽 9.內腕返 10.合掌捕)
②立合 10개(1.釣落 2.外小手 3.卷詰 4.脇詰 5.岩石落 6.首輪 7.內腕返 8.七理引 9.一本担 10.四方投)
③半座半立 5개(1.卷詰 2.肘挫 3.片羽返 4.足締 5.脇挫)
④後捕 5개(1.卷詰落 2.腕返 3.脇搦 4.切羽 5.片腕投)
4개조 15개
①立合(1.裏小手 2.內小手 3.抱首 4.手枕詰 5.脇捕表 6.脇捕裏 7.入違 8.龍卷 9.居反 10.裏落 11.潛龍 12.脇詰落 13.霞投 14.裸締 15.達磨返)
5개조 12개
1.卷込挫 2.小判返 3.門詰 4.閻魔 5.撞木 6.滝落 得物捕 7.杖捕 8.十手捕 9.短刀捕 10.太刀捕 11.傘捕 12.多人數捕

이를 바탕으로 식지성평(植芝盛平)은 대동류유술의 술기를 6개의 투기 (1)入身投(입신투) (2)四方投(사방투) (3)天地投(천지투) (4)回轉投(회전투) (5)腰投(요투) (6)十字投(십자투)로 구분했다. 그리고 회전 방식에 따라 '表(표)'와 '裏(리)'로 구분하고, 打(타)의 공격으로부터 제압하는 방식을 4개로 구분하여 4敎(교)로 재구성했다. 여기에 (5)검탈취 1교를 추가하여 총 5敎(교)로 구성하여 合氣道(아이키도)를 창시했다. 대동류유술과 이이키도 술기의 가장 큰 차이는 대동류유술은 상대의 공격을 정면에서 직접 맞받아 팔을 제압한다면 아이키도는 상대의 공격을 회전으로 제압한다. 자연히 대동류유술은 개별적 낱개의 완전 제압 방식이 주를 이루지만 아이키도는 완전 제압보다는 동작의 회전과 연결에 중점을 두고 던지는데 중점을 뒀다. 실전성에서 보면 일대일의 경우에는 대동류유술의 술기가 적합하고 일대다수의 경우에는 한 사람만 상대할 수 없기 때문에 아이키도의 술기가 적합하다고 할 수 있다.

대동류유술의 유파 중 원정의에게 가전무술인 대동류유술을 전수한 西向賴母(서향뢰모)에게 대동류유술을 계승했다는 西鄕派(서향파)는 '表(표:おもて)·裏(리:うら)·奧(오:おう)' 3개로 유술의 원리로 구성했다. '表(표)'와 '裏(리)'는 일본 검술에서 사용하는 개념으로 검술의 개념이 유술에 사용됐다. 이것을 식지성평(植芝盛平)은 '表(표)·裏(리)' 2개로 아이키도의 원리술로 다시 구분하고 아이키도의 동선을 '圓(원)'의 개념으로 삼았다. 그리고 '圓(원)'과 함께 '和(화)'는 아이키도의 개념으로 사용하고 있다. 또한 '圓(원)'과 '和(화)'를 결합하여 '円和(원화)' 또는 '和圓(화원)'으로 사용하고 있다. 대동류유술에서의 '柔(유:야와라)'는 '공격해오는 상대방의 힘을 둥그런 구체의 원주선상에 흡수하는 것'으로 술기의 중요 원리다. 또한 合氣の力(합기의 힘)을 '분산되지 않게 한 점에 집중하는 것'으로 설명하고 있다. 서향파와 무전가의 대동류유술의 원리와 술기명의 차이를 비교하면 서로 다른 부분이 많다. 현재 한국은 '圓和流(원화류)·流圓和(류원화)'를 합기도의 원리 개념으로 사용하고 있다. '圓和(원화)'는 '둥글게 한다'는 신체의 동작을 설명하는 설명어다.

또한 일본 검술의 특징은 打·擊·刺(타·격·자)다. 이러한 타·격·자 3개의 검 술기를 '손'으로 대신하여 유술을 만들었다. 이것은 아래에서 위로 올려치는 '掠(략)'의 기법이 빠진 것이다. 즉 '打擊刺掠(타격자략)' 4개가 결합된 술기가 완전한 기법이 된다. '掠(략)'의 기법은

'발'로 대신한다. 한국의 합기도에 발차기가 결합된 것도 우리 몸짓이 습합된 것으로 보인다.

7) 本國相撲(본국상박)의 原理(원리)와 相搏武(상박무)

《海東竹枝(해동죽지)》의 저자는 手癖(수벽)으로 적고, "옛 풍속에 손기술이 있는데, 오래 전부터 내려온 검의 기술로부터 나왔다. 서로 대적하여 앉아 양손으로 서로 오고가며 치는데 일수라도 법칙을 실수하면 맞아 넘어지는데 이 이름을 수벽치기라 한다."[336] 이 기록은 맨손의 기법이 검의 기법에서 나왔음을 밝히는 중요한 기록이며, 일본의 대동류나 합기도에 있는 좌기처럼 우리도 앉아서 상대를 제압하는 坐技(좌기)가 있었음을 고증하는 중요한 자료다. 이러한 기록과 상박의 기록을 바탕으로 한민족의 철학과 사상이 담긴 '太極(태극)'과 '太乙(태을)'을 결합한 '太(태)', '乙(을)', '極(극)' 3개를 맨손 검 교전법의 상박의 원리로 삼았다. '太(태)'는 자신의 위치에서 우측이 시작점이다. 북두칠성이 회전하는 '좌회'다. '極(극)'도 본인 위치에서 좌측이 시작점이며 태양이 회전하는 '우회'다. 그리고 太(태)와 極(극)에 변화를 주는 실체적 힘은 '乙(을)'이다. 한편 乙(을)의 작용이 넘치거나 乙(을)에 맞서 역행하는 힘은 신체에서 감싸고 움츠린 몸동작으로 나타낸다. 이것이 '弓(궁)'이다. 항상 太(태)는 중심이기 때문에 太(태)의 자리에 있어야 한다. 그래야 중심에서부터 일어나 음양의 '易(역)'이 일어난다. 그래서 본국상박의 회전원리를 '太乙易弓極(태을역궁극)'의 오행으로 삼았다. 즉 '太乙極(태을극)'은 三圓(삼원)의 작용이다. '太極(태극)'은 '乙(을)'을 품고, '乙(을)'의 응축된 힘이 '弓(궁)'이다. '太乙極(태을극)'은 북두의 좌회와 태양의 우회로 서로 순행하는 작용이다. '太乙極(태을극)'의 내외는 오행이 서로 작용하기 때문에 '手(수)·足(족)·身(신)'의 작은 움직임에도 '體(체)'는 변화된다. 圓體(원체)는 太(태)와 極(극)이 하나다. 그래서 상박의 원리는 太(태)와 極(극)이 작용하는 '太乙流(태을류)'다. '旋(선)'은 外向(외향)의 旋廻(선회)로 술기로 太旋(태선)이고, '圓(원)'은 內向(내향)의 圓廻(원회)로 太圓(태원)이다. 마찬가지로 極旋(극선)은 極圓(극원)이 된다. 또한 太(태)가 進(진)과 결합되면 太(進태진)이다. 極(극)이 入(입)과 결합되면 入極(입극)이다. 이렇게 되면 三圓合一(삼원합일)의 '太乙流(태을류)'가 완성된다. 태을류의 보법은 '乙步(을보)'다. '乙步(을보)'는 다시 '퇴을보, 환을보, 진을

336　舊俗有手術 古自劍技而來 對坐相打 兩手去來 如有一手失法則便打倒名之曰수벽치기

七. 本國(본국)의 맨손무예 相撲(상박) | **375**

보, 입을보'로 나눈다.

手法(수법)은 片手(편수)·雙手(쌍수)·兩手(양수) 3개가 기본 잡는 형태고, '足法(족법)'은
'入(입)·後入(후입)·進(진)·退(퇴)·出(출)' 5개가 발이 움직이는 기본 보법이다.

廻身法(회신법)은 전후로 2개씩 총4개다. 전방 左回(좌회)는 1)轉(전), 右回(우회)는 2)還
(환)으로 '轉還法(전환법)'이다. 轉還(전환)은 轉圓(전환)과 치환된다. 가결로 좌회는 轉身
(전신) 우회는 還退(환퇴)로 한다. 후방 좌회는 3)後左(후좌) 우회는 4)後右(후우), 가결로 후
좌는 '山陰(산음)', 還退(환퇴)는 '月影(월영)'이다. 이것이 '陰影法(음영법)'으로 오래전부터
내려온 검의 보법이다.

回手法(회수법)도 左右內外(좌우내외) 4개다. 손을 돌리는 방식은 첫째 旋(선)이다. 旋
(선)은 仙(선)으로 치환된다. 손을 몸 안에서 밖으로 머리 위로 돌려 내리는 것으로 1)旋左
(선좌)과 2)旋右(선우)로 나눈다. 가결로 '旋圓手(선원수)' 또는 '仙猿手(선원수)'다. 둘째 圓
(원)이다. 圓(원)은 猿(원)으로 치환된다. 몸 밖에서 안으로 손이 도는 것으로 (1)圓左(원좌)
(2)圓右(원우)로 나누다. 圓(원)은 遠(원)으로 치환된다. 가결로 '猿回手(원회수)'다. 이것이
고무예에 기록된 '白猿手(백원수)'[337]다.

打(타), 擊(격), 刺(자)에 대한 방어법이다. 打(타)는 擧鼎勢(거정세)로 막는다. 擊(격)은
鑽擊勢(찬격세)로 막는다. 刺(자)는 御車勢(어거세)와 展旗勢(전기세)로 막는다.

손꺾는 술기는 '剮翅(과시)'다. 과시는 3개의 단계로 이루어진다. 첫째 捌手(열수)다. 둘째

337　백원수는 퇴보에 주로 쓰인다. 白猿進手(백원진수)와 白猿退手(백원퇴수)로 구분된다. 白猿手(백원수)에 대응
하는 應手(응수)가 黑熊手(흑웅수)다. 黑熊手(흑웅수)는 보법에 따라 黑熊進手(흑웅진수)와 黑熊退手(흑웅퇴수)
다. 백원수는 수법보법이 같고 흑웅수는 보법과 수법이 엇갈린다. 백원수의 좌수는 '白猿(백원)', 우수는 '出手
(출수)'다. 흑웅수의 좌수는 흑웅, 우수는 熊手(웅수)다. 백원수와 흑웅수의 결합은 白猿熊手(백원웅수)다.

反手(반수)[338] 또는 番手(번수)로 돌린 후 다른 한 손으로 상대의 손을 제압하는 것이 腕捕(완포)이다. 셋째 '剮翅(과시)'다.

하나의 술기에 여러 술기가 결합된 것은 조선세법처럼 하나의 '勢(세)'로 결합한다. 즉 擧鼎豹頭(거정표두), 擧鼎塔兜(거정탑시), 擧鼎兕牛(거정시우), 展旗還抱(전기환포), 白猿肩覺(백원견각), 鑽擊豹頭(찬격표두), 鑽擊兕牛(찬격시우), 鑽擊長鮫(찬격장교), 鑽擊小頓(찬격소둔)처럼 검결과 술기를 일치시켰다. 이렇게 되면 맨손술기의 뿌리가 명확해지고 외래무술의 술기와 명확하게 구분된다. 이렇게 하면 다양한 술기를 만들 수 있다.

동양에서 제일 오래된 사상은 한민족의 '仙(선)'이다. 神仙(신선)이 참선을 통해 수련한 것이 '禪(선)'이며 '仙道(선도)'다. 맨손검 교전의 '相撲武(상박무)'를 '仙武藝(선무예)'로 겸한다.

8) 大東流柔術技法(대동류유술기법)과 劍(검)의 기법 比較(비교)

대동류유술의 기법을 검의 기법과 비교하면, 入身投(입신투)는 본국검의 '朝天勢(조천세)와 兕牛相戰勢(시우상전세)'가 연결된 기법과 같고, 四方投(사방투)는 '逆擧鼎勢(역거정세)·逆鑽擊勢(역찬격세)'와 같다. 일본의 경우 입신투기는 柳生心影流(유생심영류)의 絶妙劍(절묘검) 技法(기법)이고, 사방투기는 一文字(일문자)·十文字(십문자)·八文字(팔문자) 검의

---

338 對立勢(대립세)에서 우각대립은 相交(상교)와 對交(대교), 좌각대립은 交相(교상)과 交對(교대)다. 手角術(수각술)의 용어는 扦(잡), 角(각), 扠(비), 挒(렬), 捆(고), 跕(고), 抱(포), 捕(포), 投(투), 提(제), 接(접), 壓(압), 攏(롱)이다. 신체부위는 拳(권), 掌(장), 指(지), 巽(손), 手(수), 木(목), 腕(완), 肱(굉), 五捔(오금:肘曲(주곡)), 捌(팔), 搦(익), 胸(흉), 肩(견), 頭(두), 頸(경), 騰(등), 虛(복), 服(복), 伏(복)이다. 수기술과 신체부위를 결합하여 擧返(거반), 指角(지각), 扠杖(비장), 擧天(거천), 騰絞(등교:좌등교,우등교,편등교,양등교), 攏捌(롱팔), 搞襟(격금), 兩搦(양익), 偏搦(편익), 挝返(과반), 提(제:하제·중제·상제), 頭抱(두포), 跕肩(고견), 大揖(대읍), 反(揖반읍), 騰天(등천), 服地(복지), 屈身(굴신), 木巽(목손), 五捘(오금), 肩甲(견갑) 肩角(견각), 接角(접각), 壓角(압각), 虛角(복각), 捌扠(팔비), 伏搦(복익), 飛騰(비등), 巽搦(손익)처럼 사용한다. 또한 鐵砂掌(철사장)에서 파생된 手氣法(수기법)은 五花衝手(오화충수), 양팔을 들어올리는 八活氣法(팔활기법)은 朝天勢(조천세)의 기법과 결합한 八龍朝天(팔용조천)이다. 掠(략)의 앞차기는 懸脚虛餌(현각허이)에서 懸脚(현각), 앞돌려차기는 內掠(내략)에서 內脚(내각)이다. 또한 位勢(위세)는 臥技(와기), 挫技(좌기), 立技(입기), 坐立技(좌입기)다. 先姿勢(선자세)는 面立(면립), 背立(배립), 後立(후립), 側立(측립), 竝立(병립), 从立(종립)이다. 手技原理(수기원리)의 掌角術(장각술)는 反手(반수)와 番手(번수)를 기본으로 삼는다. 反手(반수)는 反手抱(반수포), 番手(번수)는 番手角(번수각)이다. 즉 反角(반각), 番角(번각)이다. 十脂術(십지술)은 棍室(곤질), 掌室(장질), 巽騰室(손등질), 拳室(권질)로 구분한다. 十二扞技(십이잡기)는 對巽(대손), 交手(교수), 雙巽(쌍손), 兩手(양수), 雙剪(쌍전), 巽襟(손금), 手襟(수금), 巽袖(손수), 手袖(수수), 兩襟(양금), 袖兩(수양), 襟袖(금수)이다.

기법이 구전으로 내려오고, 一·八·十을 합치면 本(본)자가 된다. 이것을 '平法(평법)'이라 한다. 여기서 사방투기의 기법이 나왔다고 한다. 사방투기의 명칭은 西鄕四郞(서향사랑)이 대동류 六箇條(육개조)의 투기를 잘했기 때문에 서량투기라 했다. 이것이 사방투기가 됐다는 설(식지평지가 붙었다는 설도 있음)이 있다.

天地投(천지투)는 豹頭壓頂勢(표두압정세) 동작이다. '回轉投(회전투)'는 '托搭勢(탁탑세)'와 點劍勢(점검세)'의 결합이다. '呼吸力養成法(호흡력양성법)'은 조선세법의 '展翅勢(전시세)' 동작이다. 현재 대동류유술의 본가도 대동류유술은 '검에서 나왔다'며 동작을 보여주고 있다. 하지만 그 검에 대한 검결은 없다. 이것은 조선세법과 본국검처럼 연결된 동작의 舞劍(무검)이 없기 때문인 것으로 보인다. 즉 검의 술기는 많지 않다. 타법 중심의 맨손 교전법이 주를 이룬다. 이것이 대동류유술과 合氣道(아이키도)의 단점이다. 우리 무예를 발전시키기 위해서는 전통검의 기법과 맨손검 교전법을 함께 병행해서 지도하고 다양한 맨손교전 술기를 만들어 차별화를 시켜야 할 것이다.

특히 合氣道(아이키도)의 運身法(운신법)인 入身一足(입신일족)은 植芝盛平(식지성평)이 보장원창술 연마를 통해 적용한 것으로 인식하고 있다. 그러나 검법이든 창술이든 실전 보법은 一手一法(일수일법)이 기본이다. '식지평지'의 직계제자인 '田中茂愁(전중무수:다케다시게오)'는 '아이키도와 대동류유술의 술기는 차이가 없다'고 단언한다. 즉 대동류유술은 118개로 술기가 구분된 것이라면 아이키도는 연결된 기법이다. 실전에서 일대 다수의 경우, 한명의 적과 대적하고 있으면 다른 적이 가세하거나 에워싸기에 빠르게 적을 상대해야 한다. 그래서 조선세법은 一手一法(일수일법)과 회전으로 구성되어 있다. 즉 조선세법은 아이키도식 몸짓에 가깝다.

조선 초, 권문세가가 거느린 사병이 혁파됨에 따라 왕권이 강화되면서 무예 쇠퇴기가 온다. 이에 반해 봉건국가인 일본은 무인시대가 유지됐다. 해방 후, 검술을 바탕으로 만들어진 대동류유술은 검의 문화가 없던 한국에서 술기의 변화를 겪는다. 즉 검의 원리는 사라지고 맨손으로 치고 발로 차는 새로운 술기로 만들어진다. 즉 한국의 合氣道(합기도)는 일본의 合氣道(아이키도)와 이론과 원리가 다르다. 일본은 '合氣道(합기도)'란 명칭을 일본의 국기와 문화재에 등록했으며 세계 기구에도 등재했다. 또한 대동류유술의 본가도 '合氣武道(합기무도)'로 무명을 바꿨다.

9) 祕傳目錄(비전목록)

대동류유술 비전목록[339]에는 新羅三郎源義光(신라삼랑원의광)의 이름이 있다. 일본으로서는 대동류유술이 신라와 연결되는 것에 매우 민감하다. 그렇다보니 두 가지의 설이 있다.

첫째, 일본 와세다 대학의 도미키겐지(富木謙治)교수는 "가마꾸라 시대의 합기도가 신라삼랑원의광을 시조로 하여 막부의 미나모토(源)가에 전해지고 이어서 다케다(武田)가에 남아 7대를 지나 다케다소오가꾸에게 전해졌다. 그리고 원의광의 무사 집안이 대동관이라고 한 것에 기인해서 대동류라고 이름을 붙인 것이다."고 했다. 일본은 대동류유술이 신라와의 연결이 못마땅했다. 그렇다보니 일본의 諸僑漢和辭典(제교한화사전)에 '大東(대동)은 極東(극동) 즉 일본의 별칭이다'는 설명을 근거로 대동류는 일본류라 주장한다. 또한 일본합기술 사범인 小林大龍(소림대용)은 자신의 저서《전통합기도》에서 "합기의 기원은 중국으로 산에서 룡과 호랑이가 마주쳤을 때 그것들의 동작을 흉내 내어 氣(기)를 나타내었다."[340]며 대동을 중국으로 해석하고 있다. 대동과 극동은 근대적 개념이다. 일본 학계에서도 현재 '大東流(대동류)'의 명칭은 한·중·일 동양삼국의 大東亞圈(대동아권)에서 사용하는 명칭으로 明治(명치) 26년에 西鄉賴母(서향뢰모)가 만들었다는 설과, 明治(명치) 31년 원정의가 西鄉賴母(서향뢰모)에게 전수받은 가전무술을 신라삼랑원희광이 창시하여 전래된 것이라는 說(설), 더 나아가 신라삼랑이 배운 대동류유술은 청화전황원씨로부터 전래된 것이라는 說(설), 大東久之助傳說(대동구지조전설), 女郎蜘蛛傳說(여랑지주전설), 大東館傳說(대동관전설), 武田總角源正義傳說(무전총각원정의전설) 등이 있다. 이처럼 일본 내에서도 대동류유술에 대한 설이 분분하다. '大東(대동)'은 김정호의 大東輿地圖(대동여지도)에서 보듯이 근대 대동아권이 만들어지기 전에 한반도를 지칭한 개념으로 선조들은 사용해왔다. 어찌됐든 이러한 일본 무도계의 주장은 대동류유술은 순수 일본자생무술로 인식하지 않고 있다는 점이다.

---

339 장인목(張寅穆)의 계보는 '武田惣角−松田豊作−張寅穆'으로 송전풍작에게 비전목록을 받고 2002년에 허일웅에게 비전목록을 주어 대동류유술 계보를 잇고 있다.

340 허일웅 외, 〈아이키도(合氣道, Aikido)의 성립에 관한 고찰〉, 명지대학교논문집, 6쪽.

둘째, 창작 설이다. 그의 스승 西鄕賴母(서향뢰모:사이고타모로=호시나치카노리)의 술기에 자신의 기술을 더하여 合氣(합기)라 했다는 설이다. 그러나 源正義(원정의)는 평소 대동류유술은 신라삼랑원의광을 시조로 원정의 가문에 전해지고 있으며 자신을 전승자라 말해왔다. 특히 일제 강점기인 大正(대정) 10년(1920년대) 8월 20일 매일신보기사에 女學博士(여학박사) 三上參次(삼상삼차)가 古代日鮮和親(고대일선화친)의 實事(실사)란 제목으로 "新羅三郎源義光(신라삼랑원의광)은 이 新羅明神(신라명신) 前(전)에서 冠禮(관례)를 行(행)하였다는 因緣(인연)이 있다는 곳이다. 그러한데 이 신라명신은 古來(고래)로 頻(빈)이 靈顯(영현)을 顯然(현연)한 神(신)으로 하여 尊崇(존숭)되었는데, 그 祭神(제신)은 素盞嗚尊(소잔명존)이라 傳(전)한다. 一說(일설)에는 軍(군)이 外國(외국)으로부터 일본에 來(래)한 양반이라고도 한다."고 기사로 발표했다. 이 기사는 일제 강점기에 일본 학자가 작성한 것으로 당시 상황으로 보아 역사를 왜곡할 이유가 전혀 없다.

또한 "源正義(원정의)가 羽黑山(우흑산)·日光山(일광산) 등 일본 전국을 다니며 밀교의 축문·염력법·축법·수인법 수험도(화랑도가 일본에서 수험도로 정착) 등을 수련하며 무사수행을 했다.

원정의 외조부는 黑河內伝五郎(흑하내전오랑)으로 《會津劍道誌(회진검도지)》에 막부최장의 劍豪(검호)였고 조부와 부는 회진지방의 相撲(상박) 최고위였다."[341]고 한다. 원정의가 무사수행 한 手裏劍術(수리검술)은 '손이 곧 검으로 연결된 기술이다'는 것이다. 즉 대동류유술이 검술에서 연결된 기법이라는 것을 의미한다. 여기서 원정의의 "祖父(조부:惣衛門(총위문))와 父(부:惣吉(총길))은 會津(회진)에서 유명한 相撲(상박)의 최고수였다."[342]는 기록이 있다. 相撲(상박)이란 '둘이 겨룬다'는 것으로 한민족이 고대에 사용한 개념으로 우리에게 상박·각저 등 武名(무명)만 전해져 남았을뿐 상박의 술기가 단절되어 어떤 형태의 무술인지 불분명하다. 그러나 《무예도보통지》에 기록된 상박은 우리가 알고 있는 수박이나 씨름과는 전혀 다르다. 오히려 대동류유술의 술기에 가깝다.

....

341 石橋義久, 《大東流合氣武道百十八カ条》, 東口敏郎, 2015, 36~38쪽.
342 石橋義久, 《大東流合氣武道百十八カ条》, 東口敏郎, 2015, 37쪽.

10) 송일훈(2008)의 祕傳目錄(비전목록) 系譜(계보) 주장과 解釋(해석)

국내 송일훈의 박사 논문[343]에서의 비전목록 계보는 일본의 비전목록 계보와 다르다. 長子滿中(장자만중)을 張滿中(장만중)으로 長子賴義(장자뢰의)를 張賴義(장뢰의)로 발표했다. 현재 비전목록의 술기를 국내에서 논문으로 발표한 것은 송일훈이 유일하다. 송일훈의 주장에 의하면 이 계보는 일본국립박물관에서 소장한《무전가계보》를 직접 필사하고 일본학자 니쇼오치가 해독한 것이라 한다. 이것을 근거로 대동류유술이 장보고 후손과 관련 있다고 주장하고 있다. 이것이 사실이라면 한·일 무예사 흐름에 중요한 원류를 제공한다. 그럼에도 송일훈의 논문에는 자료 출처에 대한 인용과 니쇼오치의 이름조차 없기 때문에 신뢰성에 의문이 든다. 이것을 입증하려면 무전가계보의 영인본을 제시해야 한다.

비전목록의 원문과 송일훈 박사의 논문을 비교한 결과 원문과 다른 부분을 발견했다. (1) 松田豊作(송전풍작)의 비전목록은 총 6개의 단락에 총 94개조의 술기로 되어 있다. 그러나 송일훈 논문은 7개의 단락으로[344] 구분했다. (2)'傘取之夏(산취지사)'의 '傘(산)'을 '全(전)'으로 '夏(사)'를 古又(고우) 보고 '全取之古又(전취지고우)'로 해석했다. '우산을 취할 때 사용하는 기법'을 '다수를 상대하는 기법'이라 했다. (3)논문에는 비전목록 사본을 제시하고 술기의 해석은 '합기유술목록'과 '비전오의지사'로 했다. 설명된 술기를 확인한 결과 (4)'合氣柔術目錄(합기유술목록)'은 以上座取柔術六拾條(이상좌취유술육십조)로 총 60개다. 그러나 제7조와 제8조의 해석은 없고 30개조에 중복 술기가 있어 49개의 술기로 기술되어 있다. (5)'祕傳奧義之事(비전오의지사)'는 제18조에 총36개의 술기다. 그러나 36개 술기 설명에 제2조와 제17조는 3개로 잘못기재 된 것으로 보인다.

비전오의지사에는 右奧義御信用之手(우오의어신용지수), 大東流柔術本部長(대동류유술본부장) 武田總角源正義(무전총각원정의) 大正(대정) 5年 3月 吉日(길일) 北海道紋別郡上湧別白瀧二股(북해도문별군상용별백롱이고) 植芝盛平(식지성평) 殿(전)이 있다.

원정의는 일본열도를 떠돌아다니며 대동류유술을 전수한 관계로 전수한 술기가 일률적

---

343 송일훈, 〈古流《大東流柔術》의 張保皐(新羅明神)에 關한 硏究〉, 한양대 박사학위논문, 2008. 267쪽.

344 1.第14條 基本技. 2.右座取柔術(第22條) 3.右半座半立柔術(1第2條) 4.右立取柔術(第44條) 5.二人詰之古又 6.全取之古又 7.短劍

이지 않고 써준 술기의 내용도 각기 다르다. 植芝盛平(식지성평)과 松田豊作(송전풍작)은 원정의에게 직접 교수대리를 받았다. 장인목은 松田豊作(송전풍작:마츠다 토시미)에게 술기를 배웠다. 비전오의지사는 1916년(대정5년)이고, 비전목록은 1938년(소화13)의 술기를 기록한 것이다. 최용술의 유술과 비교해보면 그 변화와 차이를 알 수 있다.

한편 6m 길이의 비전목록은 '대동류유술'로 되어 있고 '합기'라는 명칭은 없다〈그림 7-5〉. 단지 인장만 '대동류합기유술'로 되어 있다. 또한 원정의 직책도 '도주'가 아니라 '대동류유술 본부장'이다.

그림 7-5. 대동류유술 비전목록[345]

....

345 2002년 9월 28일, 허일웅 명지대학교 명예교수는 장인목 선생으로부터 비전목록을 받아 현재 소장하고 있다. 비전목록사본은 2008년 송일훈의 한양대학교 박사논문 274~277쪽에 최초로 전문이 실려 있다. 그러나 술기를 설명한 일본어가 작아 자형을 정확히 확인하기 어렵다. 뿐만 아니라 비전술기의 해석을 논문에 발표하면서 원문과 1:1로 비교하지 않았다. 저자는 허일웅 명지대 명예교수가 소장한 비전목록 사본을 직접 촬영한 자료를 사용했다.

新羅(신라)의 花郎道(화랑도)와 仙道(선도)

5

1) 新羅(신라)의 劍道(검도)와 仙道(선도)

《花郎世記(화랑세기)》[346]를 통해 화랑들이 수련한 무술에 대한 내용을 유추할 수 있다. 《화랑세기》가 처음 나왔을 당시 학계는 위서에 무게가 실렸다. 그러나 기록을 바탕으로 한 인문학적 연구와 경주에서 유물이 발굴되면서 진서로 받아들이는 추세다. 오늘날 사용하는 '劍道(검도)·武事(무사)·仙道(선도)'라는 개념이 화랑세기에 나온다. '검도'라는 용어는《漢書(한서)》의〈兵器巧(병기교)〉에 '劍道三十八篇(검도삼십팔편)'이 실려 있다. 그러나 오늘날 검도는 일본이 죽도를 발명하면서 죽도 도구를 사용하여 경기를 하는 것을 칭하는 용어로 국제용어로 'Kendo'로 정의한다. 일본은 진검을 사용하는 '검술'이지만 '격검'으로도 불러 '검술'과 '격검'을 혼용하여 사용한다. 그러나 일본이 중요 정체성이 있는 다도·서도 같은 정신문화와, 무도종목을 신도와 연결된 '道'자로 개념을 정립하면서 '격검·유술·궁술·권술(법)'

---

346 《화랑세기》(花郎世記)는 김대문에 의해 저술된 신라시대 화랑도의 우두머리인 풍월주의 역사를 기록한 책이다. 신라 성덕왕의 재위기간(702년 – 737년)이 기록됐다. 《화랑세기》는 김부식이 삼국사기를 서술할 때까지 남아 있었으나, 이후 소실된 것으로 추정되어 왔다. 1989년 2월에 남당 박창화가 일본 천황가의 보물창고인 일본 궁내청 서릉부에서 필사했다고 주장하는《화랑세기》한문 필사본이 김해에서 발견됐다. 1995년에는 162쪽 분량의 또 다른 필사본(모본·母本)이 발견됐다. 이 필사본에는 서기 540년부터 681년까지의 풍월주 32명의 전기가 담겨 있다.《백과사전》

등의 용어가 '검도·유도·궁도·공수도·합기도' 등으로 새롭게 정립된다. 이런 흐름에 죽도 경기의 명칭으로 '검도'를 취했다. 일본의 진검유파에서도 죽도는 진검과 다른 종목으로 보고 있다. 한국은 1901년(고종38) 12월에 칙령 제3호에 의해 격검을 경무청관재에 두면서 경찰에서 격검기예를 수련하도록 하고 경찰관 교습과 순검채용 시험을 두었다. 1908년(순종1년)에 한국과 일본 간 경찰격검대회가 열렸다. 이때 한국과 일본의 격검술기는 전혀 달랐다. 한국은 실전 같은 격검이었다.

《화랑세기》에 의하면 "비보랑은 죽을 때까지 검도를 버리지 않았다."[347] "사다함은 문노에게 검을 배웠다."[348] 그러나 문노에게 검을 가르친 사부에 대한 기록은 없다.《화랑세기》에 "어려서부터 격검을 좋아하고 의기를 좋아했다."[349]고 하여 문노가 어려서부터 검도를 수련한 것은 분명하다. 이처럼 신라는 '검도'·'격검'이라는 용어를 사용했다. 화랑세기의 仙道(선도)나 '武事(무사)'라는 용어를 보면 '道'자가 어떠한 의미로 사용되었는지 유추할 수 있다. "선도는 보종을 따르고 무도는 유신을 따랐다."[350] 仙徒(선도)들은 평시엔 신을 모시고 정신 수양을 하며 무예를 연마했다. 또한 "그들은 나라가 위급하면 나라를 위해 전쟁터에서 싸우기도 하는 그런 전사단의 '仙(선)'이기도 했다. 이것은 護國仙(호국선)·武道(무도)·劍道(검도)란 용어가 이들 '仙(선)'과 결합되어 있다는 데서도 분명하게 나타난다."[351]하여 나라가 위급하면 무사로서의 역할을 했다. "구리지는 아름답기가 벽화후 같고 담력은 비량공과 같았다. 자라서 낭도의 무사를 좋아했다."[352] 신채호는 "많은 고기에서 왕검이 국선의 시초임을 찾을 수 있고, 고구려 역사에서 조의선인 등을 알 것이며 국선과 하나 됨을 찾으며 이에 국선의 근원을 알 것이다. 고려사에서 이지백의 '선랑을 중흥시키자'던 쟁론과 睿宗(예종)의 '四仙遺跡(사선유적)을 加榮(가영)하라'와 毅宗(의종)의 '國仙伏路(국선복로)를 重開(중개)

347 《花郎世紀》. 公終身不捨劍道.
348 《花郎世紀》. 公使斯多含學劍于文弩.
349 《花郎世紀》. 公自幼善擊劍, 好義氣.
350 《花郎世紀》. 仙道從寶宗 武道從庾信.
351 이진수, 〈화랑전\정신의 계승과 발전〉, 한국청소년문화학회, 2004, 45~81쪽.
352 《花郎世紀》. 故曰 仇利知 美如碧后 膽如比公 及長好郎徒武事.

하라'는 초서로 보아 고려까지도 국선의 도통이 있음을 볼 수 있다."고 했다.

2) 仙(선)과 單(단) 그리고 禪(선)의 意味(의미)

'仙(선)'자의 전문(🔲)은 '兦(선)'으로 '入山(산에 들어간다)'에서 개념이 파생된다.《鮑照(포조)》에 鳥兦魚躍(조선어약)이라 했다. 즉 높은 산을 새처럼 날 듯 가볍게 오르는 사람이다. 권세에서 떠나 산에 살거나 산에 묻힌 사람들이 죽어 신선이 됐다는 것과, 산에 살면서 장생불사의 도를 수련하는 등 총괄적인 개념이 仙(선)이다. 이 '仙(선)'의 음가에 한민족의 정체성이 함축되어 있다. '單(단)'은 왕의 이름을 뜻하거나 지명의 경우 '선'의 음가를 가지며 이런 자들은 우뚝 선 자이니 '단'의 음가를 가진다. 즉 '仙(선)=單(단)'에서 '單(단)'이 '단'의 음가로 사용되면서 '선=단'은 동질성이 같다. '仙=兦+人'이 결합된 것으로 산에 들어가 사는 사람으로 仙人(선인)이다. 산에 들어가서 유유자적하고 神仙(신선)이 되는 수련 방식에서 '禪(선)'의 개념이 정립되고 후대에 이를 추종하는 무리가 道人(도인)이 된다. '선'의 음가는 '서다'라는 개념을 가지게 되어 한자의 음가와 뜻에 영향을 준다. 또한 '순=산=선'이다. 산 속에 사는 아이, '산아이'는 '사나이'가 되고 '산내>사내'는 '山內(산내)' 또는 '山川(산천)'으로 치환된다. 사내와 산아이의 음가에 한민족의 선인사상이 들어있음을 알 수 있다. 선인들이 약초로 약을 만드니 丹藥(단약)이다. 이를 仙丹(선단)이라 하며, 이들이 참선하는 호흡 방식을 '丹(단)'이라 한다. 이들은 지도자로 항상 앞선 자이기에 '先(선)'이다. '선'의 음가를 가진 '扇(사립문선)·蟬(매미선)·氙(크세놀선)·跣(맨발선)·嬋(고울선)·姍(여자이름선)' 등 많은 '仙(선)'은 같은 동질성의 문화를 가진다. 한민족의 사상을 '선비'라 한다. 그러나 '선비'에서 '仙(선)'의 한자는 있어도 '비'의 한자는 없다. 神仙(신선)에서 仙(선)이 곧 神(신)이듯이 '비'의 한자는 견우와 직녀의 신화를 담은 '仙比(선비)'로 보인다. 즉 '先妣(선비)'라는 말속에 '比(비)'의 쓰임이 있다. 착한 善(선)을 믿는 민족이기에 '鮮(선)'의 음가를 가지게 된다. 왕의 자리를 남에서 넘겨주는 '禪位(선위)'라는 개념을 보면 '王(왕)'이 곧 '禪(선)'이었음을 알 수 있다. 이들은 자연의 순환성을 신앙으로 삼았기에 '旋(선:바람)'과 관련된 사상이며, 신라에 와서 風流道(풍류도)가 된다. 무당굿에 사용하는 神竿(신대)는 신령의 臨在(임재:임하는·존재하는)를 나타낸다. 즉 나무잎이 바람에 흔들리는 것을 신이 강림한 것으로 생각했다. 그래서 '바람(風)이 곧 神(신)'이었다. '仙徒(선도)'가 '선을 따르는 무리'라면 '仙道(선도)'는 '무리의 우두머리가 추구하는 이념'을 나타낸다.

"옛날에 仙徒(선도)는 단지 신을 받드는 일을 주로 하였는데 國公(국공)들이 신을 받들기 시작한 후부터 仙徒(선도)들은 道義(도의)를 서로 힘썼다."[353]고 한다.

3) 道敎(도교)와 仙道(선도)

儒者(유자)란 공자를 따르는 무리다. 이들은 공자라는 인물을 따르고, 그의 사상을 따르는 자들이다. 仙道(선도)·仙徒(선도)는 儒道(유도)·儒徒(유도)의 개념이다. 花郞道(화랑도)와 花郞徒(화랑도)도 마찬가지다. 이러한 '仙道(선도)'가 중화에 전파되어 뛰어난 道人(도인)을 섬기는 '道敎(도교)'가 된다. '仙道(선도)'는 있어도 '道仙(도선)'은 없다. 도교의 뿌리는 선도다. 진시황은 조선을 신선의 나라로 알고 신선도술을 배우고 선약을 구하기 위해 서불과 한종, 여러 방사들과 수천 명의 동남동녀를 서복과 함께 한반도로 보냈다.《史記(사기)》에는 그 유명한 강태공도 발해인으로 동이의 선비며 백이의 후손이라 기록하고 있다. 齊(제)와 燕國(연국) 때는 신선을 만나고 신선 술을 배우고 장생불사하기 위해 조선을 찾아왔으며 조선을 신선의 나라로 알고 있었다. 중화의 시각에서 서술한《사기》에도 황제가 "광성자에게 道(도)에 대해 묻고', 중국의 역대신선통감에도 '황제가 홀로 동북백산에서 오랜 기간 道(도)를 닦았다."고 한다. 이밖에도 '仙(선)'과 '神仙(신선)'에 대한 기록은 차고도 넘친다. 이렇게 위대한 한민족이 중화에 사대하게 된 것은 적통성이 없는 이성계가 조선을 개국하면서다. 조선은 새로운 통치 이념으로 성리학을 받아들여 자연스럽게 文(문)을 숭상하고 武(무)를 천시하게 되었고, 明(명)에 사대하면서 한민족의 주체성이 사라졌다.

4) 武士(무사)와 武事(무사)

현재 '무사'의 한자는 대개 '武士(무사)'로 쓴다. 그렇다면 武事(무사)는 무엇인가?《화랑세기》에 기록된 '武事(무사)'를 보면 무를 직업으로 하는 사람이라 할 수 있으며 '武士(무사)'는 武事(무사) 중에서 뛰어난 지도자로 볼 수 있다. 武者(무자)란 무사의 직을 가진 사람이

---

353 古者仙徒只以奉神爲主.國公列行之後,仙徒以道義相勉.

란 뜻이다. "일본 최초의 무사정권인 가마쿠라 막부가 성립(1198)되던 시기에 일본 전태종의 좌주였던 慈圓(자원)은 그의 저서 愚管抄(우관초)에서 '武者(무자)'를 우리 음가 '무사(ムサ)'라 썼다."[354] "'옛날의 선도는 단지 신을 받드는 일을 주로 하였는데, 국공들이 신을 받들기 시작한 후부터 선도들은 도의를 서로 힘썼다."[355]고 한다. 이처럼 仙道(선도)와 음가가 같은 '仙徒(선도)'가 있다. 仙徒(선도)들은 나라가 위급하면 전쟁터에서 나라를 위해 싸웠다.

5) 武士(무사)와 武者(무자)

'武事(무사)'의 '事(사)'는 '섬긴다'는 개념으로 '侍(모실시)'자와 의미는 같다. 즉 '섬기는 자를 앞세우면 '事武(사무)'가 되고 이런 자는 '事武郎(사무랑)'이 된다. 花郎徒(화랑도)에 전통적으로 내려오던 '仙(선)'사상이 '風流(풍류)'로 재개념화되면서 이를 따르던 화랑의 무리 또한 風流徒(풍류도:風流道=風月道=風流敎=神仙道=神仙敎=神道=仙道)다. 문노와 김유신 장군이 '國仙(국선)'이 되었다는 것은 '仙(선)'이 '道(도)'보다 상위 개념이었음을 알 수 있다. '武士(무사)'는 '武事(무사)'를 가르치거나 '武事(무사)'중에서 출중한 자이고 '國仙(국선)'은 '武士(무사)' 중 최고의 사부다.

일본은 근대 이전에는 '武士(무사)'라는 개념보다 '武者(무자)'[356]와 '侍(시)'를 사용해왔다. 일본에 이주한 도래계 무사는 차별적 개념으로 일본의 무사들에게 '武者(무자)'를 사용했다. '武者(무자)'는 '무술 하는 놈(자)'의 뜻으로 '무사'보다 하위개념이다. '武者(무자)'가 하는 일은 '武士(무사)'를 모시고 싸우기 때문에 모신다는 의미의 '侍(시)'를 사용했고 '사무라이'로 훈독한 것이다. '武事(무사)'에서 섬긴다는 개념을 중시하면 '事武(사무)'가 되고 이러한 남자가 '郎(랑)'이라면 事武郎(사무랑)이 되어 '사무라이' 어원과 개념이 일치된다. 이러한 무사의 개념을 1900년대 일본의 식민학자 니토베 이베조[357]는, 서양의 기사도에 빗대어 '武者(무자)'

---

354 송일훈, 〈古流 大東流柔術〉의 張保皐(新羅明神)에 關한 硏究〉, 한양대 박사학위논문, 2008, 초록

355 《花郎世紀》. 古者仙徒只以奉神爲主 國公列有之後 仙徒以道義相勉.

356 일본 천태종 좌주인 慈圓의 저서 遇管抄에 기록되어 있음

357 1862~1933. 에도-쇼화시대 식민학자 및 농학자. 저서:《무사도》,《농업본론》.

를 지우고 신도와 결합시켜 武士道(무사도)라는 신개념을 만들어 일본 사무라이를 미화시켰다. 이러한 무사도를 세계에 알린 일본의 영웅이다. '武士(무사)'는 신라 이래 한민족이 사용해오던 개념이고, '武者(무자)'와 '侍(시)'는 근대 이전에 일본이 사용했던 개념이다. 한민족의 '仙(선)'은 상고 이래로부터 오늘날까지 면면히 전해져 내려오는 한민족의 정체성이 함축된 개념이다. 한민족 선인과 신라 화랑들이 선도를 통해 계승된 '무사'의 개념을 지켜나가야 할 것이다.

6) 本國(본국)과 仙劍(선검)

《新羅本紀(신라본기)》의 이름에 신라를 '本(본)'자로 개념화했다. 또한 "왕이 문노를 國仙(국선)으로 삼았다."[358]하여 '國(국)'자를 사용했다. 즉 '本國(본국)'이란 개념은 신라에서 사용됐다. 화랑세기의 '격검'이나 '검도'의 기록에 '본국검'이란 명칭은 없어도 당시 수련한 검술이 '본국검'[359]으로 보여 진다.

이처럼 신라시대 '劍道(검도)'는 '仙(선)'과 결합되어 仙劍一體(선검일체) 사상을 갖는다. 이러한 문화가 신라의 이주민에 의해 일본에 전래되어 일본의 검술에 그대로 전승된다. 이러한 '仙(선)'이 '神道(신도)'로 다시 바뀐 것으로 볼 수 있다. 검을 다루기전 검에 예를 드리고, 발검과 납검을 행함에 있어 신을 대하듯이 경외하는 것은, '仙劍(선검)'의 기록을 통해 유추할 수 있다. 하지만 이미 그 유래는 한민족의 상고시대부터 동이족계열의 나라에서 행해오던 제천의식의 仙劍卽神(선검즉신)전통이 있다. 이는 조선세법의 검결을 통해 확인 수 있다. 이러한 검의 문화가 무의 천시로 사라졌지만, 조선왕실의 검무의례와 민간의 '무속' 그리고 여성중심의 '전통검무'에 흔적만 남아있을 뿐이다. 이제 전통무예 복원과 함께 잃어버린 선검 사상을 찾아야 할 과제가 무인들에게 있다.

7) 仙人還丹(선인환단)

일도류나카니시파(一刀流中西派)는 에도시대 검도를 죽도로 발전시킨 유파다. 시라이

---

358 《花郎世紀》. 勤王立文弩爲國仙.

359 송일훈, 《신라로 한반도 통일을 노래하다》에서 '본국검'으로 해석하고 있다.

(白井亨)는 어려서 機速流(기신류)를 요다(依田秀復)에게 배우고 평생 나카니시류를 수련한 고수다. 하지만 빠르고 강한 죽도의 일타 살법이 실전에는 비효율적인 것을 알고, 仙人還丹 (선인환단)의 비결을 얻어 태극팔괘와 접목시켜 天眞白井流(천진백정류)을 창시한다. 시라 이와 같이 나카니시류를 수련한 테라다 무네아리(寺田宗有)도 죽도는 검술이 아님을 알고 谷神傳平常無敵流(곡신전평상무적류)를 수련하고 天眞一刀流(천진일도류)를 창시한다.[360]

시라이가 얻은 '선인환단'이란 개념은 한민족의 개념이다. 태극팔괘가 검술에 적용되면 洗法(세법)이 된다. 한·중·일 검술에 조선세법의 기법이 있는 것을 보면 '시라이'가 얻은 문 서는 선가의 단법·태극원리가 담긴 조선세법과 같은 종류의 문서로 사료된다. 또한 무사시 의 이도류 교본《兵法二天一流(병법이천일류)》에〈太刀勢法(태도세법)〉12本(본),〈小太刀 勢法(소태도세법)〉7本(본),〈二刀勢法(이도세법)〉5本(본)이 있다. 勢法(세법)의 개념이 일 본에 전래되었음을 알 수 있다. 특히 대적의 첫 자세에서 의식의 예로 취하는 스모와 같은 자세는 운광류의 과호세다.

'시라이'가 평생 수련한 검도를 버렸듯이 오늘날 명치신궁의 오노카츠노리는 현대검도의 문제점을 다음과 같이 지적한다. "현대의 검도는 시합중심의 승리지상주의가 되었다. 이것 은 검도를 수양하는 데 있어서 '검의 이치'를 배운다는 목표에서 벗어난 것이다. 그래서 지 성관의 수련에서는 '기본'을 철저히 하는 것에 유의하고 있다. 이기기만을 위한 수련은 하지 않고 '일본검도형'에 중심을 두고 수련을 하고 있다. 일본검도형에는 검도의 이치가 모두 포 함되어 있다. 즉 예법·자세·간격·시선·보법·몸의 움직임·기회·마음가짐 등이다."[361]

360 《한국무예의 역사 · 문화적조명》, 국립민속박물관, 2004. 213쪽.
361 《일본의 전통, 영혼을 닦는 무도 메이지신궁 》, 지성관 편저, 平成20年, 33쪽.

6

禮(예)와 道(도)의
哲學的 本質(철학적 본질)

1) 禮(예)

모든 나라는 자국의 문화가 함축된 개념을 만들어 정체성을 지킨다. 이렇게 만들어진 개념은 기휘라는 형식을 통해 세분화된다. 한민족은 이러한 정체성을 간직한 글자로 새를 상징하는 '國(국)'자와 신에게 예를 올리는 '禮(예)'자를 지켜왔다. 한자를 음가중심으로 함께 사용하면서 '禮(예)'는 신이 현신한 것을 상징하고, '藝(예)'는 신에게 무릎을 꿇고 예를 드리는 무당을 표현하는데 사용했다. 禮(예)는 본시 고대 사회에서 복을 받기 위해 귀신을 섬기는 일에서 비롯됐다. '禮(예)'자의 '示(시)'는 '神(신)'자에서, '豊(풍)'은 그릇에 곡식을 담은 모양으로 《설문해자》[362]는 풀이한다. 또한 '禮(예도례)'는 '제물이 풍성한 자형이다'고 사전에서 설명한다. 그러나 그렇게 간단하지 않다. '禮(예)'를 정의하고 있는 최종 문헌은 《禮記(예기)》가 아니라 《左傳(좌전)》이다.

"예(禮)는 周(주) 대의 씨족귀족 지배하의 혈연적 신분적 질서를 확립하고 유지하는 제도였지만, 그것이 형식화되고 붕괴된 춘추 말기에 공자는 '예(禮)를 인(仁)'과 관련시켜 규범화하고 군주에게 내재화시켜 '예'를 국가사회 질서의 계속적인 기본원리로 존속하게 했다. 이

---

362 동한 시대의 허신이 540개의 부수를 창안하여 한자를 정리한 최초의 사전

리하여 '인'은 '예'에 의해 깊이 규정되어 그 밑에 놓이게 됐다."[363] 때문에 克己復禮(극기복
례)라 하여 잃어버린 周(주) 대의 '禮(예)'를 회복하고자 했다. 공자가 편찬한 육경에 '禮經(예
경)'이 있었다지만 실상은 알 수 없다. 또한 공자는 "나는 옛사람의 설을 저술했을 뿐 창작한
것은 아니다."[364]고 진솔하게 밝혔다. 실질적으로 공자가 직접 저술한 책은 없다. 공자는 고
대인들이 배웠던 '六藝(육예:시·서·예·악·역·춘추)를 교육교재로 사용하면서 '六經(육경)'
으로 바꿨다. '經(경)'자를 붙였다는 것은 '六藝(육예)'를 경전으로 받들겠다는 것으로, 공자
의 창작물이 아님을 이미 드러낸 것이다. 결국 공자 철학의 목적은 '禮(예)'[365]에 있었고, '六
藝(육예)'에 '藝(예)'자가 있음에 유의해야 한다. 중국 무술학계에서는 기효신서나 무비지에
'藝(예)'자가 있다 보니, '藝(예)'자는 전쟁용 무술에 붙이는 명칭이라 주장하기도 한다. 그렇
다면 전쟁의 무기술과 무관한 '六藝(육예)에 '藝(예)'자가 쓰인 것은 무엇인가? 이러한 주장
은 '藝(예)'의 본질을 알지 못했기 때문이다. '藝(예)'에서 '나무를 심는다'는 의미는 '마음을 심
는 것이다.' 즉 정착과 완성의 개념이다. 이에 반해 '道(도)'의 '깨닫다·닦는다'는 것으로 마음
을 수련하고 노력하는 과정으로 미완의 개념이다. 무예의 본질은 '신에 대한 겸손'과 천손의
자손으로 '천손을 지키고 모신다'는 숭고한 정신이다.

표 7-4. 禮(예)의 갑골문·금문·고문·전서 자형비교

胛骨文	金文	古文	篆書
豊	豊 豊	禮	禮

《左傳(좌전)》에 의하면 禮(예)는 하늘의 중심축이며 대지의 옳은 본질이다. 또한 백성의
본능적 행실이다. 商(상) 대 갑골문에는 '禮(예)'자가 없다. 단지 '禮(예)'의 초문인 '례(豊)'의
글꼴이 있다. 중국의 갑골학자 위싱우는 '豊(풍)'자를 악기로 보기도 한다. 또한 穆王饗禮(목
왕향례)라 하여 '豊(풍)'이 '饗(향)'과 함께 있다. 즉 '예'를 드릴 때 제물을 드리는 것으로 '禮'

---

363 孔子(공자)《철학사전》, 중원문화, 2009.

364 《논어》〈술이편〉述而不作(술이부작)

365 子曰 非禮勿視 非禮勿聽 非禮勿言 非禮勿動(자왈 비례물시 비례물청 비례물언 비례물동)공자가 말하기를 예가
아닌 것은 보지 말고 예가 아닌 것은 듣지 말고 예가 아닌 것은 말하지 말고 예가 아니면 행동하지 말라.

는 향이 피어오르는 모양이다. '禮=示+豊'의 '示(시)'보다 '王(왕)'자가 먼저 사용됐다. 즉 금문은 '왕례(禮)'가 된다. 즉 '禮(예)'는 천제를 올리는 왕의 고유한 의식으로 "서민들에게는 해당되지 않는다."[366] 이런 것이 일반화되어 조상신께 제사를 드리게 된 것이다. '豊(풍)'자형은 제기에 가득 쌓은 제물의 풍성함과 풍년을 기원하기에 '풍'의 음가를 가지게 된다. '神(신)'에게 제물을 드린다'는 개념으로 '示(시)'자를 붙여 '禮(예)'자로 사용하게 됐다. 또한 '祉(비)'자는 '제사의 이름'을 의미한다. 즉 '제사는 比(비)에게 드린다'다. 여기서 '比(비)'는 견우와 직녀이며 나를 낳아준 부모, 조상신이다. '祉(비)'자는 제사의 본질이 무엇인지 명확하게 밝히고 있다.

'禮(예)'는 국가적인 큰 제사에 다양한 제물을 올리고 제문을 읽고 제례악기와 창칼 등 무기를 들고 행하는 종합제례였다. '藝(예)'는 제사를 올리고 주관하는 祭主(제주:무당)다. '祭主(제주)'의 본뜻은 사라지고 '재주'로 읽으면서 '기교를 부린다'는 '才(재주재)'만 알고 있다. 祭主(제주)는 있어도 才主(재주)라는 한자는 없다. 祭主(제주)는 齋主(제주)와 같이 사용된다. '제주'인 무당이 제사의식에 가무를 하고 창·칼을 다루니 '재주가 많다'는 뜻이 겸해진다. 그러나 '藝(예)'의 본질적 의미는 제사를 주관하는 제주다. 제례에는 반드시 일정한 법도가 있다. 때문에 '禮(예)'를 '예도례'라 한다. '禮度(예도)'의 '度(도)'는 '法(법)'이란 뜻이다.

2) 禮度藝(례도예)와 禮道藝(례도예)

제례는 일정한 상징적 절차가 규범화 되어 있다. 하나의 절차가 끝이 나면 다음 단계로 넘어간다. 때문에 '度(도)'자를 쓴 것이다. 하나의 절차가 끝나는 것이 '節(절)'이다. '禮(예)'에 '禮節(예절)·禮道(예도)'의 뜻이 함께 있다. '度(도)'는 시간에 맞춰 신에게 올리는 제례의 절차적 단계에 맞춰 행하는 것이다. 이러한 의미가 '도'의 음가에 들어가 '渡(건널도)'가 된다. 마찬가지로 '道(도)'자는 '辶+首'자로 '우두머리가 천천히(辶) 길을 걸어간다'는 뜻이다. 수장(首)이 걸어가는 '길'을 '뒤에서 따라 간다'는 개념에 수장과 차별하여 '徒(무리도)'자를 쓴다. 花郎徒(화랑도)는 花郎道(화랑도)의 수장이 추구하는 이념을 따르는 무리들이다. 길은 출발점과 끝점이 있다. 시작과 끝이 '예(禮)'이고 그 가는 여정의 길이 '道(도)'다. 즉 道

---

366 禮不下庶人

(도)가 지향하는 목표가 바로 禮(예)다. '禮(예)'를 道德性(도덕성)이라 한다. '禮(예)'가 이미 '道(도)'를 품고 있다. '道(도)'는 '禮(예)'를 올리기 위해 제단 길에 오르는 수장이다. 그래서 우두머리(首)가 제례에 사용하는 기물을 道具(도구)라 한다. 또한 '道(도)'를 단순하게 '길'이라고 하는 것은 형이하학적 개념이다. 뜻을 보면 '길=기+ㄹ'이다. 보이지 않는 '氣(기)'를 드러내면 타는 향불처럼 좌우로 흔들리며 올라간다. 꾸불거리는 형태를 'ㄹ'로 표현했다. 신발의 고어 '미투리'도 '미투'는 '밑'과 '두'라는 말의 결합이고, '리'는 '履(신리)'의 개념으로 움직임을 나타낸다. '길'이란 본시 '之(지)'형태이기에 '길'이다. 또한 '근원·이치·도리'라는 뜻을 보면 '길=근원=이치=도리=가다' 등의 함의에 이미 '氣(기)'는 형이상학적인 태극과 역의 개념이 들어있다.

禮始禮終(예시예종)이다. '禮(예)'로 시작하여 '禮(예)'로 마친다. 이때 무릎을 굽고 신께 藝(예)를 올리는 주체가 藝(예)다. 즉 '예도례'는 '禮度藝(례도예)'이며 '禮道藝(례도예)'다. '禮(예)=示(시)+豊(풍)'이다. 윗사람들이 지시하면 '예'라 대답하는 것도 이러한 '예'의 문화가 생활 속에 흡습된 것이다. '示(시)'는 제단에 강림한 신(示=神)으로 제사상에 '紙榜(지방)'이고 '豊(풍)'은 제사상에 성대하게 차린 제물이다. '藝(예)'는 무릎 굽고 祭祀(제사) 드리는 祭主(제주)다. '道(도)'는 제사를 절차에 맞춰 행하는 것이다. 즉 '武藝(무예)는 조상신 武(무)에게 겸손하게 藝(예)를 드린다'는 뜻이다.

3) 道法自然(도법자연)

천제는 자연에 대한 두려움과 이를 극복하고자 하는 인간의 절실함이다. 자연의 재해는 우두머리(왕)의 행실에 대한 하늘의 처분이기에 천재(天災)를 왕의 부덕으로 알고 용서를 빌었다. '道(도)'는 '길'로써 사람이 다니는 '도로'라는 의미로 사용되지만, '길'의 음가를 보면 '기+ㄹ'로써 '氣(기)'의 움직임(ㄹ)도 있다. 즉 '道(도)'가 자연의 순환법칙과 동일시되면서 도법자연(道法自然:도는 자연을 본받는다)의 철학적 용어로 사용됐다. '도'의 음가도 '도〉도다〉돈다〉돌다'로 순환성을 가진다. 사람이 다니는 '길'도 다시 출발지로 돌아온다. '길'을 형이하학적 '길'로 볼 것인가? 아니면 형이상학적 의미로 '기'로 볼 것인가에 대한 관점만 있을 뿐이다. '도로'는 '돌'이다. 동그라미(○)는 출발점으로 다시 온다. '○'은 '동그라미'다. 즉 '동'

=도+○'다. '東(동)'은 '해가 서로 지고 동굴 속에 있던 해가 다시 동으로 떠오른다'는 개념이 있다. '동'의 음가와 자형의 상형성은 '冬(동)의 갑골문(ᛨ·ᛩ)에 그대로 담겨있다.

4) 仙(선)과 道(도)

한민족은 자연의 순환성을 '仙(선)'으로 개념화했다. '선'의 음가에는 '仙(선)'의 속성이 들어있다. '禪(선)'은 仙人(선인)들이 참선하는 仙丹法(선단법)이다. '旋(선)'은 '바람'에 비유되어 신라에서 '風流(풍류)'라는 신개념이 된다. 또한 '仙(선)'속에 담긴 북두칠성과 삼신사상, 견우직녀의 신화, 토템과 샤머니즘이 풍류도에 흡수된다. 즉 최치원은 鸞郎碑序(난랑비서)[367]에서 풍류도가 '玄妙之道(현묘지도)'와 연결되어 있음을 밝혔다. '玄妙(현묘)'는 천문과 신화가 연결된 용어다. 최치원이 篆字(전자)로 된 천부경을 한자로 정리했다. 천부경은 오늘날 까지도 매우 현묘한 경전이다. '玄妙之道(현묘지도)'의 내용을 글로 정리하면 經(경)이 된다. '玄妙經(현묘경)'[368]은 여와와 삼신신앙을 가진 경전이다. 玄妙(현묘)라는 용어가 후대까지 전래된 것으로 보여진다. 또한 여와는 조선세법에서 呂仙(여선)으로 표현됐다. '呂仙(여선)'이 도치되면 '仙呂(선녀)=仙女(선녀)'가 된다. '呂(려)=女(녀)'다. '呂'는 한글 '몸'과 닮았다. 몸은 '몸·맘'으로 모두 여성적 개념이 있다. 또한 '마'의 음가와 '음'의 자형으로 연결되면 '음·엄·암·움'이 되어 '엄마'처럼 여성과 곰의 특징을 가지는 소리가 된다. 특히 '如(같을녀)'자는 '女+口'다. '女'자는 몸·맘·마처럼 'ㅁ'과 깊은 연관성이 있다. 'ㅇ'은 '남성·태양·하늘'의 상징이고 'ㅁ'은 '여성·달·땅'의 상징이다. 즉 '여자는 'ㅁ(땅·몸·엄마)와 같다'는 의미가 '如(여)'다.

한민족의 '仙(선)' 사상은 '道(도)'로 재개념화되어 道教(도교)의 뿌리가 됐다. '道(도)'는 인간이 자연을 보는 관념이다. 동시에 자연의 '순환(道)'을 따르고자 하는 도가사상으로 구체화됐다. 이러한 仙(선)은 중화에 있던 동이족 계열에 의해 道教(도교)로 발전했다. 지금의

---

367 國有玄妙之道 曰風流 設教之源 備詳仙史 實乃包含三教 接化群生 且如入則孝於家 出則忠於國 魯司寇之旨也 虛無爲之事 行不言之教 周柱史之宗也 諸惡莫作 竺乾太子之化也.

368 奇靈玄妙經(기령현묘경)은 1886년(고종23)에 박용길과 박유신이 간행된 도서다. 발문에 한민족 여신 여와옥황상제와 심신신앙의 삼성제군이 있다. 여와가 복희에게 내려준 글자가 있다는 기록이 있어 초기 모계신화를 간직하고 있다. 여와는 조선세법의 여선참사세로 여와가 여선으로 표현된다. 현묘지도의 '道(도)'는 '經(경)'으로 받들어 玄妙經(현묘경)으로 전래된 것으로 사료된다.

중국은 '儒佛仙(유불선)'에서 仙(선)을 지우고 '儒佛道(유불도)'로 개념을 차별화하고 있다. 이것은 '仙(선)'이 중화의 개념이 아니기 때문이다. '하늘은 하늘의 道(도)를 首長(수장)에게 준다'고 생각했다. 상고시대 인간의 관념은 '자연의 순환도 신이 운행한다'고 생각했다. 즉 神(신)은 관념이 아니라 실체적 존재였다. 때문에 '道(도)'가 자연의 순환을 이끄는 실체로 인식했다. 하늘에 지극정성으로 '藝(예)'를 드리면 이러한 신의 道(도)를 다시 인간(王:道人)이 받아 백성에게 '道(도)'의 이치, '理(리:王+里)'를 전하는 것이 '道理(도리)'다. 즉 백성들은 왕(首:우두머리)의 말이 곧 하늘의 '道(도)'로 믿고 따랐다. 종결형 어미를 '~도다'라는 성현의 말은 '모두 하늘의 도다'는 의미가 들어있다. 후대에 우두머리(首)의 권력이 강해지면서 인간이 신이 된다. 즉 '首(수)=道(도)=神(신)'의 관계가 성립된다.

이러한 등식은 동서양이 다 같다. 초기 기독교에서 로마제국의 황제는 신이었다. 오늘날 절대 신이 된 예수도 황제보다 하위의 위치에 있었다. 그러나 '首長(수장)'은 인간일 뿐, '道(도)'도 '神(신)'도 아니다. 단지 하늘에 '藝(예)'를 드리며 하늘의 '道(도)'를 묻고 배우고 알아가며 실천하는 존재자일 뿐이다. 특히 '本(본)'의 동자 '夲'자가 '나아갈도'로써 '道(도)'의 뜻과 음을 가지고 있다. '夲(본)'=大++'다. 나무의 뿌리를 뜻하는 글자가 아니다. '十(십)'의 북극성을 나타내는 글자다. 이것을 더 구체화 한 한자가 '炑(본)'으로, 뜻은 '불꽃'이고 음은 '발'이다. 즉 '밤하늘 북두가 빛을 발한다'는 의미에서 '발'의 음가를 취했다. 신체의 '발'이 '불'이다. 이처럼 한자의 뜻과 음가는 우리의 것이다. 한민족에게 북두는 본향이다. '夲(본)'이 밤의 북두라면 낮의 태양은 '太(태)'로 표현했다. '夲(본)'과 太(태)'의 자형 근원은 같다.

5) 日本(일본)의 神道(신도)

'首長(수장)'이 곧 '神(신)'이라는 것이 일본의 '神道(신도)'다. 신도란 말은 31대 요메이 천왕이 "천왕이 불교를 신앙하고 '신도'를 존숭했다."고 《일본서기》에 처음 보인다. 즉 불교가 도입되기 전에 일본에 신도가 있었다는 것이다. 초기 신도는 원시신앙과 조상신앙의 연장선에 있었다. 때문에 천왕이 곧 신의 본체라는 개념은 희박했다.

"덴노는 조상신을 모신 신사를 건설하며 사람들의 마음속에 경건한 의식도 함께 만들어갔다. 덴노의 신이 된 아마데라스 오미카미(天照大神)는 일본 사회에서 숭배되는 무수히 많은 신 중 최고신으로 숭상됐고, 텐노는 최고신의 후예로 여겨졌다. 텐노는 여기에 만족하지 않는다. 그는 텐노의 권위를 높이기 위해 신도를 정비했다. 전국의 신사를 텐노의 지배하에 두고, 이세 신궁이 받들던 태양신 아마테라스 오미카미를 텐노의 조상신으로 공식화했다. 이에 따라 이세 신궁은 신사 중 가장 높은 위치에 서게 됐다."[369]

이렇듯 10~11세기경 점차 불교가 신도와 균형을 이루다 불교세력[370]이 신도의 세력을 역전시킨다. 그러자 신도가 반발하여 18세기 말에 배타적 복고적 사상이 일어난다. 그때 천왕제와 신도를 결합시키는 이론적 바탕을 제공한다.

세월이 지나 중세로부터 근세에 걸쳐 《고사기》·《일본서기》 등에 의해 신도이론,[371] 신도신학이 성립된다. 에도시대의 불교는 국교의 지위에 있었다. 그러다보니 승려의 지위가 막강해져 일반 민중들이 받는 억압은 말이 아니었다. 이런 상황이 지속되자 제정일치를 정치의 기본이념으로 한 메이지 신정부는 불교를 배척하고 신도를 불교보다 격상시켜 새로운 국교로 만들려고 했다. "1868년 3월 메이지 원년, 다이조간(太政官)은 神佛判然令(신불판연

369 전국경사교수모임. 《처음 읽는 일본사》. (주)휴머니스트 출판그룹.

370 신라계 대화국은 문무제 5년(701)대보율령를 제정한다. 신라계 천무왕이 자신의 고향인 등원촌를 궁도로 건설하여 문무제가 8년(704)후 완성한다. 그러나 그의 장인 등원불비가 등원궁을 버리고(710) 나라지방으로 도읍을 옮긴다. 이것이 평경성이다. 이로 인해 농촌이 피폐해지고 병이 창궐하여 많은 사람이 죽과 황족도 죽자 이때. 승 행기가 불력으로 민심을 수습하면서 황실도 불교를 받아들이는데 이것이 팔번신이 경성과 왕성에 들어가게 되는 계기가 된다. 이때부터 신불이 동격이 되고 신불합일이 된다. 이 팔번신을 전국에 보급시키는 것이 신라계 원씨다. 《속일본기》에 승 행기가 입적한 후, 북구주에 있던 팔번신이 京으로 들어오고 싶다고 말했기 때문에 平群郡에서 팔번신궁을 설치했다고 기록했다. 또한 이 팔번신이 大分縣 宇佐郡에 있는 신이었음을 天平勝寶元年 12월 27일 詔가 분명히 했다. 天平勝寶元年(749) 十一月十九日, 八幡大神託宣向京. 十二月十八日, 迎入八幡神於 平群郡(大和國).是日入京,卽於宮南梨原宮,造新殿以爲神宮.《續日本記》

371 윤광봉, 《일본 신도와 가구라》, 태학사, 18쪽.
신도이론을 중심으로 한 신도를 신사신도, 신도신학을 중심으로 한 신도를 학파신도라 한다. 학파신도 중 주목할 만한 신도를 보면, 먼저 伊勢(이세)신도 · 요시다(吉田)신도 · 홋고(復古)신도 등이 있다. 이세신도는 이세신궁의 외궁에 역개로 봉사했던 와타라이(度會)씨에 의해 생긴 신도설로 와타라이신도라고도 한다. 가마쿠라 말기 와타라이 유기타다(度會行忠,1236~1305)가 기초를 쌓아, 남북조시대 와타라이 에유키(度會家行,1256~1362)가 완성시켰다. 이에 의하면, 일본은 신의 나라로 이세신궁이 신사의 근원이다. 주카(儒家)신도는 신불습합을 배척하고 신유(神儒)일치를 강조한 것으로, 에도시대 유가에서 발생했다. 이 설을 주장한 이는 후지와라 세이카(藤原惺窩,1561~1619) · 하야시 라잔(林羅山, 1583~1657) · 아메노모리 호슈(雨參芳洲, 1668~1755) 등이 있다. 또한 홋고신도는 에도후기 국학자 모토오리 노리나가(本居宣長, 1730~1801)에 의해 시작되어 히라다 아츠타네(平田篤胤, 1776~1843)에 의해 크게 발전했다.

령)을 내리고 신사로부터 불교색채를 떼어내어 전국의 신사를 직접 국가 지배하에 두고 중앙집권적으로 재편성했다. 그리고 1871년(메이지3)에는 대교선포의 소를 내려 천황을 최고위에 두고, 신도가 대교의 이름으로 전국민에게 포교됐다. 이리하여 신도는 국교가 되고 신관은 관리로서의 지위를 부여받았다."[372]

그동안 神職(신직)·국학자·유자·지방관리 등에 의해 지도받은 민중들이 전국 각지에서 절을 파괴하고 불상과 경전·불구 등을 태워 버렸다. 또한 절을 국가에서 통폐합시키고 스님들을 환속시키기도 했다.[373] 이 사이를 비집고 들어온 것이 기독교다. 이에 다시 메이지 정부는 불교를 신도의 밑으로 들어오도록 압박하자 이를 받아들이게 되어 불교 훼손도 멈추게 됐다. 마침내 일본의 모든 신사는 이세신궁을 총본산으로 피라미드형으로 조직화 된다. 즉 한민족의 원시 샤머니즘이 왜 열도로 건너가 오랜 세월을 거치면서 일본의 철학자들에 의해 고등종교로 완성시킨 것이 신도다. 이에 반해 철학적 이론을 구성하지 못한 한국의 무속은 샤머니즘의 상태로 계속해서 남게 된다.

6) 日本神道(일본신도)는 天王(천왕)을 神(신)으로 모시는 宗敎(종교)

일본의 철학자들이 오랜 세월동안 꾸준히 이론을 만들고 추진한 결과다. 이처럼 철학은 미래를 위한 국가의 정체성을 만드는 힘으로 매우 중요한 학문이다.

일본의 '신도'는 동양이 수천 년간 자연과 동일시해왔던 '道(도)'의 개념과 본질적으로 다르다. 일본은 '神(신)'을 '道(도)'로 바꾸어 신에게 겸손했던 인간 본연의 '禮(예)'가, '神(신)'을 섬기지 않고 '道(도)'를 섬기도록 했다. '藝道(예도)'가 '神道(신도)'로 바뀐 것이다.

마지막 쇼군 '도쿠가와 요시노부'가 1866년 15대 쇼군으로 등극하고 이듬해 1867년 10월 14일 大政奉還(대정봉황)으로 700년간 내려온 幕藩體制(막번체제)가 무너진다. 그러면서 모든 권력이 메이지 천왕에게 넘어가 군인유칙으로 전 국민에게 야마토 정신을 기반으로 한 무사도를 교육시킨다. 이를 통해 결국 제국주의 기반을 완성한다. 지금도 명치신궁 至誠館

....

372 윤광봉, 《일본 신도와 가구라》, 태학사, 2009.

373 《日本神道のすべて》, 日本文藝社, 1998.

(지성관)은³⁷⁴ 검도·궁도·유도·합기도를 통해 무신에게 기도를 하며 메이지 천왕의 유지
³⁷⁵인 야마토 무사도³⁷⁶ 정신과 忠(충)의 정신을 계승하고 있다.

지성관은 일본 동경대를 비롯한 많은 명문대와 사회 지도층에게 무도를 통해 무사도 정신을 수련시키고 있다. 이들이 오늘날 일본을 이끌고 있다. 이미 일본은 천왕중심의 일사불란한 무인의 나라로 구축되어있고, 패전 이후 사라진 총검도와 검도·유도·합기도 등을 학교에서 수련하도록 법으로 제정했다. 명치신궁의 지성관에 '武神(무신)³⁷⁷과 '神風(카미카제)'를 상징하는 '不期生還(불기생환)'이란 현판이 걸려있다. 일본은 단순한 목적의 '武(무)'가 아니다. '文'의 나라인 한국이 약해지면, '武(무)'의 나라인 일본은 언제든지 다시 침략할 것이다. 한반도가 수많은 외침을 당했어도 교훈을 얻지 못하는 것은 문인중심으로 나라가 구조화됐기 때문에 알면서도 매번 당하는 것이다.

7) 日本天王(일본천왕)이 숭배하는 신의 실체는 檀君(단군)

"옛 한인들은 일본 열도로 건너간 후에도 곰을 계속 신으로 모신 것으로 생각되며 '곰'이 동물로서는 구마(熊)가 되고 신앙의 대상으로서 'かみ(가미)'가 됐다고 본다."³⁷⁸

'神(신)'의 훈독 'かみ(가미)'는 '곰'이다. '道(도)'의 훈독은 'みち(미찌)'다. 길을 뜻하는 한자, 道(도)·路(로)·途(도)·径(경)은 모두 みち(미찌)'로 훈독한다. 즉 길의 주체와 대상이

---

374 다나카시게호는 "지성관은 쇼와의 키타바타케 치카후사라고도 불린 전투적 신도 사상가와 제 스승이었던 아시즈 우즈히코 선생이 메이지신궁의 다테다츠미 신관의 신도정신에 기반을 둔 숭고한 정신의 무도교육의 필요성에 대한 일치와 이런 열의로 창립됐다."고 한다. 《일본의 전통, 영혼을 닦는 무도 메이지신궁 지성관》 편저, 平成20年, 14쪽.

375 "身にはよし佩かずなりても劍太刀 とぎな忘れそ大和心を."(지금은 시대가 바뀌어서 검과 칼을 익히는 것은 사라졌다. 그러나 옛 사람이 자신의 마음을 닦는 것은 소홀히 하지 않은 것처럼 우리들도 항상 야마토 정신을 갈고 닦도록 수양하는 것을 잊어서는 안 된다.)

376 메이지천왕 시대 전 국민에게 야마토 정신의 무사도의 정신이 장려됐다(군인칙유, 메이지15년).

377 일본을 건국하는 데 활약하는 무신, 타케미카즈치노카미를 모시는 카시마신궁은 시대를 넘어 많은 무장과 무도가들의 숭상을 받고, 많은 무술 유파도 나타났다. 카시마신류도 그런 유파다. 쿠니이젠야 사범(18대 종가, 메이지27)에게 직접 전수받은 카시마신류의 발도술로 명치신궁에서 봉납하고 있다. 《일본의 전통, 영혼을 닦는 무도 메이지신궁 지성관》 명치신궁 편저, 平成20年, 12쪽.

378 김세택, 《일본어 한자 훈독》, 기파랑, 2015, 535쪽.

다른 것이기에 한자가 다른 것이다. '道(도)'는 형이상학적이고 제례와 관련된 글자다. '미 찌'는 '믿는다(믿지)'의 우리말에서 파생됐다. 즉 신도의 본질은 '곰을 믿는다(믿지)'에서 후 대에 불교가 들어오면 '神(신)'이 부처로 대체되고, '천왕이 신이 되면 천왕을 믿는다'는 개 념으로 바뀌게 된다. 그러나 일본의 '신도'는 '천왕'을 정점으로 둔것 같지만, 실제는 '천왕' 의 뒤에 가려진 '단군'의 숭배다. 한국이 토속신앙인 단군을 버린 사이 일본은 단군을 지키 고 있다.

　노자는 《道德經(도덕경)》에서 道法自然(도법자연)[379]이라 했다. '도'는 주체가 아니라 자 연을 따르는 객체다. 인간의 섬김은 받는 대상인 '道(도)'가 자연이고 자연이 곧 신이다. 이러 한 '道(도)'자에는 주체와 객체가 들어있기 때문에 '道(도)'자를 어떠한 개념으로 사용했는가 에 따라 개념의 속성이 다르게 된다.

8) 日本(일본)의 道(도)

　일본은 '道(도)'자에 '神道(신도)'를 개념화시켜 세계화를 시켰고 그 목적은 어느 정도 달성 됐다. 한국은 일본이 만든 武道(무도)'라는 개념에 일본의 '神道(신도)'가 들어있음을 간파하 지 못하고 지금껏 사용하고 있다. '道(도)'는 결코 '神(신)'이 아니다. 신은 드러나는 존재가 아 니다. 드러난 존재는 신이 아니다. 신은 드러날 수 없기에 '藝(예)'로 마주할 뿐이다. 최초에 만들어진 개념은 '禮道(예도)'지 '道禮(도예)'가 아니다. 때문에 '道(도)'가 아무리 발버둥 쳐도 '禮(예)' 앞에 나설 수 없다. 劍道(검도)도 '劍(검)'이 곰의 상징이기에 '道(도)'가 뒤에 온다. 그 래서 '道劍(도검)'이라 하지 않는다. '도검'을 음가로 하면 '刀劍(도검)'이 되어 바로 형이하학 적 개념으로 바뀐다. '예도'의 음가도 앞뒤가 바뀌어 '도예'가 되면 마찬가지로 형이하학적 개 념으로 바뀐다. 이렇게 된 것은 신과 왕의 이름은 함부로 쓰지 못하는 '기휘'의 전통에 의해 그 원형이 언어 속에 전승되어 왔기에 나타난 현상들이다.

　일본은 명치유신을 기점으로 서양의 문화를 받아들여 서양의 학문을 재빠르게 모방하고 자신들이 수용해왔던 동양문화를 신도로 철학적 토대를 마련한다. 그런 후 검도·합기도·

379　《노자》는 제자백가(諸子百家)가 상당히 발전한 무렵부터 한(漢) 대까지의 도가사상의 소산(所産)이다.

유도·공수도 등 모든 무술에 '道(도)'자를 붙이고 '서예'를 '서도'로 '다례'를 '다도'로 개념화했다. 해방 후 한국이 藝(예)를 취하다보니 중국은 法(법)을 취하게 된다. 종국은 '武法(무법)'이란 개념이 '武(무)'에는 적합하지 않기 때문에 術(술)자를 취하여 武術(무술)로 취한다. 그러나 '法(법)'에는 동양철학의 형이상학적 개념이 없고, '術(술)' 또한 동양철학적 개념으로 삼기에는 어림없다. '武藝(무예)'에서 '武(무)'자가 '藝(예)'자 앞에 있음으로 '藝'(예)가 '武(무)'에게 무릎을 꿇고 節(절)을 드려 '禮(예)'를 올리는 것이다. 한민족을 일본과 중국과 차별된 '武藝(무예)'의 개념을 역사적으로 지켜왔다. 오늘날 세계도 Martial Art(무예)라 하지 Martial Technique(무술)이나 Martial Way(무도)라 하지 않는다. 한민족이 '藝(예)'자를 선점한 것은 우리에겐 참으로 행운이 아닐 수 없다.

코벨은 일본 다도의 원조인 잇규가 고려의 공녀인 것도 밝혔다. 또한 매월당 김시습의 초암차[380]가 오늘날 일본 다도에 지대한 영향을 주었다. 다례는 차에 대한 예절이며 수천 년 동안 전해져 왔다.[381] 일본의 다례도 신도와 결합되어 무도의 형식에 흡습된다.

'茶(차·다)'는 '차'와 '다' 두 음가를 가지고 있다. '茶禮(차례)'는 제례에 '차'를 올리는 것이다. 제례에는 반드시 일정한 순서가 정해져 있다. 순서를 '차례'라는 의미로 사용하는 것은 한민족 뿐이다. 즉 신에게 올리는 '차'는 그냥 올리는 것이 아니라 일정한 순서, 차례가 있고 이러한 일련의 제례의식을 '다례'라 한다. 차례를 뜻하는 '第(차례제)'의 전서는 두 손을 앞으로 내어 엎드려 절하고 있는 그림(𥏫)이다. 천제나 큰 제례에는 다양한 제례의 절차가 있다. '차'는 '草(초)'와 같은 '초' 음가를 가지고 있다. 茶經(다경)[382]에, "차를 마시는 것은 신농씨에서부터 시작하여 魯(노)의 주공에게서 널리 알려 졌다." 중화는 물이 탁하고 기름기 많은 음식을 섭취하는 관계로 '茶(차)'는 물처럼 마신다. 이러던 茶(차) 문화를 중국의 차 문화 전문가인 劉昌明(류창밍)은 "신라왕자 출신의 無相(무상) 선사가 당나라에 선풍을 일으키면서

380 박정진, 《차맥》, 세계일보 연재 66회.
381 《위키백과사전》
382 당나라 현종황제 개원 15년경(727) 지각선사가 업둥이로 키운 육우의 저서.

'仙茶茶法(선차다법)'을 창안하여 제자들에게 보급한 것이 중화 '茶法(다법)'의 시작이다.[383] 고 했다. 천제에는 제물을 진상하고 제주인 왕검(무당)은 地禮(지례)를 드리고 舞劍(무검)과 함께 '다례'를 올렸다.

'藝(예)'는 '무당이 무릎을 꿇고 나무를 심는'자형이다. 모든 '나무'는 '사과나무·밤나무'처럼 나무의 이름은 과실의 특성을 가진다. 즉 '나무를 심는다'는 포괄적 개념이 아니라 '차나무'라는 실체적 개념이 들어있음을 유추할 수 있다.

9) 藝(예)와 道(도)

茶經(다경)에 '茶'는 '茶(다)'와 '茶(차)'의 음가에 대한 설명이 있다.[384] '茶(다)'를 대표하는 첫 번째 이름의 음가는 茶(다)다. 두 번째는 檟(가:개똥나무), 세 번째는 蔎(설:향기나는모양), 네 번째는 茗(명:차싹)이다. '檟(가)'는 차나무의 형상을 나타내고, '蔎(설)'은 '혀끝(舌:설)에서 느끼는 茶(차)의 맛을 나타내고 이러한 차가 몸에 좋다'는 개념이다. '茗(명)'은 차 잎 중에서도 '막 돋아난 새싹이 최상의 것이다'는 개념이다. '荈(천)'은 천천히 늦게 딴 茶(차)다. '도'와 '다'의 음가의 뿌리는 'ㄷ'다. '다'의 한자는 '많다·끝·밑둥'의 의미를 가진다. 즉 '다'의 음가는 차나무 잎의 끝과 밑둥·많은 찻잎·최상의 茶(차)라는 의미를 가진다. 이처럼 '차'의 음가는 차나무와 잎을 의미하고 '다'의 음가는 '차나무 잎 끝에 돋아난 새싹 잎'이라는 의미를 가진다. 또한 '차다'의 음가는 맑고 차가운 '淸水(청수)'와 찻잔에 가득 '채운다'는 含意(함의)가 들어있다.

삼국시대에는 헌다의식, 고려·조선시대는 궁중다례 문화가 되었고, 외국의 사신에게 차를 대접하는 접빈다례(영접·접견·연회·감사·전별)가 되어 茶禮(다례)는 외교의 중요한 절차가 됐다. 이러한 다례는 유가·불가·도가의 종교적 다례로 정착되고 양반가나 여염집에서도 손님을 대접하는 '茶禮文化(다례문화)'로 발전한다. 또한 '다례문화'도 불교와 함께 일

---

383 최석환, 《월간 茶(차)의 세계》, 2018. 18쪽.

384 차(茶)라는 글자는 혹은 풀초(艸)를 따르기도 하고 혹은 나무목(木)을 따르기도 하고 혹은 풀초와 나무목을 합하여 쓰기도 한다. '초두(艸)'가 茶(다)자가 되며 그 글자는 《개원문자음의》란 책에 나온다. '나무목(木)'자를 따르면 도(木+茶)자가 되며 그 글자는 《본초》에 나온다. 풀초와 나무목을 합한 것은 '다'자가 되는데 그 글자는 《爾雅(이아)》에 있다. 그 이름은 첫째를 茶(다)라 하고 두 번째를 檟(가)라 하고 셋째를 蔎(설)이라 하고 넷째를 茗(명)이라 하고 다섯째를 荈(천)이라 한다.

본에 전래된다. 일본 동대사요록에 백제의 귀화승 행기(668-748)가 중생을 위하여 차나무를 심었다는 기록이 있다. 백제가 일본에 차를 전해준 것이다. 당시 일본은 도자기를 만들 수 없었다. 이때 고려 말 청자완과 조선분청사기의 평범한 막사발이 일본에 건너간다. 16~17세기 일본최고의 다인 센리큐(千利休:1522~1598)는 권위적인 다도문화와 차별된 순수한 정신세계를 추구하는 와비차 문화를 창시한다. 센리큐는 도요토미 히데요시(1536~1598)의 다도 스승으로 조선도공이 만든 막사발을 다완으로 사용했다. 이것이 '이도다완(井戸茶碗)'이다. 현재 일본에 200여 점이 있고 그중 기자에몬대이도다완은 일본국보 26호다. 다회를 주관하는 영주에게는 다기는 중요한 품목이었다. 특히 최고의 조선다기는 영주의 위신을 크게 세웠다. 특히 막사발 모양의 조선다기는 비싼 가격에 거래되었는데, 어떤 영주는 이런 '조선의 다기와 성을 바꾸기도 했다'고 한다.[385] 일본은 도자기를 전해준 아리타야키(有田燒)의 시조인 조선인 이삼평을 陶山神社(도산신사)에 모시고 있다. 일본의 茶道(다도)는 고급 무사들에 의해 전파된다. 이도다완의 '梅花皮(매화피)'는 오늘날에도 재현되지 못한 기술이다. 고려의 대문호 이규보는 "차 한사발로 참선을 시작했다."고 한다. 한민족에게 武(무)와 仙(선)의 수련은 하나였다.

제례는 제문을 정성들여 써야 하기에 '서예'가 필요했고, 정한수로 '차'를 올리는 '다례'가 필요했고, 신과 소통하기에 '검무'를 행하는 '검예'가 필요했다. 이러한 '삼례'가 제례의 중요한 형식에 포함됐으나 문인의 나라 조선은 '서예'와 '다례'만 중시했고 '검예'의 정통을 계승하지 않았다. 이에 반해 무인의 나라 일본은 '다례'를 무인의 문화로 흡수하여 다례에 내재된 절차와 사상이 검도의 기법과 사상에 영향을 주었다. '武(무)'의 본질은 '藝(예)'를 바탕으로 한다. 종합문화인 제례의식에 검무(예)·다례·서예가 어우러졌다. 우리의 전통 평양검무·진주검무·밀양검무 등을 보면 앉아서 검을 다루는 좌기법과 서서 행하는 입식법을 볼 수 있다. 앉아서 두 손 끝을 땅에 기대고 절하는 地禮(지례)는 地神(지신)께 예를 올리는 예법이다. 이 '좌례'의 문화가 검무에 반영된 것이다. '좌검례'를 일본문화로 보는 것은 잘못된 것이다. 실전에서도 서서 싸우다 넘어지기도 하고 깊게 내려치면 칼의 흐름에 따라 자세를 낮춰

385 전국경사교수모임, 《처음 읽는 일본사》, (주)휴머니스트 출판그룹, 3장, 시대의 중심에 선 무사.

앉아서 칼을 사용하는 것은 당연하다. 武(무)가 천시된 조선시대에는 무인들이 사용하는 검법이 기녀들의 검무로 바뀌어 검무가 유희로 변질됐다. 검법 뿐만 아니다. 조선은 대동류유술과 같은 형태의 맨손무예도 춤이나 놀이 형태로 변질시켰다.

'劍舞(검무)'는 있어도 '刀舞(도무)'라는 개념은 없다. 일본의 칼은 '刀(도)'다. 그렇다면 '刀舞(도무)' 또는 刀道(도도)'라 해야 한다. 그럼에도 '劍道(검도)'라 한다. 형태학적으로 '刀(도)'와 '劍(검)'으로 분리하지만 실제로는 그렇게 적용하지 않는다. 이것은 '劍(검)'이 '刀(도)'보다 앞선 실체적 존재인 신이기 때문이다. '劍(검)'은 이미 'ㅣ(도)'를 품고 있다. 즉 '劍(검)'의 자식이 '刀(도)'다. '劍刀(검도)'가 '刀劍(도검)'이 되면 '刀'와 '劍'이 분리되어 형이상학적 개념이 사라진다. 이처럼 글자의 선·후 관계는 주종의 관계가 있다. 우리는 한·일이라 하고 일본은 일·한이라 하는 것도 다 이러한 이유에서다. '劍道(검도)'란 '道(도)'가 '劍(검)'을 모신다는 것이다. 즉 '劍(검)'을 사용목적으로 보면 '刀(도)'가 되고, '神(신)'의 의미로 보면 '劍(검)'이 된다.

한민족은 서예·다례·무예처럼 '藝(예)'자를, 일본은 서도·다도·무도처럼 '道(도)'자를, 중국은 서법·다법·검법처럼 '法(법)'자를 통해 자국의 정신문화를 타국과 차별화했다. 그러다 중국은 1990년 우슈가 아시아게임에 채택되면서 '武術(무술)'을 중국의 개념으로 취했다.[386] '藝(예)'는 한·중·일에서 가장 오래된 개념이다. 《기효신서》나 《무비지》에도 '藝(예)'가 기록되어 있다. 그럼에도 중국에서 '武藝(무예)'의 개념을 취하지 못한 것은 '武藝(무예)'는 예로부터 한민족이 사용해온 개념이기 때문에 기피한 것이다. 즉 상고조선은 藝(예) 문화를 토대로 선진문명을 만들었다. 지금 동이족의 강역인 홍산문화 유적지에서 황하문명보다 수천년 앞선 유물들이 수없이 발굴되고 있다. '藝(예)·道(도)·法(법)·術(술)' 중 동양문화의 정수는 '藝(예)'다. '術(술)'은 형이하학적 개념일 뿐만 아니라, '法(법)'의 종속개념으로 형이상학적인 동양철학을 담을 수 없다.

....

386 김이수, 《합기연구》, 홍경, 2000, 86쪽.

한민족은 정한수나 '茶(차)'로 신께 '藝(예)'를 올렸다. '물'은 '술'이나 '차'보다 더 근원적 제물이다. 장독대에 올린 정한수에 북두가 담기면 소원을 빌었다. 귀한 손님에게 '다례절차'를 통해 '차'를 대접하는 것은 '藝(예)·禮(례)'를 표시하는 의식이다. 인간의 '意識(의식)'은 절차적 '儀式(의식)'을 통해 완성된다. 모든 儀式(의식)은 인간의 意識(의식)을 변모시키는 힘이 있다. 그래서 모든 종교는 儀式(의식)을 통해 意識(의식)을 변화시킨다. 일본의 검도와 무도는 儀式(의식)에 신도를 접목하여 종교로 意識化(의식화)했다.

일반화된 '茶禮(다례)'의 '禮(례)'는 제사상에 진후된 祭物(제물)과 신이 왕림한 신 본연을 의미한다. 이에 반해 '藝(예)'는 禮(례:신)에게 제물을 올리는 藝人(예인)이다. 때문에 武藝(무예)나 書藝(서예)도 '藝(예)'라 했다. 그래서 '茶藝(다예)'라 한다. 藝人(예인)이 '茶藝(다예)'를 올릴 때, 반드시 일정한 절차의 법도에 따라 한다. 이러한 절차와 법도는 고도의 예술이다. 武人(무인)이 행하는 '茶禮(다례)'에 '藝(예)'자를 사용하여 武人茶藝(무인다예)[387]라 정의한다. '茶藝(다예)'는 절차적 '儀式(의식)'을 통해 내면의 '意識(의식)'에 변화를 준다. 때문에 '茶藝(다예)'는 신묘할 수밖에 없다. '茶藝(다예)'를 무인문화로 승화시켜 무인의 품격을 높이고 武(무)의 정체성을 다시 세워야 한다.

한민족은 '澧(예)'로부터 '藝(예)'의 종교적 철학과 사상이 '武藝(무예)'에 계승되어 겸손한 인간의 도리를 삶의 근본으로 삼았다. 승정원일기[388]에 1673년 4월 1일 李世翊(이세익)이 顯宗(현종)에게 '활쏘기를 한 후에 어느 技藝(기예)를 할까요?' 하니 임금이 '본국기예 중 본국검을 먼저 하라!' 명하고 시연을 관람했다. 왕이 '本國技藝(본국기예)'라 한 것은 '藝(예)'자가 무예의 정체성을 담고 있음이다. 즉 '劍藝(검예)'란 검의 철학적 정체성을 나타내는 개념이다.

....

387 '武人茶藝(무인다예)'는 매월당 김시습의 초암차 맥을 잇고 '茶藝(다예)'는 천부경에 행하는 의미를 조선세법의 검결을 의례로 사용했다. 세계일보에 차때을 66회 연재한 박정진 문화인류학 박사의 도움으로 2018년 7월 7일 충북 괴산 소재, 김봉곤 훈장의 선촌에서 무인다예를 처음 시행했다. '茶藝(다예)'의 주관은 박정진 박사가 시행하고 '茶藝(다예)'의 서체는 임기옥 화백이 해주셨다. 통천철권도 허통천 총재는 개인적으로 무선다례를 해왔다. 武藝(무예)의 '藝(예)'자를 사용하여 임수원 협회장 그리고 전영식 총재와 함께 '茶藝(다예)'를 보급하기로 했다.

388 春塘臺의 觀武才에 친림함. 本國技藝인 本國劍과 拳法 등을 시험한 후 나누어 施賞하고 還宮함.

'藝(예)'의 자형은 '勢(세)'의 자형과 한 뿌리다. '埶(재주예/심을예)'는 '藝(예)'와 같은 뜻이다. '세'란 '새'와 같은 음가로 상고시대에는 차별없이 사용했다. '勢(세)'자에 '불알/고환'의 뜻이 있다. 즉 남성의 '불알'은 '불=해'와 '알=새'로, '불'은 '해'의 속성을 나타내고 '알'은 '새'의 속성을 가진다. 검결의 명에 '勢(세)'자를 붙인 것은 기세가 드러난 자세기 때문이다. '세(勢)'는 '서기'의 준말이다. '서기'는 일어난다는 뜻으로 '세'는 '새가 난다'는 의미가 있다. 또한 '勢(세)'자는 상고시대 '藝(예)'자와 병용했다. '조선세법'의 행위적 개념으로 보면 '조선예법'이라 할 수 있다. '勢(세)'의 속자 '势(세/핵)'는 '형세세'와 '캐물을핵' 두 가지 뜻과 음을 가진다. '캐물을핵'은 '劾(꾸짖을핵)'자와 같은 글자로 '劾(핵)'은 '亥(돼지해)+加(더할가)'의 결합자다. '해'의 음가에 '가'의 초성음가 'ㄱ'자가 '해'의 음가 아래에 붙어 '핵'의 음가가 됐다. 여기서 '亥(해)'는 '돼지'가 아니라 '왕'을 '해'로 표현했다. '海(바다해)'자형은 바다에서 뜨는 '해'을 나타내고 '亥(해)'는 돼지를 '해'로 비유했다. 한자가 한민족의 음가에서 나온 증거들이다. '왕'을 '용'에 비유한 것과 같이 돼지의 둥근 코, 두 개의 둥근 코 구멍은 하늘의 해와 달, 상하를 가르는 입 꼬리는 반궁의 太乙(태을), 이러한 모두를 둥글게 감싸는 주둥이는 낮과 밤의 우주를 모두 담았다. 그래서 돼지는 신성했기에 제물로 받쳤다. '劾(핵)'자는 왕이 죄상을 조사하여 캐묻거나 '~해라'고 명령을 나타낸 글자다. 즉 실제의 돼지라면 꾸짖거나 명령할 수 없다. 토템문화가 한자에 전이된 것이다. 이처럼 '藝≒埶〉勢〉亥〉劾'은 음가와 상징이 서로 교차되어 사용됐다. '예=새=세=기세=서기=해=핵'은 모두 '태양'과 태양의 상징 '새/세'로부터 글자의 뜻과 음가들이 만들어진 글자다. '해'가 남성이고 '달'은 여성이 되어 '아들(알)과 딸(달)'이 된다. 한민족은 태양신을 숭배하고 생활 철학에 음양을 적용한 민족이다. 우리의 언어 속에 그대로 반영되어 있다. '藝(예)'를 드리는 동작의 모습에 의미를 부여하여 '勢(세)'자를 사용하여 이름을 지었다. 고무예의 명칭에서 '勢(세)'자가 붙은 이름은 한민족의 무예와 깊은 관계가 있어 잃어버린 우리의 무예를 찾는데 매우 중요한 글자다.

10) 韓民族(한민족)의 天地人(천지인) 思想(사상)과 일본의 武(무) 중심 思想(사상)

일본은 武(무) 중심의 나라에서 유교의 도입과 더불어 1615년 부케쇼핫토(武家諸法度) 제 1조에서 무문겸비를 강조했다. 무인들이 문자를 모르고는 지배계급의 지위를 유지할 수 없었기 때문이다. 지도층은 외래문화를 수용해도 일본의 신도에 유리하도록 재해석하여 일본화 시켰다. 이것이 일본의 '和(화목할화)'사상이다. 조선의 성리학은 文(문) 중심의 국가로 체질을 바꾸었다. 지도층과 철학자들이 어떠한 목표를 가지고 국가의 구조를 구성하는가에 따라 국가의 정체성이 형성되고 미래의 국가를 만들 수 있는 토대가 만들어진다.

한민족은 天地人(천지인) 사상이 담긴 신화를 바탕으로 정체성을 만들어왔다. 이것을 기독교 사관을 가진 서구가 근대사상과 철학을 주도하면서 동양의 신앙을 신화로 격하시켜 종교와 다르게 취급했다. 동양은 신화가 종교고 사상이 철학이다. 같은 것을 다른 것처럼 이론화시킨 것이 서양철학이다. 한민족이 주체성과 정체성을 지키려면 우리의 문화를 개념화시킬 수 있는 자생철학이 반드시 필요하다. 자생철학이 없으면 외래철학을 추종하고, 그들이 규정한 개념으로 세계를 판단한다. 이런 풍토로 긴 세월이 지나면서 한민족은 사대주의에 빠져 식자들은 자신들이 사대주의자 인줄도 모른다. 칸트철학을 배우면 칸트를 숭배하고 유교를 배우면 유교를 숭배한다. 인조와 조선의 유학자들은 망한 明(명)을 섬기다[389] 결국 淸(청)에 삼전도의 굴욕을 당했다. 섬기는 풍조는 지금도 여전하다.

고구려·백제·신라 중, 약소국 신라가 '화랑도'를 통해 세속오계의 무문철학을 세웠듯이, 대한민국의 미래를 위해 새로운 '武藝哲學(무예철학)'을 이 시대에 맞게 정립해야 한다. 忠孝禮(충효예)는 실천의 藝(예)로 서로 균등해야 한다. 그러나 전통유교는 '孝(효)'를 절대가치로 삼았다. 그 결과 가족·혈연·지연·학연의 문화가 구조화되고 '忠(충)'은 뒷전으로 밀렸다. 오죽하면 이순신 장군도 나라가 풍전등화임에도 불구하고 모친상을 위해 시묘살이를 했겠는가? 칠천량 전투에서 원균이 전사하자 다급해진 선조는 이순신 장군에게 起復授職敎書(기복수직교서)를 내려 상복을 벗고 나오도록 간곡히 청을 했다. 조선에서 '孝(효)'는 임금도 거스를 수 없는 절대가치였다. 이에 반해 일본은 '忠(충)'을 중시했다. 그래서 '천왕폐하'

---

389 임진왜란과 병자호란 때 원병한 명나라에 보은하는 뜻에서 1684년(숙종10) 명나라 의종의 어필인 '思無邪(사무사)', 선조의 어필인 '萬折必東再造藩邦(만절필동재조번방)', 효종의 批辭(비사)인 宋時烈(송시열)이 직접 쓴 '日暮途遠至痛在心(일모도원지통재심)', 朗善君俁(낭선군우:선조의 손자)의 친필인 '朝宗嵒(조종암)' 등 22자를 가평 군수 李齊杜(이제두)와 許格(허격)·白海明(백해명) 등이 바위에 새기고 '조종암'이라 했으며, 1804년(순조4) 紀實碑(기실비)를 세웠다. 朝宗嚴大統廟(조종암대통묘) (한국민족문화대백과·한국학중앙연구원)

가 가장 큰 덕목이다. 藩主(번주)에 충성하지 않으면 살아갈 수 없는 일본은 철저하게 수직 사회로 구성되어 있다. 사상과 이념 철학은 이처럼 나라의 구조를 형성하기에 어떤 이념으로 구조화하는가에 따라 국가의 운명이 결정된다. 한국은 孝(효)의 나라, 일본은 忠(충)의 나라다. 忠孝(충효)도 한쪽으로 치우치면 위험하다. 공자도 밖으로는 春秋(춘추)를, 안으로는 孝經(효경)을 중요한 가치로 삼았다. 한국은 孝(효)를 통해 忠(충)에 도달하려 하였으나 孝(효)의 치우침이 망국을 이끌었다. 이 두 사상의 조화야 말로 민족과 국가의 존망을 결정짓는 절대적 가치임을 잊어선 안 된다.

11) 武(무)와 藝(예)의 哲學的 定立(철학적 정립)

'武(무)'와 '藝(예)'의 철학적 명제를 찾기 위해 원시반본 한 것은, 한국무예가 지향해야할 무예철학인 동시에 한민족이 걸어갈 철학적 명제를 제시하기 위한 것이다. 잃어버린 東方禮儀之國(동방예의지국)의 정체성을 찾기 위해 '禮始藝終(예시예종)'의 실천이 필요하다. '禮始藝終(예시예종)'의 '禮(예)'는 존재의 실체 萬物萬神(만물만신)이고, '藝(예)'는 존재에 대한 인간의 겸손함과 감사함이다. 敬天愛人(경천애인)은 한민족 三一神誥(삼일신고)와 人乃天(인내천)이 계승된 위대한 人本精神(인본정신)이다. 朝鮮武魂(조선무혼)은 그동안 잃어버린 단국조선의 國子郎(국자랑)·고구려의 扃堂(경당)[390]과 皂衣先人(조의선인)·백제의 武節(무절)·신라의 花郞徒(화랑도)에 계승된 世俗五戒(세속오계)의 '常武精神(상무정신)'이다. 한민족이 번영하고 존속하기 위해 '藝(예)'의 정체성을 지키고 무문겸전의 '武文哲學(무문철학)'을 다시 세워야 할 것이다.

---

390 《구당서》, 《신당서》, 〈동이전〉 고구려조 俗愛書籍 至於衡門厮養之家 各於街衢造大屋 謂之扃堂 子弟未婚之前 晝夜於此讀書習射(고구려의 풍속은 집안에서 사는 시종들도 문을 나서면 책을 읽고 거리마다 경당이란 대옥이 있었다. 혼인 전의 자제는 밤낮으로 글을 읽고 쓰며 활쏘기를 했다).

八.
雙手刀(쌍슈도)

雙手刀(쌍수도)의 뿌리를 찾아서

명(明)의 무장 척계광(1582-1587)이 지은《기효신서》(1560)의 장도법은 모원의에 의해 중화식 기법으로 변모하여 재구성하는 과정을 겪는다. 무예의 달인이었던 모원의도《기효신서》를 해독하지는 못했다. 무예서³⁹¹는 이처럼 기록이 있다고 해도 해독이 쉽지 않다. 壬辰倭亂(임진왜란:1592~1598)은 朝鮮(조선)·日本(일본)·明(명)이 연결된 국제 전쟁이었다. 이 과정에서 삼국의 무술은 서로 교류되었고 재정립됐다. 실전을 경험한 당시의 무예가들이 전쟁을 통해 과거의 기록을 보고 복원하려는 노력이 있었음을 알 수 있다. 〈쌍수도〉는 이러한 노력의 결과 조선에서 새롭게 되살아났다. 현재 18기나 24반 무예 등에서 쌍수도를 복원하여 재현하고 있다. 하지만, 재현된 동작이 기록의 그림과 다르며 설명 또한 다르기 때문에

---

391 1)한국의 무예서는 신라 셋, 고구려 연개소문이 지은 것 한 개, 총 4권의 기록에 전해진다. '삼국사기' 文武 王 14년(674)에 阿 薛秀眞이 ①六陣兵法. '삼국유사' 惠恭王 2년(766)에 작자 미상의 ②安國兵法. '삼국사기' 元聖王 2년(786)에 大舍 武烏가 ③武烏兵法을 15권을 찬출하여 왕에게 바쳤다는 기록이 있다. 《고려사》고려 정종 2년(1036)에 ④金海兵書(단재 신채호는 金海는 연개소문의 字라 한다)가 기록되어 있다. 또한 唐의 李衛公問對 서문에는 李靖이 당태종에게 莫離支自謂知兵이라 하여 연개소문을 평가하고 있으며 고구려에서 일찍부터 兵法, 兵書가 있었음을 알 수 있다.
2)중국의 무예서는 ①武經總要(宋代 仁宗 康定 元年(1040)에 시작하여 3년 후에 완성됨)는 御製의 兵書로 前集 敎例에 長者(長兵)·短者(短兵)의 무술적 구분과 弓·棒·劍·刀·槍 등의 器圖가 있다.
②武篇은 嘉靖(1522~1566)에 당순지(唐順之:호 荊川)가 12권으로 집필함. 권5에 牌·弓·拳·槍·劍·刀 등의 무술이 기술되어 있음. 당순지의 영향을 받은 俞大猷·戚繼光·程宗猷·茅元儀 등이 무예서를 집필한다. 俞大猷의 ③正氣堂集, 戚繼光의 ④錬兵實紀·紀效新書, 何良臣의 ⑤陣紀, 王圻의 ⑥三才圖會, 程宗猷의 ⑦耕餘剩技, 茅元儀의 ⑧武備志 등이 있다. 武備志에서 '劍'은 唐의 劍訣歌라고 기록되어 있고 刀는 雙刀만을 싣고 있다.

410

온전히 쌍수도를 재현했다고 볼 수 없다. 또한 이와 관련된 여러 논문들도 쌍수도의 기법에 대한 해독이 아니라, 역사적 기록을 찾아 소개하는 것이 대부분이다.

〈쌍수도〉는 무예사적으로 매우 중요하다.《기효신서》에 기록된 長刀製(장도제)를 보면 倭(왜)가 明(명)을 침범할 때부터 생겼다고 기록되어 있고, 明(명) 1561년(嘉靖(가정),40) 척계광이 절강성 임해지역에 침략한 왜구들을 물리쳐서, 왜구에게 그 연습법을 얻어 왜도를 明(명)에 보급하면서 '장도'라 하는 검법이 군에서 사용하는 계기가 됐다.

《무예도보통지》의 〈쌍수도〉 편에 본명은 長刀(장도)인데 속칭 用劍(용검)·平劍(평검)이다. 척계광이 말하기를 "칼날의 길이가 5척이며 뒷부분에 동호인 1척을 썼다. 그리고 칼자루 1척 5촌을 합하여 6척 5촌이 되며 무게는 2근 8량이다. 이 칼은 왜구가 明(명)을 침범하면서 이 칼이 보이기 시작했다. 저들이 이 칼을 쥐고 춤을 추니 번쩍거리는 칼 빛이 우리 군사들의 앞에 다다르니 이미 기세를 빼앗았다. 왜인이 한번 뛰면 한발 남짓이 뛰어드니 부딪치는 자는 두 동강이가 난다. 이것은 칼이 날카롭고 두 손으로 칼을 쓰기 때문에 힘이 많이 들어가기 때문이다."라고 했고 모원의도 "장도는 왜놈들의 제도다. 보병들에게는 매우 좋은 무기다. 옛날에는 갖추지 못했던 무기다."고 설명했다.

그러나 무예도보통지를 새롭게 정리하면서 옛 기록을 찾아 본 결과 오래 전부터 장도가 사용되었음을 알 수 있다. "中華古今注(중화고금주)에 漢(한)부터 世傳(세전)되어 온 것으로 高帝(고제)가 白蛇劍(백사검)으로 베었는데 그 칼의 길이는 7척 이다."《漢書(한서)》에 廣川 惠王(광천혜왕) 越(월:한나라 경제의 아들) 전에 "손거가 7척 5촌의 칼을 만들었다."고 했다. 《後漢書(후한서)》의 〈馮夷傳(풍이전)〉에 "수레가 하남에 이르러 송별할 때 7척이나 되는 玉 具劍(옥구검)을 하사했다."고 했다. 도검록에 "周(주) 昭王(소왕)이 다섯 개의 칼을 주조하였 는데 각각 오악의 이름을 붙였다. 진악은 길이가 5척이었다. 석계룡(오호 때 후조의 조석호 인데 자가 계룡이었다)의 칼의 길이가 5척이었으며, 모용수(오호 때 후연인)의 두 개의 칼은 길이가 7척이며 한 자루는 수컷이고 한 자루는 암컷이었으니 장도의 내력은 오래 됐다."고 기록되어 있다.

2

李舜臣(이순신) 장군의 雙手刀(쌍수도)

충남 아산 현충사에 雙手刀(쌍수도) 4자루가 있다. 두 자루는 明(명) 황제가 보낸 쌍수도
고, 두 자루는 조선에서 만든 이순신 장군이 사용하던 쌍수도다. 국방군사연구소는《한국무
기발달사》에 "손잡이의 길이가 더 긴 것이 이순신 장군의 쌍수도가 중화식 도검규격에 나오
는 크기와 비슷하고 단지 조선쌍수도의 특징은 중화식보다 손잡이가 더 길었다."고 발표했
다. 이순신 장군의 쌍수도는 1594년(선조27) 4월에 태귀련과 이무생이 함께 제작하였고 칼
에 다음과 같은 시를 새겨 넣었다.

三尺誓天 山河動色(삼척서천 산하동색)
삼척 칼로 하늘에 맹서하니 산하도 감응하는 구나!
一揮掃蕩 血染山下(일휘소탕 혈염산하)
한번 칼 휘둘러 적을 소탕하니 피로써 산하를 물들인다.

이순신 장군의 쌍수도를 보면 조선 장인의 솜씨가 놀랍다. 현재 우리에겐 잘 만들어진 칼
이 남아 있지 않다. 그렇다보니 칼 제작 기술이 일본보다 못하다고 생각하고 있다. 그러나
이순신 장군의 쌍수도를 보라! 긴 칼을 만드는 것은 쉽지 않다. 조선의 칼 제작술이 매우 정
교하고 뛰어났음을 알 수 있다.

조선의 산하를 피로 물들인 왜구의 만행을 피로써 되갚겠다는 일념으로 달궈진 쇠를 두드리며 조선의 울분을 칼에 새겼던 두 장인의 결의를 우리는 잊지 말아야 한다.

《亂中日記(난중일기)》(1595.5.25.)에 "우리나라의 역사서를 보니 개탄스러운 생각이 많이 들었다."고 기록되어 있다. 위대했던 한민족의 역사를 알게 된 이순신 장군으로서는 문약한 조선의 처지가 한심스러웠던 것이다. 그래서 이순신 장군이 1593년 6월 21일 전라좌수영 진영을 한산도로 옮기면서 평소의 閑山島(한산도) 또는 閒山島(한산도)의 지명을 난중일기에 한자 韓山島(한산도)로 바꾸어 썼다. 이것은 단순한 오기로 '韓(한)'자를 쓴 것이 아니다. 임진왜란과 이순신을 연구한 일본 학자 기타지마 만지(北島万次)는 '이순신이 韓(한)으로 기록한 것은 삼한(三韓)을 가리키는 의미'라고 해석했다(豊臣秀吉の朝鮮侵略). 이에 반해 한국의 노승석은 '교감완역 난중일기[392]에서 이순신 장군이 잘못 쓴 誤記(오기)라 했다. 같은 글자를 분석을 함에 있어 왜 우리는 의미를 축소하는지 안타깝다.

현재 이순신 장군의 쌍수도는 보물 326호다. 길이는 197.5㎝이고 무게는 5.3㎏이다. 칼이 크고 무겁다보니 이순신 장군의 쌍수도는 실전용이 아닌 의전용이 아닌가 하는 의견들이 대부분이다. 이에 대해 대한검도회 회장 이종림[393]은 "환도(요도)의 길이는 칼날이 3尺 3寸, 손잡이가 1척(전체 길이는 약 140㎝)이고 무게는 1尺8兩(약 1.1㎏)으로 실전에서 사용되었다고 보기는 어렵다."[394]고 했다. 그러나 '遠回(원회)'와 '遠飛(원비)'의 기법을 체득하면 이순신 장군의 쌍수도가 실전에 사용될 수 있음을 알게 된다. 무예도보통지에 "오늘날 이 劍制(검제)는 쓰지 않는다. 다만 腰刀(요도)로 대신 연습하고 쌍수도의 이름만 남아 있을 뿐이다."

392 노승석, 《교감완역 난중일기》, 민음사, 2010.

393 《기효신서》의 초간본이 언제 발간되었는지는 아직도 확실히 밝혀지지 않고 있다. 다만 왕세정의 서문에 '丙寅季春吳郡王世貞元美甫撰, 즉 병인년(1566) 봄, 오군 왕세정 원미(왕세정의 字)가 찬술하였다 한 것으로 미루어 초간본은 이보다 먼저 간행되었다고 할 것이다. 왕세정이 "기효신서"를 얻은 것은 척계광에게서가 아니며 汪道昆에게서 전해 받은 것인데 왕세정이 그 책을 6권으로 束伍에서 水兵까지 18편이라 한 것을 보면 1)원본은 禮樂射御書數의 여섯 秩로 된 四庫全書의 것이며 왕세정이 서문을 쓴 《기효신서》는 후일 王道行 등과 함께 개편한 것으로 사료된다. 이종림, 〈조선세법고〉, 한국체육학회지, 1999. 제38권. 제1호. 9~21쪽.

394 이종림, 〈조선세법고〉, 한국체육학회지, 1999, 제38권, 제1호, 9~21쪽.

즉 6尺(척) 5寸(촌)의 장도는 기록일 뿐, 실제 조선군영에서는 요도를 가지고 쌍수도법에 사용했다.

3

紀效新書(기효신서), 武備志(무비지), 影流之目錄(영류지목록), 武藝諸譜(무예제보)의 沿革(연혁)

《紀效新書(기효신서)》에 "此倭夷原本 辛酉年陣上得之(차왜이원본 신유년진상득지)"라 하여 '왜검의 원본은 신유년에 획득했다'고 했다. 《무비지》에도 척계광이 1561년(신유년)에 전쟁터에서 〈영지류목록〉을 얻고 그것을 기초로 척계광이 습법을 실연했다고 밝혔다. 장도 편 영류지목록에는 검술을 하는 무사가 그려져 있고 習法(습법)의 검결은 15개의 그림이 그려져 있다. 왜구가 간직한 영류지목록과 도해를 획득하고 척계광과 유대유[395]는 왜구에게 검술을 배운 것이다.[396]

《기효신서》는 군사훈련을 주로 다룬 병서로 〈18권 본〉과 〈14권 본〉이 있다. 〈18권 본〉은 명(明) 대 1560년(가정39) 전후에 척계광이 절강성의 참장으로 임명되었던 시기였다. 이 시기에 병사를 훈련한 내용으로 "당시 왜구에 항전했을 때 새롭게 개정하고 교정하여 만들었다."고 전해지고 있다. 〈14권 본〉은 明(명) 대 1584년(만력12) 광동 總兵(총병)으로 임명되

---

395 명나라 福建(복건) 晉江(진강) 사람. 복건과 광동의 총병관을 지냈다. 2년 뒤 戚繼光(척계광)과 함께 왜구를 물리치고 興化城(흥화성)을 수복했다. 다음 해 海豊(해풍)에서 왜구를 대파했다. 이어 吳平(오평)과 曾一本(증일본) 등 해상 무장 세력을 진압하고, 古田(고전) 壯族(장족) 黃朝猛(황조맹)과 韋銀豹(위은표)의 군대를 격파했다. 시호는 武襄(무양)이다. 저서에 《正氣堂集(정기당집)》과 《韜鈐續篇(도검속편)》, 《劍經(검경)》이 있다.

396 戚繼光可以在打伐時於一個日本倭寇懷中得《陰流劍法圖文》,而且神奇在戚繼光可以再續寫下圖文習法心德, 史稱《辛酉刀法》,但鮮有提及前部日文目錄,戚繼光或俞大猷可能曾受教於日本劍客.

었을 시기에 다시 개정하여 증보·발간한 것으로 알려져 있다. 현존하고 있는 것은《서몽린 각본》1595년(만력23) 과《서림강전향명아당본》·《명전소산각본》그리고 淸(청) 대 이후의 《자종초본》과《각본》이 있다.《墨海金壺(흑해금호)》등의 총서도 수록되어 있다. 14권 본은 明(명)의 1588년(만력16) 이승훈 각본, 1593년(만력21) 각본·1644년(숭정17) 상마필 편인 9 권 본(기효신서 정본 9권)·1798년(관정10)의 히라야마 지료(平山子龍)인 18권 본의 각본 등 이 있다.

《기효신서》1588년(만력16)〈巻四短器長用解(권사단기장용해)〉에서 단병기의 이로움 에 대하여 서술했고 뒤에 요도와 장도의 도법에 대하여 도해했다. 장도부분은 장도제·장도 해·습법으로 구성되어 있으며, 습법에는 영류지목록을 예로 들어 서두에 "これ, 倭夷の原 本なり, 辛酉の年, 陣上にこれを得たりと 했다. 이것이 왜검의 원본이 된다. 즉 신유년 전장 에서 이것을 얻었다."고 기술하고 있다. 다시 말해서〈18권 본〉에는 영류지목록이 수록되어 있지 않았다. 그러나 이것은〈18권 본〉이 완성된 시기인 신유년에 전쟁이 일어나지 않았기 때문으로 사료된다.《武備志(무비지)》의〈影流之目録(영류지목록)〉은《紀效新書(기효신 서)》에 수록된 화의의 원본(和夷の原本)을 다시 채록한 것으로 생각된다.[397]《武藝諸譜(무 예제보)》[398]의 長刀(장도)[399]가《무예도보통지》에 수록되면서〈雙手刀(쌍수도)〉로 명칭이 변경된다. 칼 중심에서 칼을 잡는 파지법으로 개념을 바꾼 것이다.

《武藝新譜(무예신보)》는 소실된 관계로 그 명칭은 알 수 없다. 왕세정이 서문을 쓴 기효 신서와 明(명) 1566년(嘉靖45)에 만들어진 서문에 장도가 기록되어 있다. 그러나 이보다 앞 선 척계광의 기효신서 초판본에는 長槍(장창)·藤牌(등패)·狼(낭)·棍(곤:大棒(대봉))의 4기

....

397 무도스포츠과학연구소년보 제18호 平成24年度(2012) 국제무도대학의 우오쯔미 타카시(魚住孝至)교수 외 고류 검술연구회, 사이타마대학, 와세다대학, 국제무도대학원

398 《武藝諸譜》는 宣祖31년(1598) 韓嶠가 중국의《紀效新書》를 모본으로 許遊擊 등에게 실기를 물어 편찬했다. 여기 에 英祖 35년(1759)에 小朝(思悼世子)가 竹長槍 등 12기를 더하여 조선의 18기를 만든 것이《武藝新譜》고 정조 14년(1790)에 騎槍 등 말을 타고 할 수 있는 기예 6기를 보태어 24기를 만든 것이 바로《武藝圖譜通志》이다. .

399 王世貞 서문의《紀效新書》,《武備志》. 日本의 古事類苑 武技部 劍術조에 '장도'가 있다.

만 수록되어 있다. 따라서 장도(長刀)[400]는 후일 추가된 것으로 볼 수 있다. 원본에는 영류지 목록에 猿飛(원비)·虎飛(호비)·青岸(청암)·陰見(음견)·猿回(원회) 등의 용어와 함께 도해 가 있다.

　　조선은 1598년 기효신서를 토대로 무예제보를 만들면서 "본래의 이름은 장도인데 지금은 쌍수도라 부른다."하여 이름의 유래를 밝혔다. 즉 쌍수도는 〈영류지목록〉의 장도가 뿌리다. 한편 일본의 '도미나가'는 〈영류지목록〉에 관하여 '류'는 '아이스이코우(愛洲移香:애주이향) 가 휴가의 제도신궁에 참롱하여 신탁에 의해 연 유파로 규수가 연고지다'고 주장했다(武藝 圖譜通志 雙手刀 倭劍の 背景, 오이시 준꼬, 매지로 대학).

---

400 《紀效新書》는 明나라 嘉靖 45년(丙寅, 1566)에 王世貞이 편찬. 서문에 長刀는 牌·狼·長槍·大棒과 함께 기록됨. 《紀效新書》 초판본에는 長槍·藤牌·狼·棍(大棒)의 4기만 수록되어 長刀는 후일에 추가된 것이다.

遠回(원회)와 遠飛(원비)

4

원회·원비는 한민족 검의 시원을 밝히는 중요한 단서다. 또한《기효신서》의 〈영류지목록〉에 원비와 원회가 있어 장도법을 해독할 수 있다. 원회·원비는 크고 긴 칼을 회전하며 사용하는 기법이다. 원회·원비의 기법을 왜구가 사용했다는 것은 왜구의 신체에 비해 칼의 길이가 길다는 것을 의미한다. 신체와 칼의 비율은 큰 사람과 작은 사람에 따라 크거나 혹은 작게 느낀다. 한·중·일 동양 삼국 중에서 우리 선조들이 제일 신장이 컸다. 사마천의《사기》에 "동쪽의 동이족은 활을 잘 쏘고 말을 잘 타며 덩치가 크다."고 했다. "경남 김해 시에서 출토된 가야인 성인 유골에서 남자는 167.4cm, 여자는 150.8cm였다. 고려시대 고분의 유골을 보면 남자 162.2cm, 여자 156.97cm였다. 당시의 조선군의 평균 키는 161~166cm이었으며 일본은 평균 155~161cm로 평균 5cm 이상의 신장 차이가 있었다. 왜구들은 작은 신장에도 불구하고 조선군보다 길거나 같은 크기의 칼을 사용했다."[401]고 밝혔다.

왜인의 평균 신장은 약 150㎝ 정도였다. 그렇기 때문에 왜인의 장도인 野太刀(야태도:노타치)는 조선과 중화의 쌍수도보다 실질적으로 작고 가벼웠다. 그렇지만 신체가 작은 왜인으로서는 상대적으로 조선인이 큰 쌍수도를 사용하는 것과 같은 정도의 크기와 무게를 느꼈을 것이다.

....

401 임성묵, 《본국검예》 2편 〈본국검〉, 2013, 71~72쪽.

源正義(원정의:武田總角)는 대동류유술을 근대에 중흥 시킨 무사로 150cm 정도의 작은 키였다. 또한 합기도를 창시한 그의 제자 植芝盛平(식지성평)의 신장도 이와 비슷하다. 오늘날 신비화된 닌자의 신장도 매우 왜소했다. 사무라이들의 어깨가 과장된 옷을 입는 것은 왜소한 신체를 크게 보이려는 의도다. 과거 한국인과 일본인의 신체 조건과 신장의 차이는 오늘날 성인과 중학생을 비교하는 것과 같다 할 수 있다. 칼의 길이와 무게에 의해 신법과 수법은 달라진다. 때문에 이럴 경우 똑같은 칼을 가지고 검술을 한다면 한국인과 일본인과는 기법에 차이가 발생하게 된다. 칼과 신체와의 역학적 관계를 알지 못하면 장도법을 이해하는데 어려움이 생긴다.

5

日本劍術(일본검술)의 뿌리

1) 新陰流(신음류)의 創始(창시)

검은 단순한 살생의 무기가 아니라 신의 징표이며 상징물이다. 그렇기 때문에 검은 왕의 상징물이다. 또한 검은 단군(제사장)이 천제 시 사용하는 기물이다. '검'의 어원은 '금'이다. '금'은 '곰'으로 '검'은 '곰'을 숭배하는 토템에 바탕을 둔다. 이러한 토템은 단군신화의 웅녀와 연결된다. 곰족의 제사장이 검을 들고 있기에 같은 음가를 가진다. 이러한 전통이 오늘날까지 내려와 무당이 검을 제례에 사용하고 도교에서는 검으로 악귀를 물리치는데 사용한다. 일본도 마찬가지다. 한반도 사람과 한반도 문화가 왜 열도에 건너가면서 검이 제례의 용도로 사용됐다. 여기에서 사용되던 검술이 무로마치 시대에 일본 검술의 간토 7류(신관 우라베점부)와 무예도보통지에 나오는 원의경에게 비전을 전수해준 교하치류의 기이치호간(歸一法眼) 유파를 형성한다. 원회와 원비는 일본 검술의 중흥조로 불리는 日向守愛(일향수애), 洲移香(주리향)이 절에서 잠든 사이 꿈에 원숭이(권현)가 나타나 검술을 가르쳐 줬다는 설화가 있다. 주리향 이후 上泉武藏(상천무장) 등이 검술을 보완하여 신음류[402]를 창시한다.

....

402 병법가전서(兵法家傳書)는 신음유생류(新陰柳生流)의 기본전서로써 관영9년(1632년) 9월 야규우다지마노가미 무네노리가 62세 때에 완성한 가전류(家傳流)다. 살인도(殺人刀) 활인검(活人劍)의 두 권에 상천(上泉:가미이즈미)이 전한 진리교(進履橋)를 보태어 만들어졌다. 진리교는 신음류병법지서(新陰流兵法知書)라고도 부르는데 상천(上泉)이 무네노리의 아버지인 무네요시에게 직접 전수한 신음류(新陰流)의 기법을 정리한 목록으로 목록과 전서의 중간적 형태로 되어있다(이진수, 1999).

하지만 현재 일본에는 陰流(음류)의 기법은 대부분 사라졌다.

2) 무예도보통지의 倭漢三才圖會(왜한삼재도회)

무예도보통지의 倭漢三才圖會(왜한삼재도회)에서는 3개의 유파와 9개의 家系(가계)를 소개하고 있다. 神道流(신도류)·陰流(음류)·新陰流(신음류)에 대하여, "검술은 源義經(원의 경:미나모토 요시쓰네: 1159~1189, 호는 牛若(우약). 상모주 사람으로 그의 부친 의조가 평 청성과 싸워 전사한다. 의경은 후에 병법을 배워 그에 복수했다)을 중흥조로 한다. 그는 젊은 시절에 平治之亂(평치지난:평치는 왜왕 토어문의 연호)을 피해 僧正谷(승정곡)에 이르 러 異人(이인)을 만나 검술을 익혔는데, 이를 세칭 '神道流(신도류)라 한다.' 하지만 신도류 의 流祖(류조)는 가토리(香取) 출신의 이사싸야마시로노카미후지와라이에나오(飯篠山城守 藤原家直)로서 이에나오의 출생과 사망 년 월일에 대한 자세한 것은 알려져 있지 않다. 하지 만 일반적으로는 중세 말부터 근세에 걸쳐 刀槍(도창)에 뛰어난 인물로 알려져 있다. 따라 서 《무예도보통지》가 채택한 내용은 잘못된 것이다. 카케류는 아이스이코(愛洲移香)가 현 재 큐슈(九州)의 휴가(日向)에 있는 우도신궁에서 일정 기간 머물며 기도하고 만든 유파다. 이것은 '日向守 愛洲移香 掌詣 鵜戶權現(일향수 애주이향 장예 제호권현:휴가노가미의 아 이스이코는 우도곤겐에 참배하다)라고 하는 것과 일치한다. 이 카케류에는 '엔비(猿飛)'라는 유명한 형이 있다."[403]

3) 源義經(원의경)

源義經(원의경)은 미나모토 요시토모 源義朝(원의조)의 아홉째 아들로 어려서 우시와카 마루(牛若丸)라는 아명으로 불렸다. 헤이지(平治) 원년(1159)에 일어난 '헤이지의 난'에서 다 이라노 키요모리(平清盛)에게 패한 요시토모가 부하의 손에 목숨을 잃은 뒤, 어머니는 어린 우시와카마루와 함께 두 형 이마와카(今若)와 오토와카(乙若)를 데리고 오와(大和:나라현) 의 산중으로 도망간다. 우시와카마루는 일곱 살 때 쿠라마데라(鞍馬寺)에 맡겨져 샤나오(遮 那王)라 칭했다. 그리고 11세(15세라는 설)때 자신의 출생 비밀을 알게 되고, 쿠라마산에서

---

403   加藤純一, 《무예도보통지에 보이는 일본의 검술 유파 −상천신강의 신음류−》, 目白大, 62쪽.

'텐구' 가면을 쓴 도망자로부터 검술을 배웠다는 전설이다. 오늘날 헤이지의 난에서 헤이케에게 패해서 절로 도망쳐 승려나 승병으로 가장했던 자가 우시와카마루에게 검술을 가르친 그 텐구라고 해석되고 있다. 이 내용을 토대로 무예도보통지에 '僧正谷(승정곡)에서 異人(이인)을 만나 검술을 익혔다'고 기록한 것 같다. 일본의 민간에서는 영산에는 반드시 산인이나 산의 신이 '天狗(텐구)'가 존재한다고 믿었다. 텐구는 한자의 뜻으로는 '하늘의 개'인데 표현된 모양을 보면 얼굴은 까마귀이며 등에 날개가 있는 사람으로 묘사되기도 한다. 글자의 뜻과는 전혀 다른 형태다. '까마귀·매' 등은 하늘과 귀족의 상징이다. '개'란 충성스럽고 용맹하다는 의미다. 이는 '까마귀(새)를 토템으로 하는 족속의 용맹한 사람'이란 의미다.

4) 陰流(음류)와 新陰流(신음류)

"日向守愛(일향수애), 洲移香(주리향:1452-1538)이 일찍이 鵜戸權現(제호권현)[404]에게 자기의 업이 더욱 정진되기를 빌었더니, 꿈에 원숭이 모양의 신이 나타나 세상에 이름이 높은 깊은 비밀을 가르쳐 주었는데, 이를 陰流(음류)라고 하여 그 이름이 다른 나라에 까지 알려졌다."[405] 모원의의 무비지에도 음류의 원숭이가 도약·회전 등의 수법과 그림이 있다.

음류는 일본검술에 매우 큰 역사적 비중을 가지고 있다. 여기서 '권현'이란 백제에서 전래된 불교의 부처가 일본의 전통 신(원숭이)으로 변화하여 나타나는 현상이다. 이 의미는 '백제에서 전래한 불교를 모신 제호신궁에서 부처가 일본 토속신 원숭이의 모습으로 나타나 검술을 가르쳤다'는 설명이다. 이는 주이향이 배운 검법은, '백제계가 세운 절에서 원회의 기법을 전수받았다'는 것을 상징적으로 표현한 것으로, 신비한 체험으로 검술을 체득한 것처럼 꾸민 것으로 보인다. 여기에 산악신앙의 '텐구(天狗)' 요소가 묻어 있다. 일본 무가의 명문가는 '源(원)'씨가 많다. 비전목록을 보면 대동류유술의 신라인 源義光(원의광)이다.

---

404 헤이안 시대 후반에 신과 부처가 함께 있는 것이 당연시되어 일본의 팔백만신은 중생을 구하기 위해 나타난 부처를 대신하는 존재로 여긴다. 이것이 혼지스이자쿠사상이다. 즉 헤이안 말기부터 가마쿠라시대에 이러한 신들이 신과 부처의 화신이라고 생각해 권현(權現)이라고 부르게 된다. 爪生中, 《神社よ祭り》, 幻冬舍, 2003, 176~177쪽.

405 《무예도보통지》〈倭劍(왜검)〉

마츠시타 겐린[406]은 "척소보사 척계광이며, 1561년(신유40)은 일본의 正親町(정친정) 천왕 에이로쿠 4년(1561)이다."고 했다. 가케류(영류:影流)는 일본의 모든 검술의 중심에 있다. 일본에서 검으로 치는 타법이 있었지만, 미나모토 요시미츠 源義光(원의광)으로 부터 타법이 시작됐다고 해도 과언이 아니다. 요시미츠가 어렸을 때에 헤이지의 난을 피해서 정곡에 들어가 그 곳에서 이인을 만나 '刺擊(자격)'의 기법을 익히게 된다. '刺擊(자격)'의 기법이 일도류의 핵심술기다. '影(영:가케)'에서 '陰(음)'이 만들어 졌다.

아시카가 시대에 이르러 히코 모리노 아이슈이코(日向守愛洲移香)는 기리가타나(霜刃)를 연마하며 鵜戸権現(제호권현)에 참배한다. 그때 꿈에 신과 원숭이 형태의 이인이 나타나 그 '오의(奧秘)'기법을 보여준다. 이를 가케류(음류:陰流)라 한다. 그 제자는 '카미이즈미[407]의 후지하라 노부츠나(上泉武蔵守藤原信綱)는 심법을 더하여 신가케류(新陰流)'라 했다. '猿飛(원비)'는 후에 '아이스이로'의 제자인 '카미이즈미'에게 계승된다. 上泉武藏(상천무장)·守信綱損(수신강손)이 그 검법을 보완하여 '신음류'라 불렀는데 세상에 크게 성행했다. 그 후에 戸田竹內(호전죽내)·頭軍丹石(두군단석)·山科朴田(산과박전)·柳生小野(유생소야)·鏡中(경중) 등 諸家(제가)들 모두 음류와 원비 두 유파에 근원을 두고 여기에 새로운 뜻을 가미하여 또 다른 유파를 만들었다.

5) 陰流(음류)와 카미이즈의 신가케류

陰流(음류)는 일본 검술의 3대 원류 중 하나로 아이슈 히사타다(愛洲久忠)가 일본 전국을 돌고 明(명)에 까지 다녀와 창시한 것으로 보고 있다. 음류(가케류)는 일본 왜구들이 사용한 도법으로도 알려져 있다. 明(명)의 해안을 노략질하며 피해를 입히다가 절강성에 부임한 척계광 장군에게 잡힌다. 잡힌 왜구로부터 검술책을 얻어 明(명)군에게 교습하기도 했는데 이 비전서가 〈영류지목록〉이다. 하지만 현재 일본에서는 원래의 음류는 사라졌다. 지금 남아

---

406 막부중기(17세기) 천황측근 철학자.

407 '카미이즈미'에게는 23명의 우수한 문하생에 의해 계승된 신가케류가 일본에 널리 알려졌다. 특히 야규가에 계승된 '야큐신카게류(柳生新陰流)'는 에도의 토쿠가와 바쿠후의 공인유파가 되어, 일약 유명하게 된다.

있는 것은 일본의 검성 카미이즈미노부쓰나(上泉信綱)가 가케류와 신토류를 배워서 새롭게 창시한 신가케류(新陰流) 계통이다. 카미이즈의 신가케류는 아이스의 가케류를 계승한 3개의 形(형)과 자신이 고안한 5개의 形(형)이 있다. 아이스의 가케류는 첫째, 燕飛(연비) 8개다. 즉, (1)燕飛(연비) (2)猿回(원회) (3)山影(산영) (4)月陰(월음) (5)浦波(포파) (6)浮舟(부주) (7)師子奮迅(사자분신) (8)山霞(산하) 둘째, 九箇(구개) 9개다. (1)必勝(필승) (2)逆風(역풍) (3)十太刀(십태도) (4)花木(화목) (5)睫眼(첩안) (6)大吉(대길) (7)小吉(소길) (8)八重垣(팔중원) (9)村雲(촌운) 셋째, 天狗抄(천구초)다. 그러나 이 검결은 계승되지 못했다.

첫째 단락의 (6)浮舟(부주)는 浮船(부선)의 가결임을 알 수 있고, 둘째 단락의 '九箇(구개)'는 '아홉'을 뜻하는 이두문임을 알 수 있다. 셋째의 '天狗(천구)'는 한민족 신화와 연결된 가결로 원의경과 연결되어 예사롭지 않다. '카미이즈'가 고안한 5개의 검류는 첫째, 三學(삼학) 5개다. (1)一刀兩斷(일도양단) (2)斬釘截鐵(참정절철) (3)半開半向(반개반향) (4)右旋左轉(우선좌전) (5)長短壹味(장단일미) 둘째, 七太刀(칠태도) 7개다. (1)踞地獅子(거지사자) (2)天關(천관) (3)容髮(용발) (4)籠手(롱수) (5)地軸(지축) (6)明月之風(명월지풍) (7)燕雁(연안) 셋째, 轉(전)으로 뒤에 가결은 실전됐다. 넷째, 殺人刀(살인도) 1개다. 다섯째, 活人劍(활인검) 1개다. '아이스'의 검결과 비교하면 많은 차이가 있다. '아이스'의 검결은 영류지목록으로 기법이 해독됐다. '카미이즈'가 비록 5개의 검형을 만들었지만 '아이스'의 제자로 영류의 기법을 토대로 고안했을 것이다. 여기에 기록된 '카미이즈'의 검결을 보면 대략적인 동작의 구성을 유추할 수 있다. 영류지목록의 가결들은 모두 연결된 기법이다. 그러나 일본은 전체 검형이 연결되어 있지 않고 개별동작 몇 개가 모여 하나의 단락이 됐고 단락 간에는 서로 끊어져 있다. 이것은 전승과정에서 기법이 단절된 것으로 볼 수 있다. 이 검결을 모두 해독한다면 가케류의 검형은 모두 밝혀질 것으로 보인다.

遠回(원회)·遠飛(원비)의 秘密(비밀)

1) 影流之目錄(영류지목록)의 년도별 기록

장도의 기법은 猿回(원회)·猿飛(원비)다. 이 두 개의 개념을 이해하지 못하면 장도의 기법을 풀 수 없다. 척계광은 일본의 문서를 원문 그대로 그림과 함께 기록했다. 이것을 오늘날 일본에서 연구하여 해석한 것이다. 일본도 문서를 해석은 했으나, 그 기법을 정확히 해독하지 못한채 원문의 해석도 학자마다 분분하다. 그 이유는 원회와 원비의 동작을 정확히 구현하지 못해 원문을 작위적으로 해석했기 때문이다.

현재 일본에 남아 있는 원회·원비 기법을 년도별로 보면 다음과 같다.

〈影目録〉永禄9年(1566) 上泉信綱著

〈燕飛〉燕飛 猿廻 山陰 月影 浦波 浮船 獅子奮迅 山霞

上泉伊勢守から西一頓を経て山北三蔵宛 慶長15年(1610)

〈鸞飛〉鸞飛·猿廻·山陰·月影·浦波·浮船·山霞·獅子奮迅

〈猿飛之巻〉元和5年(1619)

鳥戸大権現から線が引かれ 愛洲移香 愛洲小七郎 上泉武蔵守 疋田豊五郎の名がある。

〈猿飛目録〉

猿飛·猿廻·山陰·月影·浮船·浦波

〈タイ捨流燕飛序〉元和10年(寛永元年 1624)

丸目石見入道から丸目喜右衛門尉へ

燕飛・猿廻・虎乱詰・十手詰・山陰詰

上泉から疋田豊五郎 山岡太郎を経て嶋田左源太宛 寛永5年(1628)

〈新陰流猿飛目録〉

猿飛・猿廻・山陰・月影・浮船・浦波

〈新陰三学之巻〉

覧行・松風・花車・長短一味・徹底・礒波

〈月之抄〉寛永19年(1642) 柳生三厳著

〈遠飛〉遠飛・猿廻・月影・山陰・浦波・浮船・切甲・刀捧

〈新陰流討太刀目録〉貞享2年(1685) 柳生利方筆

〈燕飛〉燕飛・猿廻・山陰・月影・浦波・浮船

위 기록들에서 〈影目録〉永禄9年(1566) 上泉信綱著 ‘燕飛・猿廻・山陰・月影・浦波・浮船・獅子奮迅 山霞’을 토대로 1610년 〈鷰飛〉鷰飛・猿廻・山陰・月影・浦波・浮船・山霞・獅子奮迅. 〈猿飛之巻〉元和5年(1619) 〈猿飛目録〉猿飛・猿廻・山陰・月影・浮船・浦波의 기록이 있다.

그러나 척계광이 1561년(신유) 전쟁터에서 〈영류지목록〉을 얻었다고 기록되어 있어 일본의 기록 〈影目録(영목록)〉1566년(永禄(영록)9) 上泉信綱(상천신강)보다 5년이 빠르다.

척계광은 1528년에 태어나 1587년에 사망했다. 1561년(가정40)이므로 신유년은 1561년이 틀림없다. 영류지목록을 가케류의 목록이라고 생각했을 때, 1560년(영록3)이라고 하면 《伝記(전기)》부분에서 가케류의 개조인 아이슈이가사이 히사타다가 죽은 해는 1538년이므로 22세다. 또한 1536년(천문5)에 태어났다고 하면, 이 시기는 25세다. 그러나 그 아들인 종통이 1519년(영정16)에 태어났기 때문에 이때는 25세다. 그의 아들은 1558년(영록원년)에 태어났기 때문에 이러한 기록은 연도의 순서가 맞지 않는다. 또한 가케류를 수련한 사람은 현재의 전서로부터 확실하게 확인 가능한 것은 위에서 말한 영목록을 기록한 가미이즈미 무사시노모리 노부쯔나 뿐이다. 그러나 생년이 애매하기 때문에 우선 연령 고증은 뒤로 미루자,《영목록》이 발행된 것은 전년, 야규우신사에몬은 이에 대해 신가케류의 인가장에〈永祿八年卯月(영록팔년묘월)〉이라고 있는 것처럼, 이때 즈음 신가케류를 내세운 것은 확실하다고 생각되지만 그 이전에는 가케류의 목록을 가케류라는 명으로 내세웠을 가능성이 없다.[408]고 했다.

여기에서 중요한 것은〈영류지목록〉에서 사용된 遠飛(원비)는 일본에서 유파별로 각각 燕飛(연비) 또는 鷰飛(연비)로 검결을 사용하고 있다. 즉 뿌리는 같지만 유파가 다르다. 이 음류에서 또 다른 검의 유파가 계속 파생된다.

이 중에서 어느 유파의 원회가 기효신서에 있는 원회인지는 더 연구해야 알 수 있다. 그러나 이들 기록에서 공통적인 것은 검결의 뿌리가 같다는 것이다.

上泉信綱(상천신강)의 1566년(示祿9)〈影目錄(영목록)〉에〈燕飛(연비)〉燕飛(연비)·猿廻(원회)·山陰(산음)·月影(월영)·浦波(포파)·浮船(부선)·獅子奮迅(사자분신)·山霞(산하)의 기법에 수신강손이 음류를 추가하여 정친정천왕 앞에서 창안한 검법을 시범 보이면서 이를 신음류라 칭했다. 이 신음류는 또 호전죽내·두군단석·산과박전·류생소야·경중으로 계속하여 분파된다. 모원의는 무비지에도 음류의 猿飛(원비)·猿回(원회) 등의 수법과 그림이 실렸다고 했다.

2) 日本(일본)에서 遠回(원회)가 遠飛(원비) 기법이 사라진 이유

실질적으로 검결이란 검법을 만든 이후에 그 검법의 특징에 맞게 검결을 짓는다. 지어진 검결 속에는 만든 이의 의도와 문화가 담겨진다. 때문에 이 검결명은 검법의 원형과 시원을 밝힐 수 있는 자원을 제공한다. 실질적으로 검결이 검술의 모든 것이라 하여도 과언이 아니

---

408 국제무도대학의 우오쯔미 타카시(魚住孝至)교수 외 고류검술연구회, 사이타마대학, 와세다대학, 국제무도대학원 무도스포츠과학연구소년보, 平成24年度(2012), 제18호.

다. 일본은 검술에 대하여 강한 자부심을 갖는 나라이기에 원회와 원비에 대한 연구가 치열하지만, 현재 일본에서는 원회와 원비의 기법은 완전히 사려졌다. 무예를 잘 보존하는 일본에서 왜 사라졌을까?

일본에서 원회·원비의 기법이 사라진 이유를 가늠할 수 있다. 일본에서는 일반장졸들이 칼의 크기에 맞춰 실전에 가장 많이 사용되는 단순한 동작을 반복적으로 수련했다. 그렇다 보니 원회·원비처럼 회전이 많은 고난위의 검술은 사라지게 된 것으로 추정할 수 있다.

1575년 나가시노 전투에서 소총의 위력으로 인하여 큰칼(太刀)보다는 가벼운 칼(打刀)로 변화됐다. 그렇다고 해서 큰 칼이 사라진 것은 아니다. 근본적으로 원회·원비는 일본문화에 맞지 않았던 검술이다. 원회·원비의 기법에서 요도에 맞는 기법을 발취하여 거기에 맞게 동작을 끊어서 겨루기 형태로 변형시켰다고 볼 수 있다. 원회·원비는 일본인의 체형과 기법에 맞지 않았고 소총의 출현으로 큰 칼이 전장에서 사라지면서 원회·원비의 검결만 유파에 전승되었던 것으로 보인다. 즉 작아진 칼에 적합한 검술문화로 변화된 것이다. 어떠한 경로를 통해서 원회·원비의 검술이 일본에 전래되었는지는 더 연구해야할 것이다. 그러나 분명한 것은 검결에 숨겨진 내용을 모른 채 수련을 해온 것이다. 후대에 검결의 의미가 퇴색되자 기법은 사라지고 검결만 보존됐다. 원비·원회의 기법은 기법을 설명하는 한자와 시어에 필요한 검결이 두 개 이상의 원회와 원비에 각각 연결되어 있다. 때문에 누군가 이 연결 관계를 알려주지 않으면 검결이 서로 연결된 것을 알 수가 없다. 또한 계속해서 유파가 갈라지고 시간이 흐르면서 이러한 검결만 남게 됐다. 마치 척계광이 왜구에게 얻은 〈영류지목록〉의 문서에서 기법만 배우고 내용은 모른 채 수련한 것과 마찬가지로, 모원의가 기효신서를 보고도 장도법을 알지 못하여 중화식으로 장도법을 변형시킨 것과 같다.

7

影流之目錄(영류지목록)

　원회·원비의 검결은 왜구가 한반도의 해안가에 반복적으로 침탈해오자, 선조들이 해안가에 잠복하여 있다가 장도를 사용하여 왜구를 물리친다는 내용이다. 장도의 사용법을 창안하면서 그 동작에 검결을 붙여 주문처럼 사용했다. 이것이 왜 열도에 전해져 일본의 영류와 음류의 유파에 전승되어온 것이다. 또한 영류지목록의 내용은 한자에 능통한 자가 작성했다. 당시 문자를 안다는 것은 일반적인 왜구로 보기 어렵다. 필시 왜열도에서도 지위가 상당히 높은 고급무사였을 것으로 추정할 수 있다. 일본의 고위무사들은 이주계와 연결되었거나 이주민일 가능성이 높다. 이렇게 이주한 무사들이 대동류유술이나 격검을 수련했다. 〈영류지목록〉에는 원회·원비만 기록된 것이 아니다. 일본의 영류나 음류에서 사용하고 있는 8개의 검결에 원회·원비의 내용이 장도의 그림과 검결에 숨겨져 있다〈그림 8-1〉.

그림 8-1. 기효신서의 영류지목록

1) 모원의의 武備志(무비지)의 影流之目錄(영류지목록)

모원의가 《무비지》에서 원숭이로 그림을 묘사한 것은, 당시 왜구는 작고 훈도시만 입고 벌거벗은 미개한 종족으로 인식하였기에 왜구의 모습을 원숭이로 폄하한 것이다〈그림 8-2〉. 일본의 학자는 "척계광이 장검술을 얻었지만 거기에 척계광의 새로운 도법을 더하여 수록한 것 같다."고 했다《また 從いてこれを演ずる あわせて後に載せる》. 《무비지》의 〈영류지목록〉과 원숭이의 그림은 척계광이 신유년 전장에서 얻은 화이의 원본(和夷の原本)이다. 중국풍 의상을 입은 인간을 표현한 그림은 그 이후 척계광이 새롭게 표현한 도법으로 보인다.

그림 8-2. 무비지에서 원숭이로 의인화한 그림

2) 紀效新書(기효신서)의 영류지목록

《무예제보번역속집》의 〈新書倭劍圖(신서왜검도)〉 편에 "신이 살피건대(~중략) 그림에 비록 글은 없지만, 척장군이 〈신서〉에 수록하여 후인을 기다린 것은 먼 훗날까지 고려한 것이다."고 기록되어 있다. 아래 그림은 기효신서의 그림과 같다. 그러나 그림을 자세히 보면 기효신서의 그림을 재판각한 것임을 알 수 있다. 즉 기효신서를 보고 새로 발간한 기록물이다〈그림 8-3〉.

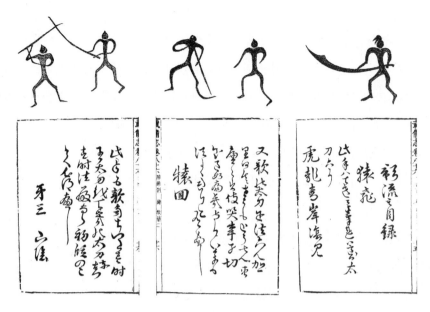

그림 8-3. 기효신서의 영류지목록

3) 日本學者(일본학자)들의 紀效新書(기효신서)의 影流之目錄(영류지목록) 해석

위 〈그림 8-3〉 초서체로 작성된《기효신서》의 〈영류지목록〉에 대한 해석을 일본 무도스
포츠과학연구소년보 제18호 2012년(平成24年度) 국제무도대학의 우오쯔미 타카시(魚住孝
至)교수 외 고류검술연구회·사이타마대학·와세다대학·국제무도대학원 8명이 공동으로
발표한 논문의 내용이다.

影流之目錄 猿飛 此手ハテキニスキレハ意分太刀タリ虎飛青岸陰見 又敵ノ太刀ヲ取候ハ
ンカヽリ何造作モナウ先直偏カラス彼以上大事子切ヲ意婦偏幾ナリイカヽニモ法ニキリテ
有偏シ 猿回此手モ敵多チイタス時ワカ太刀ヲテキノ太刀ア者ス時取偏ナリ初段ノコトク
心得ヘシ 第三山陰

위 해석은 일부 한자의 초서체에 대한 해석으로 전체를 해석하지 못한 매우 미흡한 해석
이다.

현재 일본학계에서도 그 뜻을 정확하게 알지 못하고 있다. 그 이유는 원회·원비의 기법
을 모르는 상태에서는 한자와 고어 초서체의 정확한 개념을 적용할 수 없기 때문이다. 더욱

이 일본 고어에 사용된 훈독이 한민족 음가이기 때문에 한민족의 문화와 언어를 알지 못하면 해독할 수 없다. 그렇다보니 한시를 일본어로 풀이하고 조어를 원문 사이에 넣어 문맥을 억지로 이어가고 있어 그 의미가 모호하다. 일본학자들이 일본어로 되어 있는 문서를 해석하지 못하다보니 자존심이 상했나 보다. 그래서 '蓋武備志所レ載有二缺誤一 大抵應レ如レ是'라 했다. 즉 '다만 武備志(무비지)에 기재된 부분에는 어느 곳이 사라져 있거나 틀려져 있다. 대충 그렇다'고 기효신서의 기록을 폄하하고 있다.

이러한 현상은 무예에만 한정된 것이 아니다. 《伊末自由來記(이말자유래기)》는 "1431년 아시카가시대(足利時代) 지복사 주지 일한에 의해 기록된 것으로 약 570여 년 전의 문헌으로 원문은 모두 한문으로 표기되어 있었을 것으로 추정된다. 이 한문을 가나사카에 의해 일본어로 바꿔서 전해졌다."[409] 《이말자유래기》는 시마네현에 있는 오키에 최초로 이주한 신라인의 기록이다. 이 기록들은 일본문자로 되어있어 일본인들은 읽기는 한다. 그러나 그것이 무슨 의미인지 일본학자들도 해석하지 못해오다 한국 학자들과 교류하면서 비로소 해석됐다. 고대 일본의 공용어는 한국말[410]이다. 〈영류지목록〉도 마찬가지다. 최초의 원문은 한문으로 표기 됐을 가능성이 크다. 그런 후 후대에 와서 일본의 훈독과 초서체로 혼용된 것이 〈영류지목록〉으로 사료된다. 대개의 많은 고서들은 이러한 방식으로 전승되다가 후대로 이어지면서 변용되어 계승된다. 그렇기 때문에 우리의 역사와 신화, 우리의 말과 문화를 알지 못하면 고문서 해독은 한계에 봉착하게 된다.

마츠시타 겐린은 "무비지에 수록된 문서를 왜 영류지목록이라고 해석했는지? 新陰流(신음류)와 관련지어서 다루었는지? 마츠시타가 해독한 것이 影流(영류)였는지? 陰流(음류)였는지?, 마츠시타는 이 두 가지 모두가 일본검술의 중심이고, '影流(영류)'에서 陰流(음류)가 만들어졌다."[411] 마츠시타가 異称日本伝(이칭일본전)에 "신가케류의 기법으로 언급한 원비·원

409 윤광봉, 《일본 신도와 가구라》, 태학사, 2009, 275쪽.

410 金道允, 《伊末自由來記와 加羅斯呂觸》, 高靈文化院, 67쪽.

411 影流日本劍術者流名也 當影レ作レ陰

회·산영·월영·부선·포파·람행·송풍·화차·장단·철저·의피는 영류지목록에 해독된 내용에서 출처된 명칭과 같고, 신가케류의 수법으로 인용되었던 다치의 명칭(원비·원회·산영·월영·부선·포파·람행·송풍·화차·장단·철저·의피)에 관련지어 다치(太刀)의 이름(검술명칭)을 발출했다고 보인다."[412]고 했다. 이처럼 일본무도학계는 영류지목록으로 인해 많은 고민을 하고 있다. 마츠시타 겐린도 영류지목록의 많은 부분에서 충분한 해석이 이루어지지 않았다. 그 예로 일본에서는 '影(영)과 陰(음)'은 우리말 '걸게-거게-가게-(かげ)'에서 발생되기 때문에 둘 다 '가케'라는 '소리'에서 같은 '의미'로 분화된 것을 인식하지 못하고 있다.

영류지목록이 비록 일본어 초서체와 한자로 쓰여 있지만 한민족의 이두식 음가와 밀접하게 연결되어 있고 시어의 형태로 구성되어 있다. 때문에 조선세법의 검결처럼 검결을 꾸며주는 수식어와 검술의 동작에서 한자와 같은 글자를 취하여 해석해야 한다.

---

412 무도스포츠과학연구소년보 제18호 平成24年度(2012) 국제무도대학의 우오쯔미 타카시(魚住孝至)교수 외 고류 검술연구회, 사이타마대학, 와세다대학, 국제무도대학원

우오쯔에 타카시 외 8인(2012)이 해독한 影流之目録(영류지목록)의 誤謬(오류)

1) 意分太刀(의분태도)

(1) 此手ハテキニスキレハ意分太刀タリ에서 意分太刀(의분태도)를 직역하면, 원비의 수법은 적에게 빈틈이 있을 때, 太刀(태도)를 가지고 바르게 가르는(意分)원리다. 그러나 의역하면 '분개하는 마음으로 큰 칼을 사용하여 벤다'다. 意分(의분)이란? '뜻의·나눌분'으로 직역하면 '뜻을 나누는 큰 칼'이다. '意分(의분)'에는 '意憤(의분)' 또는 '義憤(의분)'의 뜻이 내포되어 있다. '分'자는 칼을 사용하여 적을 '八刀(팔도)' 양단하는 큰 칼의 기법이 들어있다.

※ '意(의)'자는 단순히 '뜻'이 아닌 '바르게 또는 곧게'라는 의미다. 또한 '分(분)'자는 '가른다' 또는 '벤다'는 의미다.

(2) 虎飛·青岸·陰見(호비·청안·음견)

이 세 개의 검결이 매우 중요하다. 검로의 순서가 '虎(호)'와 '飛(비)'로 되어 있다. '호비'란 '호랑이처럼 날쌔게 움직인다'는 의미다. 군대의 깃발에 있는 호랑이는 용맹한 장수를 상징한다. 한민족은 날개 달린 호랑이 그림이 있는 깃발을 사용해왔다〈그림 8-4〉. 즉 호랑이를 상징하는 장수가 '호랑이 깃발'을 세우고 그 깃발 아래 사자 같은 장졸들이 잠복하여 있는 것을 시적으로 표현한 것이다. 일본은 섬나라이기에 호랑이가 살지 않는다. 호랑이는 한민족의 토템이다. 특히 일본은 가문의 문장을 깃발에 사용한다. 倭(왜)에는 자생 호랑이가 없기에 호랑이를 깃발에 사용하지 않는다.

그림 8-4. 조선군영의 호랑이 깃발

青岸(청안)은 푸른 숲이 있는 언덕이다. 호랑이가 연안의 언덕에 숨어 아래를 내려다 본다. 이 문장에서 '月影(월영)'의 검결은 '달이 산위에 뜨고 푸른 소나무의 그림자가 뒤에 숨어서 본다'는 의미를 나타낸다. '陰(음)'자는 매우 중요하다. 일본의 사전적 의미와 우리의 언어적 음가로 보면 ①かげ・かげる(가게・가케루)다. 그늘을 뜻한다. 나무 그늘은 본체인 나무에 걸려 있는 것처럼 따라 다닌다. 掛(걸괘,かけ)와 마찬가지로 '걸다'에서 '걸게-거게-가게-(かげ)'로 이어진다.[413] 장도법에는 '陰(음)'이 두 번 나오는 데 여기에 신법이 숨겨져 있다.

첫 번째는 持劍進坐勢(지검진좌세)에서 拭劍伺賊勢(식검사적세)를 하고 '우회'로 돌아 '閃劍退坐勢(섬검퇴좌세)'를 한다. 두 번째는 삼퇴방적세의 '第三山陰(제삼산음)'이다. 여기도 '우회'로 돌아간다. 본국검의 '猛虎隱林勢(맹호은림세)'가 바로 '山陰(산음)'이다. '맹호가 자세를 낮추어 우회로 돌아 숲속에 숨는다'는 검결이다. '虎飛青岸陰見(호비청암음견)'을 검결로 설명한 것이 猛虎隱林勢(맹호은림세)다. 본국검의 一刺勢(일자세)에서 右二回(우2회)하는 맹호은림세와 영류지목록의 지검진좌세에서 섬검퇴좌세로 돌아가는 회전법이다. 회전할 때 기준 발을 중심으로 돌기 때문에 '山'자를 사용한 것이다. 장도법에서 중요한 것은 회전이다. '좌회'는 '猿(원)'자로 표현했다. 원회・원비는 '좌회'를 하고 산음은 '우회'를 한다. 즉 원회・원비와 산음은 대칭이다. 원비・원회의 회전하는 기법이다. '猿(원)'은 '圓(원)'으로, 猿(원)의 음가에 맞춰 검결을 만든 이두문이다.

....

413 김세택, 《일본어 한자 훈독》, 기파랑, 2015, 679쪽.

(3) 又敵ノ(此)太刀ヲ取候ハンカヽリ(里)何造作モナウ先直偏カラス(우오쓰미 타카시, 2012)

원문의 자형이 '此'다. 일본의 'ノ(노)'자형과 다르다. '此'는 '此(이차)'다. 'リ(리)는 한자 呈(리)를 일본 음독의 자형 'リ(리)'로 했다.

※偏(편): かたよる(가타오루)는 한쪽으로 치우치는 것, 즉 '한쪽 곁(끝·갓)으로 기울어진다'는 뜻이다. '곁(끝·갓)'에서 '같-가타-(かた)'로 이어지고, '으로'가 동사 어미화 되어 오루-よる가 합성된다.[414] 앞으로 갔다가 원지로 돌아오는 기법으로 '가타오루'는 '갔다 온다'의 우리말이다. 적을 향해 太刀을 들고 되돌아와 주변의 인근을 살핀다. 이어서 손을 반대로 하여 꼬아(역수) 칼을 잡고 이전의 자리로 다시 돌아오는 기법이다.

(4) 彼以上大(哭)事子切ヲ(き)意婦偏幾ナリイカヽニモ法ニキリテ有偏シ(우오쓰미 타카시, 2012)

'哭'자는 '곡(哭)'자다. 여인이 우는 것은 아들의 큰일을 하기 위해 의절하여 서로 떨어져야 하는 어머니의 마음이다. 한쪽으로 치우쳐 자른다(식검사적세의 자세를 표현하고 있다).

※'哭(곡)'자를 일본 논문에서는 '上大(상대)'로 잘못 해석했다.

2) 猿回(원회)

(1) 此手モ敵多チイタス時, ワカ太刀ヲテキノ太刀ア者ス時, 取偏ナリ(우오쓰미 타카시, 2012)

※ワ(와): ①輪(륜)은 수레바퀴의 바깥 테를 뜻한다. 바퀴를 에워싸고 있는 것으로 속을 에워 싼 둥근 것으로 외곽을 뜻한다. '에워싸다'에서 '에어-아워-와-(わ(ワ))'로 이어진다. ②環(환)(わ(ワ))은 원형, 테(테두리)처럼 둥글게 에워싸는 것을 뜻한다.

※ワカ(와카)다는 향상방적세를 설명한다. '칼을 등 뒤 어깨에 가로 걸쳐 메고 몸이 도는 회전력을 이용하여 칼을 돌려서 친다'는 뜻이다. 이 수법도 많은 수의 적과 대적할 때, 큰 칼을 어깨에 메고 적을 향하여 휘돌려 칠 때 한쪽으로 치우쳐 있는 모습이다. 위 글은 향상방

---

414 김세택, 《일본어 한자 훈독》, 기파랑, 2015, 652쪽.

적세를 설명하는 것이다.

(2) 初段ノコトク 心得ヘシ 第三山陰(제삼산음)(우·오쯔미 타카시, 2012))

이 문장도 매우 함축이 많고 중요하다. コト(코로)(こと[事]), ク(쿠)(く[区]):구간, 得(の)은 '적합한 것'을 뜻한다. 첫 번째 단계의 구간이다. 초퇴방적세는 6개의 검결 ①견적출검 ②지검대적 ③향좌방적 ④향우방적 ⑤향상방적 ⑥향전격적 동작을 마치고 뒤로 돌아 원지로 돌아온다. 다시 앞으로 5개의 검결 ①퇴전살적 ②지검진좌 ③식검사적 ④섬검퇴좌 ⑤휘검향적 동작을 마치고 다시 뒤로 빠져 돌며 재퇴방적세를 하며 원지로 돌아온다. 즉 초퇴방적세와 재퇴방적세는 기효신서에 그 순서가 정해져 있는 것으로 초퇴방적세와 재퇴방적세까지가 첫 번째 단계다. 그렇지만 삼퇴방적세는 그 앞에 초퇴방적세나 재퇴방적세처럼 연결된 동작들이 없다. 그래서 '心得ヘシ(심득헤시) 第三山陰(제삼산음)'의 문장은 '스스로 생각하여 앞에서 이루어진 동작 중 적합한 동작을 취하고 삼퇴방적세(第三山陰)로 되돌아오라'는 것이다. '三山(삼산)'에서 '삼'과 '산'은 같은 3의 수리를 갖는다. 삼퇴방적세의 그림과 검결이 있음으로써 '三山(삼산)'과 연결하면 '산을 세 번 넘어간다'는 뜻이 되고 '陰(음)'은 '우회'를 뜻하기 때문에 기법과 일치한다. 문제가 되는 것은 마츠시타가 虎飛(호비)·青岸(청안)·陰見(음견)이라고 해석한 문자다. 일본에서는〈影流之目録(영류지목록)〉의 내용 가운데 '山陰(산음)' 앞에 第三(제삼)이라고 하는 문자로 인해 매우 혼동하고 있다. 즉 세 번째라는 것은 앞에 첫 번째, 두 번째가 있다는 의미다. 모원의도 원비·원회·산음·호비·청안·음견의 명칭은 일본국 문서에 있었던 문자라고 했다. 그렇다면 그 첫 번째와 두 번째가 무엇인가? 첫 번째와 두 번째는 검결(검술명)의 순서에서 찾았지만 영류지목록의 세 번째가 무엇을 나타내는지 알지 못하기 때문에 세 번째는 순서를 찾으려고 해도 찾을 수가 없다. 그렇다보니 영류지목록이 잘못되거나 자료가 빠진 것으로 판단했다.

9

影流之目錄(영류지목록)의 劍訣(검결)

〈영류지목록〉에는 원비와 원회의 기법에 대한 설명과 함께 15개의 그림이 그려져 있다. 15개의 그림에는 각각의 '세' 명칭인 검결이 있다. 일본의 기록 중에서 가장 오래된 〈影目錄 (영목록)〉 1566년(永禄9) 上泉信綱著과 上泉伊勢守から西一頓を経て山北三蔵宛 1610년(慶 長15) 검결을 보면 '燕飛・猿廻・山陰・月影・浦波・浮船・獅子奮迅・山霞(연비・원회・산음・월 영・포파・부선・사자분신・산하)'의 8개의 검결이 모두 있다. 후대에 생긴 〈月之抄(월지초)〉 1642년(寬永(관영)19) 柳生三厳 著〈遠飛〉遠飛・猿廻・月影・山陰・浦波・浮船・切甲・刀捧의 검결에서 '獅子奮迅・山霞(사자분신・산하)'의 검결이 빠지고 대신 '切甲・刀捧(절갑・도봉)' 의 새로운 검결이 추가됐다. 이렇게 되면 자형에 검형이 들어 있지 않고 시어와 연결되지 않 는다. 일본은 〈영류지목록〉에서 원회・원비의 기법보다 개념을 중요하게 보았다. 그러나 '燕 飛・猿廻・山陰・月影・浦波・浮船・獅子奮迅・山霞(연비・원회・산음・월영・포파・부선・사자 분신・산하)'는 모두 각각의 기법이다.

10

影流之目錄(영류지목록)의 解讀(해독)

1) 猿飛(원비)

원비의 수법은 적에게 빈틈이 있을 때 큰 칼을 바르게 사용하는 기법이다. 위 문장이 원비에 대한 해석을 이해하기 쉽도록 풀어서 쓴 것이다. 그러나 내용을 이해했다해도 기법을 알아낸다는 것은 매우 추상적이다. 다행히《기효신서》에 원비의 그림이 그려져 있다. 검결이 '식검사적세'다. 문제는 이것이 그동안 '원비'라는 것을 알지 못한 것이다. 이 원비를 설명한 문장이 '한쪽으로 치우쳐 자른다'는 문장이다. 식검사적세의 동작을 보면 위 문장이 뜻하는 것을 알 수 있다. 이 기법을 알지 못하면〈영류지목록〉에 기록된 일본의 고어와 한자를 해독할 수 없다. 그리고〈영류지목록〉의 그림에서 식검사적세와 동작이 연결된 '지검진좌-식검사적-섬검퇴좌' 세 개의 동작을 알지 못하면 '원비'의 설명에서 왜 '虎飛靑岸陰見(호비청암음견)'이란 문장이 들어있는지 알 수도 이해할 수도 없다. '猿飛(원비)'가 '燕飛(연비)'로 바뀌는 것은 원비의 동작이 '제비처럼 빠르게 난다'는 개념으로 바꾼 것이다. '猿(원)'자에도 기법이 있고 '飛(비)'자에도 각각의 기법이 숨겨져 있다. 때문에 '燕飛(연비)'로 하여 '飛(비)'자에 들어있는 검의 기법을 중시하려는 의도에서 검결을 바꾼 것이다. '猿(원)'자를 쓴 것은 기법이 '둥글게 돌기 때문이다'. 즉 '원'의 음가는 '돈다'는 것으로 여기에 원숭이가 잘 돈다는 특징과 일치시켜 '猿(원)'자를 취한 이두식 표현이다. 본국검에서 白猿出動勢(백원출동세)의 '猿(원)'자와 개념과 동작이 같다.

猿飛(원비)는 '식검사적세'의 자세를 보고 한자 '飛(비)'자형을 취한 것이다〈그림 8-5〉. 여기에 '飛(날비)'자의 날개는 사람의 두 팔이다. 식검사적세의 경우에는 새가 날개를 접어 몸을 감싸듯이 역수로 검을 잡아 몸을 감싼다. 이때의 동작은 '자식이 장군을 섬기기 위해 헤어져야 하는 슬픔을 감추기 위해 어머니가 고개를 돌려 눈물을 훔친다'는 표현이다. 식검사적세를 하려면 먼저 지검진좌세를 해야 된다. 〈그림 8-6〉 지검진좌세는 한자 '虎(호)'자형에서 취했기 때문에 '飛(비)'자 앞에 '虎(호)'자를 두고 '虎飛靑岸陰見(호비청암음견)'으로 한 것이다.

그리고 식검사적세에서 '우회'를 하여 한 바퀴 돌아 무릎을 꿇고 칼을 등 뒤로 올리는 섬검퇴좌세를 설명한 것이 陰見(음견)'이다. 隱林(은림)과 '山陰(산음)'은 같은 말을 다른 한자로 표현한 것 뿐이다. '陰(음)'자는 '阝+슐'이다. '阝'자형 자체의 의미가 '山(산)'이다. 즉 '陰(음)'은 '山슐(陰)' 그 자체이기 때문에 '山陰(산음)'이다. 또한 '山(산)'은 '三(삼)'의 숫자를 가진다. 이것을 '第三山陰(제삼산음)'으로 표현했다. 여기서 '三(삼)'의 숫자가 가지는 의미는 〈영류지목록〉에서 매우 중요한 개념을 숨기고 있다.

그림 8-5. 식검사적세와 '飛(비)'자 형

그림 8-6. 지검진좌세와 '虎(호)'자 형

〈쌍수도〉에서 식검사적세에서 섬검퇴좌세로 '우회'로 돌아가는 것을 '還退一步(환퇴일보)'라 한다. 섬검퇴좌세로 전환하기 위해 회전을 하는데 실질적으로 3보가 움직인다. 이것을 '환퇴일보'로 설명한 것이다. 검법에서는 매우 특수한 보법으로〈영류지목록〉에서는 이것을 '山陰(산음)'이란 검결로 표현했다. 이렇게 회전 기법이 많기 때문에 '원회·원비'라 한 것이다. '陰(음)'은 앞에서 비추는 달빛으로 '月(월)'의 개념에 '달이 산을 넘어 간다'는 의미다.

신법은 '우회로 돌면서 뒤로 물러난다'는 두 가지 의미를 가지고 있다. '見(견)'자 형에도 섬검퇴좌의 모습이 들어있다. '지검진좌-식검사적-섬검퇴좌' 중간에 있는 식검사적세가 대표적인 검결이다. 식검사적세를 '원비'라 하고 원비의 기법을 풀이하는 설명 속에 지검진좌세와 섬검퇴좌세를 상징의 시어로 표현했다. 여기서 일본의《影目録》1566년(永禄(영록)9) 上泉信綱 著와 上泉伊勢守から西一頓を経て山北三蔵宛 1610년(慶長(경장)15)의 '燕飛·猿廻·山陰·月影·浦波·浮船·獅子奮迅·山霞(연비·원회·산음·월영·포파·부선·사자분신·산하)'에 기록된 '月影(월영)'이 섬검퇴좌세의 시어를 형용하면서 기법을 숨긴 것이다. 때문에《기효신서》에 기록된 문서를 영류지목록이라 한다.

2) 月影(월영)

月(월:츠키,つき): '달'에서 '둘-두기(받침ㄹ-로 분절)—つき'[415]로 이어진다. 한편 달을 '좇는다' 는 우리의 음가 '스끼(쪼기)'와도 연결된다. 影(영:かげ): 나무 그늘은 본체인 나무에 걸려있는 것처럼 '따라 다닌다'는 뜻이다.

어원은 걸게-거게-가게(かげ)가 된다. '陰(음)'과 '影(영)'의 훈독도 'かげ'로 같다. 일본의 훈독에서는 그림자를 뜻하는 '影(영)'과 그림자로 인해 어둡다는 '陰'은 서로 글자는 달라도 발음과 뜻이 동일하다. 그러므로 일본검술의 유파에서 영류와 음류는 같은 류에서 전래된 것이다. 즉 영류와 음류는〈영류지목록〉으로 보면 한 뿌리에서 출발한 것이다.

'影(영)'자에서 삼을 의미하는 '彡'자형은 閃劍退坐(섬검퇴좌)의 그림에서 칼을 역수로 잡아 등 뒤로 칼을 가져감으로 인하여 팔이 역수로 꼬인 것을 표현하고 있다. 또한 '月(월)'은

415 김세택,《일본어 한자 훈독》, 기파랑, 2015, 652쪽.

'달'이 비춤으로써 달빛으로 인해 '景(경)' 뒤에 그림자(彡)가 생김을 나타낸다. 즉 등 뒤의 그림자는 등 뒤에 숨긴 칼(彡)이다〈그림 8-7〉. '閃(섬)'은 '閃影(섬영)'으로 '언 듯 보이는 그림자'다. '閃影(섬영)'을 '閃'과 '影'으로 나누어 '閃劍(섬검)'과 '月影(월영)'의 검결로 각각 사용했다.

그림 8-7. 섬검퇴좌세와 '影(영)'자 형

여기에 '陰見(음견)'은 '원비에서 우회로 돌아 섬검퇴좌세를 취하고 앞을 살펴본다'는 자세를 설명하고 있다. '見(견)'자에도 형세가 보인다. 영류의 기법은 결국 장검을 가지고 전진은 '좌회', 후퇴는 '우회'를 하면서 검을 사용하는 기법이다. 그렇다면 기록에 신법인 좌회와 우회를 설명해주는 방식으로 '猿(원)'자에 같은 '원'의 음가를 가지는 '원', '圓(둥글원)'의 개념이 포함되있다. 즉 '원'은 '좌회'를 하는 기법에 사용하고, '陰(음)'자는 '우회'로 퇴보하며 사용하는 기법이다. 이것은 음가를 이두식 한자로 사용하는 한민족의 문화다. 이처럼 '飛(비)'란 무술의 술기가 숨겨진 글자다. 술기의 기법을 한자에 숨기고 거기에 이두문을 사용하고 은유적 시어를 사용했다.

또한 猿飛(원비)에는 맨손유술의 기법이 있다. 〈영류지목록〉 그림에 맨손으로 검을 든 상대와 맞서는 자세가 있다〈그림 8-8〉. 이는 원회와 원비의 기법을 사용하여 맨손으로 사람을 업어 메치면 '날아가 떨어진다'는 기법을 표현한 것이다. 〈그림 8-8〉은 칼을 든 상대를 맨손으로 대적하는 그림이다. 맨손으로 적을 상대하는 기법이 원회·원비의 회전법에 있음을 나타내고 있다. 오늘날 합기도 기법의 이론적 개념인 '둥글게 돌아 조화롭게 흐른다'다. '圓和流(원화류)'의 개념과 흐름은 '猿回(원회)·猿飛(원비)'와 같다.

그림 8-8. 검과 맨손 겨루기

3) 獅子奮迅(사자분신)

'虎(호랑이)'와 '獅(사자)'는 둘 다 용맹함을 상징한다. '獅子奮迅(사자분신)'의 '子(자)'자는 '彼以哭事子切(피이곡사자절)' 문장의 '子(자)'와 연결된다. '虎(호)'는 용맹한 어른(장군)이지만 獅子(사자)는 젊은 용사다. 사자가 맹렬히 분노한 이유는 어린 아들을 배웅하는 어미의 모습을 통해 유추할 수 있다. '獅子奮迅(사자분신)'을 이두식 음가로 치환하면 '死者分身(사자분신)'이다. 즉 죽은 자(아버지)의 아들(분신)이라는 시어다. 이러한 음가 방식으로 한자를 사용하는 것은 한민족만이 사용해온 독특한 방식이다.[416] '迅(신)'자의 형태를 보면 다소 먼 거리에 있는 적을 공격하기 위해 보폭을 넓게 하였다. 칼의 무게와 체중을 순간적으로 앞으로 옮기며 '辶(착·발)'과 함께 칼을 격법으로 내려치는 기법이다〈그림 8-9〉.

그림 8-9. 향전격적세와 '迅(속)'자 형

---

416 辱說某書堂(욕설모서당) : 書堂 乃早知(서당 내조지), 房中 皆尊物(방중 개존물), 生徒 諸未十(생도 제미십), 先生 來不謁(선생 내불알) : 김삿갓(金炳淵)의 시. 음가는 '욕설', 뜻은 일상의 서당풍경을 읊은 시.

4) 猿回(원회)

'猿(원숭이원)'은 왜구를 상징한다. 검결의 시어와 연결되어 원숭이(왜구)들이 빙 둘러 모여 있다는 것을 나타낸다. 또한 '원숭이가 제자리에서 회전하며 재주를 부린다'는 의미다. 여기에서의 회전은 '圓(둥글원)'으로 '원'의 음가로 기법을 표현한 이두문이다. 또한 향상방적세에서 '袁(원)'자를 취했다〈그림 8-10〉. '回(회)'는 '袁(원)'의 기법이 '회전한다'는 것을 설명한다. 猿回(원회)란 '원숭이처럼 돈다'는 시어다. 영류에서의 '回(회)'는 '좌회'의 기법을 표현한 것이고, 이에 대칭되는 '우회'는 '陰(음)'자로 표현했다.

그림 8-10. 향상방적세와 '猿(원)'자형

회전하면서 큰 칼을 사용하는 것은 칼의 무게 중심을 최대한 이용해야하는 고급 술기다. 조선세법은 큰 칼을 전후·좌우 회전으로 움직이며 칼을 어깨에 메고 사용한다. 실질적으로 조선세법의 기법을 알면 장도를 익히는 것은 어렵지 않다. 문화란 이곳에서 저곳으로 흐르지만 결국 머무는 곳의 문화에 맞게 적응하여 변화하는 것이다. 열도의 왜인들은 체구가 왜소하여 '원회·원비'의 기법을 실전에 사용하는 것은 오히려 불리한 기법이다. 또한 장도의 기법으로 무사를 양성하는 것도 비효율적이다. 칼을 크게 만드는 것도 경제적이지 않았고 작은 체구의 왜인들이 큰 칼을 전장에서 사용하는 것도 오히려 불리했다. 그렇다보니 장검보다 작은 칼을 사용하면서 회전기법은 사라지고 전후진 보법의 격법으로 변화됐다. 현재 일본의 검술유파에서는 원회·원비의 기법은 완전히 사라지고 단지 검결만 남아 여러 유파로 파생됐다.

〈영류지목록〉이 있음에도 일본의 검술계가 여전히 해독하지 못하는 것은 일본의 검리로는 원회의 기법을 도저히 이해할 수 없기 때문이다. 이것이 바로 문화의 특징이다.

중국의 마명달은 중국에서 두 손으로 칼을 사용하는 쌍수법이 일본에서 전래된 것에 기분이 상했던지, 〈역대 중·일 양국의 도검(술)의 교류와 역사상 중·일·조 검도무예교류고〉의 논문을 통해 "漢(한) 대에 중국의 철재무기가 일본에 유입되었고, 위·진·남북조 시대에 기술자들이 일본에 건너가 도검주조법을 전해주었다."고 했다. 그러므로 일본에서 사용하는 용어가 중국의 고대용어로써 쌍수도는 중국의 검술이라는 논리를 펴고 있다. 또한 중국의 큰 칼은 두 손을 사용하므로, 일본의 쌍수도법은 고대 양손으로 검을 잡는 기초 위에 일본무사들이 개량한 것이라고 주장하고 있다. 중국의 마명달은 무비지에 실린 조선세법이 조선에서 구해왔다고 하자, "조선세법은 중국 고대에 잃어버린 검법으로 다행히 조선에서 보관하고 있어서 찾아왔다."고 주장하고 있다. 이렇듯 중국은 자신들이 동양무예의 종주국이라는 것을 어떻게든 만들고 싶은 것이다. 도검의 기술이 중국에서만 전래되고 한반도에서는 전래되지 않았던가? 장인들이 중국에서만 일본으로 갔는가? 오히려 백제의 멸망으로 수십만 명이 통째로 건너갔으며 장인의 수도 부지기수였다. 지리적으로도 중국보다 한반도가 가깝다. 그리고 현재 일본의 훈독은 우리의 소리와 의미가 일치한다. 중국어로는 설명이 되지 않는다. 일본의 훈독은 한반도의 고대 백제어와 신라·고구려어로 이뤄졌다 해도 과언이 아니다. 한자문화권은 공동의 한자를 사용하더라도 기록은 자신의 문화를 바탕으로 작성한다.

5) 浮船(부선)

'휘검향적-향전격적'과 '향좌방적-향전살적'의 기법이다. 검결의 의미는 '배가 뜬다'는 의미로 검결이 연결된 시어로 왜구가 배를 몰고 해안으로 오는 것을 나타낸다. '浮(부)'는 '위로 뜬다'는 뜻이다. 'ⅰ'자의 획순에서 마지막에 위로 향한다. '爪(손톱조)'는 '子'의 머리 위에 있다. 즉 칼이 위에서 아래로, 아래에서 머리 위로 올라가는 기법이다〈그림 8-11〉. 여기에서 '孚(부)'는 '자라 난다'는 뜻이다. 칼이 머리 위에 올라가면 수평의 형태를 취하여 바다에 뜬 배와 같다. 장도법에서 '휘검향적세·향좌방적세'가 글자의 자형과 기법이 일치한다. '船(선)'이란? 배가 물에 '선다(뜬다)'는 음가에서 몸과 칼을 세워 사용한다는 의미다. '舟(주)'에 검술의 기법이 숨겨있다. '船(선)'은 '향우방적세·향전살적세'의 기법을 나타낸다〈그림 8-12〉. '浮(부)'는 아래에서 위로 칼이 향하고, '船(선)'은 위에서 아래로 칼이 향한다.

그림 8-11. 휘검향적·향좌방적세와 '浮(부)'자형

그림 8-12. 향전살적·향우방적세와 '舟(주)'자 형

6) 初段·初退(초단·초퇴)

초퇴방적세다. 영류지목록에서는 '初段(초단)'이다. '段(단)'자형에 退步(퇴보)하는 첫 단계의 동작이 있고, 재퇴방적세·삼퇴방적세에 모두 '退(퇴)'자를 넣어 뒤로 돌아가는 동작이다. 初段(초단)이라 한 것은 영류지목록에서 초퇴방적세·재퇴방적세를 하나의 단계로 묶어서 본 것이다. '段(단)'자를 취한 것은 좌측의 '阝'자형은 우측의 '殳'자형을 쫓는 것이고, 피하는 것은 '殳'이다. 이것을 '退(퇴)'로 대치한 것이다〈그림 8-13〉. 이 기법은 조선세법의 '과우세'다.

그림 8-13. 초퇴방적세의 '退(퇴)'와 '段(단)'자 형

고대로부터 무예서는 많은 비밀이 있다. 비서를 얻기 위해 많은 상대를 죽이고 죽음을 당하기도 한다. 하지만 설혹 그 비서를 얻어다 해도 쉽게 해독할 수 없다. 이처럼 검결은 글자 한 자에 몇 단계에 걸쳐 무술의 기법을 숨겨 놓았다. 즉 검결이란 단순한 문자적 해석으

로는 기법을 얻을 수 없다. 문자에 치중하면 추상에 빠져 더 혼란스러워져 해독하기 더 어려워진다.

7) 浦波(포파)

재퇴방적세의 기법이다. 앞으로 공격을 하고 다시 빠르게 다시 뒤로 물러선다. 浦(포:ㅎ ら): '강의 입구'를 뜻한다. 포구·항구는 강의 하류나 입구에 위치한다. '아래'에서 '우래-우리-ㅎ ら(우라)'로 이어진다.[417] 波(파:なみ): 파도·물결·너울을 뜻한다. '너울'에서 '널-날-남-나미-なみ'이어 진다.[418]

'波(파)'에 숨겨진 검술의 글자는 '皮(피)'다. '포구로 파도가 밀려오고 다시 뒤로 물러나 연속해서 피한다'는 개념과 함께 '皮(피할피)'자형으로 '뒤로 피한다'는 의미가 있다〈그림 8-14〉. 마치 해안가에서 밀려오는 파도를 피해 몸을 돌려 도망쳐 가는 자세와 같다. 조선세법의 염시세 보법과 같다. 한민족의 '피한다'를 한자 '皮(피)'의 형태에서 취한 것이다. 이러한 어원과 동작이 일치하는 것은 한민족밖에 없다. 여기에서 皮(かわ): 껍질을 뜻한다. 껍질은 본체의 겉(가)에 있다. ①'겉'에서 '거에-가이-가와-かわ' ②'가'에서 '가아-かわ'로 이어진다.[419]

그림 8-14. 재퇴방적세와 '波(파)'자형

417 김세택, 《일본어 한자 훈독》, 기파랑, 2015, 957쪽.
418 김세택, 《일본어 한자 훈독》, 기파랑, 2015, 941쪽.
419 김세택, 《일본어 한자 훈독》, 기파랑, 2015, 966쪽.

8) 山陰(산음)

第三山陰(제삼산음)은 삼퇴방적세다. '陰(음)'자에 삼퇴방적세의 모습이 들어 있다〈그림 8-15〉. '陰(음)'은 '우회'다. 산음은 회전하며 산을 넘어가듯이 삼회를 돌아 원지로 온다. '月影(월영)'과 '山陰(산음)'은 산봉우리 세 개(山)를 달(陰)이 넘어간다는 의미와 연결된다. '第三山陰(제삼산음)'이란 검결은 앞 문장에 第一(제일), 第二(제이)가 있음을 알 수 있다. 이것이 앞 문장 '初段ノコトク(초단ノ노코토쿠)'과 '心得ヘシ(심득헤시)'다.

그림 8-15. 삼퇴방적세 '陰(음)'자형

삼퇴방적세 뒤에 장검고용세로 연결된다. 즉 앞의 초퇴방적세 다음에는 퇴전살적세를 하고 재퇴방적세 다음에는 향상방적세를 한 후 진전살적세를 한다. 여기서 '퇴전살적세'와 '진전살적세'는 앞을 향하여 치는 것은 같다. 퇴전살적세는 뒷발이 빠지며 '치고', 진전살적세는 '회전'을 하면서 앞발이 나가며 친다. 이때 칼을 '打(타)'로 치느냐, 깊은 '擊(격)'으로 치느냐에 따라 다음에 이어지는 기법이 달라진다.

삼퇴방적세 다음에 칼을 지면 가깝게 내려치면 무거운 칼을 다시 들어 쳐야하기 때문에 비효율적이다. 이때는 몸을 돌리면서 칼을 이용하는 것이 효율적이다. 지검진좌세-식검사적세-장검고용세로 연결되는 기법이 '원회'의 검리다. 때문에 '山陰(산음)'과 '山霞(산하)'는 연결된다. 검결의 시어는 '산에 어둠이 짙어지고 노을이 가득하다', '산하는 해가 서산으로 돌아가 쉬는 것이다.'

9) 山霞(산하)

'山霞(산하)'는 '해 저무는 산'으로 두 가지 복선이 있다. '달빛이 어스름한 밤에 왜구가 침범한다'는 의미와, 장검고용세의 의미를 수식하며 '한바탕 휘몰아친 전장에 저녁노을이 지면서 끝난다'는 의미다. '霞(노을하)'자는 '雨+叚'자로 '叚'자는 '段(단)'자의 자형과 같다. 장검고용세의 동작이 들어있다. '霞(하)'는 해가 서산으로 지는 것을 나타내고 '山陰(산음)'의 '山(산)'이 '霞(하)'와 연결되어 시어를 이룬다.

그림 8-16. '霞(하)'자형과 장검고용세와 '勇(용)'자형

장검고용세는 영류지목록의 검결에는 없다. 그러나 쌍수도에 가결이 있다. '藏(장)'자는 '큰 칼을 거둔다'는 뜻으로 '장'의 음가를 다의로 활용하여 '長刀(장검)'의 개념을 담았다. '장검을 거두어 보관한다'는 의미를 장검고용세가 표현하고 있다. '賈(고)'자와 '勇(용)'자에 '貝'자가 결합하면 검형의 자세가 완성된다〈그림 8-16〉. 또한 '賈(고)'자의 형태는 '勇(용)'의 자세로 한 바퀴 돌아 팔을 벌려 앞을 향해 서 있는 자세와 연결된다. 그래서 '賈勇(고용)'은 장검고용세의 시작과 마지막 동작을 나타낸다. 장검고용세의 자형에 검법의 자세를 넣고 장검고용세의 또 다른 검결인 '山霞(산하)'와 연결시켜 '해가 넘어가는 저녁노을에 장검을 거둔다'는 시어로 완성했다.

11

影流之目錄(영류지목록)
그림의 意味(의미)

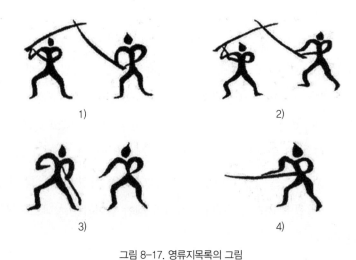

1)

2)

3)

4)

그림 8-17. 영류지목록의 그림

〈영류지목록〉에는 4개의 그림이 있다〈그림 8-17〉.〈그림 8-17〉의 1)과 2)는 둘이 장검으로 겨루는 자세다. 원회·원비는 1:1의 겨루는 방식으로 볼 수 있다. 4)는 장검으로 대적세를 취한 자세다.

〈그림 8-17〉의 3) 칼이 아래를 향한 상태에서 맨손의 상대와 겨루는 자세다. 이 그림은 칼을 가진 자와 맨손인 사람이 겨루는 교전법이다. 이 그림들의 특징은 마치 붓으로 글자를 쓰듯이 그렸다. 사람의 얼굴도 '점' 하나다. 몸의 동작에서 글자의 자형을 볼 수 있는 것도 이러

한 문화적 바탕이 있었기 때문에 가능하다. 그림상으로는 분명히 머리를 치면 막는 2가지 기법이다. 〈그림 8-17〉의 1)은 칼을 잡은 손이 교차되지 않았으니 '우각'이 나가있는 상태에서 막는 동작이다. 조선세법의 '찬격세'고 왜검으로 보면 '대검'의 기법이다. 〈그림 8-17〉의 2)는 '좌각'이 나가 있는 상태에서 칼을 잡은 손이 교차되어 막는 조선세법의 '거정세' 자세다. 문제는 이 그림과 원회와 원비가 무슨 관계가 있는지에 있다. 모원의는 쌍수를 중국식 편수로, 사람을 원숭이로 바꾸어 다시 그렸다. 《무예제보번역속집》은 《무비지》와 〈영류지목록〉 4개의 그림 중 단 2개만 옮겨 그렸다〈그림 8-18〉.

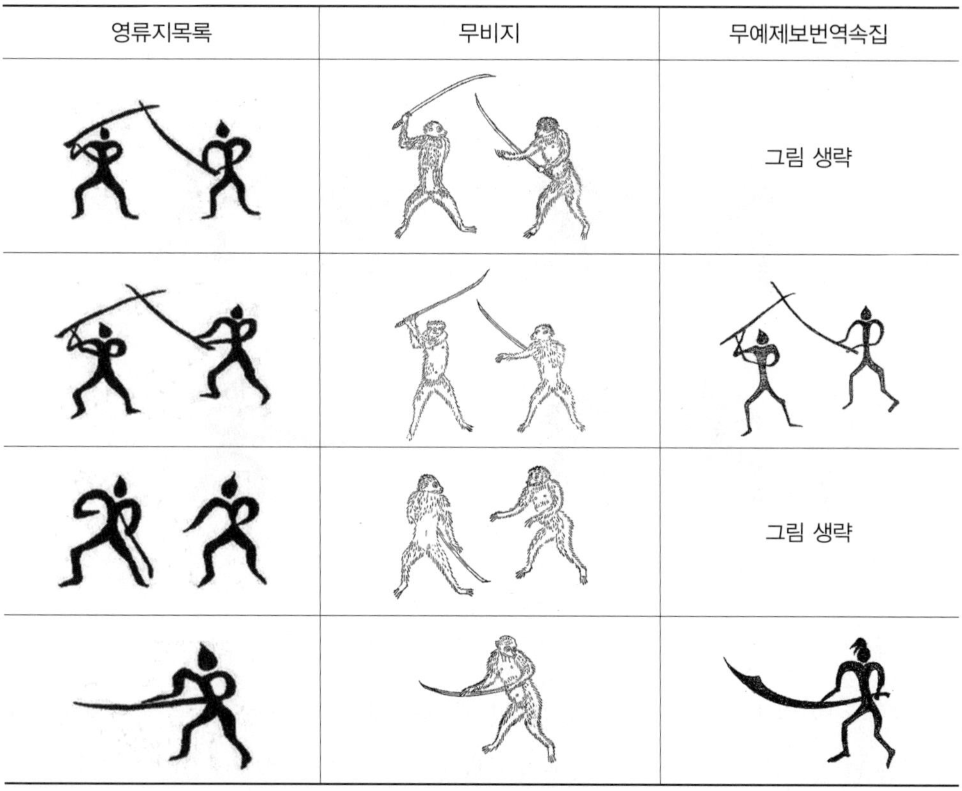

영류지목록	무비지	무예제보번역속집
		그림 생략
		그림 생략

그림 8-18. 영류지목록, 무비지, 무예제보번역속집 그림 비교.

〈영류지목록〉에 이 그림을 그린 것은 원회·원비와 기법상 무슨 연관이 있는 것일까? 아니면 원회·원비와 무관하게 단지 겨루는 그림을 그려놓은 것인가? 그림의 목적에 의문을 갖게 된다. 모원의도 이러한 고민을 하고 둘이서 겨루는 자세라고 판단하여 중국식 편수 문화에 맞게 다시 그림을 그렸다.《무예제보번역속집》에는 이 그림이 생략됐다. 맨손으로 칼과 대적하는 그림은 칼을 든 자의 손과 발이 과장되어 있고, 혼자서 칼을 든 그림은 비현실적으로 과장되어 있다. 영류지목록의 그림에서 눈여겨볼 것은 칼의 길이다. 〈영류지목록〉에 있는 칼은 상대적으로 무비지의 칼보다 길다. 모원의《무비지》는 편수를 사용하다 보니 긴 칼의 무게를 감당하기 어려워 칼의 길이가 짧아진 것으로 보인다. 장도를 사용하는 장도법은 원회·원비의 기법을 위한 비서다. 〈영류지목록〉에는 15개의 그림과 함께 각각의 그림에 맞는 검결이 정해져 있고, 원회·원비에 쓰인 초서체의 설명은 원회·원비를 각각 설명한 것이다. 때문에 15개의 그림은 원회·원비와 관련된 그림이다. 즉 원회·원비는 실전에서 대적하는 모습을 상정하여 그린 것이다.

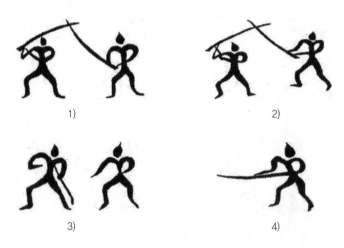

그림 8-19. 영류지목록

〈그림 8-19〉의 1) 향전격적세로 공격하면 찬격세(대검)으로 막는다. 무비지에는 원숭이가 칼을 편수로 잡고 있다. 영류지목록의 기법 취지로 보면 찬격세(대검)로 막은 다음 원회나 원비의 기법으로 역공하는 자세다.

〈그림 8-19〉의 2) 향전격적세로 치면 '좌각'이 나가며 거정세로 막는다.

〈그림 8-19〉의 3) 초퇴·재퇴방작세를 위한 자세다. 즉 이 네 개의 그림 〈그림 8-19〉의 1) 2) 3) 4)는 원회·원비 그리고 산음을 하는 기법을 각각 표현했다.

〈그림 8-19〉의 3)는 무거운 장검을 내려쳐서 칼이 지면 가까이 내려왔을 때의 그림이다.

이 자세는 장검을 다시 들어 올려 치기에는 무리가 있고 순간적으로 몸이 노출되어 상대에게 공간을 내주는 약점이 있다. 때문에 좌회를 하면서 칼을 역수로 잡고 식검사적세로 상대를 공격하는 것을 나타낸 것이다. 그러나 무비지의 원숭이 그림에서는 우수 역수로 칼을 잡은 그림이 아니다. 원비의 기법과도 다르다. 재미있는 것은 역수로 칼을 잡은 손의 표현 방법이 쉽지 않기에 역수로 잡은 것을 표현하기 위하여 칼날 끝 쪽 방향부분을 반대(역)로 그렸다. 특히 〈그림 8-19〉의 3)그림은 특히 맨손 무술사에 매우 중요한 단서를 제공한다. 실제로 영류지목록의 기법에서 상대의 손이 칼이라 생각하고 원회와 원비의 기법을 행하면 마치 대동류유술과 같은 맨손기법이 된다. 특히 장검을 역수로 잡는 과정과 다시 칼을 바로 고쳐 잡는 과정은, 맨손무술에서 상대의 손을 꺾으면서 좌측으로 끌고 다시 반대로 꺾어 돌아 던지는 기법이다. 이러한 술기는 원회·원비의 기법으로 맨손무술이 검술의 기법과 연결된 중요한 자료다. 실제로 입신투기가 柳生心影流(유생심영류)의 絶妙劍(절묘검) 技法(기법)이라하고 설명하고 있다.

12

影流(영류)

원회와 원비로 나누어 각각의 검결에 맞는 동작의 해설과 의미를 기술했다. 그 내용을 보면 동작의 설명에 대한 것보다, 어떠한 상황을 설정하고 그 상황을 설명해주는 한편의 드라마 같다. 굳이 검술의 기법을 전달하고자 했다면 칼을 어떻게 잡고 보법은 어떻게 하라는 식의 설명어가 더 적합하다. 그러나 검결을 사용하면 기법보다 의미에 초점이 맞춰진다. 때문에 검결에 숨겨진 비밀을 풀지 못하면, 기법을 찾을 수 없고 검결이 의미하는 속 뜻을 알 수 없어 어설픈 동작만 하게 된다.

척계광이 1561년(신유) 전장에서 획득한 〈영류지목록〉은 上泉信綱(상천신강)의 〈影目錄(영목록)〉 1566년(永禄(영록)9)보다 5년이 빠르다. 비슷한 시기에 각기 다른 장소에서 발견됐지만, 기효신서에는 원회·원비의 그림이 남아있고 上泉信綱(상천신강)의 영류지목록에는 원비·원회에 대한 문장을 토대로 '燕飛·猿廻·山陰·月影·浦波·浮船·獅子奮迅·山霞(연비·원회·산음·월영·포파·부선·사자분신·산하)'의 검결이 남아있다.

기효신서의 15개 그림과 8개의 검결은 서로 연결되어 있다.

454

달빛 그림자(影流)

1. 견적출검(적이 나타나)

2. 지검대적(칼을 손에 들고)

3. 향좌방적(좌측 방어하고)

4. 향우방적(우측 방어하고)

5. 향상방적(위를 방어한다)

6. 향전격적(적을 향해 진격하여)

7. 초퇴방적(적을 처음 물리치고)

8. 퇴전살적(도망간 적을 쫓아 죽였다)

9. 지검진좌(나아가 검을 들고 앉아)

10. 식검사적(적의 피로 물든 칼을 씻고)

11. 섬검퇴좌(칼을 뒤로 숨기고 물러나 자세를 낮추고)

12. 휘검향적(적을 쫓아 검을 휘둘러)

13. 재퇴방적(다시 적을 물리치고)

14. 삼퇴방적(이렇게 세 번을 물리쳤다)

15. 장검고용세(용감히 싸운 장검을 검 집에 불러들인다)

15개의 검결은 기본적인 시어로 형성하고 있지만 '원비·원회'의 검결과 연결되어 있다.
〈영류지목록〉의 검결에 담겨진 내용은 다음과 같다.

어스름한 달빛의 해안가, 왜선이 쏜살같이 나타나 포구 마을을 습격한다. 왜구가 물러간
자리, 부모형제의 죽음 그리고 분노의 통곡만 남았다. 장수는 군사를 모집하고 부모를 잃은
자식들이 복수를 위해 모여든다. 전쟁터로 떠나는 자식을 보내야하는 어미는 뒤돌아 눈물을
훔친다. 장수는 해안가 숲속 언덕에 매복한다. 포구에 둥글게 모여 있는 왜구들의 모습이 달
빛에 보인다. 마침내 장수의 명령에 쏜살같이 뛰어 나아가 왜구들을 도륙한다. 깜짝 놀란 왜
구들은 혼비백산 도망간다. 왜구를 모두 소탕하고 피 묻은 칼을 옷에 씻는다. 돌아보니 해는

서산에 지고 저녁노을은 한없이 붉구나!

원숭이는 왜구를 상징하고 호랑이는 한민족의 장군을 상징한다. 사자분신은 부모형제를 잃고 장수 휘하에 모인 분기에 찬 병졸들이다. 왜구가 침범하여 부모형제를 죽인다. 이에 부모를 잃은 자식들이 복수한다는 한편의 영화 같은 시나리오다. 이 시어는 묘하게도 태종의 征對馬島教書(정대마도교서)의 내용과 맥락이 일치한다.

對馬島(대마도)는 본래 신라의 땅이었으나 점차 왜구가 거주하면서 왜구의 땅이 되어갔다. 이에 813년부터 895년까지 80여 년간 신라는 대마도를 탈환하려한다. 이 과정에서 서로 많은 피해를 주고받는다. 첫 번째 정벌은 1389년 고려 우왕 때였다. 우왕 재위 14년 동안 왜구는 378회나 침입을 했다. 정벌에서 왜선 3백 척을 태우고 고려인 백여 명을 구해왔다. 두 번째 정벌은 1396년 8월 9일 왜구의 침입이 다시 잦아지고 잔악해지자 조선을 건국한 이성계가 12월 3일 김사형을 시켜 정벌을 한다. 세 번째 정벌은 세종 1년 1419년 이종무가 정벌에 나선다.

신라이래 고려 조선에 걸쳐 해안을 침범한 왜구로 인해 부모형제를 잃고 분기를 가졌던 영류지목록의 시어는 정대마도교서를 통해 역사적 사건으로 기록하고 있다.

세종 1년 1419년 征對馬島教書(정대마도교서) 教諭文(교유문)의 서두

"대마도는 본래 우리의 땅인데 다만 궁벽하게 막혀 있고 또 좁고 누추하므로, 왜놈들이 거류하게 두었더니 개같이 도적질하고, 쥐같이 훔치는 버릇을 가지고 경인년으로부터 변경에 뛰놀기 시작하여 마음대로 군민을 살해하고, 부형을 잡아가고 그 집에 불을 질러서 고아와 과부가 바다를 바라보고 우는 일이 해마다 없는 때가 없으니 뜻 있는 선비와 착한 사람들이 팔뚝을 걷어붙이고 탄식하며 그 고기를 씹고 그 가죽위에서 자고 생각함이 여러 해다."

13

紀效新書(기효신서)와
武備志圖譜(무비지도보) 比較(비교)

〈쌍수도〉의 검결과 순서

1)견적출검 2)지검대적 3)향좌방적 4)향우방적 5)향상방적 6)향전격적 7)초퇴방적 8)퇴전살적 9)지검진좌 10)식검사적 11)섬검퇴좌 12)휘검향적 13)재퇴방적 14)삼퇴방적 15)장검고용

1) 紀效新書(기효신서) 圖譜(도보)

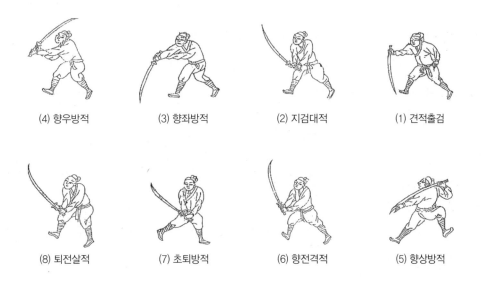

(4) 향우방적   (3) 향좌방적   (2) 지검대적   (1) 견적출검

(8) 퇴전살적   (7) 초퇴방적   (6) 향전격적   (5) 향상방적

(12) 휘검향적   (11) 섬검퇴좌   (10) 식검사적   (9) 지검진좌

(15) 장검고용   (14) 삼퇴방적   (13) 재퇴방적

그림 8-20. 기효신서의 검결

〈그림 8-20〉의 15개 그림의 검결과 서로 연결된 것을 찾고 실전에 적용하려면 직접 전수받기 전에는 불가능에 가깝다. 검의 고수도 그림만 보고 장도법 전체를 해독하는 것은 쉽지않다. 한·중·일의 무예계와 학계가 장도법의 기법을 설명하지 못한 것은 이런 연유 때문이다. 《기효신서》 15개의 그림에서 '초퇴방적세·재퇴방적세·삼퇴방적세'가 각각 다르다. 6개의 동작 이후 7번째에 초퇴방적세를 한다. 그리고 다시 (10) (11) (12) 이후 13번째에 재퇴방적세를 한다. 즉 초퇴방적세 이후 3개의 기법을 행하고 재퇴방적세를 한다. 그러나 재퇴방적세 이후 제시된 그림이 없이 바로 삼퇴방적세다. 이것은 재퇴방적세와 삼퇴방적세 사이에 (1) (2) (7) (13) (15)를 제외한 9개 (3) (4) (5) (6) (8) (9) (10) (11) (12) 기법 중에서 몇 개의 동작을 조합해서 검무를 하도록 한 것이다. 《기효신서》의 習步法(습보법)을 보면 〈쌍수도〉와 '초퇴·재퇴·삼퇴'의 기법을 설명하는 유사한 문장이 있다.

(1)起中平推牽遍身殺丁字回殺旋手進五步殺(기중평추견편신살정자회살선수진오보살)
　　跳退三步原位(도퇴삼보원위).
(2)直打直挑進五步殺腰刀挑打滴水獻花步殺(직타직도진오보살요도도타적수헌화보살)
　　跳退三步原位(도퇴삼보원위).
(3)進打穿後手馬前鷄啄進三步殺馬前斬草進三步殺(진타천후수마전계탁진삼보살마전참

초진삼보살) 跳退原位(도퇴원위).

起中平(기중평)은 '칼을 중간 높이에서 들어', 推牽遍身殺丁字(추견편신살정자) '칼을 당겨 좌각이 나가며 '丁'자형의 우장세를 취한다'다. 回殺旋手(회살선수)는 '칼을 등에 메고 좌회로 돌아, 한 손으로 칼을 잡아 치는 향상방적세'를 의미한다. 첫 행에는 進五步殺(진오보살)이다. 5보 전진 후 원지로 돌아온다. 두 번째 행은 進五步殺(진오보살)과 적수헌화살보로 일타한다. 총 육보 공격 후 원지로 돌아온다. 세 번째 행은 연속된 進三步殺(진삼보살)이다. 즉 육보 공격 후 원지로 돌아온다.

明(명)의 모원의는 〈영류지목록〉의 그림을 새로 그렸다.《기효신서》의 그림과 유사하나 그림의 순서와 배치가 다르다. 모원의가 "척소보가 신유년 전투 중에 그 연습법을 얻어서 그 법을 따라서 그대로 연습하였고 뒤에 기록도 하였으나 이 법이 전해지지는 않는다."고 했다. 즉 장도법이 단절된 관계로《기효신서》의 그림만으로 기법을 알 수 없었기에 중화식 검술을 바탕으로 장도법을 재구성했다.

《무예제보》를 만들 당시에《기효신서》와《무비지》를 참고하여 〈쌍수도〉를 정리했다. 그러나 무비지에 사용된 그림을 무예제보에 그대로 사용하면서도 설명은 기효신서의 기법으로 했다. 즉《무예제보》는 기효신서의 그림을 취하지 않고 잘못된 무비지의 그림을 취한 것이다. 무예제보에 있는 그림과 설명이 다르게 되자, 이러한 오류를 확인하고《무예도보통지》를 정리하면서 다시《기효신서》의 그림으로 재구성했다.

또한 〈제독검〉도 제독 이여송 휘하에 있던 낙상지가 전해주었다고 한다. 그러나 검결과 동작은 장검법에서 취했다. 모원의가 장도법을 재구성했듯이 낙상지도 장도법을 재구성하고 제독검이라 한 것이다. 이여송은 조선인 요동총병관 이성량의 아들로 조선에서 明(명)으로 귀화한 장수다. 그렇다면 이여송의 〈제독검〉은 明(명)의 무예인가? 한민족의 무예인가? 또한《한서(漢書)》의 〈武帝紀(무제기) 元朔元年條(원삭원년조)〉와《後漢書(후한서)》의 〈東夷傳(동이전)〉 濊條(예조)에 보면 "BC 128년 濊(예)의 君長(군장)인 南閭(남려)는 조선왕 右渠(우거)와의 관계를 끊고 그가 지배하던 전 예맥사회의 인구 28만을 이끌고 漢(한)의 遼東

郡(요동군)에 가서 內屬(내속:半예속적 관계)을 청했다.”는 기록이 있다. 한민족이 망하면서 이처럼 중화가 세운 나라에서 살았다. 이때 많은 사료들도 중화로 들어간 것은 자명한 일이다. 중화의 문서가 오로지 중국만의 문화가 될 수 없는 이유다. 또한 조선통신사 경칠송은 《해사록》[420]에 일본의 궁마술이 뛰어나지 않았음을 기록했다.《유덕원실기》에 일본 押掖射(압렬사)의 시조로 추앙받는 요시무네는 조선마장에서 騎射(기사)를 60여회 행하게 하고 조선의 騎射挾物(기사협물)을 일본에 전파한 내용이 기록되어 있다.《돈신원일기》에 의하면 “1748년 6월 동예산에서 행한 조선의 步射(보사)와 騎射(기사) 때에는 궁궐의 호위들까지도 모두 나와서 견학했다.”고 했다. 1711년 조선통신사 ‘임수간(任守幹)’과 ‘아라이’간 필담[421]에도 검술과 궁술을 교류한 기록이 남아있다. 그럼에도 일본은 조선에서 궁술을 받아들인 것에 대해 함구하고 있다. 뿐만 아니라 16세기 일본에서도《기효신서》와《무비지》를 바탕으로《兵法秘傳書(병법비전서)》[422]·《武術早學(무술조학)》·《劍道獨稽古(검도독계고)》[423]를 만들었다. 즉 한·중·일 삼국의 무예는 서로 교류하며 각각 자국의 무예를 발전시켜 나갔다.

420 1607년 일본통신사 결칠송이 ‘일본이 검과 창술은 높이 치되, 궁마술은 높이 평가하지 않음.

421 ‘귀국은 검과 총을 장기로 삼는다 하니 검술이 보고 싶소, 고명한 사람을 불러 보여주시면 우리나라의 궁마술을 보여드리리다. 아라이가 검술에 관한 것은 이미 명령을 받았으니 바로 시행하겠습니다.

422 일본의 《무병비전서》와 《기효신서》《무비지》의 관련 연구 “야마모토 칸그케가 죽은지 150여 년이 경과 한 후에 《병법비전서》가 편찬됐다. 1560년에 《기효신서》, 1621년에 《무비지》, 1667년에는 일본판 《무비지》가 이미 편찬되었음을 미루어 《병법비전서》는 중국판 《기효신서》와 《무비지》 및 일본판 《무비지》의 영향을 받아서 편찬되어진 가능성을 고려할 수 있다(박귀순, 2004).

423 16世紀以降における中·日·韓武藝交流に關する研究-《紀效新書》,《武術早學》,《武藝圖譜通志》を中心に- 朴貴順. 平成18年3月. 博士論文. 金泥大學院社會環境科學研究科 地域社會環境學專攻.

2) 武備志(무비지) 影流之目録(영류지목록) 圖譜(도보) 〈그림 8-21〉

(4)   (3)   (2)   (1)

(8)   (7)   (6)   (5)

(12)   (11)   (10)   (9)

(15)   (14)   (13)

그림 8-21. 무비지의 영류지목록 도보

3) 紀效新書(기효신서)와 武備志(무비지) 그림의 검법 순서 比較(비교) 〈그림 8-22〉

기효신서의 쌍수도를 모원의가 편수기법으로 재구성 했다.

<table>
<tr><td>기
효
신
서</td><td></td><td></td><td></td><td></td><td></td></tr>
</table>

(ㅁ)	(ㄹ)	(ㄷ)	(ㄴ)	(ㄱ)

무
비
지

(5)	(4)	(3)	(2)	(1)

기
효
신
서

(ㅂ)	(ㅅ)	(ㅇ)	(ㅈ)	(ㅊ)

무
비
지

(10)	(9)	(8)	(7)	(6)

기
효
신
서

(ㅋ)	(ㅌ)	(ㅍ)	(ㅎ)	(가)

무
비
지

(15)	(14)	(13)	(12)	(11)

그림 8-22. 기효신서와 무비지 순서 비교

4) 紀效新書(기효신서)와 武備志(무비지)의 동일 劍訣(검결) 그림 比較(비교)

▶ 〈그림 8-23〉의 (1)은 향좌방적세의 기효신서 쌍수가 무비지에서 편수로 되었으며, 〈그림 8-23〉의 (2) 향상방적세는 기효신서에는 칼이 목 뒤에 있고 무비지는 앞으로 나와 있다. 〈그림 7-23〉의 (2) 두 자세는 《單刀法選(단도법선)》의 埋頭刀勢(매두도세)와 入洞刀勢(입동도세)에 영향을 준 자세다. 창의 공격을 막으며 동시에 반격하는데 이 기법이 사용됐다.

(1)기효신서(향좌방적)·무비지(향좌방적세)   (2)기효신서(향상방적)·무비지(향상방적세)

그림 8-23. 향좌방적세와 향상방적세

▶ 기효신서와 무비지의 식검사적세와 휘검향적세는 방향이 정반대다.

(1)기효신서(식검사적)·무비지(식검사적세)   (2)기효신서(휘검향적)·무비지(휘검향적세)

그림 8-24. 식검사적세와 휘검향적세

▶ 기효신서와 무비지의 초퇴방적과 퇴전살적은 쌍수가 좌편수·우압검으로 됐다.

(1)기효신서(초퇴방적)·무비지(초퇴방적세)   (2)기효신서(퇴전살적)·무비지(퇴전살적세)

그림 8-25. 초퇴방적과 퇴전살적

모원의가 장도법을 새롭게 구성한 결과 기효신서의 그림과 순서·방향이 다르다. 〈그림 8-22〉를 보면 (ㄷ)향좌방적세 자리에 (3)섬검퇴좌세가 있고 (8)식검사적세는 (ㅂ)식검사적세의 방향과 칼을 잡은 손의 방향도 전혀 다르다. 즉 모원의의 장도법은 기효신서의 장도법과 일부 순서를 변형했다.

조선은 1592년 임진왜란을 당하자, 일본 도검기[424]에 놀라 황급히《무예제보》를 만든다. 이때《기효신서》와《무비지》를 토대로 〈쌍수도〉를 구성한다. 이때《기효신서》의 장도법을 취한다. 장도법의 파지는 두 손을 붙여 검을 잡기에 '쌍수도'란 이름을 붙였다. 두 손을 붙이지 않고 간격을 벌려 잡는 일본의 파지법은 '打(타)' 중심에 맞게 적용한 파지법으로 쌍수법과 구분하여 '兩手法(양수법)'이라 명명한다. 《기효신서》는 15개의 그림과 검결로 구성되어 있다. 여기에 23개의 동작을 추가하여 38개의 동작으로《무예제보》를 재구성하고, 또한《기효신서》에 없던 검결에 대한 설명과 劍勢總圖(검세총도)로 연결동작을 추가했다. 《무예도보통지》에서는 '검세총도'를 '쌍수도총도'로 명칭을 바꾸고 '쌍수도총도'에 연결동작을 추가함으로써 쌍수도의 흐름을 쉽게 익히도록 했다.

그러나 무예제보와 무예도보통지에서 쌍수도의 식검사적세 이후의 무예제보는 '향상방적-진전살적-휘검향적'으로 연결되고, 무예도보통지는 섬검퇴좌세로 직접 연결되었을 뿐 다른 순서는 큰 차이는 없다. 즉 무예도보통지에서 쌍수도를 재정리하면서 기효신서를 검토하고 식검사적세와 섬검퇴좌세의 순서를 재편집한 것으로 보인다. 이렇게 한 이유는 기효신서를 재확인하는 과정에서 '지검진좌-식검사적-섬검퇴좌'로 연결된 것을 확인하고, 기효신서의 기법을 이해했기 때문으로 사료된다. 즉 무예제보를 만들 당시 기효신서에서 '지검진좌-식검사적-섬검퇴좌'로 연결되는 고리를 찾지 못한 상태에서 쌍수도를 정리했지만, 쌍수도 기법을 완성하고 무예도보통지에 기록한 것으로 볼 수 있다.

....

424 '루이스 후로이스'의《일본사》에 "조선인은 머리 위에서 휘둘러지는 일본인의 태도의 위력에 대항할 수 없었다." 《무예도보통지》기예질의에 "아군은 손에 창을 들고 검을 차고 있어도 그 칼은 칼집을 나올 틈이 없고, 창은 공격하여 부딪치기도 전에 부러져 버린다. 습법이 전해지지 않았기 때문이다."

기효신서의 15개 기법은 모두 한자로 되어 있다. 즉 '세'자만 생략된 검결이다. 그 뒤에 '세'자를 붙이면 모두 검결이 되어 15개의 한자는 서사시를 이룬다. 일본의 '시히이카타(試合勢法)·아이라이토핫세이호(相雷刀八勢法)'의 검명이 '세법'이다. 이것은 도래계의 기법으로 한민족의 朝鮮勢法(조선세법)처럼 검명에 '勢法(세법)'을 사용하고 있다. 장도법의 기법도 '세법'이다. 조선세법을 익힌 자는 장도법을 쉽게 할 수 있다. 조선세법 문화가 있는 민족이 장도법의 문화를 만들 수 있다. 지금도 용어나 기법은 쉽게 변하지 않는다. 과거에는 더욱더 그렇다.

九.
雙手刀譜(쌍수도보)
解說(해설)

雙手刀譜(쌍수도보) 原文(원문)

1) 負劍正立 以左手持刀柄 旋作見賊出劍勢 進一步以劍從頭上一揮 作持劍對賊勢

2) 進一足作向左防賊勢 又進一足作向右防賊勢

3) 轉身跳進一步作向上防賊勢 回身進一足作向前擊賊勢一擊

4) 又進一步以向前擊賊勢向左一擊 又進一步以向前擊賊勢向右一擊

5) 轉身作初退防賊勢退至原地

6) 回身進一步爲進前殺賊勢

7) 仍轉身作持劍進坐勢 卽作拭劍伺賊勢

8) 還退一步閃劍退坐勢

9) 起立更進一足以進前殺賊勢一擊 又進一足爲向上防賊勢

10) 卽進一足爲進前殺賊勢一擊 仍作揮劍向賊勢 (以此)連進三步 更進一足以進前殺賊勢一擊

11) 又進一足爲向上防賊勢 進一足以進前殺賊勢一擊 又進一步一刺

12) 轉身以刀三揮退 作再退防賊勢 (以此)退至原地

13) 回身進一足爲向上防賊勢 又進一足爲向前擊賊勢一擊

14) 轉身爲持劍進坐勢 (卽)爲拭劍伺賊勢

15) 回身進一足 以左手揮劍向前 以右手更把 (仍)爲向左防賊勢 進一足爲向右防賊勢

16) 轉身進一步爲向上防賊勢 回身進一步爲向前擊賊勢一擊

17) 又進一步以向前擊賊勢向左一擊 又進一步以向前擊賊勢向右一擊

18) 轉身作三退防賊勢 (以此)退至原地.

19) 回身進一足 以向前擊賊勢一擊,又進一步一擊

20) 轉身爲持劍進坐勢 (卽)爲拭劍伺賊勢 回身作藏劍賈勇勢畢

雙手刀(쌍수도)의 意味(의미)

《기효신서》의 장도법을《무예제보》에서 정리하여 '쌍수도'라 명명했다.《기효신서》와 《무비지》를 비교하면 〈쌍수도〉가 어떤 변화를 거쳐 구성됐는지 알 수 있다. 실질적으로 쌍 수도는 長刀(장도)로써 길이 6자 5치(칼날 5자 자루 1자 5치)다. 오늘날로 보면 약 129cm로 칼날 길이 99cm, 자루 길이 30cm이다. 칼날에는 칼날을 싼 호인이 덧쇠로 붙어있다. 물론 길이의 척도가 당시에 어느 것을 적용했느냐에 따라 다소 차이는 있을 것이다.

임진왜란 당시의 倭人(왜인)의 평균 키는 대략 150cm 였다. 왜인이 129cm의 칼을 사용하 기에는 키에 비해 칼의 길이가 너무 길어 휘두르기에 무리가 있다. 또한 칼이 긴 만큼 무게 도 무겁다. 그러므로 불필요하게 사용하여 칠 경우 회수 시 허점이 드러나며 긴 시간 사용하 려면 많은 힘이 필요하다. 장도를 사용시 힘보다도 칼의 흐름을 이용한 기법이 필요하기에 세법을 모르고는 장술의 실행은 어렵다.

이러한 쌍수도의 단점을 극복하기 위해서는 猿回(원회)·猿飛(원비)의 기법이 필요하다. '원회·원비'의 개념을 이해하지 못하면 그림과 검결만 있는 쌍수도 검보를 해독하기 어렵다.

전장에서 긴 칼은 보편적이지 않다. 키 크고 힘이 좋은 자가 사용할 수밖에 없다. 대부분 의 장졸들은 100cm 내의 칼로 장도의 기법을 수련한 것으로 보인다.

검의 길이와 무게에 관하여 옛날에 정하기를 "검의 몸(劍身) 길이를 칼자루 길이의 5배로 하고, 무게는 9鋝(열)로 하는 것을 上製(상제), 칼자루 길이의 4배로 하고 무게를 7열로 하는 것을 中製(중제), 칼자루 길이의 3배로 하고 무게를 5열로 하는 것을 下製(하제)라 했다. 옛

검이 정해 놓은 제조법에 따르면 칼자루 길이는 보통 15㎝이므로 상제의 몸길이는 약 75㎝이며 검의 전체 길이는 약 90㎝다."[425] 상제의 3척 3근은 삼수의 개념이 들어있다. 칼날의 색이 얼음처럼 흰 것을 보고 三尺水(삼척수)라 불렀다.

《기효신서》의 그림을 보더라도 100cm 정도의 칼이다. 그러나 약 100cm의 크기라 하여도 신체에 비교하면 작은 것이 아니다. 장도는 일반적 크기의 칼보다 훨씬 무겁다. 장도로 칼을 내려치면 그 무게로 인하여 칼이 아래로 향한다. 이것을 들어 올리려면 체력 소모가 많기 때문에 지검진좌세로 몸을 돌려서 식검사적세로 전환시켜 칼을 들어 올리거나 향상방적세(원비)처럼 몸을 돌려서 칼을 올려야한다. 격법이 전후를 치는 기법이라면 '원비'는 역수로 칼을 잡아 좌우로 요격하는 기법이다. '원회'는 회전을 하거나 전진할 경우 '향상방적세'로 무거운 칼을 사용하는 기법이다. 〈쌍수도〉 그림은 15개로《기효신서》15개와 같고 검결도《기효신서》와 14개가 같다. 검결이 다른 1개도 실질적으로 같은 기법이다.

....

425 허일웅·감계향《42식 태극검》1998. 9. 정담. 5~6쪽.

3

向前殺賊勢(향전살적세)와
進前殺賊勢(진전살적세)

向前(향전)과 進前(진전)의 차이는 무엇일까? 〈쌍수도〉를 비롯한 《무예도보통지》에 기록된 무예에 '향전'과 '진전'은 수없이 나온다. 같은 개념 같지만 다른 기법이다. 〈조선세법〉 또는 기타 무예서에 나오는 중요한 글자다. '向(향할향)'은 '鄉(고향향)+向'으로 '嚮(향)'의 간자체다. '고향으로 돌아간다'는 의미로 '向(향)'자는 '북두칠성'이 있는 '北'쪽을 지칭한다. 만약 남쪽을 보고 있으면 '좌회'로 돌아 '북'쪽을 향해 가는 것이고, 몸이 이미 '북'쪽을 향하고 있으면 그곳이 바로 正向(정향)이 된다. 이렇게 '向(향)'자가 가지고 있는 회전의 개념에 '左·右'를 지칭하는 한자를 결합하여 방향을 규정했다. '向(향)'자의 기본 개념을 이해하지 못하면, 〈조선세법〉의 문장에 있는 '向前(향전)'이 '좌회'를 통해 전방을 향하는 것임을 모르게 된다. 이것은 쌍수도의 향상방적세 다음에 연결된 '향전격적세'의 '向前(향전)'에서 확인할 수 있다. '進前(진전)'은 몸이 좌우로 향하여 비틀리지 않고 정면으로 곧게 간다. 때문에 '진전살적세'는 회전이 동반하지 않는 첫 시작과 마지막에 있게 된다. 쌍수도의 '향상방적세와 향전살적세'는 하나로 연결된 동작이다. '향전살적세'는 계속해서 진행한다는 개념으로 검로의 중간에 있거나, 몸이 '좌' 또는 '우'로 향하면서 앞으로 가게 된다. '향상방적세'는 '좌회'로 돌아 전방을 향하는 과정에 왼손을 내리고 오른손으로만 칼을 잡고 칼을 등에 메고 회전하는 동작이 나오기 때문에 이것을 '향상방적세'로 구분했다. 주의할 점은 '향상방적세' 앞에 '향전격적세'가 있으면 '좌회'를 하고 '향상방적세' 앞에 '진전격적세'가 있으면 '좌회'를 하지 않는다. 대부분의 단체들이 이 구분을 하지 못하고 있다. '향전'의 경우 '좌회'가 대부분이지만 예외적으로 제독검의 재퇴방적세는 '우회'를 한 후 '진전살적세'를 한다. 이것은 '우회'를 하면 몸이 곧바로 '진전살적세'의 흐름이 되기 때문이다. 본국검 31·32번째 '향전살적세'에 대하여, '향전살적세'와 '진전살적세'의 차이를 밝혀야 한다는 논문이 있다.[426] 이것에 대한 답은 '향전살적세'는 전방을 향하여 걸어가며 좌우로 빗겨 치고, '진전살적세'는 걷지 않고 빗겨 친다.

....

426 임재선, 〈조선조 무예도보통지에 관한 연구—본국검을 중심으로—〉, 중앙대학교 대학원, 1997, 46쪽.

雙手刀譜(쌍수도보) 解說(해설)

4

1) **負劍正立 以左手持刀柄 旋作見賊出劍勢 進一步以劍從頭上一揮 作持劍對 賊勢(부검정립 이좌수지도병 선작견적출검세 진일보이검종두상일휘 작지검 대적세)**

언해본 : 칼흘지고正정히셔셔왼손으로써칼즐롤자바셔겨레見견賊적出출劍검勢셔룰ᄒ고

ᄒ거룸낫ᄃ라칼로써머리우ᄒ로ᄒ번둘러持디劍검對대賊적勢셔룰ᄒ고

쌍수도의 지검대적세는 본국검의 지검대적세와 연결된 것으로 매우 중요한 비밀을 감추고 있다. 본국검의 지검대적세는 뒤로 서서 칼자루를 쌍수로 잡고 좌측 어깨에 기대고 서있는 자세다(持劍對賊勢(지검대적세):初作持劍對賊勢雙手執柄倚左肩正立(초작지검대적세쌍수집병의좌견정립). 쌍수도의 지검대적세는 앞을 향해 서있다. 검결은 같은데 방향은 다르다. 여기에는 화공의 숨겨진 의도가 들어있다. '등'을 지고 있는 것을 '背(배)'라 한다. '背=북(北)+육(肉)'으로 '등'은 항상 '북쪽'이다. 북쪽은 신이 있는 곳이다. '前後(전후)'에서 앞으로 나가는 '前(전)'의 방향이 '南(남)'쪽이다. 그렇게 되면 등진 상태가 '後(후)' 방향을 보게 된다. 이 상태에서 '左·右' 방향의 기준을 세운 것이 본국검·영류지목록의 장도(쌍수도)다. 본국검의 첫 자세인 지검대적세가 등을 지고 있는 이유가 '좌우'의 방향을 규정하기 위한 것이다. 만일 등을 지지 않고 앞을 본 상태에서 좌우방향을 정했다면 '우'가 '좌'가 되고 '좌'가 '우'가 된다.

본국검의 모체는 조선세법이다. 본국검은 땅의 위치에서 북쪽 북극성을 향한다. 조선세법은 반대로 하늘의 위치에서 땅을 내려다본다. 그러면 남쪽을 향하기 때문에 좌우방향이 반대다. 기제를 드릴 때 신위의 위치를 정하는 것과 같다. 《무비지》에 그려진 〈조선세법〉과 〈본국검〉의 그림은 방식이 다르다. 〈조선세법〉은 동작의 흐름을 중심으로 하여 한 지면에 한 장의 그림을 그렸다. 또한 좌우(좌익세·우익세·과좌세·과우세·좌협자·우협자)를 검결에 넣어 진행방향을 표기하고 그림에 비표를 넣어 방향과 회전을 표기했다. 또한 전체를 24세로 구분하였고 하나의 세에 2~3개의 검결을 합하여 구성했으며, 마지막 勢(세)는 그림을 생략했다. 그러나 생략된 그림은 24장의 그림에 있는 勢(세)를 그대로 사용하도록 하여 한 장의 그림에 두 장의 그림을 그린 결과가 된다. 그러나 후대에 그려진 〈본국검〉은 한 지면에 두 장의 그림을 그렸다. 기법도 반복된 것이 많아 그림에 전후·좌우 방향성을 통일시켜 그릴 수 있었다.

한자에서 '向(향)'의 기본 방향은 북쪽이다. 방향을 처음 규정할 때 '北'을 기준으로 한 것은 북두칠성을 숭배하는 문화권에서 만들었기 때문이다. 실제 중국의 남반구 아래에서는 북두칠성이 보이지 않는다. 십삼세가에서 동서남북을 四正(사정)이라 하고 동북·동남·서북·서남을 四隅(사우)라 한다. 하지만 원초적인 기준만 정해 놓았지 '前(전)'이 지향하는 방향과 '左右(좌우)'방향의 기준은 제시하지 못하고 있다. 특히 '進(진)·退(퇴)·入(입)·後入(후입)·出(출)'의 개념이 설명된 고문서는 없다. 이 개념을 정확히 알지 못하면 동양의 고무예서와 《무예도보통지》의 원문을 해석하는데 많은 어려움에 봉착한다. '進退(진퇴)'는 반대 개념이기 때문에 단순하게 '우각'이 나가면 '進(진)', 다시 '우각'이 빠지면 '退(퇴)'로 이해하기 쉽다. 그러나 그렇지 않다. 정립에서 '우각'이 나가면 '進(진)'이고, '좌각'이 나가면 '入(입)'이다. 다시 나가 있는 '좌각'이 뒤로 빠지면 '退(퇴)'다. 만일 '좌각'을 고정하고 '우각'이 뒤로 빠지면 '後入(후입)'이다. '出(출)'은 '돌아서 나가는' 보법이다. 入出(입출)에서 '入'이 '우각'일 경우 '出'은 '우회'로 돌아나간다. 본국검의 '장교분수세백원출동세우찬격세'로 전환되는 보법이다. 進出(진출)의 '進'은 '우각'이 앞에 있으므로 '좌회'로 돌아나간다. 조선세법의 '탄복자'에서 '창룡출수세'로 전환되는 보법이다. 그러나 보법이 연속적으로 나가거나 좌우방향에서 전후로 이동할 때는 좌각·우각을 구분하지 않고, 뒷발이 나가면 進一步(진일보)·進一

足(진일족)이라 한다. 때문에 문장 전후 맥락을 잘 살펴야한다. 進一步는 두 걸음 넓이를 나타내고, 進一足은 반족장의 넓이를 뜻한다. 또한 進退(진퇴)와 前後(전후)는 다르다. 전후는 몸의 방향이 바뀌는 것이고, 진퇴는 몸의 방향이 앞으로 고정되어 바뀌지 않는다.

쌍수도의 첫 자세, 지검대적세는 좌측(전방)을 보고 있다〈그림 8-1〉의 (4). 본국검의 지검대적세는 우측(후방)을 향하고 칼을 좌측 어깨에 기대고 등을 보이고 있다〈그림 8-1〉의 (2).

쌍수도와 본국검의 첫 검결은 지검대적세로 같다. 쌍수도의 첫 문장 負劍正立 以左手持刀柄, 旋作見賊出劍勢 進一步以劍從頭上一揮 作持劍對賊勢(부검정립 이좌수지도병 선작견적출검세 진일보이검종두상일휘 작지검대적세)다. 쌍수도의 負劍正立(부검정립)은 '以左手持刀柄(이좌수지도병)'으로 '검을 지고 좌수로 검병을 잡는다'는 설명이다. 쌍수도의 負劍正立(부검정립)이란 문장만 보면 제독검의 자세를 설명하는 듯하다. 그러나 제독검은 初作對賊出劍勢右手負劍左手左挾正立(초작대적출검세우수부검좌수좌협정립)으로 '右手負劍(우수부검)'이다. 즉 쌍수도의 '以左手持刀柄(이좌수지도병)'과 정반대다. 〈쌍수도〉의 부검정립은 〈제독검〉과 반대로 칼을 좌측 어깨에 메고 왼손으로 잡아야 한다〈그림 8-1〉의 (1). 이렇게 되면 다음 동작은 '우회'를 하여 견적출검세를 할 수밖에 없다. 그리고 우회를 하기 전에 양수로 칼자루를 잡게 되면 본국검의 지검대적세가 된다. 즉 쌍수도의 지검대적세는 본국검의 첫 문장 作持劍對賊勢雙手持柄倚左肩正立작(지검대적세쌍수지병의좌견정립)과 연결되어 있다. 쌍수도의 '以左手持刀柄(이좌수지도병)은 본국검의 雙手持柄倚左肩正立(쌍수집병의좌견정립)의 문장을 압축한 것이다. 비교하면 쌍수도는 '左手(좌수)' 한손으로 잡고 어깨에 메고 본국검은 '雙手左肩(쌍수좌견)'로 쌍수로 어깨에 기대어 세웠다. 〈쌍수도〉는 문장 앞에 견적출검세를 두고 지검대적세를 문장 뒤에 배치했다. 이에 반해 〈본국검〉은 지검대적세를 문장 앞에 두었다. 쌍수도의 문장을 본국검의 어순으로 되돌리면 '作持劍對賊勢負劍正立以左手持刀柄旋作見賊出劍勢進一步以劍從頭上一揮(작지검대적세부검정립이좌수지도병선작견적출검세진일보이검종두상일휘)'이 된다.

지검대적세를 전후로 배치하여 〈본국검〉의 지검대적세는 북쪽을,〈쌍수도〉는 남쪽을 가리키는 指南哲(지남철)의 바늘과 같은 역할을 하게 했다. 이렇게 한 것은 쌍수도 검로의 '전후·좌우' 방향을 본국검의 '전후·좌우' 방향과 일치시키기 위한 것이다. 천재 화공 김홍도가 후손에게 수수께끼를 낸 것과 같은 느낌이 든다.

쌍수도의 '부검정립' 그림이 생략된 이유가 분명히 있다. 부검정립 자세를 좌측을 보고 취할 것인가? 뒤를 보고 취할 것인가? 하는 연속된 의문이 생긴다. 이것을 확인 할 수 있는 것이 쌍수도의 향좌방적세와 향우방적세에 있다. '좌우'방향을 정할 때, 어느 방향을 '좌'로 정하느냐에 따라 나머지 전체 검술의 구조가 달라진다. 쌍수도의 향좌방적세는 제독검에서 '향우격적세'로 '좌우'가 바뀌었다. 이것을 다른 전통무예단체들은 명확히 찾지 못하여 본국검·쌍수도·제독검이 좌우가 바뀐 상태에서 술기를 연결했다. 그렇다보니 보법이 바뀌고 과도한 몸 회전을 하게 된다. 이러한 문제를 규정하기 위해 쌍수도는 부검정립이 곧 지검대적세임을 증명하듯 본국검의 문장을 사용하고 지검대적세를 문장 맨 끝 뒤로 옮겼다. '旋作見賊出劍勢(선작견적출검세)'의 문장 앞에 '旋(선)'자가 있다. 즉 부검정립에서 '돌아서' 견적출검세를 하라는 것이다. 때문에 견적출검세가 전방을 보고 있어 돌기전의 부검정립은 후방을 보고 서 있게 된다. 이렇게 되면 〈쌍수도〉는 '부검정립-견적출검-지검대적'의 순서가 된다. 이처럼 쌍수도총도와 본국검의 지검대적세는 연결되어 있다. 이 숨겨진 원리를 알지 못한 이종림은 〈조선세법고〉에서 "左手(좌수)는 右手(우수)로 고쳐야 마땅하다하고, 또한 회전원리를 모르기 대문에 閃劍退坐, 拭劍伺賊, 藏劍賈勇 등의 세법은 허투루 보아야 할 것이다."[427]고 했다. 본국검의 지검대적세〈그림 9-1〉의 (2)에서 '좌회'로 돌아 견적출검세를 취한 후〈그림 9-1〉의 (3), 다시 머리 위에서 휘검을 하고 앞을 향해 지검대적세를 취한다 〈그림 9-1〉의 (4). 즉 '부검정립(양손)-'좌회'-견적출검세(내략:오른손)-지검대적세(양손)'를 취한다.

427 예로 《무예제보》의 첫 구절에 나오는 "負劍正立以左 手持劍 〈무예도보통지〉에는 刀) 柄旋作見賊出 劍" 의 譜와 圖가 잘못된 채 그대로 〈무예도보통지〉에도 실려 있다는 점이다. 譜의 내용 중 左手는 右手로 고쳐야 마땅하다. 또한 그림의 형태나 쌍수도의 길이로 보아 負劍이란 적절치 못하며 帶劍의 자세에서 拔刀를 하는 것이 타당하기 때문이다(이종림, 1999).

(4) 쌍수도 지검대적세　　(3)쌍수도 견적출검세　　(2)본국검 지검대적세　　(1)쌍수도 부검정립

그림 9-1.쌍수도 지검대적세·견적출검세와 본국검 지검대적세, 쌍수도 부검정립

　쌍수도의 첫 자세인 지검대적세가 좌측 어깨에 칼을 메고 등지고 서 있지만, 다음 동작을 하기 위해서는 본국검의 지검대적세처럼 칼을 쌍수로 잡고 하게 된다. 결국 쌍수도와 본국검의 지검대적세는 같은 자세를 취한 결과가 된다. 이렇게 한 것은 좌우방향이 달라지면 검무가 달라지기 때문에 본국검과 쌍수도의 좌우방향을 일치시키려는데 목적에 있다. 즉 그림과 한자의 설명만으로 좌측 방향을 규정하기 위하여, 본국검과 쌍수도는 좌측에 칼을 둔 것이고 제독검은 우측에 둔 것이다. 또한 시연자가 칼을 들고 서 있는 모양만 보아도 본국검을 하려는지? 쌍수도를 하려는지? 제독검을 하려는지? 알 수 있게 하려는 방편도 있다. 무예도보통지는 칼이 칼집에서 나온 상태에서 자세를 취한 것을 그린 것이다. 허리에 칼을 찬 상태에서 발검을 할 경우, 검형의 좌우 방향이 맞는다면 앞을 보고 지검대적세를 하더라도 본국검과 쌍수도의 동작은 변하지 않는다.

　〈쌍수도〉와 〈본국검〉의 지검대적세를 연결시켜 그림을 배치하면 〈그림 9-1〉의 (2) 〈본국검〉의 지검대적세에서, '좌회'를 하면 〈그림 9-1〉의 (3) 쌍수도의 견적출검세가 되고, 머리 위에서 휘검을 하면 〈그림 9-1〉의 (4) 쌍수도의 지검대적세로 된다.

　쌍수도에서는 검결의 끝에 '세'자를 붙였다. 기효신서의 견적출검 파지법은 역수로 검을 빼지만, 무비지와 쌍수도에서는 바르게 그려져 있다. 무예제보의 지검대적은 오른손으로 칼날의 등을 잡고 있다〈그림 9-2〉의 (2).

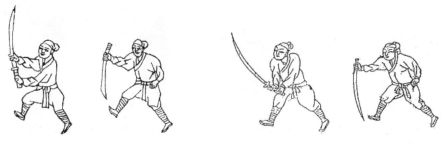

(2)무예제보의 지검대적·견적출검   (1)기효신서의 지검대적·견적출검

그림 9-2. 기효신서와 무예제보의 지검대적·견적출검 비교

2) 進一足作向左防賊勢 又進一足作向右防賊勢(진일족작향좌방적세 우진일족 작향우방적세)

언해본 : 훈바롤나오와向향左좌防방賊적勢셔룰ㅎ고쏘훈발나오와向향右우防방賊적勢 셔룰ㅎ고

쌍수도의 첫 시작은 칼을 빼서 적과 마주서고 좌우를 막는다. 〈그림 9-3〉의 (1)처럼 지검 대적세에서 전방으로 나가며 좌측 아래를 막는다(향좌방적세). 본국검의 내략과 같다. 쌍수 도는 기효신서의 자세를 취했다.

(2)향우방적세   (1)향좌방적세

그림 9-3. 무예도보통지의 향좌방적세·향우방적세

무예제보와 기효신서의 향우방적세와 향좌방적세의 자세가 다르다. 기효신서의 향우방 적세는 위를 막는 자세이고〈그림 8-4〉의 (1), 무예제보는 아래를 막는 자세다〈그림 8-4〉의 (2). 또한 연결된 두 그림을 보면 '우각'과 '좌각'이 각각 진일보했다. 쌍수도의 향좌방적세는 '우각'이 나가있다. 그렇다면 '진일보'한 '향우방적세'는 '좌각'이 나가야 한다. 그러나 '우각'이 다. 이것은 '향우방적세'을 마친 후 향상방적세로 전환하기 위해 '우각'이 나가면서 칼끝을 머

리 위로 당긴 자세다. 이렇게 당김으로써 칼이 향상방적세로 전환되도록 했다.

(2) 무예제보의 향우방적·향좌방적   (1) 기효신서의 향우방적·향좌방적

그림 9-4. 기효신서와 무예제보의 향우방적·향좌방적 비교

3) 轉身跳進一步作向上防賊勢 回身進一足作向前擊賊勢一擊 (전신도진일보작 향상방적세 회신진일족작향전격적세일격)

언해본 : 몸을두로텨ᄒ거롬낫ᄃ라向향上샹防방賊적勢셔롤ᄒ고몸을도로혀ᄒ발나오혀向

향前젼擊격賊적勢셔로ᄒ번티고

'轉身(전신)'과 '回身(회신)'은 여기에서 '좌회'다. '轉身(전신)'은 '좌회'를 할 때 양발이 떨어지면서 돈다. 이것을 '구른다'는 의미로 '轉(구를전)'이라 했다. 이에 반해 '回身(회신)'의 '回(회)'는 한발을 축으로 돈다. 같은 '좌회'지만 보법의 차이가 있다. '轉身(전신)'은 '좌회'로 돌면서 향상방적세를 취한다. 이때의 보법을 '跳進一步(도진일보)'로 표현했다.

향상방적세는 자세가 매우 독특하지만 장검을 사용하는데 매우 유용한 자세다. 향우방적세는 '우각'이 나가 있는 상태다. 이 상태에서 좌회를 하여 전방을 향하여 향상방적세의 자세를 취하려면 '우각'이 앞으로 나가며 좌회로 몸을 돌리고 '우각'이 다시 나가야 한다. 이 보법을 '轉身跳進一步(전신도진일보)'라 한다. 향우방적세를 마치고 쌍수로 잡은 왼손을 놓고 좌회를 하면 향상방적세가 된다〈그림 9-5〉의 (1). 실질적으로 장검을 가지고 방향을 전환하려면 무게 중심을 몸 쪽으로 해야 회전이 용이하기에 칼을 등에 메고 돌아야 한다. 쌍수도에서 가장 중요한 것이 바로 '향상방적세'다. 쌍수도에서는 향상방적세 이후 '향전살적세'로 연결되거나 아니면 '진전살적세'로 연결된다. 연결에 따라 '좌회'를 하는 것과 '회전'을 하지 않는 방식으로 향상방적세를 하게 된다. 쌍수도 문장에서 향전격적세〈그림 9-5〉의 (2)와 진전격적세는 공격 자세로 문장의 뒤에 '一擊(일격)'을 붙였다. 이것을 모르면 별도의 '一擊(일격)'

이 있는 것으로 오인한다. 본국검에서 '좌일회' 이후, 진전격적세를 하지만 본국검총도에서는 '좌일회' 그림을 생략했다. 마찬가지로 쌍수도총도에서도 '轉身(전신)'에 대한 회전이 생략됐다.

(2)향전격적세   (1)향상방적세

그림 9-5. 무예도보통지의 향상방적세·향전격적세

향상방적세가 '좌회'를 하지 않고 앞으로 바로 나가서 진전살적세를 할 경우에는 기효신서의 향상방적처럼 칼을 목 뒤로 넘긴다〈그림 9-6〉의 (1), 무예제보의 향상방적은 칼을 뒤로 넘기기 전의 자세다〈그림 9-6〉의 (2). 각각 다른 동작을 그려 기법을 명확히 할 수 있도록 표현했다. 무예도보통지에서 다시 기효신서의 향상방적로 순서를 정한 것은 회전을 통하여 향상방적을 행하도록 원상태로 재구성한 것이다. 〈그림 9-6〉의 (4) 무예제보의 향전격적은 칼의 길이가 짧지만 칼등을 잡고 있다. 이것은 무예제보에 사용된 칼은 장도이지만 요도 크기로 장도를 그린 것으로 보인다.

(4)무예제보(향전격적)   (3)기효신서(향전격적)   (2)무예제보(향상방적)   (1)기효신서(향상방적)

그림 9-6. 기효신서와 무예제보의 향전격적·향상방적 비교

4) 又進一步以向前擊賊勢向左一擊 又進一步以向前擊賊勢向右一擊(우진일보 이향전격적세향좌일격 우진일보이향전격적세향우일격)

언해본 : 쏘흔발나오터向향前젼擊격賊적勢셔로뻐원녁도라흔번티고쏘흔거롬낫ᄃ라向
향前젼擊격賊적勢셔로올흔녁도라흔번티라

又進一步以向前擊賊勢向左一擊(우진일보이상전격적세향좌일격) 앞 방향으로 좌수좌각
이 나가며 좌측을 막는다〈그림 9-7〉의 (1). 又進一步以向前擊賊勢向右一擊(우진일보이향
전격적세향우일격). 계속해서 전방으로 우수우각이 나가며 우측을 막는다〈그림 9-7〉의 (2).
기효신서에는 향좌일격과 향우일격이 없다. 이것은 쌍수도에서 추가한 동작이다. 전 동작
이 향전격적세로 끝났다. 실질적으로 향좌일격과 향우일격을 마치면 향전격적세로 끝난 것
과 다르지 않다. 이 두 동작(향좌일격·향우일격)을 생략하고 향전격적세에서 초퇴방적세로
직접 연결시켜도 차이가 없다. 이렇게 두 번의 좌우 격적을 삽입한 것은 칼의 크기와 무게의
변화에 기인한다. 여기서 '進一步(진일보)'가 연속되어 '좌각'이 나가면 다음에 '우각'이 나가
는 것을 알 수 있다. 쌍수도에서는 기존에 '우각우수' '좌각좌수'와 같은 문장을 사용하지 않
았다.

장도는 칼이 무겁기 때문에 내려치면 몸 중심이 아래로 내려간다. 이것을 즉시 곧게 다시
머리 위로 올리려면 칼의 무게로 인해 속도가 느려지고 빈틈이 생기게 된다. 때문에 향상방
적세의 신법을 이용하여 무거운 칼을 등에 걸친 상태에서 몸을 회전하며 전방을 향하여 치
는 기법이다. 이러한 기법은 장검의 단점을 보완하고 장검을 빠르게 다시 들어 좌우를 칠 수
있다. 원문의 기효신서에는 '향좌일격'과 '향우일격'이 없다.

(2)향우일격(추가)　　　　(1)향좌일격(추가)

그림 9-7. 무예도보통지의 향좌일격·향우일격

5) 轉身作初退防賊勢退至原地(전신작초퇴방적세퇴지원지)

언해본 : 몸을두로텨初초退퇴防방賊적勢셔룰ᄒ야므릐드라제자히니르라

전 동작이 우수우각 향우일격으로 마쳤다. 초퇴방적세를 하되 '轉身(전신)' 즉 '좌회'로 돌면 서 초퇴방적세를 한다. 출발한 원지를 향해 '좌회'로 돌면서 막고 원지에 도달하면 전방을 향하여 우수우각 진전살적세를 한다〈그림 9-8〉의 (1). 진전살적세는 '回身(회신)'이다. 초퇴 방적세가 좌회로 회전하는 '轉身(전신)'의 연속성이기 때문에 '우각'을 축으로 좌회로 돌면서 몸이 앞을 향하며 친다. '초퇴방적세'는 뒤에 '섬검퇴좌세'가 還退一步(환퇴일보)하는 것을 감안하면 실질적으로 '한바퀴 좌로 돌면' 충분하다. '초퇴방적세와 재퇴방적세'는 공격 이후, '좌'로 돌며 회피하고 동시에 방어하는 기법이다. '삼퇴방적세'는 반대로 '우회'로 돌면서 방 어한다. 쌍수도총도에는 회전의 표식이 생략됐고 제독검총도에는 그려져 있다. '원지(原地)' 로 몸을 돌려 그대로 달려가는 것은 잘못 해석한 것이다. 제독검의 초퇴방적세는 '作初退防 賊勢左三廻退至原地(작초퇴방적세좌삼회퇴지원지)'로 쌍수도 초퇴방적세에 없는 '좌3회'를 넣었다. 여기서 좌3회의 해석이 매우 중요하다. 초퇴방적세가 원지로 돌아가는 데는 '한 바 퀴'를 3보 사용하여 360°를 회전한다. 본국검의 '右二廻(좌이회)'도 한 바퀴를 2보로 이용해 360° 회전한다. 이것을 잘못 해석하여 전통무예단체에서 팽이처럼 빙빙 2바퀴를 돈다. 당시 무예도보통지의 무예를 글로 쓰면서 회전에 대해 무척 고민을 한 것 같다. '좌각'이 앞에 있 을 때, '좌회'와 '좌일회'를 규정할 경우와, '우각'이 앞에 있을 때, '좌회'와 '좌일회'를 규정하여 글로 옮길 때 많은 고민이 있을 수밖에 없다. 실질적으로 쌍수도나 제독검의 동작은 '좌우' 회전이 많은 관계로 '회전'을 하면서 '퇴보'를 한다. 때문에 전후의 보폭은 넓지 않다. 실연자 의 능력과 움직임에 따라 거리는 다르게 된다. 그렇다보니 '原地(원지)'를 표현하여 여유를 두었다.

(2)초퇴방적세　　　　　(1)진전살적세

그림 9-8. 무예도보통지의 진전살적세·초퇴방적세

6) 回身進一步爲進前殺賊勢(회신진일보위진전살적세)

언해본 : 몸을도로혀혼거룸낫ᄃ라進진前젼殺살賊적勢셔룰ᄒᆞ야혼번티고

기효신서의 검결은 진전살적이다. 초퇴방적세에서는 뒤로 퇴보를 했기 때문에 '퇴전살적'이라 검결을 했다. 기효신서와 무예도보통지의 쌍수도 검결이 이 부분에서 유일하게 다르다. 회전 중에 전방을 향하여 살적세를 하다 보니 엉덩이가 뒤로 빠졌다〈그림 9-9〉의 (1). 기효신서에서 그림으로 잘 표현했다. 무예제보의 초퇴방적은 칼을 잡은 파지법이 다르다. 기효신서의 퇴전살적은 초퇴방적세가 좌회를 하다가 전방을 향할 때 진전살적을 하기 때문에 엉덩이가 빠진 상태에서 살적세를 하는 자세다. 교전보의 소둔자나 천유류의 악완세 앞에서 엉덩이를 뒤로 빼고 치는 기법이다. 무예제보에 진전살적도 이러한 취지에 맞게 그렸으나 파지법이 다르고 검결도 진전살적세로 바뀌었다〈그림 9-9〉의 (2). 무예도보통지에서는 검결을 진전살적세로 사용하였으나 파지법은 기효신서의 기법으로 했다.

(2)무예제보의 진전살적·초퇴방적   (1)기효신서의 퇴전살적·초퇴방적

그림 9-9. 기효신서와 무예제보의 퇴전살적·진전살적·초퇴방적 비교

기효신서의 '퇴전살적'이 무예제보로 옮겨지면서 '진전살적'으로 검결이 바뀐다. 초퇴방적세도 칼을 잡은 두 손이 다르다. 칼의 길이와 무게에 따라 편리하게 칼자루를 잡은 것이다.

퇴전살적세의 모습은 엉덩이가 뒤로 많이 빠져있다. 이것은 초퇴방적세의 마지막 회전에서 앞에 있는 '좌각'이 뒤로 빠지며 치기 때문이다. 무예도보통지에 있는 〈그림 9-8〉의 (1)의 진전살적세는 퇴전살적세의 자세와 다르다. 이것은 '좌각'이 뒤로 빠지지 않고 오히려 축으로 삼고 '우각'이 앞으로 나가며 친 것이다. 쌍수도에서 퇴전살적세의 보법이 바뀌면서 검결도 바뀌었다.

7) 仍轉身作持劍進坐勢 卽作拭劍伺賊勢(잉전신작지검진좌세 즉작식검사적세)

언해본 : 인ᄒᆞ야몸을두로터持디劍검進진坐좌勢셔를ᄒᆞ고즉시拭시劍검伺ᄉᆞ賊적勢셔를ᄒᆞ고

전방을 향하여 우수우각 진적살적세로 마쳤다. '轉身(전신)'이다. 다시 '좌회'하면서 앞을 향하면 '우각'이 나가며 지검진좌세가 된다⟨그림 9-10⟩의 (2). 무비지의 지검진좌세⟨그림 9-10⟩의 (1)의 자세는 높게 서 있다. 실제 연결된 흐름에는 무비지의 동작이 편하다. 이 동작에서 멈추지 않고 칼을 좌측으로 쓸어 올리면 식검사적세가 된다⟨그림 9-10⟩의 (3). 쌍수도의 기법은 모든 동작이 회전을 하면서 공격과 방어를 겸한다. 지검진좌세는 장검을 사용하기 위해 만들어진 특수한 기법이다. 쌍수도법의 향상방적세·지검진좌세·식검사적세는 회전하면서 한 손을 놓고 나머지 한 손으로 칼자루를 잡고 운용하는 편수기법이다. 즉 조선세법과 본국검은 모두 쌍수로 잡고 회전을 하지만 쌍수도는 회전을 할 때 편수로 잡고 한다. 지검진좌세는 칼을 잡는 방법에 따라 두 개의 기법을 사용한다.

(3)쌍수도의 식검사적세   (2)무예도보통지의 지검진좌세   (1)무비지의 지검진좌세

그림 9-10. 무비지, 무예도보통지, 쌍수도의 지검진좌세·식검사적세

첫째, ⟨그림 9-11⟩의 (2) 기효신서의 지검진좌와 ⟨그림 9-10⟩의 (1)의 무비지의 지검진좌세에서 칼을 역수로 잡은 손이 무예도보통지의 ⟨그림 9-10⟩의 (2)와 다르다. 기효신서와 무비지에서 식검사적이 '역수'이기 때문에 잘못 그려진 것으로 보여진다. 만일 진전격적 이후 역수로 바꾸지 않고 좌회로 지검진좌세를 취하면 칼을 잡은 손바닥이 밖을 향하게 된다. ⟨그림 9-11⟩의 (1) 무예제보의 지검진좌와 식검사적도 역수다. 무예제보를 정리할 때 무비지의 식검사적세를 그리고 다시 무예도보통지에서 지검진좌세와 식검사적세의 기법을 정리하면서 기효신서의 식검사적을 그린 것으로 보인다. 이것은 쌍수도 15)의 문장 回身進一足(회신진일족) 以左手揮劍向前(이좌수휘검향전) 以右手更把(이우수갱파)를 보면 '좌수'에서

'우수'로 손을 교체한 것으로 확인된다. '식검사적세'는 제독검에 '세법으로 洗腰(요격)을 한다'고 설명되어 있다. '轉身(전신)'를 하지 않고 지검진좌세를 하게 되면 단순하게 정면을 보고 칼끝은 땅에 닿게 된다. 무겁고 긴 장검을 내려치면 칼이 지면을 향하게 된다. 이것을 다시 들어 올리려면 칼을 역수로 잡고 몸을 돌리면서 몸의 회전력을 이용해야 한다. 즉 '轉身(전신)'을 통해 무거운 칼을 감아올리는 것이다.

(2)무예제보의 식검사적·지검진좌   (1)기효신서의 식검사적·지검진좌

그림 9-11. 기효신서와 무예제보의 식검사적세·지검진좌세 비교

8) 還退一步閃劍退坐勢(환퇴일보섬검퇴좌세)

언해본 : 도로ᄒᆞ거롬므ᄅᆞ라閃섬劍검退퇴坐좌勢셔롤ᄒᆞ고

'退(퇴)'란 반대로 물러서는 것이다. 섬검퇴좌세는 역으로 된 '退(퇴)'자의 모양을 보고 검결을 지은 것이다. 섬검퇴좌세는 영류지목록에서 '月影(월영)'이다. 쌍수도에서 매우 중요한 기법을 숨기고 있다. 식검사적세에서 '우각'이 뒤로 (1)退一步(퇴일보)하며 후방을 향한다. 다시 '좌각' (2)一步(일보)가 나가며 '우회'를 하여 전방을 본다. 이때 칼을 등 뒤로 옮기면서 다시 '우각'이 뒤로 (3)退一步(퇴일보)를 하면 칼이 등 뒤에 붙으면서 섬검퇴좌세가 된다〈그림 9-12〉의 (2). 총 3보가 움직였다. 이것을 하나로 묶어서 '還退一步(환퇴일보)'로 개념화 한 것이다. 이것이 재퇴방적세에서 '轉身以刀三揮退(전신이도삼휘퇴)'다. 여기서 '三揮退(삼휘퇴)'는 '還退一步(환퇴일보)를 세 번하는 것을 나타낸다. 쌍수도에서 '還(환)'은 '우회'의 개념으로 사용됐다. '還退(환퇴)'는 '우회'로 돌아 '다시 있던 자리로 돌아간다'는 뜻이다. 쌍수도 총도에는 '전신'과 '회신'에 대한 회전 표시가 없다. 그러므로 원문을 잘 보아야 한다. 식검사적세에서 섬검퇴좌세를 제자리에서 행하는 것은 잘못된 것이다.

식검사적세는 '우각'이 나가있다. 이 상태에서 '좌각' 뒤로 빠진다. 이 자세가 제독검의 식검사적세다〈그림 9-12〉의 (1). '우회'를 하고 수평으로 베면서 돌면 섬검퇴좌세가 된다〈그림 9-12〉의 (2). 이것이 '還退(환퇴)'다. '轉身(전신)'과 '回身(회신)'은 주로 '左回(좌회)'의 개념으로 사용됐다. 그리고 15)문장 回身進一足以左手揮劍向前以右手更把爲向左防賊勢(회신진일족이좌수휘검향전이우수갱파위향좌방적세)는 식검사적세를 역수로 잡은 관계로 좌회를 하면서 향좌방적세를 할 때, 역수(우수)로 잡은 칼을 좌수로 옮기면서 우수는 놓게 된다. 그리고 다시 '칼이 제 방향을 찾아가면 칼에서 놓았던 우수로 다시 칼을 잡게 된다'는 설명이다. '지검진좌세-식검사적세-섬검퇴좌세'는 역수로 진행된 기법이다.

(2)무예도통지의 섬검퇴좌세   (1)제독검의 식검사적세

그림 9-12. 제독검의 식검사적세와 무예도보통지의 섬검퇴좌세

또 다른 방법으로 검파(검 자루)를 우수로 바로 잡은 상태에서 칼을 등 뒤로 돌려서〈그림 9-13〉의 (1) 섬검퇴좌처럼 하고 다시 앞으로 돌려 푸는 기법으로 부분적으로 응용할 수도 있다.

(2)무예제보의 섬검퇴좌   (1)기효신서의 섬검퇴좌

그림 9-13. 기효신서와 무예제보의 섬검퇴좌

9) 起立更進一足以進前殺賊勢一擊 又進一足爲向上防賊勢(기립갱진일족이진전

살적세일격 우진일족위향상방적세)

언해본 : 넙더셔셔다시흔바롤나오텨進진前젼殺살賊적勢셔로흔번티고쏘흔발낫드라向
향上샹防방賊적勢셔롤ᄒ고

섬검퇴좌세에서 진전살적세로 전환해야 한다. 섬검퇴좌세는 앉은 자세다. '起立更(기립
갱)'은 다시 일어나 우각이 나가며 '진전격적세'를 한다. 섬검퇴좌세에서 칼이 등 뒤에 있고
손은 감겨진 상태다. 다시 앞을 향하여 '진전살적세'를 하려면 감긴 손을 돌려 풀어야 한다,
'更(갱)'은 이러한 의미를 함축하고 있다. 만일 역수로 칼을 잡고 있다면 손이 감기지 않은 상
태이기에 칼을 들면서 손을 바로 잡으면 된다. 장검은 마치 창처럼 길어서 창을 돌리는 수법
이 사용된다. 기효신서에는 '섬검퇴좌-진전살적'으로 연결되지 않고 '섬검퇴좌-휘검향적'으
로 연결된다. 기효신서의 순서로 보면 섬검퇴좌에서 '좌회'를 하면서 휘검향적을 한다. 쌍수
도의 이 문장에는 '轉身(회신)'이란 글자가 생략됐다. 즉 몸의 회전이 없다. 그리고 '향상방적
세' 다음에 '진전살적세'다. '좌회'를 하지 않고 곧바로 〈그림 9-14〉의 (1)처럼 향상방적세를
한다.

(2)진전살적세(추가)   (1)향상방적세(추가)

그림 9-14. 무예도보통지의 향상방적세·진전살적세

〈그림 9-15〉의 (1)·(2)는 회전 없이 전방을 향해 향상방적세를 하는 기법이다. 왼손으로
칼을 받치고 양손을 그대로 머리 위로 들어 뒤로 넘긴다. 특히 〈그림 9-14〉의 (2) 진전살적세
는 '우각'이 나가 있다. '좌각'이 나가며 향상방적세를 취한다. 기효신서에는 무비지의 향상
방적세의 그림이 없다. 모원의가 〈그림 9-15〉의 (1) 기효신서의 향상방적을 보고, 무비지에
추가로 〈그림 9-15〉의 (2) 향상방적세를 그렸다. 장도로 진전격적세와 향전격적세로 내려치
면 칼이 지면으로 내려간다. 이때 그대로 칼을 드는 것은 힘도 들고 느리다. 때문에 몸을 돌

러서 칼을 거둔 것이다.

(3)무예도보통지　　　　　(2)무비지　　　　　(1)기효신서

그림 9-15. 기효신서·무비지·무예도보통지의 향상방적세 비교

10) (卽)進一足爲進前殺賊勢一擊 仍作揮劍向賊勢 (以此)連進三步 更進一足以進前殺賊勢一擊 (즉)진일족위진전살적세일격 잉작휘검향적세 (이차)연진삼보 갱진일족이진전살적세일격)

언해본 : 卽즉시흔발낫도라進진前전殺살賊적勢셔롤ᄒ야흔번티고인ᄒ야揮휘劍검向향賊적勢셔롤ᄒ야일로뻐連년ᄒ야세거름을낫들고곧흔바룰나오혀進진前전殺살賊적勢셔로뻐흔번티고

향상방적세 다음에는 반드시 진전격적세(향전격적세)로 연결된다. 그런데 여기에서는 〈그림 9-16〉의 (2) 휘검향적세로 연결했다. 기효신서에는 '섬검퇴좌-휘검향적'의 연결이다. 그러나 쌍수도에서는 '섬검퇴좌세-진전살적세(퇴진살적세)-향상방적세-진전격적세-휘검향적세'의 순서다. 즉 '섬검퇴좌세-휘검향적세' 사이에 3~4개의 기법이 추가 됐다. 기효신서처럼 섬검퇴좌-휘검향적으로 연결하려면 섬검퇴좌에서 뒤로 돌아 '우회'로 휘검향적을 하면 자연스럽다. 기효신서의 기법으로 쌍수도를 행하면 보법이 많이 나가지 않고 5보 내에서 팽이가 돌듯이 모든 기법이 이루어진다. 쌍수도에서는 우수우각 진전살적세로 깊게 내려친 이후 즉시 휘검향적세로 본국검의 내략처럼 좌수우각으로 올려치고 좌각이 나가며 좌각우수 진전살적세로 친다. 그리고 다시 좌수우각 내략으로 세 번 연속 내략을 하며 올려친다. '휘검향적세'는 '내략'의 다른 표현이다. 세법으로 '휘검향적세〈그림 9-16〉의 (2)'를 하고 몸을 세워 우각이 나가며 '진전살적세〈그림 9-16〉의 (3)를 한다.

(3)진전살적세(추가)　　　　(2)휘검향적세　　　　(1)진전살적세(추가)

그림 9-16. 무예도보통지의 진전살적세·휘검향적세·진전살적세

　　무예제보의 그림은 무비지의 휘검향적세을 취했지만 무예도보통지에서 다시 기효신서의 휘검향적으로 재구성했다. 무비지와 무예제보의 휘검향적은 '진전살적세'로 깊게 내려친 칼이 뒤로 가고 다시 앞으로 나가려는 시점의 그림이다〈그림 9-17〉의 (2)(3). 〈그림 9-17〉의 (1)은 내략으로 진행된 휘검향적이다. 무예제보에 있는 '以此(이차)'의 글자를 무예도보통지에서 생략했다.

(3)무비지의 휘검향적세　　　　(2)무예제보의 휘검향적　　　　(1)기효신서의 휘검향적

그림 9-17. 기효신서·무예제보·무비지의 휘검향적세 그림비교

　　휘검향적세는 본국검의 내략과 연결된다. 즉 휘검향적세에서 몸 안쪽, 아래에서 위로 칼날을 올리면 본국검의 '내략'이 된다. 실질적으로 〈그림 9-18〉의 (1) 휘검향적세는 시작점이고 (2)내략을 거쳐 (3)(4)(5)로 연결된다. 즉 검결만 다를 뿐 동작은 모두 하나로 연결된다. 〈그림 9-18〉의 (1)의 그림은 무비지에서는 〈그림 9-17〉의 (3)처럼 뒤를 향하고 있다. 그래서 다시 전방의 모습으로 그려 내략과 연결된 방식으로 그렸다. 본국검의 내략은 손이 먼저 나가고 자연스럽게 발이 따라 나가지만 외략은 조선세법의 과좌세처럼 발이 나간 후 칼이 나간다.

(5)향좌방적세　　　(4)휘검향적세　　　(3)휘검향적세　　　(2)본국검의 내략　　　(1)휘검향적세

그림 9-18. 휘검향적세·내략·향좌방적세의 관계

11) 又進一足爲向上防賊勢 進一足以進前殺賊勢一擊 又進一步一刺 (우진일족 위향상방적세 진일족이진전살적세일격 우진일보일자)

언해본 : 쪼ᄒᆞᆫ발나오혀向향上상防방賊적勢셔를ᄒᆞ고ᄒᆞᆫ나를오혀進진前젼殺살賊적勢

셔를ᄒᆞᆫ번티고쪼ᄒᆞᆫ거룸낫드라ᄒᆞᆫ번디르라

　　향상방적세-향전살적세는 몸을 돌려 전방을 향하기 때문에 '轉身(전신)-回身(회신)-向前(향전)이라 한다. 그러나 '향상방적세-진전살적세'는 몸을 회전하지 않고 직접 전 방향으로 가기 때문에 '轉身(전신)·回身(회신)'의 용어가 없다. 향전살적세와 진전살적세의 차이를 알지 못하면 회전을 하지 않을 곳에서 회전을 하게 된다. '又(우)'로 앞에 나온 기법이 반복됨을 나타냈다. 쌍수도에는 기효신서에 없는 '刺法(자법)'이 들어 있다. 왜검은 자법을 거의 사용하지 않는다. 진전살적세가 '우각'이 나가 있으므로 '좌각'이 나가며 찌른다〈그림 9-19〉의 (1). 기효신서에는 이 세 동작이 없고 '휘검향적-재퇴방적'으로 직접 연결된다. 특히 11)의 진전살적세-일자 순서는 제독검 15)·16)에서 進前殺賊勢(진전살적세)-旋(선)-勇躍一刺勢(용약일자세) 순서가 된다. 즉 '旋(선)'자가 진전살적세와 일자의 중간에 삽입된다. 이 '旋'자가 제독검에서 향상방적세의 기법으로 사용된다.

(3)향상방적세(추가)　　　(2)진전살적세(추가)　　　(1)좌각일자(추가)

그림 9-19. 무예도보통지의 좌각일자·진전살적세·향상방적세

'殺擊(살격)'은 검의 기법이 그대로 그려진 글자다. 劍經訣歌(검경결가)에 '打殺高低左右 接(타살고저좌우접)'이라 했다. 즉 '打(타)'는 '高低(고저)'로써 위에서 아래로 치고 '殺(살)'은 좌우로 교차하여 위에서 아래로 내려치는 左右接(좌우접)이다. '殺(살)'자의 '乂'는 칼날을 좌우 빗각으로 내려치는 것을 설명한 것이다〈그림 9-20〉. 이처럼 한자에 검법의 동작뿐만 아니라 칼의 기법도 들어있다.

그림 9-20. 한자 殺(살)의 기법

狂草(광초)는 초서의 일종으로 大草(대초)라고도 한다. 唐(당) 현종조(712~756)의 서가인 張旭(장욱)이 술이 거나하게 취해 일탈의 상태에서 자유분방하게 휘갈겨 쓴 큰 초서체다. 일설로는 장욱이 公孫大娘(공손대랑)의 劍器(검기) 춤을 보고 이 서법을 터득한 것이라 한다. 그 揮筆(휘필)의 모습을 雲煙流星(운연유성)에 견주었다는 기록을 보면 글자의 자형에 검의 기법과 자세가 있었음을 장욱은 알았던 것 같다.

12) 轉身以刀三揮退 作再退防賊勢 (以此)退至原地 (전신이도삼휘퇴 작재퇴방 적세 (이차)퇴지원지)

언해본 : 몸을두로뎌칼로세번저어믈러인ᄒᆞ야再재退퇴防방賊적勢셔를ᄒᆞ야일로써므르 ᄃᆞ라제자히니ᄃᆞ라

무예제보에는 '以此(이차)退至原地(퇴지원지)' 再退防賊勢(재퇴방적세)로 되어 있다. 무예도보통지로 옮기면서 '以此(이차)'를 생략하고 '再退防賊勢(재퇴방적세)'를 앞으로 도치시 켰다. 〈그림 9-22〉의 (2) 재퇴방적세 문장 앞에 초퇴방적세에 없는 '轉身以刀三揮退(전신이 도삼휘퇴)'란 문장이 있다. 여기에는 '좌3회'가 없고 '刀三揮退(도삼휘퇴)'라 했다. 즉 '좌3회' 와 움직임이 다르다. 이렇게 한 이유는 閃劍退坐勢(섬검퇴좌세)는 還退一步(환퇴일보)로 원

지로 돌아왔다. 이때 3보를 움직였다. 두 번째 행의 '揮劍向賊勢連進三步(휘검향적세연진삼보)'에서 '進三步(진삼보)'를 했다. 계속하여 진전살적-향상방적-진전살적-일자(一刺)를 연속해서 나갔기 때문에 원지로 돌아오는 거리를 맞추기 위해 '刀三揮退(도삼휘퇴)를 한 것이다. 여기에서 '좌3회'를 표시하지 않은 것은 '좌3회'가 실질적으로 '한 바퀴'를 회전한 상태에서 일보가 뒤로 빠진 것이기 때문에 원지로 돌아올 수 없다. '刀三揮退(도삼휘퇴)'를 '좌3회'처럼 표현한다면 '좌9회'가 된다. 때문에 '刀三揮退(도삼휘퇴)'는 三退(삼퇴)로 還退一步(환퇴일보)를 세 번 한 것이다. 이것을 退至原地(퇴지원지)로 써서 출발지점으로 돌아가도록 했다.

進一步一刺(진일보전일자)는 '좌각'이 나가 있는 상태다. 재퇴방적세로 전환하기 위해 '좌각'이 '좌회'와 동시에 뒤로 빠진 것이 재퇴방적세다〈그림 9-21〉의 (2). 이에 반해 초퇴방적세는 우각이 앞에 있어 발을 뒤로 빼지 않고 몸만 좌로 돌렸다〈그림 9-21〉의 (1). 이처럼 쌍수도와 제독검의 초퇴·재퇴·삼퇴방적세는 모두 회전하며 후퇴하는 기법이지만 발이 뒤로 빠지는 방식에 따라 기법이 각각 다르다. 또한 쌍수도의 재퇴방적세는 '刀三揮(도삼휘)'다. '揮(휘)'는 휘두르는 것으로 여기에서는 세 바퀴 돌며 휘두르며 물러난다. 본국검의 맹호은림세[428]도 삼퇴방적세처럼 우회의 보법이다.

(2)쌍수도 재퇴방적세　　　　(1)쌍수도 초퇴방적세

〈그림 9-21〉 쌍수도의 초퇴방적세와 재퇴방적세 비교

---

428 본국검은 회전이 많다. 좌회·우회·좌일회·우일회, 특히 맹호은림세의 '右二廻(우이회)' 해석이 제독검의 '左三廻(좌삼회)'처럼 같은 방식으로 규정되어 있다. 단순 '좌회·우회'는 전에서 후, 후에서 전, 좌에서 우처럼 발의 움직임 없이 방향전환만 한다. 즉 '좌회'는 '우각'이 앞에, '우회'는 '좌각'이 앞에 있을 때 행한다. '右一廻'는 안자세에서 직부송서세로 방향전환 시 행한다. 안자세의 '좌각' 상태에서 몸만 전환하면 '우회'다. 여기서 '一步(일보)'나가면 '우일회'다. 맹호은림세의 '右二廻'는 일자의 '좌각좌수' 상태에서 후방을 향해 '우회'한 것을 '一步'로 보고, 좌각이 후방으로 옮기면 또 '一步'이다. 그 상태에서 다시 '우회'를 하면 '右二廻'가 된다. 이것을 보폭의 숫자로 해석한 것이고 몸의 회전수로 보아도 '右二廻'가 된다. 이것은 실질적으로 360도한 바퀴 회전한 것이다. 이것을 잘못 해석하면 18기나 24반처럼 두 바퀴를 빙빙 돌게 된다.

기효신서와 무예제보의 재퇴방적 그림이 같다〈그림 9-22〉. 무예제보는 기효신서를 보고 그렸기 때문이다.

(2)무예제보의 재퇴방적　　　　　(1)기효신서의 재퇴방적

그림 9-22. 기효신서와 무예제보의 재퇴방적 비교

13) 回身進一足爲向上防賊勢 又進一足爲向前擊賊勢一擊 (회신진일족위향상방적세 우진일족위향전격적세일격)

언해본 : 몸을도로혀흡바롤나오와向향上상防방賊적勢셔롤ᄒ고坐훈바롤나오와向향前 전擊격賊적勢셔로훈번티고인흥야

'향상방적세-향전격적세'로 연결된다〈그림 9-23〉. 즉 '좌회'를 하면서 앞을 보고 격적세를 하기 때문에 '향전'이라 했다. 무예도보통지에 그림이 생략되어 기존 그림을 배치했다.

(2)향전격적세(추가)　　　　　(1)향상방적세(추가)

그림 9-23. 무예도보통지의 향상방적세·향전격적세

14) 轉身爲持劍進坐勢 (卽)爲拭劍伺賊勢(전신위지검진좌세 (즉)위식검사적세)

언해본 : 몸을두로텨持디劍검進진坐좌勢셔롤ᄒ여서卽즉시拭시劍검伺사賊적勢셔롤ᄒ고

무예제보에 있는 '卽(즉)'자가 기효신서에서는 생략됐다. 지검진좌세와 식검사적세의 반

복이다. 향전격적세로 내려치면서 몸을 좌로 돌아 '轉身(전신)'하면서 앞을 향해 지검진좌세를 취한다〈그림 9-24〉의 (1). 연이어 일어서며 칼을 좌측 어깨로 돌려 식검사적세를 취한다 〈그림 9-24〉의 (2). 기효신서에는 이 부분이 없지만 재퇴방적세 다음에 삼퇴방적세 그림이 있다. 이렇게 한 것은 재퇴방적세와 삼퇴방적세 사이에 앞에 있는 여러 기법 중에서 임의로 선택하라는 것이다. 이러한 취지를 이해하고 쌍수도를 정리하면서 기법을 끼워 넣었다. 재퇴방적세와 삼퇴방적세 사이에 넣을 수 있는 기법은 초퇴방적세 이전의 '향좌방적세-향우방적-향상방적세-향전살적세'와 초퇴방적세와 재퇴방적세의 사이에 있는 '퇴전살적세-지검진좌세-식검사적-섬검퇴좌세-휘검향적세'다. 쌍수도에서는 '재퇴방적세-지검진좌세-식검사적세-향좌방적세-향우방적세-향상방적세-향전살적세-향좌일타-향우일타-삼퇴방적세'로 구성되어 있다.

(3)제독검의 식검사적세(추가)　(2)쌍수도의 식검사적세(추가)　(1)쌍수도의 지검진좌세(추가)

그림 9-24. 쌍수도의 지검진좌세·식검사적세와 제독검의 식검사적세

15) 回身進一足 以左手揮劍向前 以右手更把 (仍)爲向左防賊勢 進一足爲向右防賊勢 (회신진일족 이좌수휘검향전 이우수갱파 (잉)위향좌방적세 진일족위향우방적세)

언해본 : 몸을도로혀혼바롤나오티며왼손으로써칼훌둘러앎플向향ᄒ야올흔손으로다시잡아셔인ᄒ야向향左좌防방賊적勢셰되고흔발나와텨向향右우防방賊적勢셰롤ᄒ고

무예제보에는 '仍(잉)'자가 있지만 무예도보통지에서는 생략됐다. 첫 번째는 '(1)지검진좌세-(2)식검사적세-(3)섬검퇴좌세'로 구성했다. 그리고 '우회'로 돌면서 뒤로 물러나(還退一步:환퇴일보) (3)섬검퇴좌세를 한다. 두 번째는 '(1)지검진좌세-(2)식검사적세-(3)향좌방적세'로 구성했다. 그리고 '우회'를 하면서 전방으로 돌아 나가며(回身進一足:회신진일족) 향좌

방적세를 했다. 식검사적세-향좌방적세의 중간에 '휘검향전'이 있다. 이것은 좌수로 잡은 검을 우수로 옮기는 과정의 기법이다.

이때 '식검사적세'를 〈그림 9-24〉의 (2)처럼 '우각' 중심으로 '우회'하는 방식과 〈그림 9-24〉의 (3)처럼 '좌각'이 한발 나간 상태에서 '우회'를 하는 방식이 있다. 첫 번째는 퇴보를 하고 '우회'를 하게 되고, 두 번째는 진보를 하고 '우회'를 하게 된다. 검로의 거리에 따라 선택할 수 있다. 두 방식 모두 '우회'의 축은 '우각'이다. 돌면서 역수로 잡은 우수로 칼을 돌려 세우며 좌수로 칼자루를 바로 잡고 동시에 우수도 바로 잡아 향좌방적세를 한다〈그림 9-25〉의 (1). 즉 '更(갱)'은 '좌수에서 우수로 고쳐 바로 잡는다'는 것이고, '揮劍(휘검)'은 이때 칼이 휘돌아가는 것이다. 이후 향좌방적세〈그림 9-25〉의 (1)과 향우방적세〈그림 9-24〉의 (2)를 행한다.

(2)향우방적세(추가)　　　　(1)향좌방적세(추가)

그림 9-25. 쌍수도의 향좌방적세·향우방적세

16) 轉身進一步爲向上防賊勢 回身進一步爲向上防賊勢 一擊 (전신진일보위향상방적세 회신진일보위향전격적세 일격)

언해본 : 몸을도로텨혼거룸낫드라向향上샹防방賊적勢셔되여서인ᄒ야몸을도로혀혼ᄇᆞ롤낫
　　　　　드라向향前젼擊격賊적勢셔ᄒ야혼번티고

3)문장과 그림의 반복이다. 첫 행의 '향좌방적세-향우방적세-향상방적세-향전격적세(일격)'의 반복이다. 〈그림 9-25〉의 (2)처럼 향우방적세를 마치면 칼이 몸 좌측으로 흐른다. 이때 칼의 흐름에 맞춰 몸을 좌로 돌려 '轉身(전신)'을 하면서 돌면 전방을 향하여 향상방적세가 된다〈그림 9-26〉의 (1). 이어서 몸이 앞을 향하면서 향전격적세를 한다〈그림 9-26〉의 (2).

(2)향전격적세(추가)   (1)향상방적세(추가)

그림 9-26. 쌍수도의 향상방적세·향전격적세

17) 又進一步以向前擊賊勢向左一擊 又進一步以向前擊賊勢向右一擊 (우진일보이향전격적세향좌일격 우진일보이향전격적세향우일격)

언해본 : 쏘흔거룹낫ᄃ라向향前젼擊격賊적勢셔로써왼녁ㅋ로흔번티고쏘흔바롤낫ᄃ라向향前젼擊격賊적勢셔로써올흔녀ㅋ로흔번티라

4) 문장의 반복이다. 같은 동작으로 그림이 생략되어 있어 기존 그림으로 배치한다〈그림 9-27〉.

(2)우일타(추가)   (1)좌일타(추가)

그림 9-27. 쌍수도의 좌일타·우일타

18) 轉身作三退防賊勢 (以此)退至原地 (전신작삼퇴방적세 (이차)퇴지원지)

언해본 : 몸을두로텨三삼退퇴防방賊적勢셔룰ᄒ야일로써므르ᄃ라제자히니르라

〈그림 9-28〉의 (1) 삼퇴방적세는 '向右一擊(향우일격)'을 마치고 '우회'를 막 시작한 자세다. 삼퇴방적세에서도 '우3회'를 사용하지 않았다. 제독검의 재퇴방적세는 쌍수도의 삼퇴방적세다. 그러나 뒤로 빠지는 보법이 다르기 때문에 자세가 서 있다〈그림 9-28〉의 (2).

(2)제독검의 재퇴방적세 　　　(1)쌍수도의 삼퇴방적세

그림 9-28. 쌍수도의 삼퇴방적세와 제독검의 재퇴방적세

기효신서의 재퇴방적과 무예제보의 삼퇴방적 그림이 같다〈그림 9-29〉.

(2)무예제보의 삼퇴방적 　　　(1)기효신서의 재퇴방적

그림 9-29. 기효신서의 재퇴방적·무예제보의 삼퇴방적

19) 回身進一足 以向前擊賊勢一擊 又進一步一擊(회신진일족 이향전격적세일격 우진일보일격)

언해본 : 몸을도로혀훈바롤낫드르며向향前전擊격賊적勢셔로써훈번티고쏘훈거롬낫드라向 향前전擊격賊적勢셔로써훈번티고

무예제보에는 '以此(이차)'의 문장이 있지만 쌍수도에서 생략되고 무예제보에 없는 '一擊 (일격)'의 문장이 추가 됐다. '초퇴방적세·재퇴방적세·삼퇴방적세' 다음 문장은 모두 '回身 進一足(회신진일족)'이다. '우회'를 마치고 전방을 향하면〈그림 9-30〉의 (1)처럼 우수우각 으로 향전격적세를 한다. 이어서 '좌각이 나가며 일격'한다〈그림 9-30〉의 (2). '又進一步一擊 (우진일보일격)'은 앞 문장 '向前擊賊勢一擊(향전격적세일격)'의 반복으로 '向前擊賊勢(향전 격적세)'가 된다.

(2)좌각일격(추가)　　　　　(1)향전격적세(추가)

그림 9-30. 쌍수도의 향전격적세·좌각일격

20) 轉身爲持劍進坐勢 (卽)爲拭劍伺賊勢 回身作藏劍賈勇勢畢. (전신위지검진 좌세 (즉)위식검사적세 회신작장검고용세필).

언해본 : 몸을두로텨持디劍검進진坐좌勢셔룰ᄒ여서卽즉시拭시劍검伺ᄉ賊적勢셔룰ᄒ 고몸을도로혀藏장劍검賈고勇용勢셔룰ᄒ고ᄆ츳라

향전살적세 후 즉시 '좌'로 돌면서(轉身:전신) 지검진좌세를 행하고〈그림 9-31〉의 (1), 칼 이 흘러 좌측 어깨로 가면 식검사적세가 된다〈그림 9-31〉의 (2). 처음 나온 식검사적세 8)번 에서는 還退一步(환퇴일보)로 '우각'이 퇴보하면서 행했다. 이 기법을 제독검에서는 洗腰(세 요)로 설명했다. 여기서는 마지막 동작이다. 제독검의 식검사적세처럼 '좌각'이 일보 나가며 洗腰(세요)를 하면〈그림 9-31〉의 (3), 자연스럽게 '回身(회신)'이 되어 후 방향으로 가면서 '좌 각'이 따라 가면서 장검고용세가 된다〈그림 9-31〉의 (4). 시작을 후방에서 했기 때문에 후방 에서 마무리한다. 쌍수도에서 제독검이 나왔기 때문에 같은 기법은 이렇게 분리하여 그렸 다. 무예도보통지는 이런 방식으로 그림을 그렸다, 때문에 파편처럼 떨어져 있는 그림을 찾 아야 기법을 해독할 수 있다.

(4)쌍수도의 장검고용세　(3)제독검의 식검사적세　(2)쌍수도의 식검사적세　(1)쌍수도의 지검진좌세(추가)

그림 9-31. 쌍수도의 지검진좌세·식검사적세·장검고용세와 제독검의 식검사적세

기효신서의 장검고용〈그림 9-32〉의 (1)과 무예제보의 장검고용〈그림 9-32〉의 (2), 예도 보통지의 장검고용세〈그림 9-32〉의 (3) 모두 후방 향에 '좌각'이 나가 있다. 무예제보에는 '卽(즉)'자가 있지만 생략됐다.

(3)무예도보통지의 장검고용세   (2)무예제보의 장검고용   (1)기효신서의 장검고용

그림 9-32. 기효신서·무예제보·무예도보통지의 장검고용세 비교

9-33. 쌍수도총도

十.

提督劍(제독검)

1
提督劍(제독검)과
雙手刀(쌍수도)의 關係(관계)

《무예도보통지》에 칼의 모양과 유래가 기록되어 있다. 이에 의하면 "칼등이 곧은 직도이며 길이가 3자 4치이고, 날의 넓이는 1치 5푼, 두께는 3푼 5리다. 칼 콧등은 9치이고 두 개의 구멍이 있다."고 했다.

〈제독검〉은 임진왜란 때 明(명) 제독으로 온 李如松(이여송: 자는 子茂(자무)는 철영위 사람이며 영원백 성량의 아들이다. 벼슬은 태자태보, 시호는 충렬이다. 요동출신으로 그의 5대조 英(영)은 본래 평안도 초산 사람이었는데, 明(명)에 귀화했다)이 쓰던 칼로 그가 조선을 떠날 때 시녀로 있던 통진 금씨에게 증표로 건넸다. 이 검을 운용하는 검술도 제독검이라는 명칭이 붙어있으며,《무예신보》편찬자는 〈제독검〉 14세가 이여송에 의해 만들어진 검법이라고 무예도보통지에 기록했다.

〈제독검〉은 기효신서·무비지·무예제보·무예제보번역속집에는 전혀 기록이 없고 오로지《무예도보통지》에만 기록되어 있다.

《懲毖錄(징비록)》에 의하면, "계사년(1593) 여름 병으로 서울 墨寺洞(묵사동)에 누웠는데 明(명) 장수 駱尙志(낙상지)[429]가 내가 누워있는 병실로 방문하여 말하기를, '조선이 미약

---

429 여조 사람, 좌참장으로 우리나라에 왔는데 천근을 들 수 있음으로 낙천근이라 불렸다.

502

하여 적이 아직도 남쪽 변경에 머물러 있어 우리 明(명)의 군사가 돌아가지 않고 머물러 있는 틈을 타서 병법을 익히고 조련하는 것이 나라를 지킬 수 있는 길이다.' 했다. 제(서애 유성룡)가 바로 장계를 올려서 금군 韓士立(한사립)으로 하여금 70여명을 모아 낙공에게 가르쳐 주기를 청하자, 낙공이 자기 장하의 張六三(장육삼) 등 10인을 뽑아 교사로 삼아 창과 칼·낭선 등을 연습시켰다. 그 기법은 곧 낙상지가 이 제독의 휘하에 있었기에 제독검의 이름이 여기에서 나오지 않았겠는가?"[430]고 했다. 이 기록은 이여송이 제독검을 창안한 것이 아니라 낙상지가 주도적으로 만든 것임을 밝히는 것이다. 제독검의 구성을 보면, 기효신서와 무비지를 바탕으로 쌍수도의 기법에 사용하는 방식의 검결이 있고, 본국검의 '내략·진전살적세·용약일자'의 검결이 결합되어 있다. 특히 본국검의 '내략'과 '용약일자'의 검결이 사용된 것을 보면, 조선에서 70여 명의 살수들과 함께 여러 무예와 함께 제독검을 만든 것이 아닌가 생각된다. 조선의 본국검이 비록 무예제보나 무예제보번역속집에는 없지만, 임진왜란 당시 조선에 남아 있었다는 것이다.

《宣祖實錄(선조실록)》에 의하면, "1598년 정유재란으로 明(명)군이 재출병했을 때 노량사장에서 明(명)의 진법과 무예를 참관하고 선조는 明軍(명군) 지휘관 진유격에게 우리나라의 검술(我國用劍技)과 말타기(我國馳馬技)를 보여주었다."는 기록이 있다. 이것은 조선의 군영에서 본국검과 예도와 같은 검술이 계승되었다는 것으로 본국검이 失傳(실전)된 것이 아님을 의미한다. 또한 제독검의 검결에 본국검의 검결이 있는 이유이기도 하다. 그렇다면 본국검을 무예제보나 무예제보속집에 기록하지 않은 것은 무슨 이유일까? 이에 대한 연구가 필요하다.

중국의 茅元儀(모원의)가 임진왜란 당시 입수한 조선세법을 무비지에 채록했지만 무비지에는 본국검이 없다. 그렇다면 조선세법을 보고 본국검이 조선세법에서 나왔음을 어떻게 알았을까? 이는 본국검의 기법이 조선의 군영에 있었지만 조선세법과 관련된 것을 모르고 있었다가 이후 무비지에 기록된 조선세법을 본 후 본국검이 조선세법에서 나온 것임을 비로소 알게 된 것으로 보인다.

---

430 《무예도보통지》 권 3, 〈제독검〉.

2

雙手刀(쌍수도)와
提督劍(제독검)의 差異(차이)

　1) 제독검에서는 쌍수도의 식검사적세와 지검진좌세처럼 사용하기 어려운 기법은 제외하여 다시 구성했다. 이것은 요도를 가지고 사용하기에는 적합하지 않기 때문에 제외한 것으로 보인다.

　2) 제독검은 요도를 사용함에 따라 장검기법인 쌍수도에서 불필요한 지검진좌세·식검사적세·섬검퇴자세의 기법을 검로에서 생략하고 요도법으로 재구성했다.

　3) 쌍수도의 좌우 방향과 제독검의 좌우 방향은 반대로 구성됐다. 쌍수도의 향좌방적세의 좌방향이 제독검의 향우격적세가 된다. 즉 방어의 '좌'는 공격의 '우'가 되고, 방어의 '우'는 공격의 '좌'방향이 된다.

　4) 쌍수도의 첫 시작은 향좌방적세로 방어를 시작하지만, 제독검은 진전살적세로 공격을 시작한다. 전체구성은 4번의 공격과 4번의 방어를 중시했다. 즉 첫 행은 진전살적세로 시작하여 향우방적세와 향좌방적세로 4번의 연속 회전공격이 중점이다. 두 번째 행은 향후격적세로 시작하고 향우방적세·향좌방적세로 4번의 연속 전진방어를 하는 것을 중점적으로 구성했다.

　5) 식검사적세는 제독검의 마지막에 검을 거두는 용도로 단 한번 사용했을 뿐 쌍수도에서 처럼 실전의 기법과 연결되진 않았다.

　6) 쌍수도는 초퇴방적세-재퇴방적세-삼퇴방적세를 하지만, 제독검에서는 초퇴방적세-재퇴방적세만 한다. 쌍수도의 초퇴-재퇴방적세는 '좌회'로 돌면서 빠지는 동일한 기법이므로

제독검에서는 '초퇴방적세' 한 번으로 마쳤다. 쌍수도의 삼퇴방적세는 제독검의 '재퇴방적세'다.

7) 제독검은 장도법의 기교적 기법보다는 군졸들이 실전에 필요한 단순한 기법을 익힐 수 있도록 구성했다. 조선에서 영류지목록의 장도를 쌍수도로 재구성한 것처럼 제독검은 쌍수도에서 검로의 중간에서 칼을 역수로 잡고 회전하는 '지검진좌세·섬검퇴자세'의 기법을 배제하고 좌우회전을 반복하여 횡격을 하도록 새롭게 구성했다.

8) 제독검에서는 영류지목록의 식검사적세의 기법을 검로의 마지막으로 옮김으로써 식검사적세를 실전적 기법으로 적용하지 않았다.

9) 제독검과 쌍수도와 같은 기법 중에서 '旋(선)'자로 쌍수도의 설명문을 대체했다. 때문에 쌍수도의 기법과 비교하며 원문을 해독해야 한다.

10) 쌍수도와 제독검의 기법적 특징은 쌍수도는 擊法(격법)으로 구성됐고, 제독검은 打法(타법) 중심으로 구성됐다. 즉 쌍수도는 칼의 흐름을 따라 몸이 움직였다면 제독검은 흐르는 칼의 힘을 정지시키며 사용했다. 때문에 같은 進前殺賊勢(진전살적세)라도 제독검에서는 進前殺賊勢(진전살적세) 기법을 '一打(일타)'로 사용하도록 했다. 즉 쌍수도의 진전살적세는 제독검에서 進前殺打勢(진전살타세)가 된다.

3

本國劍(본국검)과 提督劍(제독검)의 關聯性(관·련성)

본국검이 조선세법에서 파생된 것을 찾은 것은 검결을 통해서다. 본국검은 상고시대와 예맥으로부터 전해져 부여와 고구려를 거쳐 백제와 신라, 삼국에 전래된 검법이라 말하는 것이 옳을 것이다. 삼국에서 가장 약체였던 신라만 본국검의 검술을 익혔다는 것은 당시의 시대 상황에 맞지 않는다. 수많은 전쟁을 통해 무기와 무술의 교류는 서로 빠르게 공유될 수밖에 없다. 단지 신라가 삼국을 통일한 대가로 역사서술의 주도권을 가졌기 때문에 승자의 기록으로 미화한 것에 불과하다. 광개토호태왕비를 보면 체계적인 기록문화가 고구려에 있었음을 알 수 있지만, 망한 고구려의 무예서에 대한 기록은 흔적이 없다. 기록이 없다고 당시에 무예가 없었다고 할 수 없다.

쌍수도에는 기효신서의 영류지목록에 없는 자법이 추가되어 있다. 또한 제독검은 본국검의 '내략'과 '용약일자세' 그리고 진전살적세의 검결을 사용했다. 이것은 본국검과 제독검에 관련 있는 것으로 제독검은 조선의 무사가 참여한 것이 확실하다. 쌍수도와 제독검에 나오는 초퇴방적세·재퇴방적세·식검사적세·장검고용세 등의 그림과 문장을 비교함으로써 쌍수도의 기법에 부족한 자료를 제독검에서 보완하고 검증할 수 있다.

提督劍(제독검) 原文(원문)

1) 初作對賊出劍勢右手負劍左手左挾正立右手右脚前一打

2) 旋作進前殺賊勢右手右脚一打

3) 仍作向右擊賊勢右手右脚右廻一打

4) 又作向左擊賊勢左手左脚左廻一打進一步躍一足

5) 作向右擊賊勢

6) 又作向左擊賊勢

7) 仍作揮劍向賊勢右廻舉右足內掠

8) 作進前殺賊勢右手右脚一打

9) 仍作初退防賊勢左三廻退至原地

10) 右手右脚左廻一打作向後擊賊勢

11) 右廻身向前右手左脚作向右防賊勢左手右脚

12) 作向左防賊勢

13) 又作向右防賊勢

14) 又作向左防賊勢

15) 仍作進前殺賊勢右手右脚進一步前一打

16) 旋作勇躍一刺勢右手右脚向前直刺

17) 仍作向左擊賊勢右手左脚躍一步一打

18) 仍作揮劍向賊勢右廻舉右足內掠

19) 仍作進前殺賊勢右手右脚一擊

20) 又作再退防賊勢向後右三廻退至原地旋

21) 作進前殺賊勢右手右脚一打

22) 進一步又一打

23) 旋作拭劍伺賊勢以右劍拭于左肱仍洗腰

24) 左旋作藏劍賈勇勢左手負劍以右拳右脚前一打畢

提督劍(제독검) 解說(해설)

1) 初作對賊出劍勢右手負劍左手左挾正立右手右脚前一打
(초작대적출검세우수부검좌수좌협정립우수우각전일타)

〈제독검〉은 〈쌍수도〉처럼 지검대적세를 취하지 않고 검을 등에 메고 시작한다. 이를 對賊出劍勢(대적출검세)라 한다〈그림 10-1〉의 (1). 그러나 〈교전보〉에서는 부검정립(負劍左手左挾正立)이라 했다〈그림 10-2〉의 (1). 제독검의 '右手負劍左手左挾(우수부검좌수좌협)'이 교전보에도 있고 자세도 같다. 이렇게 같은 동작을 나누어 그림으로 지면을 활용하고 서로 연결하여 해석했다.

對賊出劍勢(대적출검세)는 이미 개별적으로 완성된 자세다. 그러나 뒤에 右手右脚前一打(우수우각전일타)가 있다. 이 해서이 중요하다. 제독검은 '(1)對賊出劍勢 (2)前一打 (3)旋 (4)進前殺賊勢'의 순서다. 여기에서 '(3)旋(선)'자는 회전의 동작이다. '旋(선)'자의 동작을 알기 위해서는 교전보의 그림과 문장을 비교해 보면 알 수 있다. 교전보의 〈그림 10-2〉의 (1)은 '甲'과 '乙'이 교전준비 전에 바로 선 자세다. 〈그림 10-2〉의 (2)는 '甲初作見賊出劍勢右手右脚前一打舉劍跳出又一打(갑초작견적출검세우수우각전일타거검도출우일타)'의 문장으로 〈그림 10-2〉의 (2)견적출검세는 부검정립상태에서 전방을 전일타하고 다시 '좌회'로 돌아 전방으로 견적출검세를 하며 우수우각으로 전일타하는 것이다. 제독검의 첫 문장의 동작과 일치한다.

즉 교전보에서는 '出(출)·回身(회신)'으로 '대적출검세-견적출검세'의 연결을 설명하고 표현했다. 이것을 제독검에서는 '旋(선)'자로 표현했다. 본국검에서는 '左一廻(좌일회)'가 된다. '旋(선)'은 '빠르다·돌리다·원을그린다·(제자리로)돌아오다'는 뜻으로 모두 '회전'과 관련이 있다. '旋作進前殺賊勢(선작진전살적세)'는 '좌일회'를 하며 치는 살적세다. 본국검에서는 '금계독립세-좌일회-진전살적세'의 연결동작이다. 때문에 대적출검세 뒤에 설명된 立右手右脚前一打(립우수우각전일타)는 교전보의 交劍(교검) 문장의 견적출검세에서 확인할 수 있다.

즉 교전보의 '(1)見賊出劍勢(견적출검세) (2)前一打(전일타) (3)跳出(도출) (4)又一打(우일타)'의 문장에 (2)전일타 (4)일타로 두 번의 打(타)가 있다. 이 문장이 제독검의 '(1)對賊出劍勢(대적출검세) (2)前一打(전일타) (3)旋(선) (4)進前殺賊勢(진전살적세)'가 된다. 이때 '旋(선)'의 동작은 진전살적세를 하기 위해 '左一廻(좌일회)'를 하면서 발이 뛰듯이 나가는 것으로 쌍수도의 향상방적세 자세가 된다. 이 보법과 회전을 교전보에서는 '跳出(도출)'로 설명했다. 특히 '(2)前一打(전일타) (3)旋(선) (4)進前殺賊勢(진전살적세)'로 연결되는 과정에 (3)旋(선:좌회)을 할 때, 〈그림 10-1〉의 (3)처럼 '향상방적세'를 하면서 돌면 〈그림 10-1〉의 (4)의 견적출검세가 된다. 마지막이 진전살적세가 된다〈그림 10-1〉의 (5).

즉 '(1)대적출검세 (2)전일타 (3)선(좌회-향상방적세) (4)견적출검세 (5)진전살적세'의 순서대로 동작이 된다〈그림 10-1〉. 이러한 전체의 동작을 하나로 연결한 검결을 '旋擊(선격)'으로 명명한다. 또한 '旋(선)=方+亻+疋'이다. '疋(필)'은 '발·다리'를 의미하며 '팔 다리를 펴다'는 뜻으로 양팔을 벌린 것이다. '方(방)'은 四方(사방)이다. 즉 '손발을 펴고 한 바퀴를 돌린다'는 개념이 '旋(선)'이다. '疋'자형에 향상방적세의 모습이 있다〈그림 10-1〉의 (3). 특히 (2)前一打(전일타)는 進前殺賊勢(진전살적세)처럼 검결을 사용하지 않았다. 즉 대적출검세에서 지검대적세처럼 전방으로 가볍게 자세를 취한다는 의미가 있기 때문에 검결을 사용하지 않은 것으로 사료된다. 이것은 (2)前一打(전일타) 뒤에 '旋(선)'이 있기 때문에 '좌회' 시 몸 중심을 안정시키기 위한 예비동작의 성격이 크다. 만일 몸이 회전한 것이 아니라 칼을 머리 위에서 회전하도록 한 것이라면, 왜검보에 사용된 한자가 '旋(선)'자가 아닌 '揮(휘)'자를 사용했을 것이다. 즉 쌍수도의 영향을 받은 제독검의 구성은 '회전'을 통해 공격을 하도록 구성되어 있다. 쌍수도의 가장 중요한 향상방적세 기법을 제독검에서 첫 시작에 유일하게 배치한 것으로 보인다.

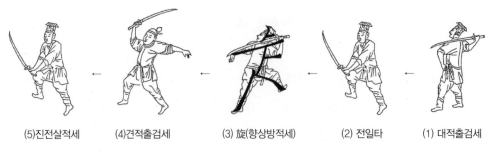

(5)진전살적세   (4)견적출검세   (3) 旋(향상방적세)   (2) 전일타   (1) 대적출검세

그림 10-1. 제독검의 대적출검세부터 진전살적세까지의 연결동작과 旋擊(선격)

(3)을의 견적출검세   (2)갑의 견적출검세   (1)교전보 갑·을의 부검정립

그림 10-2. 교전보의 부검정립과 갑·을의 견적출검세

2) 旋作進前殺賊勢右手右脚一打(선작진전살적세우수우각일타)

'좌회'로 돌면서 정면을 향하면 진적살적세를 타법으로 친다〈그림 10-1〉의 (5).

3) 仍作向右擊賊勢右手右脚右廻一打(잉작향우격적세우수우각우회일타)

'우회'로 돌면서 적의 목을 향하여 횡타를 한다〈그림 10-3〉의 (1).

4) 又作向左擊賊勢左手左脚左廻一打進一步躍一足(우작향좌격적세좌수좌각좌 회일타진일보약일족)

'좌회'로 돌면서 적의 목을 향하여 횡타를 한다〈그림 10-3〉의 (2).

5) 作向右擊賊勢(작향우격적세)

뒤의 문장에 '右手右脚右廻一打(우수우각우회일타)'가 생략됐다〈그림 10-3〉의 (1).

6) 又作向左擊賊勢(우작향좌격적세)

뒤의 문장에 '左手左脚左廻一打進一步躍一足(좌수좌각좌회일타진일보약일족)'이 생략됐다〈그림 10-3〉의 (2).

제독검의 문장은 본국검의 문장형식과 같다. 제독검은 쌍수도에서 파생된 검술로 쌍수도와 비교하면 이해하기 수월하다. 쌍수도는 첫 시작을 방어기법인 향좌방적세와 향우방적세로 했다〈그림 9-3 〉. 그러나 제독검은 공격기법인 향우격적세·향좌격적세인 격법으로 시작했다〈그림 10-3〉.

〈그림 10-3〉의 (1) 향우격적세는 '우회' 이후 우수우각 打法(타법)으로 공격하는 '右橫擊(우횡격)'을 한 자세다. 조선세법의 '탁탑세' 기법이다. 〈그림 10-3〉의 (2) 향좌격적세는 '좌회' 후, '좌각좌수'로 '左橫擊(좌횡격)'을 한 자세다. 조선세법의 '작의세' 기법이다. 여기서 '擊(격)'과 '打(타)'의 기법의 차이가 생긴다. 조선세법의 橫擊(횡격)은 칼이 계속해서 흐르기 때문에 몸이 칼을 따라 흐르지만 제독검은 橫打(횡타)다. 즉 칼을 타법으로 끊어치기 때문에 칼이 흐르지 않아 칼이 흐르는 반대 방향으로 몸을 회전해야 한다. 이 기법에서 주의해야 할 것은 〈그림 10-3〉의 (1)(2)처럼 가슴이 열리지 않도록 칼을 사용해야 한다. 가슴이 열리면 동작이 커서 멋스럽게 보일지는 몰라도 실전에서는 상대가 공격할 수 있는 공간을 주어 매우 위험하다. 베기 수련을 함에 있어 많은 수량을 베는 것은 몸의 중심이 좌우로 기울어지는 습관과 다음 동작을 신속히 할 수 없어 실전에는 위험한 자세가 될 수 있다.

〈그림 10-3〉의 (2) 향좌격적세는 향우격적세와 공격방향이 다르다. 그럼에도 칼날이 향우격적세와 같다. 그렇다면 잘못 그린 것인가? 이 그림을 잘 이해해야 왜검보를 그린 방식을 이해할 수 있다. 향우격적세는 '좌측'에서, 향좌격적세는 '우측'에서 보고 그린 것이다. '횡격'은 목을 수평으로 치는 것이고, '요격'은 허리를 수평으로 치는 것이다. 여기서 간과해서는 안 될 중요한 수법이 숨어있다. '右橫打(우횡타)'나 左橫打(좌횡타) 이후 칼을 뒤로 빼야한다. 이때 수평으로 뻗은 양손을 그대로 뒤로 빼야한다. 그렇게 되면 '칼등'이 뒤로 간다. 이 기법을 '脊退(척퇴)'로 명명한다. 또한 회전력을 이용하여 '左(좌)'나 '右(우)'로 회전하게 되면

칼은 '좌장'과 '우장'으로 된다. 이 기법을 '脊揮(척휘)'로 명명한다. 이 두 기법을 정확하게 사용하지 않으면 몸의 중심이 흔들려 횡타가 불안정하게 된다.

(2)향좌격적세　　　　　　　(1)향우격적세

그림 10-3. 제독검의 향우격적세와 향좌격적세

(4)향좌격적　　　(3)향우격적　　　(2)향좌격적　　　(1)형우격적

그림 10-4. 향우격적과 향좌격적의 연속동작

7) 仍作揮劍向賊勢右廻擧右足內掠(잉작휘검향적세우회거우족내략)

'휘검향적세-진전살적세'의 순서는 본국검의 '내략-진적살적세'다. 제독검에 본국검의 첫 시작 기법을 결합시킨 것이다. 여기서 '휘검향적세'의 기법을 설명하는 것이 '右廻擧右足內掠(우회거우족내략)'이다. 즉 '휘검향적'의 揮劍(휘검)은 '내략'을 하기 전에 향좌격적세에서 '우회'를 하기 위해 칼을 돌려 머리 위로 올리고 '좌각'을 축으로 팽이처럼 전방으로 돌게 된다. 이때 '우측 발을 가볍게 들어'(右足:우족) '내략'을 한다. 즉 '휘검향적'은 '내략'을 행하기 전에 나타나는 신법과 수법이다.

'휘검향적세'는 세 개의 그림이 존재한다. 휘검향적세를 시작하는 첫 번째 단계는 무비지의 휘검향적세다〈그림 10-5〉의 (1). 두 번째 단계는 중간쯤 진행된 쌍수도의 휘검향적세다〈그림 10-5〉의 (2). 세 번째 단계는 제독검의 '휘검향적세'다〈그림 10-5〉의 (3). 이러한 진행에서 보듯 제독검은 본국검의 기법과 쌍수도의 기법이 연결되어 있다.

(3)제독검의 휘검향적세   (2)쌍수도의 휘검향적세   (1)방향전환 된 무비지의 휘검향적

그림 10-5. 무비지·쌍수도·제독검의 휘검향적세 비교

제독검의 휘검향적세-진전살적세와 쌍수도의 휘검향적세-진전살적세의 연결동작이다.

(1)제독검의 진전살적세·휘검향적세   (2) 쌍수도의 진전살적세·휘검향적세

그림 10-6. 쌍수도의 진전살적세·휘검향적세와 제독검의 진전살적세·휘검향적세

8) 作進前殺賊勢右手右脚一打(작진전살적세우수우각일타)

향좌격적세를 한 후 '우회'를 하면서 '내략'을 하면, 칼을 잡은 손이 'X'자 되어 '좌각'이 체보
로 나가며 '우각'이 나가며 진전살적세 타법으로 친다..

(2)진전살적   (1)휘검향적

그림 10-7. 휘검향적과 진전살적 연결동작

9) 仍作初退防賊勢左三廻退至原地(잉작초퇴방적세좌삼회퇴지원지)

제독검의 초퇴방적세는 좌로 돌아 물러나며 방어하는 기법이다〈그림 10-8〉의 (1). 쌍수

도의 초퇴방적세와 재퇴방적세의 '좌회'는 같다. 그러나 보법과 기법은 다르다. 제독검의 초퇴방적세는 조선세법의 '발사세'처럼 앞에 나가 있는 '우각'이 한번에 왼발 앞쪽으로 넘기듯 이동한다. 제독검의 초퇴방적세는 '右手右脚左廻一打(우수우각좌회일타)'로 좌회를 하면서 방어를 하는 기법이다. 몸을 돌리며 칼을 밑에서 위로 올려 대검처럼 막는다〈그림 10-8〉의 (1).

이에 반해 〈그림 10-8〉의 (2) 쌍수도의 초퇴방적세는 '우각(진전살적)'에서 몸의 방향만 '좌회'하기 위해 돌린 자세다. 〈그림 10-8〉의 (3) 재퇴방적세는 '좌각(일자)'에서 '좌각'이 一步(일보) 뒤로 빠지며 '좌회'를 막 시작한 자세다. 그러나 제독검의 초퇴방적세는 조선세법의 '발사세'로 '우각(진전살적)' 상태에서 '우각'을 들어 한 번에 뒤로 넘어가며 '좌회'를 하는 자세다. 이렇게 되면 한번에 2步(보)를 퇴보한 것이다. 〈그림 10-9〉의 (1) 제독검의 초퇴방적세에는 쌍수도에 없는 '左三廻(좌삼회)'가 추가 됐다. 이 '左三廻(좌삼회)'의 해석이 매우 중요하다.

제독검의 첫 행은 대적출검세 자세로부터 '(1)전일타-(2)진전격적세-(3)향우격적세-(4)향좌격적세-(5)향우격적세-(6)향좌격적세-(7)내략(휘검향적)-(8)진전살적세'로 8개다. 그렇다보니 전방으로 8보 나간 것으로 생각하기 쉽다. 그러나 '향우격적세·향좌격적세·향우격적세·향좌격적세' 4동작은 좌우 대칭으로 되어 있다. 좌우로 4번 반복했기 때문에 전 방향으로 2보 정도밖에 나가지 않는다. '내략'도 향좌격적세 앞에서 '좌각'을 축으로 '우회'하며 '휘검향적세'를 했기 때문에 반족장 정도 나가며 '우각'이 나가 진전살적세를 한다. 대략 전체적으로 5步(보) 정도 나간 거리다. 전통단체가 행하는 동작처럼 '세 바퀴'를 팽이처럼 돌게 되면 원지를 훨씬 벗어나게 된다.

(3)쌍수도의 재퇴방적세   (2)쌍수도의 초퇴방적세   (1)제독검의 초퇴방적세

그림 10-8. 제독검의 초퇴방적세와 쌍수도의 초퇴·재퇴방적세의 비교

'左三廻(좌삼회)'는 세 바퀴가 아니라 '좌회'로 회전할 때 움직인 발의 숫자다. 이때의 자세를 세 번으로 나누어 그린 것이 〈그림 10-9〉의 (1)(2)(3)이다. 제독검의 초퇴방적세는 한번에 2步(보) 거리를 이동했다. 〈그림 10-9〉의 (1) 초퇴방적은 '우각'이 한번에 뒤로 넘어간 것이다. 〈그림 10-9〉의 (2)의 재회방적은 '우각'이 지면에 닿고 몸이 후방을 향하고 칼날은 초퇴방적세로 칼날이 대검처럼 위로 된 상태를 유지한다. 〈그림 10-9〉의 (3)의 삼회방적은 '좌회'하면 '좌각'이 뒤로 一步(일보) 빠지며 전방을 보고 뒤따라오는 적을 대적한다. 즉 회전이 완료되면 중단세를 취한다. 이렇게 되면 원지 근처로 돌아오게 된다. 때문에 각 '회전'의 상태에 따라 '再回(재회)·三回(삼회)'라 표현했다. 특히 제독검의 '초퇴방적세'는 실전에서 매우 무서운 기법으로 사용되었을 것으로 사료된다. 발사세로 발을 빼고 '좌회'와 동시에 '좌각'을 축으로 대검을 유지한 상태에서 한바퀴 돌아 찌르면 준비 없이 연속 공격하던 적은 꼼짝없이 당할 수밖에 없다. 현재 이 기법은 일본에 남아 있다. 이 기법을 '戴劍廻刺(대검회자)'라 한다. 쌍수도나 제독검은 각각의 교전법을 연무형태로 묶어 구성했다. 김체건의 교전법인 경우는 일대일의 겨루기 교전술로 구성되어 있지만, 쌍수도와 제독검의 경우는 혼전의 경우에 교전하는 술기들을 중심으로 구성한 것이다.

(1)초퇴방적   (2)재회방적   (3)삼회방적   (4)향후방적

그림 10-9. 제독검총도의 연속회전 동작

10) 右手右脚左廻一打作向後擊賊勢(우수우각좌회일타작향후격적세)

초퇴방적세의 마지막 '3회' 三回防賊(삼회방적)을 마치면 삼회방적은 전방을 향하게 된다 〈그림 10-9〉의 (3). 이때 뒤를 향해 '좌회'를 하고 向後擊賊(향후격적)을 타법으로 한다〈그림 10-10〉. 제독검총도에는 '좌회'의 표시가 생략됐다. 본국검에서도 금계독립세에서 진전격적세로 연결될 때, 원문에 '左一廻(좌일회)'가 있으나 본국검총도에서는 생략됐다. 따라서 원문

중심으로 해독하면서 생략된 이유를 찾아야 한다. 우리의 검술에는 이처럼 기법과 기법을 연결하는 방식에 회전이 많다. 회전하며 춤추는 것은 우리 문화의 특질이 검무에 있기 때문이다. 제독검은 '초퇴방적세-향후격적세'이고 쌍수도의 '초퇴방적세-진전격적세'다. 따라서 전방을 향해 '좌회'로 進前殺賊勢(진전살적세)를 한다. 즉 전후공격을 대칭적으로 구성했다.

그림 10-10. 제독검의 향후격적세

11) 右廻身向前右手左脚作向右防賊勢左手右脚(우회신향전우수좌각작향우방적세좌수우각)

제독검의 첫 번째 행 3) 4) 5) 6)은 '향우격적세-향좌격적세-향우격적세-향좌격적세'로 4번의 좌우 공격으로 구성됐다. 두 번째 행 11) 12) 13) 14)는 '향우방적세-향좌방적세-향우방적세-향좌방적세'로 4번 방어로 구성됐다. 즉 '연속좌우 4번 공격'과 '연속좌우 4번 방어'를 중심으로 구성한 것이 제독검이다. 특히 3) 4) 5) 6)은 쌍수도나 본국검에 없는 '좌우횡격'의 기법이다.

'右廻身向前右手左脚(우회신향전우수좌각)'은 향우격적세를 마치고 전방을 향하여 '우회'를 하는 방식에 대한 문장이다. 〈그림 10-11〉의 (1) 향우방적세(내략)는 '좌수우각' 내략 자세다. 즉 '右廻身向前右手左脚(우회신향전우수좌각)'에서 '우수좌각'은 향우방적세의 보법과 수법을 설명하는 것이 아니라 향후격적세에서 향우방적세로 전환하기 위해 '우회'를 할 때 향우격적세의 '우각'에서 다시 '좌각'이 후방으로 一步(일보) 나간다는 설명문이다.

'좌각'이 나가 '우회'를 해야만 향우방적세(내략)가 자연스럽고 실전에서도 이 족법이 안전하다. 향우격적세는 '우각'이 앞에 있다. 만일 '우각'이 뒤로 빠지면 '右手左脚(우수좌각)'의 문장과 배치된다. 전통무예단체는 '향우방적세'와 '향좌방적세'의 문장을 잘못 이해한 관계로 '내략'을 '외략'으로 하고 있다. 휘검향적세는 '우회'를 한 이후 '내략'을 한 것이고, '향우방적세·향좌방적세'는 회전 없이 앞으로 나가며 '내략'을 한 것이다.

특히 향우방적세와 향좌방적세에 미묘한 보법의 변화가 숨어 있다. 〈그림 10-11〉의 (1)의 향우방적세는 칼을 잡은 손이 'X'자로 꼬여있다. 이 상태에서 내략을 하면 체보가 일어나 뒷발이 앞으로 따라 나가게 된다. 그러나 〈그림 10-11〉의 (2)의 향좌방적세는 손이 꼬이지 않았다. 따라서 올려쳐도 체보가 일어나지 않아 뒷발이 따라가지 않는다. 즉 향우방적세에서 이미 체보로 좌각이 앞에 있는 상태이기에 내략으로 올려치기만 하면 된다.

(2)향좌방적세   (1)향우방적세

그림 10-11. 제독검의 향우방적세와 향좌방적세

12) 作向左防賊勢(작향좌방적세)
13) 又作向右防賊勢(우작향우방적세)
14) 又作向左防賊勢(우작향좌방적세)

쌍수도의 대칭적 기법으로 제독검이 구성된 관계로 제독검의 향우방적세는 쌍수도의 향좌방적세와 기법이 같다. 즉 〈그림 10-12〉는 쌍수도의 향좌방적세로 진행된 것이 제독검의 향우방적세로 두 그림은 연속된 동작이다. 쌍수도와 제독검의 좌우 방향을 이해하지 못하면 같은 동작에 다른 검결이 붙여진 이유를 알 수 없게 된다.

(2)쌍수도의 향좌방적세   (1)제독검의 향우방적세

그림 10-12. 제독검의 향우방적세와 쌍수도의 향좌방적세

제독검의 향우방적세〈그림 10-12〉의 (1)과 쌍수도의 향우방적세〈그림 10-13〉의 (2)는 검결이 같다. 그러나 제독검은 아래를 막고 쌍수도는 위를 막는다.

(2)쌍수도의 향우방적세   (1)제독검의 향좌방적세

그림 10-13. 제독검의 향좌방적세와 쌍수도의 향우방적세 비교

아래 〈그림 10-14〉는 제독검총도의 향우방적과 향좌방적의 연속동작이다.

(4)향좌방적   (3)향우방적   (2) 향좌방적   (1)향우방적

그림 10-14. 제독검총도의 향우방적-향좌방적-향우방적-향좌방적의 연속동작

15) 仍作進前殺賊勢右手右脚進一步前一打(잉작진전살적세우수우각진일보전일타)

향좌방적세는 '좌각'이 나가있다. '우각'이 나가며 진전살적세를 타법으로 한다.

16) 旋作勇躍一刺勢右手右脚向前直刺(선작용약일자세우수우각향전직자)

제독검의 용약일자세는 '右手右脚(우수우각)'이고 정면이다. 앞서 진전살적세가 '우수우각'으로 마쳤다. 15)진전살적세는 빗겨치기 때문에 칼이 흐른다. 뒤에 '前一打(전일타)'를 하여 진전살적세를 打法(타법)으로 하도록 했다. 여기서 간과해서 안될 것이 있다. 바로 '旋作勇躍一刺勢(선작용약일자세)'의 '旋(선)'이다. 무예도보통지에서 '旋(선)'자가 있는 22)旋作拭劍伺賊勢(선작식검사적세) 23)左旋作藏劍賈勇勢(좌선작장검고용세) 등과 교전보 문장에서 반드시 팔을 벌려 회전을 한다. 그러나 제독검총도에는 그 회전이 생략됐다. 그러나 제독검의 구성은 각 기법이 회전으로 연결됐다. 회전을 전제로 하면, '좌각'을 축으로 '좌회'하면 '우각'이 뒤로 가면서 전방을 보게 된다. 이때 '우각'이 다시 나가며 칼을 돌려 찌른다. 이것은 조선세법의 '충봉세' 기법이다. '용약일자세는 본국검에 나오는 검결이다. 〈그림 10-15〉의 (1) 제독검의 용약일자세는 '右手右脚(우수우각)'로 '우각'이 나가 있다. 〈그림 10-15〉의 (2) 본국검의 용약일자세는 '右手左脚(우수좌각)'으로 '좌각'이 나가 있다. 본국검의 용약일자세는 측면에서 칼을 돌리지 않고 곧게 찌른 것이다. 쌍수도 11)에서 '진전살적세 - 일자'는 진전살적세에서 '좌회'를 하지 않고 곧게 나아가며 찌른다. 그렇기에 '뛴다'는 개념이 없다. 때문에 검결이 없고 제독검에서는 '旋'자가 있어 '좌회'로 돌아 앞으로 뛰어나가듯 찌르기에 '용약일자세'란 검결을 갖는다.

(2)본국검의 용약일자세   (1)제독검의 용약일자세

그림 10-15. 제독검의 용약일자세와 본국검의 용약일자세 비교

17) 仍作向左擊賊勢右手左脚躍一步一打(잉작향좌격적세우수좌각약일보일타)

제독검총도에 향좌격적세의 '좌회' 표시가 생략됐다. 향좌격적세의 '좌회'는 제독검의 흐름에 중요하다. 17)의 향좌격적세는 4)의 又作向左擊賊勢左手左脚左廻一打進一步躍一足(우작향좌격적세좌수좌각좌회일타진일보약일족)의 문장에 있는 '좌회'가 생략됐다. 뿐만 아니라 '左廻(좌회)'는 5)作向右擊賊勢(작향우격적세) 6)의 又作向左擊賊勢(우작향좌격적세) 전체 문장도 생략됐다. 그러나 제독검총도에는 회전이 표시되어 있다. 쌍수도총도의 경우에도 초퇴방적세·재퇴방적세·삼퇴방적세의 회전 그림이 모두 생략되어 있다. 때문에 원문과 원문 전체의 구성과 검술의 흐름을 잘 파악하고 해석해야 한다. 그렇지 않으면 총도와 원문의 불일치를 해소할 수 없다. 만일 '좌회'를 생략하고 향좌격적세를 하게 되면 용약일자세가 '우각'이기 때문에 '좌각'이 나가며 칼을 우측 어깨로 당기며 동시에 수평으로 눕힌 다음에

횡격해야 한다. 이렇게 되면 '躍一步(약일보)'보다 '進一步(진일보)'로 해야 한다.

또한 3)仍作向右擊賊勢右手右脚右廻一打(잉작향우격적세우수우각우회일타)의 향우격적세는 향좌격적세에 있는 '躍一足(약일족)'이 없다. 즉 '좌회'를 하는 향좌격적세에는 '躍(약)'자를 사용하고 '우회'를 하는 향우격적세에는 '躍(약)'자를 사용하지 않아 보법의 차이를 구분했다. 17)향좌격적세에 '躍一步(약일보)'가 있는 것은 '좌회'와 연결되어 있기 때문에 사용한 것이다. '躍一步(약일보)'를 '일보 펄쩍 뛴다'고 해석하여 개구리처럼 펄쩍 뛰며 칼을 사용하는 것은 '躍(약)'의 개념을 잘못 이해한 것이다. '躍(약)'은 도약하는 것처럼 발이 떨어져 나간다는 개념이지 몸이 날듯이 뛰는 것이 아니다.

18) 仍作揮劍向賊勢右廻擧右足內掠(잉작휘검향적세우회거우족내략)

7)의 仍作揮劍向賊勢右廻擧右足內掠(잉작휘검향적세우회거우족내략) 문장과 같다. 17)향좌격적세는 '좌각'이다. '우각'을 고정하고 '우회'를 하면 '좌각'이 뒤로 一步(일보) 퇴보하게 된다. 연이어 내략을 하면 '좌각'이 앞으로 나가게 된다. 즉 '우각'을 중심으로 360° 회전한 것이다.

〈그림 10-16〉은제독검의 용약일자세-향좌격적세-휘검향적세(내략)-진전살적세의 연결 동작이다.

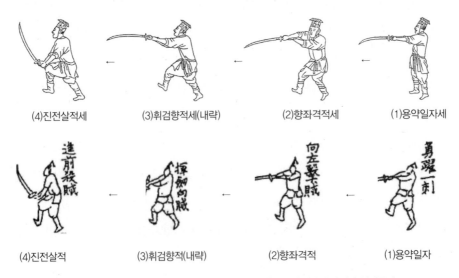

(4)진전살적세 (3)휘검향적세(내략) (2)향좌격적세 (1)용약일자세

(4)진전살적 (3)휘검향적(내략) (2)향좌격적 (1)용약일자

그림 10-16. 제독검총도의 용약일자-향좌격적-휘검향적-진전살적 까지의 연결동작

〈그림 10-17〉은 휘검향적이 연결되는 동작을 각기 다르게 그렸다. 연결하면 내략의 동선을 알 수 있다. 본국검의 '내략'을 제독검에서는 '휘검향적세'라 했다. '휘검'은 '내략'에 이르기 전의 칼을 휘두르는 동작이다.

그림 10-17. 휘검향적의 연결동작

19) 仍作進前殺賊勢右手右脚一擊(잉작진전살적세우수우각일격)

8)의 作進前殺賊勢右手右脚一打(작진전살적세우수우각일타) 문장과 같다. 차이는 '擊(격)'이 아니라 '打(타)'다. 擊(격)의 기법으로 한다. 첫 행의 마지막 6)향좌격적세-7)내략-8)진전살적세가 두 번째 행의 마지막 17)18)19)에서 반복됐다. 이 기법은 본국검의 '내략-진전격적세'의 연결기법과 같다.

20) 又作再退防賊勢向後右三廻退至原地旋(우작재퇴방적세향후우삼회퇴지원지선)

'旋(선)·向後(향후)·右三廻(우삼회)'는 모두 몸의 회전을 나타내는 용어다. 쌍수도의 '삼퇴방적세'가 제독검에서 '재퇴방적세'로 됐다. 그러나 그림의 자세가 다른 것은 쌍수도는 향우격적세가 '좌각'으로 마쳤기 때문에 발의 움직임 없이 몸만 뒤로 빠지기 위해 취한 것이다. 때문에 〈그림 10-18〉의 (2) 자세가 된다. 그러나 제독검의 재퇴방적세는 진전살적세를 '우각'으로 마쳤다. 때문에 '우각'을 뒤로 옮기면서 재퇴방적세 자세가 됐다〈그림 10-18〉의 (1). 쌍수도와 제독검의 초퇴방적세·재퇴방적세·삼퇴방적세는 총 5개이지만 모두 다른 방식으로 구성되어 있다. 실전에서 후퇴할 때 발생할 수 있는 모든 보법을 넣은 것을 보면 당시 무예도보통지를 만든 무인들의 실전적 경험이 매우 뛰어났음을 충분히 유추할 수 있다. 또한 이러한 특징을 정확히 표현한 화공의 솜씨에 놀라울 뿐이다.

(2)쌍수도 삼퇴방적세   (1)제독검 재퇴방적세

그림 10-18. 제독검의 재퇴방적세와 쌍수도의 삼퇴방적세

쌍수도의 삼퇴방적세 17)轉身作三退防賊勢 (以此)退至原地(전신작삼퇴방적세 (이차)퇴지원지)와 재퇴방적세의 20)문장은 다르다. 재퇴방적세에는 '右三廻(우삼회)'의 숫자가 추가됐다. 제독검의 재퇴방적세는 '우회'로 돌면서 뒤로 빠지며 방어하는 기법이다. 앞에서 설명한 것처럼 〈그림 10-19〉의 (1)(2)(3)은 '우회'할 때마다 취해진 자세를 세 개로 구분하여 그린 것이다. 초퇴방적세의 원지를 기준으로 움직인 거리를 보폭으로 세어 보면, 10)향후격적세에서 一步(일보) 뒤로 갔다가 다시 향우방적세로 전환 右廻身向前右手左脚(우회신향전우수좌각)'에서 또 一步(일보) 뒤로 물러났다. 즉 원지에서 보면 '2보' 퇴보한 거리다. 11)12)13)14)의 '향우방적세-향좌방적세-향우방적세-향좌방적세'의 4步(보)는 원지에서 2보 뒤에서 시작했기 때문에 2步(보)가 전방으로 나간 것이 된다. 15)진전격적세에서 '우각' 一步(일보), 16)용약일자세도 '좌회'하며 '우각'이 一步(일보), 17)향좌격적세에서 '우각'을 축으로 '좌회'하여 좌각이 一步(일보), 18)휘검향적세는 '좌각'을 축으로 제자리에서 '우회'로 돌아 '내략'을 하기 때문에 보폭의 움직임이 없다. 19)진전살적세에서 '우각'이 一步(일보) 나갔다. 즉 10)~19)까지 보폭을 대략 세어보면 실질적으로 앞으로 나간 것은 5步(보) 정도다. 다시 뒤로 빠진 보폭의 거리를 세면, 20)의 재퇴방적세〈그림 10-19〉의 (1)은 '우각'이 뒤로 一步(보) 퇴보한 것이고, 재회방적〈그림 10-19〉의 (2)는 재퇴방적세에서 몸만 돌려 뒤를 보고 자세를 취한 것으로 보폭의 이동이 없다. 삼회방적〈그림 10-19〉의 (3)을 하기 위해 '우각'을 축으로 돌면서 '좌각'이 一步(일보) 퇴보하며 돌면 전방을 보게 되고, '우회'의 원심력에 따라 회전 없이 그대로 '우각'만 一步(일보) 퇴보하여 총 三步(삼보)를 퇴보했다. 그러나 21)의 재퇴방적세의 보폭은 한 번에 二步(이보)를 퇴보했기 때문에 실질적으로 4步(보)를 퇴보한 것으로 一步(일보) 부족한 원지로 온다. 22)진전살적세에서 다시 '좌각'이 一步(일보) 나아가 원

지에서 2步(보)가 나가게 된다. 23)식검사적세에서 '좌회'로 '좌각'이 一步(일보) 퇴보한 후 다시 '우각'이 1보 나갔다. 그러나 식검사적세는 회전방식에 따라 보폭이 뒤로 더 물러날 수도 있다. 여기까지 대략 三步(삼보) 앞으로 나갔다. 그러나 식검사적세의 '洗腰(세요:좌측 어깨에 있는 칼을 오른쪽으로 펼치며 허리를 베는 기법)'를 위해 '우각'이 一步(일보) 퇴보하면서 세요를 하면, 또 다시 一步(일보)가 퇴보하게 되면서 몸이 돌아 후방을 향하게 된다. 24)장검고용세는 후방에서 '좌각'을 축으로 '좌회'를 하지만 보폭은 크게 움직이지 않아 원지에서 끝나게 된다. 이렇게 보폭을 풀어서 해석하는 것은 '左三廻(좌삼회)'가 빙빙 세 바퀴를 도는 것이 아니라 三步(삼보) 이동한 것임을 설명하기 위한 것이다. 이 '左三廻(좌삼회)'의 해석을 잘못하면 검로의 거리가 길게 늘어져 원지에서 멀리 떨어지게 된다. 그렇다보니 이 거리를 맞추기 위해 제독검에 사용된 모든 기법의 보법이 무리하게 앞으로 나가게 되어, 원지로 돌아올 때는 뛰어오거나 춤사위처럼 빙빙돌게 된다. 그렇게 되면 칼이 머리 위에서 빙빙돌 뿐 〈그림 10-19〉의 (2)(3)의 재회방적과 삼회방적의 자세처럼 되지 않는다. 중요한 것은 이 보폭의 수는 절대적인 것은 아니다. 즉 모든 기법은 원문과 똑같이 하면서도 전후 간의 거리는 '회전'으로 얼마든지 조절할 수 있다.

　　〈그림 10-19〉의 (2)의 재회방적은 〈그림 10-19〉의 (1) 재퇴방적에서 몸이 뒤를 향할 때 손목을 돌려 몸 중심으로 행하고 이 상태를 유지하여 몸이 전 방향을 향하면 〈그림 10-19〉의 (3)의 자세가 된다. 앞에 나온 초퇴방적세의 再回防賊(재회방적)〈그림 10-9〉의 (2)와 지금의 재퇴방적세〈그림 10-19〉의 (2)의 칼의 모양은 같다. 그러나 초퇴방적세는 대검에서 '좌회'를 하기 때문에 손목을 돌리는 작용이 없이 향후를 향한다. 또한 앞에 나온 초퇴방적세의 三回防賊(삼회방적)〈그림 10-9〉의 (3)과 〈그림 10-19〉의 (3) 재퇴방적 칼날이 다르다. 그것은 '좌회'와 '우회'의 차이와, 三廻(삼회) 이후 초퇴방적세는 향후격적을 하고 재퇴방적세는 진전살적을 하기 때문에 칼날의 위치가 다른 것이다.
　　재퇴방적세의 '삼회방적-진전살적세'는 마치 도리깨질 하듯이 칼이 운용된다. 이처럼 회전을 하면서 각각의 기법이 다르게 사용되는데 이것을 무시하고 칼을 빙빙 돌리면 이 기법이 모두 사라진다. 칼은 몸의 중심을 기준으로 방향전환이 되기 때문에 이러한 손목의 작용수법을 모르면 칼을 들고 방향전환을 위해 칼을 휘두를 때 다음 기법과 연결이 부자연스럽게 된다.

20) 문장의 '退至原地旋(퇴지원지선)'의 '旋(선)'을 '물러나 원지로 돌아온다'는 동사로 해석할 수 있으나 뒤에 나올 21)의 문장과 연결하여 해석해야 한다. 즉 '旋(선)'은 '팔을 편다'는 의미와 진적살적세와 연결된다. 즉 재퇴방적세에서 '우회'를 할 때 팔을 펴서 돌아 진전살적세를 한다.

(1)재퇴방적   (2)재회방적   (3)삼회방적

그림 10-19. 제독검의 재퇴방적 연속 동작

21) 作進前殺賊勢右手右脚一打(작진전살적세우수우각일타)

우수우각의 진전살적세를 타법으로 친다.

22) 進一步又一打(진일보우일타)

진전살적세를 연속해서 타법으로 두 번을 친다. 첫 번째가 '우수우각'이다. 그 다음 '進一步(진일보)'이면 '좌수좌각'이 된다. 9)초퇴방적세는 '좌3회'를 한 다음에 10)후격적세를 한다. 그래서 후격적세 문장인 10)右手右脚左廻一打作向後擊賊勢(우수우각좌회일타작향후격적세)에는 '左廻(좌회)'가 있으나, '우3회'를 하는 재퇴방적세 다음의 진적살적세의 문장에는 '右廻(우회)'가 없다. 이것은 '우3회'를 하면 '우각'이 뒤로 빠진 상태에서 몸이 전방을 향하기 때문에 '우회'를 할 필요가 없기 때문이다. 진전살적세는 뒤에 있는 '우각'이 나가며 한다.

23) 旋作拭劍伺賊勢以右劍拭于左肱仍洗腰(선작식검사적세이우검식우좌굉잉세요)

22)一打(일타)는 '좌각'으로 마쳤다. 전방을 향해 '좌회(旋:선)'를 하면서 칼을 역수로 잡고 돌아 식검사적세를 하면 '좌각'이 나가 있는 〈그림 10-20〉의 (2)가 된다. '旋(선)'자가 있는 것은

양팔이 벌려져 회전된 것을 나타낸다. 제독검의 식검사적세는 좌측 어깨(左肱)의 칼이 오른쪽으로 펼치며 돌아가기 때문에 洗腰(세요)다. 즉 '洗法(세법)'이다. 洗腰(세요)에서 '洗法(세법)'을 모르면 '씻는다'고 해석하여 칼에 묻은 피를 어깨로 씻는 것으로 하게 된다. 본국검의 좌요격세·우요격세는 '左劍洗(좌검세)·右劍洗(우검세)'로 '洗法(세법)'이다.〈그림 10-20〉의 (1)쌍수도의 식검사적세는 '進坐(진좌)'가 있기 때문에 칼의 흐름에 의해 '우각'이 나가고, 제독검은 '進坐(진좌)'가 없기 때문에 '좌각'에서 식검사적세를 하게 된다.

(2)제독검의 식검사적세   (1)쌍수도의 식검사적세

그림 10-20. 쌍수도와 제독검의 식검사적세 비교

24) 左旋作藏劍賈勇勢左手負劍以右拳右脚前一打畢(좌선작장검고용세좌수부검이우권우각전일타필)

마지막 위치가 후방을 향하고 있다. 장검고용세를 하면서 후방으로 몸이 오면 왼손으로 검을 옮겨 잡고 전방을 향하여 '右拳右脚(우권우각)'을 해야 한다. 즉 이때 '좌회'를 하기 때문에 '左旋(좌선)'이다. 즉 좌로 팔을 펼쳐 돌아(左旋) 앞을 향하여 '右拳右脚(우권우각)'한 자세다〈그림 10-21〉의 (1). '旋(선)'자가 무예도보통지에서 양팔을 벌리고 회전하는 의미로 사용되고 있음이 증명됐다.

(2)쌍수도의 장검고용세   (1)제독검의 장검고용세

그림 10-21. 제독검과 쌍수도의 장검고용세 비교

(4)장검고용   (3)식검사적   (2)진전살적   (1)진전살적

그림 10-22. 진전살적–진전살적–식검사적–장검고용까지의 연결 동작

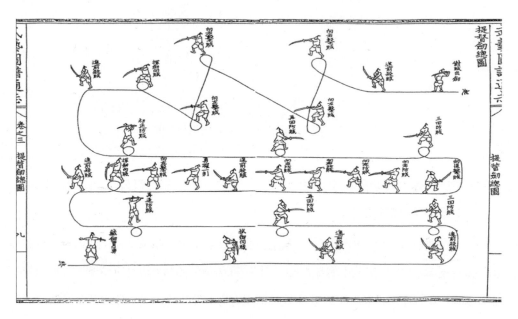

그림 10-23. 제독검총도

十一.
武藝圖譜通志
(무예도보통지)의
倭劍譜(왜검보)

倭劍譜(왜검보)의 家系(가계)

《무예도보통지》에서는 9개의 가계를 소개하고 있다.

後土田竹內頭軍丹石山科朴田柳生小野鏡中諸家皆本於二流復加新意自爲一派者衆(후토전죽내두군단석산과박전유생소야경중제가개본어이류복가신의자위일파자중)

9개의 가계는 '신도류·가케류'의 뿌리가 되어 여러 유파를 형성한다.

(1)土田流(토전류) (2)竹內流(죽내류) (3)頭軍流(두군류) (4)丹石流(단석류) (5)山科流(산과류) (6)朴田流(박전류) (7)柳生流(유생류) (8)小野流(소야류) (9)鏡中流(경중류)

일본에서 이러한 기록을 바탕으로 일본 내 유파와 고문서를 대조한 결과 '(3)頭軍流(두군류)·(5)山科流(산과류)·(6)朴田流(박전류)·(9)鏡中流(경중류)'는 없는 것으로 밝혀졌다.[431] 특히 김체건이 기록한 4개의 검류 (1)土由流(토유류) (2)運光流(운광류) (3)千柳流(천유류) (4)柳彼流(유피류)는 당시 일본에는 존재하지 않았다. 그렇다면 김체건은 왜 이것을 '왜검보'로 기록했을까? 조선이나 왜의 입장에서의 영토적 개념이 시대에 따라 달리 생각했을 수 있다. 마치 대마도가 지금은 일본의 영토로 편입되어 있지만 과거 대마도는 조선의 영토였다. 이처럼 왜검류로 당연시 생각하던 검류가 한반도에서 왜에 이주한 이주민의 검류이거나 조선의 영토에 있었던 검류가 왜로 편입되었을 가능성이 크다. 추후 이에 대한 학계의 연

---

431 加藤純一, 〈무예도보통지에 보이는 일본의 검술 유파 -상천신강의 신음류〉. 目自大學. 64쪽.

구가 필요하다. 김체건이 왜검이라고 기록한 네 개 검류의 검결을 분석한 결과, 기법의 자세에서 한자를 취해 검결을 짓고 그 가결은 한민족의 문화가 담긴 시어로 구성되어 있음을 확인했다.

倭劍譜(왜검보) 文章(문장)의 特徵(특징)

본국검은 '전후·좌우'로 검로가 있는 관계로 좌우에 대한 방향설정을 지검대적세를 기준으로 좌우를 정했지만, 왜검보는 검로가 전후로 정해졌기 때문에 이러한 고민을 할 필요가 없다. 그래서 좌일회·우일회 등의 횟수가 왜검보에서는 필요치 않다.

한문의 문장은 본국검의 수법·족법의 기록방식과 같다. 좌수좌각은 왼발이 나가고 칼도 왼쪽에서 나간다. 우수우각은 오른발이 나가고 오른쪽에서 칼이 나간다. 본국검은 '전후·좌우' 방향으로 빠르게 움직이기 때문에 방향을 표시하는 한자나 회전을 뜻하는 한자를 사용했다. 하지만 왜검은 대부분 전방향이기 때문에 방향에 대한 한자를 쓰지 않았다. 단지 '前一打(전일타)'라 하여 앞을 친다는 前(전)자로 전 방향을 대신했다. 그러나 '전일타'의 의미는 전후방향에 대한 개념보다도 단지 '앞을 쳐라'는 의미가 더 강하다. 이것을 잘못 해석하면 왜검의 전후 방향을 찾지 못하고 앞으로만 계속해서 나가게 된다. 왜검의 그림은 좌측을 향하여 나가는 것이 대부분이다. 총 11개의 그림 중에 뒤(우측)를 향하는 것은 단 2개 뿐이다.

왜검보에 나오는 좌우의 한자는 몸을 기준으로 좌측과 오른쪽으로 타격하는 의미로 사용했다. 또한 본국검에서는 치는 것을 '擊(격)'이라 했지만, 왜검보에서는 '打(타)'라 했다. 기법상 같으나 칼의 흐름에는 큰 차이가 있다. 왜검에서 칼을 밀어치는 기법은 '격'이고, 끊어치는 기법은 '打(타)'다. 그러나 실질적으로 '擊(격)'의 설명어가 '打(타)'다. 본국검에서는 '打(타)'를 사용했지만 擊(격)과 교차하여 사용해도 무방하다. 무예제보번역속집의 왜검보는 '打(타)'를 사용하지 않고 '擊(격)'을 사용했다.

3

倭劍譜(왜검보) 그림의 秘密(비밀)

〈왜검보〉그림을 이해하는 것은 쉽지 않다. 처음 언뜻 그림을 보면 모두 좌측 방향으로 되어 있다. 그래서 좌측 한 방향으로만 계속해서 진행되는 것으로 생각한다. 여기에 함정이 있다. 왜검보에서 방향 찾기가 힘든 이유는 무예도보통지의 검보는 좌측은 전방, 우측은 후방을 나타낸다. 때문에 왜검보도 당연히 같은 원리로 그려졌을 것이라는 생각을 하게 된다. 그러나 이러한 함정에 빠져 왜검보를 복원했다는 대개의 전통단체들은 30~40보를 계속해서 앞으로 나가며 행한다.

조선세법과 본국검, 왜검보의 방향 설정은 다음과 같다.

《무예도보통지》에 기록된 검법의 그림을 설명하면 〈예도(조선세법)〉는 무비지를 보고 그렸다. 하지만 "박제가·이덕무·백동수와 화공 김홍도는 무비지의 그림에 표기된 비표를 이해할 수 없어 생략하고 그렸다고 무예도보통지에서 밝혔다." 문제는 《무비지》그림에 있는 비표에는 보법·신법·수법의 기법과 방향이 숨겨져 있다. 무예도보통지로 옮겨 그릴 때 이러한 비밀을 몰랐다면 조선세법의 기법을 정확히 풀지 못했다고 볼 수 있다. 때문에 조선세법은 무예도보통지의 〈예도〉만 보고는 절대 해독할 수 없다.

〈본국검〉의 그림은 조선세법의 그림과 또 다르다. 전방과 좌측 방향을 좌측으로 그리고 후방과 우측 방향을 오른쪽으로 진행하는 것으로 그렸다. 이것은 의도된 것이 아니라 과거에 각기 다른 시대에 다른 방식으로 기법의 그림을 그렸기 때문으로 사료된다. 이렇게 다양한 자료를 가지고 무예도보통지에 옮겨 그렸기 때문에 검보의 기준과 진행방향이 각각 다르다. 그렇다보니 왜검보의 그림을 앞의 그림들과 비교하고 분석하면 당연히 좌 방향은 모두 전 방향으로 진행된 것으로 생각하게 된다.

〈왜검총도〉는 전후가 바뀌는 지점을 그려놓았다. 그러나 이 또한 〈본국검총도〉나 〈예도총도〉처럼 전후를 분명하게 그려주지는 않았다. 즉 단락은 끊어졌어도 모두 좌방향을 향하기 때문에 모두 좌방향으로 진행된 것으로 생각하게 된다. 이것이 함정이다. 그래도 눈 밝은 사람은 '운광류·천유류·유피류'의 경우 좌방향의 얼굴은, 방향이 전환된 지점에서 다른 그림과 차이가 있음을 찾을 수 있다. 이 차이가 왜 발생했는지를 알게 되면 왜검보 그림의 비밀을 풀 수 있는 실마리를 찾은 것이다.

〈왜검보〉에서 전후 방향이 바뀌었어도 그림이 항상 좌측을 향할 수 있었던 것은 방향이 바뀌면 화공도 똑같은 방향으로 자리를 이동하여 그렸기 때문이다. 즉 동에서 서로 진행하면 화공은 남측에서 동작을 보고 그렸고, 방향이 바뀌어 서에서 동으로 진행하면 화공은 북측에서 동작을 보고 그렸다. 이렇게 그리게 되면 전후 방향이 바뀌어도 항상 좌측 모습만 보고 그리게 된다. 이것이 바로 왜검보 그림에 숨겨진 비밀이다. 왜검보의 그림을 정확히 이해하고 단락이 구분된 곳에서 전후로 전환되는 시점을 알게 되면 대략 4~5보를 전후로 하여 왕복하며 검법을 행하게 된다. 이뿐만 아니라 검결과 동작을 설명한 문장에서도 좌우가 바뀐 것을 찾을 수 있다.

이렇게 그린 것은 왜검의 특징이 한 단락에 약 10개 전후의 동작이 전 방향으로 계속 나아가기 때문이다. 이렇게 되면 한 장에 2장씩 배치한 그림이 다섯 면에 10개의 그림이 연속적으로 좌측으로 그려지게 된다. 이런 방식은 전방으로 진행된 동작일 경우 아무런 문제가 없다. 그러나 전방향에서 후 방향으로 전환된 이후, 후 방향으로 10장을 그림으로 다섯 면에 연속 배치하면, 동작의 순서가 확 바뀌어 전 방향으로 그려진 10장의 그림과 달라지고 일관성 있게 배치할 수 없게 된다. 후 방향으로 진행할 경우 화공도 방향을 전환하여 그림을 그리므로써 좌측 한 방향으로 그림을 모두 배치하여도 동작의 일관성을 유지할 수 있다. 만일 왜검류가 좌방향으로 계속 진행되는 것이라면 굳이 단락을 나눌 이유가 전혀 없다.

임진왜란 당시에 선조의 명으로《무예제보》를 편찬하고 1610년(광해2)에《무예제보번역속집》을 편찬하면서〈왜검보(교전실기)〉를 기록했다. 그로부터 180년 후 1790년(정조14) 편찬한《무예도보통지》에 왜검술과 교전보를 기록했지만,《무예제보》에 기록된 검결과 교전법과는 다르다.

임진왜란은 한·중·일의 국제전으로 서로의 무예를 시험하는 각축장이었다. 이순신 장군도 왜적을 생포한 후 왜검술을 분석했다. 조선에 항복한 항왜들이 왜검술을 조선의 군영에서 가르쳤다. 임진왜란 이후에도 무예제보의 검술이 전래된 것은 분명하나, 이괄의 난이나 병자호란 등을 겪으면서 각종 무예서가 소실됐다. 기록에《무예제보번역속집》은 있었지만 소실된 것으로 추정한다고 했다. 그러나 2001년 계명대학교에서 발견되어 지금은 국보로 지정되어 있다.

토유류·운광류·천유류·유피류 4개의 왜검보는 각각의 특색이 있다. 토유류의 '土由(토유)'는 '땅에서 유래한다'는 것처럼 왜검의 기초다. 실전의 왜검술은 죽도의 빠른 보법을 사용하지 않고 발을 끄는 보법(스리아시)을 사용했다. 선조들은 이 보법을 '체보'라 했다. 왜검보는 이 체보를 염두하고 해독해야 한다.

제1장

土由流
(토유류)

土由流(토유류)의 意味(의미)

모든 이름은 대상의 특징을 가장 잘 나타내는 용어로 짓는다. 당연히 이름에는 이름을 짓는 자의 의도와 철학 사상이 들어있다. 그렇기 때문에 이름의 어원을 찾아가면 문화의 시원을 찾아갈 수 있다. 토유류란 이름에도 분명히 이러한 의미가 담겨있다. '流(류)'란 이름에서 이미 신라의 냄새가 확 풍긴다. 신라는 花郞徒(화랑도)를 風流徒(풍류도)라 불렀다. 여기서 '徒(도)'는 '무리'라는 의미지만 우리 선조들은 한자를 음가 중심으로 사용했기에 '徒(도)'가 추구하는 사상이 '道(도)'다. 그렇기에 '花郞道(화랑도)·風流道(풍류도)'와 같이 교차하여 사용했다.

'花郞徒(화랑도)'가 사람 중심이라면 '花郞道(화랑도)'는 철학·사상·종교의 개념이다. 풍류의 시원은 한민족의 '仙(선)'에 근원을 두고 있다. 仙(선)사상이 중화의 도교가 되고 신라에서는 '風流(풍류)'라는 신조어로 교체됐다.

'流(류)'는 실체가 보이는 물을 통해 물의 흐름을 비유한 것이고, '風(풍)'은 실체가 보이지 않는 '氣(기)'를 통해 공기의 흐름으로 비유한 것이다. 風流(풍류)는 '陽(양)'의 '風(풍)'과 '陰(음)'의 '流(류)'가 서로 교차한다. '流(류)'자를 통해 '사람은 바람의 흐름이 물처럼 흐른다'는 것을 유추할 수 있다. 흐름은 멈춤이 없다. 그러나 흐름에는 중요한 변곡점이 있다. 이 변곡점에 잠시 멈춘 듯 드러나는 것이 '勢(기세세)'다. '勢(세)'가 드러남으로 '流(류)'의 흐름을 느낄 수 있다. 流(류)가 만든 흐름은 크든 작든 자연스러움이다. 그러기에 流(류)를 취함은 氣

(기)를 따르는 것과 같다. 즉 보이지 않는 '氣(기)'를 몸으로 발현할 때는 자연스러운 몸의 흐름이 중요하다. 이 '氣(기)'가 자연스럽게 드러난 것이 '勢(세)'다. 그래서 '氣勢(기세)'라 한다. '세'의 음가는 '서기'다. 즉 '기'가 '서'는 것이 '세'다. 한민족은 이러한 의미를 분명히 알고 사용했다. 조선세법의 모든 자세에 '勢(세)'자를 사용한 것은 중화의 문화가 아니라 한민족의 문화다. 한민족의 천지인 사상이 '仙(선)'이라는 이름에 담겨지고 이러한 사상의 흐름이 화랑도에 만연하였고 일본에 전래됐다.

'土由(토유)'의 글자에는 토유류의 성격·기법의 종류·사용방법이 고스란히 숨겨져 있다. 토유류는 총 세 개의 단락으로 나뉘어져 있다. 토유류 검술의 흐름은, 칼이 좌로 흐른 후 우로 흐르고 다시 정면을 향하여 곧게 나간다. 머리를 막는 동작으로 좌우 횡으로 막는 대검이 있다. 즉 토유류의 검형은 좌·우·상·하로 움직이면서 검의 동선이 '土(토)'자형을 그린다. 첫 번째는 '由(유)'자 형태, 두 번째는 '土(토)'자 형태, 세 번째는 '土(토)'자의 역자 형태 '干'자로 행한다. '由(유)'자에는 그 안에 '土(토)'자가 있다. 즉 사방(口)이 적으로 싸여있는 포위망을 뚫고 나가는 기법이라는 것을 나타낸다. 토유류는 이와 같이 검법의 흐름과 쓰임에 들어있고 격법의 가장 기초라는 의미를 함축하고 있다. 광초[432]의 전설은 허언이 아니다.

24반 무예협회 김영호에 의하면,[433] "토유류·천유류·운광류 3개류에 도약하여 치는 세법이 들어 있는 것에 주목할 필요가 있다. 현재 볼 수 있는 古流(고류) 居合(거합) 중에는 앉은 상태에서 연무를 시작하는 것이 대부분이다. 이처럼 무예도 당대의 문화에 영향을 받지 않을 수 없었다."고 발표했다. 여기에서 도약하며 치는 것을 '세법'으로 보았는데, 도약하여 치는 것은 격법이고 '세법'은 발이 먼저 움직이며 칼이 흐르는 동작이다. 또한 일본고류거합과는 관련이 없다. 일본의 고류거합과 연결 짓는 것은 왜검 3개류의 본질과는 맞지 않는다.

---

432 서가인 장욱(당나라 현종조,712~756)이 공손대랑의 '검기의 춤'을 보고 터득한 서법

433 김영호, 〈무예제보본역속집의 왜검과 무예도보통지의 왜검, 교전의 비교〉, 24반무예협회, 2005, 76쪽.

土由流(토유류)의 構造(구조)

2

토유류는 세 단락으로 구성되어 있다.

첫 번째 단락, 장검초진 : 좌우 막음과 1회 대검(막음) 그리고 타격으로 구성됐다.

두 번째 단락, 장검재진 : 좌우 막음과 타격으로 구성됐다.

세 번째 단락, 장검삼진 : 2회 대검(막음)과 2회의 재구(디딤보) 그리고 타격으로 구성됐다.

1) 첫 번째 단락 : 藏劍初進(장검초진)

'由'자형이다. 거좌족과 우장이 좌우 'ㅡ(일)'획을 긋고, 대검으로 'ㅣ(일)'획을 긋게 되어 '土(토)'의 형이 완성되지만, 다시 좌장과 우일추 'ㅡ'획을 그어 '由(유)'자형이 된다.

(1) 藏劍右挾正立(장검우협정립)

언해본 : 칼을 곱초아올흔편의끼 씨고바로섯다가

좌각이 나가 비켜서고 우측 어깨에 검을 드는 자세다. 본국검의 금계독립세와 같다〈그림 11-1〉.

그림 11-1. 장검우협정립

왜검은 보법이 전 방향으로 진행한다. 죽도의 경우 서로 정면으로 마주서서 겨루지만 실전의 경우 대개 장검우협처럼 측면으로 자세를 취한다. 왜검은 몸을 옆으로 비켜서서 칼을 잡는 경우에 '장검'이란 용어를 사용한다. 본국검과 조선세법은 보법·수법·신법·안법을 통합하여 '세'라는 개념으로 자세를 개념화했다. 왜검은 검의 운용적인 설명어로 대부분 자세를 설명하는 방식으로 기록했다.

(2) 右手右脚 左一打仍(우수우각좌일타잉)
언해본 : 우슈우각으로왼편을흔번티고인ᄒᆞ야

'좌각'이 나가 있는 우장검 상태에서 '우각'이 나가며 몸 좌측면을 향하여 친다. 이는 본국검의 진전살적세의 기법과 같다. 그림을 보면 '우각'이 나가있다. 일보 전진한 자세다. 본국검에서는 진일보라 설명했지만, 왜검보는 '우각'이라는 용어로 '우측발'이 나갔음을 표현했다〈그림 11-2〉.

그림 11-2. 우수우각좌일타

본국검의 進前擊賊(진전격적)과 後一擊(후일격)은 '擊(격)'의 기법이다. 왜검술은 주로 밀며 끊어치는 '打(타)'의 기법을 사용한다. 즉 打擊(타격)은 한 동작이 아니다. '타'와 '격'은 서로 다른 기법이다〈그림 11-3〉. 본국검에서 유일한 '打(타)'는 '撥艸尋蛇勢(발초심사세)'뿐이다. '타'와 '격'의 기법 차이를 이해하지 못하면 본국검의 '검리'를 알 수 없다. 倭(왜)로 본국검이 전래됐다고 판단한 것은 일본의 검리가 본국검과 유사했기 때문으로 사료된다. 이는 칼의 동선과 몸의 움직임 그리고 자세를 이루는 전체의 '검리'가 일본의 '검리'와 같다는 것이다. 원뿌리가 같으니 부분적으로 유사한 것은 당연하다.

②본국검의 擊(격)

①토유류의 打(타)

그림 11-3. '打(타)'와 '擊(격)'의 비교

(3) 擧左足(거좌족)

언해본 : 좌족을들며

'거좌족'을 이해하지 못하면 왜검보의 흐름이 끊기게 된다. 무사 백동수나 이덕무는 본국 검을 능숙하게 했던 고수들이다. 검술에서 기법이 필요한 지점의 자세를 그렸다. 자세가 반복되는 경우 지면에서 보충하여 다르게 그렸다. 이것은 무예도보통지 한 면에 2개의 그림으로 그렸기 때문에 지면의 부족함을 보완한 것이다. 거좌족의 기법을 알기 위해서는 그 전동작을 이해해야 한다. 무거운 칼을 쌍수로 잡고 '우수우각좌일타'로 힘껏 내려치면 칼은 몸 좌측으로 내려가게 된다. 좌측으로 내려가는 칼을 멈추지 않고 좌족을 드는 동작이다〈그림 11-4〉.

'거좌족'은 매우 중요하다. 본국검의 발초심사세와 같기 때문이다. 거좌족은 본국검의 발초심사세 이후에 연결된 동작이다. 본국검을 해독하기 위해서는 이처럼 무예도보통지의 검술 전체를 알아야 한다. 백동수, 박제가, 이덕무 그리고 김홍도가 전체의 검보를 어떻게 구성했는지 알아야만 기법을 정확히 찾을 수 있다. 한정된 지면에 많은 정보를 담으려는 선조들의 노력이 느껴진다. 한편으로는 비서를 그리는 화공의 재치도 느낄 수 있다.

그림 11-4. 거좌족

본국검의 발초심사세는 直符送書勢(직부송서세)를 우수좌각으로 좌측을 찌른 이후, 전방으로 방향을 바꿔 행한다. 이때 '좌각'이 전방향으로 옮기는 것이 一足(일족)이다. 그리고 앞을 향해 뒷발을 뽑으면서 뛰는 것이 跳一步(도일보)다. 그리고 '打(타)'의 기법으로 칼을 끊어치고 '좌우전'을 하기 때문에 '칼이 몸 좌측으로 내려가는 순간 손목이 돌아가는 변곡점이 〈그림 11-5〉의 ②'발초심사세'다. 〈그림 11-5〉의 ③거좌족은 좌각을 들고 칼을 좌로 감아 돌리는 동작을 표현한 것이다. 칼이 좌에서 다시 우로 감아 돌리면 '좌각'이 나가며 〈그림 11-6〉 장검우협의 자세가 되고 칼을 계속 돌리면서 우수우각으로 찌르면 본국검의 豹頭壓頂勢(표두압정세)가 된다.

③좌거족(본국검:좌우전)　②발초심사세　①우수우각

그림 11-5. 발초심사세 연결동작

본국검의 발초심사세와 토유류의 첫 시작은 한 치도 다르지 않다. 본국검의 발초심사세는 왜검 토유류의 시발점이다. 무예도보통지 정리에 참여한 무사 백동수를 비롯한 무인들은 토유류의 기법과 본국검의 기법이 똑같은 것을 알았다. 그래서 일본의 검술에 본국검이 전래된 것을 확신한 것이다.

(4) 藏劍右挾(장검우협)

언해본 : 칼을굼초아올혼편의씨고

'장검우협'은 좌각이 앞에 있다. 좌각이 반 족장 나가며 좌측으로 비켜 내려치는 동작이다. '장검우협'은 몸이 비켜서고 칼을 우측에 둔 관계로 좌각이 나가며 비켜서게 된다〈그림 11-6〉.

언해본(2)(3)(4) '우수우각으로왼편을흔번티고인흥야좌족을들며칼을굼초아올혼편의끼

540

고'는 '우수우각으로 좌측을 치면서 좌족을 들면 칼이 밑으로 내려간다〈그림 11-5〉의 (3). 여기서 오른쪽으로 칼을 옮기며 장검우협을 할 때 칼은 발초심사세의 기법으로 연결된다.

그림 11-6. 장검우협

(5) 右手右脚左一打(우수우각좌일타)

언해본 : 우슈와좌각으로왼편을흔번티고

장검우협에서 몸 좌측을 치면 칼은 좌로 향한다〈그림 11-7〉. 본국검의 금계독립세에서 진전격적세로 이어지는 동작과 같다.

그림 11-7. 우수우각좌일타

왜검과 본국검의 세부 기법들은 같거나 비슷하다. 단지 본국검은 동작에 이름을 붙여 사용했고 왜검은 대부분 이름 대신 기법의 설명어를 중심으로 사용했다. 특히 본국검은 전후 격법을 연결하면서 '좌일회'를 한 후 공격하도록 구성했다. 만일 '좌일회'를 하지 않으면 금계독립세에서 앞을 치고 그대로 돌아 뒤를 치면 동작이 단조롭게 된다. 본국검은 개별의 기법을 상호 연결시킨 검무다. 그렇다보니 전후 연무의 거리를 맞추기 위해 '좌일회'를 행한다. '좌일회'는 본국검총도에는 표시가 없고 원문에만 있다. 전후 거리에 연연하지 않고 기법만 행할 경우 금계독립세와 진전살적세·금계독립세와 후일격 사이에 있는 '좌일회'를 행하지 않았다고 해서 잘못됐다고 할 수 없다.

(6) 進坐藏劍右脚(진좌장검우각)

언해본 : 나아가안ᄌᆞ며칼을우각에금초앗다가

'진좌장검우각'은 '좌일타'를 하면서 전 방향으로 향할 때 그 칼을 어떻게 마무리 할 것인지를 나타내기 위한 것으로 손을 뻗어 칼이 앞으로 나가 있는 상태다〈그림 11-8〉. 일본의 무사시의 오륜서에 "검을 크게 치고 난 후에는 자세를 낮춰 앉아야 한다."는 자세가 '진좌장검우각'이다. 크게 밀어 치면 중심이 앞으로 이동한다. 그 중심을 잡고 칼의 동선을 유지하면서 자세를 낮춰 적의 공격에 대비한다는 의미다. 이 자세를 '진좌장검세'라 한다.

그림 11-8. 진좌장검세

(7) 右手右脚戴劍(우수우각대검)

언해본 : 우슈우각으로칼을니고

'진좌장검우각(진좌장검)'은 앉은 자세가 낮은 상태다. 적이 머리 공격을 한다는 전제하에 '우각'을 당겨서면서 칼날로 머리를 막는 대검을 취한다〈그림 11-9〉. 왜검의 특징은 자법이 없다. 그렇다보니 찬격세처럼 머리를 막고 찌르는 자법을 머리를 막고 치는 '격법'으로 사용했다.

그림 11-9. 우수우각대검

'대검'은 조선세법의 '찬격세'와 같이 머리를 막는 동작이다. 조선세법의 찬격세는 머리를 빗겨 막고 곧게 찌르는 두 동작이 결합된 기법이다. 본국검의 우찬격세도 머리를 막고 찌르는 동작으로 조선세법의 '찬격세'와 같다.

(8) 前一打(전일타)

언해본 : 앏흘흔번티고

'좌각'이 앞으로 나가며 '打(타)'의 기법으로 친다〈그림 11-10〉.

그림 11-10. 전일타

가. 토유류에서의 대검

토유류에서는 대검세가 세 번 나온다.
(1) 右手右脚戴劍前一打(우수우각대검전일타)
(2) 右手右脚戴劍右手左脚前一打(우수우각대검우수좌각전일타)
(3) 右手右脚戴劍右手左脚左一打(우수우각대검우수좌각좌일타)

右手右脚(우수우각) '대검' 이후 '前一打(전일타)'는 모두 '右手左脚'으로 앞을 향해 친다. 그러나 첫 번째 대검 ①은 '우수좌각'의 문장이 생략되고 '前一打'만 있다. '우수좌각'이 나오는 첫 번째와 두 번째 동작을 비교하면 문장에서 '우수좌각'이 생략된 것을 알 수 있다.

가) 첫 번째 : 우수좌각—전일타

㉮ 대검 자세다〈그림 11-11〉의 ①.

④ 전방을 향하여 빠르게 칼을 던지듯이 쭉 뻗어 치고 동시에 '좌각'이 나가게 되면 그 반작용으로 고개가 뒤로 젖혀지게 된다. 이 기법이 '打(타)'다〈그림 10-11〉의 ②.

②우수좌각(전일타)　①우수우각(대검)

그림 11-11. 우수우각(대검)·우수좌각(전일타)

나) 두 번째 : 우수좌각 전일타(세 번째 마당의 첫 번째)

다) 세 번째 : 우수좌각 전일타(세 번째 마당의 두 번째)

㉮ 대검 자세다〈그림 11-12〉의 ①.

㉯ 전일타의 모습이 첫 번째의 모습과 다르다〈그림 11-12〉의 ②.

②우수좌각(전일타)　①우수우각(대검)

그림 11-12. 우수우각(대검)·우수좌각(전일타)

〈그림 11-13〉의 연속동작을 비교 정리하면, 같은 기법의 동작이라도 동작의 움직임을 나누어 그렸다. 전일타는 ①대검에서 ②오른쪽으로 몸을 돌리면서 ③정면으로 신법을 전환한 이후 빠르게 ④정면을 향하여 밀어 친다. 이처럼 기법이 같은 것 같으나 모두 다르고 그림은 나누어 그렸다. 여기서 특히 중요한 신법은 ③이다. 좌측에서 정면을 향해 오른쪽으로 몸을 돌릴 때 허리를 곧게 세워야 되는 것이 신법의 핵심이다.

그림 11-13. 대검부터 전일타까지의 연속동작

(9) 擧右脚左藏(거우각좌장)

언해본 : 우각을들며왼편의곰초고

전 동작이 '좌각'이 나간 상태다. '우각'이 나가며 좌측 어깨로 칼을 당기어 좌측을 방어한 다. 이 동작에서 중요한 것은 칼의 모양이다. '우각'이 나가며 손목을 돌려 칼을 세웠다〈그림 11-14〉. 이 동작은 밀고 들어가는 상황에 앞에서 공격하는 창이나 칼을 좌측 어깨 방향으로 손목을 돌려막는 기법이다.

그림 11-14. 거우각좌장

(10) 右手右脚推右(우수우각추우)

언해본 : 우슈우각으로올흔편을밀치고

이 자세도 중요한 신법과 보법을 알려주고 있다. 〈그림 11-15〉의 자세를 보면 치는 공격의 자세로 오해하게 된다. 이 자세는 치는 자세가 아니다. 신법과 보법의 과정에서 취한 자세다.

그림 11-15. 우수우각추우

　'우각'이 나가 있고 칼은 좌측 어깨에 있는 상태에서 좌 어깨에 있는 칼을 '우측'으로 옮긴다는 설명이 '右手右脚推右(우수우각추우)'다. 시계추가 좌에서 우로 옮겨가는 과정에서 추가 중간의 위치에 있는 상태와 같다. 이 동선을 따라 우측 어깨(우장검)로 칼을 옮긴다. '우각'이 나간 상태에서 좌에서 우측 어깨로 칼이 움직이면 허리는 비튼다. 이 동작이 커지면 본국검의 우요격세의 동작이 된다.

(11) 右手左脚前一打(우수좌각전일타)
　언해본 : 우슈와좌각으로앏흘흔번티라

　우수좌각전일타의 전 동작이 '우각'이 나가 있는 상태로 순간적으로 몸을 정면으로 한 '우장검세'의 자세다. 전 동작에서 '우각'이 나가 있고 우측 어깨에 칼이 있으므로, '좌각'이 나가며 정면을 향하여 곧게 머리를 친 자세다〈그림 11-16〉.

그림 11-16. 우수좌각전일타

　왜검보에서 '前一打(전일타)'의 경우는 대개 '좌각'이 앞에 있다. 손과 발이 서로 엇갈려 나갔다. 이렇게 되면 칼의 무게로 인하여 몸 중심을 잡아주기에 용이하다. 이에 반해 죽도는 '우수우각'을 주로 사용한다.

2) 두 번째 단락 : 藏劍再進(장검재진)

언해본 : 칼을굽초고바로셧다가

왜검총도를 보면 단락이 끊어졌고 장검재진으로 단락을 표현했다. 즉 토유류의 두 번째 단락이다. '좌일타-우일추-좌장-우장'의 연결에서 '土(토)'의 '二(이)'획이 한 번에 완성되고 좌일타 전일타로 '土(토)'자형이 된다. '우수좌각' 전일타 후 '우각'이 나가며 좌회를 하면 장검정립자세가 된다〈그림 11-17〉. 두 번째 단락에서는 '대검'이 없다.

그림 11-17. 장검정립

(1) 右手右脚左一打(우수우각좌일타)

언해본 : 우슈우각으로왼편으로흔번티고

'우수우각'으로 좌측을 향하여 빗겨 친다. 치는 자세를 보면 허리가 세워지고 팔이 뻗어져 있다〈그림 11-18〉의 ①.

②본국검의 전일격

①토유류의 전일타

그림 11-18. 토유류의 전일타와 본국검의 전일격 비교

본국검과 왜검은 치는 기법에서 차이가 있다. 본국검은 〈그림 11-18〉의 (2)처럼 당겨 치는 기법으로 칼을 사용하고, 왜검은 〈그림 11-18〉의 (1)처럼 밀어치기 기법을 사용한다. 그래서 본국검은 '擊(격)'자를, 왜검보는 '打(타)'를 사용한다. 본국검은 대열이 흩어지고 적과 아군이 서로 혼잡하게 섞여 일대 다수의 적과 싸우는 경우에 사용하는 기법이다. 전후·좌우로 움직이는 검무의 형태이기에 한번 치면 돌아야 한다. 또 하나는 '좌일회'처럼 몸의 회전력을 이용하여 치기 때문에 당연히 전방을 향하여 곧바로 밀어치기 어렵다. 이에 비해 왜검은 전장에서 대열을 갖추고 자신의 위치를 지키면서 앞으로 나가며 공격해 들어가기에 밀어치기 기법이 적합하다. '금계독립세'나 '우장검세'는 비켜 서 있는 관계로 좌측을 향하여 치는 것이 자연스럽다. '토유류' 세 단락의 모든 첫 시작은 '우수우각'으로 시작한다.

(2) 進坐藏劍右脚(진좌장검우각)

언해본 : 나아가안ᄌᆞ며칼을우각에곰초고

진좌장검우각(진좌장검)은 '우수우각'으로 좌측을 치는 동작이다. '우각'이 나가 있기 때문에 '좌일타'의 힘을 그대로 앞으로 뻗어 치도록 하여 무게 중심이 낮아진 자세의 기법이다 〈그림 11-19〉.

②진좌장검 우각   ①진좌장검 우각

그림 11-19. 진좌장검우각

(3) 右手右脚右一推(우수우각우일추)

언해본 : 우슈우각으로올흔편을한번밀티고

이 자세도 신법과 수법을 나타내는 중요한 자세다. 전 동작의 자세가 '진좌장검우각'으로

자세가 낮고 칼이 좌측에 있다. 이 상태에서 오른쪽으로 손과 발을 동시에 움직여 칼을 45°
정도 세워 밀면서 적의 공격을 밀쳐 막는다. 몸을 전방으로 바르게 하여 다음 동작으로 전환
하는데 필요하다. 이때 오른쪽으로 밀치고 있는 자세가 〈그림 11-20〉이다.

그림 11-20. 우수우각우일추

(4) 右手左脚左臟(우수우각좌장)

언해본 : 우슈와좌각으로왼편의금초고

전 동작이 '우각'이 나가 있고 '우수'는 우방향에서 칼을 45° 정도 세워진 상태에서 멈췄다.
〈그림 11-21〉의 전 자세가 몸 중심으로 공격하는 칼을 오른쪽으로 밀어 막았다. 좌 머리를
치는 적의 칼을 막기 위에 우측에서 좌측으로 손을 옮기면 〈그림 11-21〉 '좌장검'이 된다. 이
때 좌 장검을 하면 뒤에 있던 '좌각'이 체보가 되어 앞으로 끌려오게 된다.

그림 11-21. 우수좌각좌장

〈그림 11-21〉에서 좌족이 열린 것은 낮은 자세에서 일어서면서 공격을 막아내기 위하여
몸을 좌측으로 비트는 과정에 나타난 자세다. 정지된 모습만 보면 본국검의 좌협수두세의
자세와 유사하다. 본국검의 '좌협수두세'는 방향전환의 과정에서 생긴 자세고 〈그림 11-21〉
은 방향전환이 없이 앞을 향하여 진행되는 동작이다.

(5) 又右手右脚右一推(우우수우각우일추)

언해본 : 또우슈좌각으로올흔편을흔번밀티고

〈그림 11-22〉의 ① 첫 번째 '우일추'는 '진좌장검'의 낮은 자세에서 오른쪽으로 밀은 것이고, 〈그림 11-22〉의 ② 두 번째 '우일추'는 '좌장검'의 선 자세에서 다시 '우각'을 오른쪽으로 밀며 앞으로 나가며 칼로 밀쳐막는 동작이다. 유피류의 막음세 기법이다. 이 동작으로 '우일격'을 하면 안 된다. 미닫이문을 열듯이 좌에서 우로 밀치는 기법이다. 왜검보에서 '우일추'의 해석이 중요하다. '推(밀추)'를 '밀어 친다'는 뜻으로 해석하고 '우일추'로 치면 요격이 된다. 그렇게 되면 칼이 수평이 되어 〈그림 11-22〉의 ①② 우일추와 다르게 된다. 치는 기법이었다면 '右一打(우일타)'라 했을 것이다.

②두 번째 우일추　　　　①첫 번째 우일추

그림 11-22. 우수우각우일추 비교

(6) 又右手左脚右臟(우우수우각우장)

언해본 : 또우슈와좌각으로올흔편의굽초고

전 동작이 '우각'이 나가 있는 상태다. '우일추'를 취할 때 신법을 이용하여 '좌각'이 반 족장 정도 나가며 우장검세를 취한다〈그림 11-23〉. 연속적으로 우측중단-좌측 어깨 위-우측중단을 막으면서 포위망을 뚫고 들어간다. 다시 '우장검세'를 취하고 우일타를 하는 연속동작 과정에서 나타나는 자세다.

그림 11-23. 우수좌각우장

(7) 右手右脚左一打(우수우각좌일타)

언해본 : 우슈우각으로왼편을흔번티고

〈그림 11-24〉의 ①②는 우수우각 '좌일타'의 첫 번째 그림이다. 〈그림 11-24〉의 ③은 두 번째 그림이다. 흩어진 그림을 모으면 '좌일타'의 연속된 동작이 된다.

③   ②   ①

그림 11-24. 우수우각좌일타 비교

(8) 右手左脚前一打(우수좌각전일타)

언해본 : 우슈와좌각으로앏흘흔번티라

우수좌각전일타의 연속동작이다. '전일타'의 그림을 보면 시작 단계에 〈그림 11-25〉의 ①은 허리를 세우고, ②③④는 '좌각'을 넓게 하여 빠르게 나가는 순간이며, ②는 반작용으로 고개가 뒤로 젖혀진 상태다. 세밀한 묘사와 미묘한 기법을 정확하게 그린 것에 놀라울 뿐이다. 검의 흐름을 알지 못하면 그릴 수 없다. 이 기법은 빠르면서 길게 밀어 치는 '打(타)'의 기법이다.

④　　　　　　　③　　　　　　　②　　　　　　　①

그림 10-25. 우수좌각전일타 연속동작

3) 세 번째 단락 : 藏劍三進(장검삼진)

토유류의 세 번째 단락은 '장검정립'이다〈그림 11-26〉. 다시 전 방향으로 진행한다. 총도에는 장검삼진으로 단락을 표현했다. 비록 시연자가 '刀(도)'를 들고 있으나 '劍(검)'이란 용어를 사용하고 있다. '도'와 '검'은 오늘날 형태상의 분류로 구분할 뿐 본질은 刀(도)도 劍(검)의 범주 속에 있다. 역자형인 '干(간)'의 형태로 움직인다. 세 번째 단락에서 '土(토)'의 가로획을 나타내는 '대검'을 2회 실시한다. 신도일타·축도일타·좌일타·재구·좌일타는 세로획 'ㅣ'다. 두 번째 '土'와 세 번째의 '干'이 합치면 '由(유)'자형이 된다.

(1) 藏劍正立(장검정립)

언해본 : 칼을굼초고바로셨다가

그림 11-26. 장검정립

(2) 右手右脚伸跳一打(우수우각신도일타)

언해본 : 우슈우각으로펼쳐뛰여흔번티고

세 번째 단락의 첫 시작도 '우수우각'이다. 특이한 것은 '伸跳一打(신도일타)'의 보법이다. '우각을 뻗어친다'는 기법으로 '발을 넓게 벌려 나갈 때 뛰듯이 나가라'는 설명이다. 〈그림 11-27〉의 ①은 본국검에서는 '장교분수세'다. 검법의 보법은 기본적으로 발을 땅에 끌며 움직이는 '체보'다. 이 체보를 설명한 가결이 '足如環無端(족여환무단:발의 끝은 끊어져서는 안된다)이다. 검법에서 발이 지면에서 떨어지는 것은 삼가야 한다. 발이 지면에서 떨어진다는 것은 매우 특별한 경우에만 사용한다. '跳(도)'자를 '뛸도'로 해석하여 개구리처럼 뛰는 동작은 검의 보법과는 차이가 있다. '뛴다'는 의미보다 뛰듯이 발이 땅에 떨어져 내 딛는다'는 의미다.

③토유류의 신도일타   ②토유류의 신도일타   ①본국검의 장교분수세

그림 11-27. 본국검의 장교분수세와 토유류의 신도일타 비교

(3) 縮跳一打(축도일타)
언해본 : 주리쳐뛰여혼번티고

'신도일타'를 마치면 '장교분수세'처럼 '우각'이 나가 있고 몸이 앞으로 굽혀진 상태다. '縮(축)'이란? 힘을 응축하고 몸이 숙여진 상태다. 이 상태에서 몸을 세우기 때문에 뒷발 '좌각'을 당기며 서서 '우각'이 다시 뛰어나가며 머리를 치는 것을 '축도일타'라 한다〈그림 11-28〉. 〈그림 11-27〉의 ③ 상태에서 '좌각'을 당겨 몸을 세우면서 동시에 칼을 머리 뒤로 넘긴다. 넘긴 후 즉시 '우각'이 반보 뛰어나가며 머리를 치면 좌각이 자연스럽게 끌려온다. 〈그림 11-28〉은 이 동작의 마지막 자세를 나타낸 것이다. 죽도에서 가장 기초적으로 사용하는 기법이다. '縮(줄일축)'자는 실이 물을 먹으면 웅크려 숨죽은 상태를 나타낸 글자다. 신도일타는 보폭을 넓혀 뛰듯이 나가서 치는 것이며, 축도일타는 몸을 세운 상태에서 치는 것이다. '신도

일타'와 연결된 '축도일타'를 잘못 해석하여 개구리가 뛰듯이 하는 동작으로 재현한 동영상
이 인터넷에 떠돌고 있다. 이는 왜검보의 보법과 검리에 맞지 않는 동작이다.

그림 11-28. 축도일타

(4) 又伸跳一打(우신도일타)

언해본 : 다시펼처뛰여혼번티고

전방을 향하여 다시한번 '신도일타'를 한다. '우각'이 넓게 벌어진 자세다〈그림 11-29〉.

그림 11-29. 신도일타

(5) 右手右脚戴劍(우수우각대검)

언해본 : 우슈우각으로칼을니고

'戴劍(대검)'은 '진좌장검세'처럼 자세가 낮은 상태에서 일어나는 자세다. '신도일타(伸跳
一打)'의 마지막 자세〈그림 11-29〉는 본국검의 '장교분수세'처럼 상체의 중심이 앞에 있으므
로 발을 당겨 일어서면서 머리를 방어하는 자세다〈그림 11-30〉의 ①.

토유류에서는 대검 이후 '좌각'이 나가며 전방을 향하여 친다. 왜검은 대검 이후 '좌각'이
나가는 것은 불변이다. 그러나 다음에 행할 〈그림 11-30〉의 ② 좌일타 그림은 다른 '좌일타'

의 그림과 다르다. 여기에는 중요한 기법이 숨겨져 있다.

② 좌일타   ①대검세

그림 11-30. 대검세와 좌일타

(6) 右手左脚左一打(우수좌각좌일타)

언해본 : 우슈와좌각으로앏흘흔번티고

　'대검' 이후에 공격하는 '右手左脚(우수우각)'의 동작이다. '대검'에서 몸을 좌측으로 틀어 '좌각'이 나가면 〈그림 11-31〉의 ①②처럼 몸이 정면을 향하게 된다. 몸이 정면으로 있기 때문에 전방을 향해 곧게 칠 수 있다. 〈그림 11-31〉의 ③은 '左一打(좌일타)'로 〈그림 11-31〉의 ①② '前一打(전일타)'의 자세와 확연히 다르다. 대검에서 몸 좌측을 치는 기법이기 때문이다. 대검에서는 몸을 정면으로 세우지만 칼은 계속해서 오른쪽 머리까지 간 후 좌측을 향해 내려친다. 때문에 〈그림 11-31〉의 ①② 자세가 다르다. 대검의 그림에서 칼을 잡은 손의 위치가 다음에 행할 전일타와 좌일타의 기법에 크게 영향을 준다. 〈그림 11-31〉의 ③ 시연자 시선이 '우측'을 보고 있다. 칼은 우측에서 좌측으로 가지만 몸과 시선은 정면을 유지하기 위해 머리는 우측을 향하고 있다.

③   ②   ①

그림 11-31. 우수좌각좌일타 비교

(7) 右手右脚再扣(우수우각재구)

언해본 : 우슈우각으로두번좃고

'再扣(재구)'의 '扣(구)'는 '당긴다·뺀다'는 뜻으로 손의 작용이다. 그런데 〈그림 11-32〉의 ①② 두 개가 그려져 있다. 전 동작이 '좌일타'로 칼이 몸 좌측에 있고 '좌각'이 나가 있는 상태에 있다. 칼을 몸 중심으로 당기는 힘을 이용하여 '우각'을 자연스럽게 끌어(체보) 자세를 취한다〈그림 11-32〉의 ①. 그리고 다시 〈그림 11-32〉의 ②처럼 '우각'을 뻗어 앞을 향해 친다. 연속적으로 보면 칼을 당기며 '우각'을 구르면서 친 기법이다. 죽도에서 상대와 겨룰 때 재구의 보법이 많이 사용되고 있음을 알 수 있다.

②   ①

그림 11-32. 재구

(8) 右手右脚戴劍(우수우각대검)

언해본 : 우슈우각으로칼을니고

토유류의 마지막 세 번째 '대검'이다. '재구' 후에 빠르게 나가서서 '대검'으로 머리를 막는 기법이다〈그림 11-33〉.

그림 11-33. 대검

(9) 右手左脚前一打(우수좌각전일타)

언해본 : 우슈와좌각으로앏흘훈번티라

토유류의 마지막 '좌각' '전일타'의 자세다〈그림 11-34〉. 연속된 자세를 각기 다르게 그려 배치했다.

그림 11-34. 우수좌각 전일타

제2장

運光流
(운광류)

朝鮮軍營(조선군영)의 運光流(운광류)

일본 전국시대 초기의 가케류 등의 원시 유파들은 실전 됐고, 이를 계승한 야규파 등의 유파도 원형과 멀어져 운광류도 실전된 유파로 인식하고 있다. 일본이 전국시대로 진입할 때, 한반도는 고려의 멸망이후 조선이 개국하는 시기로 조선은 초기 어려운 과정을 거치면서 평화를 얻는다.

오랜 기간 평화를 얻은 조선이 안일함에 빠져 있는 동안, 일본은 전국을 평정한 도쿠카와 이에야스(德川家康)가 임진년(1592)에 조선을 침략하여 임진왜란을 일으킨다. 일본은 내전을 겪으면서 갈고 닦은 실전 검술로 막강한 단병접전술을 펼친다. 이때 왜검술의 기법을 알고 왜검술을 능가하는 검술의 필요성을 인식한 조선은, 무예서를 만들고 전쟁을 통해 입수한 왜검술을 조선의 군영에 도입시켜 수련하게 된다. 그 당시에 전해진 왜검류 중 정조 시대까지 유일하게 남은 것이 '운광류'다.

왜검이라는 것은 조선의 입장에서 일본이 사용하는 검의 형태를 구분하는 용어다. 일본의 입장에서 조선의 검술을 말할 때는 조선검이라 하는 것과 같다. 조선은 임진왜란 당시 왜검을 정리하면서 왜검의 역사적 뿌리나 배경을 알지 못했고 알아야 할 경황도 없었다. 역사적 사실은 중요하지도 않았다. 단지 실전에 사용할 검술을 필요에 의해 왜검을 정리했다. 그러다 영·정조 때에《무예도보통지》를 정리하면서 〈본국검〉의 술기가 일본에 전래된 것을 그제야 확인하게 된다. 즉 왜검이라 했던 검술의 근원이 신라의 본국검에서 파생된 것을 알게 된 것이다.

저자가 본국검의 술기와 왜검보의 술기를 비교하는 이유는 본국검이 일본에 전래된 것을 밝힘으로 그동안 일본의 그늘에 가려진 조선의 무예 자존심을 살릴 수 있다는 사명감 때문이다.

운광류를 보면 군영에서 많은 군사들이 모여 어떻게 검법을 수련하였는지 알 수 있다. 지금도 죽도를 수련하면 기본적으로 머리치기·손목치기를 수백수천 번 반복한다. 실질적으로 검을 사용하는 공격의 7할 이상이 치기 기법이다. 본국검과 같이 개별 동작의 기법을 33세로 연결하여 검무의 형태로 행하는 것은, 여러 기법을 잊지 않도록 하는 장치로는 장점이 있으나 각각의 세에 대한 기법을 완성하기는 어렵다. 본국검 33세의 동작 하나하나를 분리하여 수련해야 한다. 즉 개별동작의 기법이 완성된 후에 본국검의 33세를 연결시킬 수 있다. 본국검에서도 격법이 9개 있다. 운광류는 천리세-속행세-산시우세-수구심세-유사세로 이루어져 있으며, 반복적으로 머리·손목을 치도록 구성되어 있다. 같은 기법을 하나의 '세' 중심으로 묶어 5회 반복 훈련한다.

군영에서 왜검 수련시 검결을 소리 높여 외쳐 같은 동작을 반복하더라도 지루하지 않고 검결을 통해 왕복의 회수를 정확히 알 수 있도록 했다.
(1)천리세(전방향)-(2)속행세(후방향)-(3)산시우세(전방향)-(4)수구심세(후방향)-(5)유사세(전방향) 5개의 검결이 각기 다르고 하나의 검결이 4동작 약 5보로 구성되어 있다. 5세×5회를 전후로 왕복하면 25보의 걸음이다. 검법의 기초인 머리·손목·머리를 반복적으로 치게 함으로써 검술의 기초를 수련하고 체력단련을 하도록 했다. 운광류는 죽도의 뿌리다.

運光流(운광류)의 意味(의미)

'劍流(검류)'에서 '流(류)'에 대한 이해가 필요하다. 만일 다른 나라에서 비슷한 칼을 가지고 살생을 목적으로 술기를 만든다면 대개는 비슷한 술기들이 나타나게 된다. 단지 차이가 있다면 그 술기의 이름이 다르거나 같은 기술들을 가지고 어떻게 조합을 시켰느냐 하는 차이다. 공격 위주인가? 방어 위주인가? 이러한 방식을 세분화하여 그 비율이 정해지고 하나의 형으로 만들어 수련함으로써 각기 특색이 있는 '流派(유파)'가 형성된다. 다른 무술도 마찬가지다. 태권도·공수도·킥복싱 등 그 속을 보면 사용하는 술기는 비슷하다. 하지만 그 조합의 비율과 주로 사용하는 술기가 다를 뿐이다. 실전에 들어가면 보법과 방어할 때의 손의 모양은 모두 같다.

각 군영에서 군졸들을 양성할 때 수련의 정도를 나누어 가르칠 수밖에 없다. 즉 초급·중급·고급처럼 分流(분류)하여 수련을 시켜야 한다. '流(류)'는 이러한 의미가 내포되어 있다. 결국에는 후대에까지 남겨진 술기의 이름과 유파만 남게 된다. 그렇다고 사라진 패자의 술기가 형편없다는 것은 아니다. 더 우수하여도 전승시키지 못하면 사라진다. 이것을 보존하기 위해 기록이 필요하다. 비록 일제에 의해 우리의 무예가 단절되고 말살됐지만, 다행히 선조들이《무예도보통지》를 편찬했기 때문에 그 기록을 통해 전해질 수 있다. 그러나 온전하게 기록을 복원하지 못하고 발전시키지 못한 결과, 우리의 무예는 중국과 일본에 뒤쳐져 있다.

운광류의 특징은 동작에 본국검과 조선세법의 검결같이 '세'자를 사용했다는 점이다. 한민족의 본국검과 조선세법은 검결을 통해 한민족의 정체성을 담았고 검결을 만드는 형식도 검술의 동작과 비슷한 글자를 취하여 검결을 지었다. 운광류의 '光'자는 〈그림 11-35〉처럼 빠르게 공격하면서 앞발로 뛰는 형상이다. '運(운)'자도 '辶(착)'자형이 있어 보법의 의미와 모양을 나타낸다. 그리고 '軍(군사군)'자가 있어 군에서 수련한 것임을 알 수 있다. 군에서 군사들을 빠르게 양성한다는 의미가 내포되어 있다. '辶(착)'자는 '걸을착'으로 '착' 음가를 가진다. '辵(착)'과 같은 글자며 군인들이 열을 맞추어 제식으로 걸음을 걷는 것을 나타낸 글자다. 제식에서 단체로 발을 맞추어 걷는 모습을 '착착 줄맞춰 걷는다'고 한다. 우리의 음가로 된 것이다.

그림 11-35. '光(광)'자의 형태 동작

'운광류'는 격검으로 빠르게 전면을 공격하는 타법으로 구성됐다. 보법으로 보면 '撥草尋蛇勢(발초심사세)'와 같다. '拔草(발초)'의 개념은 '발이 처음 나간다'는 동작을 '발초'라는 음가에 맞추어 '풀 속에 숨은 뱀이 갑자기 나온다'는 시어로 표현했다. '拔劍(발검)'이란 '검 집에서 칼이 발과 함께 처음 나온다'는 뜻이다. 뒤에 있는 발을 뽑듯이 박차고 빠르게 앞으로 내딛어 발이 나가는 것이 '발초심사세의 보법'이다.

'勢(세)'로 동작의 이름을 지으면 동작이 하나의 틀로 규정화된다. '세'로 정해진 동작은 일관성이 유지된다. 또한 각각의 '세'를 연결하면 하나의 시어로 연결된 이야기(스토리텔링) 형태로 구성되어 외우기도 쉽다. 이러한 방식은 매우 과학적이다. 지식문화의 수준이 높지 않고는 구현할 수 없는 기법이다. 한민족 무예문화의 정수로 정점에 조선세법이 있다. 동작에 검결(세)이 있는 것과 동작에 이름이 없이 설명어로만 된 것은 큰 차이가 있다. 예를 들어 '선풍기'라는 단어만 들어도 공기가 돌아서 나오는 특징과 기능을 한 번에 알 수 있다. 그러나 '선풍기'라는 이름이 없는 상태에서 설명하려면 여러 가지 방법으로 긴 문장으로 각기 다르게 표현될 것이다. 즉 '세'로 동작을 규정하지 못하면 긴 설명어로 표현할 수밖에 없다.

〈왜검보〉를 보면서 '세'자를 검결로 사용하고 그 형식과 구조가 조선세법과 본국검의 검결을 짓는 방식과 같은 것을 보고 놀라웠다. 《무예도보통지》를 편저한 백동수·이덕무·박제가 등도 이런 것을 확인하고 본국검이 일본에 전래됐을 것이라고 한 것 같다. '운광류' 검결에 담긴 시어는 한민족의 문화로 일본에 전래된 문화적 증거임을 확신한다.

일본은 고대에 고구려·백제·신라·가야 등 한민족에서 이주한 이주민 세력이 세운 국가이며 한민족의 식민지였다. 이때 인적·물적 교류가 통째로 넘어가면서 일본문화를 형성했다. 운광류의 검결이 전래되어 왜에 남아있는 것은 왜검술을 비롯한 전반적인 무예문화의 시원이 한민족임을 드러내는 것이다.

운광류와 유사한 수련법이 무비지의 기록에 있다. 그러나 운광류처럼 '세'로 된 것은 아니다.
10보를 나가며 손목과 머리를 치는 기법이다. 鈀簡步十進(파간보십진)이 검류로 남았다면, 鈀簡流(파간류)와 같이 새로운 流(류)로 전래되었을 것이다.

習鈀簡 步十進 足如環無端 進一足中平當大壓 又進一足壓死 又進一足小壓 又進一足壓死 又進一足高大當 又進一足大壓死 又進一足高小當 又進一足小壓死 又進一足高大當 又進一足大壓死.

여기서 鈀簡(파간)이란 '화살처럼 빠르게 나간다'는 의미로 '打(타)'법이다. 10보를 계속해서 나가며 손목(中平當)과 머리(高大當)를 공격한다. 좌·우 진일족으로 걸으며 10보를 나가게 된다. 전반에는 손목을 후반에는 머리를 치는 기법이다. '파간보십진'이 '流(류)'로 남았다면 '파간류'와 같은 새로운 이름으로 전래되었을 것이다. 조선세법의 '평대세'가 손목을 공격하는 기법처럼 '중평당'의 '평'자가 기법을 설명한다. 또한 빗겨치는 '擊(격)'으로 겨루는 大斜壓(대사압)이 있다. 殺擊(살격)의 기법으로 검결로는 大飛天(대비천)·大飛高(대비고)를 사용했다. 기예질의에서 한교가 허유격에게 무예의 오묘한 기법을 묻던 大當(대당)·小當(소당)·大壓(대압)·小壓(소압)과 같은 개념이다. 足如環無端(족여환무단)은 '검으로 치며 나아갈 때 족법은 끊어지지 않고 계속 연결된다'는 의미로 '체보'를 나타낸다.

運光流(운광류)의 構造(구조)

'운광류'는 총 5개 단락으로 나뉘어져 있다. 모든 단락의 첫 시작 검결만 다를 뿐 시작 이후 '과호세-우수좌각-우수우각-우수우각(전일도)' 4개의 동작은 동일하다. 즉 5개의 동작이 하나로 구성되고 다시 다섯 단락으로 된 총 25개의 동작이다.

1) 천리세-과호세-우수좌각(전일타)-우수우각(전일타)-일도(전일타)-우회
2) 속행세-과호세-우수좌각(전일타)-우수우각(전일타)-일도(전일타)-우회
3) 산시우세-과호세-우수좌각(전일타)-우수우각(전일타)-일도(전일타)-좌회
4) 수구심세-과호세-우수좌각(전일타)-우수우각(전일타)-일도(전일타)-좌회
5) 유사세-과호세-우수좌각(전일타)-우수우각(전일타)-일도(전일타)-마침

검결은 '수법·보법·신법·안법'을 결합시켜 하나의 '세(틀)'로 묶어 있다. 이러한 방식은 한민족의 특수한 명명방식이다. '과호세'는 양발을 넓게 벌려 앉아 중단에서 자세를 취한 후, 연속해서 4번 앞으로 나가는 동작을 하나로 묶었다. 그렇기 때문에 과호세 뒤의 동작에는 검결이 없다. '천리세·수구심세·유사세'는 '좌회'를 취하기 때문에 나타나는 자세고 '속행세·산시우세'는 '우회'로 돌기 때문에 나타나는 자세다. 즉 단락마다 전후로 방향이 바뀐다.

運光流(운광류)의 理解(이해)

'운광류'의 그림을 잘못 이해하면 검법의 원형과 취지에 맞지 않게 수련하게 된다. '천리세'를 시작하면 대략 4~5보를 앞으로 나가게 된다. 만일 계속해서 '속행세·산시우세·수구심세·유사세'를 앞으로만 진행한다면 최소한 '운광류'는 20~25m를 나가게 된다. 실재 운광류를 재현한 단체들의 동영상을 보면 모두 20~25보 이상을 나간다. 만일 이런 방식으로 많은 장졸들이 군영에서 동시에 수련한다면 혼란스럽고 얼마나 넓은 공간이 필요했겠는가? 웬만한 축구장 정도 되어야 가능했을 것이다. 과연 옛날에 그렇게 넓은 군영이 있었겠는가?

또한 과호세 다음에 첫 발이 '좌각'으로 시작하는 것은 '一跳前一打(일도전일타)'를 자연스럽게 하기 위한 것이다. 만일 첫 발이 '우각'이 나가고 다음에 '좌각'이 나가면 마지막 '一跳前一打(일도전일타)'에서 보법이 엉킨다. 운광류는 손목 머리를 연타하는 기법이다. 과호세를 생략하고 '우각'으로만 운광류를 수련한 것이 죽도다. 운광류의 취지에 맞게 얼마든지 응용하여 사용하면 된다.

왜검보 그림과 검결에도 방향전환 된 곳이 있다. 이것을 못 찾으면 계속 앞으로 진행하게 된다. 이것을 찾는 것이 왜검보의 비밀을 푸는 해법이다. 즉 '천리세'에서 '과호세'로 이은 '머리-손목-머리'를 치면 한 勢(세)가 끝난 것이다. 다음 '속행세'부터 '과호세'는 뒤를 보고 진행하여 제자리로 돌아오도록 구성됐다. 이렇게 왕복으로 5개의 동작을 마치면 4~5보 내에서

566

운광류를 마치게 된다. '속행세와 수구심세'는 전 방향에서 후 방향으로 '우회'로 돌면서 취하는 자세로 실질적으로 같은 자세다. 그렇지만 다른 검결을 사용하는 것은 5개의 검결이 시어로 구성됐기 때문이다. 즉 '속행세'는 '천리세'를 이어서 한다는 검결이다.

왜검보 그림에 속행세와 수구심세의 모습을 뒤로 향하게 그렸다면 아마 이런 혼동은 없었을 것이다. 한 단락이 끝나고 똑같은 동작이 반복된다. 그래서 왜검총도는 한 단락이 끝나면 새롭게 전 방향으로 진행되는 것을 나타내기 위해서 '재진·삼진'이라 했다. 그런데 후 방향으로 몸을 돌렸음에도 항상 좌측으로 진행하도록 그린 것이 왜검보 그림에 숨겨진 비밀이다. 특히 속행세와 산시우세는 본국검의 '백원출동세'에서 '우찬격세'로 전환할 때 나타나는 자세다.

이렇게 그린 이유는《무예도보통지》는 한 면에 2개의 그림을 배치했다. 한 단락은 약 10~15개의 동작으로 구성됐다. 즉 5~7장의 지면에 연속적으로 그리게 된다. 옛날에는 책면을 우방향으로 넘겼다. 그래서 전 방향으로 10~15개의 그림을 그리다가 후 방향으로 다시 10~15개의 동작을 순서에 맞춰 배치하게 되면 역순으로 그림이 배치되는 문제가 생긴다. 이 문제를 해결하는 방식은, 시연자가 후 방향으로 돌았을 때 화공도 함께 방향을 전환해서 그렸기 때문에 모든 그림이 좌측을 향하는 것처럼 그렸다. 이에 반해 '본국검·쌍수도·제독검'은 전후의 동작이 회전으로 연결되어 있다. 그래서 모두 총보는 연결되어있고 그림도 전후를 명확하게 그렸다.

5

運光流(운광류) 劍訣(검결)의 意味(의미)

운광류는 '빛처럼 빠르게 흐른다'는 뜻이다. 무엇이 그렇게 빠르게 움직인다는 것인가? 움직이는 주체는 누구인가? 바로 뒤에 오는 '과호'다. 검결로 만들어진 동작은 필연적으로 시어를 갖게 된다. 시어만큼 동작과 의미를 한 번에 전달할 수 있는 합리적인 체계는 없다. 과거에는 문맹율도 높았다. 글은 아는 자들은 武文(무문)을 겸비한 특권층이다. 이들이 무예의 동작을 만들고 무예의 동작에 이름(검결)을 붙였다. 자연히 검결은 함의를 담게 된다. 한민족은 함의를 이두문의 한자로 기록했다. 때문에 검결이나 가결을 해독하면 그것을 만든 주체를 알 수 있다. 운광류의 '천리세·과호세·속행세·산시우세·수구심세·유사세'의 6개의 검결은 과연 어떠한 시어를 담고 있을까?

1) 千利勢(천리세)

천리세의 '千利(천리)' 음가는 이두식 표현으로 여러 함의가 들어있다. '千(천)'자에는 두 개의 중요한 비밀이 숨겨져 있다. 첫 번째는 '반드시 이긴다'는 '必勝(필승)'의 의미다. 두 번째는 '그네'라는 의미다. 韆(그네천) 한자가 한글의 음가에 의해 만들어진 또 하나의 증거다. '千(천)'의 음가에 하늘과 연결된 놀이나 사물에 붙는 한자에 사용된 것이다. '鞦韆(추천)'이란 '그네'라는 단어지만 글자의 음가와 내용을 보면 '革(가죽혁)'자가 있어 나무에 줄을 매달아 사람이 타고 미는 것을 나타낸 것이다. '韆(그네천)'과 '遷(옮길천)'이 있어 '사람이 타면 뒤에서 밀게 되고 그렇게 되면 그네 줄이 움직여 사람이 옮겨지게 된다'는 이러한 일련의 상황이 글자에 담겨있다.

'鞦(밀칠추)'나 '推(밀추)'는 모두 의미도 같고 '추'의 음가도 같다. 천리세의 '千(천)'자의 의미는 '그네'가 앞뒤로 오고 가듯이 전후로 반복한다. 재미있는 것은 그네를 타면 몸은 항상 앞을 본 상태에서 전후로 움직인다. 즉 뒤로 돌아 가지만, 몸은 앞을 보고 그네처럼 다시 앞으로 간다'는 의미가 검결에 숨겨져 있다. 이 검결을 해독하지 못하면 계속해서 앞으로 20~30미터를 가게 된다. 이렇게 되면 오와 열을 지은 많은 장졸들이 수련을 하는데 장소가 비좁아져 불편하다. 그네처럼 앞뒤로 왔다 갔다 하면서 수련해야 효과적이다.

천리세는 과호세와 연결되어 '호랑이처럼 용맹스럽게 싸운다'는 의미를 시적으로 표현한 것이다. 또한 千利(천리)는 千里(천리)이기도 하다. 천리세는 운광류의 첫 시작으로 천리 길도 한걸음부터 시작한다는 의미도 들어있다. 속행세는 '이어서 간다'는 의미와 '빠르게 간다'는 의미로 '빠르게 이어 간다'는 뜻을 갖고 있다. 즉 '천리세의 한 단락이 끝나면 빠르게 이어 진행한다'는 의미다.

2) 跨虎勢(과호세)

'과호세'는 호랑이를 토템으로 삼고 있는 한민족이 운광류를 만든 주체라는 사실을 나타낸다. 조선세법에서도 '호랑이'는 한민족을 수호하는 장군이다. '夸(과)'자는 '夷(이)'와 같은 글자다. 한민족 신화의 주인공은 호랑이다. 한민족에게 호랑이는 산신이다. 왜 열도에는 호랑이가 없다. 호랑이는 한민족의 토템으로 왜에서 호랑이를 표현한 것은 이주민의 '격검술이 왜에 전래되었다'는 증거다. 검결은 검결을 만든 시대에 살던 사람의 철학과 사상을 반영한다.

3) 速行勢(속행세)

속행세는 산시우세와 검결만 다를뿐 기법은 같다. '빠르게 다음 동작을 한다'는 의미다. 즉 '飛虎(비호)같다'는 의미를 속행세로 표현했다. '천리세'의 동작과 동일한 동작인 '산시우세'는 서로 연결되어 있다. 速行(속행)의 '行(행)'자가 속행세의 특징을 가장 정확히 표현하고 있다. '다닐 행(行)'자는 길을 가다가 네거리에 이르러 앞으로 갈지? 좌우로 갈지? 돌아갈지? 고민하는 것을 나타낸 글자다. '행동 똑바로 하라'는 말은 어디로 갈지? 고민하지 말고 '直行(직행)'하라는 의미다. 또 하나는 '네거리에 와서 다시 출발지로 돌아간다'는 뜻이다. 속행세는 '빠르게 돌아가'란 뜻이다. '後(후)=行+夋'다. 즉 '行(행)'은 '우회하여 되돌아가라'는 동작이다. 천리세는 좌로 하고 속행세는 방향을 바꿔 우로 행하라는 의미다.

4) 山時雨勢(산시우세)

산시우세는 '산에서 비가 내릴 때'라는 검결이다. 산에서 비가 내리는 것과 검법은 무슨 연관이 있을까? 속행세와 똑같은 자세지만 산시우세라 한 것은 '속행세'와 연결된 의미를 갖는다. 산에서 내리는 비가 계곡을 따라 강하게 굽이굽이 돌아서 나간다. 또한 산시우세의 자세는 폭포에서 쏟아지는 한줄기 커다란 물이 흘러내리는 모습과 같다. 산에서 내리는 폭포를 '용'에 비유했다. 많은 명산에는 오룡폭포·구룡폭포처럼 용을 상징한 폭포들이 많다. 용은 뱀처럼 몸을 돌리며 똬리를 튼다. 산시우세나 속행세의 자세는 몸을 회전할 때 몸에 칼을 붙이고 돌아가는 신법과 수법이 검결 속에 들어있다. 천리세가 '猛虎(맹호)'를 상징한다면 산시우세는 '飛龍(비룡)'을 상징한다. 또한 산시우세는 운광류의 단조롭고 반복적인 동작을 몸에서 '땀이 비 오듯이 수련한다'는 함의가 있다.

5) 水鳩心勢(수구심세)

水心(수심)은 물의 가운데를 뜻한다. 호수 한가운데 평화로이 한 무리의 새(鳩:구)가 있다. 鳩心(구심)은 평정심이다. 천리세와 수구심세는 자세가 같으며 검결만 다르다. 속행세와 산시우세가 서로 같은 짝을 이루어 검결을 완성하고, 천리세와 수구심세가 같은 짝을 이루어 한편의 서정적 시어를 읊고 있다. '평상심을 갖고 경계심을 풀고 평온히 노니는 새끼오리를 바라보면서 곧 자라면 천리를 날아간다'는 의미를 드러낸다. 무인은 항시 절차탁마와 평상심을 가져야 한다. 무인에게 이처럼 중요한 말은 없다.

새가 날아가면 '봉황'이 된다. 수구심세는 '새'를 숭배하는 한민족의 토템이다. 한민족은 자식을 '새끼'라 한다. '새의 기운'으로 나온 것이다. 알이 부화되어 스스로 일어서는 것이 본국검의 '金鷄獨立勢(금계독립세)'다. 금계는 화려하게 빛나는 봉황을 나타내는 상징적 개념이다. 평화롭고 아늑한 수련장에서 지금은 병아리이지만, 언젠가는 하늘을 날아가 나라를 지키는 매서운 삼족오(매)가 될 것이라는 기원의 바람이 이 검결에 들어있다. 현대에도 군에 들어온 신병을 '병아리'에 비유한다. 병아리의 '병'은 '兵(병사병)'이고 '알'은 '髟(어린아이머리알)'로 어린 새, 즉 '알라·얼라(들)'다. 수구심세의 개념이 면면히 전해져 내려온 것이다.

6) 柳絲勢(유사세)

柳絲(유사)란 가느다란 버드나무 가지가 축 늘어진 것이다. 유사세는 수구심세와 연결이 된다. 버드나무는 호수를 에워싸고 수련자들에게 평온한 안식처를 제공한다. 버드나무로 둘러친 연병장을 호수에 비유하고 그 안에서 훈련하는 장졸들을 아직 날지 못하는 병아리 같은 '새'로 비유한 것이다. 유사세의 자세는 날개 짓으로 '柳(류)'는 주작인 井鬼柳星張翼軫(정귀유성장익진)의 의미를 담고 있다. '柳絲(유사)'란 주작이 날개를 펼친 것을 늘어진 버드나무 가지에 비유한 것이다. 즉 '병아리 병졸들이 마침내 날개 짓을 하며 날아간다'는 의미다. 운광류의 검결을 보면 군영의 모습이 선하다. 많은 나무들로 둘러싸인 연병장이 있고 그 연병장에서 새내기 병사들이 땀을 흘리며 무예수련을 하고 있다. 오늘날의 군영 모습과 전혀 다를 바 없다.

6

運光流(운광류)의 解說(해설)

1) 첫 번째 단락

(1) 初作千利勢藏劍正立(초작천리세장검정립)

언해본 : 처음의 천니세룰호디칼을굼초고바로셧다가

'千(천)'자와 장검정립의 형태가 같다. '刊(끊을천)'자형에 ' ㅣ(선칼도)'자가 있다. '칼을 세우고 친다'는 의미다. 이 자세는 금계독립세의 변형으로 금계독립세가 측면으로 자세를 취했다면, 천리세는 몸을 정면으로 세우면서 동시에 칼이 정면으로 조금 나간 것이다. 빗겨 서되 칼을 우측 어깨에 두는 '우장검'이 아닌 칼을 몸 앞에 두고 선 자세다〈그림 11-36〉. 즉 다음 동작인 과호세로 전환하기 위한 준비자세로 보면 된다.

그림 11-36. 장검정립세와 千(천)

(2) 右手右脚作跨虎勢兩手前一打(우수우각작과호세양수전일타)

언해본 : 우슈우각으로과호세롤호디두손으로앞을훈번티고

천리세는 '좌각'이 앞에 있다. '우각'이 나가며 다리를 벌리고 칼을 내려치면서 앉은 자세가 과호세다〈그림 11-37〉. '跨(과)'자의 '夸(과)'는 '크다·굽히다'는 뜻으로 과호세 자세의 특징을 설명하고 있고, '虎(호)'자의 '儿'형도 과호세의 자세를 보충하면서 '호랑이가 용맹하게 뛰쳐나간다'는 운광류의 의미를 담고 있다.

그림 11-37. 과호세 자세와 虎(호)

과호세에는 '兩手前一打(양수전일타)'란 문장을 사용했다. 모든 그림은 두 손으로 칼을 잡고 있다. 그렇다고 해도 '雙手(쌍수)'나 '兩手(양수)'라는 표현을 쓰지 않았다. 오로지 과호세에서만 '양수'라 했다. 여기에서의 '양수'는 '칼을 두 손으로 잡는다'는 의미가 아니다. 과호세는 '준비세의 기능과 중단을 친다'는 두 성격을 '양수'로 설명하고 있다.

(3) 右手左脚前一打(우수좌각전일타)

언해본 : 우슈와좌각으로앒흘훈번티고

과호세에서 좌각이 나가며 머리를 친다〈그림 11-38〉.

그림 11-38. 우수좌각 전일타

(4) 右手右脚前一打(우수우각전일타)

언해본 : 우슈우각으로앏흘혼번티고

'우각'이 나가며 손목을 친다〈그림 11-39〉. 그림을 보면 타격의 부위가 손목이다.

그림 11-39. 우수우각 전일타

(5) 右手右脚前一跳前一打(우수우각전일도전일타)

언해본 : 우슈우각으로앏흐로혼번뛰여앏흘혼번티고

'우각'으로 손목을 친 이후에 몸이 숙여진 상태에서 다시 몸을 세워 전 방향을 향해 뛰어 나가 칠 준비를 하는 자세다. 그렇다면 어떻게 전방을 향해 뛰면서 칠 것인가? 천유류의 재 롱이나 축도일타의 기법이 '전일도전일타'다〈그림 11-40〉. 언해본에는 '앏흐로혼번뛰여앏흘 혼번티고'라고 했다. 즉 원문에는 '앏흐로혼번뛰여'라 했지 '쪼구려 앉는다'라 하지 않았다. '개구리처럼 쪼구려 앉았다 뛰어 올라가며 치는 것'은 검리에도 어긋난다. 〈그림 11-40〉의 자세에서 앞으로 한번 뛰어 나가기 위해 자연스럽게 약간 다리를 굽혀 탄력을 축적하고 그 힘으로 앞으로 뛰면서 '우각'이 나가며 치는 기법이다. 죽도경기에서 상대의 머리를 공격할 때 이 기법이 주로 사용한다.

그림 11-40. 一跳前一打(일도전일타)

2) 두 번째 단락

(1) 卽作速行勢(즉작속행세)

언해본 : 즉시속셰롤ㅎ고

좌측 어깨에 칼을 들고 서있다. 우측 어깨에 칼을 들게 되면 양손이 'X'자로 꼬인다. 좌로 계속 진행하는 것으로 보이지만 이 그림은 좌방향이 뒤를 보고 선 자세다. 몸을 우회하여 뒤로 돌렸을 때, 화공도 함께 반대 방향으로 건너가 그렸기 때문에 계속 '좌측'을 향하고 있다. '速(속)'자의 '束(속)'에서 자세의 형태를 취하고 'ㄴ'자를 합하여 '빠르게 계속하여 진행한다'는 검결이다. '行(행)'은 '출발지로 되돌아간다'는 뜻이다. 一跳前一打(일도전일타)를 하게 되면 '우각'이 나가며 치는 탄력으로 '좌각'이 앞에 있게 된다〈그림 11-40〉. 즉 재롱보로 '좌각'이 앞에 있게 된다. 이때 몸만 '우회'하면 된다. '산시우세'와 '속행세'는 같다〈그림 11-41〉.

그림 11-41. 속행세와 束(속)

(2) 又作跨虎勢兩手前一打(우작과호세양수전일타)

언해본 : 또과호셰롤ㅎ디두손으로앎흘ㅎ번티고

두 번째 나오는 과호세 자세다. '속행세'라고 외치면 큰 기합소리와 함께 〈그림 11-42〉의 ①과호세를 취하고 전방을 향하여 손목을 친다.

②진행하는 과호세   ①준비 자세의 과호세

그림 11-42. 준비자세와 진행하는 과호세 비교

(3) 右手左脚前一打(우수좌각전일타)

언해본 : 우슈와좌각으로앏흘흔번티고

두 번째 나오는 우수좌각이다. 과호세의 반복으로 처음의 그림은 '우수좌각'이었으나, 두 번째 그림에서는 '우수우각'이다〈그림 11-43〉의 ②. 즉〈그림 11-43〉의 ①②는 연속된 그림이다. 즉 '좌각'으로 치고 나가며 '우각'이 따라 나가 손목을 치는 그림이다. 둘 다 시선이 위를 향하고 있다. 머리 공격을 나타낸다.

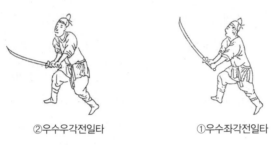

②우수우각전일타　　　①우수좌각전일타

그림 11-43. 우수좌각전일타 비교

(4) 右手右脚前一打(우수우각전일타)

언해본 : 우슈와우각으로앏흘흔번티고

두 번째 '우수우각'이다.〈그림 11-44〉의 ①②는 연속된 같은 동작이다. 둘 다 시선이 아래에 있다. 손목을 친다.

②우수우각전일타　　　①우수우각전일타

그림 11-44. 우수우각 전일타 비교

(5) 右手右脚前一跳前一打(우수우각전일도전일타)

언해본 : 우슈우각으로앏흐로흔번뛰여앏흘흔번티고

두 번째 一跳前一打(일도전일타) 자세다. 첫 그림의 자세와 비슷하다. '跳(뛸도)'자의 '兆' 자형에 자세가 숨겨 있다. 〈그림 11-45〉의 ①은 다음 동작을 뛰면서 치기위해 손을 중심 아래로 모아 힘을 응축한 자세다. 〈그림 11-45〉의 ②는 크게 뛰어 머리를 친 다음 산시우세를 취한다. 다음에는 과호세가 반복한다. 一跳(일도)를 토끼처럼 뛰는 것은 왜검보의 보법을 잘못 이해한 것이다.

그림 11-45. 일도전일타 자세와 兆

3) 세 번째 단락

(1) 右手右脚即山時雨勢(우수우각즉산시우세)

언해본 : 우슈우각으로즉시산시우세룰호디

'속행세'와 기법은 같다. 단 일도전일타 후 재룡보를 할 때, '좌각'이 앞으로 나가지 않고 〈그림 11-45〉처럼 체보로 서는 동시에 즉시 발을 바꿔 '우각'이 나가며 '우회'로 산시우세를 한다. 〈그림 11-46〉의 ② 시연자의 시선은 '우회'를 위해 뒤를 보고 있다.

'산시우세'와 '속행세' 자세는 똑같다. 검결만 다르다. '山(산)'자로 상체의 자세를 보충했고, '時(시)'에서 '寺(사)'자 형태를 취했다. 이 자세는 본국검의 '백원출동세'에서 '우찬격세'로 방향전환을 하기 위해 '우회'를 할 때의 자세다. 〈그림 11-46〉의 ①은 본국검보의 우찬격세다. 우찬격세를 앞에서 보고 그린 그림이 〈그림 11-46〉의 ② 산시우세·속행세다. 우회를 할 때 실전에서 칼을 어떻게 취하는지를 잘 표현하고 있다. 속행세·산시우세의 검결을 통해서

'용이 똬리를 틀면서 돈다'는 의미가 산시우세에 숨겨져 있다.

《무예도보통지》를 편저한 사람들은 이미 검법 전체의 구조와 동작 그림을 알기 때문에 반복된 그림은 분산시켜 나누어 그렸다. 이것을 해독하는 입장에서는 숨은 그림을 찾는 느낌이다. '좌측'을 바라보고 있다. '속행세'가 후 방향으로 돌아와 진행이 멈추었다면, '산시우세'는 다시 전방으로 진행하기 때문에 '좌측'이다. 산시우세나 속행세의 시선을 보면 아래를 향하고 있다. 이러한 시선은 회전을 통해 다음 동작의 방향을 따라 가는 것을 표현한 것이다. 만일 계속 전 방향으로 진행한다면 산시우세에서 과호세로 그대로 전환해야 한다. 그러나 산시우세나 속행세에는 방향의 전환에 필요한 자세다. 공격의 자세가 아니기 때문에 '打(타)'가 없다.

②운광류의 산시우세   ①본국검의 우찬격세

그림 11-46. 본국검의 우찬격세와 운광류의 산시우세

(2) 又作跨虎勢兩手前一打(우작과호세양수전일타)

언해본 : 쏘과호세를ᄒᆞ야두손으로앏흘ᄒᆞᆫ번티고

세 번째 跨虎勢(과호세) 자세다. 대체로 과호세의 자세는 대동소이하다〈그림 11-47〉.

③   ②   ①

그림 11-47. 과호세 비교

과호세의 특징은 좌마세(기마세)처럼 몸을 낮추고 양 발의 간격을 넓혀 반쯤 앉은 자세다. 좌마세·기마세와 과호세의 자세는 같지만 '좌마세'는 위에서 아래로 앉을 때에, '기마세'는 아래에서 위로 올라오면서 취하는 자세다. '좌마세'는 넓은 평원의 유목의 개념이고, '과호세'는 수렵의 산악문화 개념이다.

(3) 右手左脚前一打(우수좌각전일타)

언해본 : 우슈와좌각으로앏흘흔번티고

세 번째 나오는 '우수좌각전일타'다. 모두 시선이 위를 향하고 있다〈그림 11-48〉.

③　　　　　　②　　　　　　①

그림 11-48. 우수좌각전일타 비교

(4) 右手右脚前一打(우수우각전일타)

언해본: 우슈우각으로앏흘흔번티고

세 번째 나오는 '우수우각전일타'다. 같은 그림이 모아지면서 흐름이 보인다.〈그림 11-49〉의 ①②는 시선이 아래를 향하고 있다.〈그림 11-49〉의 ③에서 시선이 위로 올라가면서 다음 동작으로 진행되고 있다.

③　　　　　　②　　　　　　①

그림 11-49. 우수우각전일타 비교

(5) 右手右脚前一跳前一打(우수우각전일도전일타)

언해본 : 우슈우각으로앏흐로흔번뛰여앏흘흔번티고

세 번째 前一跳前一打(전일도전일타) 자세다〈그림 11-50〉. 어떻게 뛰며 칠까? 뒤에서 자세히 설명을 하고자 한다.

③　　　　　　　　②　　　　　　　　①

그림 11-50. 전일도전일타 비교

4) 네 번째 단락

(1) 右手右脚卽作水九心勢(우수우각즉작수구심세)

언해본 : 우슈우각으로즉시슈구심세롤호디

수구심세는 천리세와 자세가 비슷하다. '九(구)'자형에서 자세를 취하고 검결을 지었다. 천리길도 한 걸음부터라는 속담처럼 천리세에서 출발한 검법이 수구심세까지 왔다. 천리세·산시우세·유사세는 전방향으로 진행한다. 속행세·수구심세는 뒤로 돌아 원지로 진행한다.

'一跳前一打(일도전일타)'는 '우각'으로 머리를 친다. 그 탄력으로 '좌각'이 나가고 다시 '우각'이 반 족장쯤 나가며 멈춘다. 이때 '좌회'를 하면 '우수우각'의 수구심세가 된다〈그림 11-51〉의 ②. 만일 좌회를 하지 않고 '우각'이 나가며 전방을 향해 수구심세를 하면〈그림 11-51〉의 ②처럼 '좌각'이 아니라 '우각'이 나가기 때문에 자세가 다르게 된다. 즉 '수구심세'에서 방향전환이 생긴 것이다. 죽도에서 머리를 치고 '우각'이 계속해서 나가는 보법이 바로 '재롱보'다.

580

②수구심세　　　　　　①천리세

그림 11-51. 천리세와 수구심세 비교

〈그림 11-51〉의 ①천리세와 비교해보면 그림은 전 방향을 향하는 것으로 표현되어 있지만 시선은 '우측'을 보고 있다. 즉 속행세·산시우세는 '우회', 수구심세·천리세는 '좌회'를 할 때 나타나는 동작이다. 수구심세는 〈그림 11-51〉의 ②처럼 얼굴에서 코와 눈을 그리지 않음으로써 방향이 전환된 것을 표현했다.

(2) 又作跨虎勢兩手前一打(우작과호세양수전일타)

언해본 : 또과호셰를ᄒᆞ야두손으로앏흘ᄒᆞᆫ번티고

네 번째 과호세 자세다. 앞에 나온 과호세와 비교하면 대동소이하다〈그림 11-52〉.

④　　　　　　③　　　　　　②　　　　　　①

그림 11-52. 과호세 비교

(3) 右手左脚前一打(우수좌각전일타)

언해본 : 우슈와좌각으로앏흘ᄒᆞᆫ번티고

네 번째 우수좌각전일타 자세다〈그림 11-53〉. 앞서 나온 전일타와 연결하면 기법의 움직임을 알 수 있다.

그림 11-53. 수좌각 전일타 비교

(4) 右手右脚前一打(우수우각전일타)

언해본 : 우슈우각으로앏흘흔번티고

네 번째 '우수우각전일타' 자세다〈그림 11-54〉.

그림 11-54. 우수우각 전일타 비교

(5) 右手右脚前一跳前一打(우수우각전일도전일타)

언해본 : 우슈우각으로앏흐로흔번뛰여앏흘흔번티고

네 번째 나온 前一跳前一打(전일도전일타) 자세다. 다른 자세에 비하여 몸이 더 웅축 되어 있다. 뛰어나가려는 순간의 자세다〈그림 11-55〉. 어떻게 뛰며 치는 기법인지는 뒤에서 설명을 하고자 한다.

그림 11-55. 전일도전일타 비교

5) 다섯 번째 단락

(1) 卽作柳絲勢(즉작유사세)

언해본 : 즉시뉴스셰를ᄒ고

'유사세'에서 방향전환이 이루어졌다. '柳(유)'의 '卯(묘)'형태인 '卯'에서 자세를 취했다. '卯' 자에 유사세의 자세가 숨겨져 있다. 〈그림 11-56〉의 유사세를 보면 우손목이 크게 좌로 돌아 갔다. 손목을 돌리면 돌아가는 방향으로 몸의 회전이 영향을 받는다. 때문에 유사세는 '좌회' 를 한다. 과장된 것 같은 유사세는 이처럼 신법과 보법이 숨어있다. '柳絲(유사)'는 '모이다' 는 의미다. 여기서 '모이다'의 개념이 '두 손을 중심으로 모은다'는 뜻이다. '재롱보'를 하고 '우각'이 앞에 있는 상태에서 '좌회'를 하면서 '수구심사세'의 자세가 된다. 이때 연속해서 '좌 각'이 뒤로 물러나가면서 오른손목을 돌리면 유사세가 된다. 유사세에서 45° 앞으로 나간 칼 은 고개를 길게 빼고 날아가는 기러기의 머리를 상징하고, 양 겨드랑이를 든 것은 날개를 펴 고 날아가는 모습을 표현한 것이다.

그림 11-56. 유사세

유사세는 실전에서 어떻게 쓰일까? 유사세에는 매우 중요한 수법 두 개가 숨겨있다. 첫째 격법은 치고 전진하기 때문에 상대와 칼이 서로 맞붙게 되는 경우가 많다. 이럴 경우 유사세의 기법을 통해 상대가 밀고 들어오는 칼의 힘을 안으로 흘리고, 꼬인 손목을 다시 밖으로 밀어치는 기법으로 상대의 힘을 이용하는데 매우 효율적이고 강력한 기법이다. 유사세가 맨손무술에 적용될 경우에는 상대의 손목을 꺾거나 멱살을 잡는 기법으로 사용될 수 있다. 둘째 회전하면서 뒤에서 쫓아오며 찌르거나 치는 상대의 공격을 막는데 사용한다.

(2) 又作跨虎勢兩手前一打(우작과호세양수전일타)

언해본 : 또과호세로호디두손으로앎흘흔번티고

모든 과호세의 그림이다〈그림 11-57〉. 조금씩 다르지만 과호세의 기법은 모두 같다.

그림 11-57. 과호세 비교

(3) 右手左脚前一打(우수좌각전일타)

언해본 : 우슈와좌각으로앎흘흔번티고

모든 우수좌각의 자세다〈그림 11-58〉. 좌각의 타격목표는 머리다. '우수좌각'으로 친 이후, 다음에 '우각'으로 연이어 머리를 공격하는 기법이다. 단〈그림 11-58〉의 ②는 '우수우각'의 자세로 '우수좌각' 이후 일보 나간 것이거나 '우수좌각'을 하려는 자세로 보인다.

⑤　　　　　④　　　　　③　　　　　②　　　　　①

그림 11-58. 우수좌각전일타 비교

(4) 右手右脚前一打(우수우각전일타)

언해본 : 우슈우각으로얇흘흔번티고

　　모든 우수우각 전일타 자세다〈그림 11-59〉. 이 자세를 보면 손목을 밀어 치면서 계속해서
앞으로 힘있게 나가는 기법이다.

⑤　　　　　④　　　　　③　　　　　②　　　　　①

그림 11-59. 우수우각전일타 비교

(5) 右手右脚前一跳前一打(우수우각전일도전일타)

언해본 : 우슈우각으로얇흐로흔번뛰여얇흘흔번티라

　　다섯 번째 '前一跳前一打(전일도전일타)' 자세다. 변화되는 자세의 연속동작이다〈그림
11-60〉.〈그림 11-60〉의 ④에서 마침내 힘이 최고조로 응축되고〈그림 11-60〉의 ⑤는 다시
치기 위한 예비동작이다.

그림 11-60. 전일도전일타 그림 비교

⑤ ④ ③ ② ①

토유류의 동작이 운광류에서 '前一跳前一打(전일도전일타)'로 표현 했다. 어떻게 뛰며 칠 것인가에 대한 그림은 〈그림 11-61〉 뛰어나가며 치는 토유류의 '縮跳一打(축도일타)'다.

그림 11-61. 縮跳一打(축도일타)

토유류에서 右手右脚伸跳一打(우수우각신도일타) 이후에 몸을 세워 '縮跳一打(축도일타)'하는 두 연결동작과 운광류의 연결동작은 같다. 이처럼 왜검보의 구조는 서로 연결되어 있다. 이렇게 된 것은 한 면에 2개의 그림을 넣는 방식이기에 전에 나온 그림을 분산시켜 기록한 것이다. 이러한 구성은 문서의 해독을 쉽게 할 수 없도록 한 의도가 있다. 격검의 기법을 충분히 알고 왜검보의 보법과 신법, 무예도보통지의 전체 검법의 구성을 이해할 때 볼 수 있다. 정보를 공유하고 있는 군영에서는 모든 검법의 동작이 남아 있었기 때문에, 첫 자세만 보아도 다음에 오는 동작을 충분히 알 수 있다. 하지만 정보를 모르거나 단절된 상태에서는 적에게 문서가 유출되어도, 전체의 계획 의도와 구성을 알지 못하면 문서를 보고도 실현하기 매우 어렵다.

제3장

千柳流
(천유류)

千柳流(천유류)의 意味(의미)

    '千(천)'의 뜻은 '일천천'과 '그네천'으로 여기에서는 '그네'를 뜻한다. 무예에서는 매우 특수한 비서다. 검술의 동작을 글자에서 상형했다. 그네의 동선은 몸은 앞면을 향하지만 줄은 앞ㆍ뒤로 움직인다. 천유류는 이와같이 앞ㆍ뒤로 움직인다. 처음 앞으로 갔다가 몸을 뒤로 돌면 뒤를 향하기 때문에 後一打(후일타)로 했어야 한다. 그러나 '前一打(전일타)'로 했다. 이는 비록 뒤를 향하지만 계속해서 앞으로 나간다는 의미를 나타낸다. 만일 천유류를 앞ㆍ뒤로 행하지 않고 계속 앞으로만 나간다면 35~40m를 나가게 된다.

    천유류는 운광류와 같이 '세'의 검결로 동작을 만들지 않았다. 유일하게 첫 자세만 '초도수세'라 하여 '세'를 사용했다. 그러나 천유류의 戴劍(대검)은 머리 위에 칼을 올려 '댄다'는 우리의 음가다.

    특히 천유류의 流星出(유성출)은 한자 그대로 '유성이 나와 흐른다'는 뜻이다. 여기서 '出(출)'자의 의미를 모르면 검이 어떻게 움직이는지 알 수 없다. 본국검의 '白猿出洞勢(백원출동세)에 '出(출)'자가 있다. '出(출)'은 단순하게 '앞으로 나아가는 것'이 아니다. '앞으로 나가며 다시 뒤로 돌아 나간다'는 동작을 설명하는 글자다. 앞으로 곧게 나가는 것은 '進(진)'이다. 백원출동세의 자세는 '左脚左手(좌각좌수)'다. 그러나 원문에는 '作白猿出洞勢擧右手右脚(작백원출동세거우수우각)'으로 '擧右手右脚(거우수우각)'이다. 즉 장교분수세에서 '좌각'

이 나가며 백원출동세를 취한다. 본국검의 문장에서 '좌회·우회' 등의 해석에서 '앞발'을 뒤로 빼고 회전할 것인가? 아니면 '뒷발'이 앞으로 나가며 회전할 것인가를 선택할 수는 있으나 동작의 결과는 같다. 그러나 보법의 흐름에서 동작이 끊기거나 일수일법을 할 수 없게 되는 차이가 생긴다.

〈왜검보〉를 작성할 당시 이두식 명칭이 그대로 사용된 듯하다. 운광류에 나오는 '천리세'의 설명도 '장검정립'이고, 천유류의 설명도 '장검정립'이며 자세도 같다. 같은 동작을 '세'로 규정하느냐 아니면 동작의 설명어로 사용했느냐의 차이만 있을 뿐이다. '세'로 규정되어지면 동작에 개념이 들어가지만 설명어가 되면 개념이 사라진다. 운광류의 柳絲勢(유사세)' 자세에서 '柳絲(유사)'라 했고, 초두수세를 '초두수'라 한 것처럼 '대검'과 '재고'는 독특한 자세로 '대검세·재고세'와 같이 쓰였을 가능성이 있다.

천유류는 버드나무 가지에 걸어둔 그네를 비유한다. 그네는 앞뒤로 오고간다. 그네를 높이 올리기 위해 뒤에서 힘껏 미는 동작과 앉아 구르고 일어서는 동작으로 구성됐다.

2

千柳流(천유류) 解說(해설)

천유류는 크게 장검정립에서 단락이 구분되어 총 세 단락이다. 그러나 첫째, 둘째 단락
은 약 15~16보고 셋째 단락은 6~7보다. 즉 첫째, 둘째 두 구간으로 나누면 총 다섯 단락으로
6~7보 내에서 왕복하며 천유류를 수련할 수 있다. 좁은 도장에서 활용하기에 유용하다. 그
래서 첫째, 둘째 단락에서 두 구간의 분기점을 나누어 설명했다.

1) 첫 번째 단락

(1) 臟劍正立(장검정립)

언해본 : 칼을굼초고바로셧다가

〈그림 11-62〉의 ③은 천류유의 첫 시작 장검정립이다. 첫 출발하면서 칼이 몸 앞으로 나
간 자세다. 수구심세는 '장검정립'이란 설명어가 없다. 〈그림 11-62〉을 보면 시작하는 자세
는 비슷하다. 자세는 대동소이하지만 검결이 다른 것은 각 검류의 시어에 맞게 검결을 달리
했기 때문이다.

③ 장검정립   ② 수구심세   ① 천리세

그림 11-62. 장검정립 비교

(2) 右手右脚左一打作初度手勢(우수우각좌일타작초도수세)

언해본 : 우슈우각으로왼편을호번티고초도슈세를호고

'초도수세'는 '우수우각'으로 칼날 끝이 좌측으로 약간 빗겨 나가 치며, 손은 어깨 높이에서 수평으로 길게 밀어 친다⟨그림 11-63⟩. 이러한 기법은 장검정립의 칼이 우측 어깨에 있다보니 우측에서 좌측으로 칼이 나간 것이다.

그림 11-63. 초도수세와 度(도)

'初度手勢(초도수세)'는 매우 중요한 자세다. 전체 검보에서 그림에 '초도수세'라는 한자를 사용한 것은 유사세에 이어 두 번째다. '度(도)'에 초도수세가 숨어있다. '度(도)'는 일정한 각도이며 규정으로 法度(법도)다. 칼을 '氵'로 대치하여 '渡(도)'다. '처음 칼을 던질 때 사용하는 법도'라는 의미다. 실전에서 처음 공격할 때 사용하는 기법이기에 '초도수세'라 한다.

(3) 進坐臟劍右脚(진좌장검우각)

언해본 : 나아가안즈며칼을우각의곰초고

'진좌장검우각'은 토유류에서도 사용된 기법이다. 이것은 연속적인 그림이다. 자세가 '우각'이 나가있는 상태에서 우측 어깨에서 좌측으로 칼이 비껴 내려가는 동선을 그대로 유지하면서 자세만 낮춘 것이다. 이 표현을 '진좌장검우각'이라 한다⟨그림 11-64⟩.

③   ②   ①

그림 11-64. 진좌장검우각 비교

(4) 右手右脚右一推(우수우각우일추)

언해본 : 우슈우각으로올흔편을혼번밀티고

이 문장이 매우 중요하다. 토유류에서도 이미 세 번 나왔다. 잘못 해석하면 검술의 흐름이 흐트러진다. '推(추)'자를 밀어치기로 해석하면 안된다. 推(추)의 뜻은 '밀친다'다. '때린다'의 '打(타)'가 아니다. '진좌장검우각'의 상태는 몸 좌측 하단에 손이 있다. 다음 공격을 위해 손이 오른쪽으로 옮겨가는 것을 '밀친다'의 '推(추)'로 했다. 즉 '진검장검우각'은 칼이 왼쪽에 있기 때문에 우측의 몸이 노출되어 약점이 생긴 것이다. 상대가 우측을 찌르거나 공격할 때 오른쪽으로 칼을 '밀쳐막는' 동작이다〈그림 11-65〉. 언해본에 '올흔편을흔번밀티고'로 정확하게 기법을 설명하고 있다.

그림 11-65. 우수우각 우일추

(5) 右手左脚前一打(우수좌각전일타)

언해본 : 우슈와좌각으로앏흘흔번티고

천유류에서 '우수좌각전일타'는 9회 있다. 동작을 보면 좌일타의 기법을 충분히 알 수 있다. 특히 〈그림 11-66〉의 ④ 자세가 중요하다. 중요한 이유는 다음에 진행되는 '집검'의 자세와 연결되어 다른 자세와 차별이 되어 있기 때문이다. 〈그림 11-66〉의 ⑤⑥의 시선이 다른 것은 비록 앞을 향하는 것 같지만, '돌아서 앞으로 간다'는 것을 얼굴을 돌린 그림으로 표현했다. '천유류'도 '토유류·운광류'처럼 좌우로 오가며 행한 것임을 알 수 있다.

그림 11-66. 우수좌각 전일타 비교

왜검보를 보면 칼의 가동범위를 크게 하지 않고 사용한다. 이것은 칼을 힘껏 치는 것보다 빠르게 치고 몸의 중심을 잃지 않는 것이 더 중요하기 때문이다〈그림 11-67〉. 실제 전장에서 날카로운 칼로 스치기만 해도 중상을 입어 전투력이 크게 상실된다. 예리하고 날카로운 칼의 특성이다. 때문에 몸의 균형을 잃거나 빈틈이 생길 정도의 무리한 동작은 사용하지 않았음을 알 수 있다. 실질적으로 칼이 사용되는 부분은 검봉에서 약 15㎝ 이내를 주로 사용한다. 왜검의 앞부분 '橫手筋(횡수근)'의 훈독이 '요코테스지'다. 즉 '요 끝에 쓴다'는 우리의 설명어로 실전에서 칼끝 부위가 주로 사용되었음을 훈독을 통해 알 수 있다. 실전은 적을 살상할 만큼만 칼을 사용하면 된다. 오히려 과하면 빈틈이 생겨 위험하다. 수련하는 과정에서 가용범위를 너무 크게 하거나 몸의 중심이 크게 흐트러지지 않도록 해야 한다.

그림 11-67. 우수좌각의 연속동작

(6) 右手右脚戴劍(우수우각대검)

언해본 : 우슈우각으로칼을니고

천유류에서 대검은 총 9회 나온다. 대검 자세는 수평으로 머리를 막는 자세와 같다〈그림 11-68〉. 하지만 조금씩 표현이 다른 것은 대검 이후에 연결되어 나가는 기법에 따라 약간의 차이가 있기 때문이다. 대검을 하기전에는 '우각'으로 전방을 치고 자세가 낮은 진좌장검세에서 대검을 취한다. '좌각'이 나가며 전일타를 하고 자세가 높은 상태에서 '戴劍(대검)'을 한다. '刀(도)'로 사용하기 때문에 戴刀(대도)지만, '戴劍(대검)'이라 한 것은 '戴劍(대검)'이란 검결이 오래전부터 전해져 내려왔기 때문에 사용된 것으로 볼 수 있다.

머리를 막는 대검의 형태를 세 종류로 분류할 수 있다. 그 구별을 위해 先戴劍(선대검:서서 막음 4회)〈그림 11-68〉, 夎戴劍(좌대검:앉아서 막음 4회)〈그림 11-69〉, 偏戴劍(편대검:한손 막음 1회)〈그림 11-70〉으로 구분하여 검결로 사용한다.

그림 11-68. 선대검

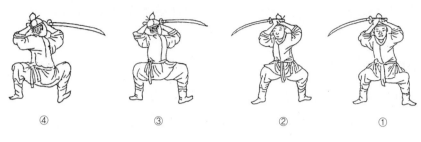

그림 11-69. 좌대검

그림 11-70. 편대검과 戴(대)

(7) 一跳再弄(일도재롱)

언해본 : 훈번쮜며두번롱ᄒᆞ야

'재롱'의 자세도 매우 중요하다. '再(재)'자와 '弄(롱)'자 모두에 검세가 있다〈그림 11-71〉. 一跳(일도)란 '한번 뛴다'는 뜻이다. 여기서의 '跳(뛸도)'는 '渡(건널도)'의 개념이다. 왜검보에 기록된 한자를 보면 한자를 음가 중심으로 사용한 이두문이 종종 나온다.

그림 11-71. 재롱세와 再(재)·弄(롱)

이승휴의《제왕운기》나《대명률직해》는 신라의 설총에 의해 이두문이 만들어진 것처럼 되어 있다. 하지만 그 이전의 기록에서도 음가중심의 이두식 한자의 기록들이 많이 나온다.

학계에서 이두문은 설총이 만든 것이 아니라 단지 체계를 정립한 것으로 보고 있기도 하다.

〈왜검보〉에서 이두식 표현이 나오는 것이 예사롭지 않다. 이는 왜검보가 한민족의 것이라는 증거다. '一跳(일도)'는 징검다리를 건너갈 때 사용하는 보법이다. 이것을 모르고 개구리처럼 펄쩍펄쩍 뛰는 방식으로 이해하면 안 된다. '再弄(재롱)'도 매우 중요한 글자다. 음가로 보면 우리의 '재롱(才弄)'과 같다. 어린아이가 재롱떨듯이 펄쩍 뛴다는 '才(재)'의 음가에 '再(재:둘)'라는 의미로 표현했다. 이 둘의 개념을 잘못 해석해서 개구리처럼 두 번을 뛰는것은 잘못 된 것이다. 생사가 오가는 전장에 이런식의 보법은 죽음이다.

'弄(롱)'자를 보면 검세의 그림과 똑같다〈그림 11-71〉. 즉 조선세법과 본국검의 검결 방식이 왜검보에 그대로 적용됐다. 이것을 '재롱보'라 명명한다. 우수우각의 대검은 '우각'이 앞에 있다. '우각'이 앞에 있는 상태에서 앞에 있는 징검다리를 건너간다고 생각하고 다리를 뛰어보라! '우각'이 먼저 나가 건너가고 뒤이어 좌각이 건넌다. 이렇게 되면 '좌각'이 '우각'에 가까이 붙인다. 즉 재롱세의 첫 '우각'이 징검다리를 건너듯이 뛰어나가기에 '一跳(일도)'다. 어린아이가 '才弄(재롱)'떠는 동작처럼 같은 음가인 '再(재)'자를 사용하여 2보를 움직인 것을 표현한 것이다. 중요한 것은 재롱세는 공격전후에 각각 두 번 나타난다. 마지막 뒤따라오는 '좌각'이 '우각' 앞쪽으로 나가는 경우와 '우각' 뒤에 붙는 방식이 있다. 이 두 방식의 선택은 다음에 오는 기법에 따라 달라진다.

〈왜검보〉의 기록을 보면 한민족의 정서와 놀이문화가 그대로 들어있다. 왜검보는 비록 왜열도로 건너갔지만 한민족인에 의해 전래된 것이 확실하다. 이러한 전래는 무예사의 흐름을 바꾸는 단초를 제공한다. 왜검보가 일본검술이라는 편견을 떨쳐버려야 한다. 여기서의 '왜'는 '열도에 있는' 검술이라는 뜻이지 오늘날의 '일본'을 칭하는 것은 아니다. 무예도보통지를 만들 당시 '일본'이라는 나라는 있었지만, 선조들은 '일본'이라 하지 않고 '왜'라고 기록한 것도 다 이유가 있다.

(8) 右手右脚前一打(우수우각전일타)

언해본 : 우슈우각으로앏흘훈번티고

'재롱세'는 몸이 정면을 향하고 있으며 서 있다. 이 상태에서 '우각'이 크게 앞으로 나가며 친다〈그림 11-72〉. 죽도에서 가장 많이 사용하는 머리치기의 기법이 재롱세와 이어진 전일타의 기법이다. 초도수세는 장검정립세에서 칼이 나가기 때문에 칼이 머리 우측에 있다. '재롱세'는 몸이 정면으로 향해있으며 칼도 정면을 겨누고 있다.

그림 11-72. 우수우각 전일타

(9) 左手左脚執刀(좌수좌각집도)

언해본 : 좌슈좌각으로놀을잡아

執刀(집도)는 한자 '執(집)'에 검의 자세가 들어있다〈그림 11-73〉. 전일타는 '우각'으로 공격했다. '좌각'이 계속 나가고 '우각'이 연속해서 나가 집도세를 취한다.

그림 11-73. 집도세와 執(집)

'집도세'는 전일타 이후 앞으로 나가며 취한 자세다. 그러나 수련장소가 협소한 경우 집도세에서 방향전환을 후방으로 하면 편리하다. 내략은 아래에서 위로 쓸며 올라간다. 이에 반해 '집도'는 한 손을 놓은 상태로 몸을 세울 수 있고 동시에 돌아서 공격을 막을 수 있는 장점이 있다. '집도세'는 매우 특수한 자세다. '초도수세'처럼 '세'자를 붙여 '執刀勢(집도세)'로 구분하여 검결로 했다.

(10) 左外掠左手左脚跳一步壓劍(좌외략좌수좌각도일보압검)
언해본 : 왼편밧그로쓰처좌슈좌각으로흔거름쒸여칼을누르고

'壓劍(압검)'은 '壓(압)'의 '厂(엄)'과 '犬(견)'에 자세가 들어있다. '집검세'에서 좌각이 나가며 한손은 손잡이를 잡고 다른 한손은 손바닥으로 칼등을 잡고, 몸 좌측에서 칼을 쓸어 올려서 칼등을 잡은 손으로 밀어막는 기법이다〈그림 11-74〉. 이 자세 또한 매우 특이하고 실전적인 자세로 '壓劍勢(압검세)'로 명명하여 검결로 했다.

그림 11-74. 압검세와 厂(엄)+犬(견)

(11) 一字進坐(일자진좌)
언해본 : 일ㅈ로나아가안쏘

'字(자)'자에 검의 자세가 들어있다. '압검세'에서 밀어돌려 막고 좌로빗겨 앉아 곧게 찌른다〈그림 11-75〉. 이 자세가 '一(일)'자와 같고 좌각이 나가며 자세가 낮아지기 때문에 '일자진좌'라 한다. 이 자세를 一字勢(일자세)의 검결로 명명했다.

그림 11-75. 일자세와 字(자)

　'집검세'부터 '일자세'까지 동작은 마치 엄마가 어린아이를 요람(그네)에 태워 옆에서 밀어주고, 아이를 안고 달래주는 동작이다. 이러한 것들이 '千(천)'자에 숨겨져 있다. '千(천)'자를 '일천천'으로 해석하는 것은 일차원적 해석이다. 검결을 해독하기 위해서는 글자 뒤에 숨어 있는 '그내천'으로 해석해야 한다.

(12) 右手右脚戴劍進坐(우수우각대검진좌)
언해본 : 우슈우각으로칼을니며나아가안坐

　'戴(대)'자에 검의 자세가 들어있다. '일자세'의 좌각이 나가 있는 상태에서 '우각'이 나가며 '좌대검세'를 취한다. 이때의 대검 자세를 정면에서 그린 것이다〈그림 11-76〉.

그림 11-76. 좌대검세와 戴(대)

(13) 右手左脚前一打(우수좌각전일타)
언해본 : 우슈와좌각으로앎흘흔번티고

　'좌대검세'에서 몸을 '좌회'하고 뒤에 있는 '좌각'이 나가며 정면을 향해 친다〈그림 11-77〉. '좌대검세'와 '좌각 전일타'를 연속해서 한 것이다. 마치 그네에 앉아 무릎을 굽혀 구르고 다시 밀치며 위로 일어서는 동작과 같다.

그림 11-77. 우수좌각 전일타

(14) 右手右脚進坐(우수우각진좌)

언해본 : 우슈우각으로나아가안쏘

'우수우각 대검진좌'의 문장에서 '대검'이 생략되어 '우수우각진좌'다. 〈그림 11-78〉을 보면 대검의 자세를 알 수 있다.

그림 11-78. 좌대검세

(15) 右手左脚前一打(우수좌각전일타)

언해본 : 우슈와좌각으로앏흘훈번티라

'좌대검세'에서 '좌회'하고 뒤에 있는 좌각이 나가며 정면을 향해 치는 동작이다〈그림 11-79〉. 앉아서 '좌대검세'를 하고 '뒤를 돌아보고' 서서 앞을 향해 '전일타'를 연속해서 한다. 마치 그네를 앉아가며 누르고 다시 위로 일어서는 동작과 같다.

그림 11-79. 우수좌각 전일타

2) 두 번째 단락

(1) 臟劍正立(장검정립)

언해본 : 칼을곰초고바로섯다가

〈그림 11-80〉의 ①의 장검정립의 그림을 보면〈그림 11-80〉의 ② 장검정립처럼 얼굴의 정면이 아니다. 방향이 전환된 것이다. '장검정립'을 취하고 후 방향으로 좌대검을 한다. 장검 재진으로 실질적으로 두 번째로 새로 시작하는 지점이다. 세 번째 단락으로 구분한 것은 첫 번째 단락이 긴 관계로 기법의 중간에서 방향이 전환될 수 있는 곳을 나누었기 때문이다.

② 두 번째 장검정립 　 ① 첫 번째 장검정립

그림 11-80. 장검정립 비교

(2) 左手左脚戴劍進坐(좌수좌각대검진좌)

언해본 : 좌슈좌각으로칼을니고나아가안ᄌ며뒤흘도라보고

'장검정립'의 시선방향과 정반대다. '좌대검세'에서 완전히 전후가 바뀌고 있다. 앞의 좌대검세는 '右手右脚戴劍(우수우각대검)'이지만 방향이 바뀌었기 때문에 '左手左脚戴劍(우수좌각대검)'이 됐다〈그림 11-81〉. 좌우로 번갈아 방향이 전환되도록 구성했다. 언해본 '뒤흘도라보고'다. 방향이 전환됐다.

그림 11-81. 좌대검세

(3) 右手右脚前一打(우수우각전일타)

언해본 : 우슈우각으로앏흘흔번티고

후방으로 '좌대검세'로 앉아 머리를 막고 다시 전방을 향하여 일어나 '우각'이 나가며 '우수'로 친다. 뒤를 보고 앉고 앞을 보고 일어나 나가며 '우수우각'으로 친다〈그림 11-82〉의 ①.

①우수우각전일타

②우수좌각전일타

그림 11-82. 우수우각 전일타와 우수좌각전일타 비교

두 번째 단락의 '좌대검세' 다음에 '우수좌각'으로 공격한다〈그림 11-82〉의 ②. 그러나 세 번째 단락의 '좌대검세' 다음에는 '우수우각'으로 공격한다. 이렇게 보법이 바뀐 것은, 두 번째 단락은 앞으로 계속 나가며 공격했기 때문이고, 세 번째 단락의 '좌대검세'는 후방을 향하고 '전일타'는 전방을 향하기 때문에 보법이 바뀐 것이다. 즉 천유류가 전후로 왕복된 것임을 증명하는 것이다.

(4) 又左手左脚戴劍進坐(우좌수좌각대검진좌)

언해본: 또좌슈좌각으로칼을니고나아가안ᄌ며뒤흘도라보고

'좌대검세'는 총 4번이 나온다. 같은 자세의 반복이다. 두 번은 앞으로 가면서 하고 두 번은 뒤로 돌아오면서 한다. 처음 두 번의 '좌대검세〈그림 11-76〉·〈그림 11-78〉'은 앉으며 그네를 하늘로 올렸다면, 다음 두 번의 '좌대검세〈그림 11-83〉의 ①②'는 그네를 뒤로 누르면서 앉는 동작으로 서로 대칭적 구조로 '좌대검세'를 구성했다. 언해본에는 원문에 없는 '뒤흘도라보고'라는 설명이 있다. 대검진좌에서 우수우각 전일타를 할 때, 몸을 돌리기 전에 시선을 돌리고 몸을 돌리는 신법을 사용했음을 알 수 있다.

②   ①

그림 11-83. 좌대검세 비교

(5) 右手右脚前一打(우수우각전일타)

언해본 : 우슈우각으로앎흘훈번티고

후방을 향한 '좌대검세'에서 전방으로 몸을 돌려 '우수우각'으로 전 방향을 친다〈그림 11-84〉.

언해본에서는 (5)전일타 (6)우하장 (7)대검 (8)전일타의 설명이 모두 빠지고 (9)편대검으로 건너뛰었다.

그림 11-84. 우수우각 전일타

(6) 右手左脚右下臟(우수좌각우하장)

언해본 : 우슈와좌각으로올혼편아릭곱초고

'下(하)'자에 검의 자세가 들어있다. 전일타가 '우각'으로 마쳤다. '좌각'이 나가며 '우하장'
을 취했다〈그림 11-85〉. 조선세법의 '과우세'다. 언해본에 '우슈와좌각으로올혼편아래곱초
고'라 설명했다. 조선세법의 검결은 전체가 시어로 이루어졌지만, 왜검보에서는 토유류만
전체가 시어로 연결되어 있고 다른 '流(류)'에서는 연결된 시어가 보이지 않는다. 이 자세를
'右下藏勢(우하장세)'로 구분했다.

그림 11-85. 우하장세와 '下' 자형

(7) 右手右脚戴劍(우수우각대검)

언해본 : 우슈우각으로칼을니고

'우하장세'에서 '우각'이 나가며 올려친 자세다〈그림 11-86〉. 조선세법의 '과우세'에서 올려
친다면 머리를 막는 대검세와 유사하게 된다. 공격이 방어고 방어가 공격이다.

그림 11-86. 대검세

(8) 右手左脚前一打(우수좌각전일타)

언해본 : 우슈와좌각으로앎흘흔번티고

우수좌각전일타〈그림 11-87〉의 ② 전일타가〈그림 11-87〉의 ① 전일타보다 허리가 더 숙여져 있다. 이 자세에 대한 의문이 풀려야 다음에 나오는 '악완세'의 그림을 이해할 수 있다. 〈그림 11-87〉의 ①의 자세는 허리를 세워 힘주어 앞으로 힘있게 밀치고 나가지만,〈그림 11-87〉의 ②의 자세는 위에서 내려치는 칼의 힘으로 인하여 당겨치기 때문에 허리가 둥글게 숙여졌다. 몸의 중심이 앞으로 향하지 않고 엉덩이를 뒤로 빼서 다음의 '좌일타' 진행이 앞쪽으로 나가기 어렵다. 영류지목록과 쌍수도의 '퇴전살적' 기법이다. 천유류의 의미로 보면 그네를 뒤에서 힘껏 밀어 허리가 숙여진 자세다.

②우수좌각 전일타   ①우수좌각 전일타

그림 11-87. 우수좌각 전일타 비교

(9) 右手右脚戴劍左手握右腕(우수우각대검좌수악우완)

언해본 : 우슈우각으로칼을니며좌슈로올흔편손목을잡고

전 자세가 좌각이 나가 있고 몸은 숙여지고 엉덩이를 뒤로 뺐다. 편대검은 '전일타'의 자세와 깊은 관련이 있다. 실전에서 적이 쌍수로 내려칠 때 편수로 머리를 방어하기에는 무리가 있다. 그런데 굳이 쌍수로 막지 않고 한손(오른손)으로 막고 왼손으로 오른손목을 잡아 받쳐준 이유가 무엇일까? 그 이유는 전일타를 하면서 엉덩이가 뒤로 빠지고 상체가 앞으로 기울어졌기 때문에 쌍수로 '대검'을 취하는 것 보다, 편수로 대검을 취하는 것이 허리에 무리가 없고 빠르게 대처할 수 있기 때문이다〈그림 11-88〉.

그림 11-88. 편대검세와 握(악)

　'握(쥘악)'자에 '扌(손수)+屋(휘장악)'자에 기법이 들어있다. 揮帳(휘장)은 '빙둘러친 장막'
이다. 즉 '屋(휘장악)'은 '손목을 돌린다'는 의미다. 몸을 앞으로 숙인 전일타 상태에서 일어
서며 편대검세를 취하려면, 칼을 머리 위에서 돌릴 때 오른손으로 칼을 잡고 왼손은 오른손
목을 잡아야 무거운 칼을 돌리기 쉽다. 이때 손목의 힘으로만 돌려도 칼은 원심력에 의해 빠
르게 돌게 된다. 이 자세는 머리를 막는 '대검세'의 역할과 칼을 돌리는 '수법'이 결합된 것으
로 손목을 잡는 수법은 '握腕勢(악완세)'라 명명하고 '편대검세'로 구분한다. 수련장소가 협
소한 도장의 경우 편대검세에서 방향을 전환을 할 수 있는 지점이다.

(10) 右手左脚前一打(우수좌각전일타)
언해본 : 우슈와좌각으로앏흘흔번티고

　앞의 〈그림 11-87〉과 〈그림 11-89〉 전일타의 자세는 다르다. 이것은 '악완세'가 '우각'이
나가 있는 상태에서, 왼손으로 손목을 잡고 시계방향으로 돌리면서 휘검으로 앞으로 친다.
이때 좌각이 나가며 좌수로 잡은 것을 그린 것이다. '편대검-전일타'는 연결된 동작이다. 편
대검의 장점은 칼이 아래로 내려갔을 경우 쌍수로 검을 들어 살적세를 하는 것보다 편수로
잡아서 돌리는 '악완세'의 기법은 적은 힘으로 빠르게 치는 기법이다.

그림 11-89. 우수좌각 전일타

(11) 臟劍正立(장검정립)

언해본 : 칼을굽초고바로셔

  이 자세는 비록 '장검정립'이지만 의도적으로 멈춰선 자세가 아니다. 전 동작 '좌일타'가 좌각이 나간 상태에서 전방을 향해 좌에서 전방으로 내려치면 검이 그대로 돌아가 '장검정립'이 된다〈그림 11-90〉. '악완세-전일타-장검정립'이 빠르게 진행되어 하나로 연결된 동작이다.

그림 11-90. 장검정립

(12) 左手向後(우수향후)

언해본 : 좌슈로뒤흘향ᄒ고

  '장검정립'에서 칼을 멈추지 않고 '우각'이 나가며 '우편수'로 앞으로 뻗는다〈그림 11-91〉. 그렇게 되면 '좌수'는 뒤를 향하게 된다. 이 그림을 함축적으로 표현한 문장이다. 이 동작은 편수로 공격하는 개별 기법이 아니다. '좌일타'의 힘이 '우장-우편수'로 자연스럽게 흘러가는 칼의 흐름이다.

  언해본은 편대검 이후, '우수와좌각으로앏흘ᄒ번티고칼을굽초고바로셔좌수로뒤흘향ᄒ고'라 설명했다.

그림 11-91. 우수향후

(13) 右手右脚再扣(우수우각재구)

언해본 : 우슈우각으로두번좃고

〈그림 11-92〉의 ③ 얼굴이 정면을 향하지 않는 것은 악완세(편대검)에서 방향이 바뀌어 진행되기 때문이다. 토유류의 '右手右脚再扣(우수우각재구)' 〈그림 11-92〉의 ①②는 '재구'이 후 연결된 기법으로 두가지 수법이 동시에 일어난다. 칼을 다시 거두어 당기는 힘을 이용하는 기법과 당기는 힘을 이용하여 발을 움직여 자세를 잡는 방법이다. 그리고 다시 '打(타)'를 한다. 즉 두 개의 술기가 하나로 결합했다. 천유류의 '再扣(재구)' 자세와 토유류의 재구 자세는 차이가 있다. 전 동작이 우수로 칼을 앞으로 내밀고 왼손은 뒤로 뺀 상태다. 〈그림 11-92〉의 ③은 '좌각'이 나가 있고 좌측에 팔이 뻗쳐 있고, 쌍수로 잡고 시선은 우측을 보고 있다. 그러나 원문은 '우각'이다. '우각'이 움직인 결과 '좌각'이 나가 있는 자세다. '再扣(재구)'에서 '扣(구)'는 '빼고 잡아당긴다'는 뜻이다. '再(재)'는 '둘'이다. 즉 '빼는 손동작이 두 번'이다. '右手向後(우수향후)'는 '우각'이 앞에 있고 칼도 '우편수'로 앞에 있다. 언해본에는 '再扣(재구)' 를 '두번좃고'라 설명했다. '우각'을 빠르게 두 번을 구르며 앞으로 나가며 동시에 '우수'로 치는 기법이다.

③천유류 재구   ②토유류 재구   ①토유류 재구

그림 11-92. 우수우각 재구 비교

(14) 右手右脚右下臟(우수우각우하장)

언해본 : 우슈우각으로올흔편아래금초고

〈그림 11-93〉의 ①은 '우수우각' 우하장이다. 〈그림 11-93〉의 ②는 '우수좌각' 우하장이다.

'우각'과 '좌각'이 다르다. 이렇게 다른 것은 앞의 동작이 '우각'의 '재구' 때문이다. '우편수'를 몸으로 당기며 '우각'을 뒤로 빼면서 쌍수로 칼을 잡으면 '좌각'이 앞에 있게 된다〈그림 11-92〉의 ③. 그리고 '우측' 시선을 따라 '우하장'을 취한다. '우수좌각 우하장'은 '우각'이 나가며 과우세처럼 올려치는 보법을 각각 나타냈다.

②우수우각우하장　　　①우수좌각우하장

그림 11-93. 우하장 비교

(15) 右手右脚戴劍(우수우각대검)

언해본 : 우슈우각으로칼을니고

천유류에서 세 번째 나오는 先戴劍(선대검)이다. 우하장에서 올려친 자세다〈그림 11-94〉. 공격과 방어가 겸해진 자세다.

그림 11-94. 선대검세

(16) 右手左脚前一打(우수좌각전일타)

언해본 : 우슈와좌각으로앒흘훈번티라

방향전환으로 얼굴이 우측을 보고 있다〈그림 11-95〉. 왜검보의 그림을 이해하지 못하면

'前一打(전일타)' 개념으로 생각하여 계속해서 앞으로 진행하게 된다.

그림 11-95. 우수좌각 전일타

3) 세 번째 단락

(1) 藏劍正立右手左脚左出(장검정립우수좌각좌출)

언해본 : 칼을굼초고바로셧다가우슈우각으로왼편으로

방향이 다시 세 번째로 바뀌었다. 藏劍三進(장검삼진)이다. 그래서 장검정립의 얼굴 모양
이 바뀌면서 측면을 그렸다〈그림 11-96〉. 여기에서 중요한 글자가 '左出(좌출)'이다. 이 글자
의 정확한 해석은 '좌로 돌아서 장검정립을 취한다'는 문장이다.

그림 11-96. 장검정립

조선세법과 본국검에서 '出(출)'자 해석이 매우 중요한 비밀을 품고 있다고 이미 밝혔다.
'出(출)'이란 '앞으로 나가는 것이 아니라 돌아나간다'는 의미다. 즉 '入(입)'이 전제된 개념이
다. 들어왔기 때문에 나갈 때는 들어온 곳으로 돌아나간다. 때문에 '出(출)'자는 앞으로 계속
가는 것이 아니라 그 반대로 돌아서 진행한다. 언해본에 左出(좌출)을 '우슈우각으로 왼편'
으로 설명하여 '우수우각'의 보법으로 좌편으로 움직였음을 알 수 있다. 동작이 후방을 향하
여 '좌각'이 나가며 쳤다면, '우각'이 나가며 좌측으로 돌면서 장검정립을 취한다. 여기서 방

향전환을 한 것이다.

(2) 跳一步坐打(도일보좌타)

언해본 : 훈거름 뛰여나가안ㅈ 며티고

장검정립에서 '우각'이 뛰어나가듯이 일보 나가며 치되 자세를 낮춘 것이다. '坐(앉을좌)'라 하여 무조건 앉으면 안된다. 〈그림 11-97〉은 전방으로 나가며 앉는 방식과 높이를 나타낸다.

그림 11-97. 도일보좌타

(3) 右手右脚戴劍(우수우각대검)

언해본 : 우슈우각으로칼을니고

네 번째 나오는 대검이다. 전 동작이 '우각'이 나간 상태에서 자세를 낮추어 쳤기 때문에 그대로 일어서면서 몸을 좌측으로 틀어 대검을 한다〈그림 11-98〉. 다른 대검에 비해 다리의 모양이 더 좌측으로 틀어졌다. 전 동작이 앉으면서 쳤으므로 그 자세에서 일어서면서 몸을 좌측으로 깊게 틀면서 대검을 한 것이다.

그림 11-98. 우수우각 대검

(4) 右手左脚前一打(우수좌각전일타)

언해본 : 우슈와좌각으로앎흘훈 번티고

대검세가 '우각'이 앞에 있는 상태다. 다시 '좌각'이 나가며 앞을 향하여 친다〈그림 11-99〉. '우수좌각전일타'가 여러 번 나왔지만, 이 기법은 특히 중요한 수법이 들어가 있다. 다음 동작과 계속해서 연결되기 때문에 팔을 뻗어치지 않고 당겨 쳤다.

그림 11-99. 우수좌각 전일타

(5) 右手右脚右藏(우수우각우장)

언해본 : 우슈우각으로올흔편에곰초고

〈그림 11-100〉은 장검정립 자세다. 그러나 '장검정립'이라 하지 않고 '우수우각우장'이라 했다. 이 동작은 빠르게 진행되는 순간에 나타나는 동작이다. '우수좌각전일타'는 '좌각'이 나가며 전방을 향해 당겨 쳤다. 그림을 보면 '打(타)'보다 '擊(격)'에 가깝다. '우장'은 다음의 '유성출' 기법과 빠르게 연결된다. 이럴 경우 두 가지 방식이 가능하다. 첫째는 '전일타'에서 '우장'으로 빠르게 전환하고 '유성출'을 하는 기법이다. 둘째는 '전일타'에서 내려오는 칼끝이 밑으로 빠르게 내려 돌려 올라오는 힘을 이용하여 '우장'을 거쳐 '유성출'을 하는 방식이다.

그림 11-100. 우수우각 우장

(6) 右手右脚流星出左一打(우수우각유성출좌일타)

언해본 : 우슈우각으로류셩으로나가왼편을혼번티고

　〈그림 11-101〉의 ①은 '流星出左一打(유성출좌일타)' 자세다. 〈그림 11-40〉의 ② 초도수세와 비교하면 '유성출타'는 허리가 앞으로 숙여져서 전방을 향하여 길게 칼이 나가는 것을 볼 수 있다. 멈춰진 '우장' 상태에서 전방을 향하여 '유성출타'를 한 것이 아니다. '出(출)'자는 '돌아나갈 출'이란 뜻이다. 즉 '좌일타-우장-유성출좌일타'가 한 동작으로 칼이 돌아서 우장을 거쳐 '유성출타'를 한 것이다. 유성출은 그네가 뒤로 올라가 한 바퀴 돌아 앞으로 크게 나가는 동작을 '유성'에 비유했다. 이러한 기법을 '유성출타'라 한다.

②초도수세　　　　　　①유성출

그림 11-101. 유성출좌일타와 초도수세 비교

(7) 右手左脚前一打(좌수좌각전일타)

언해본: 우슈와좌각으로앏흘혼번티라

　천유류의 마지막 자세다. 전 동작이 '우각'에서 유성출세로 마쳤다. '좌각'이 나가며 전방을 친다〈그림 11-102〉. 천류유의 모든 기법이 끝났다.

그림 11-102. 우수좌각전일타

제4장

柳彼流
(유피류)

柳彼流(유피류)의 意味(의미)

〈왜검보〉의 마지막 기법이다. 유피류의 검결도 이두식 표현으로 되어 있다. '柳(유)'란 버드나무다. 버드나무는 부드럽다. 작은 바람에도 거슬리지 않고 흔들린다. 유피류는 공격을 피하기 위해 방어하는 동작으로 구성되어 있다. 무엇인가를 피하기 위해서는 정면으로 그 힘을 그대로 받는 것이 아니라 '흘리는 것'이라는 것을 유피류라는 검결을 통해 알려주고 있다. '피한다'는 의미의 한자는 '避(피할피)'자를 사용하지만 같은 이두식 음가의 '彼(저피)'자 형에서 검형을 취했다.

검을 들고 검을 막고 피하는 자세가 '彼(피)'자다. '彳(척)'은 '홀로 조금 걷는다'는 의미다. 여럿이 걷는 것은 '辶(착)'이다. '척'에서 파생된 '착'은 밖으로 나가는 의미가 많고, '척'은 안으로 움츠리는 의미가 음가에 들어있다. '皮(가죽피)'자는 '살은 남겨 놓고 가죽을 벗기는 것'이다. '몸을 보호하고 적의 공격을 걸어 낸다'는 의미가 글자에 들어있다. 이처럼 한자는 한글의 음가를 품고 글자에 의미를 닮은 그림이다. '彼(피)'자는 조금씩 걸어 들어가고 나가며 '상대의 공격을 가죽을 벗기듯이 헤쳐 간다'는 의미가 들어있다. 예로부터 사부에게 배우는 비법의 전수가 이와 같다. 이러한 방식을 취한 것은 비법을 감추기 위한 것이다. 사부에게 일대일로 한자의 의미를 배우지 못하면 글자를 보더라도 그 속에 숨겨진 의미를 알 수 없다.

왜검보를 보면 천유류와 유피류는 연결되어 있다. 즉 천유류를 모두 마친 다음에 유피류에서 방향이 다시 바뀌었다. 유피류의 총도는 토유류·운광류·천유류의 총도와 그림이 일치하지 않는 것이 몇 개 있다. 이렇게 일치하지 않는 것은 잘못 그린 것이 아니라 유피류에서만 유일하게 퇴보의 동작이 있기 때문이다. 총도의 그림은 일직선상으로 진행되는 것을 표현할 수밖에 없기 때문에 퇴보의 동작을 표현할 수 없다. 그렇다 보니 화공이 퇴보를 하는 곳에서 칼을 뒤로 빼어 퇴보를 표현했기에 유피류의 큰 그림이 일치하지 않는다. 이로 인해 총도의 그림 18개와 왜검보 18개의 그림을 일대일로 비교하면 그림이 확연히 다른 것을 볼 수 있다. 이러한 이유로 원문에 충실하고 왜검보의 그림을 기준으로 유피류 기법을 풀었다.

2

柳彼流(유피류)의 構成(구성)

두 개의 단락으로 구성되어 있다. 첫 번째 시작의 문장(右手右脚前一刺 進左足左垂劍 退左足右垂劍 退右足左垂劍 右下藏 右手右脚戴劍 右手坐脚前一打:우수우각전일자 진좌족좌수검 퇴좌족우수검 퇴우족좌수검 우하장 우수우각대검 우수좌각전일타)이 두 번째 단락에 똑같이 나온다. 즉 같은 '보법'의 반복이다. 그러나 방어의 '수법'은 다르게 구성되어 있다. 첫 단락은 위(上)를 막는 방식이라면, 두 번째 단락은 아래(下)를 막는 방식으로 구성되어 있다.

柳彼流(유피류)의 解說(해설)

유피류에서 전제된 가장 중요한 개념은 모든 동작은 방어를 목적으로 하는 기법이다. 때문에 공격적인 '전일자'나 '전일타'의 개념도 방어적 개념으로 이해해야 한다.

1) 첫 번째 단락

(1) 垂劍正立(수검정립)

언해본 : 칼을드리우고바로섯다가

마치 낚시 하듯이 검을 수평으로 가볍게 드리우고 있다〈그림 11-103〉. '柳(유)'란 버드나무다. 나무 가지에 치렁치렁 버드나무 가지가 축 늘여져있다. 이러한 자세를 수검정립으로 표현하고 있다.

그림 11-103. 수검정립

'皮(피)'자형에 유피류의 자세가 들어있다. '垂(수)'자는 '한쪽이 위에 고정된 천이나 줄 따위가 아래로 늘어진 것'으로 '드리우다·늘어뜨리다'는 뜻이다. '유피류'의 첫 검결이 垂劍 正立(수검정립)인 것은 유피류의 동작이 '垂(수)'자와 관련 있기 때문이다. 즉 '垂(수)'는 '발[434]을 드리운다'는 뜻으로 '발'은 공간과 공간 사이를 막는 '문'과 '창'이다. 문을 좌우로 여닫는 '여닫이문'과 한쪽만 미는 '미닫이문' 그리고 밖으로 밀어 올려 고정시키는 '들창'이다. 유피류에서는 이러한 문들을 열고 닫기 위한 동작을 방어하는 기법에 사용했다. '推(추)'는 좌우 '여닫이'와 '미닫이'의 움직임이며, '垂(수)'는 '들창문'을 상·하로 거두고 내리는 동작이다. '垂'의 자형도 미닫이문과 들창문의 모습이다. 지진이 많은 일본은 문을 좌우로 '미닫이문'이 전통가옥의 특징이지만 '들창' 문화는 드물다. '들창' 문화는 4계(四季)가 분명한 곳에서 사방에 벽을 쌓지 않는 대신 창을 세워 여름에는 통풍을 위해 올리고 겨울에 창을 내려 공간을 사용하는 한민족 전통가옥에 주로 사용된다. 이 두 개의 동작을 검의 방어동작과 연결하여 유피류라 칭하고 문을 여닫고 올리는 동작을 비유적으로 '수검정립'이라 했다. 문의 기능을 바람과 추위를 막는 것이다. 이렇게 막는 기능을 유피류의 동작에 적용한 것이다.

총도의 그림과 비교해 보면 자세가 다르다. 수검정립은 발을 나란히 하고 칼을 드리우고, 몸은 정면을 보고 서 있는 자세다. 총도의 그림은 장검정립 이후에 움직이는 자세에 해당한다. 총도의 그림은 수검정립을 표현한 것이 아니라 '우수우각전일자'를 표현했다. 수검정립의 첫 자세는 매우 특이한 것으로, 유피류의 의미를 이해하지 못하면 의아하게 생각하게 된다. 수검정립 다음에 행하는 첫 자세는 '우수우각전일자'다. 이 자세와 '수검정립'은 깊은 연관성이 있다.

(2) 右手右脚前一刺進左足左垂劍(우수우각전일자진좌족좌수검)
언해본 : 우슈우각으로앏흘혼번디ᄅᆞ고좌족을녑드며왼편으로칼을드리우고

〈그림 11-104〉의 ①은 右手右脚前一刺(우수우각전일자)고 〈그림 11-104〉의 ②는 進左足 左垂劍(진좌족좌수검)이다. '전일자'는 검봉이 매우 높고 시선이 오른쪽으로 향해 있다. '우각'이 나가며 '우측'으로 손(우수)을 밀면서 찌르며 막는 기법이다. 즉 칼이 몸 중심에서 오른

---

434 가늘고 긴 대를 줄로 엮거나, 줄 따위를 여러 개 나란히 늘어뜨려 만든 물건. 주로 무엇을 가리는 데 쓴다.

쪽으로 나가게 된다. 때문에 바로 선 수검정립에서 시작한 것이다. 즉 첫 자세가 '우각'이 나가며 '우수'로 찌른다. 다음 동작과 연결하기 위해 '우수'를 '우측 허리'로 당기며 '좌각'이 나가게 되면 〈그림 11-104〉의 ②처럼 '좌각'이 자연스럽게 들리게 된다. 좌우 머리 공격을 막기 위해 칼을 '좌우'로 빗겨 위로 찌르며 막는 기법이다. 유피류에서 전일자는 세 번 나온다. 왜 검보에서 '右一推(우일추)'가 우측 수평으로 밀어 막았다면 '左垂劍(좌수검)'은 위로 찔러 올리지만 좌측을 향하여 좌각이 높이 들려있다〈그림 11-104〉의 ②. 이것은 장검수검의 상태에서 '우각'이 미끄러지듯이 나가며 '들창'을 올리듯이 칼을 위로 찌르고 동시에 다시 '들창'을 내리듯 칼을 뽑고 '좌각'이 나가며 좌측을 찌르는 기법이다. 이 기법에서 소야파일도류의 기법이 숨어 있다. 상대가 내려치면 역린세처럼 찌르며 적의 칼은 흘러 보내며 적의 머리를 공격하게 된다. 즉 '後發先勝(후발선승)'의 기법이다. 이것은 상대의 칼이 내려오기 시작했을 때, 공격하는 것이 요체다. 대동류유술과 합기도의 '一本捕(일본포)'에서 '打(타)'로 내려치면 팔이 내려오기 전에 팔뚝을 위에서 밀어막는 기법의 원리가 여기에 있다. 이렇게 하면 상대가 공격을 펼치기 전이기 때문에 힘이 약화되어 방어가 용이하다.

언해본의 '냅드며'는 '좌족을 냅다(進) 들어밀며'라는 것이다. 찌르는 공격의 일자를 '드리우고'라 설명한 것은 '들어서 막는다'는 방어적 기법임을 설명하려는 것이다. 뒤에서는 '디르고'로 설명하여 단락이 구분된 것을 나타냈다.

②진좌족좌수검   ①전일자

그림 11-104. 진좌족좌수검과 전일자

(3) 退左足右垂劍(퇴좌족우수검)
언해본 : 좌죡을ᄆᆞ릅ᄯᅥ며올흔편으로칼을드리우고

전 동작에서 '좌족'이 나가있다. 여기에서는 '좌족'이 뒤로 빠지며 칼을 오른쪽으로 밀어 右垂劍(우수검)을 한다〈그림 11-105〉. 그렇게 되면 '우각우수'가 된다. 즉 '우각'이 빠지며 좌측으로 미닫이문의 중간을 민 동작이다. 언해본에는 설명된 '므릅쓰며'는 '물러서며'로 뒤로 빠지는 보법을 설명한 것이다.

그림 11-105. 퇴좌족우수검

총도의 그림을 보면 칼의 모양이 전혀 다르다. 총도는 일직선 위에 동작을 그리다보니 몸을 정면으로 한 상태에서 퇴보하는 것을 그리면 앞으로 향하는 것과 구분을 할 수 없다. 때문에 퇴보의 비표로 칼을 좌측으로 내려 퇴보를 표시했다. 이것을 잘못 이해하면 선조들이 총도를 잘못 그린 것으로 착각하게 된다.

(4) 退右足左垂劍(퇴우족좌수검)

언해본 : 우족을므릅쓰며왼편으로칼을드리우고

이번에는 '우각'이 뒤로 빠진다. 그렇게 되면서 '좌각좌수'로 막게 된다〈그림 11-106〉.

그림 11-106. 퇴우족좌수검

이 기법은 공격에 대한 막는 기법과 보법을 수련하는 동작이다. 죽도에서 나가며 막고 빠지며 좌우머리를 막는 기법과 똑같다. 실전에서 빠지며 칼을 어떻게 막았는지를 알 수 있다.

이 연속된 네 개의 동작은 '우각'이 나가며 '들창'을 올리듯 역린세처럼 찌르고 '좌각'이 나가며 다시 '들창'을 올리듯 칼을 찔러 막는다. 다시 앞에 나가 있는 '좌각'이 그대로 빠지며 좌측으로 미닫이문을 열듯이 밀어 막는다. 그리고 연속해서 '우각'이 뒤로 빠지며 '좌측'에 있는 칼을 '우측'으로 미닫이문을 열 듯이 밀며 막는다. 이렇게 되면 원지로 돌아온 상태가 된다.

(5) 右下藏(우하장)

언해본 : 올흔편아래굽초고

전 동작에서 '좌각'이 나가 있는 상태로 끝났다. 그 상태에서 〈그림 11-107〉의 ①은 칼을 오른쪽으로 내려 막되 손을 감아 칼날이 위로 향하도록 했다. 〈그림 11-107〉의 ② 우하장과 검결은 같다. 그러나 칼날의 방향이 다르다. 이것은 몸을 좌측으로 틀면서 대검의 동작으로 빠르게 전환하기 때문에 칼날이 위로 향하게 된다.

②두 번째 우하장　　　　①첫 번째 우하장

그림 11-107. 우하장 비교

(6) 右手右脚戴劍(우수우각대검)

언해본 : 우슈우각으로칼을니고

'우하장'에서 올려치면서 대검으로 전환했다. 유피류는 방어적 기법으로 구성된 관계로 여기서의 대검은 베기 목적이 아니라 머리를 막기 위한 동작이다. 방 안에 대를 엮어 늘어트린 '발'을 들어올리는 동작이다〈그림 11-108〉. 총도에서는 대검이 생략됐다.

그림 11-108. 대검

(7) 右手左脚前一打(우수좌각전일타)

언해본 : 우슈와좌각으로앏흘혼번티고

대검 뒤에는 반드시 '좌각'으로 앞을 향하여 친다. 대검에서 전방을 향하여 치는 자세가 아니다. 〈그림 11-109〉의 ① 천유류의 '우수좌각전일타'와 〈그림 11-109〉의 ② 유피류의 좌일타를 비교해 보면 그 차이가 명확하다. 여기서의 '좌일타'는 좌측 허리 공격을 '쳐서 막는다'는 의미로 '좌측'으로 미닫이문을 미는 동작이다. 실질적으로 유피류의 첫 번째 기법은 여기에서 마무리가 된다. 두 번째 마지막 기법이 〈그림 11-109〉의 ②의 좌일타와 같은 이유는 좌일타 이후에 연결된 〈그림 11-110〉 '우장'과 〈그림 11-111〉의 '전일자'를 마지막 '좌일타'와 연결시켜 '유피류'의 기법을 연속하여 수련할 수 있도록 구성했다. 중요한 것은 〈그림 11-110〉 우장과 〈그림 11-111〉의 '전일자'는 두 번째 단락과 연결시켜 방향전환의 기법으로 사용했다.

②유피류의 좌일타   ①천유류의 우수좌각 전일타

그림 11-109. 우수좌각 전일타 비교

(8) 右手右脚右臟(우수우각우장)

언해본 : 우슈우각으로올흔편의굽초고

(7)동작은 '우수좌각좌일타'로 '좌허리'를 막은 상태다. 〈그림 11-110〉은 '좌각우수'의 '우장'이다. 원문에 '2보'와 '進(진)'자가 없다. '좌각'이 나가 있는 〈그림 11-109〉의 ① 상태에서 미닫이문을 열듯이 칼을 오른쪽으로 옮겨 '우머리'를 방어하는 우장세를 취한다.

그림 11-110. 우수우각 우장

(9) 右手右脚前一刺(우수우각전일자)

언해본 : 우슈우각으로앏흘한번디ㄹ고

'우각'이 나가며 '들창'을 올리듯 '역린자' 기법으로 찔러 막는다〈그림 11-111〉. '우수우각우장'〈그림 11-110〉과 '우수우각전일자'〈그림 11-111〉의 동작은 반복된다. 단락의 구성으로 보면 중복이다. 이렇게 똑같은 동작을 반복함으로 단락을 구분하는 기점으로 역할을 한다.

그림 11-111. 전일자

2) 두 번째 단락

(1) 進左足右臟(진좌족우장)

언해본 : 좌죡을냅드며올흔편으로금초고

'좌각'이 일보 나가며 '우장세'를 취한다. 〈그림 11-110〉의 우장과 자세가 같다. 즉 〈그림

11-110〉에서 우장을 취하고 앞을 향해 찌르고 또 다시 〈그림 11-112〉의 우장세를 취한 것이다. 두 번째 단락의 분기점이다. 언해본에 '좌쪽을냅드리며왼편으로칼을드리우고'로 설명되어 있다. 두 번째 단락의 시작이지만 계속해서 앞으로 나가며 행하는 기법이다. 그러나 장소가 협소할 경우 이곳에서 방향전환을 해서 유피류의 두 번째 기법을 행할 수 있다. 즉 '좌회'를 하면 실질적으로 '후방'을 보게 되지만 다시 시작한다는 의미다. '우장'은 처음 시작하는 자세의 개념이 된다. 만일 '進(진)'자를 그대로 해석하여 앞으로 간다면 '좌각'이 나가며 '우장'을 한다. 이렇게 두 번째 단락을 하게 되면 검로는 첫 단락만큼 더 나가게 된다.

그림 11-112. 우장세

(2) 右手右脚前一刺(우수우각전일자)

언해본 : 우슈우각으로앏흘흔번디르고

'우각'이 나가며 거슬려 올려 찌른다. 이 기법은 조선세법의 역린세 刺法(자법)이다.

그림 11-113. 우수우각 전일자

전일자처럼 설명식 기법의 문장은 그림이 없으면 정확히 알기 어렵다. 왜검은 유피류 외에는 뒤로 퇴보하는 기법이 없다. 유피류에서만 퇴보가 나오는 것은 몸을 정면으로 한 상태에서 앞으로 나가고 뒤로 물러나며 방어하는 기법을 수련하기 위한 것이다.

(3) 進左足左垂劍(진좌족좌수검)

언해본 : 좌족을냅드며왼편으로칼을드리우고

〈그림 11-114〉의 ①은 '진좌족좌수검'으로 앞에서 나왔다. 〈그림 11-114〉의 ②도 '진좌족좌수검'으로 같은 문장이지만 자세가 〈그림 11-114〉의 ①과 다르다. 즉 첫 〈그림 11-114〉의 ①은 위를 공격하는 것을 막는 것이고, 〈그림 11-114〉의 ②는 아래를 공격하는 것을 막는 것이다. 여기에서 칼날의 형태를 잘 보아야 한다. 시연자 얼굴의 모습이 모두 그려져 있다. 방향전환이 이루어져 있음을 알 수 있다. 좌각이 나가며 칼날이 위로 향한 것이 중요하다. 발을 위에서 아래로 내리는 동작이다.

②진좌족좌수검   ①진좌족좌수검

그림 11-114. 진좌족좌수검 비교

(4) 退左足右垂劍(퇴좌족우수검)

언해본 : 좌족을므릅쓰며올흔편으로칼을드리우고

앞 동작에서 나가 있던 '좌각'이 다시 빠지며 이번에는 '우수우각'으로 위를 막는다〈그림 11-115〉. 즉 나가며 좌측 아래(下)를 막고, 퇴보하며 위(上)를 막는 기법이다. 〈그림 11-114〉의 ②에서 발을 들어 올리는 동작이다.

그림 11-115. 퇴좌족 우수검

(5) 退右足左垂劍(퇴우족좌수검)

언해본 : 우쪽을므롭쓰며왼편으로칼을드리우고

위 문장 (3)進左足左垂劍(진좌족좌수검)은 〈그림 11-116〉의 ①처럼 나가며 좌수검을 하고, 〈그림 11-116〉의 ②는 退右足左垂劍(퇴우족좌수검)으로 퇴보하며 좌수검으로 막는다. 총도의 그림은 퇴보를 표현하기 위한 것이다.

②퇴우족좌수검   ①진좌족좌수검

그림 11-116.퇴우족좌수검

(6) 右下藏(우하장)

언해본 : 올흔편아릭굼초고

'우수우각'으로 막은 상태다. '우각'이 뒤로 빠지며 우하장을 취한다. 이번에 우하장은 칼날이 아래로 있음에 유의해야 한다. 〈그림 11-117〉의 ①과 ②는 같은 우하장이다. 그러나 자세가 다르다. ①과 ②의 자세가 다른 것은 ②는 전 동작이 '退右足左垂劍(퇴우족좌수검)'이기 때문이다. 즉 '좌각좌수' 위에 칼이 있는 상태에서 '좌각'을 움직이지 않고 몸을 좌로 틀어 칼을 오른쪽으로 옮기기 때문에 칼날이 위로 향했다. 〈그림 11-117〉의 ①은 '退左足右垂劍(퇴좌족우수검)'으로 '좌각'이 앞에 있는 상태에서 칼이 좌측 아래에 있고, 몸을 틀지 않고 전방을 향해 '우하장'을 했기 때문에 자세가 달라졌다.

②두 번째 우하장　　　　①첫 번째 우하장

그림 11-117. 우하장 비교

(7) 右手右脚戴劍(우수우각대검)

언해본 : 우슈우각으로칼을니고

왜검보의 마지막 대검이다. 우하장에서 올려치며 대검을 한다〈그림 11-118〉.

그림 11-118. 대검

(8) 右手坐脚前一打畢(우수좌각전일타필).

언해본 : 우슈와좌각으로앎흘훈번텨ᄆ츠라

대검 이후에는 반드시 '좌각'이 나가며 앞을 치며 마친다〈그림 11-119〉. 유피류에서 우수 좌각의 '좌일타'는 대검에서 전일타로 전환되는 자세와 다르다. 좌허리 근처에 손이 있다. 즉 유피류의 목적은 방어기법이기에 좌허리를 막는 기법을 나타낸 것이다. 이 상태에서 유피 류가 끝났다. 만일 마무리 한다면 다시 '우장→전일자→납검→방향전환'을 한 후 처음부터 반복하면 된다.

그림 11-119. 우수좌각 전일타

토유류에서 유피류까지 한 걸음에 달려왔다. 토유류에서 빠르고 다양한 기법으로 행하고, 운광류에서 한숨을 돌려 반복적인 동작을 하고, 천유류에서 다시 여러 기법으로 행하고 마지막에 차분히 유피류로 마쳤다. 실질적으로 4개 류(流)의 왜검보를 하면서 기법을 익히고 순서를 외우는 것도 만만치 않다. 왜검 8개류(流)를 모두 외우고 익히기는 쉽지 않다. 4개 류(流)의 왜검보 동작도 반복적이고 비슷한 구성으로 되어 있어 처음 행하다 보면 혼동이 온다. 검법의 목적은 외우기 위해 수련하는 것이 아니다. 더구나 쌍수도·쌍검·제독검·본국검·조선세법까지 수련하려면 만만치 않다. 이들 동작에서 서로 중복되는 검술의 기법들이 많다. 왜검 8개 유파에서 중복되는 검술을 생략하고 왜검보 4개 류(流)로 간추려 무예도보통지에 기록한 것으로 사료된다.

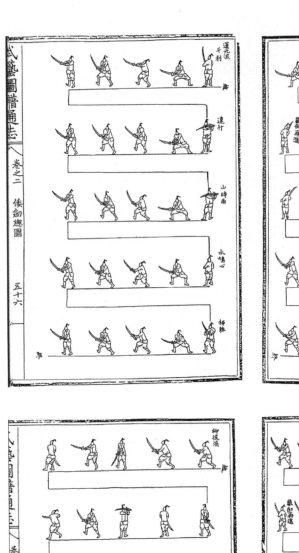

그림 11-120. 왜검총도

十二.

武藝諸譜飜譯續集
(무예제보번역속집)의
倭劍譜(왜검보)

倭劍譜(왜검보)

《무예제보번역속집》에 수록된〈왜검보〉는《무예도보통지》의〈왜검보〉에 기록되어 있지 않다. 무예도보통지에는 김체건이 기록한 4개 류(流)의 왜검보와 교전보로 이루어져 있다.

《훈련도감》의 도청을 맡았던 최기남이 1610년에 간행한《무예제보번역속집》은 韓嶠(한교)가《무예제보》를 간행할 때 빠트렸던 왜검을 포함한 4개 流(류)의 무예와, 陰流(음류)의 그림 그리고 지도를 포함한 일본에 관한 정보를 담고 있다. 왜검의 자세를 나타내는 圖(도)에, 한 사람만 그려 놓았지만 동작을 풀이하는 譜(보)를 보면, 甲(갑) 과 乙(을) 두 사람이 교전을 하도록 명확하게 지시하고 있다. 또 교전보에 없는 擊刺(격자)를 하는 부위도 정확하게 지시했다.

《무예제보번역속집》의 劍譜(검보)는 明軍(명군)을 통해 전래된 것으로 보인다. '진전살적' '향상방적' 같은 세법의 명칭이 明(명)에서 전래한〈쌍수도〉와 거의 동일하다.《무예제보번역속집》의 왜검은 1500년대 말경 왜검이 어떤 유형의 검술인지를 살피는데 매우 귀중한 사료임에는 틀림없다. 임진왜란 당시 조선 군사들이 왜검을 익혔던 사실은 무예에 관한 기록에 인색한 실록에서도 쉽게 찾아볼 수 있다. 하지만 전쟁이 끝난 선조 대 이후에는 실록에서 무예와 관련된 기록은 거의 실리지 않았다. 다행히 효종 10년에 왜검을 시험 보았던 기록이 있어 의문의 일단을 풀어 주고 있다.《備邊司謄錄(비변사등록)》에 의하면 1660년에 왜검시연에서 超等(초등) 1등을 차지한 군사의 명단을 올린 일에 대하여 효종이 질문하는 내용이 나온다. 이전의 기록에서 왜검을 익혔던 사료를 찾기 어려운 까닭은, 창검무예를 수련한 기록을 담은《軍門謄錄(군문등록)》이 전쟁으로 불타버렸기 때문으로 사료된다.《군문등록》은 보통 2부를 작성하여 해당 군영에서 1부를 보관하고 나머지 1부는 병조에서 보관했다. 앞의《비변사등록》도 상당 부분은 소실되고 없다. 이괄의 반란과 병자호란으로 임진왜란 전후의 무예 교습에 관한 사실을 기록한 군문등록이 대부분 불에 타 버렸다. 왜검을 익힌 기록을 찾을 수 없는 것은, 왜검을 시험보지 않아서가 아니라 사료의 소실 때문이며,《무예제보번역속집》역시 병자호란 때 대부분 소실되었던 것으로 보여진다.[435]

《무예제보번역속집》에서〈왜검보〉의 특징은 두 사람이 일대일 겨루기 형태에서 발생되는 기법을 대련형식으로 구성한 것이다. 김체건의《교전보》와《무예제보번역속집》의〈왜검보〉는 '甲(갑)'과 '乙(을)'이 서로 교전하는 실전의 대련술을 바탕으로 한 것은 같으나, 무예제보번역속집에는 김체건의 교전보에 없는 기법들이 들어있다.

---

435 김영호,〈무예제보본역속집의 왜검과 무예도보통지의 왜검, 교전의 비교〉, 24반무예협회, 2005.

2

倭劍譜(왜검보)와 棍棒(곤봉)

《무예도보통지》의 〈왜검보〉와 〈곤봉〉을 비교하면 무예사적으로 서로 연결되어 있다. 〈왜검보〉의 적수세·선인봉반세·제미살세의 검결들이 곤봉의 기법에 사용되고 있고, 직부송서세는 조선세법과 본국검에서 나오는 검결이다. 그렇다면 이것은 무엇을 말하는 것인가?

〈왜검보〉에서 사용된 검결이 왜검에서만 사용되어온 검결이 아니다. 한·중·일의 무예가 서로 교류하고 연결되어 있다. 무예사를 연구하면서 같은 검결이 다른 무술 종목에 사용된 원인을 밝혀야 무예문화의 전파와 이동 경로를 알 수 있다. 아울러 유사한 이름과 동일한 검결이 무예종목에 따라 기법이 같은 것과 다른 것을 비교 연구하면 무예의 시원과 시원무술이 전파되는 흐름을 찾을 수 있다. 검결과 가결은 금맥과 같다. 왜검보에 소림곤법의 검결이 있다는 것은 왜검이 일본에서 독창적으로 만들어진 것이 아님을 증명하는 것이다. 특히 내가 장권에 仙人朝天勢(선인조천세)가 있고, 소림곤식에 仙人坐洞勢(선인좌동세)가 있다. '仙人(선인)'은 한민족이 사용해온 개념이다. 〈소림곤법〉에 〈조선세법〉의 검결과 설명어로 구성된 것은 〈소림곤법〉이 중화에 의해 만들어진 무예서가 아니라는 증거다. 실제 〈소림곤법천종〉은 소림사의 무예서가 아니라는 것이 학계의 정설이다. 〈소림곤법천종〉의 검결과 기법을 검토한 결과, 조선세법을 창제한 문화권에서 만든 무술일 가능성이 매우 높다. 또한 《기효신서》에 있는 棍(곤)의 總訣歌(총결가)는 검결과 통용된다. 즉 쌍수 기법과 棍(곤)의 기법은 원리는 같다. 때문에 〈본국검〉, 〈조선세법〉, 〈쌍수도〉, 〈제독검〉 등 쌍수검은 검을 棍(곤)으로 바꾸면 棍(곤)으로 활용할 수 있다. 이에 반해 중화의 편수 기법은 棍(곤)법과 통용될 수 없다. 때문에 검을 棍(곤)으로 전환하면 동작 구현이 어렵다. 이처럼 〈소림곤법〉은 중화의 편수검보다는 〈조선세법〉의 쌍수검과 밀접하게 연결되어 있음을 알 수 있다. 향후 이에 대한 연구를 세밀히 하여 무예계에 발표할 것이다. 이처럼 검결과 이름을 통해《무예도보통지》에 있는 무예종목 간 서로 연결된 검결의 이동경로를 찾고, 기법의 동질성과 차이점이 무엇인지를 찾아야 한다.

倭劍譜(왜검보)의 解說(해설)

〈왜검보〉와 《기효신서》간에는 서로 같은 검결이 중복되어 있다. 이러한 것을 보면 무예서가 각각 서로 다르게 존재했어도 그 뿌리는 서로 연관 있으며, 단지 어느 시점에서 갈라졌다고 볼 수도 있다. 일본은 임진왜란 이후 패도령 선포로 각 문파별로 검술이 이합집산 되고 변형됐다. 그러므로 300년 이전의 고류검술의 형태는 일본에서 사라졌다고 볼 수 있다. 오히려 무예제보번역속집에 왜검보가 기록되어 있어 일본의 고류검술을 알 수 있는 소중한 자료다. 그런데 흥미로운 것은 무예제보번역속집의 왜검보에 사용된 검결은 《기효신서》에 있는 검결과 전혀 다른 仙人捧盤(선인봉반)·龍挐虎攫(용나호확)등의 검결이 있다. 검결은 당시의 철학과 종교 사상의 집합적 산물을 담은 개념이다. 그 개념과 검결을 보면 당시의 문화를 볼 수 있다. 《무예제보번역속집》의 〈왜검보〉에 사용된 검결은 한민족의 사상과 문화가 내재되어 있고 검결의 형태에 검세가 그대로 있다. 이러한 방식은 조선세법의 방식과 일치한다. 이것은 왜검보의 원형이 이주민이나 한민족에 의해 일본에 전래되었다는 중요한 단서다. 《무예제보번역속집》의 〈倭劍總圖(왜검총도)〉는 《무예도보통지》의 〈왜검총도〉처럼 그림이 없고 오히려 《무예도보통지》의 〈왜검총보〉처럼 글로써만 나열되어 있다. 그럼에도 《무예제보번역속집》에 〈왜검총도〉라 한 것은 무예제보번역속집의 왜검보에 있는 그림들을 나타냈기 때문이다. 무예도보통지는 후대에 만들어지면서 그림과 문서를 분리하여 세분화시켰다. 《무예제보번역속집》의 〈왜검보〉를 해독하기 위해서는 왜검총도에 나열된 순서와 왜검보의 순서를 비교해서 그 단락을 구분지어야 한다. 이것을 비교하지 않고 왜검보만

가지고 단락을 지으면 '甲(갑)'과 '乙(을)'의 역할구분에 혼동이 온다. 저자는 편의상 여섯 단락으로 나누었다. 특히 무검사적세에서 검을 탈취하는 기법이 있다. 이것을 相撲(상박)으로 별도로 구분했다. 《무예제보번역속집》이 '乙(을)'이 먼저 공격을 하고 '甲(갑)'이 방어하는 구조라면, 《무예도보통지》는 그 반대로 '甲(갑)'이 먼저 공격하고 '乙(을)'이 방어하는 구조다.

倭劍譜(왜검보)

【倭劍譜 凡擊賊時 必擧落疾速 以防本身(왜검보 범격적시 필거낙질속 이방본신)】

무릇 적을 칠 때는 반드시 들고 내리는 것을 빨리하여 본신을 방어한다.

兩人對立迻進 皆 以進前殺賊勢 又劍相當至于二次 進前殺賊(양인대립이진 개 이진전살적세 우검상당지우이차 진전살적)

언해본 : 두사룸이맛셔셔드라드러나向향前젼殺살賊적勢셰셔로써칼홀엇다혀서ㄹ대잇기롤두적호라

두 사람이 맞서서 앞으로 나아가 進前殺賊勢(진전살적세)로 하고 다시 서로의 칼을 서로 두 차례 치고 막는다.

왜검총도에는 '진전살적-진전살적-진전살적'으로 세 번을 연속적으로 친다. 즉 총 세 번의 진전살적세로 되어 있다. 그러나 동일한 진전살적이지만 동작은 각각 다른 공수로 구성됐다. '갑'과 '을'이 진전살적세를 하고 다시 제자리로 돌아와 진전격적세를 하는 보법이 '迻進(이진)'이다. '迻進(이진)'은 두 사람이 서로 다가서서 적당한 거리를 유지하며 움직이는 것이다. '迻(옮길이)=辶+多'다. '多(다)'는 '여러번(많다)'의 뜻으로 '皆(개:함께)'로 여기에서는 '兩人(양인)' 즉 '甲(갑)'과 '乙(을)'이다.

1) 첫 번째 단락 : 進前殺賊勢(진전살적세)

첫째 단락은 진전살적세를 중심으로 세 마당으로 구분된다. 〈그림 12-1〉은 '갑'과 '을'이 진전살적세의 공방을 하는 모습이다. 왜검보에는 교전보처럼 대적하기 전의 그림은 없다. 왜검보로 문장을 보면 지검대적세에서 공격한다〈그림 12-1〉. 여기에서의 지검대적세는 본

국검의 지검대적세와는 다르다. 오히려 금계독립세에 가깝다. 왜검에서는 '장검'이라 한다. 자세에 따른 검결의 명칭이 서로 다르게 내려왔음을 알 수 있다.

그림 12-1. 진전살적

　이 두 그림을 자세히 보면 둘이 살적세로 공격을 하는 것이 아니다. '우측'에 있는 자가 살적세로 치고 '좌측'에 있는 자가 뒤로 물러나며 공격을 막아내는 그림이다. '좌측' 방어자의 칼을 보면 칼날이 위로 향해있다. 즉 유피류에서 칼날을 위로하여 막는 기법이 있듯이 손목을 돌려 오른쪽으로 제쳐막는 동작이다. 서로의 칼날로 부딪치는 것이 아니라 살적의 공격을 제쳐막는 것이다. 실질적으로 이렇게 막는 것이 더 빠르고 효과적이다.

(1)進前殺賊勢(진전살적세)와 小頓坐(소둔좌)

　①乙以進前殺賊勢向甲擊之(을이진전살적세향갑격지) ②甲進右脚 即擧其劒以當 乙劍 旋退右脚 小頓坐 擊乙左手之擘(갑진우각 즉거기검이당 을검 선퇴우각 소둔좌 격을좌수지람)

　언해본 : ①乙을이進진前전殺살賊적勢셔로써甲갑을向향ᄒᆞ야티거든 ②甲갑이올흔다리롤 나오며即즉지그칼그갈흘드러써곰乙을의칼홀막고겨리왼녁풀모글티라

　'을'의 첫 번째 진전살적세의 공격이다. 갑'은 우각이 나가며 즉시 검을 들어 '을'의 검을 방어하고, 검을 휘둘러 오른 다리를 뒤로 물러나며 약간 구부려 앉으며(소둔좌), '을'의 좌수를 친다.

　'頓=屯(수비할둔)+頁(머리혈)'이다. '을'의 진전살적세 공격에 '갑'의 '우각'이 나가며 같은 살적세로 막고, 다시 '우각'이 뒤로 빠지며 몸을 가볍게 낮추어 수비를 하며 동시에 '을'의 손

목을 보고 치는 기법이다〈그림 12-2〉.

그림 12-2. 진전살적

'旋退(선퇴)'에서 '旋(돌선)'의 개념을 잘못 이해하면 몸을 회전하면서 물러나게 된다. '退(퇴)'는 나가 있는 '우각'이 뒤로 물러나는 것이다. 여기에서의 '旋(선)'은 '다리의 모습이 '屈曲(굴곡)'이 되면서 되돌아온다'는 의미다. '우각'이 뒤로 빠지며 칼을 내려치면 허리가 굽어지면서 엉덩이가 뒤로 빠지는 '小頓坐(소둔좌)'가 된다. 이 상태에서 '을'의 손목을 공격한다. 소둔좌는 엉덩이를 뒤로 빼고 앉는 퇴전살적세의 자세다. 乙左手之擥(을좌수지람)의 '擥(잡아당길람)=監(볼감)+手(손수)'로 타격지점의 '손을 보고 당겨친다'다.

(2)進前殺賊勢(진전살적세)

①乙又以進前殺賊勢 向甲擊之 甲進左足向 乙右邊以劍加 乙右手之擥(을우이진전살적세 향갑격지 갑진좌족향 을우변이검가 을우수지람) ②仍飜身跳進人 右橫立擧劍擊乙項(잉번신 도진인 우횡립거검격을항) ③乙又以進前殺賊勢 向甲擊之(을우이진전살적세 향갑격지)

언해본 : ①乙을이쏘進진前젼殺살賊적勢셔로ᄡᅥ甲을向향ᄒᆞ야티거든甲갑이왼바롤나오혀乙을의올흔덕ᄒᆞ로向향ᄒᆞ며칼로ᄡᅥ乙을의올흔손모긔다히고 ②인ᄒᆞ야몸을뒤텨ᄲᅱ여나아올흔녁ᄒᆞ로드러빗기셔셔칼홀드로乙을의손모글티라 ③乙을이進진前젼殺살賊적勢셔로ᄡᅥ甲갑을向향ᄒᆞ야티거든

'을'이 또 진전살적세로 '갑'을 향해 친다. 두 번째 진전살적세의 공격이다.

'갑'의 좌족은 '을'을 향해 나가고, 칼의 면으로 '을'의 오른편에 붙여, '을'의 오른손을 보고 잡아당긴다. '을'의 칼 안쪽으로 들어갈 때, '을'의 손쪽으로 '갑'의 손도 가게 된다. 문장에서

'邊(변:측면(곁))과 '加(가:대고(붙인다))에 대한 설명이다. '을'이 '우수우각' 진전살적세로 '갑'을 향해 치자, '갑'의 좌족이 '을'의 오른쪽으로 들어가 즉시 '을'의 우측 손을 치는 기법이다.

②'갑'은 '좌각'이 나가고 상체가 오른쪽으로 기울었다. 이때 '跳進人(도진인)'으로 '우각'이 들어가면서 상체를 좌측으로 돌리면 다시 오른쪽으로 상체가 돌아간다. 이것이 '翻身(번신)'이다. 그 결과 서 있는 자세가 '右橫立(우횡립)'이다. 이때 '갑'의 칼은 '을'의 칼 안쪽에 있게 된다. '우각'이 나가며 검을 들어 '을'의 목을 친다. 언해본에는 '손목을 친다'다.

③진전살적세 공격이다. '을'이 진전살적세로 '갑'을 향해 친다. 그림에는 진전살적세를 향전살적으로 표현했다. 지검대적세와 비교해보면 향전살적세는 지검대적세(좌수)에서 '칼과 우각이 앞으로 나간다'는 의미다. 진전살적세는 발이 중심이 되는 검결이고, '향전격적세는 앞에 있는 적을 향해 칼이 나간다'는 의미를 강조한 검결로 동작은 실질적으로 같다.

(3)向前殺賊勢(향전살적세)와 下接勢(하접세)

①甲進右足 卽以其劍循乙劍下 便跳出於乙之右邊 卽以向前擊賊勢當乙胸一擊(갑진우족 즉이기검순을검하 편도출어을지우변 즉이향전격적세당을흉일격) ②乙以下接勢剪乙右脚(을이하접세전을우각) ③甲退右脚小頓坐以(갑퇴우각소둔좌이)

언해본 : ①甲갑이올흔바롤나오혀그칼로써乙을의칼아래롤슷티며곳乙을의올흔녁흐로뛰여나며卽즉지向향前젼擊격賊적勢셔로써乙을의가슴을 ②乙을이下하接졉勢셔로써甲갑의올흔다리롤7리티거든 ③甲갑이올흔다리롤믈리티며조안좀ᄒ야

①'을'의 '우수우각' 진전살적세의 공격에 '갑'이 '우각'이 나가며 응대를 한다. 즉 '을'의 진적살적세 공격으로 칼이 위에서 아래로 내려오면, '갑'은 '을'이 '내려오는 칼을 따라 칼을 돌려서 막는다'는 설명이 '卽以其劍循乙劍下(즉이기검순을검하)'다. 동시에 오른쪽으로 뛰어 피한다(便跳出於乙之右邊). 그리고 '갑'은 즉시 향전살적세로 '을'의 가슴을 일격한다(卽以向前擊賊勢當乙胸一擊)〈그림 12-3〉.

그림 12-3. 향전살적

‘循(순)’은 ‘좇는다·따르다’는 뜻으로 ‘順(순)’과 같다. ‘便(편)’은 방향을 나타낸다. 여기에서 ‘右便(우편)’이다. ‘갑’이 몸 좌측을 막음과 동시에 오른쪽으로 뛰어 피한다는 것이다. 진전살적세와 향전살적세는 기법이 같다. 두 그림을 비교해보면 향전살적세는 칼이 앞으로 나가는 형태다. ‘을’의 선공으로 세법의 진전살적세 공수가 끝났다.

②진적살적세의 격법에 이어 찌르는 동작이다. ‘하접세’는 ‘接(접)’의 ‘妾(첩)’자에 검세가 숨어있다.〈그림 12-4〉. ‘을’의 下接勢(하접세)는 ‘剪乙右脚(전을우각)’이다. 언해본은 ‘갑의 오른 다리를 가리티 거든’이다. 乙(을)’을 ‘甲(갑)’으로 잘못 해석했다. ‘剪(전)’의 해석도 언해본은 ‘가리티 거든’으로 쓰여 있다. ‘剪(전)’은 가위와 같이 두 개의 칼이 사용되는 곳에 쓰이거나 아래에 있는 칼을 나타내는 글자다.

그림 12-4.. 乙의 하접세와 接(접)

‘接(접)’자도 ‘교차하다·접하다·접촉하다·응대하다’의 뜻이 있어 ‘剪(전)’의 기법과 일치한다. ‘剪(전)’자의 밑에 ‘刀(도)’가 있어 ‘아래를 목표로 칼을 사용한다’는 의미다. 하접세의 그림도 이중성을 내포하고 있다. 즉 ‘갑’이 ‘을’의 가슴을 공격하면 ‘을’은 가슴을 방어한다. 이 자세가 하접세의 방어자세다. 방어 후 하접세에서 ‘갑’의 우각을 공격한다. 이러한 공격의 방법이 ‘剪(전)’이다. 무예도보통지의 교전보에 보면 ‘下剪打(하전타)’의 기법이 있다. ‘하접세’는 ‘하전타’를 하기 위한 시작 자세로 보면 된다 ‘下剪打(하전타)’는 기법이 ‘打(타)’지만 刺法

(자법)의 기술과 연결된다.

③'갑'이 〈그림 12-5〉의 ①처럼 '우각을 뒤로 빼면서 소둔좌를 한 후'다.

(4)持劍對賊勢(지검대적세)와 仙人捧盤勢(선인봉반세)

①持劍對賊勢向乙頭擊之(지검대적세향을두격지) ②乙以仙人捧盤勢當之 卽交刃而退(을이선인봉반세당지 즉교인이퇴)

언해본 : ①持디劍검對디賊적勢셔로ᄢ乙을의머리롤向향ᄒᆞ야티거든②乙을이仙션人인捧봉盤반勢셔로ᄢ마가려레칼놀홀다ᄒᆞ고서르므르라

①持劍對賊勢(지검대적세)로 '을'의 머리를 친다〈그림 12-5〉의 ③. 소둔좌는 기효신서에서 '퇴전살적'이라 한다. '소둔좌'는 검결이고 '퇴전살적'은 검결에 대한 설명이다. '甲(갑)'이 '우각'을 빼며 치는 기법이다. 일보후퇴 일보전진으로 좌우각이 자유롭게 실전에서 사용된다.

③무예제보속집의 지검대적세　　②기효신서의 지검대적　　①퇴전살적(소둔좌)

그림 12-5. 지검대적세 비교

〈그림 12-5〉의 ② 기효신서의 지검대적세와 〈그림 12-5〉의 ③ 무예제보번역속집의 지검대적세를 비교하면 무예제보속집의 '甲(갑)'은 '우장검세나 금계독립세'에서 앞으로 공격하는 자세다. 기효신서는 칼을 뽑아 정면에서 대적하는 형태다. 검결은 같으나 자세가 다른 것을 보면 대적세가 '적을 맞이한다'는 개념으로 사용했음을 알 수 있다.

②'을'이 仙人捧盤勢(선인봉반세)로 막으며 칼날이 교차되면 즉시 물러난다. '奉(봉)'자형은 '丰(예쁠봉)+大(대)+手(수)'자는 선인반봉세 그 자체다. '선인봉반세'의 검결도 곤봉보에

있는 검결이다. '갑'이 지검대적세로 머리를 공격하자 '을'이 선인봉반세로 머리를 막고 즉시 뒤로 물러난다〈그림 12-6〉의 ①. 〈그림 12-6〉의 ③ 기효신서의 선인봉반과 〈그림 12-6〉의 ② 무비지의 향상방적세 자세는 다르다. 기효신서의 '선인봉반'은 무비지의 '향상방적세'에서 양 손을 올린 자세다. 〈소림곤법〉에 '선인봉반세'의 용례가 있다.

③기효신서의 선인봉반(乙)

②무비지의 향상방적세

①무비지 권91 곤법의 선인봉반세

그림 12-6. 선인봉반세·향상방적세·곤법 비교

2) 두 번째 단락

1)齊眉勢(제미세)와 龍拏虎攫勢(용나호확세)

①皆以齊眉殺勢各進一步(개이제미살세각진일보) ②轉爲龍拏虎攫勢 相向直視 又進一步 擧劍 向甲左擊之(전위용나호확세 상향직시 우진일보거검 향갑좌격지) ③甲卽擧劍進左足向 乙右轉以右足入(갑즉거검진좌족향을우전이우족입) ④乙兩脚飜身 立定擊乙兩手之擥(을양 각번신 입정격을양수지람)

언해본 : ①다齊제眉미殺살勢셔로써各각각각흔거룹나아 ②드러도로터龍룡拏나虎호攫확勢 셔로써向향ᄒᆞ야바ᄅᆞ보고쏘흔거룹낫ᄃᆞ라乙을이칼홀드러甲갑의왼녁크로向향ᄒᆞ야티려거든 ③ 甲이즉지칼홀들며왼발나와乙의홀흔녁크로向향ᄒᆞ며두로터올흔발로써 ④乙을의사채드리ᄃᆞ며 몸몰두로터셔乙을의두손모글티라.

①갑·을 모두 齊眉殺勢(제미살세)로 각각 한 걸음씩 나간다〈그림 12-7〉의 ②. 진전살적 세의 세 가지 기법을 마치고 새로운 기법의 시작이다. '齊(제)'자에 검의 자세가 있다〈그림 12-7〉의 ①. '眉(미)'자를 붙여 칼의 높이가 눈썹에서 가지런히 있음을 강조하기 위한 글자

다. 제미살세도 곤봉보에 있는 검결이다.

②갑   을   ① 齊(제)자형

그림 12-7. 제미살세(齊眉殺勢)와 齊(제)자형

'齊眉殺勢(제미살세)'란 〈그림 12-7〉의 ②처럼 '갑 과 을'이 서로 좌우 눈썹 위치에서 칼을 수평으로 한 자세다. 이 모습을 '제미살세'로 검결을 명명했다. 고사성어에 '擧案齊眉(거안제미)'는 '밥상을 눈썹과 가지런하도록 공손히 들어 남편 앞에 가지고 간다'는 뜻으로 남편을 깍듯이 공경함을 이르는 말이다. '제미살세'의 자세를 보면, '을'은 '우각'이 나가 있는 앞굽이 상태에서 검을 들고 있다. 대검세의 파지법이다. '갑'은 '좌각'이 나가 있는 상태에서 칼끝이 앞으로 향하고 있다. 거정세처럼 두 손이 'X'로 교차되는 파지법이다.

②龍挐虎攫勢(용나호확세)로 전환했다. '갑·을'은 서로 마주(직시)본다. 그리고 '을'은 검을 들어 '갑'의 왼쪽으로 들어가 공격한다〈그림 12-8〉의 ③. '向甲左擊之(향갑좌격지)'는 '갑의 좌측을 공격한다'는 뜻으로 擧劍(거검)의 주체는 '을'이다. 언해본은 '을이 칼을 들어'다.

③용나호확세 (갑)   (을)   ②挐의 女(여)자형   ③攫의 矍(확)자형

그림 12-8. 龍挐虎攫勢(용나호확세)와 挐(나)·攫(확)자형

'용나호확세'는 '용과 호랑이가 서로 잡는다(용호상박)'는 검결이다. '挐(나)'의 '女(녀)'자에 검세가 있다〈그림 12-8〉의 ②. '又(우)'와 '手(수)'를 사용하여 '두 손으로 잡는다'는 의미를 취

한다. '拿(나)'도 같은 의미다. 여기에서 '合(합)'대신 '奴(노예노)'자를 사용한 것은 '노예를 잡는다'는 의미다. '女(녀)'자를 획으로 쓰면 좌에서 우로 공격하는 필법이다. '矍(확)'자형에 검세가 들어있다〈그림 12-8〉의 ①. '瞿(구)'는 두려워할구(懼)자이고 '矍(두리번거리다)'의 상대는 '隹(새추)'다. 즉 '용과 호랑이가 적을 잡듯이 움직이'는 것을 나타낸다. 拏(붙잡을나)·攫(붙잡다). '용나호확세'를 보면 '제미살세'에서 '갑'과 '을'이 서로 공격한 자세임을 알 수 있다. 용나호확세의 검결은 선인봉접세와 마찬가지로 한민족의 문화가 내재되어 있는 검결이다. 이것은 왜구의 검결이 아니다. 이 자세는 '甲(갑)'과 '乙(을)' 두 사람의 결합이다. '甲(갑)'과 '乙(을)'의 자세를 분리하면 '용나세'와 '호확세'가 된다.

③'甲(갑)'은 검을 들어 '을'의 우측을 향하여 '좌족'이 들어가고 '우각'을 옮긴다〈그림 12-9〉. 이 문장은 '甲(갑)'이 '제미살세'에서 '용나세'를 하기 위해 보법을 움직이는 것을 설명한 것이다. '용나'는 한민족의 음가로 '용이 난다'는 이두식 음가다.

甲   乙

그림 12-9. 거검진좌족

(4)'乙(을)'의 두발이 몸과 함께 나가며 몸을 세워, '乙(을)'이 양수로 친다〈그림 12-10〉. 이 자세는 분명히 찌르기 자세임에도 '擊(격)'이라 했다. 그렇다보니 일본의 검술에는 자법이 없다고 생각하고 격법으로 했다. '擊(격)'은 친다는 의미보다 '마주쳐 공격한다'다. 빠르게 움직인 '飜身(번신)'의 결과 몸을 세워 몸 중심에서 찌른다. '立定(입정)'이다. 조선세법의 분충세다. 보폭이 넓은 상태에서 뒤에 있는 '좌각'이 앞으로 나오면서 몸을 바로 세워(立定) 그 탄력으로 찌르는 공격이다. 공격의 높이가 '甲'의 손목정도가 되기 때문에 乙兩手之擥(을병수지람)이라 했다.

그림 12-10. 양각번신 입정격

왜검총도에 '좌방적-우방적-진전살적'은 하나의 틀로 구성됐다. 즉 좌방적과 우방적에 이어 진적살적세로 공격을 하고 마친다. 본국검의 내략에서 진전격적세로 연결되는 동작과 같다. 특히 비교해볼 것은 쌍수도의 검결과 단락의 구성이 비슷하다. 쌍수도는 세 개의 단락으로 구성되어 매 단락이 끝날 때마다 '초퇴방적세-재퇴방적세-삼퇴방적세'로 연결하여 원지로 돌아오고 다시 시작한다. 그러나 왜검보에서는 세 번의 초퇴방적세로 원지로 돌아온다. 또한 쌍수도에서 사용하는 향좌방적세·향우방적세·향상방적세·진전격적세의 검결을 왜검보에서도 같이 사용하고 있다.

(2)左防賊勢(좌방적세)와 右防賊勢(우방적세)

①兩人各進一步皆作左防賊勢(양인각진일보개작좌방적세) ②又各進一步皆作右防賊勢 (우각진일보개작우방적세)

언해본 : ①두사름이各각흔거름식낫드러다左좌防방賊적勢셔롤ᄒ고②ᄯ오各각각흔거름식낫드러다右우防방賊적勢셔롤ᄒ고

①두 사람이 각각 한 걸음 나아가 두 사람 모두 '左防賊勢(좌방적세)'를 하고, ②또 각각 한 걸음 나아가 두 사람 모두 '右防賊勢(우방적세)'를 취한다. 이 문장은 '甲(갑)'과 '乙(을)' 모두가 '좌방적세와 우방적세'로 자세를 취하는 것을 수련하는 것이다. 향좌방적과 향우방적을 보면 본국검의 내략·외략과 같다. 〈그림 12-11〉의 ① '좌방적세'는 팔이 교차된 상태에서 '우각'이 나가 있다. 내략이다. 〈그림 12-11〉의 ② '우방적세'는 우각이 나가 있다. '외략'이다. 〈그림 12-11〉의 ③ 기효신서의 향좌방적과 〈그림 12-11〉의 ④ 무예제보번역속집의 향우방적세의 자세가 다르다. 두 자세를 보면 좌방적(내략)에서 좌각(외략)이 나가며 올려치는 연

속성이 있다. 엄밀히 보면 '우방적'은 칼의 우측에 있어야 한다. 그렇게 되면 칼을 잡은 파지법의 손이 'X'자로 꼬이지 않고 나란히 잡게 된다. 그러나 여기에서의 '우방적세'는 '좌방적세'에서 '우방적세'로 전환되는 움직임의 자세로 보아야 한다. 즉 칼이 좌측에서 오른쪽으로 옮겨지는 기법이다.

④기효신서 향우방적세　③기효신서 향좌방적세　②우방적세　①좌방적세

그림 12-11. 좌우방적세·향좌방적세·향우방적세 비교

(3)進前殺賊勢(진전살적세)

俱以進前殺賊勢叉劒相當至于三次(구이진전살적세차검상당지우삼차)

언해본 : 다向향前전殺살賊적勢셔로㎱뻐칼홀빗다혀다잇기롤세번ᄒ고

진전살적세로 칼을 서로 부딪치기를 세 차례 한다. 俱(모두구)는 '兩人(양인)(甲·乙)'이고, '叉(차)'는 '交叉(교차)'다. 〈그림 12-11〉의 ①②좌방적세·우방적세는 방어의 자세만 있고 공격은 없다. 서로 좌우방적세를 취한 후에 살적세를 하도록 했다. 오늘날 일본 검도에 이 형태는 남아 있다. 우방적 상태에서 칼을 들어 '甲(갑)'과 '乙(을)'이 세 차례 공방을 서로 하는 것이 뒤의 문장이다.

(4)進前殺賊勢(진전살적세)와 滴水勢(적수세) 그리고 向上防賊勢(향상방적세)

①乙以進前殺賊勢 向甲擊之(을이진전살적세 향갑격지) ②甲以滴水勢當之 仍入乙左邊以向上防賊勢 蠹乙左臂(갑이적수세당지 잉입을좌변이 향상방적세 전을좌견)

언해본 : ①乙을이進진前전殺살賊적勢셔로㎱뻐甲갑을向향ᄒ야티거든 ②甲갑이滴덕水슈勢셔로㎱막고인ᄒ야乙을의왼녁키드리ᄃ라向향上상防방賊적勢셔로乙을의왼ᄑ롤7리티고

①'乙(을)'이 진전살적세로 '甲(갑)'을 향해 치면 ②'甲(갑)'이 滴水勢(적수세)로 허리를 막으며 '을'의 좌변으로 들어가(仍入乙左邊以(잉입을좌변이) 적수세에서 '우회'하며 向上防賊勢(향상방적세)로 몸을 돌려 '을'의 좌측 어깨를 자른다(翦:전). 향상방적세의 실전 쓰임이 설명됐다. 〈그림 12-12〉의 ①적수세에서 '우회'하면서 〈그림 12-12〉의 ②향상방적세로 돌 때 후방을 향한 자세다. 본국검에서 우찬격세로 돌아가는 자세다. 운광류의 山時雨勢(산시우세)와 같다. 두 검결이 모두 물(水)과 공통된다. 살적세는 빗겨 치는 기법이다. '을'이 살적세로 공격하면 '적수세'로 좌측면을 막는다. 敵(적)'과 맞선다는 '滴(적)'자와 물방울이 떨어진다는 '滴(적)'자를 써서 '적'의 음가에 혼용했다. 下接勢(하접세)는 적수세의 초기 자세다. 이렇게 한자를 음가 중심으로 사용한 것은 한민족의 이두식 채용방식이다. 적수세도 곤봉보에 있는 검결이다.

②향상방적세   ①적수세

그림 12-12. 향상방적세 와 적수세

'산시우세'는 운광류를 반복하면 몸에서 '땀이 비 오듯이 흐른다'는 의미가 있고 '적수세'는 '땀방울이 맺혀 비탈진 산세 아래로 떨어진다'는 의미로 칼의 모양을 비탈진 산세로 비유했다. 하접세는 '妾(첩)'자에, '적수세'는 '商(적)'자에 검세가 숨어 있다. 즉 '商(적)'자는 하체 양발의 자세가 앞굽이 '冂'처럼 나가 있다. 자세가 단단(古)하다. 즉 '妾(첩)'에서 앞발을 밀고 나가며 기법을 행한다. 이렇게 발로 밀고 나가는 것을 'ㅣ'자로 나타냈다. '滴(적)'자에 검세가 있다. '妾(첩)'자와 '商(적)'자의 상부형태도 같고 초서체도 일치한다〈그림 12-13〉의 ①. 무비지의 가결 중에 滴水獻花步殺(적수헌화보살)[436]이란 문장이 있다. 적수세로 찌르는 기법〈그

....

436 《무비지》. 유대유. 검경전문도.

림 12-13〉의 ②甲(갑)처럼 꽃을 바치는 동작에 비유하여 시적으로 표현한 문장이다. 조선세법의 탄복세의 기법이다. 무예제보번역속집의 검결은 서로 얼기설기 연결되어 한민족의 상고역사를 말하고 있다.

③(乙)進前殺賊   ② (甲)滴水   ①啇자형

그림 12-13. 진전살적·적수세 啇(적) 자형

'翦(자를전)'자는 밑에 '羽(우)'가 있다. '前(전)'은 앞을 뜻하지만 'ㅣ(선칼도)'가 글자 안에 있다. 이미 '前(전)'자는 전쟁에 사용된 글자다. '前(전)'자에서 칼이 위에 있다면 '翦(전)'자는 밑에 있는 칼을 나타낸다. '翦(전)'자의 '羽(깃우)'는 나란히 있는 '刀(도)'자 두 개에 '날개'의 개념을 추가한 것으로 '칼이 날아가듯이 휘두른다'는 의미를 갖는다. '翦(전)'자를 쓴 것은 향상방적세에서 '을'의 좌측 어깨를 치다보면 칼의 동선이 머리 위에서 돌아간다. 이 동작을 마치 '새의 날개처럼 날아간다'는 의미에서 사용한 것이다. 향상방적세의 그림은 '적수세'로 좌측 상체를 막고, '을'의 좌측 어깨를 치기 위해 칼을 돌리며 동시에 몸도 돌아가는 순간이다〈그림 12-14〉의 ②.

②향상방적(甲)   ①기효신서 향상방적

그림 14-14. 향상방적세 비교

(5)右手擧劍(우수거검)과 進前殺賊勢(진전살적세)

①乙用右手擧劍將擊 甲之左臂(을용우수거검장격 갑지좌비) ②甲卽以進前殺賊勢 向下蔚
乙右臂(갑즉이진전살적세 향하전을우비)

언해본 : ①乙을이올혼손눌ㅣㅂ써칼홀드러將쟝촛甲갑의왼풀티켜거든 ②甲갑이卽즉지進진前전
殺살賊적勢셔로ㅂ써乙을의올혼풀ㄴ리ㄱ리티고

'을'은 오른손으로 검을 들어 '甲'의 좌측 어깨를 공격한다. '右手擧劍將(우수거검장)'은 '右
臟劍(우장검)'이다. '劍將(검장)'이 '將劍(장검)'으로 '臟劍(장검)'이다. 모두 같은 음가로 한자
를 사용했다. 여기에서 '을'이 '진전살적세'로 공격을 하라는 문장이 생략됐다.

이번에는 '甲'이 진전살적세로 '乙'의 어깨를 아래로 내려친다.

(6)初退防賊勢(초퇴방적세)

皆以初退防賊勢各還原地(개이초퇴방적각환원지)

언해본 : 다初초退퇴防방賊적勢셔로ㅂ써各각각각처엄셧던싸히도로가라

'甲(갑)'과 '乙(을)'은 初退防賊勢(초퇴방적세)로 각각 돌아 제자리로 간다. 제자리로 돌아
가는 보법으로 좌회로 돌면서 아래를 방어하는 동작이다〈그림 12-15〉. 기효신서의 초퇴방
적세와 같다. 무예제보번역속집에 초퇴방적세의 검결이 있는 것은 영류지목록과 연결성이
있다.

②무예제보번역속집의 초퇴방적세　　①기효신서의 초퇴방적세

그림 12-15. 초퇴방적세 비교

초퇴방적세에 대한 기법은 설명이 없다. 그러나 이미 초퇴방적세의 검결(세)에는 동작과 기법이 들어있다. 검결로 기법이 규정되면 별도의 그림이나 동작의 설명이 없어도 동작을 알 수 있다. 만일 검결의 형식이 없으면 검의 동작을 일일이 설명해야 하기 때문에 매우 복잡하고 변형이 온다. 일본의 전승 형태는 검결보다는 기법 위주로 전승되고 있다. 그렇다보니 어렵고 복잡할 수밖에 없다. 이것은 초기 한민족이 만든 검결이 왜 열도로 전래되면서 일본에서 수련한 자들이 검결 방식으로 수련하지 않고, 검결을 설명하는 동작어와 명령어로 익혔기 때문이다. 이들이 일본의 여러 문파를 형성하여 오늘날 일본검술과 무도의 용어로 정착됐다.

3) 세 번째 단락 : 齊眉勢(제미세)

兩人皆作齊眉勢飛趂而進(양인개작제미세비이이진)

언해본 : 두사롬이다齊제眉미勢셔로뻐ᄂᆞ드시ᄃᆞ라드러

두 사람이 모두 빠르게 나아가 제미세를 취한다.

(1)進前殺賊勢(진전살적세)와 滴水勢(적수세)

①乙以進前殺賊勢向甲擊之(을이진전살적세향갑격지) ②甲以滴水勢當乙劒(갑이적수세당을검) ③卽皆轉身相向虎視(즉개전신상향호시)

언해본 : ①乙을이進진前전殺살賊적勢셔로뻐甲갑을向향ᄒᆞ야티거든 ②甲갑이滴뎍水슈勢셔로뻐乙을의칼홀막고 ③卽즉시다몸을두로텨셔릭向향ᄒᆞ야미미보고

①'乙'이 진전살적세로 '甲'을 공격하면, ②'甲'은 적수세로 '乙'의 칼을 막는다. 그리고 ③ '甲'과 '乙'은 위치를 바꿔 서로 호랑이처럼 노려본다(虎視).

(2)持劒對賊勢(지검대적세)와 仙人捧盤勢(선인봉반세)

①甲卽以持劒對賊勢向乙頭擊之(갑즉이지검대적세향을두격지) ②乙以仙人捧盤勢當之(을이선인봉반세당지)

언해본 : ①甲갑이 卽즉시 持디劍검 對디賊적勢셔로뻐乙을의 머리롤向향ᄒ야티거든 ②乙을이仙션人인捧봉盤반勢셔로뻐막거든

①'甲'이 즉시 지검대적세로 '乙'의 머리를 친다. ②'乙'은 선인봉반세로 막는다.

(3)向上防賊勢(향상방적세)와 左手擧劍(좌수거검) 그리고 進前殺賊勢(진전살적세)

①甲疾入乙右腋以向上防賊勢斸乙右臂(갑질입을우액이향방적세전을우비) ②乙用左手擧劍將擊甲之右臂(을용좌수거검장격갑지우비) ③甲以進前殺賊勢擊乙之左臂(갑이진전살적세격을지좌비)

언해본 : ①甲갑이뿔리乙을의올흔겨드랑의드리ᄃ라向향上상防방賊적勢셔로뻐乙을의올흔ᄑ롤우흐로ᄀ리티고 ②乙을이왼손ᄂ로뻐칼홀드러將장ᄎᆺ甲갑의올흔ᄭᆯ로올키려커든 ③甲갑이進진前젼殺살賊적勢셔로뻐乙의왼ᄑ롤티고

①'甲'이 빠르게 '乙'의 오른쪽 겨드랑이로 들어가 향상방적세로 칼을 휘둘러(斸) ②'乙'의 오른팔을 자른다. '乙'은 좌수를 올려 '甲'의 우측 어깨를 친다. ③'甲'은 진전살적세로 '乙'의 왼 어깨를 친다.

4)初退防賊勢(초퇴방적세)

皆以初退防賊勢各還原地(개이초퇴방적세각환원지)

언해본 : 다初초退퇴防방賊적勢셔로뻐各각각각처엄셧던다히도로가라

'甲' 과 '乙'은 초퇴방적세로 원지로 온다.

4) 네 번째 단락 : 撫劍伺賊勢(무검사적세)

여기에서는 '撫劍伺賊勢(무검사적세)'라는 새로운 검결이 나온다. 상대와 좁은 공간이나 닫힌 공간에서 대적하는 자세로 칼의 손잡이를 앞쪽으로 내밀어 정숙하게 보행하는 자세다 〈그림 12-16〉. 이 동작의 구성은 마치 상황극을 연출한 것과 같다. 칼날을 앞으로 내밀면 집

안이나 갇힌 공간에 숨어있는 적에게 발각될 소지가 있기 때문에 칼날을 숨기고 조심스럽게 들어가다가 적과 마주쳤을 때 사용하는 기법이다.

그림 12-16. 撫劍伺賊勢(무검사적세)와 '無(무)'자형

(1)撫劒伺賊勢(무검사적세)와 進前殺賊勢(진전살적세)

①兩人皆以撫劍伺賊勢相望迤邐(양인개이무검사적세상망이이) ②而來作猝然相值之狀(이래작졸연상치지상) ③一時抽劍俱以進前殺賊勢急呼以當之(일시추검구이진전살적세급호이당지)

언해본 : ①두사롬이다撫무劒검伺ᄉ賊적勢셔로ᄡᅥ라며휘워와 ②거리서르만나ᄂᆞ형狀상을ᄒᆞ야 ③一일時시예칼홀여다進진前젼殺살賊적勢셔로ᄡᅥ急급히소리티며막고

①두 사람이 모두 '무검사적세'로 서로 찾아가며 비스듬히 걷는다. '迤(비스듬이)'는 비스듬히 옆으로 선 자세고 '邐(비스듬히이어질리)'는 '비스듬히 걷는다'다. 또한 칼끝이 뒤에 있는 것도 같다(칼을 들고 있는 방식은 다르다).

'迤邐(이리)'란 개념이 새롭게 나타난다. '迤(비스듬이할이)'는 무검으로 검을 잡고 '몸이 옆으로 비스듬히 있다'는 설명이다. '邐(이어질리)'는 두 사람이 마주 서서 옆으로 다가서는 보법을 나타낸다. 조선세법의 계격세 투보가 여기에 해당된다. '睍(곁눌질할예)'로 '相望(상망)과 虎視(호시)'와 같은 의미다. 특이한 것은 검을 탈취하는 기법이 무검사적세에는 있다. 과거의 무예는 검술과 맨손무예가 통합적으로 수련되었음을 알 수 있다.

②두 사람이 서로 다가오다 갑자기 마주친 상황이다. ③일시에 검을 앞으로 뽑아 진전살적세로 빠르게 소리를 치며 친다. 갑작스런 상황에 기합으로 상대의 기선을 잡고 공격하는 기법이다.

(2)各退一步 乙睨劒右廻 甲睨乙左廻(각퇴일보 을예검우회 갑예을좌회)

언해본 : 各각각혼거름식므릇드라乙을은甲갑을보며셔올혼녀크로돌고甲갑은乙을롤보며셔윈녀크로도라

'甲'과 '乙'은 각자 뒤로 물러난다. '乙'은 '甲'을 보며 우로 돌고, '甲'은 '乙'을 곁눈질로 흘끗 보며 좌로 돈다.

(3)下接接勢(하접세)와 左防賊勢(좌방적세) 그리고 右防賊勢(우방적세)

①乙以下接勢擊 甲左脚(을이하접세격 갑좌각) ②甲以左防賊勢當之 旋以下接勢擊 乙右脚(갑이좌방적세당지 선이하접세격 을우각) ③乙又以右防賊勢當之(을우이우방적세당지)

언해본 : ①乙을이下하接접接勢셔로갑의윈다리롤티거든②甲갑이左좌防방賊적勢셔로막고거리下하接접勢셔로써乙을의올혼다리롤티거든③乙을이右우防방賊적勢셔로마그며셔

①'乙'이 '하접세'로 '甲'의 왼쪽 다리를 치면, ②'甲'은 좌방적세로 막고 즉시 칼을 돌려 '하접세'로 '乙'의 오른쪽 다리를 치면③'乙'은 우방적세로 막는다.

(4)持劒對賊勢(지검대적세)와 仙人捧盤勢(선인봉반세)

①甲卽以持劒對賊勢向乙頭擊之(갑즉이지검대적세향을두격지) ②乙以仙人捧盤勢當之(을이선인봉반세당지) ③旋以持劒對賊勢向甲頭擊之(선이지검대적세향갑두격지)

언해본 : ①甲갑이卽즉시持디劒검對디賊적勢셔로乙을의머리롤向향ᄒ야텨든 ②乙을이仙선人인捧봉盤반勢셔로써막고 ③거리持디劒검對디賊적勢셔로써甲갑의머리롤向향ᄒ야티거든

①'甲'이 즉시 지검대적세로 '乙'의 머리를 치면 ②'乙'은 선인봉반세로 막고 ③바로 칼을 돌려 지검대적세로 '甲'의 머리를 향해 친다.

5) 다섯 번째 단락 : 相撲(상박)

(1)甲卽迫前拘乙兩手使其手中之 劒不得加於我身旋以(갑즉박전구을양수사기수중지

검불득가어아신선이)

언해본 : 甲갑이卽즉시낫드라乙을의두손눌다자바셔제손가온대칼흐로흐여곰내모매밋디아
니졔흐고겨리

'甲'은 즉시 앞으로 들어가, '乙'이 양수를 잡고 수중에 있는 칼이 내 몸에 미치지 못하게 내
몸을 돌린다.

身旋(신선)은 몸을 돌리는 동작이다. 대동류유술의 '一本捕(일본포)'와 합기도의 正面打
(정면타)에 대한 방어기법과 같다. 검탈취의 기본 동작이다.

(2)其劍入乙兩手之間用銅護逼乙之左手掌後 以其劍刃夾乙右手以奪乙劍(이기검입
을양수지간용동호핍을지좌수장후 이기검인협을우수이탈을검)

언해본 : 그칼로써乙을의두손ㅅ이예드리딜러銅동護호롤써乙을의왼손등뒤훌누로고그칼눌
로써乙을의왼손눌우흐로답겨써곰乙을의칼훌앗고

'乙'이 잡은 칼 양손의 사이에 넣어 동호를 사용하여 '乙'의 왼손등을 누르고, 칼날을 을의
오른손에 끼워 '乙'의 칼을 탈취한다.

3)皆以初退防賊勢各還原地(개이초퇴방적세각환원지)

언해본 : 다初초退퇴防방賊적勢셔로처엄셧던싸히블러오라

모두 초퇴방적세로 제자리로 돌아간다.

실질적으로 여기에서 기법이 마무리 되었지만 다시 한 번 무검사적세를 뒤에 연결했다.
그러나 왜검총도를 보면 초퇴방적 이후에 제미세를 취하고 '乙'이 지검대적세, '甲'이 향상방
적세를 한 후 우방적세를 하고 마친다. 처음 나온 무검사적세와 두 번째 무검사적세〈그림
12-17〉은 방향이 서로 대칭이다.

②무검사적

①無(무)자형

그림 12-17. 撫劍伺賊勢(무검사적)와 無(무)자형

6) 여섯 번째 단락 : 齊眉(제미)

(1)齊眉勢(제미세)와 持劍對賊勢(지검대적세)

①兩人又以齊眉勢飛趍而進(양인우이제미살세비이이진) ②乙以持劍對賊勢向甲頭擊之
(을이지검대적세향갑두격지)

언해본 : ①두사롬이다齊졔眉미勢셔로써ᄂᆞᆺ시ᄃᆞ라드러 ②乙을의持디劍검對ᄃᆡ賊적勢셔로
써甲갑의머리롤向향ᄒᆞ야티거든

①두 사람이 또 '제미세'로 달려간다. ②'乙'이 지검대적세로 '甲'의 머리를 친다.

(2)向上防賊勢(향상방적세)와 右防賊勢(우방적세)

①甲入乙右腋以向上防賊勢覊乙右臂而出(갑입을우액이향상방적세전을우비이출) ②卽
以右防賊勢從後擊乙腰畢(즉이우방적세종후격을요필)

언해본 : ①甲갑이乙을의올혼겨드랑의드리드라向향上상防방賊적勢셔로乙을의올혼ᄑᆞᆯ7리
티고비ᄃᆞ라 ②卽즉시右우防방賊적勢셔로써뒤흐로셔乙을의허리롤티고ᄆᆞ츠라

①'甲'이 '乙'의 오른쪽 겨드랑이로 들어가 향상방적세를 취하고 칼을 휘둘러 '乙'의 오른쪽
팔뚝을 베고 돌아 나온다. ②즉시 우방적세로 뒤에서 '乙'의 허리를 치고 마친다.

倭劍總圖(왜검총도)의 解說(해설)

倭劍總圖(왜검총도)

倭劍譜凡擊賊時必擧落疾速以防本身兩人對立迻進皆以進前殺賊勢又劍相當至于二次.

1) 進前殺賊

進前殺賊【乙以進前殺賊勢向甲擊之.甲進右脚卽擧其劍以當乙劍旋退右脚小頓坐擊乙左手之擧】

進前殺賊【乙又以進前殺賊勢向甲擊之.甲進左足向乙右邊以劍加乙右手之擧.仍飜身跳進人右橫立 擧劍擊乙項.乙又以進前殺賊勢向甲擊之】

進前殺賊【甲向前擊賊(甲進右足卽以其劍循乙劍下便跳出於乙之右邊卽以向前擊賊勢當乙胸一擊)乙下接(乙以下接勢剪乙右脚)甲持劍對賊(甲退右脚小頓坐以持劍對賊勢向乙頭擊之)乙仙人捧盤(乙以仙人捧盤勢當之卽交刃而退)】

2) 齊眉勢. 龍拏虎攫

皆以齊眉殺勢各進一步轉爲龍拏虎攫勢(相向直視又進一步擧劍向甲左擊之)

甲卽擧劍進左足向乙右轉以右足入乙兩脚飜身立定擊乙兩手之擧.

左防賊(兩人各進一步皆作左防賊勢)→右防賊(又各進一步皆作右防賊勢)

進前殺賊(俱以進前殺賊勢又劍相當至于三次)

【乙進前殺賊(乙以進前殺賊勢向甲擊之)甲滴水(甲以滴水勢當之)→向上防賊(仍入乙左邊以向上防賊勢罩乙左臂)乙右手擧劍(乙用右手擧劍將擊甲之左臂)甲進前殺賊(甲卽以進前殺賊勢向下罩乙右臂)】初退防賊(皆以初退防賊勢各還原地)

3) 齊眉

兩人皆作齊眉勢飛趠而進【乙進前殺賊(乙以進前殺賊勢向甲擊之)甲滴水(甲以滴水勢當乙劍卽.皆轉身相向虎視)→持劍對賊(甲卽以持劍對賊勢向乙頭擊之)乙仙人捧盤(乙以仙人捧盤勢當之)甲向上防賊(甲疾入乙右腋以向上防賊勢罩乙右臂)乙左手擧劍(乙用左手擧劍將擊甲之右臂)甲進前殺賊(甲以進前殺賊勢擊乙之左臂)】初退防賊(皆以初退防賊勢各還原地)

4) 撫劍伺賊

兩人皆以撫劍伺賊勢相望進邐撫劍伺賊勢相望進邐

而來作猝然相值之狀一時抽劍俱以進前殺賊勢急呼以當之各退一步. 乙睨劍右廻 甲睨乙左廻

【乙下接(乙以下接勢擊甲左脚)甲左防(甲以左防賊勢當之)→下接(旋以下接勢擊乙右脚)

乙右防賊(乙又以右防賊勢當之)甲持劍對賊(甲卽以持劍對賊勢向乙頭擊之)

乙仙人捧盤(乙以仙人捧盤勢當之)→持劍對賊(旋以持劍對賊勢向甲頭擊之)

5) 相撲

兩人又以齊眉勢飛趠而進【乙持劍對賊(乙以持劍對賊勢向甲頭擊之)甲向上防賊(甲入乙右腋以向上防賊勢罩乙右臂而出)→右防賊(卽以右防賊勢從後擊乙腰)】畢.

6) 齊眉

兩人又以齊眉勢飛趠而進【乙持劍對賊(乙以持劍對賊勢向甲頭擊之)甲向上防賊(甲入乙右腋以向上防賊勢罩乙右臂而出)→右防賊(卽以右防賊勢從後擊乙腰)】畢.

十三.
武藝圖譜通志
(무예도보통지)의
交戰譜(교전보)

交戰譜(교전보)와 김체건

《무예도보통지》에 실린 '왜검'은《무예제보번역속집》에 나오는 '왜검'이 아니다. 김체건이 17세기 후반에 입수한 것이다. 정조의 아버지인 사도세자가《무예신보》를 편찬할 때 지은《예보6기연성18반설(藝譜六技演成十八般說)》과 사도세자의 문집인《능허관만고》에 실려 있다. 이 문집은 정신문화연구원에서《영조·정조문집》이란 이름으로 영인했다.

《능허관만고》의 내용을 보면 "김체건이 통신사를 따라 일본에 들어가 왜검을 배워 온 것이며, 왜검은 18기 중에서 가장 늦게 완성된 것인데 근 100년이 됐다. 이덕무도《무예도보통지》에서 김체건이 일본 통신사를 따라 일본에 들어가 입수한 것이다."고 했다. 그러나 통신사를 따라 들어간 수행원의 명단이 나오는《海行總載錄(해행총재록)》을 보면 김체건의 이름은 보이지 않고, 다른 기록에서도 관련된 사실을 찾기 어렵다. 반면 왜관에 들어가 검보를 익혔다는 기록은《현종실록》과 유본학이 김체건의 행적을 기록한《김광택전》에도 나와 대조를 이루고 있다. 초량 왜관에 거주했던 일본인들은 모두 대마도 출신이다. 1764년에 통신사 서기로 일본에 다녀온 元重擧(원중거, 1719~1790)는 "대마도인과 본토 일본인은 같은 종족이 아니라며 이를 구분하고 있는데, 대마도인들은 본토 일본인에 비해 체격도 건장하고 성격도 거칠었다."고 했다.[437]

....

437 하우봉,《원중거의 일본인식》, 1991.

통신사가 일본에 머문 기간은 대략 6개월 정도가 되고, 통신사를 수행하는 인원도 3~5백 명이 있다. 따라서《무예도보통지》에 수록된 왜검은 대마도에서 만들어진 검보와 통신사를 따라 일본에서 구해 온 검보로 보는 것이 타당할 것이다. 김체건은 왜관에서 왜검을 1차로 입수하고, 일본 본토에 들어가 왜검을 익혔던 것으로 보인다. 4개 류(流) 중에는 대마도에서 나온 유파와 일본 본토에서 유행했던 유파가 함께 실린 것 같다. 무예에 관심이 높았던 사도 세자와 당대 고증학의 대가였던 이덕무가 근거도 없이 통신사행을 통해 검법을 입수했다고 기록했을 까닭이 없기 때문이다.

1759년(영조35) 사도세자가 주도하고 林秀雄(임수웅)을 비롯한 훈련도감의 무사들이 참 여하여《무예신보》를 편찬했다.《무예제보번역속집》이 간행된지 150년 만에 이루어진 일이 다. 앞서 소개한《藝譜六技演成十八般說(예보6기연성18반설)》에는 왜검을 8개의 流(류)라 기록하고 있다. 혹《무예도보통지》를 편찬하는 과정에서 임의로 4개의 流(류)를 뺀 것인지? 아니면 실전되어 수록하지 못한 것인지? 현재 그 까닭을 짐작하기 어렵다.

박제가·이덕무·백동수 등이《무예도보통지》를 편찬할 때 김체건이 기록한 帖子(첩자)를 직접 참고했다. 김체건의 첩자에 나오는 교전과 1789년 당시 군영에서 익히던 교전과는 별 차이가 없다. 그러나 무예제보번역속집과 무예도보통지의 왜검보와 교전보는 상당한 차이 가 있다. 이는 무예도보통지의 왜검과 무예제보번역속집의 왜검을 비교하는 시범을 보면 분 명히 확인할 수 있다.

무예도보통지의 왜검과 교전·훈국등록을 살펴봐도 영조시대 당시 군영에서 왜검을 익혔 다는 기록은 찾기 어렵다. 이덕무도 "현재 군영에서 운광류만 익히고 있다."고 했다. 따라서 숙종[438]시대 이후 18세기 무렵부터 군영에서 왜검의 교습을 소홀히 했던 것으로 보아도 틀리

---

438 숙종 16년(1690) 11월 내원 훈국에서 왜검수의 기예를 시험하였다는 기록을 보면 "사신을 따라 일본에 들어가 검보를 얻고 그 기술을 배웠다는 시점이 1690년 이전으로 보인다."《조선수유기》·《조선국기》에 네델란드 동인 도 일본주재 대표 '안드레아스 크레이엘'은 1682년 조선통신사를 환영하는 무예시합에 초청되어 그 상황을 "1682 년 내가 에도에 체재하고 있을 때 코리아의 사절이 천황에 대한 관례로 경의를 표하기 위해 일본에 왔다. 그들은

지 않다고 본다. 왜냐하면 이 시기에 살수들이 왜검보다 월도를 더 많이 익혔던 것은 문헌을 통해 확인할 수 있기 때문이다. 당시 고위무관들도 왜검을 제압하는데 언월도만한 것이 없다며 월도나 마상언월도를 익혔다. 18세기 후반부터 일본은 야만국이 아니라 문화국이라는 인식을 가진 선비들이 등장했다. 이를 선도한 인물이 무예도보통지를 편찬한 이덕무다. 그는《왜한삼재도회》를 인용하여 검술의 중흥은 원의경(미나모토 요시스네, 1159~1189)이 이루었다며 검술의 역사를 밝히고 있다. 일본 검술 중에서 음류는 조선과 중국에 큰 영향력을 끼친 검보로 보인다. 1610년 최기남이 편찬한《무예제보번역속집》과 모원의의《무비지》에 음류의 원비·원회의 그림을 수록해 놓았던 것을 보아도 짐작할 수 있다. 이덕무도 신음류(신가케류)는 세상에 크게 유행하였음을 밝히고 있다.《무예도보통지》에는 토유류·운광류·천유류·유피류 4개 流(류)가 실려 있다. 이중 토유류·천유류·운광류 3개 류에는 도약하여 치는 세법이 들어 있는 것에 주목할 필요가 있다. 현재 볼 수 있는 古流(고류)·居合(거합) 중에는 앉은 상태에서 연무를 시작하는 것이 대부분이다. 이처럼 무예도 당대의 문화에 영향을 받지 않을 수 없었다.

토유류, 천유류는 모두 세 개의 進(진)으로 구성되어 있다. 토유류는 초진·재진·삼진으로 나누어져 있다. 토유류의 구조는 다음과 같다.

초진 : 좌일타·거좌족·우장·좌일타·진좌·대검·전일타·좌장·추우·전일타
재진 : 좌일타·진좌우일추·좌장·우일추·우장·좌일타·전일타
삼진 : 신도일타·축도일타·신도일타·대검·전일타·재구·대검·전일타

《무예제보번역속집》의〈왜검〉에는 허리 아래를 치는 기법이 자주 나오고, 무예도보통지에 나오는 왜검 4개 류에는 머리와 목 아래를 치는 기법이 나오지 않는다. 교전은 훈련도감의 군교 김체건이 군사들에게 검리를 교습하기 위해 만든 약속 공방이다. 무예도보통지의

황제의 명령에 의거 거국적인 환영을 받았다. 폐하는 그들에 대해 최대한의 경의를 나타냈으며, 향응을 다했다. 그들에게 경의를 표하는 수많은 무예시합이 개최됐다.”

교전과 '고이표'에 실린 교전은 약간의 차이가 있다. 이러한 점을 감안하면 교전도 원형에서 달라졌던 것이 확실해 보인다. 현재 확인할 수 있는 교전법으로 된 왜검의 유형은 무예제보 번역속집과 무예도보통지 그리고 김체건의 〈帖子(첩자)〉에 나오는 것을 포함하여 모두 3개의 유형이다. 시기상 가장 오래된 것은《무예제보번역속집》의 〈왜검〉이고, 다음은 김체건의 〈첩자〉에 나오는 교전이며, 가장 늦게 완성된 것은《무예도보통지》의 〈왜검〉이다.

김체건이 왜검을 바탕으로 창안한 교전은 군사 교련과목으로 채택됐다. 이덕무는 "무예신보의 교전보에 나오는 그림은 도가 아닌 양날 검이며, 군사들이 교전법을 익힐 때 부상이 많아 외날 요도로 익혔고, 이것도 부상의 위험이 많아 차츰 요도를 대신하여 목검을 사용했다."고 하여 숙종시대에는 양날 검으로 교전을 익혔음을 알 수 있다.[439]

김체건이 일본검술을 익히고 숙종 어전에서 행한 기법과 기록이다.

軍校金體乾趫(音喬善走也)捷工武藝 肅廟朝嘗隨使臣入日本 得劍譜學其術而來上召試之 體乾拂劍回旋踵豎拇而步(군교김체건교(음교선주야)첩공무예 숙조조상수사신입일본 득검 보학기술이래상소시지체건불검회선종수무이보)

'肅廟朝嘗隨使臣入日本 得劍譜學其術而來'를 보면 숙종 이전에 사신이 일본에 가서 검보를 얻고 그 술기를 배워 돌아왔음을 알 수 있다.

아래는 김체건이 선보였던 '體乾拂劍回旋踵豎拇而步'의 문장에 대한 출판계의 잘못된 해석이 무예계에 전파되어 일본검술의 실체를 오해하게 한다.

국내 최초의 무예도보통지 해석은 김위현의《국역무예도보통지》[440]이다. 대한본국검협회 이재식(1984)과 18기 박청정의《무예도보통지주해》[441]에서 "군교 김체건은 발의 움직임

....

439 김영호, 〈무예제보본역속집의 왜검과 무예도보통지의 왜검, 교전의 비교〉, 24반무예협회, 2005.

440 김위현, 《국역무예도보통지》, 민족문화사, 1984, 159쪽.

441 박청정, 《무예도보통지주해》, 동문선, 2007, 218쪽.

과 몸이 빨라 무예의 고수였다. 숙종 조에 일찍이 사신을 따라 일본에 들어가 검보를 얻고 그 술기를 배워 왔다. 임금께서 불러 시험을 보았다. 검을 치켜들고 발굽을 들고 돌며 엄지손가락으로 걸었다."[442]고 해석했다. "엄지손가락으로 서서 걸었다."는 잘못된 해석이다. 김위현이 최초로 해석한 문장의 오류를 확인하지 않고 재인용한 것으로 보인다.

'拇(무)'는 '엄지손가락·엄지발가락' 두 개의 뜻이 있다. 여기에서는 '엄지발가락'으로 해석해야 한다. '拇(무)'는 '胟(무)'와 같은 글자로 뜻도 같다. '趫(재빠를교·발을들교)'는 '蹻(교)'와 같다. '捷(첩·삽)'은 '첩'일 경우 '빠르다'는 뜻이나 '삽'일 경우 '꽂을삽'이다. 일본검도에서 빠르게 앞발을 굴려 발바닥을 땅에 꽂듯이 당기는 기법이다. 즉 '蹻捷(교삽)'으로 보면 '발의 움직임이 몹시 빠르고 날쌔며 삽처럼 꽂는다'는 의미다. '踵豎(종수)'의 '踵(종)'은 '발꿈치'를 '豎(세울수)' '세우다'는 것으로 '발뒤꿈치를 곧게 세운다'는 '擧踵(거종)'의 뜻이다. 위 기록을 보면 격검에서의 '打(타)' 보법과 신법이 오늘날 일본검도와 같음을 알 수 있다.

당시 군영에는 다른 기법은 실전되고 운광류만 전승되었는데 김체건이 행한 술기 사이사이에 실전된 기법들이 들어있다. 이것을 새롭게 정립한 것이 교전보다. 〈교전보〉에 사용된 검결을 다른 〈왜검보〉에서 사용된 검결과 비교해 보면 검결에 검세가 없다. 이는 검결의 명칭과 자세를 취하지 않고 설명을 하는 데 주안을 두었기 때문이다.

---

442 이재식, 《본국검》, 대한본국검도협회, 2003, 60쪽.

交戰譜(교전보)의 解說(해설)

    《무예도보통지》의 〈교전보〉는 3개의 기법으로 구성되어 있으며 상대와 약속하여 겨루는 내용이다. 이 3개의 구성방식은 실전에서 사용되는 기법을 반복시켜 수련시킴으로 실전에 대비하도록 했다. 교전보를 해석함에 있어서 혼동되는 것은 '甲(갑)' 과 '乙(을)' 간의 역할을 교대로 행하는 기법이다. 그렇다보니 원문의 '回身換立(회신환립)'이라는 문장으로 인해 '甲(갑)' 과 '乙(을)'이 서로 위치를 바꾸면서 행하는 것으로 생각하고 동작을 한다. 그러면 교전보를 엉뚱하게 행하게 된다. 교전보는 김체건이 새롭게 정립한 것으로 그동안 다른 검법에는 사용되지 않은 개념이다. 김체건은 왜검을 비롯한 전통검을 모두 통달하고 교전보를 통해 수련에 필요한 기법의 용어를 새롭게 정립했다. 즉 왜검을 비롯한 한·중·일의 검범과 검술을 연구하면서 이것을 다시 우리의 방식으로 재해석했다. 이것은 기존 일본의 검술을 한민족의 무예로 재해석하여 우리의 검술로 완성한 것으로 무예사적으로 매우 중요한 의의를 가진다.

    교전보는 생각보다 해독이 쉽지 않다. 아직까지 타 단체는 교전보의 글자 해석에 그치고 있어 교전보의 세세한 기법과 정확한 동작을 구현하지 못하고 있다. 여기에서 교전보의 세세한 기법과 동작을 구현하고자 한다.

交戰譜(교전보)의 構成(구성)

교전보는 실질적으로 교전하기 전의 개문, 교검을 제외하고 교전을 위한 자세로부터 보면 총 3단락으로 구성되어 있다. 각 단락은 두 마당씩 총 6마당으로 되어 있다. 각 마당은 '甲(갑)'이 선공하고 '乙(을)'이 방어하고 다음 마당에서 '乙(을)'이 선공하고 '甲(갑)'이 방어하는 방식으로 역할을 교대하여 진행하도록 구성되어 있다.

첫째 단락 : '갑'이 공격하는 '상장·퇴진·환립·대격·환립'으로 구성되어 있다.

둘째 단락 : '을'이 공격하는 '상장·퇴진·환립·대격·환립'이 서로 대칭이다. 둘째 단락의 첫째 마당은 '재구와 진·진퇴·휘도', 둘째 마당도 '재구와 진·진퇴·휘도'로 구성되어 있다.

셋째 단락 : 첫째 마당은 '퇴진격과 진·퇴진·휘도', 둘째 마당도 '퇴진격과 진·퇴진·휘도'로 구성되어 있다. 그리고 교전총도와 교전보의 문장에서는 서로 대칭적인 문장도 있고 그렇지 않고 다른 문장과 같은 것도 있다. 그래서 각 기법의 대칭관계를 밝힘과 동시에 대칭관계에 있지 않아도 같은 문장끼리 연결하여 교전보가 구성된 관계를 알 수 있도록 했다.

1) 첫 번째 단락

'갑 과 을'이 서로 교전을 시작하기 전에 준비하는 단계다.

一. 開門(개문)

兩人右手負劍左手左挾(양인우수부검좌수좌협)

언해본 : 두사롬이우슈로칼을디고좌슈왼편을썃다가

交戰總譜(교전총보) 甲乙 各(갑을 각) : 右指劍橫負項後左手壓左腰(우지검횡부항후좌수
압좌요

두 사람(甲·乙)은 각각 우측 손으로 검을 잡고 목 뒤 어깨를 지나 가로로 메고, 왼손은 왼쪽 허리에 끼듯이 누른다. 교전총도를 보면 둘이 검을 들고 맞서는 자세를 '개문'이라 한다. 첫 자세의 출발은 '문을 열면서 시작한다'는 멋진 검결이다.

무예도보통지의 교전보   교전총도

그림 13-1. '一'의 개문 자세

二. 交劍(교검)

甲初作見賊出劍勢 右手右脚前一打擧劍跳出又一打(갑초작견적출검세 우수우각전일타
거검도출우일타)

언해본 : 갑이처음으로견적츌검셰룰호디우슈우각으로앒흘흔번티고칼을들고뛰여나가ㅾ
        한번티고

交戰總譜(교전총보) : 甲見賊出劍(右手右脚一打) 擧劍跳出(右手右脚一打)

교전총보의 설명이 더 구체적이다. '甲'과 '乙'의 동작은 '개문'과 연결되어 있다. 대문을 각자 여는 동작이다. '甲'은 견적출검세다. '우수우각'으로 전방을 한번치고 다시 한 번 몸을

뒤로 돌려 앞으로 돌아나오며 친다. '出(출)'의 의미는 '돌아나올출'자다. 실질적으로 '甲(갑)'은 전방을 두 번 친 것이다.

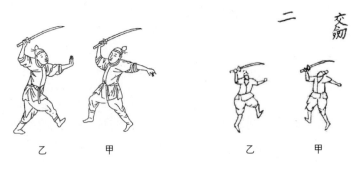
그림 13-2. '二'의 교검 동작

回身向後乙又作見賊出劍勢舉劍跳出劍刃相接一次(회신향후을우작견적출검세거검도출거검인상접일차)
언해본 : 몸을도로혀뒤흘향ᄒ거든을이ᄯᅩ견적츌검검세를호디칼을들고ᄲᅱ여나가칼놀을서르ᄒᆞᆫ번마초고

交戰總譜(교전총보) : 回身向後乙(見賊出劍舉劍跳出)甲乙(劍刃相接一次)

'乙'은 좌각을 축으로 후방을 향해 몸을 돌리며 '우수우각'으로 뛰어나가며 친다. '乙'은 한 바퀴 뒤로 돌면서 한번 친다. '甲'과 '乙'이 마주하는 동작이 '交劍(교검)'이고, 서로가 칼날을 마주 대면 '相接(상접)'이다. '交'자가 시연자의 모습이다. 교전 전에 서로 칼을 가볍게 마주 대면서 '禮(예)'를 취한다. 권투경기에서 두 선수가 글러브를 가볍게 서로 대는 것과 같다. 이 동작을 '劍刃相接(검인상접)'이라 명명한다.

(1) 첫째 마당

三. 相藏(상장) : 八의 상장과 대칭
回身換立右藏劍(회신환립우장검)

언해본 : 몸을도로혀밧고아셔올혼편의칼을굽초고

交戰總譜(교전총보) : 回身換立右藏(회신환립우장)

'甲'과 '乙'이 '좌각'을 앞으로 하고 우측 어깨에 검을 두고 서는 자세다.

그림 13-3. '三'의 상장 자세

서로 마주보고 검을 우측 어깨에 감추고 있으니 右藏(우장)이지만, 둘이 서로 마주하기에 교전총도에 相藏(상장)이라 했다.

四. 退進(퇴진) : 九의 '진퇴'와 대칭

甲 進入 : ①一剪打 ②一擧打 ③又一剪打

乙 退步 : ①一壓 ②一接 ③又一壓

언해본 : 갑이나아드러호번굴겨티고호번들어티고또호번굴겨티거든
　　　　　을이믈너가며호번누르고호번마초고또호번누르고

甲 進入 : ①一剪打 ②一擧打 ③又一剪打

乙 退步 : ①一壓 ②一接 ③又一壓

언해본 : 갑이또나아드러호번굴겨티고호번들어티고또호번굴겨티거든
　　　　　을이믈너가며호번누르고호번마초고또호번누르고

※ 교전보 (九)에서는 서로 공수가 교체된다.

교전총보의 문장을 비교해 보면,

四: 進入(一剪打一擧打 又一剪打) 乙 退步(一壓一接 又一壓)

　　甲 進入(一剪打一擧打 又一剪打) 乙 退步(一壓一接 又一壓)

九: 乙 進入(一剪打一擧打 又一剪打) 甲 退步(一壓一接 又一壓)

교전총보에 같은 문장이 두 번 반복되어 교전총도의 문장과 똑같다. 교전총보 四는 교전총보 九에서 '甲'과 '乙'의 역할이 바뀐다. 교전보의 문장을 '甲'과 '乙'의 역할 부분을 각각 분리해보면 일대일 관계가 된다.

甲 進入 : ①一剪打 ②一擧打 ③又一剪打　　乙 退步 : ①一壓 ②一接 ③又一壓
甲 進入 : ①一剪打 ②一擧打 ③又一剪打　　乙 退步 : ①一壓 ②一接 ③又一壓

그림 13-4. '四'의 퇴진 공방

'甲'이 나가며(進入) 세 번을 공격하고 '乙'이 뒤로 빠지며(退步) 세 번을 막고, 다시 '甲'이 나가며(進入) 세 번을 공격하고, '乙'이 뒤로 빠지며(退步) 세 번을 막는다. 교전보에서 제일 먼저 이 기법을 넣은 것은 가장 기초가 되기 때문이다. 교전총도를 보면 '甲'이 어느 위치에 있는지 알 수 있다.

여기에 검술에 중요한 기법이 들어있다. '剪(전)'자다. '前(앞전)'자에 刂(선칼도)가 있고 '剪'자에는 '刀(도)'자가 하나 더 있다. 칼이 두 개다. 나무를 자르는 '剪枝(전지)'는 두 개의 칼날이 교차하는 가위다. '剪打(전타)'는 '끊어 친다'는 기법이다. 교전 중에 상대를 해하지 않도록 '치면서 멈춘다'는 의미와 함께 가위처럼 상대의 칼과 교차됐음을 표현한 것이다. 이 기법을 김체건은 '剪(전)'이란 개념으로 사용했다.

'甲'이 '進入(진입)'하며 6번 연속 공격하면 '乙'이 '退步(퇴보)'하면서 6번 연속 방어를 반복한다. 김체건은 방어에 새로운 개념인 '壓(압)' '接(접)'자를 사용했다. '壓(막을압)'자는 '剪打(전타)'로 공격한 것에 대한 방어이며, 유피류에서는 퇴보를 하면서 막는 '退左足右垂劍(퇴좌족우수검)이다. '接(접을접)'자는 '擧打(거타)'의 기법에 대칭하여 퇴보하면서 막는 것으로 유피류의 退右足左垂劍(퇴우족좌수검)이다. '壓(압)'은 '우수우각'에 막는 개념이고, '接(접)'은 '좌수좌각'에 막는 개념으로 사용했다. '九'의 進退(진퇴)에서 대칭된다. '壓(압)'은 '밀친다'는 것이고 '接(접)'은 '접는다'는 개념이다.

五. 換立(환립) : 十의 '환립'과 대칭
甲乙 各 : ①左藏劍以刃內一拍(좌장검이인내일박)
         ②外一拍回身換立垂劍一打右下藏(외일박회신환립수검일차우하장)
언해본 : 갑을이각각왼편칼의칼을굼초앗다가눌노뻐안흐로ᄒᆞᆫ번티고
         밧그로ᄒᆞᆫ번티고몸을도로혀밧고아셔며칼을드리워ᄒᆞᆫ번티고올흔편아릭로굼초고

교전총보의 문장과 비교해 보면,
五 : 甲乙 各 左藏(內外棱刀:내외접도) 換回 垂劍一打(右下藏)환회 수검일타(우하장)
十 : 甲乙 各 左藏劍以刃 ①內一拍 ②外一拍 回身換立垂劍一打 右下藏

'甲'과 '乙'의 역할이 구분되어 있다. 그러나《무예도보통지》2권〈교전보〉60쪽에는 '垂劍一打右下藏(수검일타우하장)'이 쓰여 있지 않고 다음 쪽에 떨어져 기록되어 있다. 문장이 연결되어 있지 않아 해석에 혼동을 초래한다. 그러나 교전총보는 이 문장이 연결되어 있다.

그림 13-5. '五'의 換立(환립) 공방

　'甲'은 본국검의 '內掠(내략)'의 기법으로 공격을 한다. 때문에 '좌장'에서 칼이 나가게 되고 손이 'X'자로 꼬인다. '乙'은 '좌장'에서 칼날을 밀쳐(外一拍) '甲'의 내략 공격을 막는다. 拍(박)자는 '칠박'이다. '拍手(박수)'란 두 손이 마주 치는 것이다. '甲'과 '乙'이 서로의 칼날로 마주하면서 접촉하게(接) 된다. 여기서 '回身換立(회신환립)'은 '垂劍一打右下藏(수검일타우하장)'으로 연결되는 문장이다. 교전총보에서 '回身換立(회신환립)'의 문장을 '換回(환회)'로 축약했다. 교전총도를 보면 내략으로 방어하는 자세를 '換立(환립)'으로 표현했다.

六. 戴擊(대격) : 十一의 '대격'과 대칭
甲 : 進入戴劍高擧一打(진입재검고거일타)
언해본 : 갑이나아드러칼을니며놉히들어흔번티거든

　'甲'이 칼을 거두어(垂劍) '右下藏(우하장)'을 취하고 들어가 戴劍(대검)으로 칼을 들어 올려친다(高擧一打). 교전총보에는 '接(접)'자로 보충설명 함으로써 두 개의 칼날이 서로 붙듯이 교차되어 밀치(一打)고 있음을 알 수 있다. '十'의 換立(환립)과 대칭이다. '乙'은 내려쳐 눌러 막는다.
　교전보 '六'은 '甲'의 대격 선공을 중심으로 기록했고 '乙'의 역할은 교전보 '七'의 문장 '乙一壓一接(을일압일접)'이다. 교전보의 문장이 중간에 끊기고 다음 장에 연결되어 혼동을 초래한다. 그러나 교전총보의 문장과 비교하면 문장의 구분이 명확하다. '甲'이 들어오면 대검으로 올려치고(一打) '乙'이 내려쳐(一壓) 방어한다. '乙'이 내려친 칼을 눌러 '甲'의 칼과 접(一接)한다.

'十一'의 戴擊(대격)에서 대칭을 한다.

그림 13-6. '六'의 대격 공방

六-1. 교전총보의 문장을 비교해보면, '甲'과 '乙'의 역할이 '十一'에서 교체된다.

六 : 甲 進入(戴劍高擧一打:대검고거일타) 乙 (一壓一接:일압일접)

十一 : 乙 進入(戴劍高擧一打:대검고거일타) 甲 (一壓一剪:일압일전)

戴擊(대격)이 교전보에서 처음 나왔다. 이 그림을 더 정확히 이해하려면 '甲'과 '乙'의 역할이 서로 교체되는 '十一'의 그림을 모아서 비교하면 된다.

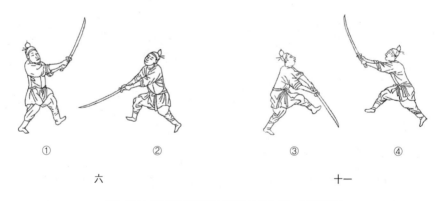

그림 13-7. 무예도보통지의 교전보 '六' 과 '十一' 동작비교

교전보 '六'과 '十一'에서 칼이 아래에서 방어하는 (2)(3)과 공격하는 (1)(4)의 자세를 모아 보면 칼의 흐름을 알 수 있다.

(2)   (3)   (1)   (4)

그림 13-8. '六'과 '十一'의 방어와 공격 자세 연결 비교

六-2. 六의 戴擊(대격) 과 十一의 戴擊(대격)

'六'은 '甲'이 들어가면서 과우격으로 공격하자 '乙'이 내려쳐 막는다.

'十一'은 '乙'이 대검으로 머리 공격을 하자 '甲'이 내려쳐 막는다.

※戴擊(대격)이란 방어와 공격이 결합된 용어다.

즉 방어를 하는 '戴劍(대검)'에서 방어의 '戴(대)'자와 공격의 '擊(격)'자가 결합됐다.

그림 13-9. 교전총도 '六' 과 '十一' 동작 비교

七. 換立(환립) : 十二의 '환립'과 대칭

乙 : 一壓 一接又左藏內一拍外一拍回身換立垂劍一打(일압일접우좌장내일박외일박회신환립수검일타)

언해본 : 을이ᄒᆞᆫ번누르고ᄒᆞᆫ번마초고ᄯᅩ 왼편의ᄀᆞᆷ초앗다가안ᄒᆞ로ᄒᆞᆫ번티고밧그로ᄒᆞᆫ번티고

　　　　　몸을도로혀밧고아셔며칼을드리워ᄒᆞᆫ번티고

교전보의 '五' 문장과 교전총보의 '七' 交戰總譜(교전총보) : 甲乙 各 左藏(內外棱刀:내외접

도) 換回(垂劍一打右下藏:수검일타우하장)문장을 비교하면, 五의 문장 左藏劍以刃內一拍外一拍回身換立(좌장검이인내일박외일박회신환립)에서 '劍以刃(검이인)'과 '右下藏(우하장)'의 문장이 서로 생략됐다. '十二'의 換立(환립)에서 대칭을 이룬다.

그림 13-10. '七'의 환립 동작

七 : 甲乙 各 左藏(內外棱刀:내외접도) 換回(垂劍一打右下藏:수검이타우하장)의 문장은 교전보·교전총보 '五' 문장과 그림이 같다.

그림 13-11. '五'의 환립 동작

'甲'과 '乙'이 각각 '좌장'의 상태에서 '甲'이 內一拍(내일박)으로 다시 공격하면 '乙'은 外一拍(외일박)으로 막는다. 환립이다.

(2) 둘째 마당

八. 相藏(상장) : 三의 '상장'과 대칭.

左藏(좌장)

언해본 : 왼편의굼초라

　'甲' 과 '乙'이 뒤로 물러서면서 '좌장'의 자세를 취한다. 두 사람이 '좌장'을 취했기에 상장
(좌상장)이다. 교전보 '三' 상장(우상장)부터 '七' 까지는 '甲'이 공격하고 '乙'이 방어한다. '八'
상장(좌상장)부터 '十二' 까지는 반대로 '乙'이 공격하고 '甲'이 방어한다. '三'은 '상장(우상장)'
을 하고 '八'에서 '상장(좌상장)'을 취해 공격과 수비가 바뀌었음을 나타낸다.

그림 13-12. '八' 상장 과 '三' 상장 자세 비교.

九. 進退(진퇴) : 四의 '퇴진'과 대칭

乙 進入 : ①一剪打 ②一擧打 ③又一剪打

甲 退步 : ①一壓　②一接　③又一壓

언해본 : 을이나아드러ᄒᆞᆫ번글겨티고ᄒᆞᆫ번들어티고ᄯᅩᄒᆞᆫ번글겨치거든

　　　　갑이믈너가며ᄒᆞᆫ번누르고ᄒᆞᆫ번마초고ᄯᅩᄒᆞᆫ번누르고

乙 又進入 : ①一剪打 ②一擧打 ③又一剪打

甲 退步 : ①一壓 ②一接 ③又一壓

언해본 : 을이ᄯᅩ나아들며ᄒᆞᆫ번글겨티고ᄒᆞᆫ번들어티고ᄯᅩᄒᆞᆫ번글겨티거든

　　　　갑이믈너가며ᄒᆞᆫ번누르고ᄒᆞᆫ번마초고ᄯᅩᄒᆞᆫ번누르고

※ 교전보 '四' 문장

甲 進入 : ①一剪打 ②一擧打 ③又一剪打

乙 退步 : ①一壓　②一接　③又一壓

676

甲 進入 : ①一剪打 ②一舉打 ③又一剪打

乙 退步 : ①一壓　②一接　③又一壓

※ 교전보 '九' 문장은 교전보 '四' 문장에서 '甲'과 '乙'만 바뀌었을 뿐 문장은 동일하다.
'四'는 '進退(진퇴)'로 '甲'이 선공을 하고 '九'는 '退進(퇴진)'으로 '甲'이 물러난다.

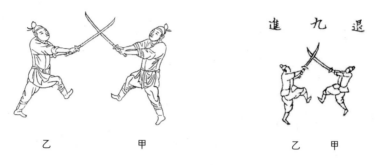

그림 13-13. '九'의 진퇴 공격과 방어

교전총보의 문장을 비교해 보면,

九 : 乙 進入(一剪打一舉打又一剪打) 甲 退步(一壓一接一壓)

四 : 甲 進入(一剪打一舉打又一剪打) 乙 退步(一壓一接又一壓)

　　甲 進入(一剪打一舉打又一剪打) 乙 退步(一壓一接又一壓)

교전총보 '九'에서는 문장이 한 번 나오고 교전총보 '四'에서는 두 번 반복된다.

乙 進入 : ①一剪打 ②一舉打 ③又一剪打　　甲 退步 : ①一壓 ②一接 ③又一壓

乙 進入 : ①一剪打 ②一舉打 ③又一剪打　　甲 退步 : ①一壓 ②一接 ③又一壓

　　교전보 '四'는 '우장'이고 교전보 '九'는 '좌장'이다. 첫째 마당에서는 '좌각'이 나가있는 상태
에서 공격을 시작했지만, 둘째 마당에서는 반대로 '우각'이 앞에 있는 상태에서 공격한다. 이
렇게 다르게 한 것은 실전의 교전에서 양쪽을 모두 익히게 하려한 의도다. 〈그림 15-14〉의 상
장은 공격과 방어를 한 것이 아니라, '우장'으로 전환한 후에 공격과 방어가 일어난 것이다.

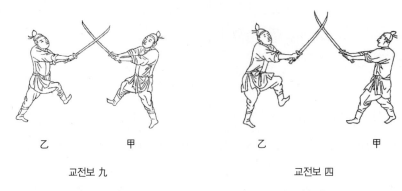

교전보 九   교전보 四

그림 13-14. 무예도보통지의 교전보 '九'와 '四'의 동작비교

十. 換立(환립) : 五의 '환립'과 대칭

'十' 문장과 '五'번 '七'번 문장의 비교

甲乙 各 左藏劍以刃 ①內一拍 ②外一拍 回身換立垂劍一打 右下藏

언해본 : 갑을이각각왼편의굼고앗다가놀노뻐안흐로흔번티고밧그로흔번티고몸을도로혀
밧고아셔며칼을드리워흔번티고올흔편아릭굼초고

교전보 '十'은 교전보 '五'의 문장과 동일하다. 교전총보의 문장을 비교해보면,

十 : 甲乙 各 左藏(內外棱刀) 換回 垂劍一打(右下藏)

五 : 甲乙 各 左藏(內外棱刀) 換回 垂劍一打(右下藏)

七 : 甲乙 各 左藏(內外棱刀) 換回 垂劍一打(右下藏)

교전총보 '五'와 '七'의 문장도 같다. 교전총도의 이러한 교전의 기법을 '換立(환립)'이라 규정한 것을 알 수 있다. 교전보 '九'와 교전보 '四'는 '甲'과 '乙'의 역할이 바뀌었으나, 교전보 '十'은 교전보 '五'의 문장과 동일하다. 그림 또한 '甲'은 '甲'의 역할 그대로고 '乙'은 '乙'의 역할 그대로다. 때문에 여기에서 동일성이 달라진다. 즉 '五'에서는 '甲'이 剪一打(전일타) 이후에 內一拍(내일박)으로 연속 공격했으나, '十'에서는 '乙'이 剪一打(전일타) 이후에 外一拍(외일박)으로 방어를 한다.

교전보 五 교전보 七 교전보 十

그림 13-15. 무예도보통지의 교전보 '五·七·十' 동작 비교

五 換立 七 換立 十 換立

그림 13-16. 교전총도 '五·七·十' 환립 동작 비교

十一. 戴擊(대격) : 六의 '대격'과 대칭

'十一' 乙 : 進入 ①戴劍高擧一打(대검고거일타) '七' 甲 : 進入 ①戴劍高擧一打

　　甲 : ①一壓 ②一接　　　　　　　　　　乙 : ①一壓 ②一接

언해본 : 을이나드러칼을니며높히들어흔번거든

　　　　갑이흔번누르고흔번마초고

　　교전보 '十一'은 '七'의 '甲' 과 '乙'의 역할만 교체 됐을 뿐 기법은 동일하다. '乙'이 들어가면서 대검으로 올려쳐(一打) 공격하고, '甲'이 내려(一壓)쳐 방어한다. '甲'이 칼을 눌러 '乙'의 칼과 一接(일접)한다.

十一　　　　　　　　　　　六

13-17. 무예도보통지의 교전보 '十一' 과 '六' 대격 동작비교.

그림 13-18. 교전총도 '十一'과 '六' 대격 동작 비교

교전보와 교전총보의 문장비교

十一 : 乙 進入(戴劍高擧一打:대검고거일타) 甲 (一壓一接:일압일접)

六 : 甲 進入(戴劍高擧一打:대검고거일타) 乙 (一壓一接:일압일접)

'十一'은 머리 공격을 '甲'이 위에서 아래로 내려(一壓)치자, '乙'이 들어가면서 막는다(대
검). '甲'이 눌러 내리는 힘에 의해 두 칼이 접촉되어, 교전보 '十二'에서 '甲'이 '좌장검'과 '우하
장'으로 자세가 전환된다. 김체건은 한 쪽이 치면 한 쪽이 막는 것을 '대격'이라 했다.

十二. 換立(환립) : 七의 '환립'과 대칭

仍左藏以刃(잉좌장이인) : ①內一拍 ②外一拍 回身換立垂劍一打右下藏

언해본 : 인흐야왼편의금초앗다가눌노뻐안흐로흔번티고밧그로흔번티고몸을도로혀밧고
        아셔며칼을드리워흔번티고올흔편아릐금초라.

※ 교전보 '十二'는 교전보 '七'의 문장과 같다. 七 : 左藏內一拍 外一拍 回身換立 垂劍一打

'七'의 대칭이므로 '甲'과 '乙'의 역할이 교대된다. '乙'이 ①內一拍이고 '甲'이 ②外一拍이다.
'十二'는 교전보 '五, 七, 十'번 문장의 반복이다.

    十二 : 左藏以刃 : ①內一拍 ②外一拍 回身換立垂劍一打 右下藏

    七 : 左藏(劍以刃) : ①內一拍 ②外一拍 回身換立垂劍一打 右下藏

    五 : 甲乙 各 左藏劍以刃 : ①內一拍 ②外一拍 回身換立垂劍一打 右下藏

    十 : 甲乙 各 左藏劍以刃 : ①內一拍 ②外一拍回身換立垂劍一打 右下藏

十二-1. 교전총보 문장과의 비교.

교전보 '五·七·十·十二'의 교전총보의 문장과 비교

五 : 甲乙 各 左藏(內外棱刀) 換回(垂劍一打(右下藏)

七 : 甲乙 各 左藏(內外棱刀) 換回(垂劍一打(右下藏)

十 : 甲乙 各 左藏(內外棱刀) 換回垂劍一打(右下藏)

十二 : 甲乙 各 左藏(內外棱刀) 換回垂劍一打(右下藏)

※'환립'을 총 4번 반복했다. 실전에서 다리 공격과 방어가 많았음을 알 수 있다.

그림 13-19. 무예도보통지의 교전보의 '十二·十·七·五' 환립 동작 비교

그림 13-20. 교전총보의 '十二·十·七·五'의 환립 동작 비교

　　1.1. 첫 번째 교전법은 '甲'의 선공으로 머리를 치면, '乙'은 방어를 하고 즉시 다시 공격하고 연이어 대검으로 공격한다. 다음에는 역할이 바뀌어 '乙'의 선공으로 '甲'과 '乙'이 공수로 교전한다(교전보 一 ~ 十二).

　　十三. 再叩(재구) 進(진) : 十六의 '진 과 재구'와 대칭

　　乙 : 擧劍 ①一打 又②一打

언해본 : 을이칼을들어혼번티고또혼번티거든

그림 13-21. '十三'의 재구와 진 동작

'甲'이 우하장에서 다시 대검으로 공격하고 '乙'은 막는다. 반복된 동작이기에 교전총도에 '再叩(재구)'라 했다.

2) 두 번째 단락

(1) 첫째 마당

교전보는 새로운 기법의 시작이다. 첫 시작은 좌머리 우머리를 치고 방어하는 것이었다면, 두 번째 단락은 다리를 공격하고 방어하는 기법이다.

'甲'이 선공으로 대검을 취하면서 좌장을 거쳐 '內一拍(내일박)'한다. '內一拍(내일박)'이 '내략'으로 연이어 공격하면 '乙'은 뒤로 빠지며 막으며 마지막에는 '外一拍(외일박)'으로 막는다. 방어에서 공격의 전환이다. 문맥상 '十三'의 그림이 '十四'에 배치됐다.

十四. 退進(퇴진)
  甲 進入 : 戴劍 ①左垂劍打(좌수검타) ②右垂劍打(우수검타) 又③左垂劍打(좌수검타)
  乙 退步 :   ①左垂劍防(좌수검방) ②右垂劍防(우수검방) 又④左垂劍防(좌수검방)
언해본 : 갑이나아드러칼을니며왼편으로칼을드리워티고올혼편을칼을드리워티고또 왼
         편으로칼을드리워티거든
         을이믈러가며왼편으로칼을드리워막고올혼편으로칼을드리워막고또 왼편으로
         칼을드리워막고

※ '十五' 교전보와 '甲'과 '乙'의 역할만 바뀌었을 뿐 문장은 '十四'와 동일하다.

甲 : 擧劍 ①一打 又②一打

乙 進入 : 戴劍 ①左垂劍打 ②右垂劍打 ③又左垂劍打

甲 退步 :　　①左垂劍防 ②右垂劍防 ③又左垂劍防

'甲'은 ①左垂劍打 ②右垂劍打 又③左垂劍打로 공격한다. '乙'은 뒤로 빠지며 치며 ①左垂劍防 ②右垂劍防 又④左垂劍防을 한다. 마지막 공수에서 '乙'은 '外一拍(외일박)'으로 한다.

十三-1. 교전총도와 교전총보 비교

교전총도의 그림을 보면 오른쪽이 '進(진)'이 있어 '甲'이 누구인지 알 수 있다.

교전총보의 '十三'과 '十五'는 甲과 乙이 바뀌었고 문장은 같다.

※ 十三 : 乙 擧劍 一打 又一打

　　　　甲 進入 : 戴劍 左垂劍打 右垂劍打　左垂劍打

　　　　乙 退步 : 左垂劍防 右垂劍防 又左垂劍防

※ 十五 : 甲擧劍 一打 又一打

　　　　乙 進入 : 戴劍 左垂劍打 右垂劍打 又左垂劍打

　　　　甲 退步 : 左垂劍防 右垂劍防 又左垂劍防

十四의 退進(퇴진)은 十七 진퇴와 대칭

甲乙 擧刀高打 : ①左垂劍一打 ②右下藏

언해본: 갑과을이놀을들어놉히티고왼편으로칼을드리워혼번티고올혼편아래금초고

甲 : 左垂劍

乙 : 右下藏

※ 교전보 '十六·二十·二十四'에서 교전보 '四'가 반복된다.

甲乙 ①擧刀高打左垂劍一打(거인고타좌수검일타) ②右下藏(우하장)

甲 : 左垂劍(좌수검)　　乙 : 右下藏(우하장)

림 13-22. '十四'의 퇴진 동작비교

　　교전보 '十四' 문장은 교전보 '五'번의 甲乙 各 : ①左藏劍以刃內一拍(좌장검이인내일박)
②外一拍回身換立垂劍一打右下藏(외일박회신환립수검일타우하장)의 문장을 간략하게 단
축시킨 것이다. '六'의 문장이 '十四'에서 甲은 '擧刀高打左(거인고타좌)'다. 여기서 '左'은 '左
藏內一拍(좌장내일박)'을 뜻하는 문장이다. 즉 '칼날을 좌측에서 위로 높이 들어 올려친다'는
문장이다. 이 문장과 그림이 중요한 것은 뒤에 같은 문장이 '四'가 반복되어 나오기 때문이
다. 즉 교전보 '六'의 문장이 원문이라면 뒤에 나오는 '四'의 문장을 '六'의 문장을 간략하게 함
축했다. '六'의 문장에서는 '左藏(좌장)'이라 했고, '十四' 문장에서는 '左垂劍(좌수검)'이라 했
다. '乙'은 '右下藏(우하장)'이다.

　　※'좌장검·우하장'이 연속된 공방이 되면 '좌수검타·좌수검방'이 된다.

十四-1. 교전총도와 교전총보

　　교전총도를 보면 '甲'이 進步(진보)로 '左垂劍打(좌수검타)'로 선공을 하고, '乙'은 퇴보하
면서 '右下藏(우하장)'으로 방어를 한다. 교전보 문장에 없는 보법의 기록이 있다.

　　교전총보의 문장, 十四 : 甲乙 擧刀高打左垂劍一打 右下藏(우하장)의 동작은 '十三' 재구
의 동작이다. 이렇게 문장과 그림이 흩어진 것은 같은 동작은 생략하고 중요한 동작을 그렸
기 때문이다. 비록 이렇게 배치됐어도 문장이 서로 반복됐기 때문에 같은 문장의 그림을 찾
아가면 알 수 있도록 했다.

교전보 '五·七·十·十一' 환립의 그림은 같으나 문장이 다르다.

交戰總譜 : 甲乙 各 左藏(內外棱刀) 換回 垂劍一打(右下藏)

여기서 중요한 것은 '左垂劍打(좌수검타)'의 기법을 알 수 있다.

十   十四

그림 13-23. 무예도보통지의 교전보 '十'과 '十四'의 동작 비교

十五. 揮刀(휘도) : 十八의 '휘도'와 대칭

  甲 : 擧劍 ①一打 又②一打

  乙 進入 : 戴劍 ①左垂劍打 ②右垂劍打 又③左垂劍打

  甲 退步 :   ①左垂劍防 ②右垂劍防 又④左垂劍防

언해본 : 갑이칼을들어흔번티고또흔번티거든

      을이나아드러칼을니며왼편으로칼을드리워티고올흔편으로칼을드리워티고또

      왼편으로칼을드리워티거든

      갑이믈너가며왼편으로칼을드리워막고올흔편으로칼을드리워막고또 왼편으로

      칼을드리워막고

교전보 '十五'와 '十三'은 '甲'과 '乙'의 역할만 다를 뿐 문장은 동일하다.

※'十三' 교전보 문장 비교

  乙 : 擧劍 ①一打 又②一打

  甲 進入 : 戴劍 ①左垂劍打 ②右垂劍打 又③左垂劍打

  乙 退步 :   ①左垂劍防 ②右垂劍防 又④左垂劍防

'甲'이 검을 들어(擧劍) 일차 공격 (①一打)하면 '乙'이 들어가면서(進入) 戴劍(대검)으로 방어하고 즉시 역습으로 ①左垂劍打 ②右垂劍打 又 ③左垂劍打로 공격한다. '甲'은 뒤로 빠지면서 치며(②一打) ①左垂劍防 ②右垂劍防 又④左垂劍防을 한다.

'甲'은 공격과 방어를 하는 것으로 두 번 공격과 방어를 하는 것이 동시적이다. '재구'는 반복됨이다. '甲'이 대검 이후 치는 것을 '揮刀(휘도)'라 한다.

十五-1. 교전보 비교.

'十五' 휘도   '十三' 재구

그림 13-24. 무예도보통지의 교전보 '十五'의 휘도 와 '十三'의 재구 동작 비교

교전보 '十三'과 '十五'는 같은 문장이지만 그림은 다르다.
이 그림은 같은 기법에서 나오는 각기 다른 동작을 그린 것이다.

교전보 '十四 와 十六'은 같은 문장이지만 다른 그림이다. 이것은 4개의 그림으로 같은 기법에서 나오는 각기 다른 동작을 그린 것이다. '十五'의 '甲'은 대검의 마지막 자세다. '十五'의 '乙'은 첫 번째 공격의 시작이다. '十三'의 '甲'은 대검의 시작 자세다. '十三'의 '乙'은 '乙'의 퇴보 동작이다.

十五-2. 대검과 재구

戴劍(대검)   ⇐   ①   ①   ⇒   ②   再叩(재구)

그림 13-25. 무예도보통지의 교전보의 '대검'과 '재구' 동작 비교

十五-3. 교전총보

'十五'는 '十三' 문장과 역할이 교체되어 있으나 기법은 동일하다. 그러나 그림이 다른 것은 두 동작이 연속동작으로 전후동작을 각각 다르게 그렸기 때문이다. 그림이 다름으로 대검에 들어가는 시작과 대검이 완성되는 것을 볼 수 있다. 조선세법과 본국검으로 보면 찬격세의 막는 동작이다. 교전총도를 보면 이러한 공격과 방어의 동작을 '휘도'라 한다.

그림 13-26. 교전총보 '十三' 재구와 '十五' 휘도 동작 비교

十五-4. 교전총보

十五 : 甲 擧劍 一打又一打(갑 거검일타우일타)

        乙 進入 : 戴劍 左垂劍打 右垂劍打 又左垂劍打

        甲 退步 :   左垂劍防 右垂劍防 又左垂劍防

교전총도에서 揮刀(휘도)는 총 4번 나온다.

十八 : 進前戴劍 : ①左垂劍打 ②右垂劍打 又③左垂劍打

二十一 : 甲 : 一跳刺 一打 乙 : 下剪打

二十四 : 甲乙 舉刀高打 : ①左垂劍一打 ②右下藏

※휘도는 대검 이후 연속적인 동작과 관계있다.

그림 13-27. 교전총도 '十五·十八·二十一·二十四'의 휘도 동작 비교

十五-5. 揮刀(휘도)와 戴擊(대격)

대격은 교전보 '六'과 '十一'에서 나온다.

교전총보의 문장을 비교하면,

六 : 甲 進入 (戴劍高擧一打) 乙(一壓一接)

十一 : 乙 進入 (戴劍高擧一打) 甲(一壓一剪)

그림 13-28. 교전총도의 대격 비교

(2) 둘째 마당

十六. 進 再叩(진, 재구) : 十三의 '재구·진'과 대칭

甲乙 舉刀高打 : ①左垂劍一打 ②右下藏

언해본 : 갑을이놀을들어놉히티고왼편으로칼을드리워훈번티고올흔편아래굽초라

甲 : 左垂劍　　乙 : 右下藏

十四 문장과 같다.

※甲乙 擧刃高打 : ①左垂劍一打 ②右下藏

甲 : 左垂劍　　乙 : 右下藏

교전보 '十四' 문장은 교전보 '六'의 甲乙 各 : ①左藏劍以刃內一拍 ②外一拍 回身換立 垂劍一打右下藏(수검일타우하장)의 문장을 간략하게 단축시킨 것이다. '甲'은 '擧刃高打左(거인고타좌)'다. 여기서 '左'은 '左藏內一拍(좌장내일박)'을 뜻하는 문장이다. '六' 문장에서는 '左藏(좌장)'이라 했고 '十四' 문장에서는 '左垂劍(좌수검)'이라 했다. '乙'은 '右下藏(우하장)'이다. 두 번째 마당은 첫 번째 '十三'의 대칭이다. '갑'과 '을'의 역할만 바뀌었을 뿐이다.

十六-1. 교전보 그림 비교

교전보 '十四'와 '十六'은 같은 문장이지만 다른 그림이다. 이것은 4개의 그림으로 같은 기법에서 나오는 각기 다른 동작을 그렸다. '十六'의 '甲'은 좌수검타의 시작이다. '十六'의 '乙'은 '十六'의 '甲'의 공격을 막으려는 우하장의 시작이다. '十四'의 '甲'은 좌수검타(좌장검)의 마지막 동작이다. '十四'의 '乙'은 '十六'의 '甲' 마지막 동작이다.

그림 13-29. 무예도보통지의 교전보 '十六'과 '十三'의 동작 비교.

十六-2. 교전보 연결

② ⟸ ①   ① ⟹ ②

좌수검타   우하장

그림 13-30. 무예도보통지의 교전보의 '좌수검타'와 '우하장' 동작 비교

十六-3. 교전총보

十六 : 甲乙 擧刃高打 左垂劍一打 右下藏

十四 : 甲乙 擧刃高打 左垂劍一打 右下藏

그림 13-31. 교전총도 '十六'의 '진' 과 '재구', '十四'의 '퇴' 와 '진'의 동작 비교

※ 左垂劍一打(좌수검일타)의 연속동작이다. 여기서 '左'는 '甲'의 위치에서 정했다. 그렇게 되면 右下藏(우하장)은 '乙'의 위치가 된다. '甲'이 공격하자 '乙'이 방어한다.

十七. 進(진) 退(퇴) : 十四 퇴진의 대칭

 乙 : 一跳一刺 一打(일도일자일타) 甲 : 下剪打(하전타)

언해본 : 을이흔번뛰며흔번다르고흔번티거든

     갑이아래로골겨티고

※ 교전보 '二十一'에서 '甲' 과 '乙'의 역할만 교체됐을 뿐 반복이다.

690

즉 '十四'와 '二十一'은 같은 기법이다.

甲 : 一跳一刺 一打

乙 : 下剪打

十七-1. 교전보 그림 비교

'乙'이 뛰어 나가며 '一跳刺(일도자)'로 공격하면 '甲'이 뒤로 빠지며 '下剪打(하전타)'로 막는다. 다시 '乙'이 '甲'의 머리를 공격하자 '甲'이 대검으로 막고, 즉시 나가며 '휘도'로 '좌수검타-우수검타-좌수검타'로 공격한다. 그러면 '乙'이 뒤로 빠지며 '좌수검방-우수검방-좌수검방'으로 방어를 한다. 이것을 '下剪打(하전타) 또는 退刺擊(퇴자격)'이라 한다.

十七   二十一

그림 13-32. 교무예도보통지의 전보 '十七'과 '二十一'의 동작 비교

교전보에서 '乙'의 그림과 '甲'의 그림을 연결하면 그림을 그린 방식을 알 수 있다.

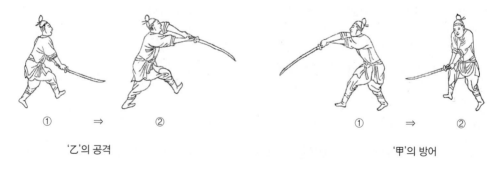

①   ⇒   ②   ①   ⇒   ②

'乙'의 공격   '甲'의 방어

그림 13-33. '乙'의 공격과 '甲'의 방어

十七-2. 교전총도 비교

'十七'은 '乙'이 진격을 하고 '甲'이 퇴보를 한다. '十七' 과 '二十一'은 같은 문장으로 교전총도 '二十一'은 '揮刀(휘도)'다. 즉 '乙'이 '甲'에게 一跳刺(일도자)로 공격을 하자 '甲'이 '퇴자격'으로 막는다. 퇴자격으로 막는 '甲'에게 '乙'이 다시 一打(일타)의 공격을 하고, '甲'이 대검으로 방어를 한다(타격과 대검의 두 동작을 '대격'이라 한다). '甲'이 '대검'으로 방어를 하면서 동시에 '휘도'로 공격하는 것이다.

그림 13-34. 교전총도 '十七'의 진퇴, '十八', '二十一'의 휘도 동작 비교

十七-3. 교전총도와 교전총보 비교

十七 : 乙 一跳刺一打(일도자일타) 甲 下剪打(하전타)

二十一 : 甲 一跳刺一打   乙 下剪打

'十七'의 교전총도를 보면 '乙'이 빠르게 나오며 찌르자 '甲'이 퇴보로 빠지며 상대의 칼을 끊어 막는다. 이것을 '退刺擊(퇴검자) 또는 下剪打(하전타)'라 한다.

十八. 揮刀(휘도) : 十五의 '휘도'와 대칭

進前戴劍 : ①左垂劍打 ②右垂劍打 又③左垂劍打

언해본 : 앒흐로나아가칼을니며왼편으로칼을드리워티고올흔편으로칼을드리워티고또
       왼편으로칼을드리워티거든

교전보 '二十二'에서 '甲'과 '乙'이 역할만 바뀌었을 뿐 뒤에서 반복된다.

즉 '十五'와 '二十二'의 기법은 연결된다.

二十二 進前 戴劍 : ①左垂劍打 ②右垂劍打 又③左垂劍打.

'十八' 교전보에서 '甲'이 대검으로 막고 '휘도'로 '좌수검타-우수검타-좌수검타'로 공격한다. '揮刀(휘도)'는 칼이 아래에 있는 상태에서 본국검의 살적세처럼 휘둘러 치는 기법임을 알 수 있다.

十八   二十二

그림. 13-35. 무예도보통지의 교전보 '十八'과 '二十二' 동작비교

十八-1. 교전총보

十八 : 進前戴劍 左垂劍打 右垂劍打 左垂劍打(진전대검 좌수검타 우수검타 좌수검타)

十九 : 進前戴劍 左垂劍打 右垂劍打 左垂劍打(진전대검 좌수검타 우수검타 좌수검타)

교전보 '十八'은 교전보 '十七'의 문장과 연결된다.

교전보 '十三'의 문장과 같다.

十三 : 乙 一打 又一打 甲 進入戴劍 左垂劍打 右垂劍打 又左垂劍打

十七 : 乙 一跳刺 一打 甲 下剪打

十八 : 進前 戴劍 左垂劍打 右垂劍打 又左垂劍打

즉 교전보 '十七'은 '乙'의 一打(일타) 공격에 '甲'이 戴劍(대검)으로 막은 것이다.

十八-2. 교전총도

'十七'의 '乙'이 찌르자 '甲'이 下剪打(하전타)로 막고 다시 '乙'이 머리를 치자, '甲'이 대격으로 막고 '十九'의 '揮刀(휘도)'로 '좌-우-좌'로 공격하자 '十九'는 '乙'이 퇴보하면서 '좌-우-좌'로 방어하는 연결된 동작이다.

※ 교전총도 '十七-十八-十九'를 연결하면 연속동작으로 이어진다.

그림 13-36.교전총도 '十七'의 진퇴, '十八'의 휘도, '十九'의 퇴자격 동작 비교

3) 세 번째 단락

(1) 첫째 마당

十九. 退刺擊(퇴자격)과 進(진) : 二十一의 '진', '퇴자격'의 대칭

乙退步 : ①左垂劍防 ②右垂劍防 又③左垂劍防

언해본 : 을이믈너가며왼편으로칼을드리워막고올흔편으로칼을드리워막고ᄯᅩ왼편으로
칼을드리워막고

※ 교전보 二十三에서 '甲'과 '乙'의 역할이 바뀐다. 즉 '二十一'과 '二十三'은 같다.
　二十三 : 甲退步 ①左垂劍防 ②右垂劍防 又③左垂劍防

'十八'은 '甲' 전진 공격에 '乙'이 물러나면서 칼을 찔러 방어한다. 교전보 '五·七·十·十二'
교전총도의 '환립'이다. 방어적인 경우 '좌장검, 우하장'이라 하고 내략으로 공격하여 올려치
면, '좌수검타', 방어를 하면 '좌수검방'이다. 몸이 틀어진 자세를 '환립', 칼을 중심으로 '甲'을
'刀內一拍(도내일박)', '乙'을 '刀外一拍(도외일박)'이라 한다. 이처럼 교전보의 문장은 서로
연결되어 있다.

그림 13-37. 무예도보통지의 교전보 '十九'와 '二十三'의 동작 비교.

十九-1. 교전총도

교전보 '十九'와 교전보 '二十一'은 대칭이다. '乙'이 뒤로 빠지며 칼을 찌르듯 방어하는 '左垂劍防(좌수검방)'을 보법과 연결하여 '퇴자격'이라 한다. 여기서 '刺(자)'의 기법에 '擊(격)'의 문자가 결합되어 '刺擊(자격)'이라 한 것은 '찌르고 친다'는 두 개의 기법을 말하는 것이 아니다. '찌르며 막는다'는 한 동작을 표현한 용어다. 이러한 방식이 일도류의 기법이다.

그림 13-38. 교전총도 '十九'의 퇴자격·진 과 '二十一'의 휘도 동작 비교

'甲'이 공격을 하고 '乙'이 퇴보로 방어한다. 이렇게 동시적 기법을 '퇴자격(하전타)'이라 한다. 이 기법은 교전보 '二十一'의 대칭이다. 교전총도 '二十一' 그림이 '十九'와 다른 것은 교전보 '十八'의 설명과 같다. 교전보 '十九'는 교전보 '二十三'에서 '甲'과 '乙'이 역할만 바뀌었을 뿐 기법은 같다. 교전보 '二十一'과 '十九'는 대칭이기 때문에 '二十一'과 '十七'은 같다. 즉 교전보 '十七·十九·二十一·二十三'은 같은 기법이다.

그림 13-39. '十七·十九·二十一·二十三' 비교

十九-2. 교전총보

'十九'와 '二十三'은 '甲'과 '乙'의 역할만 바뀌었을 뿐 문장과 기법은 같다.

十九 : 乙 退步 左垂劍防 右垂劍防 左垂劍防

二十三 : 甲 退步 左垂劍防 右垂劍防 左垂劍防

二十. 退(퇴) 進(진) : 二十三 '진퇴'의 대칭

甲乙 擧刃高打 : ①左垂劍一打 ②右下藏

언해본 : 갑과을이늘을들어놉히티고왼편으로칼을드리워훈번티고올흔편아래곰초고

※ 교전보 '十四·十六·二十·二十四'에서 문장이 계속 반복된다. 즉 '二十三'의 기법과 연결된다.

즉 교전보 '四·十六·二十·二十四'는 모두 같은 기법이다. 그러나 그림을 비교해 보면 '十四'와 '二十'은 같고, '十六'과 '二十四'의 그림은 다르다.

'甲乙 擧刃高打(갑을 거인고타)'의 문장은 교전보 十五 : '甲擧劍 一打(又一打)乙進入戴劍'의 문장이 단축된 것으로 '휘도'의 기법이다. 즉 교전보 '十五'와 '二十四'의 그림이 똑같은 이유다.

二十-1. 무예도보통지 교전보 그림 비교

그림 13-40. 무예도보통지 교전보 '十四·十六·二十·二十四' 동작 비교

    '十六'의 '乙'은 '十四'의 '우하장'이 시작되는 자세다. '우각'이 나가며 '우하장'으로 막는 보법과 신법이다. 또한 '二十四'의 '甲'은 방어에서 대격으로 전환되는 변곡점이다.

    '十六'의 '甲' 머리 공격이 '二十四'의 '乙'에서 공격이 완성된 것이다. 이처럼 교전보 그림은 '甲'에서 동작이 시작되면 '乙'은 '甲'의 마무리 동작이고, '乙'에서 동작이 시작되면 '甲'에서 '乙'의 동작이 마무리 된다. 이렇게 그림을 그린 것은 '甲'과 '乙'이 서로 역할을 교대로 하여 반복했기 때문이다. '甲'이 '乙'이고 '乙'이 '甲'이 된다. 이러한 방식으로 그렸기에 작은 지면에 많은 연속동작을 표현할 수 있었다.

    二十-2. '甲'과 '乙'의 연속동작

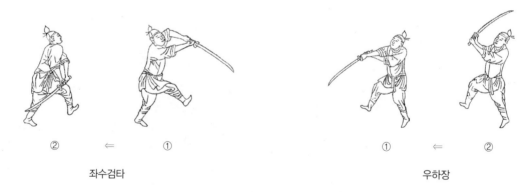

좌수검타   우하장

그림 13-41. '좌수검타'와 '우하장' 동작 비교

    二十-3. 교전총보 그림 비교

교전보에 없는 '甲'과 '乙'의 보법이 있고 칼의 동작이 기록되어 있다.

그림 13-42. 교전총도 '十四'의 퇴진, '十六'의 진·재구, '十六'의 퇴·진, '二十四' 휘도 동작비교

二十-4. 교전총보의 문장비교.

十四 : 甲乙擧刃高打 左垂劍一打 右下藏

十六 : 甲乙擧刃高打 左垂劍一打 右下藏

二十 : 甲乙擧刃高打 左垂劍一打 右下藏

二十四 : 甲乙擧刃高打 左垂劍一打 右下藏

※ 左垂劍一打 右下藏(좌수검일타우하장)'의 기법은 교전총도에 있다.

교전총도 동작 비교

그림 13-43. 교전총도 '十四'와 '二十'의 퇴·진 동작 비교

※ 左垂劍一打(좌수검일타)의 연속동작이다. 여기서 '左'는 '甲'의 위치에서 정했다.
　'右下藏(우하장)'은 '乙'의 위치가 된다. '甲'이 공격하자 '乙'이 방어를 한다.

二十一. 揮刀(휘도) : 二十四의 '휘도'와 대칭

　　甲 : 一跳一刺 一打　　　乙 : 下剪打

언해본 : 갑이훈번뛰며훈번디르고훈번티거든 을이ᄋᆞ래굴겨티고

'十七' 乙 : 一跳一刺 一打　甲 : 下剪打

　　※ 교전보 '二十一'과 '十七'에서 '甲'과 '乙'의 역할이 바뀌었으나 기법은 같다.

'甲'이 뛰어 나가며 '一跳一刺(일도일자)'로 공격하면, '乙'이 교전보 '十七'처럼 '下剪打(하전타)'로 막고, 다시 '乙'이 다시 '一打(일타)'로 머리를 치면, '甲'이 대검으로 막고 '휘도'로 반격을 한다.

즉, 甲 : 一跳一刺 一打의 문장은 甲 : 一跳一刺, 乙 : 一打다. 교전보의 '二十一'의 그림은 '一跳一刺'의 그림이고 교전총도의 그림은 '一打(휘도)'의 그림을 각각 그린 것이다.

二十一

그림 13-44. '二十一'의 무예도보통지의 교전보와 교전총도의 그림 비교

二十一-1. 교전총보

二十一 交戰總譜 : 甲 一跳刺 一打 乙 下剪打

十七　　交戰總譜 : 乙 一跳刺 一打 甲 下剪打

'二十一' 교전보는 '乙'이 빠르게 뛰쳐나오며 찌르려는 준비 동작이고, '十七' 교전보는 '乙'이 우각을 뻗어 찌른 연속그림이다. '甲'은 '乙'이 공격하기 위해 움츠리고 있다가 '乙'이 뛰어나오자, 즉시 퇴보로 빠지며 상대의 칼을 끊어 막는다.

교전총도 '二十一'의 그림은 '휘도'다. 교전보 '十七'과 연결된 것으로 '甲'과 '乙'의 역할이 바뀐 것이다. '揮刀(휘도)'란 대검이후 휘둘러 치는 기법임을 알 수 있다.

(2) 둘째 마당

二十二. 進(진), 退刺擊(퇴자격) : 十九의 '퇴자격'과 '진'의 대칭

(乙)進前戴劍 : ①左垂劍打 ②右垂劍打 又③左垂劍打

언해본 : 앎흐로나아가칼을니며왼편으로칼을드리워티고올흔편으로칼을드리워티고또왼
　　　　편으로칼을드리워티거든

교전보 '十八' 문장과 같다. '甲'과 '乙'의 역할이 교체됐다.

※ 進前戴劍 : ①左垂劍打 ②右垂劍打 又③左垂劍打

교전보 '十八'은 '十七'이 연결된 것이다. 교전보 '十三'은 '十五' 문장과 같다.

十七 : 乙 一跳刺 一打, 甲 下剪打

十八 : 進前 戴劍 左垂劍打 右垂劍打 又左垂劍打

十三 : 乙 一打又 一打, 甲進入 戴劍 左垂劍打 右垂劍打 又左垂劍打

또한 교전보 '二十二'는 '十八'과 연결된 것으로 '十三·十五·十七'은 서로 연결된 문장들이다.

二十一 : 甲 一跳刺 一打, 乙 下剪打

十八 : 進前 戴劍 左垂劍打 右垂劍打 又左垂劍打

十五 : 甲 一打又一打, 乙進入 戴劍 左垂劍打 右垂劍打 又左垂劍打

二十二-1. 교전보 十三·十五·十八·二十二의 동작 비교

'乙'이 머리를 치면 '甲'이 대검으로 방어를 한다.

이것을 설명한 것이 '進前戴劍(진전대검)'이다.

十三   十五

그림 13-45. 무예도보통지의 교전보 '十三' 과 '十五'의 동작 비교

교전보 '十八', '二十二'는 같은 문장에 같은 그림이다. '甲' 과 '乙'의 역할이 바뀌었어도, 그림에 '甲'과 '乙'의 위치 변화는 없다. 교전총도를 보면 '乙'이 찌르기로 공격하고, '甲'이 퇴보로 방어를 한다. 그 후 다시 '乙'이 머리 공격을 하고, '甲'은 '대검'으로 머리를 막고, '휘도'로 반격한다. 동작의 선후를 발생 순서로 그렸으면 해독하기가 쉬웠을 것이다. 그러나 이렇게 순서를 바꿔서 그림을 배치함으로써 둘 사이의 순서를 모르면 기법을 찾을 수 없다.

十八   二十二

그림 13-46. 무예도보통지의 교전보 '十八' 과 '二十二'의 동작 비교

二十二-2. 교전총도와 문장 비교

二十二 교전총보 : 進前戴劍 左垂劍打 右垂劍打 左垂劍打

十八 교전총보 : 進前戴劍 左垂劍打 右垂劍打 左垂劍打

그림 13-47. 교전총도 '二十二'의 '진·퇴자격' 과, '十八'의 '휘도'의 동작 비교

二十三. 進(진), 退(퇴) : 二十의 '퇴·진'과 대칭

甲 退步 : ①左垂劍防 ②右垂劍防 又③左垂劍防

언해본 : 갑이믈너가며왼편으로칼을드리워막고올흔편으칼을드리워막고또왼편으로칼을
　　　　드리워막고

　'十九' 문장의 '甲'과 '乙'의 역할이 바뀌었을 뿐 기법은 같다.

　'十九' : 乙 退步 ①左垂劍防 ②右垂劍防 又③左垂劍防

　교전보 '二十二'에서 '乙'의 공격을 '二十三'에서 '甲'이 퇴보하면서 '좌수검방-우수검방-좌
수검방'을 한다.

　교전보 '二十三'과 '十九'는 문장과 그림이 같다.

二十三　　　　　　　　　　　　　　十九

그림 13-48. 무예도보통지의 교전보 '二十三' 과 '十九' 동작 비교

　교전보 '十九'는 '甲'이 공격하고, '乙'이 방어하는 그림이다.
　교전보 '二十三'은 '乙'이 공격하고, '甲'이 방어하는 그림이다.

二十三-1. 교전총도

'十九'와 '二十三'의 교전총도를 보면 進·退(진·퇴)가 명확히 기록되어 있어 '甲' 과 '乙'의 공수 역할이 분명하다. 퇴보하며 막는 기법을 '퇴자격'이라 한다.

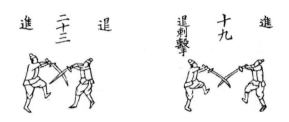

그림 13-49. 교전총도 '二十三'의 '진·퇴' 와 '十九'의 '퇴자격' 동작 비교

二十四. 揮刀(휘도) : 二十一 '휘도'와 대칭

甲乙 擧刀高打 : ①左垂劍一打 ②右下藏

언해본 : 갑과눌을들어놉히티고원편으로칼을드리워훈번티고올훈편의칼을곰초고

교전보 十四·十六·二十·二十四 문장은 똑같으나 그림은 다르다.

즉 '二十一'의 기법과 연결된다.

十四 : 甲乙擧刀高打 ①左垂劍一打 ②右下藏

十六 : 甲乙擧刀高打 ①左垂劍一打 ②右下藏

二十 : 甲乙擧刀高打 ①左垂劍一打 ②右下藏

二十四-1. 무예도보통지의 교전보 그림

그림 13-50. 무예도보통지의 교전보 '二十四'의 동작

교전보 '二十三'과 연결된 동작이고 '二十一'의 대칭이다.

'甲'이 퇴보로 '좌수검방-우수검방-좌수검방'을 마치자, '乙'이 머리 공격을 한다. '甲'이 대검으로 다시 막고 칼날(刃)로 좌장검 내략공격을 하자, '乙'이 '우하장'으로 방어를 한다. 실질적으로 교전보 '二十四'의 설명은 교전보 '二十'의 동작이다. 교전보의 그림들을 이렇게 서로 흩어져 기록한 것은, 같은 문장과 같은 동작을 똑같이 그리기보다는 동작을 전후로 나누어 배치한 것이다. 이것은 교전보를 만들 당시 전체의 동작을 행할 수 있는 사람의 입장에서는 이런 방식의 비서를 보아도 충분히 알 수 있지만, 동작을 모르는 입장에서는 쉽게 해독하지 못하도록 한 것이다. 그러므로 교전총도와 교전총보를 잘 비교하면서 기법을 찾아야 한다. 이것을 모르고 교전보의 그림과 문장만 가지고 동작을 찾다보면, 앞에서는 맞고 뒤에서는 틀리게 된다. 무예도보통지의 검법 그림들에 이 같은 방식이 모두 적용된 것을 보면, 선조들이 의도를 가지고 그림을 배치한 것이 분명하다.

十四   十八

그림 13-51. 교전보 '十四' 와 '十八'의 동작 비교

二十   二十四

그림 13-52. 교전보 '二十' 과 '二十四'의 동작 비교

二十四-2. 교전총도

그림 13-53. 교전총도 '四十'의 '퇴·진', '十六'의 '재구', '二十四'의 휘도 비교

二十五. 投劍相撲筆(투검상박필)

언해본 : 칼을더디고씨롬ᄒ야ᄆᆞᄎ라

그림 13-54. '二十五'의 투검상박

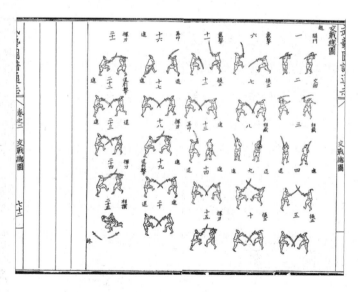

그림 13-55. 교전총도

天符印(천부인)

1. 解說(해설)

《三國遺事(삼국유사)》卷(권)1 紀異(기이)1〈古朝鮮(고조선)〉에 "古記云 昔有桓因[謂帝釋也]庶子桓雄 數意天下 貪求人世 父知子意 下視三危太伯 可以弘益人間 乃授天符印三箇 遣往理之"라 한다.

《桓檀古記(환단고기)》에도 天符三印(천부삼인)에 대한 기록은 있으나, 그 형태에 대해서는 언급한 곳이 없다. 그렇다보니 3개의 신표에 대한 설이 분분하다.

《禮記(예기)》에 祥符(상부), 天符(천부), 萬物之符長(만물지부장)이라 하며,《呂氏春秋(여씨춘추)》에는 天符同也(천부동야)라 한다. 또한《史記(사기)》에서는 奉其符璽(봉기부새)라 한다. 천자의 도장을 '符璽(부새)'라 하고 하늘이 제왕 될 사람에게 주는 神表(신표)를 '符命(부명)'이라 한다. 또한, 符節(부절), 神符(신부), 護符(호부)처럼 '符(부)'는 어떠한 기호나 상징의 모양을 의미하고 '印(인)'자도 도장을 뜻하는 문자다. 즉 天符印(천부인)은 하늘의 상징을 담은 인장으로 봐야 한다. 실제 일부 학계에서는 '옛날 환웅이 아버지 환인으로부터 받아가지고 왔다는 天符三印(천부삼인)이 우리 역사상 최초의 國璽(국새)다'는 주장을 해왔다. 그러나 授天符印三箇(수천부인삼개)의 三箇(삼개)로 인해, "최남선(1954)은 거울(鏡), 검(劍), 방울(鈴), 북(鼓), 모자(冠) 등의 무구(巫具)와 관련되었을 가능성이 크다 하였고, 장수근(1982)은 거울, 칼, 방울, 3종의 신기(神器)로 압축할 수 있다.[443]"함으로써, 졸지에 상징을 나타내는 '符(부)'가 '器物(기물)'이 됐다. 天符印三箇(천부인삼개)를 天符三印(천부삼인)으로 기록된 것을 보면 '하늘의 상징 3개가 있는 한 개의 도장'으로 사료된다. 현재 북한사학계는 천부인을 3개의 인장으로 보고 있다.

....

443 장수근,《네이버 문화원형백과》, 1982.

2. 解讀(해독)

桓雄國璽(환웅국새)의 재질은 흑피옥이다. '개, 돼지, 새'의 동물 상형과 'ㅁ, 大, ㅡ'의 기호와 개 머리를 중심으로 앞뒤로 내려간 선은 국새의 안쪽과 연결된다. 즉 '신'이 내려준 증표로 '번개'를 상징한다. 벼락 맞은 대추나무로 도장을 파는 의미와 같다.

학계는 흑피옥에 새겨진 기호나 문신은 종족의 표시, 성씨, 토템 신의 형상으로 보고 있다. 桓雄國璽(환웅국새)의 얼굴은 半犬半亥(반견반해) 上犬下亥(상견하해)다. '개'와 '돼지' 형상의 혼합이다. 또한 개의 오른쪽 눈은 뜨고 있고, 왼쪽 눈은 감고 있다. 낮과 밤, 음과 양, 하늘과 땅을 나타낸다. 실제 양각으로 새겨진 천부인이 위치가 바뀌면 스스로 음각으로 바뀌는 신기한 현상이 발생되어 신묘함을 더한다. 토템시대에 의사전달은 동물과 자연을 통해 비유로 했다. 예를 들어 매미가 하늘로 향하는 특성을 비유하여 '성기를 세운다'를 성기 반대쪽에 매미[444]를 붙여 표현했다. 매미의 음가는 '선(蟬)'으로 '서다'라는 음가와 맥을 같이 한다. 개는 '犬(견)'이다. '大'와 'ㅡ'의 결합으로 국새 안에 '犬'자형의 원형이 있다. 또한 '伏(복)=亻+犬'이다. '복종'이다. 돼지는 '절대자'다. 劾(핵)자는 '꾸짖다'다. 꾸짖는 주체가 '亥(해)'다. 즉 개와 돼지는 '복종하다'는 의미를 갖는다.

'ㅁ'안에 있는 끝이 휘어져 세워진 'ㅣ'자는 새 날개와 연결되어 '하나'의 의미를 가지며 국새를 상에서 하로 눕히면 'ㅣ'자형이 'ㅡ'자가 되어 '둥글게 선회 한다'는 의미를 나타낸다. '桓=木+亘 여기에서 '木'은 나무보다는 '새'의 의미가 크다. '亘'의 금문은 '日'이 아니라 '回'이다. 'ㅣ'와 'ㅡ'의 의미를 상하에 표기하여 '하늘과 땅, 밤과 낮이 돈다'는 의미를 '回'의 기호로 표현하고, 후대에 말로 전해지던 기호들이 문자로 치환되어 '桓(환)'자가 된 것으로 사료된다.

'ㅡ'은 '흔'으로 '환님〉하나님〉의 음가가 된다. 'ㅁ+大'의 결합은 '因(인)'으로 치환'된다. 또한 새의 부리와 연결된 '大'는 '厷(굉:크다·둥글다)'으로 변용되어 '雄(웅)'자로 치환된다. 여기에서 '大雄(대웅)'과 '桓雄(환웅)'이 나온 것으로 사료된다.

....

444 왕이 머리에 쓰는 翼善冠(익선관)은 烏紗高帽(오사고모)라 한다. 즉 머리에 '까마귀'를 상징하는 모자를 썼다. 새를 토템이 전승됐다. 뿐만 아니라 오사고모 뒤에는 매미가 거꾸로 붙어 있어 翼禪冠(익선관)이라 한다. '善(선)' 과 '禪(선)'은 같은 음가로 서로 대리교차 한다. 즉 '선한 까마귀를 세웠다'는 토템어로 해석된다.

'口'는 '國(국)'이다. '國(국)'의 형태는 '口+一+大+새'를 함축한 글자다. 그래서 中華(중화)는 한민족의 토템인 '國(국)'자를 기휘하여 사용할 수 없었다. 오직 동이족 계열에서만 신표로 사용했다. 고구려의 삼족오는 國璽(국새)의 모양을 표현한 문자로 보인다.

'璽(새)'의 자형은 상부의 개머리와 '口'안에 들어있는 '새'를 형상화한 글자다. 때문에 國璽(국새)다. '璽(새)'의 음가도 우리의 음가 '새'다. 즉 토템시대 '새족'이 은하수 모양에 새의 형태가 있는 흑피옥을 보고 國璽(국새)를 만든 것으로 사료된다. 또한 국새는 은하수로 빙 둘러 밖과 연결되어 있다. 환웅국새로 인해 삼족오의 뿌리 끝에 연결되어 위로 휘어진 모습의 원인을 유추할 수 있게 되었다. 또한 국새 안의 새 꼬리가 밖으로 연결되면 긴 꼬리의 봉황새가 된다. 天符印(천부인) 3개는 토템 신 개, 돼지, 새 3개로 사료되고, 이것이 후대에 桓因(환인), 桓雄(환웅), 國璽(국새)의 문자로 치환 된 것으로 사료된다. 오늘날 문자시대에도 國璽(국새)나 중요한 상징물에는 '용'과 '거북이'처럼 토템을 사용하고 있다. 토템시대 동물과 자연의 기호는 의사소통의 수단으로 사용됐다. 이것이 그림이나 부호 문신으로 나타내어 문자로 사용됐다. 즉 서화동원(書畫同源)이다. 신지현덕(神誌赫德)[445] 이전에도 문자는 있었던 것으로 보아야 한다. 단지 신지는 환웅의 명을 받고, 당시에 말로 전해져 통용된 토템의 상징, 기호, 부호, 문신 등을 문법적으로 체계화하고 정리한 것으로 보여진다.

천부인 형상과 인장

---

445 《태백일사(太白逸史)》〈신시본기(神市本紀)〉에 "환웅시대의 신지혁덕(神誌赫德)이 문자를 만들었다(桓雄天皇 又復命神誌赫德 作書契)." 〈소도경전본훈(蘇塗經典本訓)〉에 "신지혁덕이 구전으로 전해지던 《天符經(천부경)》을 녹도문(鹿圖文)으로 기록하였다(桓雄大聖尊 天降後 命神誌赫德 以鹿圖文記之)." 《한국민족문화대백과》.

한민족의 무예에 대한 광대하고 깊이 있는 탐구를 통해 우리의 뿌리에 대한 많은 이들의 관심이 샘솟아 오르길 기원합니다!

– 권선복(도서출판 행복에너지 대표이사, 한국정책학회 운영이사)

정신이 죽으면 몸도 죽습니다. 민족의 정기가 죽으면 민족의 미래도 죽습니다.

지금 대한민국을 살아가는 사람들에게 가장 관심 없는 지식이 무엇일까요? 인문학적 소양의 대중적 소외 현상 속에서 특히 심각한 것은 역사와 고유문화에 대한 경시 풍조와 무관심이 아닐까 생각됩니다. '먹고 사는 데에 쓸모없는 지식'이라는 인식이 심화되면서, 우리의 뿌리라고 할 수 있는 배달 문화의 역사적 정체성에 대한 관심이 부족한 것도 큰 문제입니다.

그렇기에 이 책『본국검예 3권 - 왜검의 시원은 조선이다』는 단순한 무술 서적을 떠나 배달 문화의 시원과 원류를 통찰하고 우리 민족의 뿌리에 대한 관심과 민족적 자긍심을 키워준다는 면에서 큰 의미를 지닙니다. 아울러 저자는 검결 분석에 앞서 먼저 한자 문화와 동아시아 문화사의 원류 및 개념에 대한 해박한 지식을 토대로 논리적 바탕을 튼튼히 다져 놓았습니다. 따라서 본서를 읽어 내려가는 독자들은 무예뿐 아니라 자연스럽게 인문학적 지평의 확장을 경험하게 됩니다.

한편 본격적으로 이 책에서 다루고 있는 주제는 조선왕조가 우리에게 남겨 준 세계에서 하나뿐인 무예의 바이블, 『무예도보통지』에 수록된 조선 고유의 무예 복원입니다. 특히 이제까지 이루어진 복원 시도들처럼 단순히 조각난 조선 고무술의 파편에 중국·일본의 무예 기법을 짜깁기하는 수준을 뛰어넘었습니다. 무예 동작에 붙은 '가결'을 해독하고 복원해 내는 한편, 조선 무술의 뿌리를 탐구하여 우리 상고사의 비밀과 중국·일본 무술에 끼친 영향까지 분석해 냈습니다. 이런 시도는 무예를 넘어서서 인문학적 차원에서도 비교문화연구 측면에서 가치를 지닙니다.

전 세계의 글로벌화가 가속되면서 많은 나라들은 국가와 민족의 문화적·역사적 정체성을 강화하여 주변국들과의 '문화 전쟁'에 대비하는 모습을 보이고 있습니다. 이 책 『본국검예 3권 - 왜검의 시원은 조선이다』가 격화되는 문화 전쟁의 시대에 민족적 자긍심을 팡팡팡 샘솟게 하는 마중물이 되어 주기를 희망합니다.

도산회사 살리기

박원영 지음 | 값 15,000원

이 책은 도산 위기를 맞이했던 한 기업의 CEO로 부임해 120일간 열정으로 경영을 정상화시키고 새롭게 달려가는 기업으로 재탄생시킨 저자의 실화를 담고 있다. 저자는 중소기업청 공인 경영지도사 자격 및 24개 업체의 경영지도 실적을 보유한 전문경영인으로 현재 (주) 유경경영 자문 경영/마케팅전략 분야 상임고문으로 활동 중이기도 하다. 이러한 저자의 생생한 경험과 철학을 통해, 이 책이 대한민국의 경영인들에게 위기를 극복하는 청사진을 제시할 수 있으리라 생각한다.

기자형제, 신문 밖으로 떠나다

나재필, 나인문 지음 | 값 20,000원

삶을 흔히 여행에 비유하곤 한다. 우여곡절 많은 인생사와 여행길이 꼭 닮아 있기 때문이다. 기자로서 시작하여 나름의 지위까지 올라간 형제는, 돌연 감투를 벗어 던지고 방방곡곡을 누빈다. 충청도부터 경상도까지, 사기리부터 부수리까지. 우리나라에 이런 곳도 있었나 싶을 정도로 다양한 지명들이 펼쳐진다. 문득 여행을 떠나고 싶은 이들, 그동안 쌓아온 것을 잠시 내려두고 휴식을 취하고 싶은 분, 자연으로의 일탈을 꿈꾸는 분들에게 추천한다.

가슴 뛰는 삶으로 나아가라

주영철 지음 | 값 15,000원

이 책 『가슴 뛰는 삶으로 나아가라』는 누구나 알 만한 대기업에 입사하여 승승장구했으나 예상치 못한 '인생의 하프타임'에 갑자기 맞닥뜨리게 된 저자가 코칭과 수행을 만나면서 진정 원했던 삶을 찾아 나가는 과정을 다루고 있다. 누구나 변화와 발전을 다짐하지만 쉽지 않은 현실 속에서 이 책은 코칭이라는 길을 제시하며 현대 사회를 살아가는 모든 사람들의 가슴 속 응어리를 풀어 주는 청량제 같은 책이 될 것이다.

그랜드 차이나 벨트

소정현 지음 | 값 28,000원

만리장성의 서쪽 끝, 가욕관(嘉峪關). 서역과 왕래하는 실크로드의 관문. 이제 그 가욕관 빗장이 열리다 못해 아프리카까지 중국 주도의 일대일로(一帶一路)에 가담해 거대 시장 속에 동참하고 있다. 중국이라는 거대 경제권의 메가트렌드(Mega-trend)와 마이크로트렌드(Micro-trend)를 꿰뚫고, 새로운 시대의 경제 패러다임에 대한 깨달음을 얻고자 하는 분들에게 이 책을 적극 추천하고 싶다.